西方法律
哲学家研究

邓正来　主编

中国政法大学出版社

2013·北京

图书在版编目（ＣＩＰ）数据

西方法律哲学家研究/邓正来主编. --北京:中国政法大学出版社,2013.2
ISBN 978-7-5620-4610-3

Ⅰ. ①西… Ⅱ. ①邓… Ⅲ. ①法哲学－研究－西方国家 Ⅳ. ①D90

中国版本图书馆CIP数据核字(2013)第022743号

书　　名	西方法律哲学家研究　Xifang Falü Zhexuejia Yanjiu	
出版发行	中国政法大学出版社(北京市海淀区西土城路25号)	
	北京 100088 信箱 8034 分箱　邮编 100088	
	http://www.cuplpress.com（网络实名：中国政法大学出版社）	
	010-58908325(发行部)　58908334(邮购部)	
编辑统筹	综合编辑部　010-58908524　dh93@sina.com	
承　　印	固安华明印刷厂	
规　　格	720mm×960mm　16 开本　28 印张　515 千字	
版　　本	2013 年 3 月第 1 版　2013 年 3 月第 1 次印刷	
书　　号	ISBN 978-7-5620-4610-3/D · 4570	
定　　价	69.00 元	

回归经典　个别阅读

——《西方法律哲学家研究》序

《西方法律哲学家研究》，是专门研究西方法律哲学家理论的的学术文集。编辑这本文集，不仅是为了否弃与批判中国学术界在当下盛行的那种"知识消费主义"的取向，而且也是为了倡导与弘扬一种回归经典、进行研究性阅读与批判的新的学术取向，亦即知识生产和再生产过程中的一种"个殊化"取向或"个殊化"思潮。我愿意把它称之为中国学术研究向纵深发展的一种转向。

然而，这种转向何以必要呢？简言之，在我看来，中国学术在后冷战时代之世界结构中所担负的使命，乃是实现这样一种根本性的转换，即从"思想中国"向对"思想中国的根据"进行思想层面的转换。作为这个时代的学术人，我们必须根据我们对这种世界结构中的中国本身的分析和解释，对中国的"身份"和未来命运予以智识性的关注和思考，而这需要我们以一种认真且平实的态度去面对任何理论资源。

但是，我们必须坦率地承认，中国法学界甚或整个中国人文社会科学界，在一定的程度上乃是在违背知识场域之逻辑的情形下对待我们必须直面的各种理论资源的。仅就西方理论资源而言，在中国的学术界，尽管当下已有蔚为大观的西方学术思想的译介与"研究"，尽管已有相当规模的西方知识生产和生产者，但是我们却不得不承认，在一般意义上讲，除了国人对自己在不反思和不批判的前提下大量移植西方观点的做法仍处于"集体性"不思的状况这一点以外，我们的研究还流于这样两个层面：一是对不同的西方论者就某个问题的相关观点做"非语境化"的处理，误以为不同西方论者的思想可以不受特定时空以及各种物理性或主观性因素的影响；二是即使对个别西方论者极为繁复的理论而言，我们所知道的也不过是他的姓名、某些论著的名称、某些关键词和一些"大而化之"的说法而已。显而易见，这种把知识误作为消费品，对理论做"脸谱化"和平面化处理的做法以及对不同论者的思想做"非语境化"处理的做法，已经导致了一个我们无从回避的结果：我们至今还没有切实地、比较深刻地把握绝大多数西方论者的理论——而这些论者的理论乃是我们进行学术研究所必不可缺的思想资源之一；我们至今还没有能力就我们关心的问题与西方学术论者进行实质性的学术对话，更是没有能力建构起我们自己的关于人类未来"美好生活"的理想图景——而这一理想图景的缺失则导致了我们定义自身"身份"能力的丧失。

正是为了回应这样一种知识生产的现状，我们编辑了《西方法律哲学家研究》文集，其目的就在于以一种平实的态度去实践一种阅读经典与批判经典的方式。当然，在践履一种研究性阅读与研究性批判的同时，这也是在试图建构一种进入大师思想和开放出问题束的方式或者方法，亦即那种语境化的"个殊化"研究方式。其中，依凭每个西方论者的文本，关注其知识生产的特定时空，尤其是严格遵循其知识增量的具体的内在逻辑或理论脉络，乃是这种方式或者方法的关键所在。

具体而言，我所主张的这样一种对每个西方论者的思想进行"个殊化"研究的学术取向，在根本上讲，乃是以明确反对如下几项既有的或流行的误识为其前提的。第一，明确反对那种要求在阅读或研究西方论著的时候以西方自身所"固有"的问题脉络为前提甚或为判准的观点。因为这种观点误设了这样一个前设，即西方有着一个本质主义的问题脉络，由于它是客观存在的，因而是可以被复制或还原的，而且是能够被我们完全认识的。需要强调的是，这种试图以西方"固有"的问题脉络为依据的"还原式"阅读设想或努力，乃是以阅读主体可以完全不带前见地进行研读这一更深层的误识为其基本假定的。第二，明确反对大而化之的"印象式"言说西方思想。因为我们知道，这种整体的西方思想并不存在，所存在的只是以各自特定时空为背景而出发的每个个体西方论者的思想。第三，与之紧密相关的是，明确反对以笼而统之的方式谈论所谓的一般"问题"，因为不同的西方论者在不同时代和不同空间中对于"相同"的理论问题可能持有极为不同的、甚至相互紧张的观点，更是因为这些所谓"相同"的一般问题在不同时空的论者那里实际上已然变成了不同的问题。第四，明确反对那种所谓人有能力不带前见、进而可以不以中国作为思想根据的阅读西方的方式。由此可见，我在这里所主张的乃是一种明确承认以"中国"作为思想根据的"个殊化"研究方式，亦即一种以研究者对于"中国"当下情势的"问题化"处理为根据而对西方法律哲学家的思想进行逐个分析与批判的研究路径——尽管这种思想根据在绝大多数情况下是以一种隐微的方式发挥作用的。

中国学术发展进程中这项新的"知识拓深"事业，在学界同仁的共同努力下，已然有了很大的发展。基于此，我们有理由期待，这种以中国作为思想根据的"个殊化"西学研究之成果将汇流成为一种新的结构性的研究思潮，一种能使中国学术真正意识到自身之存在、认清自身之存在，并自觉建构自身之存在的重要路径。

无论如何，《西方法律哲学家研究》这本文集，毕竟还只是一种探索性的和试验性的学术实践。因此，一方面，我们真诚地邀请读者能够从这样一些基本问题的思考及思考方式出发进入"真实"的知识场域；另一方面，我们也真诚地邀请学术界同仁以一种批判性的方式参与到我们的这一实践当中来，为中国法学或中国学术的发展做出我们的贡献。

邓正来
2012 年中秋
上海复旦三一斋

目 录

◆书评与评论◆

◆大师纪念◆

◆学术简评◆

◆旧文重刊◆

◆研究文献◆

罗尔斯论自由及其优先性[*]

[英] H. L. A. 哈特^{**} 著

邓正来^{***} 译

一、导言

在我所读过的伟大的政治哲学经典著作中，罗尔斯的《正义论》（*A Theory of Justice*）一书对我的思想激发最深。但是本文并未打算对这本重要并令人极感兴趣的著作进行一般性的评价，而是只想关注其中的一个主题，亦即罗尔斯对正义与自由的关系所做的论述，尤其是他所提出的这样一种观点：正义要求对自由的限制只能出于自由的缘故，而不能因为其他的社会和经济利益。我之所以选择这一主题，部分是因为它对那些从职业上关注自由的各种限制以及这些限制是否正义之问题的法律人有着显而易见的重要性，部分是因为我认为在所有已发表的浩如烟海的关于该书的论文和书评中，罗尔斯的这个主题迄今为止还没有得到应有的详尽关注。然而，正如西季威克（Sidgwick）所指出的，当他在当时提出一种与罗尔斯颇为类似的自由优先于其他价值的原则时，这种自由观无疑在所有自由主义者的心中都激起了反响，但是它却既具有吸引人的方面，也具有令人困惑的方面；^[1] 当我们按照罗尔斯期望我们应当采取的思考方式去考虑这种原则的适用在实践中需要什么条件时，这一点也就变得更为明显了。

以下文字分为两大部分。一部分关注的是如何对罗尔斯的原则进行解释这个重大问题，其余部分则是批判性的。但我清楚地意识到，我有可能无法全面或妥切地把握罗尔斯在这部深奥繁复的鸿篇巨制的不同章节里对某些我认为无法令人

[*] 原文刊载于 *The University of Chicago Law Review*，Vol. 40，No. 3，1973，pp. 534~555。

^{**} H. L. A. Hart, Research Fellow of University College, Oxford.

^{***} 复旦大学特聘教授、国际关系与公共事务学院博士生导师、复旦大学社会科学高等研究院院长。

〔1〕 H. Sidgwick, *The Methods of Ethics*, Hackett, 1907, Book Ⅲ, Ch. Ⅴ, §4. "我承认，这一原则给我留下了很好的印象……但是当我努力把这一原则置于与人类社会实际情势更近的关系中加以考虑时，它却即刻展示出了另一幅面貌。"

信服的观点所做的全部论辩。因此，如果罗尔斯能通过某种更进一步的解释来纠正我的阐释或回应我的批评，我是不会感到惊讶的。事实上，我撰写本文的目的也不是为了把罗尔斯驳倒，而主要是希望由此能促使他在以后不断再版此书的时候对这些观点做出某种更为详尽的解释。

我希望我可以做出这样的假定，即罗尔斯《正义论》一书的主要观点迄今已为大多数读者所熟知，但是对于那些并不熟知其主要观点的人来说，如下的简短概述则是理解拙文所必需把握的。

首先是罗尔斯所称之为"**主要理念**"（Main Idea）的观点。这是一项引人注目的主张，即正义诸原则并不立基于纯粹的直觉，但也不应当从各种功利原则中或者从任何其他目的论的理论（即认为存在着某种应当被追求并予以最大化的善的理论）中推衍出来。相反，如果自由而理性的人们不得不从"无知之幕"（a veil of ignorance）背后去选择正义诸原则，那么正义诸原则就应当被认为是自由而理性的人们出于增进其自己利益而同意的那些应当规制他们各种社会生活样式及各种制度的原则。所谓"无知之幕"，乃是指他们不知道自己的能力，不知道自己的心理倾向和善的概念，不知道自己在社会中处于何种地位和状态，也不知道自己将置身于其间的社会的发展阶段。选择正义诸原则的这些人所处的状态则被称为"**原初状态**"（the original position）。关于这一"**主要理念**"是否有效的讨论已经有很多，而且还将继续引发哲学家们的争论。但是从本文的主旨来考虑，我将假设，如果处于原初状态的当事人会选择那些被罗尔斯认定为正义诸原则的原则这一点能得到证明的话，那么对这些正义诸原则来说，这将是一个强有力的论据。从这一"**主要理念**"出发，罗尔斯过渡到了那些处于原初状态的当事人所会选择的正义诸原则的一般形式或"**一般观念**"（a general conception）。这个一般正义观表述如下：

> 所有的社会价值——自由和机会、收入和财富，以及自尊的各种基础——都应当得到平等的分配，除非对其中任一或所有价值的不平等分配会对每个人有利。[2]

应当指出的是，这个一般正义观所指的是对自由的平等分配，而不是自由的最大化或自由的范围。然而，罗尔斯这本书中的大部分内容所关注的却都是对这个一般正义观的一种特殊解释：这种特殊解释所指涉的不只是自由的平等，而且

---

[2] John Rawls, *A Theory of Justice*, The Belknap Press of Harvard University Press, 1971, p. 62.

也包括自由的最大化。这种特殊正义观具有如下主要特征：

第一原则（即"最大平等的自由原则"）.[3]

每个人都应当对涵盖了平等基本自由权项的最广泛的总体体系拥有一种平等的权利，而这一体系则是与所有的人所享有的相同的自由体系相一致的。

第二原则：

社会的和经济的不平等应当加以安排，进而使这些不平等……最有益于最没有优势条件的人……[4]

在这两条原则之上还附载着某些优先性规则，其中最重要的一项规则便是自由被赋予了优先于所有其他益处的地位，从而对自由的限制或对自由的不平等分配只能出于自由的缘故而不能出于任何其他形式的社会利益或经济利益的缘故。

对于上述阐述，我们还必须再加上与本文特别相关的两个要点来加以说明。

第一，罗尔斯认为，他的这两条原则之所以能够成立或证成，不仅是因为这样一个事实，即那些处于原初状态的当事人——像他所宣称的那样——会选择这两条原则，而且也是因为这两条原则同"经过适当修正和调整的深思熟虑的日常判断"相一致.[5] 因此，对他理论的检验，在部分上就是看他所认定的那两条原则是否阐明了我们的日常判断以及是否有助于揭示构成它们之基础的基本结构和一致性。

第二，罗尔斯理论有一个重要且令人关注的特征，即一旦正义诸原则被选择，我们就可以通过想象一个四阶段的过程渐渐理解实施这些原则的条件。因此，我们应当假定，在第一阶段（即那些处于原初状态的当事人选择了正义诸原则）之后，他们会进入到制宪会议阶段。在制宪会议中，根据业已选定的正义诸原则，他们会选择一部宪法，并确立公民的基本权利或自由权项（liberties）。第三阶段是立法阶段，法律和政策是否正义的问题会在这一阶段得到认真考虑；所

---

〔3〕　John Rawls, *A Theory of Justice*, The Belknap Press of Harvard University Press, 1971, p. 124.

〔4〕　John Rawls, *A Theory of Justice*, The Belknap Press of Harvard University Press, 1971, p. 302. 我在这里省略了罗尔斯含括在第二原则中的公正储蓄原则和机会平等，因为它们与本文的讨论无关。

〔5〕　John Rawls, *A Theory of Justice*, The Belknap Press of Harvard University Press, 1971, p. 20. 事实上，罗尔斯谈到了原则与"日常判断"之间存在的一种"反思均衡"（reflective equilibrium），因为他设想，当原则与日常判断之间存在初始差异的时候，我们会选择修改原则被选择时的初始状态条件，或者选择详尽修改那些日常判断, pp. 20ff.

颁布的制定法要成为正义的法律，就必须既遵循宪法所规定的各种限制条件，也符合人们在原初状态中所选定的那些正义原则。第四阶段即最后阶段，乃是法官和其他官员把这些规则适用于具体情形的阶段。

二、自由和基本自由权项

罗尔斯在全书中通篇强调了自由与其他社会利益之间的区别；他关于"最大平等的自由原则"，正如我所说的，（在他区别于其一般正义观的特殊正义观中）伴随着一项赋予自由或者至少赋予某些在制度上得到界定和保护的自由形式以优先性的优先性规则。这种优先性规则禁止出于其他好处的缘故而限制自由，因为自由只应当出于自由本身的缘故而受到限制。在他的一般正义观中，没有这样的优先性规则，也没有自由必须尽可能宽泛的要求，尽管自由应当得到平等的分配，除非对自由的不平等分配被证明为对每个人都有利。[6] 罗尔斯的特殊正义观乃是规制这样一些社会的，它们的发展已经达到了罗尔斯所说的"个人的基本需求都能得到满足"[7] 以及各种社会条件使"根本权利得以有效确立"[8] 的程度。假设不具备上述有利条件，那么平等的自由就可能被否定，即使这种平等自由是"提升文明水平以使这些自由能在适当的时候为人们所享有"的条件。[9]

我发现，在一些相当紧要的问题上，对罗尔斯的复杂学说进行解释绝非易事，因此我要在这里比较详尽地对这个首要的解释问题做一番讨论。但是也许值得一提的是，为了公正评判罗尔斯最大平等的自由原则，不仅有必要考虑他在明确提出、详解、举例说明这一原则时所写的文字，也有必要考虑他就一些其他明显彼此独立的问题——尤其是各种自然义务[10]、由公平原则所产生的各种责任[11]、各种许可的行为[12]、家长制[13]，以及共同善或共同利益[14]——所写的文字，因为以上所述明显可以对数量颇为有限的限制自由的规定予以补充，而初

---

[6] John Rawls, *A Theory of Justice*, The Belknap Press of Harvard University Press, 1971, p. 62.

[7] John Rawls, *A Theory of Justice*, The Belknap Press of Harvard University Press, 1971, p. 543.

[8] John Rawls, *A Theory of Justice*, The Belknap Press of Harvard University Press, 1971, pp. 152, 542.

[9] John Rawls, *A Theory of Justice*, The Belknap Press of Harvard University Press, 1971, p. 152.

[10] John Rawls, *A Theory of Justice*, The Belknap Press of Harvard University Press, 1971, pp. 114ff., 333ff.

[11] John Rawls, *A Theory of Justice*, The Belknap Press of Harvard University Press, 1971, pp. 108ff.

[12] John Rawls, *A Theory of Justice*, The Belknap Press of Harvard University Press, 1971, pp. 116ff.

[13] John Rawls, *A Theory of Justice*, The Belknap Press of Harvard University Press, 1971, p. 248.

[14] John Rawls, *A Theory of Justice*, The Belknap Press of Harvard University Press, 1971, pp. 97, 213, 246.

看上去，这些限制似乎是罗尔斯最大平等的自由原则所允许的全部。

这个首要的解释问题因下述情势而产生。罗尔斯在《正义论》一书中常常用宽泛的术语把他的第一正义原则称为"最大平等的自由原则"，[15] 而且也常常用相似的宽泛术语把与之相关的优先性规则称为"自由只有出于自由的缘故才能受到限制"的规则。[16][17][18][19] 这些用相当一般的术语对自由的指称，以及罗尔斯先前在他的其他论文中对这个第一原则的阐述——即每个人都"对最广泛的自由拥有一种平等的权利，而这种自由则是与所有的人所享有的相同的自由相一致的"——都表明，他的学说与西季威克所批评的那种学说很相似。西季威克主要考虑的很可能是赫伯特·斯宾塞（Herbert Spencer）在他那本被人遗忘很久的《社会静力学》（Social Statics）一书中所极力主张的对最大平等的自由原则的阐释。西季威克极为有效地批判了斯宾塞的这一阐释：第一，为了保护个人不受伤害、而不是约束或剥夺自由，必须对自由进行某些限制；但是斯宾塞的阐释却未能对某些最明显的限制给出说明；第二，它实质上禁止了私有产权制度，因为私人拥有任何东西都意味着他有自由以各种排他的方式来使用它。斯宾塞试图用蒙混过关的方式来摆脱这个棘手问题（或确切地说是绕开它），并得出结论认为：至少就土地来说，只有为一个共同体共同拥有的财产或产权才符合"平等的自由"，[20] 也因而是合法的。罗尔斯在他的书中没有经过论证就这么把拥有个人财产（而非拥有生产资料的财产）的权利列举为基本自由权项之一，[21] 尽管一如我将在后文所论证的，他的这种做法是以损害其理论的一致性为某种代价的。

罗尔斯在先前论文中对其一般性的最大平等的自由原则所做的阐释——"每

〔15〕 例如，John Rawls, *A Theory of Justice*, The Belknap Press of Harvard University Press, 1971, p. 124.

〔16〕 John Rawls, *A Theory of Justice*, The Belknap Press of Harvard University Press, 1971, pp. 250, 302.

〔17〕 Rawls, "Justice as Fairness", 67 Philosophical Review, pp. 164, 165（1958）；参见 Rawls, "The Sense of Justice", 72 Philosophical Review, p. 283（1963）；J. Rawls, "Distributive Justice", in *Politics*, *Philosophy and Society*, p. 61（3rd Series, Oxford, 1967）. 我们不应当把这些论文中所作的这种阐释与罗尔斯在《正义论》一书中对"一般正义观"所作的阐释相混淆。参见 p. 3 以次。

〔18〕 H. Sidgwick, *the Methods of Ethics*, Hackett, 1907, Book Ⅲ, Ch. Ⅴ., §§ 4～5 and Ch. Ⅺ, § 5.

〔19〕 参见 H. Spencer, *Social Statics*, London：John Chapman, 1851. Criticisms of Spencer's theory in terms are very similar to Sidgwick's criticisms. 梅特兰（Maitland）认为斯宾塞理论的批判与西季威克所作的批判很相似。斯宾塞的平等自由观在本质上是与康德普世法则下的共享自由观相同的。康德乃是在其权利学科（Rechtslehre）中阐释该自由观的。我非常感谢 B. J. 迪格斯（B. J. Diggs）教授为我指出了罗尔斯的学说与康德普世法则下的共享自由观之间所存在的重大差异。

〔20〕 H. Spencer, *Social Statics*, London：John Chapman, 1851.

〔21〕 John Rawls, *A Theory of Justice*, The Belknap Press of Harvard University Press, 1971, p. 61.

个人都对最广泛的自由拥有一种平等的权利，而这种自由则是与所有的人所享有的相同的自由相一致的"——同西季威克所批判的那种学说非常相似。但是，罗尔斯在这本书中对这个原则的明确阐释，却没有再使用这些一般化的术语。它所指的不是"自由"，而是基本的或根本的**诸自由权项**，这些自由权项被认为是得到法律承认并受到法律保护免受干涉的。这一阐释，加之其优先性规则，正如罗尔斯在其书中最终陈述的那样，也就成了如下的文字：

> 每个人都应当对涵盖了平等基本自由权项的最广泛的总体体系拥有一种平等的权利，而这一体系则是与所有的人所享有的相同的自由体系相一致的……
>
> 自由只能出于自由的缘故而受到限制。这有两种情况：①如果一种自由权项不够宽泛，那么它就必须使所有的人分享的总体自由体系得到加强；②如果一种自由权项不够平等，那么它就必须为那些拥有较少自由的人所接受。[22]

然而，甚至对于这个最终阐释，从完全精准的角度来看，我们还需要对最后一句话进行评注。这是因为罗尔斯还坚持认为，"为那些拥有较少自由的人所接受"这句话意味着它并不是可以根据任何理由而予以接受的，而是仅仅出于对他们所享有的其他自由权项提供更大保护的缘故才是可以接受的。[23]

罗尔斯的原则以上述方式所意指的诸基本自由权项，乃是被那些处于原初状态[24]的当事人从无知之幕后面认定为是追求他们目标（而不论那些目标会是什么）的基础，因而也是规定他们社会形式的决定性因素。因此，无甚惊讶的是，基本自由权项在数量上是相当少的，因而罗尔斯给出了一个他在索引中称之为"自由权项列举"[25]的短小列表，尽管他告诫我们说，他所列举的基本自由权项仅仅是个"笼统说法"[26]。它们包括政治自由，即投票和担任公职的权利；言论自由和集会自由；良知自由和思想自由；人身自由以及与之相关的拥有个人财产的权利；免遭随意拘捕和监禁的自由。

---

[22] John Rawls, *A Theory of Justice*, The Belknap Press of Harvard University Press, 1971, p. 302.

[23] John Rawls, *A Theory of Justice*, The Belknap Press of Harvard University Press, 1971, p. 233.

[24] 例如，"平等的良知自由乃是处于原初状态的当事人所能承认的唯一原则"。John Rawls, *A Theory of Justice*, The Belknap Press of Harvard University Press, 1971, p. 207.

[25] John Rawls, *A Theory of Justice*, The Belknap Press of Harvard University Press, 1971, p. 540.

[26] John Rawls, *A Theory of Justice*, The Belknap Press of Harvard University Press, 1971, p. 61.

现在需要解释的问题是，罗尔斯的语言变化——他从用颇为一般的术语来表述的最大平等的自由原则（即"每个人都对最广泛的**自由**拥有一种平等的权利"）转变到一项仅仅指涉某些特定的基本**自由权项**的原则——是否也表明了他的理论发生了变化。罗尔斯《正义论》一书中的自由原则是否仍是相当一般的原则，因此根据现在附着于这项原则之上的优先性规则，除非为了自由的缘故，否则任何一种自由形式都不可能受到限制？这个问题很难确定，但是关于这个要点，我自己的看法是：罗尔斯已不再坚持他在先前几篇论文中所主张的那种颇为一般的理论了，其原因也许是他在撰写《正义论》之前已经碰到了西季威克和其他论者所指出的那些棘手的问题。我认为，除了语言上的明显变化以外，还有若干迹象可以表明，罗尔斯的原则现在只限于意指他所开列的那些基本自由权项，当然，一如他自己所言，他开出的那份清单也只是个粗略的列表。第一个迹象乃是这样一个事实，即罗尔斯认为，把承认私有产权是一种自由权项同任何**最大**平等自由或者"对最广泛的自由拥有一种平等的权利"这类一般性原则进行调和是没有必要的，因而他通过赋予"拥有财产的权利必须平等"这一要求以新的含义来避免赫伯特·斯宾塞学说中所存在的那些棘手问题。这种有关平等的新含义所依凭的乃是罗尔斯对自由与自由的价值（value or worth）所做的界分。[27] 除了**政治自由权项**（参与统治的权利和言论自由）以外，罗尔斯并不要求基本自由权项必须在价值上平等或者在实质上平等，因而他在承认财产权是一种基本的平等自由权项时，既不要求财产被共有以使每个人都可以享有同样的财产，也不要求分立拥有的财产在量上平等。这意味着他所坚持的是，拥有财产的权利在价值上应当平等。他所提出的要求只是这样一种形式条件，即调整财产权利的取得、处分和范围的**各种规则**[28] 对所有的人都应当是一样的。罗尔斯对人们所熟知的那种马克思主义批评——在这种情况下我们将不得不说乞丐与百万富翁拥有平等的财产权——的回应无异于承认这项指责，但应当指出的是，在罗尔斯的理论体系中，这些平等财产权利的不平等价值将会被降到这样一种程度：不平等将经由差异原则（the difference principle）的运作而被证明为正当，因为根据这种差异原则，经济上的不平等只有在它们有利于最没有优势条件的人的时候才能被证明是正当的。[29]

---

〔27〕 John Rawls, *A Theory of Justice*, The Belknap Press of Harvard University Press, 1971, pp. 204, 225ff.

〔28〕 John Rawls, *A Theory of Justice*, The Belknap Press of Harvard University Press, 1971, pp. 63 ~ 64.

〔29〕 John Rawls, *A Theory of Justice*, The Belknap Press of Harvard University Press, 1971, p. 204.

第二个迹象表明，罗尔斯最大平等的自由原则及其优先性规则（"自由只能出于自由的缘故而受到限制"[30]）现在只限于意指诸基本自由权项；这是他小心翼翼而又一再重申的一个解释，即尽管对他来说拥有财产的权利是一种**"自由权项"**，但是对生产资料的私有资本主义与生产资料的国家所有制之间的选择却因正义诸原则而留下了相当大的空间。[31] 生产资料是否应当私有的问题，乃是一个社会必须根据其对自己的实际情势以及社会和经济效率之需求的认识做出的抉择。不过，根据这些理由而做出的将私有制局限于消费品的决定，与将私有制适用于所有形式的财产的决定相比，当然会导致一种较为狭窄的自由形式。如果罗尔斯在撰写《正义论》的时候仍在推进那项所有的人"对最广泛的自由必须拥有一种平等权利"的一般性原则，那么他关于这一限制在正义上讲是允许的论断就会使他的理论出现明显的前后不一致，因为根据优先性规则，除非为了自由本身的缘故，**任何形式的自由都不能**因为经济利益的缘故而被缩小或限制。

上述讨论强有力地支持了这样一种解释，即罗尔斯最大平等的自由原则，正如在《正义论》一书中所阐发的那样，所关注的只是那些列举出来的基本自由权项，尽管他只是用宽泛的术语对这些基本自由权项进行了说明。但是我承认，这个解释还存在一些棘手的问题，而这些棘手问题表明，罗尔斯并没有完全否弃其早期的一般自由学说，即使如我在上文所解释的那样，罗尔斯早期的自由学说与其后来认为可以对财产权进行某种限制的观点并不真的相一致。因为似乎很明显，有一些重要的自由形式——性自由和饮酒或吸毒的自由——显然不属于罗尔斯简略描述的那些基本自由权项中的任何一项；[32] 然而，如果正义诸原则对限制这些重要的自由形式保持沉默的话，那也会令人感到非常惊讶的。自约翰·斯图亚特·密尔（John Stuart Mill）的《论自由》（*On Liberty*）以降，这些自由权项便一直是人们在讨论刑法及其他社会强制形式之适当范围时的争论焦点；而且事实上，《正义论》一书中也只有一段文字清晰地表明，罗尔斯认为他的正义诸原则对限制

---

〔30〕 John Rawls，*A Theory of Justice*，The Belknap Press of Harvard University Press，1971，p. 302.

〔31〕 John Rawls，*A Theory of Justice*，The Belknap Press of Harvard University Press，1971，pp. 66，273～274.

〔32〕 有人向我指出，罗尔斯会把这些自由视为可归入其宽泛的良知自由范畴之中的那些基本自由权项，而按照他的解释，这一范畴不仅关注宗教义务，也关注道德义务。因而，仅仅对那些把唤起强烈的情欲视作是道德义务所要求的不得不做之事的人们来说，性自由才可以被归入这一范畴。另有人认为，这些自由可以被归入罗尔斯的人身自由范畴之中；但是对我来说，这种观点是最不可能的，因为罗尔斯把这种自由与财产权并置（"人身自由与拥有个人财产的权利并行"）。另值得一提的是，性自由被罗尔斯认为是一种"行为模式"（John Rawls，*A Theory of Justice*，The Belknap Press of Harvard University Press，1971，p. 331），此外罗尔斯还提到了性自由干扰"诸基本自由权项"（而非"其他"基本自由权项）的可能性。

这些自由权项是否正义的问题并未保持沉默。[33] 因为有一种观点认为，某些形式的性关系仅仅因为是丢人的或者是令人害羞的、进而不符合某种"至善主义者"的理想（some "perfectionist" ideal）而应当被禁止；在反驳这种观点的时候，罗尔斯指出：第一，我们不应当依凭这种至善主义者的判准，而应当依凭正义诸原则；第二，根据正义诸原则，人们无法为限制这种自由提出合理的理由。

在这小段文字中，就有许多地方我不明白。罗尔斯在这段文字中指出，在限制这类行为之前，正义要求我们证明，这些行为要么侵扰了其他人的基本自由权项，要么"违背了某种自然义务或者某种责任"。这似乎是在没有解释的情况下对他在有关基本自由权项的文字中经常强调的那种严格标准（即自由只能出于自由的缘故而受到限制）的一种背离。如此说来，难道还存在一套适用于非基本自由权项的次级原则吗？这个解决方案也有它自身的棘手问题。罗尔斯在这里提到的那些自然义务以及各种责任（诸如信守诺言的责任）赖以产生的那项原则，在他看来，乃是处于原初状态的当事人在选择了作为**制度**（我认为其中包括了法律）标准的正义诸原则之后，又为**个人**选择的行为标准。如果为了制止对任何这样一种自然义务或责任的侵害而可以对自由进行限制，那么这会在相当大的程度上缩小自由的范围，因为这些自然义务包括了在可以甚小代价帮助他人的时候帮助他人的义务，以及尊重他人并以礼相待的义务，同时还包括支持正义制度的义务、不伤害无辜者的义务和不造成不必要痛苦的义务。进一步讲，既然处于原初状态的当事人被认为是**先**为制度选择作为标准的正义诸原则，**然后**才为个人选择各项自然义务，那么我们不清楚的是，前者是如何能够把后者包含在内的，因为当罗尔斯讲正义诸原则要求我们在限制行为之前证明它或者违反了基本自由权项或者违反了自然义务或责任时，他的意思是前者包含了后者。

我希望自己没有过分强调罗尔斯仅仅是顺便提及的似乎并不属于其基本自由权项范畴的那些自由权项，尽管那些自由权项在某些著名的自由讨论中始终处于核心的位置。然而，从《正义论》一书中，我却无法知道罗尔斯会如何解决我在上文所提到的那些棘手问题，而且我在下文中还会提出一个与此相关的问题，即如果行使这些明显属于"基本"自由权项的自由会违反自然义务或责任，那么这些基本自由权项是否也要受到限制。

三、出于自由的缘故限制自由

现在，我将转而思考诸基本自由权项只能出于自由的缘故而受到限制这一原则。罗尔斯用若干不同的方式表达了这一原则。他指出，那些基本自由权项只能

---

[33] John Rawls, *A Theory of Justice*, The Belknap Press of Harvard University Press, 1971, p. 331.

出于一个更大的"作为一个整体的自由体系"[34] 的缘故而受到限制或者进行不平等的分配;这种限制必须产生"一种更大的平等自由"[35] 或"最好的平等自由的总体体系"[36] 或者"加强"那个体系,[37] 又或者是"在总体上对自由的……促进"。[38]

那么,出于自由的缘故而限制自由是指什么呢?罗尔斯给出了一些为他的原则所允许的例子。最简单的例子就是把秩序规则引入辩论的情形,[39] 这些规则限制了我们想说话就说话的言论自由。如果没有这种限制,陈述和主张我们想要表达的东西的自由便会受到很大的妨碍,而且这种自由对我们的价值也会减少。正如罗尔斯所指出的,这些规则对"有益的"[40] 讨论是必要的,而且很明显,当这些规则被引入以后,人们就达成了某种妥协,被判断为较不重要或较少价值的自由权项也要从属于其他自由权项。在这个非常简单的情形中,似乎存在着一个相当明显的针对下述问题的答案,而这就是在这里彼此冲突的两种自由权项中何者更有价值的问题,因为无论我们在辩论中追求什么目的,按发言顺序交流我们思想的自由一定比打断这种交流的自由对实现我们所追求的目的有更多的贡献。然而,在我看来,把这个非常简单的情形中彼此冲突的自由权项的解决描述为产生了一个"更大的"或"更强的"总体自由体系,似乎是一种误导,因为这些语词表明除了自由及其各种维度(像范围、大小或力度)以外,没有任何价值包括在内。很明显,这些辩论规则有助于保障的并不是一种**更大**的或更宽泛的自由,而是一种去做某种更有价值的事情的自由——即某种在任何理性人看来都要比辩论规则所禁止的那些事情更有价值的事情,或者正如罗尔斯本人所指出的,一种去做某种更"有益的"事情的自由。因此,评价不同自由权项之价值的某种标准,必须包含在解决它们冲突的方法之中;然而,按照罗尔斯的说法,"这些基本自由权项的"体系似乎是自足的,因而该体系内部的冲突无须诉求自由及其范围之外的任何其他价值便可以得到调整。

的确,在某些情形中,罗尔斯有关"更令人满意的解决自由权项冲突的方法会产生一种更大的或更宽泛的自由"的观念也许有其适用之处。罗尔斯为此提供

---

〔34〕 John Rawls, *A Theory of Justice*, The Belknap Press of Harvard University Press, 1971, p. 203.

〔35〕 John Rawls, *A Theory of Justice*, The Belknap Press of Harvard University Press, 1971, p. 229.

〔36〕 John Rawls, *A Theory of Justice*, The Belknap Press of Harvard University Press, 1971, p. 203.

〔37〕 John Rawls, *A Theory of Justice*, The Belknap Press of Harvard University Press, 1971, p. 250.

〔38〕 John Rawls, *A Theory of Justice*, The Belknap Press of Harvard University Press, 1971, p. 244.

〔39〕 John Rawls, *A Theory of Justice*, The Belknap Press of Harvard University Press, 1971, p. 203.

〔40〕 John Rawls, *A Theory of Justice*, The Belknap Press of Harvard University Press, 1971, p. 203.

了一个相当清楚的事例，即只能出于自由的缘故而限制自由的原则会允许在一场真正为了保卫自由制度的战争中要求人们服兵役，而无论这种战争是在国内还是在国外发生。[41] 在这种情形中，下述说法可能是有道理的，即只是自由的总量或范围受到了威胁；服兵役期间对自由的暂时性限制之所以可以得到允许，其目的乃是为了防止或消除对自由的更大侵害。同样，罗尔斯经常提到的[42]以公共秩序和安全的名义所设定的那种限制，也只是在它阻止了人们对行动自由设定更大或更广泛的障碍之时才可以被证明为是正当的。但是，基本自由权项之间也确实存在着若干冲突的重要情形，正如在前述简单的辩论规则中的情形那样，解决这些情形中的冲突，也必须考虑不同行为模式的相对价值（relative value），而不只是考虑自由的范围或总量。有一种这样的冲突，根据罗尔斯的四阶段序列，将不得不在类似于制宪会议的阶段中加以解决；而这种冲突就是言论与人身自由同通过民选立法机构参政的自由之间的冲突。[43] 罗尔斯关于这种冲突的讨论乃是以如下观点为基础的：如果有一种《权利法案》保护个人的言论自由或人身自由，使之免受立法机构的一般多数决所规制，那么参政的自由就应当被认为是受到限制的。他指出，支持这一限制的论据，也就是他的正义诸原则所要求的那种论据，乃是"一种只诉求更大平等自由的正当理由"。[44] 他承认，关于彼此冲突的自由权项之间的价值问题，人们会持有不同的看法，而这会影响不同的人看待这种冲突的方式。尽管如此，他仍坚持认为，为了找到一个解决冲突的公正方法，我们必须努力发现这么一个节点，在这个节点上，"由对那些掌权者的边际失控而造成的对自由的威胁，正好与通过更广泛地使用宪法手段而获致的对自由的保障之间达成了平衡。"[45] 然而，我本人却无法理解，如果正如罗尔斯所说的唯一的诉求是"一种更大的自由"，那么这样一种平衡的达成是如何可能的？

存在于更大总体自由或自由体系观念中的上述棘手问题，乃是因人们要公正解决自由权项间的冲突而产生的；然而在我看来，这些棘手问题却又因为罗尔斯对有关观点的描述而变得更加尖锐了；他从这种观点出发认为，自由权项之间所有这样的冲突都应当加以解决——而无论这些冲突是出现在四阶段序列中的制宪

---

[41] John Rawls, *A Theory of Justice*, The Belknap Press of Harvard University Press, 1971, p. 380.

[42] John Rawls, *A Theory of Justice*, The Belknap Press of Harvard University Press, 1971, pp. 97, 212 ~ 213.

[43] John Rawls, *A Theory of Justice*, The Belknap Press of Harvard University Press, 1971, pp. 228 ~ 230.

[44] John Rawls, *A Theory of Justice*, The Belknap Press of Harvard University Press, 1971, p. 229.

[45] John Rawls, *A Theory of Justice*, The Belknap Press of Harvard University Press, 1971, p. 230.

阶段，一如刚才所考虑的情形那样，还是出现在与其他问题相关的立法阶段。

罗尔斯指出，当那些自由权项发生冲突时，为了保障"最好的总体体系"而作的调整，应当根据"有代表性的平等公民（representative equal citizen）"这一点予以展开，而且我们还应当追问选择何种调整方案"对于这种公民来说是理性的"。[46] 他认为，这涉及对共同利益或共同善的原则的适用，因为这一原则所选择的是"所有的人平等推进其目标"所必需的那些条件，或者是"促进共同目的"的那些条件。[47] 当然，人们很容易理解，自由权项间非常简单的冲突——诸如辩论规则情形——可以被认为是根据这种观点加以解决的。因为在这类简单的情形中，人们肯定可以这样主张：不论一个人有什么样的目的，作为一个理性存在，他都将明白，如果他要成功地实现他的目的，就需要有一些限制，而由于这样的限制对所有的人都是同样必要的，所以这可以从"共同善"的角度来表达。但是，从这个简单情形做出一般性的概括，却是相当错误的；自由权项之间的其他冲突将会是这样一些冲突：解决冲突的不同方法会符合不同人的利益，因为这些不同的人在如何认识彼此冲突的自由权项所具有的相对价值方面存有分歧。在这些情形中，不存在任何只根据共同善就可以选出的唯一的解决方案。因此，在上文讨论的制宪情形中，我们似乎难以理解：在不诉诸功利主义因素的情况下，或者也不诉诸某种认为所有个人在道德上都应当享有的东西乃是人之尊严或道德正当问题的观念的情况下，冲突是如何能够根据那种有代表性的平等公民而加以解决的。特别是，被罗尔斯归于处在原初状态［即选择会产生最差中的最好情形（the best worst position）的选项］的当事人的那种一般性策略，除了像辩论规则那样的明显情形以外，也毫无帮助可言。当然，在辩论规则情形中，人们可以这样论证说：受合理规则的限制要比遭受随意打断更好，因此将你想说就说的自由换作能够或多或少有效地交流你想说的东西这一更有价值的好处是合理的。或者，我们可以用罗尔斯经常使用的极具启发性的术语"极小中的极大（maximin）"来描述这个极为简单的要点：有规则的最差情形（虽然没有打断别人发言的自由，却有在规定的时间内不被他人打断的发言自由）比无规则的最差情形（尽管有自由打断别人发言，但自己的发言也会不断被别人打断）要好。

的确，这类简单的情形存在于人们所认为的下述情形之中：所有的"平等公民"（不论他们个人的品味或欲求有多么不同）——只要他们是理性的——都会在自由权项发生冲突的时候偏好一种选择。但我不明白，有关有代表性的平等公

---

[46] John Rawls, *A Theory of Justice*, The Belknap Press of Harvard University Press, 1971, p. 204.

[47] John Rawls, *A Theory of Justice*, The Belknap Press of Harvard University Press, 1971, p. 97.

民的理性偏好的观念是如何能够在理性人对那些彼此冲突的自由权项的价值问题发生分歧的情况下，以及在根本不存在理性人会偏好的显而易见的最差中的最好情形的情况下有助于解决冲突问题的。确实，在这类冲突必须加以解决的四阶段序列的诸阶段中，也根本不存在一种可以阻止那些必须做出决策的人去了解各部分人倾向于何种选择的无知之幕。但是我认为，罗尔斯不会把这种了解视为与那些关于有代表性的平等公民偏好什么才是理性的论点相关的，因为只有在我们认为这个有代表性的公民以某种方式（也许是以其彼此冲突的欲求所具有的相对力度或强度）反映了人群中不同偏好之分布的时候，这种了解才是相关的。然而，这实质上相当于一种功利主义的标准，而且我可以肯定，这种标准与罗尔斯的思想相去甚远。我在这里要强调指出，我并不是在抱怨罗尔斯对"有代表性的平等公民的理性偏好"的诉求未能提供一个在所有情形中都可以给出确定答案的决策程序。毋宁说，我不理解，除了在一些非常简单的情形中，我们应当用什么样的论据来证明这种代表的理性偏好是什么，以及在什么意义上它会产生"一种更大的自由"。

当然，罗尔斯可以这么说（而他实际上也是这么说的），关于代表理性偏好的论据通常会得到平等的权衡，而且在这样的情形中，正义将是不确定的。但是我认为，罗尔斯的意思不可能是：只要不同的人对选择做出不同的评价，正义就是不确定的。实际上，罗尔斯相当清楚，虽说不同的人会做出不同的评价，但是正义确实要求：必须为个人自由提供某些宪法性保护，尽管这些保护会限制参政的自由；[48] 他在这里考虑过的唯一的不确定性乃是关于宪法性保护的特定形式的，因为这种宪法性保护乃是从正义诸原则所容许的各种选项中选出来的。然而，如果人们在主要问题（即是否应当对旨在保护个人自由的立法权施以某种限制或不施加任何限制）上存在意见分歧，那么我不知道我们应当用何种论据来证明有代表性的平等公民会为了保障"更大的自由"而在这个主要问题上选择一种肯定性的答案。

这个棘手问题还使我在即使是相对次要的情形中也深感困惑；而所谓相对次要的情形，乃是指人们完全可能接受正义诸原则是不确定的这一结论。因此，我

---

[48] "平等公民的诸种自由权项必须被纳入宪法并受宪法的保护"。John Rawls, *A Theory of Justice*, The Belknap Press of Harvard University Press, 1971, p. 197. "如果一项保障良知自由和思想及集会自由的权利法案有实效的话，那么它就应当被采纳"。John Rawls, *A Theory of Justice*, The Belknap Press of Harvard University Press, 1971, p. 231.

们可以设想一下这种情况：当罗尔斯所认为的作为一项基本自由权项的土地私有权[49]与其他基本自由权项相冲突的时候，立法者不得不确定土地私有权中所包含的各种排他性权利的范围。一些人可能赞同走动自由不应当受到土地所有者的各种权利（即为禁止擅入他人土地的法律所支持的各种权利）的限制；另一些人，不论他们是否是土地所有者，则可能赞同应当设定一些限制。如果正义在自由权项彼此冲突的这种次要情形中是不确定的，那么无疑我们将转而依凭罗尔斯所谓的程序正义，并接受根据正义的宪法和公平的程序进行运作的立法机关所做出的多数决，即使我们不能说这种结果本身就是一种正义的结果。但是，我们可以推测，在考虑应当推动什么措施以及如何投票的时候，立法者就必须——由于这是一个有关基本自由权项彼此冲突的情形（尽管这是一个次要的情形）——首先追问这样一个问题，即有代表性的平等公民（如果他是理性的）会偏好哪种解决方案，即使他们肯定会发现这个问题根本就没有一个确定的答案。但是，不确定性（indeterminacy）与不可理解性（unintelligibility）是不同的，而我所关注的则是问题的可理解性（intelligibility）。在这类情形中，当立法者追问有代表性的平等公民为了保障更大的自由选择何种解决方案是理性的这个问题的时候，也就是当立法者知道一些人可能认为财产的私有比走动自由更有价值、而另一些人则不这么认为的时候，他们是什么意思呢？如果我们把这一问题重述为一个涉及共同善原则的问题，正如罗尔斯认为它是可以做这种重述的那样，那么它大概会变成这样一个问题，即从长远来看，哪种解决方案能最大限度地增进所有人的善或者所有人共有的目标。如果我们可以把这个问题完全当做哪种解决方案最可能增进每个人的总体福利的问题，那么它就有可能是一个在理论上可以回答的问题，但是在这里，除了涉及自由以外，人们认为这个问题还包括经济利益和其他利益。举例来说，如果人们可以证明，不限制在田地上行走的自由会减少每个人的食物供应，而另一种选择（即限制这种行走自由）则不会导致有可能影响每个人的坏结果，那么这个冲突就应当通过支持限制行走自由的方式加以解决。但是，根据福利来解释这一问题的做法，却似乎是与自由只能出于自由的缘故而非社会或经济利益的缘故而受到限制这一原则相抵触的。因此我认为，有关有代表

---

〔49〕 迈克尔·莱斯诺夫（Michael Lesnoff）先生曾经提醒我，罗尔斯可能没有把土地私有权视做一项基本自由，因为一如前述，罗尔斯的正义观并没有解决是否应当有生产资料的私人所有权这个问题。然而，我仍不清楚的是，被罗尔斯描述为"拥有（个人）财产的权利"（John Rawls, *A Theory of Justice*, The Belknap Press of Harvard University Press, 1971, p. 61）的基本自由权项中究竟包含了什么内容。它是否包含所有权或（在一个社会化的经济体中）从政府那里租用一块土地用作花园？如果不包括，那么文本中的例子可能要改换成步行者的行走自由与汽车权之间的冲突。

性的平等公民的理性选择的观念还需要做进一步的澄清。

四、为了防止伤害或痛苦而限制自由

现在，我将转而讨论这样一个问题，即只能出于自由的缘故而限制自由的原则，是否充分允许通过限制行动自由的方式而对导致他人痛苦或不幸的行为施以各种限制。这种有害的行为在一些情形中有可能是对基本自由权项的一种行使，比如说，言论自由或对财产的使用，尽管在其他情形中，这种有害行为有可能是对一项未被罗尔斯归入"基本自由权项"的自由权项的行使。如果罗尔斯所宣称的与深思熟虑的日常判断在总体上相一致的正义诸原则，实际上会否定那些限制造谣诽谤、严重侵犯隐私之出版物的法律（因为它们并不是出于自由的缘故而限制了自由），或者会否定那些为了保护环境和一般社会福利设施而对私有财产（如汽车）的使用而施加的各种限制措施，那将会是非常奇怪的。这些对作为基本自由权项的言论自由和私有财产权的限制，通常被认为并不是为了自由而对自由的限制，而是为了使福利设施或其他具有真正公益性的东西免受侵害或损害而对自由的限制。

也许罗尔斯的正义诸原则可以用两种方式至少在部分上填补这个缺口。[50] 罗尔斯的以下论辩可能在某些情形中比在其他情形中似乎更有道理，即一项不受限制的使他人遭受我们所说的伤害或痛苦的自由，事实上会通过两种方式或者其中的一种方式限制受害者的行动自由。所受到的身体伤害实际上有可能损害行动能力，或者有关这些有害行动不会受到禁止的认识有可能在潜在的受害者当中导致担忧和不确定的状态，而这种状态会严重抑制他们的行动。但是，除了在行为严重伤害个人身体的情形中，这些论辩似乎没有什么道理，而且即使在那些情形中，当这些限制被认为是一种对自由做出的合理牺牲时，我们似乎也很清楚：如果没有给予痛苦、不幸与烦恼一个独立的权重，与抑制受害者行动的有害行为或使他丧失行动能力的有害行为的可能性无关，那么人们实际上也是常常无法做到平衡的。

---

〔50〕 德沃金（Dworkin）教授和迈克尔·莱斯诺夫（Michael Lesnoff）先生曾经提醒我，认为我在这里所描述的"缺口"实际上不会存在，因为罗尔斯的那些基本自由权项可能会被他设想为从一开始就是受到限制的，所以它们并不包括那种损害他人利益或他人自由权项的行事自由。当然，人们可以把他自己承认只作了粗略描述的那些基本自由权项仅仅当做指示某些行为领域的标志，在这些领域中，处于原初状态的当事人在解决了某些自由权项与他人的利益或自由权项之间的冲突以后，确认了某些具体的权利。然而，尽管上述观点是与罗尔斯对基本自由权项所做的大多数讨论相一致的，但它仍然与罗尔斯对作为容易产生冲突的那些基本自由权项所作的阐释不相契合，而且也与他对那些并非由处于原初状态的当事人所解决的、而是通过采纳了有代表性的平等公民的意见的制宪会议或立法机构所解决的那些冲突所作的阐释不相契合。

然而，我们在这一点上有必要再一次考虑那些作为个人行为标准的自然义务，它们不同于作为制度标准的正义诸原则。这些自然义务包括不伤害他人或不造成"不必要痛苦"的义务以及帮助他人的义务。在讨论这些自然义务被处于原初状态的当事人所接受的时候，罗尔斯认为他们是经过计算的，即这些义务所带来的好处要超过它们所造成的负担。[51] 因此自然义务表现为这样一些情形：就像辩论情形中的简单规则那样，"最差中的最好情形"对所有理性人来说都是可辨识的，即使他们处在无知之幕之后。甚至在那些情形中，作为理性自利人的当事人似乎也会认为，比如说，在受到保护不被他人侵害的同时也受到限制不能对他人实施残忍行为，要比在可以自由侵害他人的同时也随时面临他人的残忍行为要好，而且对需要帮助的人必须提供适当的帮助要比永远得不到这种可能的帮助要好。因此很明显，如果罗尔斯的意思是（尽管他并未明说）：只要基本自由权项的行使会侵犯任何自然义务，即使是基本自由权项也可以被限制，那么这些自然义务便可以填补由"自由只能出于自由的缘故而受到限制"这一原则所留下的部分缺口。但是同样，这些从无知之幕背后选定的自然义务也只能够说明那些极其显而易见的情形——在那些情形中，对所有理性的人来说，限制带来的好处要明显超出它们所造成的负担。在不同的个人根据他们不同的利益而理性地做出不同选择的情形中，这种自然义务乃是无甚帮助的；而且我认为，上述情形也是很常见的。一些人，因其一般秉性所致，可能会理性地倾向于自由地诽谤他人、侵犯他人的隐私，或以他们喜欢的任何方式使用他们自己的财产，同时也会乐意承受他人将这类做法施于自己的风险，承受此类做法对他们自己和整个社会及自然环境所带来的一系列后果的风险。另一些人在这些事情上则不愿意为不受限制的自由付出代价，因为从他们的秉性出发，他们会认为限制措施所带来的保护比不受限制的自由更有价值。在这些情形中，不能根据理性人（不论他们的特殊秉性为何）会选择这些限制——就像他们会选择对杀戮或使用暴力施加普遍限制那样，就把对作为基本自由权项的言论自由或私有财产权所施加的限制也描述成自然义务的问题。

当然，我们肯定要牢记的是，对罗尔斯来说，正义并没有穷尽所有的道德问题；正如罗尔斯告诉我们的那样，存在着一些与动物有关、甚至与大自然中的其他事物有关的要求，实际上就是义务；这些义务超出了正义理论（即有关何者属于理性个体的理论）的范围。[52] 但是，即使存在着这些道德义务，甚至是涉

---

〔51〕 John Rawls, *A Theory of Justice*, The Belknap Press of Harvard University Press, 1971, p. 338.

〔52〕 John Rawls, *A Theory of Justice*, The Belknap Press of Harvard University Press, 1971, p. 512.

理性人的道德义务，我仍认为罗尔斯是不会把它们视作适用于各种制度的辅助性正义原则的。因此，我认为，那些因为并不是出于自由之故限制自由而被正义诸原则排除在外的对诸种基本自由权项施以的限制，不能单纯通过诉诸各种其他的道德原则而被证明为是正当的。这里的要点并不是罗尔斯式的正义将被证明在涉及对自由施以某些限制是否恰当的问题上不具有确定性；而是相反，它太确定了，因为它似乎把这类限制当做实质上非正义的措施排除在外了——其原因是它们对自由的限制不仅仅是出于自由本身的缘故。我认为，罗尔斯是不会希望通过下述方式来解决这个问题的，即干脆在他的正义诸原则上再增加一项补充性原则并进一步规定：如果自由的行使不仅违反了自然义务，而且也违反了任何道德要求，那么这种自由就可以受到限制。因为在我看来，这种方式会与其理论所具有的普遍的自由主旨背道而驰。

五、基本自由权项的选择

我认为，我们可以从散见于上述各节文字的批评中形成一个最为重要的一般性观点。这种观点认为，在行动自由的社会中对一般性分配加以规定的任何方案，都必须做到以下两点：第一，它把那种自由的好处给予个人；但是第二，它使个人承受他人行使那种自由而有可能给他们带来的任何坏处。这些坏处不仅包括罗尔斯所关注的那种情形，即干扰另一个人的基本自由权项的情形，也包括各种法律制度通常经由限制性规则所反对的各种形式的伤害、痛苦和不幸。这种伤害还可能包括对各种社会生活形式或福利设施的破坏——如果它们未遭到破坏，它们原本是可以为个人所用的。因此，任何具体自由权项的一般性分配是否符合任何一个人的利益，将取决于他行使该项自由对他产生的好处是否超过他人普遍行使该项自由对他产生的各种坏处。我认为，罗尔斯在他关于彼此冲突的自由权项的讨论中以及在他关于自然义务的理论中并没有充分认识到这个问题。在我看来，他的认识之所以是不充分的，乃是因为他的学说坚持主张，自由只能出于自由的缘故而受到限制，以及当我们解决各种冲突的时候，我们所必须关注的只是自由的范围或数量（extent or amount）。这种观点遮蔽了解决这些冲突之方法中必定隐含的不同类型的好处与坏处的特征；同时，他的学说也使他歪曲了除了那些发生在自由与其他利益之间最简单的冲突以外的所有冲突的特征，而那些最简单的冲突乃是由处于原初状态的当事人在选择自然义务时所解决的。我认为，罗尔斯始终都未能充分地认识到，在决定对任何具体自由权项进行一般性分配是否有利于某人时，权衡该项具体自由的利弊肯定始终是一项必要条件，因为其他人对那项自由的行使给他带来的坏处有可能超过他自己行使那项自由给他带来的好处。罗尔斯忽视这个道理的一个相当明显的标志，可见于他的下述文字之中：

"从原初状态的角度来看"，人们想要得到尽可能大的自由份额"乃是理性的"，因为"如果他们不愿意的话，那么他们并不会被迫去接受更多的自由，而且一个人也不会因为享有一种更大的自由权项而蒙遭痛苦"。[53] 我认为罗尔斯的这种说法是误导的，因为它似乎忽视了一个至关重要的要点，即对于任何个人而言，无论他对某项自由的行使可以给他带来什么好处，都可能没有对那项自由在他作为成员的社会里进行一般性分配给他带去的坏处来得多。

至此，我所做的详尽批判所关注的都是有关罗尔斯最大平等的自由原则的**应用问题**。但是，如果我在上一段文字中所提到的一般性观点是有效的，那么它就不仅会影响到正义诸原则一旦被选择之后的应用问题，而且也会影响到那种旨在证明处于原初状态的当事人——作为理性自利的人——会选择罗尔斯所列举的那些基本自由权项的论辩。罗尔斯假定，如果不需要付出代价，那么每个理性的人都会倾向于尽可能多地得到他所能得到的自由，从而在这个意义上讲，确实没有人会"因为享有一种更大的自由权项而蒙遭痛苦"；但是，即使我们做出与罗尔斯一样的假定，那也无法得出这样的观点，即个人只能以社会对自由的一般性分配为代价而获得的自由，乃是理性人仍想要获得的那种自由。当然，罗尔斯的自然义务代表了一些显而易见的情形，其间，我们可以公平地说，任何理性人都会倾向于对某项一般化的自由施加某些限制。在其他比较复杂的情形中，关于以其他拥有该项自由的人为代价来选择这项自由是否是理性的问题，也必须取决于一个人的秉性和欲求。但是，这些秉性和欲求在处于原初状态的当事人那里乃是被掩藏起来的，而且事实既然如此，那我就不明白他们是如何可能做出这种理性（亦即根据自利）抉择的：在以对各种自由权项进行一般性分配为代价的情况下而拥有它们。我认为，为了防范一个人自身的秉性和欲求并不确定的情形所可能产生的最差状况，为所有人选择最广泛的自由并不能被认为始终是一种最佳的保障。

六、关于自由优先性的论辩

在本文的结尾，我将解释一个我在罗尔斯的主要论辩中发现的棘手问题。罗尔斯用这个论辩来证明：禁止用自由来交换经济利益或其他社会利益这样一种自由优先性，必须包含在正义诸要求之中。根据罗尔斯的理论，处于原初状态中的、理性自利的当事人从无知之幕背后选择了这项优先性规则并把它作为特殊正义观的一部分，但是他们选择这一优先性规则赖以为凭的乃是这样一点，即除非或直到他们将成为其成员的社会实际上已经实现了某些有利的社会条件和经济条件，否则该项规则就不会起作用。这些有利的条件被认为是那些能够使诸基本自

---

〔53〕 John Rawls, *A Theory of Justice*, The Belknap Press of Harvard University Press, 1971, p. 143.

由权项得到有效确立和行使的条件,[54] 而且也是基本需求得到满足后的条件。[55] 在做到这一点之前,一般正义观应当支配社会,而且人们也有可能根据自己的意愿为了社会和经济收益而放弃某些自由权项。

我认为,罗尔斯不会把那些使优先性规则发挥作用的条件设想为一个极其繁荣的阶段。[56] 无论如何,这一点都是相当清楚的,即在人们达到这个阶段以后,任何社会当中仍可能存在想得到更多物质利益并愿意放弃他们的一些基本自由权项以得到这些物质利益的人。如果这个阶段的物质繁荣达到了很高的程度以至于不可能存在这样的人,那么那项在此前发挥作用的优先性规则就不可能再起到禁止性规则的作用,因为已经不存在它可禁止的情形了。正如罗尔斯所指出的,我们不需要去考虑人们在非常极端的条件下(诸如采纳奴隶制的情形)为了更大的经济福利而仍可能愿意放弃某些自由权项的情形。[57] 所可能需要考虑的只是这样的情况:一个社会中的一些人,也许是大多数人,甚至也许是所有的人,有可能会希望放弃某些在他们看来并不会给他们带来巨大利益的政治权利,而且如果他们有充分的理由相信某种威权主义的形式会大大促进物质繁荣,那么他们也会愿意让政府继续按这种威权主义的形式进行运作。一旦一个社会达到了基本自由权项能够得到有效确立、基本需求也能够得到有效满足这种相当适度的阶段,那么优先性规则所禁止的恰恰就是人们有可能希望进行的上述那种交换。

那么,为什么应当把这个有限制的优先性规则视做正义的诸种要求之一呢?罗尔斯的主要回答似乎是:随着文明诸条件的改善,就将出现这样一种情况,即**从原初状态的角度来看**,"为了更大的物质利益而接受一种较小的自由会变得而且以后将一直是……不理性的",因为"随着总体福利水平的提高,只剩下不甚紧要的物质需求"[58] 需要得到满足,而且人们也会开始越来越珍视自由。"在决

〔54〕 John Rawls, *A Theory of Justice*, The Belknap Press of Harvard University Press, 1971, p. 152.

〔55〕 John Rawls, *A Theory of Justice*, The Belknap Press of Harvard University Press, 1971, pp. 542~543.

〔56〕 很清楚的是,根据这种认识,适用特殊正义观的条件,有可能会在不同的社会里于极其不同的物质繁荣程度上达致。因此,与一个大型的现代工业社会中的人们相比,一个小型的农业社会中的人们或一个长期以来处于艰苦条件的社会中的人们,更有可能在一个较低层次的生活水平上确立和行使各种政治自由。但是考虑到这样的事实,即罗尔斯把相关阶段描述成各种条件仅仅"容许"或"承认"诸种基本自由权项得以有效确立和实现的阶段,我不清楚的是,他是否会认为特殊正义观对一个非常富有的社会也具有适用性,而在这个富有的社会中,由于财富的不平等分配,贫困使得相当多的人实际上根本无法行使那些基本自由权项。对这样一个社会中的穷人来说,难道支持威权主义政体以增进其物质生活条件就是不正义的吗?

〔57〕 John Rawls, *A Theory of Justice*, The Belknap Press of Harvard University Press, 1971, p. 61.

〔58〕 John Rawls, *A Theory of Justice*, The Belknap Press of Harvard University Press, 1971, p. 542.

定我们生活计划的时候，根本利益**最终**占据了优先性地位"，而且"对自由的欲求是首要的规范性利益，是（处于原初状态的）当事人都必定假设他们所有的人将在**适当的时候**共同拥有的那种利益"。[59] 上述观点的目的是要表明：从处于原初状态的当事人的角度来看，优先性规则所规定的自由优先于物质利益的地位乃是理性的。

这一论辩的核心似乎认为，对于那些处于原初状态的当事人（即对他们自身拥有的秉性、欲求以及他们作为其成员的社会的条件一无所知）来说，把这种限制加诸自身以禁止用自由来换取其他好处的做法是理性的，因为在那个社会发展到"最终的时候"或"适当的时候"，对自由的欲求事实上会对他们产生更大的吸引力。然而，对我来说仍不清楚的是，为什么下述做法就是理性的，即人们因为他们在一个较晚的阶段（即"最终的时候"或"适当的时候"）不愿意做某种事情而一定要在现阶段也限制自己不去做他们在其社会发展的某个阶段想做的那种事情。我们似乎没有理由认为，人们纯粹为了物质财富的巨大增加而有可能想采取的放弃某些政治自由的做法（亦即会被优先性规则所禁止的那种做法）会是永久性的，进而阻止人们在达到大富足之后根据自己的想法恢复享有这些自由权项的做法；如果不存在优先性规则，那么人们似乎就不会去冒永久失去他们在日后有可能想拥有的那些自由权项的风险。然而，我认为，罗尔斯的论辩实际上采取的却很可能是这样一种形式，它再一次使用了这一种理念，即在某些不确定的条件下，与其他方案的最坏后果相比，理性人将会选择其最坏后果对其利益造成最小伤害的那种方案。由于处于原初状态的当事人不知道其社会的发展阶段，所以他们在考虑是否要制定一项优先性规则以禁止用自由交换经济利益的时候必须自问：在下面两种方案中，最不坏的方案究竟是甲方案还是乙方案：

甲：如果不存在优先性规则，并且为了获得财富的增加而放弃了某些政治自由权项，那么最坏的状况便是一个人渴望行使那些被放弃的自由权项，并且不再关心通过放弃这些自由权项而带给他的额外财富的那种状况。

乙：如果存在一项优先性规则，那么最坏的状况将是在繁荣程度足以实行优先性规则的社会中，一个人却生活在该社会经济水平的最底层，并且很乐意为了物质财富的增加而放弃某些政治自由权项的那种

---

〔59〕 John Rawls, *A Theory of Justice*, The Belknap Press of Harvard University Press, 1971, p. 543（强调系本文作者所加）。

状况。

我认为，下述观点肯定是罗尔斯论辩中的一部分，即对于任何理性自利的人来说，乙方案乃是最差情形中的最佳者，因此处于原初状态的当事人也会选择它。我无法确定地说这就是罗尔斯的论辩，但是如果这真的是他的论辩的话，那么我认为它是没有说服力的。因为在我看来，在这里，如果处于原初状态的当事人追问上述甲状况和乙状况中何者在他们无知的条件下最适合他们的利益，那么对自身欲求的特性和强度一无所知的他们，同样是无法做出任何确定回答的。当无知之幕被揭开之后，一些人会倾向于选择甲状况，而另一些人则会倾向于选择乙状况。

按照上述论辩，与其他基本自由权项相比较，人们也许可以对某些基本自由权项（如宗教自由）做更好的辩护。我们也许可以这么说，任何知道拥有宗教信仰意味着什么并希望践行这种信仰的理性人都会赞同这样的观点，即对于任何这样的人来说，通过法律禁止他践行其宗教信仰，一定会比禁止一个相对贫穷的人放弃对其无关痛痒的宗教信仰自由以获致物质利益的巨大增加更糟糕。但即使如此，我仍认为，我将其归之于罗尔斯的上述论辩（很可能将之归于罗尔斯的做法是错误的）根本就不能支持任何**普遍的**优先性规则，这种普遍的优先性规则禁止人们为了物质财富的增加而想用任何基本自由权项与之进行交换的做法，即使在有限的时期内进行这种交换也不行。

我认为，罗尔斯主张自由优先性的论辩有着明显的教条性，而这可以经由下述事实而得到解释：尽管他不是将它仅仅作为一种理想提出来，但是他确实怀有一个他自己隐含的理想，因为在他把自由优先性说成是一种选择——这是处于原初状态的当事人作为在无知之幕背后进行选择的理性者为了他们自身的利益而必须做出的选择——的时候，他以一种密而不宣的方式所诉诸的就是这一理想。这种理想是一个具有公共精神的公民所拥有的理想，这种公民将政治活动和服务他人珍视为生活的主要利益之一，而且认为用参与政治活动或服务他人的机会来交换纯粹的物质利益或物质满足是不能容忍的。这一理想强烈地渗透在罗尔斯这本书的许多观点之中，尽管我在本文中无法对这些观点进行讨论。当然，这种理想也是自由主义的主要理想之一，但是罗尔斯主张自由优先性的论辩的目的却是以利益为基础，而不是以理想为基础的，而且他的这一论辩还旨在证明自由的普遍优先性反映了每一个自利的人都会理性地拥有一种将自由置于其他利益之上的偏好。尽管罗尔斯的论辩为人们理解自由与其他价值之间的关系贡献了诸多其他方面的启示，但是我认为它却没有成功地证明自由对于其他价值的优先性。

卢曼理论有用性何在?*

[英] 迈克尔·金** 著

王小钢*** 焦武祥**** 译

　　任何一个试图向法律人或决策者说明卢曼思想重要性的人所面临的困难之一是——在法律人或决策者的理解中，社会理论必须是"有用的"（useful）。在这种语境中，"有用的"通常意味着它能够为各种法律和政策问题提供答案，至少能够指明在哪个方向可以找到这些答案。关于社会的其他理论和关于作为社会存在之人类的其他理论之所以是有用的，那是因为这些理论在法律人看来似乎能够或多或少地完成这类任务。法理学代表着一个由各种原则、价值和理解构成的体系，其中许多原则、价值和理解对于法律、法律人和立法者来说是有用的。但是我们知道，法理学更接近于哲学，而非社会理论。法理学的抽象性意味着，通过将既定的原则和价值适用于某种社会情势下的事实之中，就可能将这些原则和价值纳入有效的社会政策和法律决定之中。法理学可以告诉我们，平等地对待不同的人可能是不公正的，法律的制定应当符合全体公民的一般利益，但是法律和政策决定总是要求进行一些经验分析，以便识别在每一种给定情形下哪些人构成不同的人，何种利益构成全体公民的一般利益。

　　运用于法律和政策议题的经验性社会研究从其定义来看就是有用的。它揭示出法律系统在实践中实际如何运作。换言之，它能够为法律人和决策者提供"各种事实"（the facts）。这些事实可能指出法律运作道路中的各种矛盾、缺陷和不平等，因此也为各种改革铺平了道路。然而，这些事实本身好像砖块，没有框架结构赋予其形式，或者没有灰浆将其粘合成一个整体。因此，如同建构主义社会

　　* 原文参见 Michael King, "What's the Use of Luhmann's Theory?", in Michael King and Chris Thornhill (eds.), *Luhmann on Law and Politics*, Hart Publishing, 2006, pp. 37~52. 感谢吉林大学法学院博士研究生周国兴和硕士研究生王琦经由耐心阅读译文初稿提出的评论意见。当然翻译若有不当之处，由译者承担责任。

　　** Michael King，英国布鲁内尔大学（Brunel University）法学教授。

　　*** 法学博士，吉林大学法学院副教授。

**** 吉林大学法学院硕士研究生。

学家告诉我们的那样，每个对不同社会领域的法律系统的运作所做的经验性研究，都必然发生在由某种关于社会的前理解构成的框架之中，不论这种框架是否显而易见。无论这种研究关涉婚姻关系、经济组织、人权、知识产权，还是关涉社会生活的任一其他领域，情况依然如此。在决策者和法律人看来，有用的社会理论旨在赋予经验性研究以融贯性和某种结构，以便这种社会理论的结论能够相对容易地用于制定和证成各种社会政策、法律论证和决定。一个简单的例子可能是那些假定在贫困和犯罪之间存在因果关系的社会理论。这些可能为研究家庭收入水平和不良行为提供了框架，这种研究的结论可能反过来用来提供正当理由，以证明向贫困家庭进行财政配给或法院对来自这些贫困家庭的年轻罪犯作出仁慈判决。然而，还存在一些根本不能对法律人迅即或直接有用的社会理论。这些理论可能很好地为经验性观察提供了一种框架和结合点；例如，它们通过识别各种社会事件之间的结构和关系来发挥这种作用——在法律人、政治家和决策者想当然的世界中，很可能不能识别这些结构和关系。我认为，卢曼理论就属于后一类社会理论。

因此，在擅长实务思维的人看来，社会理论存在于法理学和道德哲学的抽象思考与经验性研究的事实观察之间的某个地方；社会理论的有用性主要存在于它显见的转变能力，即将抽象思考转变为一种以各种政策和决定对社会产生影响的方式理解这些政策和决定的框架的能力。当然，这些社会学理解框架也可能对社会和法律决定批判者有用，并对决策者自身有用。[1] 然而，当社会理论太抽象或者一般、与看待世界的公认方式距离太远，或者太复杂，以致其不能相对容易地纳入各种决定时，法律职业人员、政治家或公务员就很可能忽视这些社会理论，忙于他们自己的事务——好像这些社会理论从来没有被提出来一样。再则，将各种原则适用于"各种事实"的律师、法官和法律专员、国会立法起草人并不止步于忙于其事务，似乎根本没有任何东西可以搅乱他们的议题，干扰他们草拟立法案或判决书的工作——他们运用一种广泛接受的理解框架来工作，并利用经验性研究；他们相信其草拟的立法案和判决书将会保护社会成员免受不正义、社会不稳定和不安全的威胁。因此，如果他们参考社会理论，那么这种参考不可能弄乱他们的议题——在他们看来，这些议题相对清晰明了、直截了当；例如，他们可能参考那些巩固民主政体的优越性、限制无节制的自由市场经济的社会理论。那些注意到种族歧视的社会腐蚀性或强调人权的重要性的社会理论，是符合他们意图的理想理论。那些在何种规制形式最为有效方面——例如，宁愿选择自

---

[1] 参见马克思理论、福柯理论、女权主义理论和反种族主义理论。

我约束措施而非政府施加规制，或者宁愿选择福利干预措施而非惩罚措施——提供了明确指示的社会理论同样是符合他们意图的理想理论。这可能关涉立法或法律决定，这些立法或法律决定旨在激发人性中为社会所欢迎的面向或限制人性中为社会所不欢迎的面向。对于他们来说，决策者有意地接纳诸如卢曼理论那样的社会理论，可能与他们每天起草立法案、在法庭上进行辩论以及判决案件的建设性工作相当地不相称。对于他们来说，忽视整个社会学比纠缠于这种可能使他们艰苦工作变得更为艰难的思想要容易得多。

社会的决策者根本没有时间从事审查、发现和解释方面的智力游戏。时常发生的是，在晦涩艰难的社会理论与法律和政治现实世界之间建立联系的工作留给了法律和政治学术领域的观察者。如是，我们进入政治社会学和法律社会学的学术世界，这种学术世界充满着博学睿智和晦涩难解的分析、辩论和争议。倘若试图让那些草拟法律或者制定将要纳入立法的各种政策的人阅读这些博学深奥的论著和论文的想法只能是一个幻想，试图相信他们会受这些论著和论文的直接影响的想法只能是一个更虚幻的幻想。撰写这些论著，为学术期刊撰写这些论文，为论文集撰写这些章节的我们可能宁愿相信，我们对社会的影响更为微弱，更为间接。也许我们的学生——未来一代的法律人、行政官员和政治家——将会接纳我们艰涩的思想，并将其付诸实践。然而，不幸的是，当我们假定学生渴望知道和理解复杂思想时，今天的实际情形却是越来越少的学生花时间或倾向于获知这些复杂思想。那些确实获知这些复杂思想的少数学生极有可能成为理论学术工作者，而不是参与实际的决策工作。其余学生倾向于认为，我们所有的学问仅对通过考试有用，与他们考场之外的生活无关。然而，我们继续写作，似乎社会的健康，甚至它未来的存在（以及人类未来的存在）都依赖于我们的努力写作。一旦我们质问我们自己——如果不是为了像我们一样的其他学者写作，那么我们究竟为谁写作？除了对阅读我们思想性文献并且（在某些情形下）回应这些思想性文献的封闭学术界产生了一些影响之外，我们还期待我们的思想将会产生哪些影响呢？——我们冒着许多写作变得毫无意义的风险。诸如此类的问题恰好位于卢曼理论有用性问题的核心，也是本文旨在回答的主要问题。

因此，可以认为，本文的核心是提出"使卢曼变得有用"的两种相互对立的方法。第一种方法是，试图转变卢曼理论以致它开始在规制社会和解决社会问题方面具有某种相关性，也就是具有某种实践意义。第二种方法是，保持超然态度，并且相信：如果一群人宁愿选择远离公众生活的喧闹，以便运用一种——完全不同于那些真正卷入各种社会事件的人或者那些必须在被接受为事实或者不是事实的东西的明确期待基础上作出决策的人的——方式分析和解释各种社会事件，那么这种选择本身可能有利于社会。

当然，不证自明的是，法律理论越抽象，越一般化，它们与法律人和决策者日常关切事项的距离就越远。虽然如此，对法律理论进行阐述仍有价值，因为认为卢曼理论对法律决策能够产生直接影响观点的人的大部分讨论似乎都含蓄地否认这一点，即下述两种"法律"或"法律系统"（legal system）是不一样的：①孕育思想、联系、信念和假设的"法律"或"法律系统"（legal system）；②实务工作者（practitioners）（无论是法律人、法官、政治家，还是行政官员）运用其或在其中提出正面主张和反面观点，评估风险，权衡证据以及作出决策的"法律"或在"法律系统"[2]当然，这一否认本身起到一种效果——会或应该会持有上述观点的人自身所从事的工作对当下法律与政治决定是直接关联且有意义的。上述否认还妄图在社会理论的领域内也一同将实践性政策与决策视为想当然的实在（reality）。随着理论与实践的差距在拉近，其他一些事实必然会成为要为此付出的代价而牺牲在实用主义和权宜思想的祭坛上。需要补充的是，这一评价不应被认为是对那些将其理论屈从于"实在世界"的需要从而丧失了实在的理论家们的抱怨，尽管我也承认，那些不熟悉卢曼理论中关于难以接近的实在的概念（notion of an inaccessible reality）的读者可能会看到这一评价。最值得担心的是，一些学者在其间从事研究和出版著作的"意想实在"（virtual reality），与其他学者——用他们的话说，希望能保全思想完整性（intellectual integrity）——的"意想实在"大相径庭。此外，我还想说，尽管这些实践型理论家努力使其理论能够在实践层面被接近和使用，但他们的"意想实在"与从事法律、政治及社会管理的那些实务工作者所认为的各种"意想实在"可能仍会大相径庭。比如，一些法官和法律人妄图复制整个世界，用戴维·奈尔肯（David Nelken）的话说，他们冒险"构建一种法律的社会学进路，结果却是在用自己的设想创造法律"[3]换句话说，理论家们对法律系统运转方式的看法与法律人自身所认为的实在之间依旧存在着差距，尽管一些理论家认为他们已经捕捉到了社会实在。

如果我在行文最后站在纯粹主义思想家（intellectual purists），如伯里克利（Pericles）一边，而不是站在"堵漏人员"（the plumber）[4]一边，这不是因为

---

[2]　参见罗杰·科特雷尔（Roger Cotterrell）与戴维·内尔肯（David Nelken）之间的辩论，例如：Roger Cotterrell, "Why Must Legal Ideas Be Interpreted Sociologically?", in *Journal of Law and Society*, Vol. 25, No. 2, 1998; David Nelken, "Blind Insights? The Limits of a Reflexive Sociology of Law", *Journal of Law and Society*, Vol. 25, No. 3, 1998.

[3]　David Nelken, "Blinding Insights? The Limits of a Reflexive Sociology of Law", above n 1 at 407.

[4]　See W. Twining, *Blackstone's Tower: The English Law School*, London, Sweet and Maxwell, 1994.

我想诋毁和贬低那些提出自创生理论（autopoietic theory）能够为形成更有效的政策与法律决定提供有效指导的人。我只是想说，他们好心好意地创设属于法律人和决策者的理论，认为这能给学术界之外发生的事情施加影响的企图是在自欺欺人，因为学术界是封闭的，圈内人写的东西也只有圈内人自己看。接着，关于"理论"与"实践"的辩论就会演变为关于卢曼原本思想的两类不同学术解释之间的争论——一方强调迫切需要将自创生理论视为分析当下各种各样政策与法律决定的严格框架；另一方则指出自创生理论损害了卢曼理论的独创性以及运用该理论以不同的思维看待事物的可能性。

卢曼问题

卢曼理论中最吸引人，也是让人最为感兴趣的，可能正是其中最不吸引实务工作者，也是让实务工作者最不感兴趣的那部分。我指的是：承认复杂性，抵制人类理性有能力解决各种社会问题的主张，拒绝接受将这个想当然的世界视为是唯一的实在，拒绝接受将关于因果关系的权威性认定视为放之四海而皆准，拒绝接受那种笼统的怀疑法律和政治能否以一种可靠和可预测的方式去规制社会行为的怀疑主义。基于种种原因——我在后面会说到具体原因——这些似乎正是卢曼理论的特性，这些特性也正是约翰·佩特森（John Paterson）在本书中想努力突破的特性。

从卢曼的作品可以看出，卢曼明确拒绝相信法律在型构个人性和集体性良好欲求的能力，这些良好欲求旨在改良社会、控制人口和筹划社会工程。这完全符合他想创设一个能够反映现代社会复杂、破碎以及功能分化等属性的社会理论这一主要目的，亦即创设一个全新的社会学启蒙理论。事实上，卢曼稍带讽刺意味地以《社会学启蒙》（*Soziologische Aufklarung*）作为其六册综合文集的标题，就是想表明其根本拒绝接受通过拓展人类理性来改良社会的启蒙运动；与此同时，卢曼提出一个新的启蒙理论体系用来矫正启蒙运动极度吹捧社会科学乐观主义、道德理性与进步主义以及社会福利主义等造成的后遗症。[5] 在人类竭力实现最高成就的社会图景方面，卢曼对我们讲述的是社会存在的不大可能性及其绝对脆弱性。与规则性的因果关系认定不同，卢曼告诉我们的是偶在性，亦即社会事件

---

〔5〕 更多关于卢曼社会学启蒙的讨论，参看本书〔Luhmann on Law and Politics（Michael King and Chris Thornhill ed.），Hart Publishing，2006〕克里斯·桑希尔（Chris Thornhill）撰写的章节。

的不可预测性，这些事件只能在回顾反思中得以解释，只能运用要么这种要么那种的可资利用的社会系统予以解释。与运用知识取得成功的进步主义观念不同，卢曼强调社会演化的随机性，亦即偶在性——这种想法认为，一切事物本来都可能以不同的方式发生；一切事物本来都可能是另一番面貌。[6] 然而现在，就在卢曼先生过世五年之际，我们看到一些社会－法律学者仰慕卢曼作品，宣称自创生理论是他们最为青睐的理论框架，以一种强调将法律视为是社会进步的推动力，亦即规制和控制社会事件的有效手段或潜在有效手段的观点，或至少是与这一观点兼容的方式，试图重新诠释卢曼的思想。

佩特森/托依布纳对卢曼理论的重组

我在早前的一篇文章中提到了一些我称之为是卢曼理论思想"同化作用"的例子，通过给卢曼理论思想套上一件外衣，这件外衣能让卢曼理论思想符合法律学术界与法律社会学者之间的流行辩论的某个方面。这导致两种极端情况：一种是一位杰出社会－法律学者将卢曼欢欣地视为从政治中解放出来的法律自主性观点的支持者；[7] 另一种是另一位学者旗帜鲜明地赞同卢曼承认一种完全掌控其自身运作的动态（相对于守成）法律的观点。[8]

在该书之中，约翰·佩特森试图将卢曼从其悲观主义与怀疑主义的泥潭中解救出来，然而这完全是在诡辩。根据贡塔·托依布纳（Gunther Teubner）修正自创生理论之后的看法——不同的系统有不同的闭合度和自创生，佩特森认为反身法（reflexive law）兼具"规范性"与"分析性"特征，[9] 并且这种分析能力所代表的正是法律系统的学习能力。佩特森说，法律系统的学习能力包括了"对（法律）系统自创生属性的知识"。[10] 虽然佩特森明确排除了法律自我改良将会产生任何可预见的结果，但有一点仍然可以肯定：法律通过提升反身力可能成为

---

〔6〕 N. Luhmann, "The Autopoiesis of Social Systems" in F. Geyer and J. van der Zouwen（eds）, *Sociocybernetic Paradoxes*：*Observation*, *Control and Evolution of Self－Steering Systems*, Lodon and Beverly Hills, Sage, 1986, pp. 171～192.

〔7〕 See my discussion of Richard Lempert' treatment of Luhmann in M. King, "The Construction and Demolition of the Luhmann Heresy", *Law and Critique*, pp. 1, 13～15,（2001）12.

〔8〕 Ibid, pp. 15～17.

〔9〕 G. Teubner, *Law as an Autopoietic System*, Oxford, Blackwell, 1993, p. 97.

〔10〕 参见本书（Luhmann on Law and Politics）中约翰·佩特森撰写的章节。

社会行为更好的管理者。佩特森力图从卢曼的著作中摘取一些零星的看似支持上述论断的只言片语，并试图调和卢曼的观点和贡塔·托依布纳的观点：卢曼在其封闭性理论体系提出了看似不可调和的观点；托依布纳在其更加或可能更加开放的理论体系提出了不同的观点。

我实在不想参与到卢曼与托依布纳之间关于社会诸系统到底能够开放到什么程度的辩论当中，虽然我真的很认同戴维·坎贝尔（David Campbell）所关注的："虽然托依布纳一贯主张社会诸系统间是根本隔绝的……然而他也希望这些不同社会系统之间可以进行对话"。[11] 然而，就社会控制与管制的可能性而言，这一点是笃定的：社会事件要么是随机、任意与偶在的，要么是能够被管制与控制的。两者不可同时并存。抑或两者可以同时并存？卢曼对社会理论的最大贡献就是，经验地证实了社会诸系统是如何能够将秩序、进步及可控性的印象赋予给原本混乱和偶在的世界的——在这样的世界中，一些事情之所以发生是因为其他一些事情发生了。在卢曼看来，社会诸系统本身是可以通过其自我参照或自创生给人们以控制的印象。社会诸系统不仅可以通过参考其自身的规范来实现对自身的当下行为进行指导，更重要的，也是我们想说的是，诸系统还可以通过在诸系统内部对其外部环境（也就是社会、世界甚或宇宙）形成的认识（这种认识在系统本身之外并不具有实在性）来实现对自身的当下行为进行指导。系统为自身建构了一种环境，在这种环境中系统似乎可以实现其所有的目标，此即去悖论（deparadoxification）。在这种环境中，所有问题和实现这些目标的障碍看起来都是可以克服的，只要系统提高自身效能就可以了。进一步讲，系统绝不可能容许在这个自己所构建的外部实在中还有社会事件是随机或偶在的，这是因为如果这么做了，那么系统就不得不面对其自身的存在性悖论——亦即事实上那些被看做实在的东西只是被系统认定的为系统创造出来的实在。

这为法律社会学家或者说社会 - 法律学者提供了两种明显的选择。要么从内部视角观察法律系统，接受法律对实在、社会世界及其所涉的全部前设（a priori assumptions）的转译；要么从外部视角观察法律系统，在这种情况下你不仅能够看到法律系统在外部环境中运作，而且能够看到这种环境与法律系统自身所能观察到的环境大相径庭。当然，你对法律及其环境的观察并不比法律系统自身的观

---

〔11〕 但正如坎贝尔所指出的，"当然，对话的可能性预示着诸系统之间存在着某种共通性，并且这种对话打破了诸系统之间的根本隔绝局面，根本隔绝性正是托依布纳系统理论的显著标志"。See D. Campbell, "The Limits of Concept Formation in Legal Science", *Social and Legal Studies*, pp. 439, 442, 9 (2000).

察更加"真实"和"客观"。虽然，你的这些观察也依凭于各种对实在性和法律在这种实在中的角色的基本前设，但你无需接受法律沟通所描绘的世界。

不幸的是，约翰·佩特森两者都想要。他试图相信自创生系统理论及其所拥有的偶在性、随机性——认为一切事物本来都可能以不同的面貌呈现；同时他也观察各种方式，法律系统在这些方式中更好地与其他系统进行沟通从而提升自己的效能。在佩特森看来，实现更良好规制与更有效控制的关键在于法律自身的领悟（grasp），并且首先在于法律对其他系统如何看待它们自身的领悟。这就是佩特森的实在。既然这种实在没有给法律的悖论情形带来挑战，那么也可以说，这种实在可以是法律的实在，但这种实在不是卢曼的实在。

我简要地看看佩特森的论辩之于自创生理论、法律社会学以及一般社会理论的涵义。佩特森汲取了托依布纳关于法律可以利用一些方式"理解"其他系统进而更好地规制这些系统的高度复杂观点。不仅如此，佩特森还进一步辩称，尽管卢曼明确抵制反身法这一观念，但毕竟卢曼和托依布纳对自创生的看法相差无几。换言之，如果法律真能以其他系统观察这些系统自身的方式去观察这些系统，那么法律完全有可能提升其自身的效能。在我看来，这显然是一个促使自创生系统理论一般化与中立化的明智之举，是一个能使自创生系统理论融入被卢曼称之为"有着'自由'传统的现代欧洲"的明智之举。[12] 经此途径，卢曼独特的、特别的（也被某些人称之为极度悲观主义的）社会思想就与乐观向上的通过自我改良的学习而有能力确保其自身未来效能的社会视角相互协调起来。虽然隐藏在诸如"相互观察"（reciprocal observation）、"通过干预的耦合"（coupling through interference）、"经由组织的沟通"（communication via organisation）等一些专业术语背后，但是我们在这里所拥有的东西不过是那些卢曼认为他已经抛弃了的激动人心的启蒙主义价值的回归，亦即经由理性的运用和知识的积累而达致的人文主义和进步主义的回归。[13] 如今，法律系统已不再探究"真实原因"（real causes），而是力图"探究微妙的'介入点'"（intervention points）。如今，法律已不再借助于普遍的人类理性，而是"建基于二阶（second order）观察的运作，尤其是悟性（Verstehen）"。

事实是，纵观卢曼关于法律的主要著作《社会中的法律》（*Das Recht der Ge-*

---

〔12〕 N. Luhmann, "Some Problems with 'Reflexive Law'", in G. Teubner and A. Febbrajo (eds), *European Yearbook of the Sociology of Law*, Milan, Guiffre, 1992, pp. 390 ~ 415.

〔13〕 "自创生系统理论强迫我们抛弃这个概念。因为在自创生系统理论中，行动是对自创生过程进行的一种观察的结果。" N. Luhmann, "Some Problems with 'Reflexive Law'", above n 12, pp. 390 ~ 415.

sellschaft)，[14] 卢曼从来不曾提到法律系统能够依靠反身的方式运作的可能性，在其发表在《欧洲法律社会学年刊》（*European Yearbook of the Sociology of Law*）上的《反身法所存在的问题》（The Problem of Reflexive Law）一文中，卢曼用了25 页篇幅来论证法律系统无法依靠反身的方式运作。更何况，多年以来，卢曼一贯在其作品中将他所看到的认为社会是建立在普遍理性之上或建立在某些关于人性的前提性观念的想法嘲笑成是简单化、理想化和意识形态化的思想。然而，这一切在卢曼以降的脉络中的某个地方竟然被遗忘掉了；或者说，如果不是遗忘掉了的话，也肯定是被取代或遮蔽了——在佩特森的论述中，卢曼在其"结构耦合"（structural coupling）和"系统程式"（system programmes）概念中肯定可以开放出"某一系统能够对其他系统的自我掌控（self‑steering）产生影响"的可能性。当然，卢曼在其一篇文章中有一句令人费解的话，约翰·佩特森将这句话援引为对自己观点的佐证："在很多方面更好地运用各种可能性"。[15]

法的人格化

本文还要进一步指出一点。某些社会—法律学者倾向于将自创生理论人格化，使其变成"一种对法律人友好的理论"，不管卢曼怎样谈论法，更不管法律人怎样评价卢曼。这通常伴随着法的人格化趋势，尽管是在稍微不同的意义上——法本身正在人格化，法所呈现的人格面貌，亦即人之特性，反映了佩特森与托依布纳关于系统之间的相互联系会导致更好决策的立场。或许，法是德沃金（Dworkin）笔下的海格立斯（Hercules）形象——"一位有着无限智慧、知识与时间去化解各类问题的法官"。[16] 或许，它是一位相信自己对当事人及其孩子私生活的熟悉极大地提升他化解自身家庭各类问题的能力的宽厚仁慈的主管婚姻家庭的法官形象。或许，它是一位相信对全球经济格局的理解有助于她起草更有效的法律以规制跨国公司聪明的公务员形象。我在这儿想指出的一点是，这一"调谐了的"（tuned‑in）法律系统形象与"调谐了的"人类决策力量的形象相差无

---

〔14〕 最近被翻译为：*Law as a Social System*，Oxford：Oxford University Press，2004.

〔15〕 N. Luhmann，"The Coding of the Legal System"，in A. Febbrajo and G. Teubner and（ed），*State*，*Law*，*Economy as Autopoietic Systems*，Milan，Guiffre，1991，pp. 145~86，182.

〔16〕 J. Penner，"Law and Adjudication：Dworkin's Critique of Positivism"，in J. Penner，D. Schiff and R. Nobles（eds），*Juriprudence and Legal Theory：Commentary and Materials*，Lodon，Butterworth's Lexis‑Nexis，2002，pp. 335~84. See R. Dworkin，"Hard Cases"，*Harvard Law Review*，p. 1057，88（1979）.

几。两者都希望通过运作的相互联系来改进他们的管理工作，即使这类联系只停留在他们的大脑中，或者只存在于他们选择利用的人际关系或经济活动的特定模式中。

卢曼自创生社会系统理论并不是这样。卢曼不仅（一如托依布纳和佩特森所宣称的那样）反对将人类看做社会学分析或社会行动的唯一单元，[17] 卢曼也极度反对设计一些方法来提高法律与政治的规制操纵。人们甚至可以质疑卢曼是否致力于发展法律社会学或政治社会学。卢曼无疑未曾有此主张，但他总是说，他的目标是创设一种整体意义上的现代社会理论，这一社会由诸多社会沟通系统构成，包括法律沟通和政治沟通。我认为，这就是约翰·佩特森试图比较（最终目的是调和）托依布纳与卢曼这一想法所涉及的一个基本问题。他们之间的区别与其说是一个人相信反身法，另一个不相信反身法，不如说是一个人对探寻提升法律系统效能的方法兴趣益然，另一个人则对此毫不关心。

对反身法的反驳

正如先前所提到的那样，我实在不想在这儿复述卢曼与托依布纳之间关于反身法的争论。我更关心自创生理论的有用性这个一般议题，或者将自创生理论作为探索通过法律改善社会控制之路的工具这种看法。然而，卢曼在其关于反身法的文章中提出的两个论点都属于这儿讨论的这个一般议题和有效工具的看法。第一个论点是：通过法律规制社会在过去取得成功的记录并不必然是支持法律与其他社会系统之间存在相互联系的可靠证据，因而也并不必然是反对卢曼关于社会诸系统都是规范上封闭的，并且不能"理解"其他系统（除了这些系统在限定条件下有效地运用其符码之外）的严密观念的可靠证据。如果你仔细观察，那么你会发现一些法律看似溯及既往地（*ex post facto*）作为社会控制手段的例子。通常，这些例子都牵涉到经济利益与法律利益的重合问题。例如，某航空公司之所以会遵守安全法规，是因为如果没能这样做，其后果不仅是违法问题，而且最为糟糕的情形是发生航空灾难，至少也会被吊销营业执照，由此遭受巨额经济损失。就此情况，有人可能会得出结论认为，航空法律与航空业之间形成了"结构

---

[17] N. Luhmann, "The Individuality of the Individual: Historical Meanings and Contemporary Problem", in T. Heller, M. Sosna and D. E. Wellbery (eds), *Restructuring Individualism: Autonomy, Individuality and the Self in Western Thought*, palo Alto, Ca, Stanford University Press, 1986, pp. 313~25, 318.

上的耦合"（structurally coupled），但依我看，这并不是阐述两者关系特别有效的方式。

一如卢曼所指出的那样，法律系统所面临的问题是，它不能规制那些作为影响系统有效性的因素但不能对之作出为合法/不合法（lawful/unlawful）决定的行为。他举了一个简单的例子，就是刑法中不被抓获（not getting caught）的问题。[18] 如果窃贼认为他们被抓获的几率很小，那么刑法将无力对盗案发生率进行有效控制。作为社会沟通系统的法律无法简单地通过其合法/不合法的符码来理解被抓获/不被抓获问题。法律所能做的只能是通过法院在判决时合法地考虑窃贼的坦白情节或者在将来不支持公诉人来鼓励窃贼在未被抓获之前坦白。当然，这首先取决于窃贼已被抓捕归案。此外，还有很多因素可以减少盗窃数量，比如提升房屋安全性能、进行更有效的治安侦查、雇佣更多的警务人员以及邻里之间相互照看等，但这些都是法律所无法观察到的因素，法律所观察到的事物唯有在通过其合法/不合法符码构筑的有限视角内所能看到的事物。即使一些法官很敏锐地知道了法律的这些局限性，但法官也是在法律系统内做事，因此也丝毫不能改变这一状况，也只能在法庭上或在其判决书中发发牢骚，希冀能引起某人的注意。

现在回头再看看航空安全法规一例，航空安全法规之所以看似行之有效，是因为它们得到了遵守，基于此，我们只能放心地做出这种推断：法律系统成功地落实了这些安全法规。对未来所作的唯一可能预测是卢曼所谓的"完美未来"（future perfect）预测：如果在未来的某一时候，人们的行为是朝着法律所希望的方向改变，那么我们才能宣布法律已得到有效实施。我们从航空历史中可以发现，恪守安全法规并不能确保未来的航空安全；航空事故在很多情况下并不是安全法规所能控制的，但可以肯定，航空事故将会继续发生。法律只能调整那些能被法律所调整的事项，还有很多可能会威胁航空安全的活动是法律很难观察到的。当对一些现在没被观察到的活动有了更多了解时，这些活动在未来很可能会被法律所观察到，比如说飞行员过错和飞机老化，这些活动也许将会受到法律的规制。然而，上述过程并不是——佩特森与托依布纳所认为的——那种取决于法律的反身性的过程。法律在规范上的封闭性一如从前。对于来自法律外部环境的扰动，法律只有两种回应方式：其一，拒绝承认该问题与法律相关；其二，将其转译为能够通过法律系统的合法/不合法的符码予以最终解决的问题。法律与产

---

[18] N. Luhmann, "Limits of Steering", Chapter 10 of *Wirtschaft der Gesellschaft*, *Theory, Culture and Society*, p. 41, 14 (1997).

生该问题的系统的结构性耦合，很可能导致发生这样一种情况，即这种转译进入法律沟通系统；然而，尚无理由认为新兴的规制和控制模式将更为切实有效。法律系统通过将其他系统出现的问题转译为法律问题进而加以解决的例子数不胜数。例如，法院能够通过判决使孩子离开其所在家庭来保护这些儿童，也能通过判定不择手段的销售商违反了合同的默示义务来保护消费者。但在这两种情况下，我们不能因此认定法律系统有效地规制和控制了虐待儿童和销售伪劣商品这两个问题。这不是一个持续性的过程，不是一个系统操纵另一个系统的过程，毕竟不是一个可被理解为规制或控制另一个系统的过程。

这就引向了第二个问题，亦即卢曼所辨识出的法律与其他系统的关系问题。这牵涉到时间概念。卢曼区分了一方面的变动、进步或变化体验——亦即举例来说，手表指针所指示的时间间隔——与另一方面"作为有意义实在之一般维度的时间构成"。[19] 既然诸系统同时接触各种事件，那么任何一个系统都不能为其他系统控制时间。我们在这儿讨论的其实是第二种意义上的时间概念——由社会诸系统建构用来赋予诸系统自身运作以意义的时间。[20] 举例来说，法律可以根据某事件是发生在法院作出判决，某部制定法开始生效，或者起诉达致诉讼时效最后期日之前抑或之后来组织时间。然而，当律师在计算着日子等待法院审理其案件，或者立法机关争取在国会会期结束之前处理各种未决法律议案的同时，金融市场、家庭关系、科技进步、技术创新、政府临近换届的期间、战争以及全球变暖并非静止不变。

如果反身法仅仅意味着法律能够将其形式——诸如合同或自然正义之各种规则等，抑或将其程式（programmes）——诸如纠纷的裁决等，租借给其他系统，进而让其他系统为实现其自身目标而完全自由地利用法律系统的形式和程式，那么可能有理由忽视同时性问题。一如约翰·佩特森所坦承的那样，如果法律想要通过反身的方式来规制其他系统，那么它仅仅了解其他系统如何运作还远远不够。为了实现规制其他系统的目标，一些很明确的机制是必需的——法律系统通过这些机制能够真正影响其他系统的自我运作。实际上，了解其他系统如何运作在佩特森与托依布纳的模型中似乎是法律系统影响其他系统自我运作的一个必要步骤，而且只是第一步。法律系统要想控制或规制其他系统，那法律系统必须以某种方式确保其他系统会以遵循法律规范的方式运作，至少也要确保这种一致性

---

〔19〕　N. Luhmann, "The Future Cannot Begin: Temporal Structures in Modern Society", *Social Research*, pp. 130, 135, 43 (1976).

〔20〕　Ibid.

出现的几率比较大。换言之,法律系统必须对其他系统进行不间断的"品质控制"(quality control),这一点建立在协调一个系统的时间和另一个系统的时间是可能这一假设之上。仅依靠经验性证据,我就可以推断这种假设显然不正确。不管法律试图规制哪一方面的活动,它都不能以一种同时满足其他系统需要的方式建构时间。在我自己的专业兴趣领域亦即儿童法中,就有很多这样的例子,在家庭关系、家庭条件或者在孩子成长过程中发生的各种变化都破坏着法院试图对孩子及其监护人施加控制的努力。[21] 在环境控制领域中,卢曼自己就提出法律规制所遇到的各种持续不断的难题——科学知识的变化导致那些法律系统仍然必须落实的法规变得不合时宜。[22] 一如卢曼所说的那样,"各种事件发生的同时性意味着各种事件的不可控制性"。[23]

我完全能够理解诸如佩特森等社会–法律学者为什么想要让自创生理论看起来对法律(以及对社会)有用。我完全能够领会这些社会法律学者难以置信的问题:一个对法律系统运作有如此深刻见解的社会理论竟然对那些希望将该理论用作工具以期把事情做得更好的人毫无价值。自创生理论绕开了法理学、政治哲学以及法律社会学的这一传统,即从某个问题出发——假设"所有事情都可能变得更好"——首先确认哪里出了问题,其次在未来把事情做得更好。所有法学期刊都充满了这类善意的诊断、预测和拟议的治疗方案。我不想嘲笑或轻视这些学者所做的努力,也不想质疑他们对正义、效率、平等、儿童利益、社会之善甚或地球之善的诚挚信念。就在不久前,我也将自己归属于他们中的一员。我认为——希望我在通篇行文中已经表达清楚了——那些试图将自创生理论作为工具用于把事情做得更好的事业中的人错误地相信,他们正在为社会和自创生理论帮大忙,然而事实正好相反。将自创生理论作为工具使用带来的唯一肯定的后果是贬低了自创生理论。[24] 他们或许会认为他们正在运用一种封闭的沟通系统理论来解决指涉法律及其所在环境中的其他系统的各种问题,这样以来总是出现的情形就是法的人格化,亦即将人(human)甚至仁(humane)、人性带进了法;这

---

〔21〕 See M. King, *A Better World for Children? Explorations in Morality and Authority*, London, Routledge, 1997, Chapter 1.

〔22〕 N. Luhmann, *Ecological Communication*, Oxford, Polity, 1989, Chapter 11.

〔23〕 N. Luhmann, *Observations on Modernity*, Stanford, Cal, Stanford University Press, 1998, p. 109.

〔24〕 托依布纳、希夫(Schiff)以及诺布尔斯(Nobles)似乎也都赞同这一评论,他们写到"法律文化中一些东西不可以化约为狭隘的法律观,亦即将法律视为可操作的政治或经济工具"。G. Teubner, R. Nobles and D. Schiff, "The Autopoiesis of Law: An Introduction to Legal Autopoiesis", in J. Penner, D. Schiff and R. Nobles (eds), *Introduction to Jurisprudence and Legal Theory*, London, Butterworths, LexisNexis, 2002, pp. 897 ~ 954, 925.

不是卢曼眼中的法：法只能观察到其所能观察到的，只能理解其所能理解的，只能控制其所能控制的，只能规制其所能规制的——所有这些都是适用化约性的、收敛性的、强硬性的合法/不合法的符码的结果。不可避免且颇具反讽意味的是，一方面他们将自创生理论尊奉为推进法律思想与法律行动的新法宝，另一方面他们却试图让法律去做那些自创生理论认为法律做不到的事情——控制其他系统。他们还致力于法律的去分化（dedifferentiation）和其他系统的去分化，卢曼在一次明确的规范陈述中将这种去分化界定为现代社会的最大威胁。[25]

学者的角色

最后要说的是，以真正的自我指涉方式，我应将把关注的焦点拉回到那些试图将卢曼的社会理论与法律和政治实践勾连起来的学者（并且我也将自己归于其中）身上。不是假装我们的看法对法律系统和政治系统内实际发生的事情或者让其发生的事情产生重大影响，而是更为谦虚一些地说，我们以一种没有任何现实主义期望——期望我们的想法具有如此重大的影响力以致应用社会理论家和政治－法律社会学家等业内人士以外的人会考虑这些想法——的方式在业内为了彼此写作。这不意味着我们用一种轻浮或蔑视的态度对待自己的努力，而是以某种视角对待自己的努力。然而，就未来如何对待卢曼的作品而言，我们觉得至少在我们极小的学术领域内还有一丝微薄之力与影响。我们当中的那些认为卢曼理论具有独到见解、真知灼见和深邃洞见——这些见识能够改变解释各种各样社会事件的方式——的人确实负有责任确保卢曼理论获得理解与传播，而不是遭受抛弃与遗忘。[26]

法学界有三到四种基本方式来回应卢曼理论。第一种方式是彻底拒绝接受卢曼理论，不必认真对待，卢曼理论宣称的是一个完全不同的世界模型。比如说，认为自创生法（Autopoietic law）表征着法律与政治真实身份的对立面，将卢曼理论视为一种反法律或反政治的理论——这种理论企图误入歧途地贬低法律作为社会改革或保守主义——是改良还是保守取决于作者的政治立场——的工具作

---

〔25〕 M. King and C. Thornhill, *Niklas Luhmann's Theory of Politics and Law*, Basingstoke, England, Palgrave/ Macmrillan, 2003, p. 225.

〔26〕 J. M. Balkin, "Interdisciplinarity as Colonization", *Washington and Lee Law Review*, pp. 949, 960 (1996).

用。我在早先的一篇文章中列举了不少关于第一种方式的例子。[27] 第二种方式则完全相反——不但拥护卢曼理论，而且辩称法律系统本身也应该拥护这种理论，因为这么做可以提高法律系统的效能。我把约翰·佩特森为本书撰写的章节，以及贡塔·托依布纳的一部分（而不是全部）文章归为第二种方式的范畴。近来，托依布纳、希夫（Schiff）和诺布尔斯（Nobles）还引入了回应卢曼理论的第三种方式。在一本法理学教科书中他们谈论自创生理论的章节的结尾部分，他们为自创生理论的价值添附了一种有趣的"美学"维度。在他们看来，自创生理论的核心思想是：

> 强调要以一种富有创造性，几乎是趣味性与艺术性的方式推进不同知识领域的发展。这与工具性地操纵行为人或者诸系统无关……社会自创生实质上是一种美学理论，这种理论的主要意义存在于这样一种分析方式，即通过各种过程——这些过程创造了关于其本身的实在——来形成全新且意想不到的意义世界的分析方式。[28]

上述评论或许正确，可我还是要说，它只是体现了卢曼著作的有趣的副产品，其并不能完全概括或中肯地评价卢曼理论。全新且意想不到的意义世界或许的确会出现，但这并非卢曼用以自娱自乐或消遣其读者的游戏。这是极其严肃的事情。

当然在最后，我也来谈谈我自己是怎么运用卢曼理论的。我以一种强调法律与政治在其各自运行中的各种限制、自欺和悖论的方式来运用卢曼理论。[29] 这

---

〔27〕 M. King, "The Construction and Demolition of the Luhmann Heresy", *Law and Critique*, p. 1, 12 (2001).

〔28〕 G. Teubner et al, "The Autopoiesis of Law", above n 24, p. 295.

〔29〕 M. King, "Against Children's Rights", in R. Keightley (ed), *Children's Rights*, Kenwyn, South Africa, Juta, 1996, pp. 28 ~ 50; M. King, *A Better World for Children? Explorations in Morality and Authority*, London, Routledge, 1997; M. King, "Comparing Legal Cultures in the Quest for Law's Identity", in D. Nelken (ed), *Comparing Legal Cultures*, Aldershot, Dartmouth, 1997, pp. 119 ~ 134; M. King, "You Have to Start Somewhere", in G. Douglas and L. Sebba (eds), *Children's Rights and Traditional Values*, Aldershot, Dartmouth, 1998, pp. 1 ~ 14; M. King, "Introduction and Images of Children and Morality", in M. King (ed), *Moral Agendas for Children's Welfare*, London, Routledge, 1999, pp. 1 ~ 32; M. King, "Future Uncertainty as a Challenge to Law's Programmes: The Dilemma of Parental Disputes", *Modern Law Review*, p. 523, 63 (2000); M. King, "An Autopoietic Approach to the Problems Presented by 'Parental Alienation Syndrome' for Courts and Child Mental Health Experts", *Journal of Forensic Psychiatry*, p. 609, 13 (2002); M. King and F. Kaganas, "The Risks and Dangers of Experts in Court", *Current Legal Issues*, p. 221, 1 (1998).

种方式淋漓尽致地揭露出各种意识形态运动的主张和借口是何等言过其实——揭露出这些意识形态运动的控制和改造野心，法律为其自身目的通过这些控制和改造方式来重构包含于其他系统沟通之中的知识和意义。

最后，我想运用典型的卢曼式方法，以一种吊诡式答案来回答关于卢曼理论之有用性的问题。从各种社会问题而非从社会诸系统出发，人们从置身于当代社会之中的立场上看，可以辨识出迄今为止有四种急需解决之道的紧迫问题。它们是：①环境破坏；②富国和穷国的经济失衡；③种族和文化融合；以及④能源与水资源耗竭。在卢曼看来，一个包含了功能分化了的诸多亚系统的社会，显然无法通过提供成功解决之道的可能选择来以概念化的方式解释上述各种问题。政治、法律、科学以及经济解释或许能够满足其自身系统的要求，但是这些解释以及由此而产生的各种解决方案无法穿越经由系统的封闭性建构起来的各种界限。某个系统只能观察到其所能观察到的东西。系统无法观察到其所不能观察到的东西；此外，系统自身却无从知晓它观察不到其所不能观察到的东西。

如果事实果真如此，那么我们——不管是实务工作者还是学者——试图找到解决上述这些问题之道的所有努力都是徒劳无益的；这是因为，即使作为各种个体（或诸种心理系统），我们也承认这些解决方案的无效性，我们根本无法在社会整体层面上表达我们的关切，只能在社会内部功能分化了的诸多亚系统的各种限制内表达我们的关切。换个方式说，即使法律人、政治家、科学家或者经济学家相信他们已经找到了解决上述这些问题的答案，他们又如何说服——运行不同的规范，亦即不同的有效性与合法性标准的——其他系统相信他们给出的答案是正确的呢？即使他们可能说服了其他系统，又将如何确保权力能够在社会整体层面上执行这种正确的解决方法呢？

难怪约翰·佩特森想要通过提升法律理解其他系统的能力，以及通过这种理解教会其他系统如何规制自身进而达致规制其他系统的能力，来缓和卢曼对社会理论的颠覆性看法。对于进入卢曼的天启性世界的那些持有进步主义思想的法律人来说，接受卢曼对现代社会的看法恰如通过那扇镌刻有但丁（Dantean）题字"入此门者，舍弃所有希望"（*Lasciate ogni speranza, voi ch'entrate*）的大门。

我们是要将卢曼视为凶事预言家卡珊德拉（Cassandra）与杞人忧天者耶利米（Jermiah）的后继者吗？他们都警告我们说，社会、人类与地球终将毁灭，除非我们改变我们的方式。其实不是，因为有意变革与自我改良是"极不可能的"，在社会诸系统内部是不可能发生的。卢曼的中心思想毋宁说是：还有各种其他可能性，亦即社会组织其自身的各种其他方式，以概念化的方式解释社会及其各种问题的各种其他方式。现在尚不能认识到的解决方案可能在未来呈现出来。因此，卢曼说道：

> 那些最为紧迫的问题并没有解决之道，唯有不抱任何希望地重申这
> 些问题。考虑到所有这一切，成功似乎绝无可能。然而，我们却看到了
> 各种迷人的可能性来获致更高水平的领悟力。这种领悟力要求我们现在
> 以一种宁静淡泊的态度去工作和"各尽本分"（do the formulations）。[30]

然而，卢曼中心思想在坏的一面却预示着：执迷于解决之道就在某处，通过
更有效的社会规制或控制就能找到这些解决之道的想法，很可能吊诡地减少最终
出现这些可能性——亦即这些以概念化的方式解释社会的新方式——的机会。实
务工作者可能会执迷于将同一事情做得更好，但我们学者没有理由效仿他们。[31]
因此，卢曼理论的有用性或许恰恰存在于其理论不能用作改良社会诸系统的蓝图
这种无用性；而那些试图以这种方式使卢曼理论变得更加有用的人反而可能导致
卢曼理论最终成为无用的理论。

---

〔30〕 N. Luhmann, "The World Society as a Social System", in *International Journal of General Systems*, 8 (1982), p. 137.

〔31〕 此处暗合了库恩的规范科学和科学革命或者范式转换：T. N. Kuhn, *The Structure of Scientific Revolutions*, Princeton University Press, 1962.

商谈与民主

——《在事实与规范之间》中合法性的正式与非正式基础*

［美］威廉·雷格** ［美］詹姆斯·博曼*** **著**

孙国东**** **译**

尤根·哈贝马斯（Jürgen Habermas）的《在事实与规范之间》(*Between Facts and Norms*) 一书是一部复杂且多面相的（multifaceted）著作。在该书中，哈贝马斯不仅为我们提供了一种法律哲学，而且也展示了一种针对复杂社会的审议政治理论（a theory of deliberative politics）。按照审议政治拥护者的理解，只有其遵循了某种公共讨论和辩论——在这种讨论和辩论中，公民或其代表者超越其自我利益和被限定的观点而考虑着公共利益或公共善（common good）——时，政治决策才具有合法性。[1] 然而，哈贝马斯怀疑这种卢梭式"公民共和主义"（civic

---

* 作者想要对 R. Randall Rainey、Larry May、William O'Neill、Timothy Clancy、Mark Burke 和 Thomas McCarthy 对本文较早版本的评论表示感谢。

本文原载 *Journal of Political Philosophy*，4（1996），pp. 79~99. 后收录于 *Discourse and Democracy*：*Essays on Habermas's Between Facts and Norms*，René von Schomberg and Kenneth Baynes eds.，State University of New York Press，2002，pp. 29~60.

译者要特别感谢威廉姆·雷格和詹姆斯·博曼授权移译此文并在移译中的释疑解惑。——译者注

** William Rehg，美国圣路易斯大学哲学系副教授，哈贝马斯《在事实与规范之间》一书英译者，主要研究领域为：社会-政治哲学、当代德国哲学，以及论证理论和审议民主理论。

*** James Bohman，美国圣路易斯大学哲学系教授，审议民主理论的主要理论家之一，主要研究领域为：社会-政治哲学。

**** 法学博士，复旦大学社会科学高等研究院专职研究人员，主要从事西方法哲学和社会-政治哲学的研究，尤重哈贝马斯思想的研究。

[1] 比如说，参见 Joshua Cohen，"Deliberation and Democratic Legitimacy"，in *The Good Polity*，A Hamlin and P. Pettit eds.，Oxford University Press，1989，pp. 17~34；James S. Fishkin，*Democracy and Deliberation*：*New Directions for Democratic Reform*，New Haven，1991；John S. Dryzek，*Discursive Democracy*：*Politics*，*Policy*，*and Political Science*，Cambridge University Press，1990；关于审议与代表的关系，参见 Cass R. Sunstein，"Interest Groups in American Public Law," *Stanford Law Review*，pp. 29~87，38（1985）；关于对议会中之审议的一个细密研究，参见 Joseph M. Bessette，*The Mild Voice of Reason*：*Deliberative Democracy and American National Government*，Chicago：University of Chicago Press，1994（以下简称"Mild Voice"关于对复杂且多元社会中审议民主的解释，参见 James Bohman，*Public Deliberation*，Cambridge：Massachusetts Institute of Technology Press，1996.

republican）的民主理论的变种。审议民主的这些解释表明：政治决定表达了一个同质性（homogeneous）政治共同体或"公意"（general will）的实质性价值与传统。[2] 在当代多元化的民主中，这些主旨并不易于接受；而且在某些情形下，实现这些主旨的尝试完全是灾难性的，并会败坏激进民主之理想（radical democratic ideals）的名声。[3] 因此，哈贝马斯的挑战就在于，他要表明：在复杂且多元的社会中，激进民主的核心理念——具有合法性的法律是由服从于这些法律的公民创造的——何以能够仍是可信的？

"无主体沟通"（subjectless communication）这一反直觉的（counterintuitive）概念是哈贝马斯试图在不诉诸统一的人民意志（unitary popular will）的条件下维护一种对理想化的民主审议之阐释的关键所在。在本文中，我们的目的是：将审议概念进一步解释并阐发为维护激进民主之核心理念的一种方式。首先，通过详细阐述商谈理论（the theory of discourse）（这一理论为哈贝马斯提供了一种较之公民共和主义更为复杂的对审议的解释），我们对上述问题进行情境化的讨论。这样，人们就可以将"无主体沟通"这一概念理解为：在民主审议和决策过程中，其引入了社会复杂性的更深层次维度。然后，我们将争辩说：哈贝马斯对这种模式的强烈认识论解释（epistemic interpretation）在处理当代价值多元主义之时带来了困难；这些困难激发了一种较弱的审议民主的认识论观念，而这一观念为不断出现的分歧（disagreement）与妥协（compromise）提供了更大空间。较之于哈贝马斯自己为现代社会"不可避免的复杂性"提供的那种强烈的共识性理想策略，修正这些民主的认识论理想本身似乎更为合理一些。在结论部分，我们将论述一种较弱版本的民主原则，并表明其对当下情势之经验分析的益处。我们

---

〔2〕 卢梭在其《社会契约论》（*Contrat Social*）中对"公意"的说明有时被我们用此种方式加以解释。关于哈贝马斯的批评，参见 *BFN*, pp. 100 ~ 104. 关于哈贝马斯早期对卢梭的批评，参见 Haberms, "Legitimation Problem of the Modern State", in *Communication and the Evolutions of Society*, Boston：Beacon, 1979, p. 186. 关于共和主义及其影响的历史概览，参见 Frank Michelman, "The Supreme Court 1985 Team - Forward：Traces of Self - Government", *Harvard Law Review*, pp. 4 ~ 77, 100 (1986)；"Political Truth and the Rule of Law," *Tel Aviv University Studies in Law*, pp. 281 ~ 291, 8 (1988). 哈贝马斯把本杰明·巴伯（Benjamin R. Barber）、米歇尔曼（Michelman）、迈克尔·桑德尔（Michael Sandel）和查尔斯·泰勒（Charles Taylor）都包括进"公民共和主义"，而大多数社群主义者（communitarians）也可以包括在内。

〔3〕 在晚近的事例中，较为典型的是南斯拉夫；在那里，新建立的国家已经以种族为依据界定了公共善，并基于种族性（ethnicity）而制颁了宪法。当然，许多公民共和主义的论者并不要求同质性达到如此压制性的程度；比如说米歇尔曼（Michelman）在《法律的共和》["Law's Republic", *Yale Law Journal*, pp. 1493 ~ 1537, 97 (1988).] 中，努力形成一种多元性即包容性的公民共和主义；也可以比较 Taylor, "The Politics of Recognition", in *Multiculturalism*, Amry Gutman ed., Princeton：Princeton University, 1994, pp. 25 ~ 73.

认为：这种较弱版本的民主的一致理想（democratic ideal of agreement）仍一以贯之地属于认知主义（cognitivist）路向；同时，我们将为批评现实中民主安排的失败以促进公共审议这一学术努力提供一种更好的工具。

———

作为对审议式民主的一种解释，哈贝马斯的《在事实与规范之间》一书在面对功能分化即多元化社会的内在复杂性之时，试图为合法性提供一种强烈的规范性解释。[4] 在其意欲超越集体决策之合理性（rationality）的功利主义解释及其政治工具观的意义上，民主合法性的审议模式具有强烈的规范性色彩。比如说，社会选择理论（social choice theories）典型地将合理公共选择（rational public choices）理解为个体偏好（preferences）的聚合；困扰这一进路的那些悖论——特别是当其运用于大范围选举之时——是人所共知的。[5] 依据审议政治观，公民（及其代表者）在先于决定的公共论坛中检验其利益和理由（reasons）是至关重要的。审议过程迫使公民通过如下方式来证成或辩护（justify）其关于最好结果的观点：诉诸共同利益，或者依据公共辩论中"所有人都接受"的理由进行争辩。仅仅将某个给定的偏好表述为自己的偏好并不能——仅仅通过这一

---

〔4〕 哈贝马斯批判性地袭取了尼克拉斯·卢曼（Niklas Luhman）的社会复杂性观念。对民主同功能分化的特殊问题和复杂性之关系的一个清晰陈述，参见 Danillo Zolo, *Democracy and Complexity*, University Park：Pennsylvania State University Press，1992，特别是第三章；关于对哈贝马斯现代社会"不可避免的复杂性"之主张的批评，参见 Bohman, *Public Deliberation*, above n 1, Chapter 4. 关于对那种位于民主怀疑论背后的宏观社会学（macrosociology）的批评，参见 Bohman, *New Philosophy of Social Science*：*Problems of Indeterminacy*, Cambridge：Massachusetts Institute of Technology Press，1991，Chapter 4.

〔5〕 这些问题主要与人们对投票结果的解释有关。关于对进一步阅读文献的简要介绍，参见 Ian Mclean, "Forms of Representation and System of Voting", in *Political Theory Today*, David Held ed. , Stanford：Stanford University Press，1999，pp. 172～196；更详尽的即入门性的导引，参见 William H. Riker, *Liberalism Against Populism*：*A Confrontation Between the Theory of Democracy and the Theory of Social Choice*, Prospect Heights，III. Waveland，1982. 关于社会选择的观念与审议模式的争论，不仅可以参阅 Riker，还可以参阅 Joshua Cohen, "An Epistemic Conception of Democracy", *Ethics*, pp. 26～38，97（1986）；Russell Haudin, "Public Choice versus Democracy and Thomas Christiano", "Social Choice and Democracy", *The Idea of Democracy*, David Copp, Jean Hampton, and John E. Roemer eds. , Cambridge：Cambridge University Press，1993，pp. 157～172，173～195；Jack Knight and James Johnson, "Aggregation and Deliberation：On the Possibility of Democratic Legitimacy", *Political Theory*, pp. 277～296，22（1994）.

偏好本身——使他人倒向自己。[6] 因此，对集体决定的确保在某种意义上应当反映对公共善的某种解释；而这种公共善是由公共理由——亦即一般性地确保每个人参与到审议过程中的那些理由——加以证成或辩护的。在给定的时间、知识范围内并且在被认为"理性的"（reasonable）安排下，如果公民自己参与到审议中，或者如果其代表者做出了所有公民都将会同意的决定，那么结果将被视为民主的。[7]

在这个方面，审议政治观预设了对下述问题的一种阐释：公共审议何以使得某种结果更具有合理性？答案是：所给出的理由必须满足公共性的条件；也就是说，这些理由必须让每个人都确信。[8] 如果这种解释在某种意义上是"认识论的"（在下述范围内，亦即审议帮助决策者形成了所有那些为手边事情所影响而不能参与决策之人都能接受的、对公共善的某种解释，审议提升了结果的合理性），人们不应当大惊小怪。依据其是否恰当地反映了这种公共善，我们就可以对决定做出"正确"与否的评价——至少在一种宽泛的认知意义上。根据一种"认识论"的民主观，某种具有合法性的政治系统应当依据那种锻造了审议并增长了达致正确（或有效、真实）决定之机会的程序来运行。[9] 人们不必假定存在着先验的发现程序而把正确决定看做是"就在那里"（out there）的一种真理。事实上，审议理论家们通常证成或辩护的一个观点是：是程序性理想，而不是结果构成了正确性的决定性因素。[10] 人们也不应当过于实质性地看待这种公共善，

〔6〕 参见 Cohen, "*Deliberation and Democratic Legitimacy*", in Alan Hamlin and Philip Pettit eds. , *The Good Polity*, Oxford：Basil Blackwell Ltd. , 1989, pp. 24～25.

〔7〕 关于美国宪法中的代表理论，参见 Bessette, *Mild Voice*, above n 1, Chapter 1；关于对复杂社会中代表角色的一个解释，参见 Robert Dahl, *Democracy and its Critics*, New Haven：Yale University Press, 1989, pp. 311～341.

〔8〕 关于对那些使公共理由获得确信之机制的一个更详尽解释，参见 Bohman, *Public Deliberation*, above n 1, Chapter 2.

〔9〕 除了科恩的《认识论概念》（*Epistemic Conception*）以外，还可以参见 David Estlund, "Making Truth Safe for Democracy," in *Idea of Democracy*, Copp, Hampton, and Roemer eds. , pp. 71～100. 伊斯特兰德（Estlund）争辩说，认识论的解释不一定就是威权主义或精英主义的。关于对哈贝马斯于《在事实与规范之间》一书之前依据民主的认识论观念而形成的有关民主之著述的一个解释，参见 Bohman, "Participating in Enlightenment：Habermas's Cognitivist Interpretation of Democracy," in *Knowledge and Politics*, M. Dascal and O. Gruengard eds. , Boulder, Colo. ：Westview Press, 1988, pp. 264～289. 关于哈贝马斯对科恩观点的一般性的积极评价，参见 BFN, 304ff.

〔10〕 参见科恩的《审议与民主》（Deliberation and Democracy），以及《认识论概念》（Epistemic Conception），第 32 页；在此，科恩依据"审议的一种理想程序"界定了正确性的标准。巴伯也界定了一种政治知识的过程观，参见 Barber, *Strong Democracy*：*Participatory Politics for a New Age*, Berkeley：University of California Press, 1984, pp. 167～198.

似乎审议首先涉及对已然共享之价值或政治理想的一种真实据有（appropria-tion）。虽然这种据有可能是（作为政治文化必要背景的）那幅图景的一部分，但是以此来捕捉诸如议会机构中的立法程序等当下建制（institutions）下审议的复杂性一般都过于简单化了。

在这一语境下，哈贝马斯的"商谈民主理论"可以被看做是一种程序性和复杂性的认识论解释，因为它依据理由说明程序（reason – giving procedures）的复杂性来解释审议的合理性。这种解释从这一观念出发：只有在其可以由好理由公开支持之时，信仰和行动（action）才具有合理性的特征。更准确地说，合理观点和决定的形成必须依赖于真实性、正确性等有效性主张——这些有效性主张能够或者至少能够在所有拥有有力理由且具有沟通资质的人面前获得证成或辩护。[11] 理由的交流因而就把人们推向了商谈——而在商谈中，参与者力图仅仅依据更好的论据而达致一致。这种商谈的合理性激发特征依赖于这样的一些理想化的程序性条件：它们把"好理由"和"更好的论据"限定为那些历经了那种免于强制且向所有有言说能力之人（competent speakers）都开放的论证过程而保留下来的理由和论据。[12]

正如我们将要看到的那样，哈贝马斯的解释具有内在复杂性，因为不同类型的主张必须在不同类型的商谈中兑现（redeemed）。然而，在探究这些问题之前，值得我们注意的是：这种合理商谈的概念如何在事实上以强烈认知主义且共识性的方式来界定有效的结果。大体而言，哈贝马斯的商谈概念似乎暗含着如下观点：一旦满足理想条件，对类似正确答案之事物的完全共识就具有可能性。在其道德商谈——其属于正义的诸规范（norms of justice），亦即根据人们之间的相互尊重来调整人际关系——的概念中，这种认知主义的维度最为强烈。当且仅当每个服从这些规范的主体基于其在某种理想且不受限制的商谈——在这种商谈中，参与者真正努力取得某种合理的一致——中所获致的公正判断都能同意之时，这些规范才能获得证成或辩护。他所提出的、那种在此适用的对话性的洞见（in-sight）概念不能被限定为个体的头目（head）：其头目确信就等同于其他人也确

〔11〕 参见 Habermas, *The Theory of Communicative Action*, vol. 2, Thomas McCarthy trans. , Boston：Bea-con, 1984, 1987, pp. 1 ~ 42, 273 ~ 337.

〔12〕 关于对这些程序性理想化的一种概述，参见 Robert Alexy, "A Theory of Practical Discourse", in *The Communicative Ethics Controversy*, Seyla Benhabib and Fred Dallmayr eds. , Cambridge：Massachusetts Institute of Technology Press, 1990, pp. 151 ~ 199.

信。[13] 每个个体的确信仍然是规范有效性或正确性的一个必要条件。当然，这必然是在任何现实的商谈中都无法实现的一种规范性理想。正如我们随后将要争辩的那样，在现实的政治商谈与辩论中，就现实中的同意或不同意的情形而言，这种理想状态会带来问题。

依哈贝马斯之见，政治合法性既不能被化约为道德商谈，也不能被化约为对共享价值的实质性反映。政治决定的有效性及其所必需的合法性主张要比古典自然法模式所提供的更为复杂：其不仅要依赖于道德性的理由，而且也依赖于哈贝马斯所谓的"技术－实用性"理由与"伦理－政治性"理由，甚至是协商与妥协。[14] 毋庸置疑，这种精确的混合将依赖于处于讨论中的特定问题的复杂性。

为了阐明这种合理商谈的内在复杂性，我们不妨把下面的事例作为一种理想化的、各种各样的商谈在其间缠夹不清的思想试验。设想一个社会正在考虑采取一种整全性的健康保健计划。首先，让我们看看某个特定次群体（subgroup）的公共审议。我们假定：在历经一番道德商谈之后，该群体的每个人都同意，健康保健制度的某种修订在道德上是符合要求的——当下的健康保健制度不符合许多公民的最低限需要，而且其代表着一种不正义，亦即违反了对每个人的基本尊重。（更确切地说，我们可以假定：他们同意，每个人健康保健的需要为那些家境富裕的人们施加了某种待完成的仁爱义务）。让我们假定：他们也同意，一种中央管理的制度即单一承付人制度（single－payer system）符合其自我理解及其所在特定社会的价值观，比如说，（与依赖于私人组织的福利形成对比的）公共福利供应的广为共享价值。他们上述中一致的、那个将共享或重叠的文化价值与认同（identities）聚合起来的方面就是哈贝马斯所谓的伦理－政治性商谈的主题。这也许最接近于哈贝马斯所假定的那种实质性公意或价值同质性（homogeneity of values）概念。由于其只不过是一种事实上的价值重叠共识（overlapping consensus），这一概念是无伤大雅的。最后，我们假定：该群体自己的专家已经在某种技术－实用性商谈中就实现政府管理的健康保健计划的最佳政策与策略达成一致。他们每个人都同意：这种单一承付人制度是实现使健康保健计划具有普遍性和充分覆盖面这一道德目的的最有效手段。为了简化这一过程中的问题，我们假定：该次群体在个体的特定利益、需求和偏好层面上没有巨大的差异。因此，在每种类型的商谈中，该次群体的成员都能够就每人都合理确信的某种解决

---

〔13〕 对这一点的更深入讨论，参见 William Rehg, *Insight and Solidarity: A Study in the Discourse Ethics of Jürgen Habermas*, Berkeley: University of California Press, 1993, Part 1.

〔14〕 关于对商谈和协商的下列描述，参见 *BFN*, pp. 151～168.

方案达致完全的共识。这种一致的强烈认知主义特征在于这一事实："同样的理由能够""以同样的方式"使每个人"确信"所给出的解决方案是正确的(339)。换言之，在某个问题可以由商谈加以解决的范围内，它应当——至少原则上——赢得一致的同意，而且其可以持续地修正，直到达成这种一致。

现在，让我们拓宽我们的思想试验，引入更为复杂的情形。让我们假定：存在着不同的次群体，其特定的利益和价值观使得他们（在正义和较广的共享认同和价值所设定的要求内）支持稍微不同的道德、伦理和技术解决方案。即使我们假定在这一设想的社会中的每个人都具有善意（亦即都寻求公共善且以理性的方式行事），也可能会存在诸多差异，而这些差异则会阻碍我们达致诸如我们在同质性次群体中所勾画的那样一种强烈共识。在这个意义上讲，为了寻求公平的妥协，不同群体之间必须相互议价（bargain）。在每个群体都有机会影响结果的意义上，这种妥协将是公平的（确切地说，这种平等的具体展现方式是一个难题）。值得注意的是：只要其在诸次群体之间穿梭并在诸次群体内部存续，这些具有较强认识论色彩的商谈性一致就为妥协设定了某些特定限制；也就是说，妥协必须不能违反正义的要求或不能破坏所有群体共享的伦理价值，而且应当在技术上具有可行性。只要符合这样的条件，最终结果就应当在道德上是正义的、在伦理上是本真的（authentic）、在技术上是合算的（expedient），而且对所有人是公平的。

人们顺便可能会注意到哈贝马斯的另一种复杂性：这种结果应当在法律上与预先存在的立法法令、司法先例和行政惯例（practices）保持一致，亦即要符合这样的要求——这种结果必须在法律商谈中产生。这种重要的一般性要点在于：即使这些进一步的复杂性也似乎没有改变这种全体一致的反事实性（counterfactual）理想（除非法律商谈可能属于例外情形）。只要其建基于所有人都认为公平的诸条件之上，妥协就应当赢得所有有关人员的同意——即使他们同意的理由各异。尽管这些妥协属于最低形式的一致，但是在下述意义上，它们也是民主：其符合那种掌控着所有公共审议的相互勾连商谈（interconnected discourses）的一般性原则。尽管参与某种妥协的诸当事人不是由于同样的理由而同意，但他们都同意那些同样的政策。这样，我们也许不必对哈贝马斯的"民主原则"依据全体一致来界定某种具有合法性之结果的方式大惊小怪：只有那些得到已经在法律上组织起来的、商谈性法律制定过程中的所有公民同意的法律才能声称具有合法性（110）。

哈贝马斯对全体一致的诉诸表明：尽管其具有内在复杂性，但这种商谈理论的分析仍要诉诸某种抽象且单一的（singular）理想化集合。这些理想化要素不能在经验上实现。但是，恰恰是由于它们界定了合理性，它们必须总是以某种方式对公共审议的真正过程产生某种经验性影响——如果这种商谈是合理的并因之符合合法性之预期的话。比如说，根据哈贝马斯的民主原则，如果某种结果的形成过程将某个受结果影响的群体排除在外，那么这一结果表面上就是值得怀疑的。但是，这种商谈合理性概念的强烈共识性和理想化特征产生了这样一个问题：在一般而言排除了共识的复杂和多元的情势下，人们何以能够保有理性的这种强烈理想呢？与其民主决策的"双轨模式"（two – track model）一道，哈贝马斯的无主体沟通概念意味着要完成这样一种看似不可能的任务。根据这种双轨模式，在复杂和多元社会中，如果制度化的决策程序遵循了"双轨模式"，法律决定和政治决定就能够在某种审议民主的意义上具有合理性，并因之具有——作为法律决定和政治决定之承受者的公民所理性赋予的——合法性。这些法律决定和政治决定必须：①对某种非正式的、活跃的（vibrant）公共领域开放，并②恰当形成，以支持相关类型之商谈的合理性，且确保这些商谈有效实施。也就是说，诸建制中的政治决策必须对不受约束的公共领域开放，而且要以诸如及时、有效（和融贯）这样的方式形成。在接下来的一节中，我们会更为细致地解释这种模式，并说明为什么哈贝马斯将其作为应对社会复杂性问题与公共参与难题的一个答案。

一

哈贝马斯对商谈的区分解释，不仅将合理性置于一套历史与文化实践之中，而且也为其提供了理性本身之中的某种内在复杂性。但是，如果这种理想化的解释可以服务于审议和决策的真实程序，它也必须满足社会复杂性的需要。接下来的讨论我们将首先集中于形成立法性决策的审议，因为这是审议民主主张必须首先证明自己的地方。但是，无论是由某个立法机关还是由人民投票所做出的有关法律的决定，都几乎从未获得普遍性的共识或哈贝马斯之理想所谋划的直接参与。在此，复杂社会中的参与问题是一个更为基本的问题。在现代社会的任何论坛或特定机构中，公民都不能真正作为一个整体来到一起审议（170）。商谈过程本身不可避免地会分化为不同的论坛；这些论坛包括：家庭或工作中的面对面互动（interaction）；各种各样的非正式社团或市民社会（civil society）；不同层面组织中的较大会议［俱乐部、职业协会、工会和问题导向的运动（issues – centered movement）等］；经由公共媒体产生的信息与论据的散发；以及政府机构

（institutions）、专业行政机构和决策机构的复杂网络（参见第 359 页以下）。在处理异议难题（the problem of dissent）之前，一种可信的合理审议概念必须以某种方式妥善处理在当下社会条件下真实商谈的复杂与分裂现实。

在应对这种复杂性之时，审议民主观必须以某种特定的张力把三个术语结合在一起——这即是说，它必须把审议、决策与公民（citizenry）勾连起来。社会的庞大规模（sheer size）和复杂性使得人们将审议如此多地委托给了代表者，以至于很难说这种解释是"民主的"。一个相反的错误可能会低估社会的复杂性，并把审议主要定位于公共领域。在此，人们没有充分考虑到这种审议的制度性要求——这些制度性要求对有效决定的形成而言是必要的。[15] 而第三种错误则会高估官僚控制的可能性，进而侵蚀人民主权与决定之公共控制的根基。复杂性的事实似乎为审议民主呈现了一种韦伯式的困境：要么决策机构以民主审议为代价而获得有效性，要么它们以有效决策为代价而保有民主。在上述情形中，公民资格（citizenship）、审议和决策都未能勾连起来，从而使得公共领域变得软弱无力或者使得政治机构的权力变得物化（reified）。

哈贝马斯以一种"双轨模式"解决这种三变量难题（three‑variable problem）——根据这种模式，议会（Parliament）和国会（Congress）为弥散于公共领域且涉及所有公民的、较广泛即去中心化的"无主体"沟通提供了一种制度化的中心。按照这种观点，制度化决策端赖于某种审议的广泛和复杂过程。也就是说，审议不只是那些信息更为丰富的代表者的任务，也不只是那些仅仅将意志权力（power of will）委托给代表者作为其代理人的积极公民（active citizens）的任务。[16] 正如我们将要看到的那样，这种审议的"无主体"或"匿名化"特征源于社会复杂性的本质。在此，我们要注意的是：哈贝马斯希望为现代政治模式呈现的是一种同时具有民主性、审议性和有效性的模式。

为了搞清哈贝马斯的模式在回应社会复杂性的挑战之时是如何解决这一问题的，区分三种类型的多元主义是有助益的：程序性角色（procedural roles）的多

---

〔15〕 在汉娜·阿伦特（Hannah Arendt）的共和主义中，哈贝马斯看到了这种错误的趋向，*BFN*, pp. 146～152；另请参见其"Hannah Arendt：On the Concept of Power", in Habermas, *Philosophical‑Political Profiles*, F. Lawrence trans., Cambridge：1985, pp. 173～189. 关于对宪法审议与民主之张力的一种解释，参见 Bessette, *Mild Voice*, above n 1, Chapter 1～2.

〔16〕 参见 *BFN*, pp. 170～186. 关于对美国双轨制度系统的解释，参见 Bruce Ackerman, "Neo‑Federalism?", in *Constitutionalism and Democracy*, J. Elster and R. Slagstad eds., Cambridge：Cambridge University Press, 1988, pp. 153～192. 另请参见 Ackerman, *We the People*, vol. I, Cambridge：Harvard University Press, 1991. 关于以有别于合同法的本人—代理人之用法将代表理解为委托（delegation）的一种形式，参见 Bernhard Peters, *Integration Moderner Gesellschaften*, Frankfurt, Germany：Suhrkamp, 1993, pp. 284ff.

元性、商谈视角（discursive perspective）的多元性，以及实质观点和论据的多元性。哈贝马斯的模式至少在某种程度上明确承认了这三种形式的复杂性，并将其表述为：要为每种类型的制度性困境——这些困境既威胁到了民主程序的公共性，也威胁到了公民的主权者地位——提供一种解决方案。

程序性角色的多元性涉及那种类似于贯穿审议和决定诸层面的劳动分工的事物。"所有成员必须都能够参与商谈，即使不必然以同样的方式参与"（第182页）。在某一给定的商谈中，人们如何清楚说明这些不同的角色，不仅依赖于问题和某个特定政治系统的结构方式，也依赖于理论性的视角。也许，最明显且最重要的区分是"弱公众"与"强公众"［使用南希·弗雷泽（Nancy Fraser）的术语］之间的区分。这与哈贝马斯模式的两个主要部分——亦即非正式的公共领域与正式的决策机构——相对应。也就是说，弱公众是指其"审议实践仅仅在于意见形成（opinion formation），而且也不包括决策"的那些人；而诸如议会这样的强公众则可以达致有约束力的决定，而且是被制度化地组织起来如此行事。[17]由于公民间或也通过投票来决定事务，这种区别并非不容变通（hard - and - fast）；而且，官员的一般性选举也是一种决策，其常常与问题的审议相联系。[18]

通过吸收伯恩哈德·彼得斯（Bernhard Peters）晚近著作中的思想，哈贝马斯用"中心"与"外围"之间的区分为诸公众之间的关系引入了一种更为细密的分析。他根据行动者或建制接近政治机器之"中心"、进而接近在建制中形成的决策权力之顶点的方式，将制度性角色加以区分（第355页以下）。处在中心的是与政府的其他分支一道具有执行权力的那些建制，处在外围的则是包括各种各样的非政府组织和团体在内的意见形成公众。在某种类似的框架中，人们可以根据其决定权与对审议之影响力的大小来进一步区分诸地位（positions）。[19] 而政治权力——亦即做出有约束力的决定并执行政府行动的能力——主要位于中心，亦即其影响整个社会。在该书中，影响力指涉的是支配选民、说服国会成员等等的能力。受敬重的公众人物、院外游说者、政府监察员，以及像妇女选民联盟（League of Women Voters）这样的组织是具有不同寻常影响力之地位的例证。

---

〔17〕 参见 Nancy Fraser, "Rethking the Public Sphere: A Contribution to the Critique of Actually Existing Democracy", in *Habermas and the Public Sphere*, Craig Calhoun ed., Cambridge: Massachusettes Institute of Technology Press, 1992, pp. 109 ~ 142; 此处是在第134页。哈贝马斯在 *BFN*, 第373页借用了弗雷泽的分析。

〔18〕 Samuel L. Popkin, *The Reasoning Voter: Communication and Persuasion in Presidential Campaigns*, Chicago: University of Chicago Press, 1991（以下本书简称"Reasoning Voter"）. 该书提供了一种标示投票者在总统选举中的推理之特征的"低信息"合理性（"low - information" rationality）的详尽解释。

〔19〕 在 *BFN*, pp. 363 ~ 364 中，哈贝马斯似乎暗示了这种区别。

由于其为没有时间研究问题和候选人的选民们提供了信息捷径，它们较引人注目的地位（higher – profile position）实际上是为公共审议服务的。在某种意义上讲，通过为信息较为闭塞的选民获得信息提供便利，他们使得商谈过程中的更广泛参与成为可能。[20] 成本的这种降低并不是没有带来某种限制公共沟通的特定危险。当诸如企业法人（corporation）这样的"私人政府"为了自己的目的而试图提出并利用与信息成本有关的问题之时，对信息之民主共享的威胁可以产生于外围；或者，当官僚机构仅仅允许那些——巴克拉克（Bachrach）和巴拉兹（Baratz）意义上的——产生"非决策性事务"（nondecisions）的信息公开之时，这些威胁也可能出自于中心。[21]

由于与不同社会地位相联系，商谈视角的多元性反映的是现实商谈的内在分化。也就是说，人们可以期待处于不同社会地位的人和团体不仅强调特定的竞争性利益，而且也强调有些不同的价值观和给定问题的不同方面，甚至是不同类型的有效性。如果合理的实践审议意味着某一问题的所有相关方面和视角都要在达致某个决定之前予以考虑的话，那么，我们在此必须处理与前文提到的劳动分工有些不同的劳动分工；也就是说，人们要达致较之于程序角色的公平分配更为密切的、信息的协同共用。[22] 这不只是对那些特定利益的某种区别。比如说，就健康保健的改革而言，人们会期待保险公司（及其华盛顿的院外游说者）强调与改革有关的财政问题，而医生应当按照医疗问题和职业自主的精神做出其公开的贡献。换言之，一并考虑的话，利益中的差异可以激发人们更宽泛地去寻求那些与某一问题有关的相关信息和更好论据。

这种形式的多元主义并非完美无缺。在每一个特定的视角中，利益都可以以扭曲审议过程的某种方式而隐蔽起来。这样，诸公共利益团体就可以质疑这些"专家性"解释（expert account），其所采取的方式是：通过考察信息真相是否根据其现时利益被遮蔽起来而质疑这些信息联合的类别。一旦这些信息可为公众接近并共用，较之于这种被主张的专家意见（expertise）所具有的能够经受公众审

---

〔20〕 Popkin, *Reasoning Voter*, above n 18, pp. 47～49. 关于基于信息分散角度对民主的各种分析，参见 *Information and Democratic Processes*, John Ferejohn and James Kuklinski eds., Urbana: University of Illinois Press, 1990.

〔21〕 关于对"非决策性事务"在公共沟通中何以能以限制的方式加以解释的一个说明，参见 Bohman, "Communication, Idology, and Democractic Theory", *American Political Science Review* 84, No. 1 (1990): 93～104.

〔22〕 关于信息共享（information pooling）的概念，参见 *Information Pooling and Group Decision Making*, B. Grofman and G. Owen eds., Westport, Conn.: JAI Press, 1983.

查之品质，人们对这些信息的信赖更少地来自于这些程序角色和劳动分工。尽管如此，也并不是每个审议者都能够从每个方面来判断这些争辩的好处——这总比他们决定自己医疗诊断之正确性的能力要求更高。在上述这些情形下，制度性安排在如下范围内是民主的——这些安排把有关"专家意见"的证明负担定位为：要依据其被完好证证的知识宣称（well-warranted knowledge claims），而不是其专业性权威来形成有说服力的公共论据。

就这种多元主义产生了冲突性论据而言，它也引发了第三种形式的多元主义。但目前我们感兴趣的是：与信息的共用相类似的某种合作的可能性。如果这种合作的观念是合理的，那么它就暗含着对非正式公共领域中的无主体沟通的某种有趣解释。我们可以认为，信息和视角的公共分配包含着某种沟通（或商谈）合理性，但这种合理性不是下述理想化意义上的：要求每个公民都做出完全理解。公共领域的复杂性暗含着大量联系松散且碎片化（fragmented）的商谈——在这些商谈中，各种各样的个体之团体通过讨论获得了关于某些争议的公正洞见。但是，这些团体可以不完全理解另一个团体的观点。因此，他们对公共善不会具有一种完全和决定性的洞见。无主体沟通的观念因而表明：公共理性（public reason）是发散的商谈网络的一个突显特征。更具体地说，如果人们做出如下假定，亦即对任何给定的问题或争议而言，都存在着（与不同的有效性领域、不同的利益立场和价值观相适应的）许多不同考虑，那么，就会"存在着"个体以不同方式、在不同程度上加以运用的某种公开性的"理由潜势"（potential of reasons），并且会存在着强调效率的某些考虑，以及其他道德性的考虑等等。就沟通渠道向这些不同的公众开放而言，人们可以设想：这些理由是"人为流动起来的"，并且经由将其相互陈述的个体和团体而"互动"起来。这暗含着一种以审议的方式缠结起来的"聚合"观念。也就是说，人们可以把非正式的"公共意见"（public opinion）理解为一种理由的"聚合"——这种聚合伴随着人们对某个争议的逐渐认识而发展起来。[23] 在这种沟通结束之时所获得的某种民意测验（an opinion poll）也就具有了某种特定的理性特质：在公共领域具有开放性和活跃性的意义上，这种聚合应当更有可能反映那些更重要即更合理的理由；人们不需做出如下假定：每个人、甚或任何单个个体都拥有某种——建基于正如商谈

---

〔23〕 如果"聚合"的此种用法听起来新奇的话，这也并不是没有先例；参见 David Estlund，"Democracy without Prefernce"，*Philosophical Review*，99（1990），394～423. 在该文中，作者争辩说，聚合的机制不一定与基于公共利益的审议对立；这也是约翰森（Johnson）和乃特（Knight）"聚合与审议"（"Aggregation and Delibration，"）一文之论据的主要点。晚近关于信息聚合和孔多塞陪审团定律的著作也具有类似的特色（参见注释 22 和 25）。

理想本身所要求的那样、对所有相关考虑事项都加以把握的——洞见。[24] 因此，哈贝马斯把这种公共意见称为"匿名性的"，因为它不是被置于任何个体或任何个体的团体之中。对沟通网络本身而言，它是"去中心化的"，亦即其暗含着与商谈性一致的极度理想化形态不同且更弱的一种公共性观念。

在视角多元主义的条件下，政治生活通常可能并不像这种信息共用景象所表明的那样具有如此的合作精神。相反，更为常见的是，人们将不同的社会地位与另一种进一步的多元主义——亦即实质观点与论据的多元主义——相联系。确切地说，正是这种"多元主义的事实"使得多数决原则对事实上的审议的结束具有必要性。正如我们将要看到的那样，这就产生了比哈贝马斯似乎意识到的问题更多的问题。但是，单单这一问题并不必然会侵蚀哈贝马斯对商谈的强烈共识性解释。如果更好的论据——是指在理想条件下将最终达致完全共识的论据——更有可能是支配多数的那些论据，多数主义的决策就与理想的共识相兼容。这听起来是与我们正好阐发过的无主体沟通概念是兼容的。在此，以认识论方式加总的（cast in epistemic terms）孔多塞陪审团定律（Condorect' Jury Theorem）也许提供了一种或然性的类比。[25] 但是，如果严重违反了非扭曲商谈的那些条件，多数甚至也不是理性共识的可能指示器。因此，竞争性论据、价值和利益的多元化事实上是一种重要保证，因为它使得多数带来某种虚假共识的可能性更低。在存在着竞争性的对抗公众（competing counterpublics）——或者用弗雷泽（Fraser）的

---

〔24〕 在 *BFN*, pp. 362 ~ 363 中，哈贝马斯对此作了谨慎的评论；另请参见 p. 341："实践理性在多大程度上根植于沟通形式与制度化程序，它就在多大程度上不需要仅仅甚或主要体现于个体或个体行动者之头目的活动中。"理性公共意见的可能性在学术文献中产生了争论：Bessette, *Mild Voice*, above n 1, pp. 21 ~ 218. 对此持相当怀疑的态度，而巴伯（Barber）的《强民主》（*Strong Democracy*）则持非常乐观的态度，特别是参阅第十章。菲什金（Fishkin）的"审议性意见调查"（deliberative opinion poll）的观念表征着一种中间立场，请参阅其 *Democracy and Deliberation*, above n. 1, pp. 1 ~ 13, 81 ~ 104. 一种规范性的公共审议理论并不必然采取反怀疑论（anti - skeptical）的观点。

〔25〕 根据孔多塞对投票的数学分析，如果某团体中普通个体投票者有超过 50% 的可能性对某个问题做出"正确的"投票，那么随着团体规模的扩大，多数做出正确投票的可能性会马上趋近于 100%（certainty）。对孔多塞投票之可能性的一个检讨分析，参见 Duncan Black, *The Theory of Committees and Elections*, Cambridge：Cambridge University Press, 1958, pp. 159 ~ 180. 关于将孔多塞定律运用于审议民主观的可能性，参见 Bernard Grofman and Scott Feld, "Rousseau's General Will：A Condorcetian Perspective", *American Political Science Review*, 82（1988），pp. 567 ~ 576；David Estund, Jeremy Waldrom, Bernard Grofman, and Scott Feld, "Democratic Theory and the Public Interest：Condorect and Rousseau Revisited", *American Political Science Review*, 83（1989），pp. 1317 ~ 1340；关于孔多塞式分析与意见领袖（opinion leaders）的兼容性，参见 Estund, "Opinion Leaders, Independence, and Condorcet's Jury Theorem," *Theory and Decision*, 36（1994），pp. 131 ~ 162.

话说，从属性的对抗公众（subaltern counterpublics）——的意义上，下述情形发生的可能性就更低一些：那些虚假论据和将某些团体排除在外的尝试畅行无阻。除了这种批判性的功能外，多样化的公众甚至在平等主义和文化多元主义的社会中也扮演着某种重要角色，因为它们帮助公民们形成自己的认同，并为其需要找到恰当的表现形式。[26]

现在，我们可以更为精确地阐述：本文已经详细论述过的商谈性理想化何以能够被纳入到与真实公共审议的关系中。泛而论之，恰恰是"商谈结构"的存在为相当混乱的角色混合、地位混合和论据混合赋予了某种认识论特征，以至于通过假定所形成之政治决定的合理性可以使它们得到证成或辩护。哈贝马斯所谓的这种"结构主义进路"不是将公共理性置于某种公意——其必须由经验性的多数加以表征，或者由代表机关加以识别——之中，而是将其置于那种将公众与立法机关勾连起来的商谈结构之中。[27] 就哈贝马斯模式中的两个主要部分——亦即非正式的公共利益与正式的决策——而言，这具有稍稍不同的意蕴。但在上述两种情形中，基本观念都是要培育下述意义上的沟通过程，并谋划下述意义上的制度性程序：至少使政治决定更有可能建基于那些在某种对所有人都开放且免于强制的商谈中所出现的理由之上。[28]

让我们以公共领域开始我们的讨论。依哈贝马斯之见，为了使民主运行良

---

〔26〕 Fraser, "Rethinking the Public Sphere", in the Habermas and the Public Sphere, Craig Calhoun ed. , the MIT Press Tony Bennett, 1998, pp. 122~128. 在此，由于同样的理由即市民社会具有不充分性，"对抗公众"也是不充分的。乔舒亚·科恩和乔尔·罗格（Joel Roger）〔 "Secondary Association and Democratic Governance", *Politics and Society*, 20（1992），pp. 393~472.〕所忽视的一点是：只有其存在于一个开放的市民社会中，公众的多样化才是民主的。我们不仅要区分"强"公众和"弱"公众，而且要区分专业化的公共领域和"市民化的"公共领域。审议政治端赖于一个较大的亦即将所有公民联合起来的公民化公众（civic public）的存在。

〔27〕 "这种模式（商谈论模式——译者注）将结构主义的进路带入到下列方式中：在这种方式中，制度化的意见形成和意志形成（opinion – and will – formation）同在文化上动员起来的公共领域中的非正式意见形成（opinion – building）勾连起来。这种联系之可能，既不是因为人民的同质性和人民意志的同一性，也不是因为理性——被假定能够简单地发现某种潜隐的同质性普遍利益的理性——的同一性……如果在沟通中流动起来的此种公民主权在公共商谈的力量中发挥作用，而这种公共商谈又源自于自主的公共领域但在程序上民主、政治上负责的立法机构的决定中形成的话，那么信仰和利益的多元化就不是受到压制，相反不仅在可修正的多数意见中，而且也在妥协中得到了释放和认可。这样的话，一种完全程序化的理性的统一性就退回到公共沟通的商谈结构之中了。" *BFN*, 186，另请参见 pp. 184~186。

〔28〕 "政治统治的实施是由法律导向并合法化的，而这些法律是公民自己在商谈地构成的意见形成和意志形成过程中制定的……遵循（民主）程序而获得的这些结果总是要具有合理的可接受性，乃是因为其导源于形成网络并被制度化的沟通形式……而这些沟通形式确保所有相关的问题、主题和贡献（contributions）都被提出来，并基于可最佳地获得的信息和论据在商谈和协商中进行处理。" *BFN*, p. 170.

好，一种活跃的公共领域必须"不仅发现和识别问题，而且也要令人信服、富有影响地使其成为讨论议题，为其提供解决方案，并且造成一定声势，使议会组织接手这些问题并加以处理。"（359）这种描述为民主的公共领域提出了四种大体上可以实现的功能性要求。①公共领域必须像公民们在其日常生活中接受的那样广泛接受相关的问题。（364～366）②为了具有接受性，公共领域必须根植于某种健全的市民社会和某种开放即多元化的文化之中。正如在该书中的用法一样，"市民社会"指涉的是为个体提供他们可以在其面前清楚表达自己经验、需要和认同之受众的、各种各样的非正式的自愿性社团。[29] 上述两个条件确保每个人都有可能被吸纳进公共商谈之中；也就是说，保证每个人都具有某些启动通道来表达他或她的关切与建议。③这些不同的社团所形成的各种各样的非正式公众必须至少部分地对彼此开放，以使论据和观点的交流能够在公共领域发生："原则上讲，在普遍性的、由其与政治系统之关联所界定的那种公共领域之内的边界具有渗透性。"[30] 这些条件表明：如果没有某种统一的公共领域，单单市民社会对审议民主而言是不够的。如果没有某种包罗万象的公共领域将这些"偏私的社团"（partial societies）联合起来并避免"宗派危害"，那种丰富的社团生活并不会促进审议。[31] 惟有凭借这种方式，论据才会受到那些相反论据（counterarguments）和那些变换性公民之观点（transform citizens' views）的质疑。④最后，公共领域必须相对地免于沟通中的严重扭曲和障碍的影响。这至少意味着：在关键时刻，公共领域必须有可能动员自己，并将争议提上议事日程。这也意味着：在论据和信息的传播中，扮演中心角色的大众传媒不能轻易为强劲的社会利益所

〔29〕"市民社会是由那些大体上自发形成的社团、组织和运动所构成的，而这些社团、组织和运动感受并调和着在私人生活领域产生共鸣的全社会问题（societal problems），对这些问题进行提炼，并以放大的形式将这些生活领域的这些反应传达给公共领域。社团组织网络使得那些旨在解决涉及普遍利益的商谈在组织化的公共领域的框架内制度化，而正是这些社团网络构成了市民社会的核心。"（BFN, p.336，另请参见 pp.367～373）关于市民社会的概念，请特别参见 Jean Cohen and Andrew Arati, *Civil Society and Practical Theory*, Cambridge：Massachusetts Institute of Technology Press, 1992. 在该引证中，哈贝马斯根据他们的识见区分了公共领域。

〔30〕*BFN*, p.373，另请参阅下列文字："在复杂社会，公共领域……代表着一种高度复杂的网络，而这一网络又分成了大量相互重叠的领域：国际的，国内的，地区的，地方性的，以及亚文化的……而且，根据沟通的密度、组织的复杂性和所涉范围之不同，公共领域又可以区分为不同的层面……尽管存在着许多种类的分化，但所有这些由日常语言所构成的局部公众（partial publics）之间是相互渗透的。"（*BFN*, pp.373～374）

〔31〕沿着这些思路对公共领域理论家的一个批评，参见 Bohman, *Public Deliberation*, MIT Press, 1996, Chapter 2.

控制、限制或扭曲。[32]

因此，通过各种各样表达关切、提出论据和建议的非正式的组织化通道，活跃的公共领域确保公共商谈没有将任何公民及其观点排除在外。如果公共领域带头将审议吸纳进去，那么，正式的立法机关就会聚焦于这种为了决策的审议。这种聚焦有两个方面。首先，在某个运行良好的系统中，所有相关的信息、论据和观点都应当（在研究人员、政府统计部门和院外游说者等的帮助下）汇集于立法机关。其次，与从事其他职业的公民相比，议员们应当能够更为集中、更为细致地考虑这些相关的论据。[33] 在运行中，公共领域中所包括的公民参与因之被转换为议会和其他审议机关中对论据的包容（inclusion）。[34] 我们不妨将其进一步表述为大致同某个运行良好即活跃的公共领域之条件相平行的四个条件：①对那些更为广泛分布的公共商谈而言，立法机关必须是开放或"通透的"（porous）。社会批评家们进而可以履行这样的任务：将新的论题和解释引入立法性公众的商谈之中。②为了确保观点和利益具有充分代表性，这种开放性为立法机关的构成设置了某些特定的技术性条件。这些条件将确保：公共意见恰当地引导着决策。③立法人员（legislators）之间必须以审议的方式行事，存在着真正的论据交流，以使得将较弱的论据淘汰出局，而较好的论据胜出并支配多数（比如说，参见307和340）。④最后，重要的是：要设置一些抵除私利和权力之扭曲性影

---

〔32〕"大众传媒应当把自己看做是某个开明公众的受托人——大众传媒同时既预设、也要求并强化了该公众的学习愿望和批评能力；像司法机关一样，它们应当独立于政治因素和社会因素；它们应当公平地对待公众的关切和建议，并……将合法化和更为激烈之批判的要求带给政治过程。"（*BFN*, p. 338；关于大众传媒，另请参见 pp. 368, 376~380）关于公共领域、社会运动和议程设置（agenda–setting）的动员，参见 pp. 380~384.

〔33〕参见 Bessette, *Mild Voice*, above n 1, Chapter 8；但是，正如贝塞特所言，即使议会的个体成员也为影响立法之信息和论据的复杂性和数量困扰而不堪重负，参见 p. 156. 在这个意义上讲，议会审议和决策并没有完全脱离去中心化的无主体沟通的条件，参见 *BFN*, p. 184. 值得注意的是，哈贝马斯是根据发现和辩护的不同来阐述这种聚焦功能的：强公众中的那些制度化的民主程序的意义"更多地在于处理它们，而不是发现和识别它们——其更多的是为问题的挑选和竞争性解决建议的选择提供辩护，而不是敏感于看待问题的新方式"。（*BFN*, p. 307）

〔34〕哈贝马斯将这一点看做是与伦理商谈和道德商谈大体上明显有关："只有当其对流动于商谈性地构成的公共领域中的建议、论题和贡献以及信息和论据保持开放、敏感，并能接纳它们之时，代议性商谈（discourses conducted by representative）才能够满足所有成员（亦即公民）平等参与这一条件。"（*BFN*, p. 182）"代表仅仅意味着：在进行议会代表选举之时，人们被期待要基于对边缘群体之自我理解和世界观的包容，提供尽可能宽的诠释视角。"（*BFN*, p. 183）

响的程序性机制，以使较有力的论据在决策时事实上居优的可能性增大。[35]

三

现在，我们大致知道了哈贝马斯审议民主的基本模式：民主程序应当允许某种基础广泛即无主体的公共沟通在制度上成为通向社会影响力所支持的具体决定的通道；在商谈结构掌控着上述整个过程的意义上，过程本身是合理的（rational），并且其结果对所有公民而言是理性的（reasonable）。

然而，存在着两种对这种理性（reasonability）的解释方式。一种解释是强调审议程序本身。但是，本文已经讨论过的、达致一种趋向全体一致之民主原则的商谈理论所强调的是：把结果视为所有公民在理想上都会聚合到一起的那种结果。尽管这种结果是被建构的，而不是被发现的，它也相当于一种类似于"正确答案"的事物，或者至少暗含着某种公共理性的单一性（singular）概念。[36] 从这一观点看，恰恰是在追求关于正确答案的共识中，商谈过程才有意义。即使我们拒绝政治问题具有某种单一正确答案的观念，哈贝马斯的解释至少也要求：审议应当勘定符合那些可接受的道德、伦理和实用性条件之解决方案的范围。如果恰当安排这些一般性的限制，解决妥协或让步所带来的任何进一步分歧就具有了可能。（在健康保健的争论中，商谈范围的普遍性要求所担当的正是对公共妥协的某种限制。）这样，沟通结构与程序性设计对政治就具有一种合理化的影响，因为它们帮助选民或其代表人至少开始在认知上具有说服力的结果上聚合起来。尽管哈贝马斯的模式对事实的即情境化的审议所面临的复杂性与多元性做出了相当多的让步，但它在理想层面上却毫不妥协。去中心的即"无主体的"公共审议的合理特征仍然依赖于同样的商谈理想化——亦即带来了同多元性和复杂性事实间张力的那种理想化，比如说，即使在道德争议上都有妥协的需要。换言之，事实中的多元性被"变型"（transsubstantiated）为理想化的全体一致，并借此被

---

〔35〕 哈贝马斯将这最后一个条件称之为"逆导控的"（countersteering）；参见 *BFN*，pp. 327～329. "导控"是由"系统"权力、并因之是非沟通性权力所实施的；"逆导控"源于沟通性地产生的权力。这种权力被假定能够越过系统权力所施加给商谈、进而最终对审议结果的限制。

〔36〕 参见 Bohman，"Public Reason and Cultural Pluralism：Political Liberalism and the Problem of Moral Conflict"，*Political Theory*，23（1995）；具有"单一性"的公共理性的名称来自于 John Rawls，*Political Liberalism*，New York：Columbia University Press，1993，p. 220. 在该书中，罗尔斯争辩说，只存在着一种公共理性。

合理化。[37] 这种分歧的转型（tansformation）似乎要求做出三种非常强烈的关于论证（argumentation）的假设——当适用于政治审议时，每一种假设都向严肃的质疑开放。[38]

首先，就全体一致在政治领域（arena）具有可能性而言，哈贝马斯必须假定：在不同类型的商谈之间，不存在任何棘手冲突。由不同政治视角之价值观间的冲突所造成的这些问题，已经是晚近相当多哲学关切的焦点。举例来说，道德理论家已经考察了在公正道德、幸福欲求和人际联系需求之间（比如说，朋友之间）棘手冲突产生的可能性。在法律理论与政治理论中，人们考虑了个体权利与集体利益之间或自由与平等之间产生冲突的可能性。[39] 在政治语境中，哈贝马斯的商谈理论处理这些冲突的途径是：要么乐观地区分不同类型的那些具有"自我选择性"（self‒selecting）的争议，要么建构某种（道德商谈在顶端，接下来是伦理商谈等等的）商谈等级。[40] 正如哈贝马斯晚近已经承认的那样，如果这些机制失败，人们必须只能依赖制度性的程序来决定问题。[41] 但是，这种程序不是建基于某种有权就不同类型商谈间的争议做出公断的元商谈或超商谈（meta-or superdiscourse）之上。这种超商谈将呼唤今天已不再可能的、具有统一性的实践理

---

〔37〕 这种转变招致了对共识理论的普遍批评，参见 Bernard Manin，"On Legitimacy and Political Deliberation"，Elly Stein and Jane Mansbridge trans.，*Political Theory*，15（1987），p. 342.

〔38〕 对其所遵循之假设的批评，参见 Thomas McCarthy，"Pratical Discourse：On the Relation of Morality to Politics"，in *Ideals and Illusions：On Reconstruction and Deconstruction in Contemporary Critical Theory*，Cambiridge：Massachusetts Institute of Technology Press，1991，pp. 181～199；David Ingram，"The Limits and Possibilities of Communicative Ethics for Democratie Theory"，*Political Theory*，21（1993），pp. 294～321；McCarthy，"Legitimacy and Diversity：Dialectical Reflections on Analytic Distinctions"，*Habermas on Law and Democracy*，Michel Rosenfeld and Andrew Arato eds.，Berkeley：University of California Press，1998；Bohman，"Public Reason and Cultural Pluralism"，Political Theory，1995，23（3），pp. 253～279.

〔39〕 比如说，参见 Ronald Dworkin，*Taking Rights Seriously*，Cambridge：Harvard University Press，1978；在道德理论中的论述，参见 Stuart Hampshire，*Morality and Conflict*，Cambridge：Harvard University Press，1983，以及大量有关"关怀伦理学"（ethics of care）的文献。

〔40〕 参见 *BFN*，pp. 1555，159f.，167；另请参阅 Habermas，"Reply to Participants in a Symposium"，in *Habermas on Law and Democracy*，Michel Rosenfeld/Andrew Arato eds.，University of California Press，1998，pp. 428～430.

〔41〕 Habermas，"Reply to Participants in a Symposium"，Michel Rosenfeld/Andrew Arato eds.，University of California Press，1998，pp. 429～430.

性；正如哈贝马斯所言，我们"不能单一地谈论实践理性"[42]。虽然实践理性的多元化观点在当下道德理论和政治理论中普遍存在，[43] 但它似乎仍为哈贝马斯提出了一个特定的难题；因为它侵蚀了哈贝马斯政治共识观的根基，而这种政治共识观预设（presupposes）了人们有可能就不同类型商谈的选择和那些需要在公共领域进行审议之问题的判准取得全体一致。不夸张地说，这个层面上的争议就是没有着落的论据（arguments without a home）——不存在任何能够商谈的方式对这些论据加以裁定的场所。如果它们被证明不只是例外情形（occasion exceptions），那么合法性的共识基础就将会受到侵蚀。

第二个假设与第一个有关。哈贝马斯的这一观念——亦即民主的结果至少在原则上允许全体一致的同意——表明：公民们总是能够将争议的合理商谈方面与其要求妥协的方面清楚地分开。在《在事实与规范之间》1994 年的"后记"中，哈贝马斯在回答其批评者时从不同类型之商谈的区分转向了问题的"分析性方面"："政治问题常常是如此复杂，以至于其要求同时处理实用、伦理和道德方面。"[44] 正是因为道德和伦理争议仍可以由商谈中的适格（competent）参与者——至少在分析上——分开，冲突才可以避免。公民并非必须在其道德操守（moral integrity）或其作为某个给定国家之成员的自我理解上妥协（135～138，182）。而且，如果技术－实用方面是由专家处理的，专家们大可不必向其职业操守妥协。在最坏的情况下，身份确认（identity）更具个殊性的价值和方面，或者

---

〔42〕 参见同上，pp. 428～430；另请参阅"On the Employments of Practical Reason"，in *Justification and Application*，C. Cronin trans.，Cambridge：Massachusetts Istitute of Technology Press，1993，特别是第 16 页以下。在后一本著作中，哈贝马斯争辩说："不存在我们为了辩护不同论辩形式之间的选择可以求助的任何元商谈（meta‐discourse）。"但是，哈贝马斯并没有根据某种逻辑性的自我选择来解决这一问题，他为此提供了一种对这些问题的实在论解释："这些问题把自己推给了我们；它们具有某种限定权力的地位……"

〔43〕 在其《答讨论会参与者》一文中，哈贝马斯特别回应了贡塔·托依布纳（Gunther Teubner）的立场。但是，关于"不可调和的诸价值"间冲突，当下存在着许多哲学讨论，除了罕布夏（Hampshire）的《道德与冲突》（*Morality and Conflict*）以外，比如说参见 Bernard Williams，*Moral Luck*，New York：Cambridge University Press，1981；Michael Walzer，*Spheres of Justice*，New York：Basic，1983；Thomas Nagel，*The View from Nowhere*，New York：Oxford University Press，1986；Nagel，*Equality and Partiality*，New York：Oxford University Press，1991；Joseph Raz，*The Morality of Freedom*，Oxford：Oxford University Press，1986，特别是第十三章。为了在此论证我们的观点，我们无需为价值不可通约性（value incommensurability）的强式论题辩护；价值多元论仅仅要求：存在着互不兼容的诸价值，并且文化多元论强调了这些价值之间的冲突。关于"不可通约的"价值与"不相兼容的"价值之间的区别，参见 Steven Lukes，"Understanding Moral Conflict"，in *Liberalism and the Moral Life*，N. Rosenblum ed.，Cambridge：Harvard University Press，1989，pp. 133ff. 价值的不可通约性排除妥协（妥协要求有可能创造某种共同的通用之物），而不兼容性则不然。

〔44〕 Habermas，"Postcript"，in *BFN*，p. 452.

某人特定的利益，可能不得不屈从于道德和伦理－政治考量。至少在原则上，每个公民所具有的、那种将问题的不同方面分开的能力使得他们可以不向其最深处的价值观妥协，并避免诸价值之间的严重冲突。

上述第二个假设可能会侵蚀商谈理论处理当下多元主义问题的能力。而且，它甚至会低估哈贝马斯商谈理论本身所暗含的分歧潜势（potentials for disagreement）。因为哈贝马斯认为，道德观点内在地与需要之解释（need－interpretation）、并因之与"伦理"价值有关。更确切地说，道德规范所调整的是所有涉及利益平等的情势，以及与几乎所有下列可信观点有关的情势：将每个个体利益中之平等事项的确定与个体理解和评价那些利益的方式分开是困难的。但是，正如哈贝马斯也主张的那样，如果人们不能总是期待在实质价值和认同问题上达成全体一致——特别是当这些价值不是由整个团体所共享之时，这就为道德商谈中那些抵制论证性解决方案之分歧的出现打开了大门。这表明：在有关正义的某些争议上，公民们发现自己处于不可调和但却合理的分歧之中。[45] 现在，依哈贝马斯之见，在下述两种意义上，参与者能够克服这些冲突：他们能够离析出冲突的个殊主义渊源，并达致某种公平的妥协；或者他们能够将争议构想在更为抽象的层面上，以使源于公正性或中立性观点的解决方案具有可能性。诚然，正是法律的合法性要求公民假定这些解决方案至少在原则上具有可能性。[46] 但是，在亚文化的伦理价值（sub－cultural ethical values）和特定认同影响着对正义与公正之解释的情形下，共识似乎要求不同的团体首先解决那些位于其竞争性正义观背后的伦理性差异——亦即这是一项人们不必承担、但在原则上却具有可能性的任务。但即便抛开这个问题不论，人们也可以质疑：期待公民将其道德认同视为哈贝马斯所谓的抽象性要求是否具有可能性或合理性呢？

最后，哈贝马斯强烈地假定存在着有关正确答案的理想化聚合——即使在不

---

〔45〕 参见麦卡锡（McCarthy），"Practical Discourse：On the Relation of Morality to Politics"一文，见注〔38〕，pp. 182～192；在《合法性与多样性》（*Legitimacy and Diversity*）一文中，麦卡锡沿着这一思路对哈贝马斯展开了更为猛烈的批评；一种更乐观的观点，参见 Rehg, *Insight and Solidarity*, University of California Press, 1997，第四章；对哈贝马斯而言，参见 Habermas, *The Theory of Communicative Action*, vol. I, Boston；Beacon, 1984, 1987, p. 20. 和"Wahrheistheorien", in *Vorstudien und Ergänzungen zur Theirie des kommunikativen Handelns*, Frankfurt, Germany：Suhrkamp Verlag, 1986, pp. 166～174.

〔46〕 参见 Habermas, "Reply to Participants in a Symposium", in Michel Rosenfeld and Andrew Arato eds., *Habermas on Law and Democracy*, University of California Press, 1998, pp. 390～404. 抽象的事例比如说：某个社会通过将属于所有团体的某种非人身权利（impersonal right）认可为宗教自由的方式来解决不同宗教实践之间的冲突。在《答讨论会参与者》一文中，我们读到的是：此种抽象的公正标准是"共存的不同团体的平等权利"。

完全审议的情形下。甚至在非理想的即事实的认识性条件下，公共意见的聚合似乎也是需要的。如果立法机关内的审议和投票者之间的审议是为了提高多数决之结果正确的机率，那么，人们似乎必须非常强烈地做出如下假定：某个团体内的不完全审议影响着多数意见围绕着正确观点摇摆。经过一段时间的辩论，投票者——甚至是议会中的投票者——可能仍只能不完全地把握相关信息和论据。即使这种不完全的审议具有开放性和包容性，它也并不必然能提高更好的论据居优的机率。在审议和信息不完全的欠理想条件下，根本就没有任何保障可以使公民的多数将聚合于此处的任何观点——如果存在这种观点，该观点是正确的观点——得以存在。甚至，在更进一步的反事实性假设——公共商谈是意识形态无涉的（ideology-free），亦即免于沟通中无法察觉的扭曲——条件下，这种聚合也并不能相伴而生。即使这些好论据是可资利用的，但单单这种不完全性本身就可能使得审议缺乏说服力。那么，人们可能会说，哈贝马斯所谓的真实的去中心性（decenteredness）与理想化的聚合之间的关系要求苏格拉底式的假设：多数聚合于更好论据的可能性与审议的数量或时长（length）成正比。[47]

四

如果前述的诸假设在许多要点和不同层面上应当被证明是困难的（特别是考虑到当下文化多元性的多元主义），那么，人们有充分的理由为认识论化的审议（epistemic deliberation）提供一种较之哈贝马斯更弱的解释。这种较弱的解读并不否认这一点：公共理性在某些方面和特定问题上具有独特价值——事实上，它预设了这一点，以至于公民仍然能够在一个公民性的公共领域（a civic public sphere）内进行审议。但是，仅仅在某个共同的公共领域一起审议并不预设着理想化的聚合——即使是在原则上。因而，较之那种较强的全体一致解释，这种较弱的解读为包括道德多元论在内的多元主义提供了更大的空间。

一种较弱的解读的关键在于：要考虑到，某个政治决定的合法性不需要公民审议者（citizen-deliberators）做出如下这种强烈假设——他们的审议过程更有可能使得审议结果是每个人将最终、理想化地聚合的那个结果。毋宁说，对他们

---

〔47〕 如果某人想诉诸审议（并且不仅仅根据制度化的设计）来解决不稳定性问题的话，也需要此种强烈假设；参见 Knight and Johnson, "Aggregation and Deliberation", Political Theory, 1994, 22, pp. 278～285.

而言，做出这样的假设即足矣：在给定的审议条件下，结果和决定允许同那些具有不同的、至少不是不理性之心智的他者进行某种不间断的合作。实际上，如果审议过程满足了至少下述三个密切相关的条件，公民们就有充足的理由做出这种具有可修正性的假设。首先，非正式与正式审议的商谈结构使得下述事情的发生较不可能：不合理的、站不住脚的论据决定着审议结果。其次，结构化的决策程序允许人们有可能修正论据、决定甚至程序，而这种修正要么具有被击败立场（defeated positions）的特征，要么提升了这种被击败立场被倾听的机会。最后，审议性的决策程序具有广泛的包容性，以至于少数人可以理性地期待：他们能够在迄今仍不能具有影响力的很多方面影响着未来的结果。当然，上述条件并不是合理合作的一种完好解释——因为为了解释合理合作，人们还必须引入不合作的代价和基本权利的保障。但是，正如我们将争辩的那样，它的确拓宽了人们对下述合法性的规范性解释，亦即：认可那些不仅仅建基于策略性算计（strategic calculations）之上的诸妥协形式的合法性。

无论如何，上述第一个条件表明：本文所略述的那些不同建制和公众首先具有某种消极的、进而带有批判性的功能。这即是说，这些不同的建制和公众意味着，通过如下方式，它们将辩论提升到一种公民化和公共化的层面：确保那些对偏见的简单和粗暴迎合能够公开地受到挑战和破坏，保证微妙的以及不是如此微妙的（not – so – subtle）强制将被暴露与质疑，并确保不合理的排除性机制（exclusionary mechanisms）将会被根除与矫正。在许多问题中，对这些措施的有力追逐便足以产生积极的共识。但是，这个条件不必产生共识，理性的分歧可能仍然会持续下去。然而，其要点在于：所有那些非理性的分歧以及非理性的一致都将被根除。

通过根除那些对恐惧、偏见和无知的非理性迎合，许多公民可能转换其偏好和信仰，并采取实质上不同的立场。但是，这依赖于很多经验性因素，并不必然总是这种情形。相反，它可能也是这种情形：人们仍然保留其原初的观点，只是现在为更好的因之更为理性的、仅仅加剧既有冲突的那些论据所支持。换言之，商谈结构在根本上提升了辩论的层次——即使它们并没有产生一致。就活跃的公共领域包含着将非反思性观点交付批评的各种各样的论坛和公众而言，就制度化的控制甄别着那些反对就事实和不同要素的代表性包容进行仔细、公开审查的论据而言，就大众传媒并不缺乏辨识力（myopic）而言，建议和候选人要想基于空洞的矫言饰行（rhetoric）而获胜应当更为困难。借用罗伯特·古丁（Robert Goodin）的话讲，使理由公开可能会"洗涤"（launder）这些理由，亦即通过公共测试（public testing）来"滤清"（filtering）关于冲突之公共审议的"输入"

（input）。[48]

第二个条件即可修正性呈现出许多不同形式，其中之一已经内含于第一个条件中了。正是由于对诸理由和诸结果的公共测试实际上"洗涤"了多数观点，其使得少数有可能影响那些为结果提供辩护的整套理由（the set of reasons）。因此，合理审议由公共性导引这一事实可以造成对实体论据的某种修正；即使这种修正不会在共识中终止，它也能使诸立场更为聚合，以至于某种道德上的妥协成为可能。我们即刻会阐明这一点。然而，人们常常将这种可修正性简单地同较早结果的改变——其改变的途径是经由程序的反复（或者经由取而代之的另一个程序进程的引入）——联系起来。民主的程序典型地在很多不同方面都考虑到了可修正性这一点，诸如定期选举、法律上诉、法律审查和宪法修正，等等。[49] 最后，可修正性也触及到程序本身：为了使少数在面对可能破坏合作的偶存（contingent）社会事实和人口学事实（demographic facts）之时可以重新形成平等权力，人们可能会修正民主的程序。如果这些事实使得少数永远固定不变，那么民主的建制就不是约翰·罗尔斯（John Rawls）意义上的"良序的"（well-ordered）；它们将不会为相互合作所必需的政治平等提供保证。在这些形式的每一个中，可修正性都具有这样的效果："迫使多数要考虑少数，至少是在一定的程度上。"[50] 比如说，罗斯福新政（New Deal）中的平等保护条款的外延就包括有助于救济那些破坏政治程序中平等参与之社会不平衡的诸经济权利。[51]

对某人（被击败）立场加以考虑的可能性，以及其他形式的可修正性，指向了第三个条件：包容性（inclusivity）。比如说，经由实体上的修正，少数的立场在型构多数决之结果方面就具有作用。推翻多数的未来可能性意味着：少数不再永远被排除于决策之外，并且程序性修正的引入恰恰是为了通过提升选举的平等性来确保这种可能性。一般而言，更具包容性的审议程序和决策程序使得公民更有可能克服其辨识力缺乏症（myopia）和种族优越感（ethnocentrism）。由于他

---

〔48〕 Robert Goodin, "Laundering Preferences", in *Foundations of Social Choice Theory*, J. Elster and A. Hylland eds., Cambridge: Cambridge University Press, 1986, pp. 75~102. 针对偏好公开的效果而进行的此种"净化"（cleansing）或滤清不可过高估计，它只限于可为参与者识别出来的坏理由和坏论据；然而，许多偏见和虚假的意识形态性信仰也可能仅仅通过被公开的方式而广泛地通过这种滤清。而且，这种滤清可能仅仅强化了那些被广泛分享的偏好和那些被公开接受的虚假信仰。此类现象以及其他在沟通中存在的、共同体范围内（community-range）的潜伏约束要求社会批评家和社会运动将它们作为公共商谈的一部分。

〔49〕 在《回答讨论会参与者》一文中，哈贝马斯也以一种一般性的方式承认了这一点。

〔50〕 Manin, "On Legitimacy and Political Deliberation", in *Political Theory* 1987, 15, pp. 360~361.

〔51〕 这一点为阿克曼（Ackerman）所争辩，参见 Ackerman, *We the People*, Belknap Press, 2000, pp. 38ff.

们已经知道为了维护公开性和平等性其决定必须被修正，公民们将会以一种包容性和未来取向的方式来评价其民主实践。他们也将会把自己看做是可能占据少数立场的人；即使他们现在占据着多数立场，单凭这一点也并不能增添其论据必然就是更好论据的认识论力量。

这种较弱的认识论观念为超越哈贝马斯所预想的利益平衡的诸妥协形式提供了某种空间。在此，我们将会简要阐述：在下述范围内，亦即审议允许公民们看到某种相反的观点不仅仅是——至少以任何显见的方式——建立在自我欺骗或偏见的基础之上，某种"道德上的妥协"何以可能。这使我们更容易找到这样一种共同框架：其为每个群体基于不同的理由而接受，但却又允许相对立的诸团体维护社会合作。[52] 道德上的妥协试图为正在进行的审议改变框架，其途径是采取如下方式：每个人能够从自己不同的视角来继续推进合作。在这里，"框架"的含义既包括有用理由之集合（the pool of available reasons），也包括审议本身的程序——这两个要素通常只有在分析的意义上才可以区分开来。因而，为了超越诸通行解释的不一致，成功的道德性妥协必须扩展有用理由之集合的范围，并且必须在程序上体现公正性。

事实上，这就是历史上的制宪会议运行的方式。制宪会议并没有形成一套单一的即融贯的原则，而是拼凑成复杂的妥协，甚至产生了冲突性的价值观。比如说，联邦党人与反联邦人一道为我们建构了宪政上的制衡框架，其所采取的方式是诸如同时反映他们各自的原则等等。第三方调停也可以阐明促成道德性妥协的策略（devices）种类。比如说，戴维营协议（the Camp David accords）可以被看做是一种成功的道德性妥协——在该协议中，卡特总统（President Carter）并没有采取抽象原则的方式。在谈判论题（text）之变化所推动的沟通中，卡特总统逐渐建构了取而代之的另一种框架。一旦这种策略克服了最初的不一致，用新的合作规则和新的辩护形式来共同商讨新的道德框架就具有了可能。就这种妥协形成程序而言，饶有兴味的是：它并不要求某种被假定的背景性共识；每个当事人都可以依据其自己的价值观和原则更改其论题，并且其结果并不必然以不偏私性（impartiality）所暗含的那种方式而弱化观点的多样性。论题恰恰就是正在进行之审议的框架；在每一轮审议中，论题必须做出足以确保双方合作得以继续的

〔52〕 Bohman, "Public Reason and Cultural Pluralism: Political Liberalism and the Problem of Moral Conflict", *Political Theory*, 23（1995）.

改变。[53]

总而言之，人们期望：当政治决定关涉到哈贝马斯不允许妥协的正义难题之时，合作和妥协的这些机制（mechanisms）变得尤为重要。比如说，假定在我视为正义的问题上，我的投票处在少数之列。如果开放讨论的缺乏使我相信多数在很大程度上为激情、偏见或无知所支配，或者被控制着大众传媒接近此事的强权利益所操纵，那么，无论是基于对合理审议的强式解释还是弱式解释，我都有足够的理由来质疑结果的合法性，我对结果的遵从至多也是很勉强的。但如果相反，在投票之前存在着对问题的开放且诚实对待，那么，我就有较少的正当理由来质疑结果的合法性。即使我仍然不同意多数的观点，但是我至少知道：他们的立场可以被公开争辩。而且，产生妥协的那些程序也允许少数基于取向未来的考虑——诸如新型联盟关系的修正或建设等——而接受决定。然而，如果我把哈贝马斯民主原则中的全体一致要求照单全收的话，我似乎总有正当理由来质疑所有多数决结果的合法性——无论它经过了怎样的充分辩论，或是如何的可以改变。形成对照的是，如果我接受对合法性的某种较弱解读，我就可以争论——在此种情形下对理性争论开放的——结果的最终正确性，并且仍然承认：在其不属明显不理性的范围内，结果仍具有合法性。我还可以理性地预期：这些结果在未来是可以改变的，因此，我接下来的合作和参与甚至会有效地促成这些改变——如果我的理由获得公开确信的话。

<h1 style="text-align:center">五</h1>

形成道德性妥协的商谈过程暗含着哈贝马斯审议民主观所关注的复杂性和多元主义问题的一个解决方案。在《沟通行动理论》（*The Theory of Communicative Action*）一书中，哈贝马斯谈到了这种需要："逐步颠覆沟通行动概念得以增进的强烈理想化。"[54] 沟通合理性理论"去理想化"（de – idealization）的这一过程对其更进一步地分析现实社会情势的复杂性而言是必要的。然而，我们必须在"并没有为了互动之协调的分析而牺牲所有理论视角"的条件下进行这种颠覆。

---

〔53〕 对戴维营谈判中此种策略运用的一个出色解释，参见 Howard Raiffa, *The Art and Science of Negotiations*, Cambridge：Harvard University Press, 1982, pp. 205～217.

〔54〕 Habermas, *The Theory of Communicative Action*, Vol. 2, Thomas McCarthy trans., Boston：Beacon, 1984, 1987, p. 30.

《在事实与规范之间》一书代表了哈贝马斯本人通过理解法律的媒介地位（the intermediate status of law）所达致的进一步尝试。在其民主原则的形成中，他对全体一致的坚持反映了其维护其理论视角的决心。然而，这种坚持不仅在理论上是不必要的，而且就一种适合于当下社会条件的民主理论而言，其在经验上也是令人难以信服的。我们已经争辩说：哈贝马斯并没有充分地展开其"颠覆理论之理想化"的谋划——这始于他将理想条件下的全体一致的同意等同于政治商谈结果的合理性。但是，正如道德性妥协的问题所显示的那样，多元主义和复杂性的要求恰恰是要放弃潜隐于这种理想之下的诸假设。

在此，我们拟提出有关各述其理的复杂政治商谈的三个较弱假设。多元主义和复杂性并不要求我们放弃审议民主的理论或进路，但却要求我们弱化将全体一致视为民主审议的引导性原则的那些假设。

首先，在多元化的社会中，商谈类型之间的冲突、进而有关某个问题需要何种主张的争论是不可消除的。它们不是自由原则"预先承诺"（precommitment）并在公共辩论中被否弃的主题，而是处于理性分歧的范围之内。[55] 这些冲突确实产生了——其边界不断引起争论的——社会生活之范围的持久难题。在这些"疑难情形"（hard cases）和"根本上有争议的问题"中，将问题的认识论或商谈性方面同其协商性或妥协性方面区分开并不总是可能的。[56] 此类问题的事例包括关于下述问题的持久争论：公共领域与私人领域的边界，或者宗教领域与世俗领域的界分。文化身份（cultural identities）恰恰与人们如何在诸社会领域、诸理由类型之间做出区分的问题相关；因此，有关下述问题的争论将会出现：在多元主义的社会中，公民们如何各异地划定这些边界。

其次，第二个假设源自于多元主义的第一个假设：正如哈贝马斯有时也认为

---

〔55〕 将宪法权利和宪法原则看做"预先承诺"的观点，参见 Samuel Freedom, "Reason and Agreement in Social Contract Views", *Philosophy of Public Affairs*, 19（1990），pp. 122～157；Jon Elster, *Ulysses and the Sirens*, Cambridge：Cambridge University Press, 1979, pp. 94ff. 我们所采取的这种较弱的认识论观点拒绝认为这些论据同道德多元主义所要求的审议类型是一致的。

〔56〕 关于一个问题被认为是"根本上有争议的"意味着什么，参见 W. B. Gallie, "Essentially Contested Concepts", *Proceedings of the Aristotelian Society*, 56（1955～1956），pp. 167～198. 关于更为晚近的论述，参见 William Connolly, *The Terms of Political Discourse*, Lexington：Health, 1974. 我们既不同意加利（Gallie），也不同意康诺利（Connolly），我们不会得出关于政治的怀疑论结论；道德性妥协具有认识论上的价值。关于包括堕胎在内的界限之争，参见 Kent Greenawalt, *Religious Convictions and Political Choice*, Oxford：Oxford University Press, 1988. 除了看到了在关于事、人或物（比如说，关于生与死、胎儿或动物权利）之"暧昧地位"（borderline status）的必然争论中宗教所具有的作用外，格林诺瓦特（Greenawalt）还赋予了宗教信念（religious conviction）以一种公共性的作用——只要宗教性理由可以被"公开地理解"。

的那样，民主的审议并不要求人们在如何区分问题的不同方面之区别的问题上达成一致。公民们可以从不同的视角来商讨这些问题，因为就同一主题的商谈而言，他们可以进入各种不同的商谈类型。只要公民们能够在多元化、公民性的公共领域中将诉诸理由与诉诸偏见区分开来，他们就可以良好地商讨，并解决他们之间的分歧。上述能力将使他们看到：他们之间的差异无论有多大，都是同那些至少能够被公开争辩——即使对所有的公民而言，其论据都不是决定性的——的立场相联系的。只有公民们以这种方式达致相互理解，他们才可以正确地识别：在其政治商谈中，理性的分歧何时危在旦夕，需要补救。公开地形成——其每一个都能够被公开争辩的——诸竞争性观点，而不是聚合于共识，就成为了多元化公民之间对话性审议的审慎目标。这一论点可以为双方当事人提供认可人们下述需要的途径：考虑双方最终都承认其正确性的新观点的需要。然而，更为常见的是，理性的分歧可以由道德上的妥协加以解决。

最后，只要其对所有的理由开放和包容，甚至不完全的审议也代表了一种基于较弱观点的认识论收益。然而，这些收益应当消极地对待。在多元化的条件下，不完全的公共审议担当着过滤器的角色，其过滤着作为潜在冲突源泉之诸理由的可接受性。在开放的公共审议和对话以后，公民们接受那些诉诸意识形态、激情或利益之理由的可能性降低了。公民们所具有的那种从各种不同的视角和观点看待问题的能力将有助于这些在公开场合下非理性的理由丧失其鼓动力。至少，在经历了健康有力的商谈和对话以后，糟糕的论据为民主的多数所接受的可能性降低了；这样，公民们将被鼓励修正依赖于这些论据的信仰、惯例和规范——即使它们在争论中并不是原初争议的主题。不完全审议中的失败者可能会产生诸如此类的大幅改变。就公共无理性（public unreason）和沟通中意识形态化限制的重要情形而言，这种较弱版本的民主原则也承担着识别非理性分歧的批判性功能，而并没有牺牲合作和协调的规范性分析。

在对正确性之需要的充分共识与显见非理性渊源的消除之间，存在着某种形式的、并不牺牲合理完整性（integrity）的道德性妥协的空间。这也许部分地解释了：当商谈或表达其不同意见的机会先于那些不适宜的制度化结果之时，为什么公民们却更乐意接受它们。[57] 根据我们修正后的观点，哈贝马斯审议民主的

---

〔57〕 有关此论题之经验研究的一个调查，参见 E. Allen Lind and Tom R. Tyler, *The Social Psychology of Procedural Justice*, New York: Plenum, 1988. 支持这一观点的经验研究的另一领域是“廉价磋商”（cheap talk）——在廉价磋商中，策略行动者之间的前行动沟通（preplay communication）增加了达致互利结果的可能性；即使没有有效的制裁，它也有助于协调参与者之间的预期。参见 James Johnson, "Is Talk Really Cheap?", *American Political Science Review*, 1 (1993), Vol. 87, pp. 74 ~ 85.

理想有助于我们理解为什么多数决规则必须总是要在其间我们能够合作、但并不必然相互同意的自由、开放的公共领域联系起来。只要哈贝马斯修正其民主原则，并摒弃全体一致的强烈条件，他就能够解决他自己所提出的复杂性问题。只有到那时，公共资源（resources of public）亦即"无主体的"沟通才能为复杂且多元社会与激进民主理想的相关性提供一种可信的经验性辩护。因此，我们所给出的这些较弱的论据不仅更具可辩护性和一致性，而且它们也更好地实现了哈贝马斯自己所设定的下述目标：颠覆其理论的理想化色彩，重构根植于当下民主建制的合理性潜能，并在当下的条件下捍卫激进民主的遗产。

融贯性、整体论与解释学：德沃金法律理论的认识论基础 *

[美] 安德列·马莫** 著

王家国*** 译

哲学的任务是反思其自身活动，并以哲学的方式反观其思维的方法。法律哲学也不例外。在过去的十多年里，法哲学家们对方法问题的关注似乎有了根本性的增进。法学方法论的转向，在很大程度上应当归功于德沃金教授。他在其近期作品中所讲的解释理论十分著名且引人关注，[1] 此理论为法律哲学的前沿带来了一些极具价值的元理论思考。本文将讨论此方法论转向中的一个方面，即其认识论基础。其中，我将重点谈德沃金的融贯论（conception of coherence）以及该理论在其解释理论中的地位。

融贯性这个概念，在德沃金的法律理论中是非常重要的。他一再强调，一个法律制度的构成因素不光有实定法或传统意义上可识别的法律，而且还有那些能被证明与最佳的实定法（settled law）学说相适合或相融贯的各种规范。[2] 现在已经很清楚，"融贯性"概念还在其法律理论的认识论基础中发挥着很关键的作用。据此，我们能够区分出两个明显的、与融贯性概念相关的层次：一是内容层面上的，它被当做政治道德一个基本维度加以应用了；二是方法层面上，也就是近来在解释理论中所讲到的。本文认为，德沃金在其解释理论中对两个层面上的

* 本文摘自 *Law and Philosophy* 10：413～425，1991. 感谢安德列·马莫教授的慷慨授权。

** Andrei Marmor，法学与哲学教授，美国南加州大学法律与哲学研究中心主任。

*** 法学博士，杭州师范大学法学院讲师。

〔1〕 德沃金分二或三个阶段提出其法的解释本质的思想：在 1981 年他发表了两篇讨论法律与解释的论文，一是在 *Critical Inquiry*，9（1982），p. 179，类似的版本见 *Texas Law Review*，60（1981），p. 527. 前者在其专著 *A Matter of Principle* 中重印，见 p. 146. 其后是一篇对费什的回应："Reply to Stanley Fish：Please Don't Talk about Objectivity Any More"，in W. J. T. Mitchell ed.，*The Politics of Interpretation*，The University of Chicago Press，1983，p. 287，下文简称 "Reply to Fish"。最后，对其法律的解释理论之最全面的表述请见 R. Dworkin，*Law's Empire*，Cambridge，Mass：Havard University Press，1986.

〔2〕 R. Dworkin，*Taking Rights Seriously*，London：Duckworth，1977.

"融贯"所寄予的功用是不易调和的。

我将先从一般层面上来讨论几种对融贯概念的不同观点，具体讨论罗尔斯的反思性平衡理论——它深深地影响着德沃金的思想。然后进一步地考察德沃金解释理论的认识论基础，他的解释理论集中讨论了他所提出的解释学中各个不同解释维度之间的关系，即同一性（identity）、适合性（fit）与可靠度（soundness）。我认为，德沃金根据知识融贯理论作出这些向度的解释，刚好对由斯坦利·费什所提出的解释怀疑论作出了一个很有意义的回应。在最后一节中我还将指出，当这种解释结构应用于德沃金的法理学时会出现一些困难，在他的理论中，融贯还起到一种内容上的作用（a substantive role），比如"作为整全的法"中所示明的。

一、反思性平衡

自奎因的《经验主义的两个信条》发表之后，[3] 融贯论与知识整体论已受到哲学界的日益重视。由于传统经验论的基础主义（foundationalism）已溃败，上述二论现在似乎已成了认识论的主流趋势。库恩对我们理解科学知识的贡献，[4] 以及罗尔斯在其《正义论》中把反思性平衡作为认识论基础的论述都似乎已经宣告了这次哲学革命的终结。[5] 不过正如库恩所说，一个学科之范式的转换并没有解决学科中的问题，反而是产生了新的困惑。用融贯论来取代基础主义亦复如此。

基于融贯论的任何知识理论都面临两个直接的困境：第一，融贯通常是指不要只单纯从逻辑一致性上来认定事物，但也未明确指出（且很难具体列出）需要列入考虑的其余因素究竟是什么。[6] 我们来看一对命题："所有人皆应守法"与"所有天鹅是白色的"。这两个命题显然逻辑上一致（consistent），但几乎从任何层面上看都无法说它们是融贯的（coherent）。可能有人会说融贯性就是一致性在被运用于多个理论（theories）时的一种要求。这似乎使上述例子与融贯性无关了，因为无论如何我们都无法想象，这两个命题合起来看究竟属于何种理

---

〔3〕 W. V. O. Quine, "Two Dogmas of Empiricism", reprinted in *From a Logical Point of View*, 2nd edition, p. 20. 后面简称"Two Dogmas".

〔4〕 T. S. Kuhn, *The Structure of Scientific Revolution*, 2nd ed., Chicago Univ. of Chicago Press, 1970. 下文简称"*Scientific Revolution*".

〔5〕 J. Rawls, A *Theory of Justice*, Oxford: Oxford University Press, 1971. 下文简称"*A Theory of Justice*".

〔6〕 See N. MacCormick, "Coherence in Legal Justification", in Peczenik ed., *Theory of Legal Science*, Dordrecht: Reidel Publishing, 1984, p. 231.

论。这样回答虽然基本上是正确的，但不是很充分。事实上它引出了更多的问题，因为在何种意义上可以说某理论是一个理论不只是一套逻辑一致的不同命题呢？换言之，它只是把问题推进了一步。

　　第二，融贯本位的认识论（a coherence – based epistemology）遇到的一个更有趣的难题，即融贯与真理之间的关系问题。这种认识论在一定程度上会让我们认为这两个概念有密切关联。我们喜欢假定，至少在直观上假定：一套不相融贯的信念根本上不可能是真的。不过，伦理学可能是一个极不寻常的情况，融贯性尽管只起着看似无害的作用但也会遭到否弃。我们可称此为"排除理论"说（"no – theory" view），不过它并不必然等同于彻底的怀疑论。伦理学大体认为：即便我们坚持认为诸道德原则是客观的和真的，它们也不可能由一套相互融贯的原则构成，因为这些原则之间的各种矛盾反映了内在于我们道德生活中的真实矛盾，或者说这种矛盾恰恰就是我们社会生活的本质。[7]

　　但也有可能，融贯论所面临的不只是此"排除理论"说。起先，有些哲学家试图仅依托融贯论来详细阐释"真理"概念本身；也就是说，将之作为对"真理"符合论的一种批判。在此意义上，融贯被用以详解"真理"之意义是什么或由什么构成：当我们说一个命题 P"是真的"时，我们唯一所能意指的只是 P 与其他我们认为的真命题相一致。

　　不过，真理融贯论并不是一个很受欢迎的哲学立场。无需再重复它在对真理意义阐释中涉及的明显困难。[8] 真理符合论的反对者们总是想将符合论连同真理观念一起废弃，或采取一种较少怀疑的态度来将之解释成一种"原初的"观念，这种原初观念拒绝任何进一步的分析或还原。[9]

　　另一方面，最好是把知识的融贯论看做对基础主义的一种否弃。基础主义（无论是传统的经验论的还是理性主义对之的修正）认为，我们的有些信念在一个既定的知识领域中并不要求证成；它们构成知识的根基。因此各种基础命题不

---

〔7〕　参见 T. Nagel, "The Fragmentation of Value", in *Moral Questions*, Cambridge University Press, 1979. 如果我的理解没有错的话，伯纳德·威廉姆斯（Bernard Williams）也似乎持有这种观点；见 Bernard Williams, *Moral Luck*, Cambridge University Press, 1981.

〔8〕　参见 B. Russell, *The Problems of Philosophy*, Oxford University Press, 1959, pp. 119～123. 亦见 D. Davidson, "A Coherence Theory of Truth and Knowledge", in E. LePore ed., *Truth and Interpretation*, *Perspectives on the Philosophy of Donald Davidson*, Blackwell, 1986, p. 307. 后文简称"Truth and Knowledge"。

〔9〕　事实上，对"真理"的这种冗余论的理解共有两个版本。根据罗蒂在其《实用主义的后果》（*Consequences of Pragmatism*）中所倡导的实用主义的版本，真理这个概念在认识论上是冗余的。根据其他版本，"真理"在语义上是冗余的。据此观点，"P 是真的"这个命题在语义上赞同于命题"P"。参见 P. F. Strawson, *Logic – linguistic Papers*, London：Methuen, 1971.

可能被其余理论驳倒，而只能是用基础命题来驳倒其余理论。融贯论则不同，它表现为两种可能的形式。根据强式融贯论，我们的信念中没有一个可被用以构成知识王国的基础，既定领域中的所有命题都同等地要求证成。因此对理论正确性之判断的唯一有效的认识论标准就是逻辑上的一致性。显然这是一个极其不受欢迎的观点，不为别的，就是因为这样一个事实：在建构一套套相互一致的命题时，存在着无限的可能性。（事实上，人们也会质疑是不是每个人真的坚持过这种观点。）

第二种形式较受欢迎，大致如下：有些信念有其准基础性的地位，因为根本不需要任何证成。不过如果由诸多信念构成的理论已得到充分阐释，即便这些准基础性信念也不免于受到后来可能的反驳。这可大体上看做优先性问题。这种理论与基础主义相反，它赋予了全部相关联的信念系统之一致性以优先权，即优先于那些构成各种根基的诸信念的力量。

融贯概念，作为真理意义之一种阐释，然而一旦被否弃，知识融贯论就会在证成此优先权上遇到麻烦。[10] 我将通过知识融贯论在道德理论（即元伦理学）中的应用来证明这一点。

在建构各套逻辑上一致的道德原则中，假定存在无限多的可能性。因此，道德融贯理论的倡导者首先会遇到的问题是，我们如何在诸多可能的道德原则体系中作出选择？罗尔斯的反思性平衡理论似乎提供了最具魅力、最全面的答案。[11] 各种价值或原则必须要相互一致，而且要与另外的一套判断相一致，即与我们坚信着的直觉观念相一致。正如罗尔斯自己所说的，此理论对不确定性问题并未提供一个逻辑上的解决方案，但它至少施加了一种实践约束。欲断言我们可以凭借我们实有的道德直觉来把几个理论建构得相互融贯，这是不可取的。其实，想单独凭一套相融贯的原则说明我们所有的道德直觉，这几乎不太可能。反思性平衡概念也如此。我们的直觉和道德原则必定以一种特别的方式相互调整着对方。首先，纳入考虑的直觉仅仅是那些被坚信不疑且符合某种条件的直觉观念。[12] 其次，在建构道德理论的过程中，为了与原则相一致，我们的一些直觉必须被修正或甚至放弃。最后，罗尔斯假定原则与直觉的关系在某种情形下可能是自我反思的（self‑reflective）；一旦原则被充分阐明，我们可能会试图改变我们原初的直

---

〔10〕 关于以不同于下文方法来解释些问题的尝试，参见 Davidson, *Truth and Knowledge*, above n 8. 不过对 Davidson 的观点进行考查就会超出本文的范围了。

〔11〕 John Rawls, A Theory of Justice, Belknap Press of Harvard University, 2005, pp. 34 ~ 35.

〔12〕 这正是罗尔斯不使用"直觉"一词而使用"深思熟虑的判断"的原因。Ibid., p. 47.

觉或用一种不同的眼光对待它。

现在罗尔斯的道德理论建构模式看起来虽然很有吸引力，但带出了两个相互关联的难题。一是事实上我们能够在坚实的道德直觉与原则之间达到一个平衡，但我们并不清楚，为什么说这个事实可用以证成融贯论在认识论上优先于我们坚信的直觉观念的力量。假设我们已辩明我们有一套共 n 个坚实的道德直觉，然而最为融贯的道德原则系统（假如说是 P）只能说明中的 n – 1 个。如果我们断言这些直觉反应了一些正确的道德判断（显然我们必须得这么假定，否则我们参照这些判断就没有意义），那么我们就不明白为什么应当优选 P 而不是继续坚持我们原初那一整套的 n 个判断。再假定另有一套融贯的原则 Q，它只能说明其中的 n – 5 个直觉观点。如果我们有理由优选 P 而不是 Q，那说来只是因前者揭示了更多的真理。但肯定的是，坚持初始的若干判断可能更真实可靠。

这把我们直接引向第二个问题，它关系到罗尔斯模式（Rawls's model），此模式赋予了许多直觉观念以过高的地位。一方面，为了能对现有的道德原则形成约束，我们必须对这些直觉信以为真。另一方面，为了道德理论的融贯性，我们必须准备忽略或废弃其中的一些直觉观念。那么什么可以更好地例证它们"恰如其分"呢？

替代性的结论似乎只能是，（一套）融贯的道德直觉可以是真的。不过这也很成问题，因为我们知道，不同体系中相融贯的道德原则可能说明的是不同体系的直觉观念。假定理论 P 与 n – a 个直觉相融贯，而理论 Q 与 n – b 个直觉相融贯（这里，n 代表所有我们坚信的道德直觉观念）。这可能会迫使我们说 a 是既对又错的。它在 Q 中正确而在 P 中是错误的。这种结论无疑令人不安，除非人们也承认真理的融贯理论。总之，预设直觉独立为真，以及反之说它们的真依赖于符合一个融贯的安排，这二者都似乎产生悖论性结论。不必多说，对直觉的正确性持怀疑态度，自然会使得融贯论方法同样令人生疑。

德沃金在其早期作品"最初立场"中，他对反思性平衡提出自己的解释，此解释可以被看做避开了罗尔斯立场中的一些困难。[13]

德沃金把对反思性平衡的两个可能的分析看做一种对道德理论建构的说明。"自然"模式假定道德原则是被发现的而非被创设的。也就是说，我们的道德原则以及与之相适的从中产生出来的原则，是某种道德现实之存在的提示。另一个

---

〔13〕 R. Dworkin, "The Original Position", in N. Daniels ed., *Reading Rawls*, Oxford：Blackwell, 1975, p. 16. 顺便提醒一下：德沃金在本文中介绍了罗尔斯的一种解释，不过对此他从未明确承认过。然而，因为他既不否认也不批判这种解释，我们可以断定德沃金在此文中是表达他自己的观点。

是"建构"模式，它

> 并不像自然模式那样假定：正义原则有一些确定客观的实在物，因
> 此对这些原则的描述从某种标准方法看必定是真的或假的。

而是说

> 所有人都有责任去使他们据以行动的各种具体的判断符合一个融贯
> 的行动计划。[14]

换言之，自然模式假定了伦理实在论，而建构模式并不如此。在试图把自然
模式套用于罗尔斯时就产生下述重要困难。在自然模式下，任何不说明直觉的理
论，至少那些不说明人们所坚信着的直觉的理论，都无法完全令人信服，这就像
一套自然科学理论不去说明那些它有望涉及的观测数据一样，人们通常对它不满
意。故德沃金说，不能把罗尔斯看成是伦理实在论者。给罗尔斯强加一个自然模
式，这会与反思性平衡的下述主要特征不相符合，即我们有理由为了保持融贯性
而忽略或废弃有些直觉观点。从自然模式的视角看，这些让步"充斥了人为的痕
迹"。[15] 我们因而只能相信反思性平衡的建构解释论；但此模式确切地讲又是什
么呢？德沃金说：

> 它要求我们根据原则行动而不是根据信念（faith）。其源动力是责
> 任论，此理论要求人们整合其直觉并在必要的时候将某些直觉服从于那
> 种责任感。[16]

来看看上述反思平衡模式所带来的两个困难。为什么融贯性能证成道德理
论？德沃金对此问题的答案是建立在对政治道德，即一种责任理论的考量之
上的：

> 官方的行动除了建基于一种普通的公共理论之上，此理论能够使他

---

[14] Ibid. , p. 28.
[15] Ibid. , p. 32.
[16] Ibid. , p. 30.

们行为保持一致并提供一个公共的标准来检测、质辩或预测他们的行为外，在具体情境中，它还不允许诉诸那些可能掩盖着偏见或一己私利的独特的直觉，否则官方行动就是不公平的。[17]

这里要注意的主要是，德沃金把融贯性看成是政治道德的工具性维度。它是为了公正性而将强加给官员的一种约束。

他对直觉之地位这个问题的回答可谓是更模糊不清了。直觉"依某种标准方式来看"不可能是真的。但我们从中并未得到什么启示，也无从得知在其他什么情形下它们可被看做是真的。我相信在"标准方式"中德沃金有一种真理符合观思想，道德判断在符合某些现实时就是真的，就像"室内有一把椅子"，这个命题因且仅因椅子在室内而为真一样。德沃金没搞明白除了确定它们的存在（比如人们有某种确信，并且它们事实上是确信）之外，在其他什么意义上，道德确信可能是真的。"它把人们根据必要的诚挚而信守的确信当做是天赋的了，并试图把各种条件强加到行为之上，以至于这些直觉可能被说成是确凿无疑的了。"[18]

简而言之，德沃金是在说，人们持有各种通常被视以为真的道德确信。他却无意于去说明白这些直觉何以能为真，或其真实性由什么构成。相反，他转向了一个完全不同的问题——什么是一种公正和正义的安排，这些直觉应当被考虑进去并构成各种行动的理由，尤其是政治行动的理由？他承认，官员应当有权根据他们的道德确信来行动，只要限于这样的范围内，即这些确信能够在一个融贯的原则框架内找到根据。[19] 这两点共同构成了一个有意义且非同寻常的政治道德融贯学说。

另外，把建构模式看做道德建构理论的根基，即一种对自然模式在方法论上的转变，这会引起下述困难：从有关方面看，它简直无法作为一种可供选择的办法。重申一下，自然模式的主要问题是：如果某人的道德确信的真实性是预设出来的，那么要求忽略有些情形下的真实性的融贯论则无法得到证成。因此融贯性

---

[17] Ibid., p. 30.

[18] Ibid., p. 31.

[19] 罗尔斯在其后来的作品中采用了一个类似的但不相同的策略。见 John Rawls, "Kantian Constructivism In Moral Theory", in *The Journal of Philosophy*, 77 (1980), p. 515; "Justice as Fairness: Political not Metaphysical", in *Philosophy and Public Affairs*, 14 (1985), p. 22. 不过，我在下文所做的批判性评论并不是要指向罗尔斯近期的理论陈述。对罗尔斯有一种类似的思想，参见 J. Raz, "Facing Diversity: The Case of Epistemic Abstinence", in *Philosophy and Public Affairs*, 19 (1990), p. 3.

应当被忽略掉或至少应当只赋予它次要的优先性（比如，作为我们未来追求的某个理想）。德沃金提出了建构模式作为替代性方案，但它回避了下述问题，即我们的道德确信是否是真的，其真实性之构成要素又是什么；它把融贯性当做是对这些道德确信之实践可靠性的一种道德约束了。然而如果融贯论得到证成，比如在这里依据某些道德维度（如一种对公正性的详细分解）来证成，那么我们就遇到下述问题。我们所预设的公正性中包含的各种价值（values of fairness）必定被建立在各种直觉确信之上，在此情况下这些直觉信念的真实性问题就不能忽视。如果它们被想当然以为真（以"某种标准方式"？），我们就被迫回到自然模式的困顿之中。（注意，人们在此不能采用一种怀疑论的态度，因为这种怀疑主义可能还影响到融贯性维度。）

摆脱这种死循环的唯一办法似乎是去预设：德沃金所依赖的公正性，其基本价值优越于其他道德确信。不过这是行不通的。首先，简单地将之当做事实，这显然是虚伪的。人们确信"为了取乐而折磨孩子"在道德上是错误的，这与其他关于政治公正性的确信相比可能更为人们所坚守。其次也是更为重要的是，这种观点可能算做是基础主义的而不是道德融贯学说。如果某些价值被预先信以为真，那么正是这些价值在为理论作辩护，而不是融贯性概念。

这一切说明，德沃金对反思平衡的解释事实上构成了一种转变，将道德融贯学说（即认识论意义上的）转变成了一种道德理论，这种理论把融贯性认作是它的一个基本维度。这样，虽然至少说在逻辑上的困惑得以避免，但很多内容仍然很不清晰（比如，为什么整体模式可以替代自然模式即伦理实在论；为什么它被当做是对罗尔斯的一种解释，罗尔斯无疑也把融贯性当做一个方法论问题）。必须明白，这种转换并不能提供取代伦理实在论的进路，因此也不能取代其他任何元伦理理论。它所标榜的融贯论提供不了任何方法来在各种相互竞争的理论之间作出选择，因为其本身就是一个独立存在的道德原则，而这个原则取决于外在的道德确信。

二、识别、适合与可靠

德沃金在其后的思想中，开始详细阐释他的解释论的认识论基础，他对融贯论的理解也变得更为谨慎。在其法律解释论中，他截然区分开融贯（coherence）在方法论意义上的作用（即表现为知识融贯理论）和在可靠性（soundness）意义上的作用（即作为政治道德的具体维度）。换言之，德沃金的解释概念预设了一个知识融贯理论，这在其"整全性"（integrity）这个概念中可见一斑，不过一旦将该理论应用于法律，它就必须为另一个完全不同的维度即融贯性留有余地。作为一个维度，融贯性被作为一个指导性原则，目的是从其他各种方案中选择出某个具体的解释方案。作为整全的法（Law as integrity）要求法官得把他们的裁判工作看做是根本上受融贯性道德价值指导的。法官在解释过去的政治决策（如成文法、先例）时，其方法上或程度只能是迫使（或揭示？）这些过去的政治决策与原则相一致。[20]

因此从一开始，德沃金在方法论层面上就承担着一个极其困难的重任。他一方面必须说明解释是如何被法官的价值判断（如道德、伦理等）所引导的，同时在另一方面要提供某种坚实的基础并驳斥"怎么都行"的思想，因为这是在解释之下进行的。根据德沃金的理论，即现在很著名的建构解释模式，每一种解释都努力把它的对象表述为是同类型中最为可能的情形。[21] 故而诸多估值式判断（evaluative judgments）以两个相互补足的方式在所有解释中起到了决定性作用。首先，从德沃金的建构模式中得出，我们必定会进行带有下述主见的解释活动，即在同类型中什么是有价值的。[22] 这就是（我将称之为）主要估值判断。然后，我们还须运用次阶估值判断来作为补充，它把再现现存文本、活动等看做是对主要价值的最佳执行或揭示。[23]

现在再看一下作为整全的法。法官对某些类型的文本需予解释，比如对过去的政治决策。德沃金认为，他们所采用的任何解释态度经常受到基本价值判断的引导。他认为就是受整全性（integrity）的引导。不过，如果去掉这样一个假定，即文本自身以某种方式约束着可供提炼的意义，那么整全性维度会变得完全没有意义了。这就提出一个关键性的问题：我们能在解释与发明之间作出区分吗？人们是否有理由信守一种"对－错"式解释图景，并认为此图景在人们说既定文本有"正确解释"时有意义？换言之，在面对解释中"怎么都行"的指责时，德沃金的答案是什么？

要注意，在建构模式下，这种指控尤为严重。既然我们认识到起作用的目的和意图只是解释者的目的意图，并且整个工作也完全取决于价值判断，那么这就等于说，即使人们真地接受了解释中的"对－错"图景，他们也是错误的。这不是（主要）因为价值在客观方面不真实（不管它意味着什么），而是因为它在既定情形下，要去点出或指明相关价值的人正是解释者自己。我认为这正是德沃金下列这句话的意思："起作用的目的……是解释者的那些目的。"[24] 因此即使

[20]　Ronald Dworkin, *Law's Empire*, Belknap Press, 1988, Chapter 7.

[21]　Ibid., p. 52.

[22]　Ibid., pp. 52, 61.

[23]　Ibid., p. 66.

[24]　Ibid., p. 52.

价值的内容没有争议，如果对价值的指定是完全主观的，也会使得各种解释基本上无法测量。怎么理解这个很重要的诸多约束因素（the constraints）正是从这最后一个问题中引出来的。

换句话说，建构性解释模式这个概念预设了各种约束因素的有效性。用最佳的观点来表达事物，这个要求只有在对抗性解释实际上是对同一个事物的解释时才有意义。但是存在这样的约束因素吗？德沃金相信有。不过其答案很玄奥，所以需要仔细说明。

他把解释看做一个过程，包含前解释、解释与后解释阶段。[25] 从结构上看，它包含三个要素：识别，适合和可靠。我们先来看结构上的诸要素。人们在准备解释活动时，必定首先要了解将要解释的对象是什么。换言之，人们得识别相关的"文本"（text）。[26] 第二个要素是适合（fit），它使得识别因素十分关键。最重要的是知道"文本"是什么，因为具体解释的可靠性大体上取决于它在多大程度上适合于"文本"。

德沃金的概念识别（identity）[27] 定义了许多条件，这些条件有时很弱但其他时候又很强。比方说，在断然否弃精确辨明"文本"边界之必要性时，这些条件就很弱，最起码当"文本"是一种社会实践（如法律实践）时，它是如此。促使解释能在实践活动、法律案件中流行起来的原初条件之一，恰恰是这样一个假定：解释活动与解释的指向或价值息息相通（另一个初始假定就是解释活动有一个指向或价值）。[28] 其实，尽管我们一般情况下必定能够认出作为我们对"文本"的识别之一部分的范例，在这个意义上这些范例被认为是文本的一部分，然而这样一个范例从未"免受新的解释发起的挑战，新解释更好地说明了其他范式并把旧范例作为错误而予以抛弃"。[29]

然而，德沃金在界定"文本的"识别时所指出的条件就极为强硬，以至于

---

〔25〕 Ibid. , p. 65 ~ 72.

〔26〕 出于便利，我将用带引号的"文本"这个词来指代一切构成解释的潜在对象的东西。至于是不是几乎任何能够成为解释对象的东西都能引发不同的问题，在这里无法进行探讨。

〔27〕 准确地说，德沃金本应该区分开同一性问题（questions of identify）与辨明问题（questions of identification）或个殊化问题，前者基本上是一个相同性问题。典型的同一性问题是："A 与 B 都同样 f 吗？"这里的 f 是相关的分类概念。另一方面，辨明问题一般是这种形式的："A 是一个 f 吗？"这里我们试图指出某物是一个 f。因此在德沃金说"identify"时，它实际上是他心中所想的"identification"。我在别的地方详细论述过这种区分的某些含意。见 Andrei Marmor, *Interpretation and Legal Theory*, Oxford University Press, 1992, Chapter 6.

〔28〕 Ronald Dworkin, *Law's Empire*, Belknap Press, 1988, p. 47.

〔29〕 Ibid. , p. 72.

建构模式完全与谱系无关。解释的目的是要把对象表述为其同种类中最好的。因此一个从种类上或系谱上进行的初始识别是任何解释的前提条件。但正如德沃金自己早已承认的，类型或系谱并不带有识别用的标签。[30] 不过，人们喜欢把这种谱系归类看做是解释的结果而不是解释的前提条件。我们在后文再谈这个问题。现在有充分理由认为，识别对"文本的"内容给出了十分宽松的条件，而对其类型或系谱的划分给出了相当严格的条件。

适合性这个概念似乎在解释框架中起到了双重作用。[31] 不过关于解释过程有几个词需要先说明一下。在前解释阶段，我们至少试探性地识别了"文本"。德沃金强调在此阶段有两个非常重要的特征。一是，"即便在此阶段中，有些种类的解释是必需的"（比如，前面所提到的识别系谱的问题）。[32] 二是，一项解释事业要存在，即作为一个诸如文学批判或司法裁判之类的社会实践而存在，那么对于确认什么可以算作是"文本"的问题，解释者们之间"需要形成高度一致"。[33]

其次，在解释过程中的第二个阶段里，建构模式开始发挥作用；一种解释就被真实地提了出来。这种暂时性的结论然后在最后一个阶段里，即后解释阶段中再予提练和复核。

现在再看适合。虽然德沃金对之没有具体说明，但它看起来在解释与后解释之间的主要区别是：在前者，适合基本上是一个初始要求。所提出的解释"对解释者来说，得足以适合，以至他能够明白自己是在解释实践而不是在发明一个新玩意"[34]。但仅此还不够，因为几个相互冲突的解释可能在此意义上都适合于"文本"。所以后解释阶段又引入了另一个更富评价性的概念"适合"。它的作用是选择一种被归类为更适合的，实际上是最为适合的解释。换言之，如果适合是作为一个初始要求而起作用，那么它更像是一个准逻辑条件；解释必须充分说明"文本"的各个部分，且必须对范例（paradigm cases）也这样看待（即用前面所提出的限制性条款来对待它）。从这个意义上讲，在解释小说时允许我们一目十行，或说成文法不是英国法之一部分的法律理论，此二者正是不适当性（unfitness）的明显例证。适合在后解释阶段中是更富实质性评价的。它大致等于（我

---

〔30〕 Ibid., p. 66.

〔31〕 参见 L. Alexander, "Striking Back at the Empire: A Brief Survey of Problems in Dworkin's Theory of Law", in *Law and Philosophy*, 6（1987）, p. 419.

〔32〕 Ibid 28, p. 66.

〔33〕 Ibid.

〔34〕 Ibid.

所谓的）次要的价值判断。在此阶段，解释者"调整着自己对实践'真正地'要求什么的理解，以更好地服务于他在解释阶段所接受的证明理由。"[35]

德沃金很明确地肯定，对反思性平衡的回应在这里似乎非常强烈。[36] 一旦经过适合性要求的门槛，我们就必须在可据以修正"文本"的最妥价值与在前解释阶段所识别出来的诸特征之间寻找一种平衡。正如他所说的，法律理论的目的是"在我们所知的法律实践与对此实践之最佳的证成理由之间寻得平衡"。[37]注意，这是一个反思性平衡，因为在罗尔斯的眼中它包含一个（于识别、适合与可靠之间）交互调适的过程。

所有这一切似乎引向了融贯解释论。不过我将推迟分析该理论的融贯性基础，因为我相信斯坦利·费什的批判性检视能帮助我们揭明德沃金更深层的前提预设。

三、费什与德沃金之争[38]

费什批判的依据是德沃金所使用的章回小说比喻。德沃金要我们假想有这么一群小说家，他们接受了下列任务：每人撰写小说中一个独立的章节。第一个作者写开篇，其他所有的人再来添加后续的章节。不过参与此项工作的每个小说家都承担一个特殊的责任，即尽其所能地写出最好也最为统一的小说。故而，

> 除第一个人之外的每个小说家承担解释与创建的双重任务，因为为了确定该小说到目前为止写了什么，每个人都必须从一个解释者的角度先阅读在其之前所写下的所有内容。[39]

德沃金用此比喻来说明诸法官在理解整全性的法过程中所起的作用：

> 裁断法律中的疑难案例，就酷似这种奇特的文学创作方式。每一个

---

〔35〕 Ibid.

〔36〕 Ibid. , p. 424.

〔37〕 Ibid. , p. 90.

〔38〕 德沃金论述解释的第一篇文章（见注解1）就受到了费什的批判，见 Stanley Fish, "Working on the Chain Gang: Interpretation in the Law and in Literary Criticism", in W. J. T. Mirchell ed. , *The Politics of Interpretation*, Chicago University Press, 1983, p. 271. 以下简称"Working on the Chain Gang"德沃金的反驳见"Reply to Fish", 费什旋即以"Wrong Again"一文作出回击, in *Texas Law Review* 62 (1983), p. 299. 在"*Law's Empire*"中德沃金再次提起这其中的很多的问题（比如 pp. 78~86, 424）。最后，见 fish, "Still Wrong After All these Years", in *Law and Philosophy*, 6 (1987), p. 401.

〔39〕 Conrad Black, *A Matter of Principle*, McClelland & Stewart, p. 158.

法官在这个链条中就像一个小说家。他或她必须通读其他法官此前所写的东西……从而对前面的这些法官的共同所作所为得出一个意见。[40]

那么，费什针对此比喻及其应用提出两个主要的反对意见。首先，他反对德沃金假定在分配给开篇作者的任务与后面的作者们的任务之间存在或可能有什么不同。费什说，德沃金断言开篇作者只有创造功能，而后来的人必须既创造又解释。

> 但事实上，开篇作者一旦着手写此小说时……他就放弃了这种自由。……"开篇"这种概念只存在于一系列实践活动的语境里，此语境会立即促动并限制此开篇行为。
> 此外，其后的那些人也以同样的方式既自由又受限。……此方式即，后来的小说家们对于小说的意义或主题并非直接地从语词到结论式地去阅读，而是从对小说所可能具有的意义与主题的……前理解出发，再进行小说家个性式的语词解释。[41]

诚然，这段话确实有些模糊，但其主要观点还很清楚，并且它被限定在前理解的概念中。[42] 为处理文本，无论是小说文本还是法律先例，我们必须先持有一整套的有助于我们领会文本的确信（convictions），并把它们当做是属于某类文本的，即为它们在我们学术环境中被赋予一个具体定位。这些解释性确信总是看不到的，因为它们深深地包含在我们文化和职业环境之中：它们被不同人群所无意识地共享着，这些人因此形成一个"解释共同体"。[43] 但费什还主张，人们必须意识到这些确信只不过是这样一个事实，即它们是一些恰巧被一群在既定时空中的人们所共享的确信；它们表明各种信念与态度的某种趋同，这些信念和态度很容易会随着时空的改变而发生变化。

人们很可能会问，德沃金是不是否定这当中的什么东西？为什么它如此重要？前一问的答案当然是他没否定。章回小说的开篇作者并不完全是创造性的；

---

〔40〕 Ibid. , p. 159.

〔41〕 Fish，"Working on the Chain Gang"，above n 38，p. 273.

〔42〕 Fish，*Is There a Text in This Class*，Harvard University Press，1980，pp. 268～292.

〔43〕 显然，"解释共同体"这个概念取自于库恩对"科学共同体"的描述以及它在科学研究中的功能。见注〔4〕"Scientific Revolution"一文。一般来讲，库恩是费什学术思想的主要来源，德里达也是一个重要来源。

其实若要开题，他得对小说是什么有一些想法，这些想法在一定意义上就是一个解释问题。德沃金对此并不否认。[44] 事实上，这与他的下述观点是一致的，即解释通常甚至被包含在前解释阶段中。此外，德沃金明确地承认：关于识别系谱与"文本"的特征，存在着各种不同观点，故在解释者之间达致充足的一致意见是有必要的，目的是为了解释活动的繁荣。正如他后来所承认的，这种多数人一致意见正是形成解释共同体的要素。[45] 但问题在于，所有这些都没能回答一个问题，即不论德沃金说了什么，问题在于他所说的是否与其理论相一致。费什认为并不一致。

我认为，费什对章回小说的反驳正是对上述结论的一种论证。费什说，这种"连锁式工作"（如整全性的法）的意义取决于一个前提预设，即在解释"文本"与改变它或创建一个新文本之间存在一个可辨明亦可辩驳的区分。但他认为这种区分是站不住脚的，因为任何阅读或解释都改变着"文本"。"文本"自身就在"那里"唯有等我们去阅读和解释，这也被各种信念所决定着，这些信念构成了一个既定解释共同体的先理解。[46] 而且，这些被大家共同信奉的信念整体恰恰反映了大家的信仰、态度等趋同，这种趋同是随着时间或解释共同体的不同而不同的。费什说，"文本"自身中没有什么东西可用以确保这样一个结论，即某个解释共同体的各种先理解比其他解释共同体的更正确；不存在文本上的事实，即能够独立于具体解释策略而可被识别的那种事实。

费什继而得出两个结论。第一，所有的解释都有"事业特色"（enterprise specific）。无论是章回小说家还是法官，他们都不可能"杀出一条新路来"。这不是一种在概念上的可能性，因为我们认为任何这种变动要么是一种制度可能性（比如根据解释共同体所共享的先理解），在此情形下它算不上是一个新方向；要么如果它真的非常"新颖"以至超出了先理解的界限（比如，某法官根据原告的头发颜色来判决案件），我们就把它判认为属于或构成了一个独立的事业。

第二，费什认为通观各种各样的事业选择，仅仅参照既定事业的先理解来衡量并必须与它实实在在地相一致，则没有理由认为哪个具体的解释更好（或更差）。换句话来说，如果不存在独立于解释策略之外的文本事实，那么再谈什么

---

〔44〕 虽然人们得承认费什的牢骚并非没有依据：在有些方面（比如在 *A Matter of Principle*），德沃金确实区分开了小说的开篇人与其后章节的创造者，认为前者是创造性的而后来者则既有创造性也有解释性。不过德沃金的最佳解释下，这会被看做是德沃金的一个笔误（或是电脑录入错误）。

〔45〕 Ronald Dworkin, *Law's Empire*, Belknap Press, p. 66.

〔46〕 Fish, "Working on the Chain Gang", above n 38, p. 281. 亦见：P. Feyerabend, "How to Be a Good Empiricist", in H. Morick ed., *Challenges to Empiricism*, Wadsworth, 1972, p. 169.

"最优"解释就没意义。当然，一个解释在既定解释共同体中或多或少有其说服力，但这是一个社会学标准而非认识论标准。[47]

这里有一个问题，德沃金能不能说他既接受论证的各种前提（比如前理解中解释性和评价性的特征），同时他反对这些怀疑性的结论呢？

在谈德沃金的回应之前，有必要看一下他为什么会同意费什论证的那些前提。基本上是由于下述原因：德沃金希望回避这个主张，即解释在一定程度上受到概念或传统的约束。来看看可能的选择办法。解释的对象本该被看做从一开始就是给定的，即独立于它可能根据最佳视角呈现出来的任何东西。但是这个不行，因为它可能会推翻德沃金拒弃法律实证主义的一个重要理由，即他主张：解释（在这里指法律识别）客体之范围与其所设定了的各种价值息息相通。对系争前提的另一个选择办法应是一种立场，这种立场认为所假想的解释客体之目的、要义或价值被传统以一定方式所决定，不受所提供的各种具体解释之影响。有人可能会说，有些目的或价值在概念上是与具体对象或实践相联系的，因此假定任何其他的价值或目的就等于改变其概念。比如，假定有那么一个人，他对小汽车的理解与交通目的没有任何关系：他所想的只是一个不同的概念。

德沃金无法认可后一种观点，因为这是他所明确否认了的观点。他强调，社会活动（如法律）在概念上没有确定的特征，不管是评价上还是事实上。[48] 而且，那个观点可能与建构模式相冲突；虽然有人认为目的或价值在概念上包含于既定实践（比如法律）中，但不能排除可能存在另一个价值，也许能更好地表达它。不过对建构模式的效忠会经常要求后一个价值有优先性。

这是一个节点。它是德沃金下述观点的含金量标尺，即解释（或一般的知识？）并不受概念上的约束。来看一下德沃金在概念（the concept）与观念（the conception）之间所作的区分。[49] 概念构成了最抽象的层次，它是"集中了各种分散想法的一致意见，这些想法在所有解释活动中被无争议地采用着。"具体的观念则与之相反，它们是一些解释，这些解释表明"在此抽象层次中潜含着论争"。[50]

显然，德沃金的"概念"酷似费什的先理解，这些先理解形成了一个解释共同体。概念并不反映"每个人必须遵守才有意义的语言的基础规则"，而只是

---

[47] Ibid. , pp. 276 ~ 285. 基本可以说，在与德沃金的争论中同样的观点再次出现。

[48] Ronald Dworkin, *Law's Empire*, Belknap Press, p. 69.

[49] 这种区分详见 Ronald Dworkin, *Taking Rights Seriously*, Harvard University Press, 1978, p. 134.

[50] Ronald Dworkin, *Law's Empire*, Belknap Press, p. 71.

恰好盛行于某个群体之中的诸信仰的趋同，只是一种"明天就可能会……消失的"一致协定。[51] 因而德沃金无疑必须坚持说，概念过于抽象和不稳定，以至于不可能对从中析取出来的有效的观念（如解释）产生任何明显的拘束力。[52]

至此，我们可以讨论德沃金对费什的反驳了。他反驳费什的批判，形成两个论点，这两个论点似乎都是对费什的库恩式困惑给出了库恩式回答。第一个论点较明显地基于融贯概念：

> 在下述命题上没有悖论：事实既依赖于解释它们的理论，也受其约束。相反，这个命题是知识图景的一个关键性部分，因为知识是一套复杂的各种信仰，它们相互关联并面向着作为一个融贯整体的体验（experience）。[53]

这可理解为：我们早已注意到，建构模式要求某种形式的约束。费什提出，"文本的"识别可被看做是一种约束，但这本身就是一个解释的活儿。不过，（像德沃金那样）接受了费什的此观点就可能意味着这个要素（指文本的识别。——译者注）不再能发挥一种有效的约束了。换言之，费什的观点归结为这样一个主张，即德沃金的解释理论假定了一个介于识别、适合与可靠性诸概念之间的循环关系，这种关系与任何较好或最优解释的观念是不相容的。现在德沃金承认这种循环存在于其理论中，但他否认它是一个恶性循环。它只有在非常拙劣的现实主义当中才可能是恶性循环，根据那种现实主义，人们期望着命题要与某种"天然的事实"相匹配。事实上，即便是在自然科学理论中，人们也早已知道事实是有理论承载的（theory - laden），这一点不矛盾。"科学哲学家与认识论研究者们都知道，人的信仰，即便是对构成自然世界的事实的信仰，都是比较普遍的科学理论的结果。"[54] 因此似乎没有理由来证明为什么解释不应当受到前理解的约束了，即使前理解只反映一个可能的诸解释信念的趋同。

人们还会追问此中的答案是什么。我们难道只是不承认这个被指控的恶性循环罪名吗？德沃金说，在具体案件中我们应当知道的是，事实与不很复杂的理论

---

〔51〕 Ibid., p. 71. 关于二选一的看法，我根据维特根斯坦对意义理论中的保守主义的一种分析，在另一篇文章里作了一些讨论。见 A. Marmor, "No Easy Cases?", in *The Canadian Journal of Law and Jurisprudence*, Vol. III, 1990, pp. 61~79.

〔52〕 Ibid., pp. 90~92.

〔53〕 Fish, "Reply to Fish", above n 1, p. 293.

〔54〕 Ibid.

之间的关系。我们再来看一下科学知识：

> 科学研究的约束……是由内在的张力、检验和我们所承认为科学知识的东西的复杂结构平衡等所施加的。当然，如果此系统并未得到十分复杂而充分地建构，如果此系统内的不同种类与不同层次的信仰之间没有功能上的区分，这种约束就变得很虚了。但事实上是有的，正因如此，科学家们可以废弃理论，因为它们与现有的知识体结构所采用的事实不相一致。[55]

这一段极其关键，因为它包含了德沃金对拘束力问题回答的核心内容。它揭示德沃金在融贯论及融贯如何可以作为一种内在约束而发挥作用的观念中埋下了的预设。不过我们还是得谨慎分析它。虽然德沃金在其理论假设，即整体论与融贯论公式之间来回跳动，似乎附带地认可了此二者，但这两个概念终究还是有很大区别的。二者都反对基础主义，但分别给出了其不同的反对方式。

整体论要求我们知道，知识整体是一个逻辑上相互关联的信念之网。因此，它是要反对单个命题能独立地有其经验内容的假定。[56] 不过整体论并不必然引向融贯论。它对基础主义的替代问题没有给出其答案，从这个层面上看，它是一个消极视点，因为在这种情况下知识的融贯论只是候选方案之一。[57] 显然，德沃金认可了这个选择项。事实上，他认可了一个特殊的融贯概念，即一个有赖于复杂性观念（the idea of complexity）的融贯。因为我们的知识体系是"充分复杂和结构化了的"，相互融贯就等于在各式各层的信仰之间获得一致性，正是此事实，使得我们想达成一致反而很不容易（non - trivial）。

虽然从另一方面看，认识到这样一点很重要，即知识融贯论（它与真理融贯论相对立）与整体论相结合会更有意义。如果融贯论不是作为对"真理由什么因素构成"予以详解而提出来的，却是被当做一种对真理的指示（indication），那么，融贯论越有包容性，它就越可能提供更好的指示。因此，德沃金同意整体论，这一事实不应被视为其认识论预设中的一个偶然之举。

下一节我将更直接地深入探讨这一问题。我们先来检讨德沃金对费什的第二

---

〔55〕　Ibid.

〔56〕　根据奎因的"Two Dogmas"，整体论也是对分析 - 综合区分的一种批判。这是一个很有争议的问题。参见 Dummett, *Truth and Other Enigmas*, Duckworth, 1978, p. 375.

〔57〕　奎因本人似乎已认可这种实用主义方案。Ibid. 3, p. 46.

个回答。它对费什观点中所隐含的怀疑主义发起了挑战，德沃金首先在内在怀疑论与外在怀疑论之间做了区分。前者是在事业内部所采用的怀疑态度，后者则是直接指向整个事业的怀疑主义。

> 外在怀疑主义是一种哲学理论，而不是一种解释的或道德的立场。（他的）理论其实是一个关于哲学立场或这些（如道德的）主张之分类的二流学说（second‑level theory）。[58]

内在怀疑论虽然被认为是一种似是而非的态度，但无疑它采用了一种内在的（如道德的、伦理的）视点。因此它必须依赖于道德或伦理论证。可以说，内在怀疑主义假定一般的"对‑错"图景并且只反对我们道德或伦理中的某些（或大部分）结论。当然，费什的论证就不能建立在这种怀疑论之上。[59]

但对于外在怀疑主义，德沃金认为它是无害的，因为它是不相关的。外在怀疑论认为，对于形式命题"一个道德判断 P 为真"，唯一能赋予它意义的方法就是假定：此道德判断意欲反映某种现实。[60] 因此外在怀疑论只有在下述观点为真时才有意义，即我们把价值评价的主张看做是关于某种"外在现实"的主张。然而问题是我们并不这样看，我们在这里找到了问题的症结。道德判断只可以被其他道德判断所证成或论证；伦理判断只能被其他伦理判断所证成，依此类推。换言之，外在怀疑论否认的只是一个我们没必要作出的主张，即要通过确证评价性判断的客观性，我们才能指称某些在那些判断范围之外的东西：

> 我认为奴隶制是错误的，我对此所能作出的唯一的证明就是一些实体性的道德主张。我依据此观点行事，这也是唯一的证成理由。[61]
> ……我们大多数人怀有的"客观的"信仰是道德的而不是哲学的，这些信仰……只是重复或限定着其他道德信仰。[62]

---

〔58〕 Ronald Dworkin, *Law's Empire*, Belknap Press, 1988, p. 79.

〔59〕 要彻底弄明白为什么所谓的"内在"怀疑论是一种怀疑论，这还是有些困难的。但毕竟这是一个可能的立场。德沃金可能在说内在怀疑论时，心里边想那样一些法学家们，他们否认依靠诸多原则的融贯结构去理解整个法律材料的可行性。它究竟是一个真正的怀疑立场还是只是怀疑式的修辞学，这是一个很难的问题，此处不便解决。

〔60〕 参见 J. L. Mackie, *Ethics*, *Inventing Right and Wrong*, Penguin Books, 1977, pp. 38 ~ 42.

〔61〕 Ronald Dworkin, *Law's Empire*, Belknap Press, p. 81.

〔62〕 Ibid. , p. 82.

遗憾的是，就是德沃金本人也觉得这个答案太粗糙了。它给我们这样一个印象，即道德判断构成一个自闭体系，它就只能在其界线内被相互融贯地组织起来。[63] 但这与整体论又不一致了，而后者是德沃金解释理论所要求的，事实上也正体现于其中了。

为使大家看得更明白，现在把我对德沃金的解说与西蒙德（N. E. Simmonds）的解说作个比较：西蒙德认为建构模式导致无限递归。[64] 以对法律实践的解释为例，依据此模式，它须以能够说明法律实践的最佳的正义概念为始基。但德沃金认为，正义其本身是一个解释性概念，且对其解释也必须诉诸一些更为基础层面的对"非政治理想"（nonpolitical ideas）的反思，诸如人性或自我学说。[65] 但西蒙德认为，我们没有理由停留在那个层面上。其实任何自我学说必定也是一种解释。故而依据建构模式，必须诉诸一个更为基础性层面的评价，那样才能满足可靠性的要求，如此追诉，无穷递归。

这样看来，德沃金的答案就比较清楚了：西蒙德错误地把一个线性结构归咎于德沃金理论，似乎每一个反思领域都需要另一个更为基础的来证成，直至我们要么承认无限递归，要么决定在某一个阶段立即武断地停下来。但事实上理论是循环的；它假定介于不同知识王国（如法律、正义、自我）之间的关系并不是递归还原式的，而是一种反思性平衡，是一种融贯关系。故比方说，我们能在自我论的层面上武断地"停下来"，就因为解释的可靠性在此层面上，通过同我们的知识的其他方面（包括，比如正义）相适合而已然达致。但要重申，重要的是要意识到这种循环是通过复杂性学说和德沃金所假定的整体论得到辨明的。

在我们转而讨论一些更具体的论题之前，让我做一个最后的评述。如果融贯的作用以这种方式得以扩大，有些形式的怀疑论即德沃金划分为外在怀疑论的，它们有可能"被内在化"而变得休戚相关。之所以会这样，是因为它们现在可能从批判伦理（或审美的）实在论被转换成为反驳融贯的可能性。虽然这种怀疑论有各种不同形式，但其信守者们最有可能提出，某些反思领域其实没有可比性。当然，如果能够证明不同反思领域是不可比较的，那么融贯的可能性就被连根推翻。另外，赋予融贯的指引功能越多，就越有可能否认其实现的可能性。即使那些希望回避伦理规范中"去除理论"思想的人，[66] 也会被吸引来求证该观

---

〔63〕 Fish, "Reply to Fish", above n 1, p. 300.

〔64〕 N. E. Simmonds, "Imperial Visions and Mundane Practices", in *Cambridge Law Journal*, 46 (1987), p. 472. 后文将称之为 "Imperial Visions"。

〔65〕 Ronald Dworkin, *Law's Empire*, Belknap Press, pp. 424~425.

〔66〕 见注释〔7〕及文中内容。

点在整体论理论框架下会更具说服力。换个说法，在这样一个整体论语境中，区分开外在怀疑论与内在怀疑论似乎并没有德沃金所断言的那样对我们有助益。

四、适合性概念

综上所说：我们已探寻了解释中涉及的约束因素。费什的主张可归结为不存在任何约束因素，因为对解释对象的识别是完全依赖于各种具体解释，这些具体解释是根据可靠性维度提出的。德沃金的回应并未否认这种依赖关系，但把识别之维理论承担（theoretical burden）转移到了适合性维度上去了。所以我们必须面对由此而来的问题：德沃金的适合性概念真的能担此重任吗？

让我们先来看一段论述，它是西蒙德试图消极地回应此问题所提出的：[67]

（1）我们对适合性的所有确信，至少是在它作为入门要求的时候的各种确信，必须独立于实质的、作为可靠性之构成要素的各种价值判断；否则，就无法来区分开解释与发明。

（2）我们何以得知，在各个具体领域中要有多大程度的适合就足够了呢？最为可行的答案是，它取决于我们在多大程度上认为在具体领域里有必要去区分开解释与发明。比如法官与法律史家在参考相关的法律史的过程中二者在这一点上就有不同，他们各有其具体的制度性目的。

（3）现在看一个司法理论。为什么说下述问题很重要，即法官是在解释还是在创造本国的法律史？德沃金的回答是建立在整全性概念（the concept of integrity）上的。整全性的法正说明了这一点，即为什么法官的作用与责任是解释而不是创造。

"有一个小小的问题，"西蒙德说，[68] "作为整全的法也是对正在进行的法律活动的实质性解释。德沃金因此也违犯了他自己的禁令，即适合标准必须独立于实体标准。"

显然，要么就是这段论述有错，要么就是德沃金的解释理论中有深层的错误。让我们再进一步来考察第一个前提。德沃金能不能通过否认它来维护其理论？他能不能说我们大可放心地允许我们对适合性的信念依赖于构成可靠性之维的各种评价性判断，而不会带来什么危害呢？我们都知道，德沃金在回应费什时认可了一个类似的策略。不过现在我们遇到一个困难，对费什的回应之可行性是

---

〔67〕 Ibid. 64，478～480.

〔68〕 Ibid. ，p. 479.

建立在复杂性理论之上的，但如果否认了西蒙德论述中的第一个前提，那么这个理论将会遭受更严重的质疑。再重申一遍，有人指责在识别与可靠性之间存在相互依赖的死循环，这种指责是可以规避的，办法是假定适合性维度有足够的复杂性。但在承认适合性过于依赖于可靠性，即依赖于想要的诸多自同价值（self-same values）以至于不能再维护既定解释时，我们基本没给复杂性留下余地。正如我们所知，德沃金自己也勉强承认融贯论如果没有复杂性作前提，那么将会是可疑的。

在这一点上人们必须注意，价值依赖本身并不必然引向简单化。以自然科学为例。假定人们同意科学研究基本上是受预言推动前进的。现在根据"科学研究在相关方面类似于解释"这一假说，把西蒙德的主张应用到此模式中。我们对适合性问题会很快得出同样的结论。当有人再问起为什么"科学家是在解释而不是发明"这个问题很重要时，我们就应当回答说，只要预言被当做科学家的目标，它就很重要。一般的证明维度（the general justifying value）在此情形下也决定着适合性的水平。不过这并不破坏在科学理论中适合概念；在自然科学中，适合性也可以成为一个有价值的约束因素，这是因为复杂性论题支持着它，而非因为适合性独立于各证明维度。

不过这仍无法拯救德沃金的解释理论。什么原因？来进一步考究复杂性的可能标准。我的意见是这样的。首先，正如我前面所说的，复杂性理论必须包含一个定量标准。一个能说明我们少有的确信并证明它们相互融贯的理论，几乎不可能会从平凡中产生。不过复杂性概念还应包含一个定性标准。一个理论若能说明那些在（至少表面上）种类与谱系上都不同的信念，它肯定依赖于复杂性理论。这很关键；来看一下适合性概念在自然科学理论中包含的内容。它包含着这样一些概念，如感知数据、预言、逻辑、数学、法律或规则、可能性，等等。包含在这些概念中的有些信念至少在种类与谱系上是不同的，甚至各属于非常不同的知识领域。这正是复杂性理论会在这样一个理论中起到很重要作用的原因。

德沃金的法律解释理论符合这些标准吗？几乎不符合，因为我们关于识别和适合的确信非常清楚地取决于实质的正当理由。当我们认为一切皆产生于同一个评价判断如整全性（integrity）时，整个"复核与平衡"的思想就值得怀疑了。换言之，它本身不是价值依赖的，这种依赖会推翻德沃金理论中的复杂性理论，但事实是，解释中的所有因素似乎都依赖于所提议的价值。

写了这么多，是不是意在说明费什的怀疑式结论就不可避免呢？正如刚才所揭明的，德沃金的理论确实染上了这种怀疑主义的色彩，虽然他在修辞上意图回避承认这一点。如果我所说的没错，人们就可能得出两个截然相反的结论——趋于承认该方案并接受它的怀疑性结论，或者把怀疑中的隐含意思看做是修正其理论的好理由（虽可能不是唯一理由）。欲详细说明我偏爱后者的理由，或说明我自己心目中的方案，就会超过本文讨论的范围。[69] 本文的目的是很有限的，即为那个想赞同德沃金的法律解释理论的人挑明，你们必须首先澄清有关德沃金法律理论的认识论根基上的几个问题。[70]

---

〔69〕 我在我的书中已讨论过此问题，见注解〔70〕。

〔70〕 本文是根据我的专著《解释与法律理论》（*Interpretation and Legal theory*）中的一章改写而成的。我很感谢德沃金（Dworkin）、哈伊姆·甘斯（Chaim Ganz）、盖德·普鲁德沃斯基（Gad Prudovski）和约瑟夫·拉兹（Joseph Raz），他们对本文的初稿提出的意见极富启发。

法律实用主义

［美］理查德・A. 波斯纳* 著

刘 鹏** 译

本文的主题是美国法律中的实用主义，尽管由于"法与经济学"（亦即法律的经济分析）在当代美国法律思想中显现出来的重要性，我也将稍微谈及与经济学相关的实用主义。[1] 我也会把实用主义的美国法律理论与非实用主义的欧陆法律理论加以对照，并试图对二者差别的原因做出解释。但是我必须首先谈谈实用主义哲学，因为实用主义一词最初乃是作为一种哲学化的风格（style）在诸智识界（intellectual circles）得以风行。

———

实用主义哲学通常被看做三位美国哲学家的创见，即查尔斯・桑德斯・皮尔士（Charles Sanders Peirce）、威廉・詹姆斯（William James）和约翰・杜威（John Dewey），此三人的生涯有所重叠，并且其中有人几乎跨越了整整一个世纪，即从 19 世纪 60 年代晚期直至 20 世纪 50 年代早期——尽管实用主义先驱可以辨识追溯到前苏格拉底的哲学家们、智者们、亚里士多德、更晚近的休谟、密尔、爱默生和尼采。古典美国实用主义者们的观点和方法繁复各异（并且实际上只有杜威被培训成一名哲学家），但他们一致对西方传统哲学的议程（agenda）表示反感，这一议程由柏拉图设定并首要关注运用抽象推理来确立真理的可能性和本质、知识的基础、生命的意义、自由与偶然在人类行动中的角色以及伦理与

　＊　Richard A. Posner, "Legal Pragmatism", *Metaphilosophy* Vol. 35 2004, pp. 147～159.

　＊＊　法学博士，扬州大学法学院讲师。

　〔1〕　对本文所提出的观点的一个更全面的阐释，参见作者 2003 年的著作，尤其是其中的第 1～3 章和第7～9章。译注：作者 2003 年的著作指的是《法律、实用主义与民主》（*Law, Pragmatism, and Democracy*）这本著作，参见附注。该书的中文版，参见理查德・A. 波斯纳：《法律、实用主义与民主》，凌斌、李国庆译，中国政法大学出版社 2005 年版。

政治的基本原则。该传统的哲学家们运用的这一基本分析方法是演绎推理。前提已然确定并且通过逻辑操作从前提中推导出各项原则。实用主义者们提倡一种激进的经验主义以拒斥上述进路，在这种经验主义进路中，各种命题不是依据其前提而是通过其可观察的（即可验证的）结果来评价。实用主义实质主张的是将科学的方法扩展到所有的研究领域。

我提到的这三个人是早期实用主义者中最杰出的代表，但绝非全部。实用主义发轫于 19 世纪 70 年代早期位于堪布里奇和曼彻斯特的一个非正式的讨论小组。参与者除了皮尔斯、詹姆斯之外，尤为值得一提的还包括一位名为奥利弗·温德尔·霍姆斯（Oliver Wendell Holmes）的年轻律师。尽管在精准的意义上，霍姆斯对哲学实用主义（philosophical pragmatism）诞生的贡献是不甚清楚的，但毋庸置疑的是，终其一生，他的思想深刻的打上了实用主义的印记。这一点是显而易见的，最晚到1881 年霍姆斯的著作《普通法》（*The Common Law*）一书问世，并且当 1897 年一篇名为"法律的道路"（The Path of the Law）的文章出版的时候——美国法律史上最著名的文章之一——这一点甚至变得更为明显。霍姆斯在这些著作中表达的实用主义要点包括：刑法考虑罪犯的危险性而非罪犯的动机（亦即不论是有意还是无意）；法律是一种社会工具并因此关注结果而不是各种道德真相（moral truths）（并因此关注罪犯的行为而不是罪犯的思想）；社会科学的各种方法对于评价这些结果是必要的；法律与公共意见相关；历史启迪法律而不应当支配法律；以及在终极意义上，所有的美国法律就是，当一个案件呈现给法官们时，对法官们将如何处理该案的预测。

哲学实用主义和法律实用主义携手并进。杜威在 1924 年写的一篇关于法律的著名论文［"逻辑方法与法律"（Logical Method and Law）］中，大量的借鉴了霍姆斯的思想。杜威的论文与被当做"法律现实主义"的引人注目的美国实用主义法律思想学派一道详尽阐释了实用主义法律观念的精要。该文促进了从演绎推理——把司法判决视为从既定规则展开演绎过程的产物——向关注司法判决的经济和其他社会后果的一个转向。这种转向力主一种向前看的、经验主义的、甚至在某种宽泛且非党派（nonpartisan）意义上的政治进路，以区别于那种向后看的、唯理主义的（rationalistic）、规则导向的传统法律思想进路。名为"形式主义"的传统法律思想否认司法自由裁量权的存在或至少是否认司法自由裁量权的正当性（propriety）。这种法律思想根据数学演算模型来构想司法判决过程。就好像在回答是否 2 + 2 = 4 这个问题时没有为裁判的灵活性留有任何余地——经过精确研究存在着可确定的独一的正确答案——如出一辙。依照形式主义的观点，呈现给法官有待判决的法律问题仅有一个独一的正确答案，法官们可通过运用法律推理发现该答案。今天几乎没有法官愿意接受我刚刚描述过的这种极端形式的形式主义。但是在美国法律思想中，某种较为不甚严格的形式主义仍是一种重要因素，尽管其重要程度远不如在域外法律体系中的重要程度。这一情形为下述强调所例证：美国法官们继续根据先例来判决，即这样一个司法过程，将诸多已判决的案件作为基础使法官们能够通过一个演绎过程或类似于演绎的过程从被视作前提的旧案件中推导出对新案件的判决。

整个 20 世纪上半期，哲学实用主义都被约翰·杜威所支配，并且在 20 世纪 50 年代早期他去世时，哲学实用主义经历了一场衰退，至此直到 20 年后哲学家理查德·罗蒂（Richard Rorty）将其挽救过来。在 20 世纪的最后 25 年里，实用主义沉浸在一场引人注目的复苏之中，并且实用主义首次吸引了一批欧洲的追随者，特别是尤根·哈贝马斯（Jürgen Habermas），他本人承认其与美国实用主义者们的渊源。[在哈贝马斯之前，事实上欧洲唯一的实用主义哲学家是 F. S. C. 席勒（F. S. C. Schiller），而他的影响是有限的]尽管法律现实主义运动在 20 世纪 40 年代迅速消褪，美国法律实用主义经历了哲学实用主义的消褪期继续成为法律思想中极具影响的一股潮流，不仅仅在学术界还包括司法界；并且这股势头延续至今。即便如此，只是在最近，法律实用主义在如下意义上才成为自觉的（self‑conscious）：法律实用主义的倡导者们正力图审慎地界定法律实用主义，将之与诸如法律的经济分析这样其他的法律思想流派加以比较，将其与诸如哲学实用主义这样的其他社会思想潮流勾连起来，将其运用于各种具体的法律教义（doctrines）和司法判决，以及评价法律实用主义的各种长处（strengths）和限度。

尽管如上所述，哲学实用主义与法律实用主义携手并进，但是在对哲学实用主义的批判必然是对法律实用主义的批判这种意义上认为，法律实用主义依赖哲学实用主义将是一个错误。法律实用主义的理据并非基于哲学论辩而是基于美国法律的特性以及美国法律的诸种需求。正如我将解释的那样，那也就是为什么欧陆法律思想较之美国法律思想更少具有实用主义意味。这种差别并非哲学上的，而是实践上的，其深植于美国与欧陆法律体系的各种制度上的差别。

一

囿于篇幅所限，我无法对当下智识上具有圆熟形式（intellectually sophisticated form）的美国法律实用主义的所有相关细节加以描述。请允许我非常扼要地总结我所认为的法律实用主义的首要信条（其中许多信条是否定性的，意在纠正那些由来已久的误解），至于一个更为全面的阐释，请读者参照我 2003 年的著作。[2] 之后我将讨论某些对法律实用主义的主要的批判，并且最后通过与美国法律思想中的狭隘地方观（parochialism）相抗争，我将讨论法律实用主义与欧陆法律体系的联系。在这一讨论过程中，我对比了形式主义版本的法律经济分析和实用主义版本的法律经济分析。但首先我从对法律实用主义信条的总结开始。

法律实用主义的内核是实用主义裁判，而实用主义裁判的核心是增强对各种后果（consequences）的司法意识和关注，以及由此使政策判断建立在诸事实和后果的基础上而非建立在各种概念论和一般性的基础上的一种倾向。但是，并不像对法律实用主义的幸灾乐祸者所宣称的那样，法律实用主义不是特定裁判（ad-hoc adjudication）的同义语，而是要求法官考虑系统后果（systemic consequences）而不仅仅是具体个案的后果（case - specific consequences）。我所谓的"系统后果"意指诸如此类的事情：法官们不顾一项合同的实际措词的做法或没有遵循某一商事共同体所一直依凭的那些法律先例的做法对商事活动的影响。我所谓的"具体个案的后果"意指对于某一个案的各方当事人的后果，以及对于类似地处于设法决定该案之境地的那些人的后果。对这些后果的强调把实用主义（不甚严格的）和那种与诸如维拉德·奎因（Willard Quine）和莫顿·怀特（Morton White）之类的实用主义哲学家相关联的认识论保守主义绑在了一起。这些实用主义哲学家指出，当我们面对一个挑战我们既有信仰的新事实时，我们倾向于通过以最轻微的程度调整我们的信仰使之与吸收该新事实相融洽来做出回应。与之相似，法律中的一个新洞识将倾向于以一种最低程度侵扰法律学说既有结构的方式被吸收进该法律学说的既有结构。面对一项新诉求的法官将（更为经常的是无意识的而非自觉的）自问：他如何能以最低限度的侵扰将这项新述求整合进已被接受的反映在先例和权威立法中的对法律的理解。

具体个案的后果与系统后果之间的张力源自如下事实：依据规则做出的判决往往促进了法的可预见性和中立性并且便于对司法行为的公共监督，然而一项规则在"依字面"（"as written"）适用规则将产生与赋予该规则生命力的政策适得其反的一项判决的意义上常常与某一真实个案的诸事实不相匹配（mismatch），尤其是由于这项规则几乎就是从某一个案的某一或某些事实中抽象出来的，该诸事实与支撑这一规则的那项政策紧密相关——否则这一规则就不会成为一项规则而是一项标准，将这一标准应用于诸具体个案可能会要求行使司法自由裁量权。

---

〔2〕 译注：参见注释〔1〕。

然而，仅仅是在某些例外的情形下，实用主义法官将如同法律形式主义那般审慎的（controlling）侧重系统后果。也就是说，法律形式主义仅仅是在极为罕见的情况下成为了一条实用主义策略。有时候各种具体个案（case - specific）的情形将完全主宰审判过程。在以下两种情形中尤为如此：第一种情形是一个个案具有各种重大的后果；第二种情形是该个案旨在（turns on）解决一个确然新奇的法律争议，以使得一个判决无论如何都不会扰乱人们关于法律是什么的既有预期。上述两种情形最可能出现在宪法案件中，并且美国可诉的宪法原则（justi-ciable constitutional principles）的悠久传统就是创建极其有利于实用主义裁判环境的因素之一。

实用主义裁判的最终判准仅仅是有关社会政策的可合理性（reasonableness）。法律被实用主义者理解为旨在各种社会目的的一种社会工具。与逻辑或其他精确研究的产物不同，仅仅当判决被宣示为是正确的或错误的，这些具有社会政策性的判决才能非同寻常的（rarely）成为合理的或不合理的。只有形式主义者相信从未遇到过的（novel）棘手的法律案件具有唯一的正解。因此，尽管法律实用主义强调后果，但法律实用主义并非某种形式的后果论（consequentialism），即这样一套哲学学说（最显著的是功利主义），它依据诸行动后果的价值评价这些行动：最好的行动就是具有最佳后果的行动。在某种实用主义裁判体系中必然存在着形式主义的各种陷阱（pockets），尤其是在那些系统后果支配具体个案后果的案件中，判决乃是依据规则而非标准得出。而且，无论是出于实践的理由还是司法管辖的理由（前者与法官可获得的有限信息相关，后者与政府不同部门和机构间的责任划分相关），都不能要求甚或允许审判中的法官考虑其对于同一案件不同判决的一切可能后果。

对作为某种法律实用主义策略的形式主义的最佳阐释就是坚持司法细节（jurisdictional niceties）的要求，例如，联邦法院不会审理一个案件，除非该案件满足了严格的且时常是相当专断的关于起诉的最后期限的要求、就当事人而言某种利害关系的实存（"持续性"）要求、该案件乃是"完备的"（"ripe"）而非"学术讨论中的"（"moot"）的要求，以及诸如此类的要求。这些对判决构成形式上障碍的作用在于延缓对国家大事的司法介入，从而为社会实验创造时间。对于一个法院而言，最极端的反实用主义做法莫过于在一个方案（program）有机会发挥作用，并由此不是通过推测而是在经验中证实其价值或欠缺前就使得该方案由于违宪或其他方面的不合法而无效。

法律实用主义是向前看的，即把遵循先例当做某种有所保留的必备品（a qualified necessity）而不是一种伦理义务。在诸如美国法律体系那样的某种案例法体系中，某种程度的遵循先例有益于稳定法律这一重要的社会价值。此外，先前的判决往往是有价值信息的来源之一，这些信息蕴藏着应当为新案件判决所知悉的诸种考虑。但是最终，先例对于实用主义者仅仅是一种工具而不是主人（master），并且历史研究对于实用主义者而言与其说是指导判决（向后看），还不如说是确证这些规则除了与一个历史谱系相关外同使其自身生效并无关联；这些规则是有待批判性重新检验的"候选者"（candidates），这种重新检验可能导致这些规则最终被拒绝或废弃。因此，实用主义法官在这一特定的意义上——对某种当下流行的法律学说仅仅是诸多历史情境的遗迹这一可能性保持警觉——是历史主义者。

法律实用主义者相信不存在一般的分析程序将法律推理与其他实践推理区别开来。法律确有其特有的语库（vocabulary）、特有的关注点、特有的传统，凡此等等，但是一旦涉及决定一个案件，法律所使用的分析方法正是那些日常推理的分析方法。这一点与我声称法律裁判的最高判准是可合理性（reasonableness）紧密勾连。与之相关，法律实用主义是经验论者。因此，法律实用主义者对——例如以宪法的名义——介入诸社会实验犹豫不决。并且与之相反，法律实用主义非常反感试图用抽象的道德和政治理论指导司法裁判。但法律实用主义并非敌视所有理论。确实，与法律形式主义相比，法律实用主义与某些形式的理论更为亲近，即指导经验研究的诸理论，例如经济学。但是经济学以及由此法律的经济分析以形式主义和实用主义两种版本出现，并使得对这两种版本加以甄别变得十分紧要。在形式主义版本中，在法律判决与某个既定的经济学规范——例如帕累托优先或财富最大化——相一致的范围内，法律判决被认为是明智的或稳妥的（sound）。实际上，法律逻辑被经济学逻辑所替代，但是法律的结构仍然是符合逻辑的。在法律经济分析的实用主义版本中，经济分析确证了法律判决的诸后果，但是把在这一审判过程中如何权衡这些后果的问题留待案件的审判法官或其他的政策制定者来抉择。如此理解的经济学是一门经验的社会科学，而不是一个规范的学说体。

在某一法律学说演进的早期阶段，实用主义法官们倾向于支持"狭隘"（narrow）的判决理据而非宽泛的（broad）判决理据。这乃是实用主义法官的经验主义取向的一个推论（corollary）：判决理据越宽泛，法官所需要的经验知识就越多，并且那种经验知识在某一法律学说发展之肇端极难获得。

该经验主义取向和对诸抽象理论的怀疑也暗示了法律实用主义是以政策为导向的。一旦行使自由裁量权——法律实用主义者相信这是一项频繁的不可推诿的司法义务，审判法官就是在力图做出政策判断而不是从诸法律规则中演绎出判决。法律不是一个神秘的事物，也不是道德理论的一个分支；法律是一门政策科学。

三

在尝试给读者做一个对法律实用主义的"走马观花"（glimpse）的介绍后，现在让我转向那些对法律实用主义的反对意见。基本的反对意见是：尽管法律实用主义一般地解释了至少是在美国的大量立法和治理行动（governmental action）的形式和内容，但法律实用主义本身却是形式变幻莫测（formless）且漫无指向（nondirective）的。法律实用主义既无方法又无内容，它仅仅是一系列的"不要"和空洞的规诫。我业已概括的那些原则会对行使司法自由裁量权加以某些限定，但这些原则仍然为审判法官雕琢其所意愿的判决留下了巨大的自由空间。该反对意见继而指出：通过接受这一必然性，即类似案件将不被类似对待，因为不同法官对诸后果的不同权衡端赖于该法官的背景、气质、训练、经验/经历和意识形态，法律实用主义劝告并认可法律的缺场（lawlessness）。

通过授予法官巨大的自由裁量权，法律实用主义可能会被批评为无助于建立或加强（man）对法律中种种革命性或反动性变革的防备。决心接受一个新意识形态的实用主义法官将推翻先例、"平常含义"（"plain meaning"）、根深蒂固的教条和对法律变革的种种其他的形式主义障碍，正如在希特勒时代的德国法官所为。一个相关的批评是实用主义没有灵魂；实用主义在正义或自然法的诸观念中毫无根基；实用主义在对抗公共意见上无能为力。

该反对意见进一步论辩道：法律实用主义滋生了关于法律的犬儒主义，这种犬儒主义反过来导致了法学学生、法学教授、律师以及最为不祥的还有法官智识上的懒惰。这种法律实用主义者不愿意把宝贵的时间和精力投放在对各种法律规则和各种法律推理方法的研究上。这种法律实用主义者把上述事务视作达至要害的种种障碍，要害在于权衡各种不同的后果或展开某种其他的实践推理方法而非职业推理方法。

不论我的满意程度如何，所有这些对法律实用主义的批评的确具有某种价值，即某种足以确立如下观点的价值：法律实用主义并非可以超时空的成为法律的最佳进路。是否可以说，在某些情形下，形式主义是最佳的实用策略；或者简单的说，在某些情形下，形式主义较之实用主义是一种更好的法律进路，至为关键的要害在于一种实用主义的思维方式（mindset）对于法官和法律职业的其他成员并不总是有待养成的最佳本领。

然而，这些批评并非无可辩驳。认为法律实用主义劝告法学学生不要认真关注执业律师（practicing lawyer）和法官所运用的传统材料、修辞、语汇（vocabulary）以及其他法律渊源和技术的观点是对法律实用主义的歪曲（incorrect）。精通上述渊源和技术对于像一个法律行家（legal professional）那般在司法实践中运筹帷幄（maneuvering successfully）乃是不可或缺的。亚里士多德曾教导我们：在那些精确研究实属徒劳的领域里，在关于某种或然性而非必然性的各种问题的说服力方面，修辞乃是研究和抉择的必要工具，因此一位实用主义取向的法官或律师不大可能低估精通法律独特修辞的重要性。但同样极为重要的是，法学学生对如下问题并非毫无觉察：在诸如美国式的法律体系中存在自由裁量权的巨大空间，以及以一种有见识、负责任的——简言之是一种实用主义的——方式行使自由裁量权的重要性。只有极为幼稚的人才会认为法律仅仅是写在书本中的东西，并且法律训练仅仅由学习如何在书本中找到正确的出处构成。正如实用主义者所认为的那样，就法律乃是对各种社会关切的回应而言，当这些社会关切发生变化——在像美国这样有活力的社会这方面也非常之快——法律必须随之改变，与此同时书本不会告诉你法律该如何、向什么方向以及以什么样的速度改变。

关于实用主义的另一个谬误是认为实用主义使得法官为所欲为地判案而毫无顾忌。与形式主义法官自忖应受到教义、理论的约束相比，实用主义法官更少受这些方面的限制。但是与其他类型的法官一样，实用主义法官所受到的来自材料、心理和制度上的种种约束不容忽视，并且这些约束甚至限制了最自负的（perfectly self–aware）实用主义法官的自由裁量权。法官们承担着由于失职而被免职的后果（就美国联邦法官而言是被弹劾）；法官们的判决可能被立法或宪法修正案宣布无效；选举法官的程序倾向于排除那些权力欲最强、最有"政治"味儿的候选人；并且补偿机制和有关利益冲突的各种规则使得法官们"心无旁骛"（"flat" incentives）。也就是说，审判法官的动机与其做出判决的具体个案的结果并不挂钩，通过如此安排激发了审判法官敏于批判。

实用主义法官甚至在某种程度上受法律教义（doctrine）的约束，但这种约束是间接的。法律教义在法律之下的人群中创建了各种预期，并且保护这些预期——例如便利商事贸易的预期——这一社会价值乃是一位实用主义法官在审判中就何时、是否以及多大程度上偏离既有的法律原则所必须予以考虑的。这意味着实用主义法官对先例并非漠不关心。在一个诸如美国以及其法律体系源自英国普通法的其他国家的判例法体系中，先例是一种法律渊源，因此遵循先例是一种保持法律稳定的方法并由此使得法律可预测，这便是实用主义法官必须重视的系统后果（systemic consequences）之一，因为使法律稳定并可预测乃是一种至关重要的公共善（social good）。再者，一言及"约束"（bound），法官经常会想到自已被先例所束缚（bound）；但是"约束"的真正含义是指：常常显而易见的是，不仅可以而且应当在不抛弃先例的前提下，将一个新个案即一项新主张吸收进既有的法律，就如同当面对着某个被有宗教信仰的人们称为不可思议的新现象时，科学家们并不会放弃用以解释该现象的科学方法；这些科学家致力于寻求这样一种解释，它不会对科学家自身既有的信仰结构造成毁灭性的打击。这些科学家以这样一种方式重构自身的信仰结构，即让由该新现象的挑战所引发的波动最小化。与之相似，法官们通过兼容新洞见和新要求尽可能不去挑战既有的法律。然而，这一方法论上的保守主义与如下观念恰好对立，即法律可以通过查询各种法律的根基而实现稳定，这些法律的根基使每个新案件的结果能够从一个演绎或近似于演绎的过程中推导出来。

先例也是有关过去各种争议的有价值的信息和洞见的重要来源，过去的这些争议可能在诸多相关方面与当下正待法官解决的这些争议存在着相似性。形式主义的根本谬误在于认为即使遇到一个确然新奇的个案——当该个案相应的社会特征超出了现在作为先例而引用的先前案件的审判法官的思考限度或超出了制定有待解释的相关法条的立法者的思考限度——该个案可以仅仅通过参照成文法的叙述（language）或参照先例而得出合理的判决。前所未有的新奇案件（Novel cases）召唤该案件的审判法官做出一个具有社会政策性的判决。

尽管如此，是否对于我们的法官而言成为麻木的实用主义者或许不是一个更好的选择？是否以下两种观点可能都不是明智之举？其一，使公众消除疑虑从而相信法官真的如公众理解法律那般操作法律，亦即，以一种"客观的"模式（fashion）适用既有的规范；其二，防止法官醉心于一种权力感。然而，必须把上述第一种观点与如下两点加以权衡：首先是治理（government）向公众透明的民主的可欲性，其次是公众拥有一种比该观点所设想的对司法更现实主义的（realistic）的理解这一事实。公众热切的关注各种结果并由此在 1987 年通过他们的代表阻止了罗伯特·伯克（Robert Bork）被任命为联邦最高法院的法官，即使伯克是司法形式主义的一个积极倡导者。至于意识到其职能之实用主义特征的法官们是否可能醉心于自身的权力感，人们通常在确知自己当下所为的情况下要比在恍惚中行事做得更好。较之法官认为自己仅仅是判决的传送带，这些判决在别的地方早已做好，并且因此自己不对这些判决的不幸后果承担任何责任这种情形，在清楚自己正在行使自由裁量权的情形下法官更不可能权欲膨胀（power crazed）。

即使对法律实用主义的反对意见比我认知到的要强大得多，但具有决定意义的要害在于：在 21 世纪的美国不存在法律实用主义的替代品。美国包含了如此多元化的道德和政治思想，以至于如果司法要保持它的有效性，即它的合法性（legitimacy），司法不得不具有多元异质性；并且一个异质性司法共同体的成员们不会赞同一套共同的道德和政治假设，这套假设使他们的判决是明确无争的（determinate），同时由此使形式主义成为一个可行的司法策略。美国司法上可强制实施的宪法（enforceable Constitution）、美国的普通法遗产、美国未经规训的立法机关（部分是美国孱弱的政党的产物，部分是两院制和总统否决权的产物，这两方面的因素使得制定法律极为艰难除非现有的法律留下了含混之处）以及美国法律体系（联邦宪法位于联邦制定法之上，且整个联邦法律位于 50 个不同的州的法律体系之上）的全然复杂性同法官的多元异质性、如下紧密相关的事实调和在一起，这一事实是：在美国审判不是一种职业（career）而是中年法律人在经历了执业律师、法学教授、检察官这样的生涯（career）后被委任的一个职位（position），旨在创建一个巨大的不可削减的自由裁量的立法（lawmaking）之域；并且形式主义没有任何据以指导行使司法自由裁量权的资源——制定新法不同于确认旧法。虽然蕴含在法治（法官不得不考虑的那套系统后果）理念中的形式主义的诸特质（attributes）具有巨大的社会价值，但就美国的各种情况而言，这些特质仅仅作为趋向实用主义法律的某一总体进路的诸要素而已。

美国司法职业的旁系准入（lateral‑entry）特征——美国法官一般被任命时已经是中年人这一事实，即通常在法律职业的某个其他部门投入了 20 年的精力，比如私人法律服务，政府服务（尤其是对罪犯的起诉），或法律学术——不仅仅作为致使司法异质性的一个诱因还作为对美国法律职业和智识生活的流动性的一个反映而值得特别强调。的确像哲学实用主义一样，这种流动性乃是法律实用主义的一个主要支柱（contributor），并且有助于给上述现象打上与众不同的美国运动的印记。在美国，法律职业根本不是被划分为各自完全独立的部门；法律人自由的在私人法律服务、政府服务、法律教学和审判间游弋。任一特定的法律职业都不与其余的美国智识生活相隔绝。与之相反，美国法律可以被其他部门社会思想的发展所高度渗透，比如经济学。使杜威和其他实用主义哲学家得以把自然科学方法作为一切研究的范型（model）的一个条件就是美国思想并非密不透风的彼此隔绝（bulkheaded）；对于从事某种行业或具有某种思维方式的美国人而言，借鉴另一行业或另一思维方式是极为自然的事。这种渗透对于一种狭隘的司法文化的发展乃是一剂解药，在该司法文化中，法律被视为一种与法律实践、各门社会科学以及与国家的商业生活、其他生活相隔绝的自治思想体系。

在美国司法职业的诸条件下，保持法律稳定的唯一现实的方法是接受异质性，并使之朝向确保最低限度的稳定性这一目标。这一点只有通过使法官合理地代表了整个美利坚民族共同体方能达至。平衡的多样性在认识上和政治上都是极为强劲的（robust）。这种多样性产生了各种有益的洞见，还与此同时将法律的根据抛向了公共意见。这既是法官候选人精心掩盖意识形态倾向、种族和其他群体认同以及职业能力的原因，又是对这些现象所进行的正当性证明。

四

欧陆各国的政治、法律体系明显有别于美国的政治、法律体系。在此极具针对性的是，欧陆法官比美国法官要更加形式主义。但欧陆法官之所以如此，在我看来是因为（传统）渊源（material）和制度上的约束，而不是因为他们天生比美国法官更加温顺、更加唯理主义（rationalistic）；他们并非如此。欧陆的法律体系，以及更宽泛意义上的治理（government）体系，乃是沿着各种旨在限制司法自由裁量权的界线（lines）建构起来的。（我不再继续追问该体系何以至此）欧陆司法的官僚组织具有独特的重要性。司法（The judiciary）是一种职业（career）。刚从法学院毕业的（或毕业不久的）法官从底层做起，并且通过使他/她的前辈满意得到任命和提升。这样的一种职业吸引着在一个官僚机构中感到如鱼得水的那种人，并且这种职业滋养了服从指示和权威文本的习惯；官僚管理体制（bureaucratic administration）就是依据书面规则而治。欧陆一直没有普通法并且直到最近也没有对制定法之合宪性的司法审查。此外，欧陆政府倾向于高度的中央集权。分权是受限的。由议会进行统治，议会既在职能上是一院制的，并且至少相对于美国的立法机构而言，欧陆的议会又是训练有素和职业化的。更多的欧陆法律是法典化的，并且一般而言，这些法典比美国的法律更加明晰和详尽。通过授权遵循规则的官僚化法官——不如美国法官独立——来行使法律，典型的欧洲法律体系比美国的法律体系更简约和流畅。

大多数欧洲法院是专门化的（劳动法院、刑事法院、诸如此类），再者，各专门法院的法官（specialists）倾向于共享判决和分析的各种前提，从而通过逻辑推理从这些前提中得出种种结论。与法律实用主义尤为相关的一点是专门法院从不担心调整某一法律领域的规则和原则以适应一个新的法律领域的问题。当下美国的法院则正苦于调整我们常规的刑事程序以应对与国际恐怖主义相抗争所带来的特殊挑战。考虑到可察觉的与日俱增的危险，美国法官们正在重新权衡公共安全和市民自由的关系。欧洲国家可以通过设立一个审理恐怖案件的专门法院来处理这个问题，就像法国已经做的那样。这样的一个法院的法官可以制定他们专门审判的准则（doctrine），而不必重新思考那些更宽泛的原则。

总之，在除美国外的大多数国家（且不仅是欧洲国家）的那种法律体系中，没有为法官留下多少创造发挥的空间。这种备受争论的创造性乃是为了处理新奇案件而创建新规则和新原则。如果像实用主义者所相信的那样，法律是一种社会工具而不是一种不指向诸社会目的的思想自治体，那么在上述所界定的意义上，司法创造性应当根据对社会政策的各种考虑而得到践行。

如果美国与欧洲有相似的结构和制度，那么美国也十之八九会拥有一种形式主义的司法。正是因为美国没有这样的制度，形式主义才不是一个可供利用的策略。这是坏事吗？存在着这样的证据：即便或可能甚至由于美国法院的实用主义特征，美国法院对财产权利——自由与繁荣的基石——的保护也比大多数欧洲司法机构所做的要好的多。[3] 一个非常世俗的原因是：没有美国旁系－准入法官那样丰富的处世经验的职业（career）法官不善于处理商事和其他经济难题。专门化是部分的答案，但仅仅是一个方面的答案。关注商事案件的专门法官在其司法生涯中大概学习了关于该主题领域的大量知识。但是这或许并不足以使他/她像一位执业律师那样接替对该国经济生活的事实性参与。

即便如此，我绝不能夸大美国与异域法律体系的差别。如上所述，在美国司法思想和司法实践间有一条形式主义链条；类似的在大陆法系的司法思想和司法实践间也有一条实用主义链条。下面是一个例子。

> 一个法国法院将……公然地（openly）无视那些语言上的争论，除非这些语言上的争论在极为罕见的情况下将明显导致不可欲的后果。亦即这样的情况：这些语言上的争论将产生一个明显荒唐的含义或这一法条包含了互不兼容的语句。这样一种解释的一个著名的例子是一个法条在措辞上有错误：该法条在火车停止运行时禁止乘客上车或下车。（Troper et al. 1991, 171）

---

〔3〕 参见 Paul G. Mahoney, "The Common Law and Economic Growth: Hayek Might Be Right", *Journal of Legal Studies*, 30 (2001), pp. 503ff.; Simeon Djankov et al., "Legal Structure and Judicial Efficiency: The Lex Mundi Project", *World Bank*, Oct. 2001; Edward L. Glaeser and Andrei Shleifer, "Legal Origins", *Quarterly Journal of Economics* 117, pp. 1193ff.

一个比我迄今所尝试的更深层面的分析将致力于解释，而不仅仅是描述美国和欧洲司法制度间的差别，这些差别赋予美国的司法制度一种更实用主义的投影，而赋予欧洲的司法制度一种更形式主义的投影。在本文我不能进行那种分析而只想做如下的评论：这种解释在根本上很可能是文化上和历史上的而不仅仅是在不同治理（government）结构的偶然性中被发现的。例如，虽然职业（career）司法和旁系－准入司法间的差别可能是欧洲法官更具形式主义的直接原因，但是司法组织中的这种差别的潜在原因可能是与美国相比，欧洲对法定的自由裁量权更不信任（由于与美国相比，欧洲对暴政有更深的体验，美国乃是一个从 200 多年前其成立之初就没有中断过的民主国家），以及（司法上）[4] 欧洲较之美国更为刚性、相互隔绝、互不渗透、不易变动。显而易见，不仅主宰了法国智识文化的激进哲学思想（结构主义、后结构主义、拉康心理分析、解构思想、存在主义等等诸如此类），而且还包括各门社会科学对法国司法思维的渗透都是多么的微不足道。这乃是社会思想彼此隔绝的一个例子——产生了对法律实用主义强烈抵制的一种隔绝。

我预测，这种情况将发生改变。欧盟正在打破法律职业上（professions）国家间的差别。经济学，一种普世的语言，正在开始进入欧洲的法律思想。特别是全球化及其支持性媒介例如因特网和万维网正在减少不同国家间智识上的壁垒，就如同减少不同国家间贸易上和金融上的壁垒一样。法律思想不会不受影响。法律实用主义将不会长期仍是一种盎格鲁－撒克逊现象。

致谢

我感谢 Elisabeth Kreck 对本文先前的草稿极有助益的评论。

附注

Richard A. Posner, *Law*, *Pragmatism*, *and Democracy*, Cambridge, Ma-ss., and London: Harvard University Press, 2003.

Michel Troper, Christophe Grzegorczyk, and Jean－Louis Gardies, "Statutory Interpretation in France", *In Interpreing Statutes*: *A Comparative Study*, Edited by D. Neil MacCormick and Robert S. Summers, Aldershot, U. K., and Burlington, Vt.: Dartmouth Publishing Company and Ashgate Publishing Company, 1991.

---

〔4〕 括号内文字为译者所加。

新的权利理论与自然法*

［美］恩斯特·福廷　著

张伟涛** 译

> 我爱卡罗莱娜，
>
> 也爱安杰丽娜，
>
> 我不能同娶两人，
>
> 我该如何是好？

——

以近来专门写自然法的文章、书籍的数量而论，人们感到遭受恣意诽谤的自然法学说即将进入又一轮周期性的复兴了。这种新的状况，似乎让我们一些当代人感到吃惊，但却不是完全出乎预料。远溯至 1929 年，甚至于坚定的法律实证主义倡导者，后期的汉斯·凯尔森也被迫承认"出乎我们意料，一个（主张）形而上学的，从而也是自然法理论的复兴的反动运动（已经）到来了。"[1] 凯尔森认为，这一反动运动的兴起并非纯粹出于理论上的理由，它是一个"永恒的波状运动"的一部分：人类精神"从悲观主义或乐观主义到客观性的理念"或者"从形而上学到对知识批判，再回到原地"[2] 它的直接原因是第一次世界大战导致的社会基础的动摇，以及随之而来的众多"利益集团"间的冲突。这些利

---

* 本文译自 Ernest L. Fortin, "The New Rights Theory and the Natural Law", *The Review of Politics*, Vol. 44, No. 4. (Oct. , 1982), pp. 590～612.

** 法学博士，西安建筑科技大学文学院法学系教师。

［1］ H. Kelsen, *Die Philosophischen Grundlagen der Naturrechtslehre und des Rechtspositivismus*, W. H. Kraus. 将该文翻译为："Natual Law Doctrine and Legal Positivism", in *General Theory of Law and State*, Cambridge, Mass. , 1949, p. 446.

［2］ Ibid. , p. 445.

益集团通过诉诸一种幻想的"权利"观念，天真地企图使它们的要求得以正当化。

如果说过去和最近这些年来令人震惊的事件对我们有所教益，那就是客观的正义和权利原则对于人类而言的确是不可或缺的，不管这些原则是否采用"自然的超验法和自然的上帝超验法"的形式，[3] 或者，在此问题上可采用的任何别的形式来阐述。尽管凡深思熟虑的人都承认这些原则极其可欲，但是如何确立或有效地确立这些原则依然争论纷纭，莫衷一是。自然法的理论家面临的一个主要困难是，对人性的理解最初是与目的论的宇宙观相联系的，然而，这种观念似乎已经被现代科学所破除。但是，除此以外，人们心头总是萦绕着这样的看法，自然法一直身陷某些麻烦中，这明显地表现在自然法所引发的大量的辩论，以及在其漫长的历史发展过程中频繁的修订之中。[4] 虑及此种状况，人们可以理解，自然法应当继续提出问题，不是为了反对者——他们早将自然法视为具有神秘色彩、不合时宜之物而弃如敝履——而是为了它的辩护者。

从目前讨论激烈的堕胎问题中，人们可获得同样的启发。尽管罗马天主教会一直没有改变其在堕胎问题上的官方立场，也无任何要松动的迹象，但是它现在通过一个独特的新论据支持堕胎，该论据是基于自然权利或人权而不是自然法。在两种情形下，处理问题的基本论点或许是相同的，但背后的论证明显是不同的。旧有的论据主要关注，针对手术实施者，他能做什么样的堕胎手术，或者说何种堕胎手术能获允许；新论据所关注的是，针对胎儿，我们能做什么样的手术。一个强调的是义务；另一个强调的是权利。坦率地说，问题在于两种进路是否彼此完全相容，或者两者深层次的紧张是否要谨防任何草率的替代。

在天主教学者中流行的观点认为，事实上，上述两种观点是相容的，现代的权利学说就是一种老的自然法学说的完美版。雅克·马里旦（Jacques Maritain）在他的大量著作中采取了这一立场。这些著作包括《人权和自然法》（*The Rights of Man and Natural Law*）、《人与共同善》（*The Person and the Common Good*），它们在四五十年代有着巨大的影响力；约翰·菲尼斯在他晚近的《自然法与自然权利》[5] 一书中独立于马里旦，从不同的视角采纳了同一立场。该书在天主教与非天主教界都引起了广泛关注。它提供了一个难能可贵的机会，来探究我们上文

---

〔3〕　参见 *Federalist*，No. 43（Madison），*ca. fin.*

〔4〕　对这些问题具体化研究的新近相当完整考察，参见 M. B. Crowe, *The Changing Profile of the Natural Law*, The Hague, 1977.

〔5〕　J. Finnis, *Natural Law and Natural Rights*, Clarendon Law Series ed., H. L. A. Hart, Oxford, 1980.

所提到的这个问题中所隐含的一些论题。

与马里旦一样，菲尼斯相信，经过恰当的阐释，不管一个人对权利理论成问题的起源持何种看法（参见 p. 221），权利理论就是以一种更为灵活的方式以及从各种不同的视角来阐述人们对于正义以及正当的社会秩序的基本需求。菲尼斯自己处理问题的方法在特征上主要是演绎的方法。相比于托马斯·阿奎那，菲尼斯的方法与罗尔斯（Rawls）和哈特（H. L. Hart）更为相似，虽然在该文本中他提及阿奎那的次数很多。菲尼斯的方法确立一些不证自明的前道德（premoral）的"基本价值"，从这些基本价值中，人类的理性以推演（entailment）的方式确定私人道德和公共道德的普遍规范。这些价值代表了全部人类活动所指向的目标或目的。与罗尔斯的"基本善"（primary goods）不同，这些基本价值的可欲性在于其本身，而绝不在于作为一种达致某个被自由选择的不特定目的的必要手段，例如，在罗尔斯式的基本善项目中，自由与财富就是被视作这样一种手段（参见 p. 82）。而与此同时，哈特只谈到这么一种价值，即生存或生命，菲尼斯又挑选出了另外六个基本价值进行专门的考察：知识（knowledge）、游戏（play）、美学经验（aesthetic experience）、社会性或友谊（sociability or friendship）、实践合理性（practical reasonableness）和宗教（religion）。所有这七种价值被视为"具有同等的基础性地位"（pp. 92 ~ 95），没有哪一种应居于其他价值之上。人类对于基本价值的各种不同形式及其相互组合的追求就是人们通常所理解的人类完满（fulfillment）或人类"繁盛"（flourishing）（菲尼斯用这个词来代替"幸福"）。

对这些基本价值的分析适时地引入了"实践合理性"（practical reasonableness）（这个术语来自拉兹）的九个原则，对菲尼斯而言，这构成了整个道德体系。这个名单包含以下这样一些条目：需形成"融贯的生活计划"（再次看到罗尔斯的影响），需避免对价值或人的专断偏好，不去实施任何直接与基本价值相违逆的行为，需理性地行动并遵守实践合理性的要求，需培育共同善，需始终遵循良知。该书的余下部分在很大程度上旨在于表明：对这些原则的遵守在所有要点上都符合对普遍的和具体的正义的传统理解，并且还能确保满足共同善的要求。最后一章（"自然、理性和上帝"）通过把探讨的范围设定在人类行为得以从中获得终极意义的宇宙背景中，从而扩展了研究的范围。

菲尼斯这部复杂著作的丰富性、分析的敏锐性、对于细节的关注、乐于处理具体道德和法律问题，所有这些感觉都永远无法以简短的总结成功地予以表达。在我们这个时代很少有人，在他处理的这些问题上拥有如此丰富的历史、哲学和法律的知识；也很少有人能这么娴熟地运用这些知识。在该书诸多优点中最重要是，它的进路与目的论的自然概念没有关系，这使得它避免了基于现代科学理由的异议。取而代之的是，我们被赋予或承诺了一种正义观念，即使假设上帝不存在，它依然能维护自身的有效性（p. 49）。另一个值得一提的特征是对道德标准客观性的有力辩护，以回应"怀疑主义"或科学价值相对主义的批判。"怀疑主义"或科学价值相对主义被证明是自相矛盾的，因为怀疑者对科学价值的信仰被他对所有价值判断的科学性的否认所削弱（参见 pp. 74～75）。此外，在这本书的论述中，所代表的道德是一种高贵的或有尊严的道德，与之相对的是功利主义的低级道德［自从 E. 安斯康姆（E. Anscombe）以来，被称为"结果主义"］。如分析所证明的，功利主义根本就不可行，理由很简单，它没有可靠的标准去判断一个具体行为是否有助于最大多数人的最大利益（p. 111f.）。

菲尼斯的理论也能赢得这样的荣誉，即用准数学的严谨和确定性，确立了指导人类选择行为的具体规范。在这方面，它超越了托马斯学说的一个明显的或将要浮现的缺陷。托马斯学说认为，所有的这些规范都源于自然法的普遍原则，毋庸规定任何论证其来源过程所遵循的规则和方法（参见 p. 34）。应当顺便注意到，对托马斯在这些问题以及别的问题上的立场的讨论中，存在着在当今理论家当中经常缺乏的新颖之处，如果说不是大多数，那么也至少是许多人往往把阿奎拉理解为来自过去的入侵者而非一个当代人。作为受过最好的分析法学传统训练的一位学者，菲尼斯明显没有受到典型的历史主义的成见，即据称将托马斯的世纪和我们所处的世纪隔离开来的时间间隔所造成的"陌生"感的束缚。他关注的焦点明确针对的是实质性道德问题，并从来没有使之消失于注释的或方法论评论的琐碎与混乱之中。

不管依据何种标准，整本书都令人印象深刻，并且它在许多方面左右逢源。因此，该书必然会吸引一个广泛的读者群：对自由主义者而言，书中普遍的人权话语会使他们感到自在；对保守主义者来说，满足当前需要的最好方式是对过去遗产的尊重。虑及眼下关于权利的诸多讨论，虽不至于说空洞无物，但却缺乏严肃论说的现状，人们无法想象还有哪本书比该书更加及时并富有挑战性。

二

有了这么多的赞扬，人们甚至对提出轻微的异议也感到迟疑。然而，为了澄清菲尼斯的理论，也许我们值得仔细考察一下这个理论图景的另一面，尤其当菲尼斯自己最先承认"几乎没有问题总是能一劳永逸地得以解决"。（p. 233）读者早就被告知在他们面前的是一本关于"自然法"的书（p. 25），过了一段时间后，书中几乎都是关于"自然权利"的内容（p. 198）。不幸的是，这种认为自然法和自然权利两者同义，或者认为这两种在原初意义上相对立的学说从根本上是和谐的辩护，并不总如人们所想的那么容易。按照原初的自然法理论，人类从本性上是政治的和社会的存在者。[6] 人们构成他们矢志忠于的较大整体的部分，就人类绝大部分而言，脱离整体他们就无足轻重。作为物理性存在物，人类可能是统一和自我存续的整体，但是人类整体内在地被设定了一种或数种有赖别人的合作才能实现的确定的目的。人类并非从一开始就拥有为满足福利需要所必备的一切。他们要获得全面发展，只有从事使他们参与互惠的网络关系的活动，这种关系典型地、结构化地存在于公民社会的背景之中——理想的如城邦——这是综合性的真正自足的人类合作，因此，是唯一能满足人类自身的完整性渴求的社会结构。人在政治生活以外的任何生活不是非人的生活就是超人的生活。[7] 所以，不言而喻，公民社会合乎自然，并不意指它是自然所赐，而是指它切合自然需要和成员的抱负，并为人性所向。

与自然法理论形成对照，自然权利理论的展开基于这种假设：这些相同的人首先是作为完全独立的整体存在的，他们被赋予前政治的权利，为了保障这些权利他们"加入"一个完全由他们自己创制的社会。所有控制人类相互关系的规则和所有正义原则最终都植根于权利，并且其效力也源于权利。这些原则并非不可论证或者不证自明，也非通过个人内心体验到的向善的天然倾向而宣示给我们。[8] 相反，这些原则是对实现可欲目的之手段进行计算的结果，在这个过程中，要求推理理性起着主导作用。一个人可拥有的关于这些原则的任何知识都预设了这样的一个前提，即人在智力上能充分发展出从事这种计算推理的能力。[9]

---

〔6〕 例如，Thomas Aquinas, *S. T.*，Ⅰ，96，4；Ⅰ～Ⅱ，109，3，ad 1ᵐ；114，2，ad 1ᵐ；129，6 ad1ᵐ；*De Regno*，Ⅰ，1；In Ethic.，Ⅸ，lect. 10，No. 1891；*In Polit.*，Ⅰ，lect. 1，etc.

〔7〕 参见 Th. Aq.，*S. T.*，*Q. D. de Virt. Card.*，a. 1，c；*In Polit.*，Ⅰ，lect. 1，No. 39.

〔8〕 Th. Aq.，*S. T.*，Ⅰ～Ⅱ，94，2；参见 *Quodlibetum* Ⅰ，4，8："Inclinationes naturales maxime cognosci possunt in his quae naturaliter aguntur *absque rationis deliberatione*；sic enim agit unumquodque in natura sicut aptum natum est agi."也见 *S. T.*，Ⅰ，60，5.

〔9〕 正如洛克所说，自然法只对"自然法的研究者"而言"明白易懂"，Second Treatise of Civil Government，Prometheus Books，1986，Ⅱ，12；Ⅸ，124："因为尽管自然法对所有的理性存在物都是明白易懂的，然而人类出于自身利益的偏见又因缺乏研究导致的无知，使他们不易于将自然法作为适用于具体案例，对他们有约束力的法律"。参见近代早期在这个问题的讨论中卢梭的观点，他指出"如果不是伟大的逻辑学家和深刻的形而上学者，一个人不可能理解并遵守自然法"。Lock，*Discourse on the Origin and Foundations of Inequality among Men*，R. Masters ed.，New York，1964，p. 64.

在霍布斯版的理论中，自保的权利是其他一切事物赖以存在的唯一权利，它独立构成了整个社会生活得以支撑的低限度但牢固的基础。[10] 此种最原初的霍布斯式的观念，尽管随着时间的推移，不断改进，特别是经过卢梭和康德之手，但是它仍然为此后提供了模式，从那以后，近代所有最有影响的政治思想家们都从霍布斯这里开始他们的工作。

假如出于这样有着根本差异的前提，人们依然会在各种情形下得出相同或大致相似的结果，将令人吃惊。通过把现代权利理论建立在人类个体内在的尊严和价值的基础之上，毋庸置疑菲尼斯成功地将一种严格的道德内涵输入了现代权利理论中。因此，菲尼斯的道德观似乎与当代功利主义截然不同，就如同康德的道德哲学区别于霍布斯式的或洛克式的功利主义。菲尼斯理论最有力的地方正在于此。然而，菲尼斯理论与功利主义传统间的断裂远非他所设想的那样深刻、完全。我们从菲尼斯理论中实际看到的可能更适合被描述为老的权利理论的一个简单的转变，这个转变的完成不是排除个体优势地位因素或者排除决定道德规则的权宜因素，而是通过如康德那样完全不考虑卑劣、自私动机和高贵、无私动机间的区别而获得的。

因此，这本书为之辩护的权利被认为是绝对的或无条件的权利，仅仅受派生的实践合理性诸要求和对其他权利的适当尊重的限制（参见 pp. 218、225）。这种横向的限制保证了我自己的权利将不会被侵犯，因此我只能别无选择地接受这种限制。否则，就既不道德又愚蠢。在这样的普遍水准上，对我有利的也就对其他每个人都有利，但是，除非别人也拥有好处，不然我不得拥有。私利和公共利益聚合成一个和谐的整体，这一和谐整体的存在并不取决于从对财物的自私关注到对灵魂之善的关注的转变，或者通过美德的媒介作用将个人转变为公民。毫无疑问，德性不会被排除，但是也不是必不可少。勇气、节制、慷慨以及其他德性本身并不是不容妥协的基本价值；有些人相信，德性是使他们得以获取基本价值的方式或模式（参见 pp. 90~91）。人们不是为了享有利益而需获得德性。正义将总是我的直接的和长远的利益，公正的生活是最惬意的生活。在这极端的限制中，人们永远不必担忧为了共同善而牺牲个人。

具体情形显然不总是那么简单，因为权利或"机会"有时相互冲突。例如，我朋友的福利"只有我完蛋才能得以保障"时的情境（p. 372）。自我牺牲是人类生活中极重要的部分，以至不可能先天性地将其排除。在某种方式上，自我牺

---

[10] 例如，在 De Cive，I. 1, 7 中，霍布斯说："所以，这是自然权利的首要基础，几乎每个人在内心都努力想保护自己的生命和家人。"*Leviathan*，I, 13~14.

性也必须是"理性的",尽管这种"实践合理性"从来没有被完全地解释清楚,对它的辩护被降格置于书中最具尝试性的最后一章。[11] 如果美德值得选择不是基于美德本身,那么除了个人或主观原因外,人们就很难说清楚舍己为人行为的存在理由。

这解释了为什么在该书中实际上很少谈论美德。与美德最接近的事物不是正义,而是实践合理性,因为正义并不被看做是灵魂的品性(pp. 161~197)。实践理性表面上与亚里士多德、阿奎那的明智(prudence)相似,而且可以想见,它代表着整个美德(参见 p. 102),但是,实践合理性不同于明智,它似乎与出于欲望的各种嗜好(the inclinations of the appetite)没有丝毫联系,也不依赖它们去确保其判断的正确性。[12] 如先前提到的,实践合理性作为人的理智能力,它独有的功能就是从假定的基本价值中,推导出一系列控制人类行为的最好的并且可能是唯一正当(decent)的规则。灵魂,出自灵魂的激情以及对这些激情的重新排序都不在考虑之列。只要人类生活于其中的这些制度能如其应是,人类的现状就能得以维系。毋庸置疑,这整个理论方案最适宜于现代自由社会中普遍存在的状况,现代自由社会视该方案具有规范性,并从它那获得理论上的支持。首先,这样一种社会是如何形成的?这种社会是否无需要求公民奉献某些美德也能存在下去?这些问题从未被想到,也没有充分进行阐释。

在本书中,不仅设专章(pp. 134~160),而且全书对共同善都给予着重强调,这明显遮蔽(belie)了前面提到的这些评论。按照菲尼斯的习惯,他又仔细辨析了这个棘手概念的不同意义。菲尼斯着手的共同善的概念是对亚里士多德共同善概念的一个完善,亚氏声称缺乏一种共同善的"技术性概念"(technical notion),因此,无法满足实践合理性"明确并可列举的"要求(p. 165)。人们可

---

〔11〕 菲尼斯毫不犹豫地承认这点,当谈到这点时,神的启示的信仰者会感到舒畅。因为他的信仰告诉他,全知、慈爱的上帝能确保人们期望的共同善和个人福利相统一,尽管上帝的行为"在某些方面经常不被我们理解"。因此,菲尼斯爱共同善"出于新的理由",即因为上帝爱共同善。哲学家的地位不会令人嫉妒,但也不是完全的无望。这个问题的解决方法,如果有的话,人们将发现不在斯多葛或康德主义的道德主义中,而在柏拉图思想中(logismos)(又翻译成"实践理性")。那些承认自己受理性指导的人无需视生活为悲剧。他能拒绝过于看重成败,把他自己看做是参与一种宇宙游戏,即不像实践理性,它永无止境,正如柏拉图在《法律篇》第七卷中所教导的那样。然而,这个解释有它明显的局限,菲尼斯承认,"实践理性结构"依然"无法得到最终证明"。没有抛弃它的唯一理由是,它依然"比任何逻辑上可替代的结构更具合理性"。不管这是不是他的书可能被认为好坏的问题所在。稍有差别,但可能对《法律篇》卷七 803b－c 进行了更忠实的解释。见 T. L. Pangle, *The Laws of Plato*, New York, 1980, pp. 484ff.

〔12〕 See Th. Aq., *S. T.*, I~II, 56, 3; 57, 4; 57, 5, ad 3^m; 64, 3; II~II, 47, 4; 47, 13, ad 2^m; *In Ethic.*, VI, lect. 7, No. 1200.

以觉察到，亚里士多德并非没有意识到这个困难，但是他认为通过更高的精确性，而不是可容许的极端变异性来处理实践合理性的这些要求，只能使人们扭曲道德现象。对他而言，最精确（akribeia）不必然是数学上的精确性，而是在具体例子中可达到的最高程度的精确性。[13]

真是这样的话，菲尼斯所偏好的定义尽管相当薄弱，但是却更加明确。这个定义认为共同善是由一整套"条件"组成，这些条件使一个社会的成员，在追求描绘的人类繁荣所依据的基本价值时，彼此能进行"积极和/或消极"的合作（p. 155）。人类不会在共同献身于一个共同目标中团结起来。人类个体不是"部分"——就像托马斯·阿奎那一直教导的那样[14]——而是原子式的整体，他们对其他人开放，并且通常也需要其他人。但是，尽管如此，只要他们不干涉别人的自由，他们可以以自认为适宜的方式自由地组织生活，自由地设计自己的"生活计划"。除了按照实践合理性的要求，或者为保护个体在加入公民社会之前被赋予的权利所必备的义务以外，没人有任何真正的义务。其实，权利与义务关系的核心问题依然是模糊的，并且在书中按照主题所论述部分（pp. 205~210）对消除这种模糊性没起到多大作用。权利和义务被认为是相关的，事实也的确如此——假如我有义务做某事，那么我也有权利去做那件事，尽管反之并不亦然——但是，依然存在的问题是，权利与义务哪个是更为根本的道德事实？为自己辩护是苏格拉底的权利，抑或首先是义务？这个问题不可能有任何明确答案，特别是由于古人从来不用这些特定术语来阐述这个问题，他们所探讨的善的概念并不具有现代或康德意义上义务概念的内涵。然而，考虑到含义的这些差异，可能的推测是这些差异的显现将被用来支持义务。他们理所当然地认为，凡法律没有明确允许的事情均予禁止，并从不质疑人的首要义务是对共同善的义务。[15]《圣经》中坚持了同样的观点，在其中没有颁布一个权利法案，而是发布了一系列戒律，这些戒令被恰当地置于上帝慈爱的契约背景中。在这两个事例中，义务而非权利是首要的"道德筹码"（p. 221）。自残或允许他人伤害自己的人违反了正义的要求。这种不正义性不是对个人自身而言的，而是针对社会的，这种行为剥夺了一个人对社会应尽的服务职责。[16] 对苏格拉底而言，哲学思考，是一项

---

〔13〕 Aristotle, *Ethic. Nic.* I, 3, 1094^{b}20f.；7, 1098^{a}20f.；II, 2, 1104^{a}1f. Metaphysics, II, 3, 995^{a}6f.

〔14〕 在众多的参考文献中，参见, *S. T.*, I, 60, 5；I~II, 21, 3~4；90, 2；92, 1, ad 3^m；96, 4；II~II, 58, 5；61, 1；64, 5；65, 1.

〔15〕 Aristotle, *Ethic. Nic.*, V, 11, 1138^{a}4f.

〔16〕 Ibid., 1138^{a}10f. Cf. Th. Aq., *S. T.*, II~II, 59, 3, ad 2^m；64, 5.

义务，而对斯宾诺莎而言则是一项权利。"人权不受共同善的支配"，只因为人权本身是共同善的一个"方面"（p. 218）。这一断言没有简化上述两种观点间的对立，而是掩盖了这种对立。关于在某种非洲方言中，义务优于权利的评论没有很好地深究下去（pp. 209～210），让人稍感遗憾。

对这个论据通常的反对意见认为，它没有充分考虑托马斯设定的限制条件，即尽管人类个体必然是他所属的政治社会的一部分，然而"不是整个的人和他所拥有的一切都听命于他所属的政治社会"。[17] 初看这句话，人们会理解为，在人类生活中有一个重要部分，个体是最高的，并且因此免于一些他所加入的社会想强加于他的义务。然而，托马斯也说过"每个人，不管他的身份，也不管他拥有什么，他都属于社会，恰如部分总是属于整体"。[18] 怎样使得这两种看起来冲突的说法得以调和，对这一问题托马斯学者长期以来一直有不同看法。这一问题比在这里提出的任何问题都需要更多的和更加充分的讨论。按照一种解释，该问题的结论存在于托马斯对人（human being）作为"个体"（individual）和"个人"（person）所做的区别当中。[19] 因为一方面，作为物质性的个体，人类服从于他们构成的一部分的社会的利益。另一方面，作为个人，他们本身是自治的整体，他们生存于社会之中，并且对社会的义务仅仅限于他们自己的利益被社会所维护的程度之内。[20] 这个答案的困难之处在于，没有相关文本能证明，托马斯援引过关于个体和个人间的区别，或者甚至提及过个人优于公共善这样的见解。相反，托马斯的观点似乎是，公民社会不是人类唯一要服从的社会。个体的人（individual person）确实超越于公民社会，但是这只是作为上帝统治的宇宙社会的成员或者一部分。上帝的共同善实际上优于任何具体社会的共同善。[21] 在上帝的共同善中，人类获得完善。这种善从来不是"私人的善"，而是被分享或者

---

〔17〕 *S. T.*，I～II，21，4，ad 3ᵐ："Homo non ordinatur ad communitatem politicam secundum se totum et secundum omnia sua. "

〔18〕 Ibid.，96，4："Cum enim unus homo sit pars multitudinis，quilibet homo，hoc ipsum quod est et quod habet，est multitudinis. "

〔19〕 例如 *S. T.*，I，29，4；De Pot.，9，2. 参见 J. Martain，*The Person and the Common Good*，Notre Dame，1966，pp. 73～74.

〔20〕 Martain，*The Person and the Common Good*，Notre Dame，1966，p. 61.

〔21〕 参见 *S. T.*，I～II，109，3："Manifestum est autem quod bonum partis est propter bonum totius. Unde etiam naturali appetitu uel amore unaquaeque res particularis amat bonum suum proprium propter bonum commune totius uniuersi. " Also I～II，21，4；II～II，26，3；Q. D. *De Caritate*，2，c.

能被他人分享的善。基于此，这种善优于任何声称的独享的善。[22] 基于同样理由，托马斯也从未谈到过不隶属于共同善，或者不以先在义务的履行为条件的这种原初权利。

就这一点而言，人们有权利去问，菲尼斯观察到的托马斯的注释者们在 16世纪和 17 世纪早期的"观点转变"，是否像人们所说的那样"激烈"（p. 207）？的确，把"正当"（ius）或"权利"（right）刻画为"能力"（faculty）的做法首先出现在那一时期的作家当中，最为著名的是苏亚雷斯和格劳秀斯；[23] 同样真实的是，此前人们谈的是事物的正当性（the rightness of things）而非个人的权

---

〔22〕 托马斯对这一争议主题的评论，明显地不能从集体主义或极权主义的意义上加以解释。市民社会本身不是一个个人，虽然经常被比喻成个体。市民社会的统一仅仅是一种"秩序的统一"（unitas ordinis），而与个体的实质统一不同（参见 *In Ethic.* , I , Lect. 1 , n. 5）。公民社会的功能在于使公民获得全面发展，它应得的声誉仅仅与它所促进的与人性相符的目的的实现程度相适应。人类创造的公民社会不会毁灭人类，就如他们仿佛是一个实质整体的一部分。通过公民社会，人们获得的完善对他们来说是内在的。换个说法，共同善不是一种异质的善，而是人们分享的"固有的善"（*bonum proprium*）（参见 Conta Gent. , Ⅲ , 24）。假如共同善不能在社会成员间进行分配，它将不具备真正的共有性。只有基于这种条件，共同善才是人们渴求的对象。任何存在者所追求的善必然是属于自己的善（*bonum suum*），不管它是具体的善还是共同善，都拥有更为伟大的自然之爱（S. T. , I , 60 , 5 , c. and ad 1ᵐ）。对正义和公民美德的需要植根于这两种类型的善的潜在冲突，或者部分确立自身为整体的趋势。如果不是由于这个冲突，道德德行将无足轻重。的确，按照亚里士多德的说法，完美的人作为整体与其他人的关系就如整体之于部分的关系（Pol. Ⅲ , 17 , 1288ᵃ27）。由于完美的人不渴求共同善以外的善，他就像人群中的神。他不遵守共同善，因为他本身就是共同善，也是其他人完善的源头。只有在理想的情形下，个人的善与共同善才可用同一标准衡量。这样一个完美的存在者是否曾经存在或者能否存在无关紧要，因为亚里士多德考察的目的只是为了说明任何的政治统治形式都存在的内在问题。De Doninck 的论文在那时被广泛地解释为对马里旦的无声抨击，马里旦自己在对这个问题的回应中也如此理解，p. 16 , n. 6. See also I. TH. Eschmann，"In Defense of Jacques Maritain"，*Modern Schoolman* , 22（1945）, pp. 183 ~ 208; C. H. De Koninch，"In Defense of Saint Thomas: A Reply to Father Eschmann's Attack on the Primacy od the Common Good"，*Laval théologique et philosophique* , 1（1945）, pp. 9 ~ 109; Y. Simmon, "On the Common Good"，*Review of Politics* , 6（1944）, pp. 530 ~ 533. 西蒙（Simmon）声称他与德·科宁克（De Koninck）的观点总体上是一致的，否认他们是直接针对马里旦的，这点也获得了马里旦的认同。

〔23〕 苏亚雷斯著 *De Legibus* 一书，第 I. 2 , 5 部分，格劳秀斯著 *De Iure Belli et Pacis* 一书，第 I. 1 , 4 部分。由于"ius"一词频繁出现在拉丁文圣经（*Valgate*）中，把"权利"（ius）当做一种"能力"（facultas）的新的理解方式的转变在某种程度上似乎一直是便利的。参考 Genesie 23：4，亚伯拉罕与赫梯人商谈购买墓地以掩埋莎拉。《圣经》上这样写道："给我一块你们的土地作为墓地，让我能在人们看不见的地方掩埋尸体。"拉丁语版：*da mihi ius sepeliendi*，很容易地暗示，亚伯拉罕所要求的不是一块土地（这块土地最早的拥有者是居住在迦南的一个以色列人），而是掩埋死尸的权利。又见 Genesie 31：19 ~ 21；雅各最后智胜拉班，"携带他所有的一切东西"逃离，这在拉丁文版中被翻译为"他有权利拥有的每一件东西"（omnia quae iuris sui erant）. 对作为能力的权利概念的历史发展的叙述，参见 R. Tuck, *Natural Rights Theories: Their Origin and Development*，Cambridge, 1979.

利（the rights of persons）。然而，一个很重要的事实是，苏亚雷斯和格劳秀斯所指的权利是由法律所界定并因此限于法律。而且，这些权利与普遍的人权没有联系，而与统治者和臣民、父母和子女、主人和奴隶、财产所有人和雇工之间诸如此类具体的权利有着联系。与已经提到的恰恰相反，在权利学说史上真正的"分水岭"不在托马斯与苏亚雷斯间的某处，而在霍布斯的理论中。霍布斯否认人类天生是政治的（托马斯和苏亚雷斯从没有做过这种事），并宣称权利对义务的绝对优先性。[24]

到现在为止提到的全部观点不只是纯粹出于思辨的兴趣。这些观点有着明确的实际内涵，当人们考虑菲尼斯的核心主题，比如，关于全部基本价值从根本上是平等的问题，这些内涵就会展现出来。菲尼斯的核心主题是公正观察者的中立视角，该观察者从一个外在的阿基米德点审视价值世界，并且无视那些价值的信徒们主张的他们所信奉价值的优越性。即使凭借知识可设计拟议中的方案，并且知识也被分散于不同章中加以论述（pp. 59～80），但是知识在客观上也不比如美感、社交或者游戏的地位重要。这一切都是"人为"使然，因为是个人选择了知识，而没有选择其他价值作为"对他"更重要、更基本的价值（p. 93 菲尼斯的理解）。人们由此得出结论，一个伟大学者、政治家或宗教领袖的生活本质上并不比一个音乐狂、一个体弱多病者或者滑雪迷的生活有优越性。当不同的生活目标没有天然的高低之分时，依照人们出于不同的特定价值取向做的选择，把人分为三六九等是不可能的。人们不仅仅在上帝面前、法律面前，或者为了自保而平等，而是纯粹由于他们有能力"认识"，或更进一步有能力"分享"上述一种或所有价值的事实而平等。人们完全可以决定不同价值的轻重缓急，或者随着时间环境加以改变。因此，"如果一个人行将淹死，他会转而关注生命本身的价值"（p. 92）——这又是一个迹象，我们所讨论的价值不能按照等级排序。

然而，这样的论据不能证明太多的东西，因为它只是暗示，有些时候，重要的事情必须暂时为紧急的事情让路。我可能正打算去研究哲学或法律理论，但是假如我突然得了阑尾炎，那就必须先做外科手术了。溺水者的例子也不总是像听上去那样意义明确。假设有父子两人同落水中，只能有一人获救。我们能冒昧地说，父亲甘愿放弃自己生命可简单归纳为这些偶然因素，比如"一个人的气质、

---

〔24〕 例如，在 *De Ciue* I. 1. 2 中，"那些写了有关共同福祉的方方面面的人中最伟大的那部分人，要么建议，或要求我们，要么乞求我们相信人是天生的社会动物"。希腊人把人类称为政治的动物（zoon politikon），在此基础上，希腊人逐步构建了公民社会的理论，似乎为了保护和平、统治人类，除了人们同意一起创制某些契约和条件——它们以后被称为法律外，别无他法。这一原理，尽管被大多数人所接受，然而肯定是不真实的，这一错误程序源自我们对人性的过于轻视。

教养、能力和机遇"吗？在所有这样的例子中，选择救年轻人而不是老人的倾向超过了普遍接受的习俗，或者个人偏向。这种趋势与种群利益有关，种群的生存取决于繁衍机会最大者的生存。如果这样，这实际上会将我们的注意力引向"在基本价值之间，固有价值的不同等级"（p. 94）吗？并且，我们讨论这一问题时，当撇开选择中隐含的任何价值等级的考虑，苏格拉底宁死不放弃哲学思考的决心就无足轻重了吗？

菲尼斯的解决方法自有其精炼（neatness）的优点，但是不能说，它就能解释所有的经验事实。这很难与所受普遍赞誉的现象相符，并且必然损害这种现象所指向的人类少有的"繁荣"（flourishing）的形式。菲尼斯的方法蕴含的精神是民主的自由主义精神，它表现的平均化倾向，没有过多考虑对某些社会地位较高的人的剥夺，更不要说对整个社会。人们感到疑虑，是否任何赞同这一精神的人都将被唆使要付出几乎超人的努力去赢得智慧、远见、虔诚，这些古老的传统伦理思想试图促进的崇高目标。新的方案完全平等地服务于每一个人，但这几乎等于是说，它不服务于任何特定的人。这能解释少数智者和众多愚人间的不同，因为尽管新的观念只能被理论家全面阐述，但它成功贯彻，不是依赖于智慧，而更依赖于道德德性。可靠的制度适合实现适度的目标，它给予我们除此以外将永远无法确保能够获得的一些事物。然而风险在于，它会使我们忘掉人类曾认为他们有可能获得他们所渴望的更高事物。

人们在思考菲尼斯有关所有的基本人权都绝对不可侵犯这一说法的某些后果时，我们被告知基本人权中的任何一项也不能仅仅为了避免灾难性后果而受到侵害，（参见 pp. 119～120，224～226），这时更进一步的复杂问题就会呈现出来。例如，无条件禁止刑讯原则（pp. 164、213）。如果人们仅仅想到这样的做法易于导致可怕的虐待，那样也好。但是，如果刑讯能被证明是获取拯救无辜者生命的信息的唯一方式，那么"实践的合理"在多大程度上避免了作为公认罪行的刑讯呢？在一个最残忍的恐怖主义几乎已成为日常生活的一部分的世界，或许不是总能承担得起对暗杀者与其他人给予同等尊重的昂贵代价；而且，除此之外，道德敏感的人由他人生命丧失引起的悲叹，或者对沉迷于从别的角度正好能将暗杀轻易地解释为替代的英雄行为，本应感到一些不安。菲尼斯的原则，尽管高贵，却更适宜于正常情形而非紧急状况。它很大的吸引力在于，个人不必用不稳定的"义务的决疑法"（p. 225）进行推断，也不必费力斟酌奥古斯丁在《上帝之城》第六章第十九卷中经历的那种倍感煎熬的艰难的审慎决定。是否这足以使菲尼斯的原则有效是另一回事，然而，这个值得称赞的关注绕开了功利主义的陷阱。

令人吃惊的是，这一智识谱系中许多主题似乎没人思考。占主导地位的主题有些狭隘地关注功利主义和道德怀疑论，使得对其他有影响力的思想倾向异乎寻常地无视。然而，代表这些思想的语言在菲尼斯的书中却经常谈及，这点通过书中不断重复出现的富有特色的措辞得以充分证明，如"个人的本真性"、"承诺"、"自我实现"、"个人自治"、"创造性"、"价值"，以及用现代的"生活方式"替代过去常常称之为的"善的生活"（参见 pp. 129~130）。对这种状态的严肃反思本应提醒作者，重获传统自然法精神的任何努力都要经受巨大困难，也应该揭露出作者的思想在多大程度上仍受到时代主导的精神意识与政治意识的束缚。相比之下，托克维尔提醒人们，他认为顺应新趋势是必需的，但是应更加敏锐地认识到人类为默许新趋势必将付出的代价。托克维尔从经验获知，现代的准则将产生一种不同类型的人类，但这类人并非在一切方面都优于注定将要被代替的那类人。因为托克维尔有可替代的选择，尽管在他看来这一选择本应已经消亡，他能阐明现在的状况，并立足于现状，警告对现状构成威胁的危险来自于内部。他从没有想过去说，新的理想与旧的很相像，只是更好一些。

三

菲尼斯竭力对现代权利学说进行道德化解释，并且他以同样的功夫，剥离托马斯自然法中的强制因素，使之理性化或者说祛除神学色彩。在菲尼斯的阐释中，托马斯所理解的自然法，只是试图努力（诚然"不充分"）阐明作为完全理性的存在者而生活所具有的意义。它仅仅是"类比的法"（p. 228），不能强加惩罚的痛苦于任何行为。自然法只是指，一个人为了实现自我一定要做，或者避免去做的事，因此，纵使没有上帝去施行，自然法一样有效。自然法包含的唯一义务来自"实现某些目的的某些手段的理性需要"。[25] 同样结论也可以从对统治权（imperium）或"命令"概念的分析中明确获得，托马斯将之界定为理智的而非意志的行为。[26] "自然法"是一个"颇为不幸"（p. 374）的术语，因为其他的措辞，例如"自然正当（natural right）"、"内在道德"或"正当理性（right reason）"都能不丧失任何意义的被替换（p. 281）。自然法概念与今天普遍流行的强制或义务概念相联系可追溯到瓦斯克斯（Vasquez）和苏亚雷斯的一个误解，

---

〔25〕 Finnis, *Natural Law and Natural Rights*, Clarendon Law Series, H. L. A. Hart ed. （Oxford, 1980） p. 341, n. 42, 关于 *S. T.*, 100, 1 和Ⅱ~Ⅱ, 58, 3, ad 2ᵐ.

〔26〕 参见 *S. T.*, Ⅰ~Ⅱ, 17, 1.

他们认为托马斯的"统治权"概念是"没必要的"、"不恰当的"或者"虚构的",而拒斥这个概念(p. 339)。

菲尼斯对自然法的解释并非他的独创,因为这种解释能从里米尼的格雷戈里(Gregory of Rimini)以后的许多中世纪后期作家的著作中找到,[27] 并且在格劳秀斯《战争与和平法》的序言中居于突出地位;但是它从未得到强有力的支持。它被接受,是为了着力解决柏拉图《共和国》中著名的难题:关于立法之神缺席下的正义之善(goodness of justice)的问题。但是,主流的托马斯传统总是理由充分地排斥该问题。尽管托马斯坚决主张理性在立法中的作用,但他没有视而不见这种事实,法律或命令都将权力的原动力归功于立法者的意志。[28] 趋善避恶的普遍原则以及不撒谎、不偷盗、不奸淫这些更具体的原则并不是,或者说到现在还不是道德准则。这些原则只有当它们以命令的形式被宣告时,才能成为准则:Fac hoc.[29] 正是在这一点,它们不再是一些有关理性或合乎情理(sensible)的行为的单纯规则,而获得了法律强制力。

所有这些适用于自然法的原则看来没有问题。托马斯清楚阐明,就对人类的关注而言(与对兽类的关注相反),自然法在严格意义上是法:*proprie lex uocatur*.[30] 托马斯也清楚明白地阐述了法律的概念包含两个因素:首先,它是"人类行为规则",其次,它是"具有强制性的权力"。[31] 可以理解,制裁没有在以法律定义开始的专题文章中被明确提及,而是在与法律效果相关的第92问题中被提到。在正式法律定义中没有提及强制问题只能证明,托马斯遵循了亚里士多德的逻辑规则,把强制作为法律的"属性"而非本质部分。因此,人们有充分的理由认为,在托马斯的见解中,自然法不是一个菲尼斯所理解的单纯的 Lex indicans,而是 lex praecipiens,令行或禁止的行为不仅由于行为本身的善恶,而是

---

〔27〕 Gregory of Rimini, *In Lib. Secundum Sent.*, dist. 34, qu. 1, art. 2; Gabriel Biel, *In Secundum Lib. Sent.*, dist. 35, qu. 1, art. 1, 并见苏亚雷斯引用的其他参考资料。

〔28〕 *S. T.*, Ⅰ~Ⅱ, 17, 1: "Primum autem mouens in uiribus animae ad exercitum actus est uoluntas… Cum ergo secundum mouens non moueat nisi in uirtute primi mouentis, sequitur quod hoc ipsum quod ratio moueat imperando sit ei ex uirtute uoluntatis." 参见 Ⅰ~Ⅱ, 90, 1, ad 3ᵐ.

〔29〕 *S. T.*, Ⅰ~Ⅱ, 17, 1.

〔30〕 *S. T.*, Ⅰ~Ⅱ, 91, 2, ad2ᵐ. 至于对非理性生物,自然法被说成只是一种类比(*per similitudinem*,即通过类比或者由于与自然法适用于人类的行为具有某些相似性)意义上的法律。

〔31〕 Ⅰ~Ⅱ, 96, 5: "Lex de sui ratione dueo habet: primo quidem quod est regula humanorum actuum; secundo, quod hab et uim coatiuam." 参见 Ⅰ~Ⅱ, 90, 3, ad 2ᵐ.

由于其所应受的褒贬。[32]

虽然在《神学大全》按主题的论述中，对自然法严格的法律属性（legal character）未加质疑，然而对它的自然属性却提出了一些令人感兴趣的问题。该论述的一个独特之处在于，尽管它经常直接或间接地提到与自然法相违的行为要遭受惩罚，但却没有明确说明惩罚的性质。这一空白一定程度上通过《反异教徒文集》中的相应主题得以弥补，在这本书中详细阐述了违反法律的各种处罚措施。按轻重顺序排列包括：永恒幸福的丧失，美德缺失，灵魂的自然力量失调，肉体痛苦，外在物品损失。[33] 在这个例子中，让人感到奇特的是，尽管看来托马斯意在自然法的研究，但是他从未提到自然法这一名称。很可能是因为，他的作品本来旨在以基督徒的身份来对阿拉伯哲学家们认为自然法没有任何作用的异议做出回应。我们可以有把握地认为，这里关于惩罚的说法可极好地适用于自然法，因为惩罚涵盖的行为并未被神启的法或人定法明确规定。但是，人们仍然奇怪地发现，托马斯自己没有特意论述惩罚的适用问题，尤其在《神学大全》中未涉及这一问题，尽管人们很自然地认为该问题会出现于此处。

遗漏惩罚问题的一个可能的理由，在托马斯关于自然法和摩西十诫戒律的关系问题的讨论当中被透露了出来。[34] 这种立场一开始在旧律法中以不同于礼仪立法、法官立法的完整道德立法的形式进行阐明，被概括为十戒并构成了自然法的重要部分。在承认了这些以后，阿奎那立即引入了第一表（the First Table）戒律的约束，即爱并崇拜上帝。他认为，这种知识不简单地属于自然法，而需要"神的指导"。[35] 可推测出来规定这种约束是出于对多神教现象进行解释的需要。在古人中，多神教盛行，然而，如果自然法清楚规定了对唯一的真正上帝的崇

---

〔32〕 参见 I～II, 18, 5, ad 3ᵐ; 92, 2; 93, 6, ad 2ᵐ; 100, 9. 自然法原则一般被视为"戒律"，例如，在 I～II, 94, 1, 2, 6 中. 戒律不同于简单的规则或原则，它的约束力来自惩罚的痛苦。参见 I～II, 99, 5："Quaedam moralium praecise praecipiuntur uel prohbentur in lege, sicut Non occides, Non furtum facies. Et haec proprie dicuntur praecepta." I～II, 100, 9："Praeceptum legis habet uim coactiuam. Illud ergu directe cadit poenae." 菲尼斯敏锐地注意到，对柏拉图而言，"义务（obligatum）……不是'伦理'思想的框架或其最终的权威范畴"。但是，柏拉图不是自然法思想家。他仅仅谈及自然"正当"，正当与义务不是完全相同的事物，尽管这两种表达常常被混淆，例如在 J. P. Maguire 的文章 "柏拉图的自然法理论"中。

〔33〕 Contra Gentes, III, 141, 3.

〔34〕 这一段和下一段，经过少量的添加和修改，重述了先前在《奥古斯汀、托马斯·阿奎那和自然法问题》一文中提出的论点。

〔35〕 *S. T.*, I～II, 100, 1; 104, 1, ad 3ᵐ："Ad tertium dicendum quod etiam in his quae ordinant ad Deum quaedam sunt moralia quae *ratio fide informata* dictat, sicut Deum esse amandum et colendum."

拜，那么多神教的实践就不应获得普遍赞同。至于第二表中的戒律，被称为属于自然法的"完全言说"（absolutely speaking），并因此被认为对所有人都是不证自明的。[36] 如果人们认为这两个表彼此没有内在联系，他们就不需要反对这种推理方式。但是，如果人们能证明两者不可分割，并且第一表构成第二表强制遵守的理由，那就不能如此认为了。事实上，这个例子或许能从随后的思考中加以阐明。

托马斯理论本质上要求，不仅自然法内容天然地为每个人所知，并且人们也准确地知道其属于自然法。也就是说，上帝作为自然的缔造者，他颁布和执行法律，因此法律必然地约束每一个人。由于所有的法律均从立法者的意志获取有效的权力，这种观点清楚地预设了神性（the divine nature）的意志性不弱于理智性。神性只有在天意秩序之内才可为理智所理解，在此种秩序中，人类个体的思想、言语、行为在上帝的监督之下，由他予以恰当地奖惩。由于本身的立场，这个论据的困难正在于此；因为，自然的上帝是一个热心的上帝，它赋予所有理性创造物爱和崇拜的资格，并要求他们的爱和崇拜。这一命题的真实性似乎只有通过第一表的戒律才能获得。而据托马斯自己承认，第一表的戒律依据神的启示的帮助才会被普遍接受。这是不言而喻的，结论的证据不能超越前提的证据，或者用一个苏格兰格言，河水永远高不过源头。如果第一表的戒律在词语的严格意义上并不能自然而然被人所理解，那么人们对第二表的戒律如何进行解释才能被认作是完全自然的会感到茫然无措，因为第二表的戒律的有效性取决于第一表的戒律。

鉴于对托马斯选择处理的这个问题的谨慎，一个人会不由自主地认为，他对道德秩序毋庸置疑的法律属性有些质疑，在他心中，作为哲学概念的自然法的地位，最乐观地看也是成问题的。托马斯在其他地方谈到的罪孽问题印证了同样的结论。在托马斯看来，神学家主要将罪孽看做对上帝的（可惩罚的）侵犯，但是哲学家仅仅将其视为对理性的违背。[37] 抓住了这一问题的苏亚雷斯可能接近托马斯的立场，他认为，自然理性只知道违反自然法的罪孽应受惩罚；但对惩罚

---

〔36〕 Ⅰ～Ⅱ，100，1："Quaedam enim（praecepta moralia）sunt quae statim per seratio naturalis cuiuslibet hominid diiudicat esse facienda vel non facienda, sicut Honora patrem tuum et matrem tuam, et Non occides, Non futum facies. Et huiusmodi sunt absolute de lege naturae."

〔37〕 Ⅰ～Ⅱ，71，6，ad 5ᵐ "A theologis consideratur peccatum praecipue secundum quod est offensa contra Deum; a philosopho autem morali, secundun quod contrariatur rationi."

的轻重程度或惩罚模式一无所知。[38] 就此而言，自然理性甚至于不能判断，在每个单独的事例中，它们是否会遭受惩罚。[39]

如果对这种解释有什么要说的，那就是"自然法"这个术语勉强也可说是词语的误用。它被西塞罗以某种偶然的方式引入传统，随后在大量的神学文本和法律文本中被神圣化，它受惠于这些文本，历经数世纪获得了巨大声誉。[40] 把这个问题置于更具体的说法中，仅凭人类理性不能绝对地肯定，犯罪得不偿失，最终能获取幸福的是那些理应得到幸福的人。有丰富的证据表明，罪恶的生活并非愉快的生活——心灵健全的人没有羡慕阿尔·卡彭[41]（Al Capone）的——并

---

[38] Suarez, *De Legibus*, I. 15, 13："Nam lex, imponendo nedessitatem uirtutis seu honestatis, consequenter facit ut tranagressor legis sit dignus poena saltem apud Deum, quia suam obligationem lege impositam non obseruat. Quod locu habet tam in lege naturali quam in positiua, diuina, uel humana, quia supposita lege actus est inordinatus, et illa dignitas poenae intrinsece sequitur ex malitia actus, etiamsi malitia fortasse fuerit ex occasione legis positiuae. Est tamen differentia in hoc inter legen naturalem et positiuam, quod lex naturalis, licet faciat uel ostendat actum, tamen ut est mere naturalis non taxat modum uel quantitatem poenae. Nulla enim ratione intelligi potest hoc fieri sine decreto alicuius liberae uoluntatis." 参见 *S. T.*, I~II, 95, 2："Lex naturae habet quod ille quipeccat puniatur; sed quod tali poena puniatur, hoc est quaedam determinatio legis naturae."

[39] 托马斯对自然法完整的自然性持温和的保留态度也以其他方式表现出来。其中之一是表现在对自杀问题的处理上，托马斯认为自杀违背自然法，"永远"罪大恶极。自裁生命冒犯了城邦，触犯了上帝——人的形象为上帝所造。参见 I~II, 59, 3, ad 2ᵐ。从城邦的立场来看，自杀的非正当性显而易见，因为城邦由此丧失了来自于它的一个成员的服务。从有关上帝的观点来看，只有对接受圣经教诲、认为人是依照上帝形象创造出来的人来说，同样的非正当性也是明显的。然而，问题微妙之处在于，自杀不必然殃及城邦，甚至于失去一名没有生产能力的成员可能有益于城邦，特别是若城邦遭受饥荒，无力供养其成员之时。可以想见，在这样非同寻常环境下，制裁的原因不同于神启强加于人的普遍义务。基于宗教理由，在 *Phado* 一书61a~62a部分，格贝（Cabes）和西米亚斯（Simmias）也排除了在特殊情形下自杀的正当性。苏格拉底没有反对这种论证，尽管人们不能完全弄清楚这是否反映他自己对这问题的思考。更多论据取决于一个人对下来所讨论问题的理解。苏格拉底把自己决心去死的行为辩解为出于"明智"和"正义"，即这样做有益于自己及朋友。

[40] 自然法学说的起源不幸被神秘地隐藏了起来。学者普遍将之追溯至斯多葛学派，但是 H. 凯斯特（H. Koester）已证明自然法这一表述没有在早期斯多葛学派遗留的片段中发现。西塞罗将之归功于西希昂的芝诺，这种说法出现在一个单独的文本当中，然而其真实性无法获得独立证据支持。De Nat. Deor. I. 14, 36："Zeno…naturalem legem diuinam esse censet, eamque uim obtinere recta imperantem prohibentemque contraria." 这个术语一百年后在斐洛（Philo）的论著中重现，他似乎没有受到西塞罗的影响。参见 H. Koester, "*Nomos Phuseos*: The Concept of Natural Law in Greek Thought," in *Religions in Antiquity*: *Essays in Honor of E. R. Goodenough*, J. Neusner ed., Leiden, 1968, pp. 512~541. 参见 R. A. Horsley, "The Law of Nature in Philo and Cicero", *Harvard Theological Review*, 71 (1978), pp. 35~39.

[41] 阿尔·卡彭（1899~1947年），美国著名的黑帮头目。

且同样有证据表明，一些行为是自作自受：如果我暴餐暴饮，自己将遭受其害。[42] 但是，依然存在这种的可能性，有一些幸运的人，通过一些手段获取他想要的财富或地位，他犯了一项未被人觉察的罪行。没有任何懊悔，或者放弃非法攫取的利益，此后，他"诚实"、幸福的生活。在他的余生也不能给予惩罚，在这种情形下，无助的人类理性无法主张自己（pronounce itself），严谨的自然法理论家别无选择，只能认为，这个人不会总能保持内心的平静。20世纪伟大的自然法权威赫尔克里斯·波伊罗塔（Hercule Poirot）对做恶者引用《尼禄之死》中的话抨击道："小姐，假如你一旦允许邪恶进入你的内心，它将在那里扎根。"这样的忠告在实践上有用，但这同样并不等于这个结论就能证明为真，或者能从经验上加以证实。我们有时听说犯人主动自首，简单的是因为他不再能忍受自己的良心折磨。可能有的人，他们从未想过那样做，也看不出来会同样地受到犯罪感的痛苦折磨。幸福的骗子，假如有的话，他也不会吹嘘自己的成功，因为这会危及他的现状。尼采说的对，这是一种道德家太过热衷以致无法保持沉默的物种。[43] 至于我所能说的是，这个问题尚未解决，并且可能没有任何完全令人满意的解决办法。

凹

以上所有评论与其说是旨在对菲尼斯的一个批评，不如说是打算做一个初步的、微不足道的努力，以凸显这本书唤起或激发我们去思考的几个问题。公道地说，应该马上加一句，菲尼斯的书是一项哲学成果，它并没宣称要严格追随托马斯，因此，对它的判断要根据其本身的优点（参见 p. v）。透彻了解该书内容，学会如何对待该书的主要假设是一项耗时费力之事。暂且简而言之，迄今为止，这本书在范围和深度上超越了当代任何一位罗马天主教学者的作品。在一个已经最终放弃了构建任何道德标准的可能性，更遑论最高的道德标准的时代，该书完全配得上人们对它已有的和更进一步的热衷。新旧理论令人炫目的融合是否能逃

---

〔42〕 关于对非德性生活的普遍恶感，参见 Aristotle Politics Ⅶ，1，1323ª27～34："一个人若无丝毫的勇气、节制、正义或明智，他会害怕掠过的每一个飞虫；为了满足食欲，会无恶不作；为了两个铜板，将不惜牺牲至友；他的心灵脆弱、虚假宛若儿童或疯子。世人绝不会认为这样的人是幸福的。"

〔43〕 Nietzsche, *Beyond Good and Evil*, aph. 39 and 197。托马斯没有意识到这个问题，但注意到通过赋予邪恶的人引致罪恶的兴盛对他们加以惩罚。

脱折中主义的危险，并产生出我们极其需要的理论上可行的综合，是一个根本性问题。如果没有进一步的剖析，自然法和自然权利这两种理论若能达到书中所理解的那样的吻合，我们有充分的理由感到欣喜。假如这两种理论无法达到这种吻合，我们依然会感到欣慰，因为这至少为富有成效的比较两者各自的优点打下了基础。幸运的是，读者不必为了赏识菲尼斯所取得成就的重要性和卓越性而去赞同他说的每件事。当一个读者批评菲尼斯的核心论点时，他很快会发现，他从菲尼斯那里能比从自己所赞同的大多数作者那儿获益更多。

多元价值与凯尔森的纯粹法学*

邹益民**

　　凯尔森与韦伯同样关注现代社会中的价值多元及其引发的价值冲突。[1]　就凯尔森而言，其纯粹法学理论表面上是如他所言，纯粹处理的是法学问题，而不考虑任何政治、伦理、道德、宗教等事关价值的意识形态。但正如很多论者所揭示的那样，凯尔森的纯粹法学理论和他的价值多元和价值冲突预设以及由此而产生的自由主义政治立场紧密相关，有必要把二者联系起来加以考察。本文把凯尔森的纯粹法学理论同韦伯所诊断的现代社会中的价值多元及其引发的价值和政治冲突联系起来加以考察。多元价值冲突以及引发的政治冲突不仅是凯尔森的理论预设，更是凯尔森所处时代生活环境的现实状况，具体来说是当时欧洲（特别是一战前的奥匈帝国和战后的魏玛共和国及奥地利）以反犹运动为主要表现的民族主义运动和妇女运动等社会上的价值与政治冲突。笔者在这里并非要强调思想和现实间简单的对应关系，其实当时欧洲特别是魏玛共和国所面临的价值和政治冲

---

　　* 致谢：本文取自笔者的博士论文《现代法律与政治中的诸神魔之争：从韦伯到哈贝马斯的考察》中凯尔森部分，略微改动，在此非常感谢导师邓正来先生在我研究生阶段在生活上对我的关怀和在学业上对我的指导！没有邓先生的关怀和悉心指导，笔者不可能顺利完成学业，也不可能完成这篇博士论文，当然也不可能完成本文。但一切文责由笔者自负！
　　** 河南大学法学院讲师，法学博士。
　　〔1〕 揭示凯尔森纯粹法学理论与其多元价值冲突预设，以及由此产生的政治立场间关系的文献有：Lars Vinx, *Hans Kelsen's Pure Theory of Law*: *Legality and Legitimacy*, New York: Oxford University Press, 2007; Peter C. Caldwell, *Popular Sovereignty and the Crisis of German Constitutional Law*: *The Theory & Practice of Weimar Constitutionalism*, Durham, NC.: Duke University Press, 1997; David, Dyzenhaus, *Legality and Legitimacy*: *Carl Schmitt, Hans Kelsen and Hermann Heller in Weimar*, Oxford: Clarendon Press, 1997; Manfred Baldus, "Hapsburgian Multiethnicity and the 'Unity of the State': On the Structural Setting of Kelsen's Legal Thought", in Dan Diner and Michael Stolleis (eds.), *Hans Kelsen and Carl Schmitt*: *A Juxtaposition*, Gerlingen: Bleicher, 1999, pp. 13 ~ 21; Raphael Gross, "Jewish Law and Christian Grace", in Dan Diner and Michael Stolleis (eds.), *Hans Kelsen and Carl Schmitt*: *A Juxtaposition*, Gerlingen: Bleicher, 1999, pp. 101 ~ 109; 〔英〕韦恩·莫里森：《法理学》，李桂林等译，武汉大学出版社 2003 年版，第 340 ~ 369 页；钟芳桦："国家与法作为人民的自我组织：论威玛时代 Hans Kelsen, Carl Schmitt 与 Hermann Heller 对法最终证立依据的分析"，台湾大学法律研究所 2006 年博士学位论文。

突，同样是与其同时代的可以说与凯尔森针锋相对的施米特的思想背景。凯尔森的纯粹法理论预设了韦伯对现代性的论述，亦即韦伯关于现代社会的支配类型是法理型，社会结构由于科学知识专业化而进一步科层制化的前提。[2] "凯尔森的写作，是为了在反对科学构想的还原主义和日益扩张的科层权力的斗争中为人本主义的人类观念辩护。"[3] 凯尔森纯粹法学的基本问题可概括为：在资本主义社会理性化的情形下，在社会面临日益的专业化、科层化、科层制化所产生的形式理性化及其引发的价值冲突趋势下，如何从法律哲学以及法律制度上维护人的自由？"凯尔森的纯粹法学是对在多元主义现实中建构社会结构这一问题的形式主义回答"[4]，亦即对现代性语境下价值多元及其引发的价值与政治冲突问题在法律理论上的回答，是对法治国所做的精确技术说明。

就凯尔森的理论预设与实践关系而言，考德威尔（Peter C. Caldwell）作了精辟概括："凯尔森对激进民族主义或社会主义政治的自由主义怀疑和批评……转换成他在'实然'和'应然'，亦即'因果'实在和'规范'实在间所作的彻底和完全区分。"[5] 这种转换如何完成？凯尔森在其法律与政治理论中如何处理现代社会的价值多元以及由此引发的价值与政治冲突？本文首先考察凯尔森对现代社会多元价值冲突的诊断，然后考察他对这种状况的解决方案。

一、凯尔森论现代社会中的多元价值冲突

凯尔森从道德哲学与法律哲学角度，对一元论统一世界观及其引发的绝对主义正义观和自然法观念作了批判，倡导一种关于多元价值的相对主义世界观，把相对主义的世界观和价值观作为自己的前提。

需要注意的是，凯尔森对多元主义和相对主义世界观与价值的探讨并非是纯粹从哲学角度进行的，而是蕴涵于他对国家形式、正义、自然法等问题的讨论中，故本文对其世界观和价值观的探讨是一种总结。凯尔森从哲学上区分了两种对立的世界观与价值观，即形而上学的绝对主义世界观和价值观与批判主义的相对主义世界观和价值观。"哲学上的绝对主义是这样一种形而上学观点，即认为

---

〔2〕 关于韦伯与凯尔森思想间的关系，参见 Noberto Bobbio, "Max Weber e Hans Kelsen", *Sociologia del diritto*, 8 (1981), pp. 135～154; Agostino Carrino, "Weber e la sociologia del diritto nella critica di Kelsen", *Sociologia del diritto*, 14 (1987); Keekok Lee, *The Legal – Rational State*, Aldershot：Avebury, 1990, pp. 227～237; ［英］韦恩·莫里森：《法理学》，李桂林等译，武汉大学出版社 2003 年版，第 340～369 页。

〔3〕 ［英］韦恩·莫里森：《法理学》，李桂林等译，武汉大学出版社 2003 年版，第 341 页。

〔4〕 ［英］韦恩·莫里森：《法理学》，李桂林等译，武汉大学出版社 2003 年版，第 346 页。

〔5〕 Peter C. Caldwell, *Popular Sovereignty and the Crisis of German Constitutional Law：The Theory & Practice of Weimar Constitutionalism*, Durham, NC.：Duke University Press, 1997, p. 46.

世界上存在着一种绝对的实在亦即一种独立于人类认识的实在。因而这种实在的存在是客观的在时空中不受限制或超越人类认知所受的时空限制。相反，哲学相对主义倡导经验的学说，亦即实在只存在于人类认识之内并且作为认知客体的实在同认识主体相关。"[6] 哲学绝对主义认为在绝对的实在中存在着绝对的真理，从这种绝对实在出发能够探寻到绝对真理，并且由于这种绝对真理的实在性，也认为存在着绝对的善、绝对的价值和正义："哲学绝对主义本质上同认为价值作为绝对善的创造物或流溢物内在于实在中的观点，因而同把真理（亦即同实在相符合）等同于正义（亦即同绝对价值相符合）的趋向相关。因而对何谓公正或不公的判断能像对真理或谬误的判断一样客观。价值判断如果同内在于绝对实在中的价值相关，或者由绝对权威确立的话，那么并非仅仅能对判断主体主张是有效的，而且能够对每一个人永远在任何地方都主张是有效的。"[7] 相反，哲学上的相对主义由于认为现实存在于人类认识和经验之内，认为真理依赖于经验，否认绝对实在和绝对真理的可认识性，而价值判断并不依赖于对实在的认识，是相对的："哲学相对主义坚持实在与价值的明确分离，并区分开关于实在的命题和真诚的价值判断。价值判断归根结底并不依赖于对实在的合理认知而依赖于人类意识的情感力量，亦即依赖于人的愿望与恐惧。价值判断仅仅同相对的价值相关。"[8] 这里可显见新康德主义哲学关于价值与事实二分，以及价值判断属情感领域、不具有合理性的主张对凯尔森的影响。

　　凯尔森不仅分析了价值判断的主观性与相对性，还进一步分析了由这种主观性、相对性所产生的价值冲突。但不同于韦伯对价值冲突的探讨侧重于逻辑分析和社会学分析，凯尔森对价值冲突的探讨侧重于道德哲学上的考量，他把价值冲突同利益冲突以及由此如何解决冲突的正义问题联系起来思考。他认为价值冲突产生于人们的利益冲突，正义问题产生于这些冲突。而基于他的新康德主义立场，又认为利益及价值问题由情感因素决定，所以理性无法解决它们间的冲突，只能进行价值判断，只能相对地解决，寻求相对主义的妥协。如他所说："哪里有利益冲突，哪里才需要正义。当一利益只有以其他利益为代价才能满足时，存在利益冲突；或者说当两种价值彼此冲突，而不能同时实现时；当只有否定彼价

〔6〕　Hans Kelsen, *What is Justice? Justice, Law and Politics in the Mirror of Science：Collected essays by Hans Kelsen*, Berkeley and Los Angeles：University of Carlifornia Press, 1957, p. 198.

〔7〕　Hans Kelsen, *What is Justice? Justice, Law and Politics in the Mirror of Science：Collected essays by Hans Kelsen*, Berkeley and Los Angeles：University of Carlifornia Press, 1957, p. 199.

〔8〕　Hans Kelsen, *What is Justice? Justice, Law and Politics in the Mirror of Science：Collected essays by Hans Kelsen*, Berkeley and Los Angeles：University of Carlifornia Press, 1957, p. 199.

值才能实现此价值时；当必须对两种待实现之价值进行取舍时；当必须决定哪种价值更重要，换言之，决定何为更高价值时，最后，决定何为最高价值时，皆会产生利益冲突。价值问题首先便是价值冲突问题，而且这个问题无法借理性认知解答，一切答案皆为价值判断（judgment of value）。价值判断取决于情感因素，因此具有主观性——其只对判断主体有效，只能是相对的。"[9] 凯尔森认为没有解决价值冲突的绝对正义标准，那些寻求绝对正义的形而上学上的努力和科学上的努力，从柏拉图开始都是失败的，正义只能是相对的。因而他拒斥自然法关于存在普遍正义原理的学说，他反对道德上的绝对主义，而赞成价值上的相对主义。

如上文所言，凯尔森的价值多元与冲突命题不仅仅具有理论上的意义，是他理论上的预设，更是凯尔森所处时代情景的现实反应。在理论上，凯尔森的价值多元与冲突命题作为理论探讨的世界观与出发点，可以说决定了凯尔森的法律与政治思想，他的纯粹法学理论和民主理论可以说紧紧围绕这一问题而展开；在实践上，凯尔森则在魏玛共和国由于价值与政治冲突带来政治不稳定的情形下，力倡自由、民主，为处于艰难中的魏玛共和国的自由民主体制之维续摇旗呐喊。当然，他的实证主义学说在解决多元价值冲突上到底发挥何种作用、能够发挥何种作用，下文即将予以详细探讨。

二、对现代性语境下多元价值冲突问题的解决：凯尔森的纯粹法学理论

凯尔森的纯粹法学理论产生于解决多元价值冲突的伦理上与政治上的需要："从合理认知角度看，只存在利益以及利益冲突。利益冲突只能通过以一方为代价满足另一方，或确立起对抗利益间的平衡亦即妥协的利益调整这种方式解决。只有一种对利益的调整具有绝对价值（这实际上意味着'是正义的'）这一点不可能通过认知加以说明，如果存在这种意义上的正义，亦即人们在针对其余人主张某些利益时能够诉诸它，那么实证法的存在将完全是多余的，它的存在是完全不可理解的。"[10] 正是事关价值的伦理与政治上的非理性，才产生了对作为社会技术之手段的实证法的需要，也产生了认识这种法律的纯粹法学理论上的需要。

凯尔森纯粹法学的前提是伴随统一世界观的消解所产生的具有绝对性的自然法的消失，人们对自然法学说信念的消失，以及法律作为一种社会控制技术调整人们行为、整合多元价值、解决价值与政治冲突之手段观念的兴起。凯尔森把自

〔9〕 ［奥］凯尔森：《纯粹法理论》，张书友译，中国法制出版社 2008 年版，第 143 页。

〔10〕 Hans Kelsen, *Introduction to the Problems of Legal Theory*: *A Translation of the First Edition of the Reine Rechtslehre or Pure theory of Law*, trans. Bonnie Litschewski Paulson and Stanley L. Paulson, Oxford: Clarendon Press, 1992, p. 17.

然学说同他在上文中对绝对主义的世界观与价值观的批判结合起来，批判了它们在法律哲学中的反应，即追求绝对正义把法律的有效性置于道德判准之下的自然法学说，而与此同时倡导一种与其价值相对主义相一致的实证法学说。在凯尔森看来，与绝对主义世界观相一致，自然法学说把"自然法当做一种自然秩序，其规范直接来自于自然，亦即神或理性",[11] 由于自然秩序是绝对的、普遍的实在，从而认为自然法可适用于所有时代。值得注意的是，凯尔森这种对自然法的定义排除了随时代而变的具有可变内容的自然法观点。自然法从作为实在的自然即上帝或人的理性或事物的本质中推导出来的方案，具有普遍的适用性与绝对的有效性，它规定的秩序是一种永恒的秩序、不变的秩序。自然法学说包含着绝对性的道德要求，它把自然法当做对人类永恒正义问题的普遍有效解决，对价值序列的一劳永逸的判定，并把这种要求强加给实证法。实证法是人为制定的，具有相对的有效性，而且只有以自然法为判准，才能获得其有效性，其强制力才能得到证明。但凯尔森认为作为自然法之绝对性基础的自然在近现代被自然科学消解了，进而绝对真理与绝对价值的不可能意味着绝对正义之自然法学说的不可能："在科学法庭上，自然法学说绝无胜诉机会。"[12] 只能在相对主义的世界观和价值观上建立实证法。而且人类行为的规范只出自人的意志，无论从自然或人类理性都推导不出来人类行为的规范，这种做法只能推出相互矛盾的要求。自然法学说本身所包含的道德要求也不过是一种意识形态。从自然法的绝对正义学说论证实证法，无异于把某种意识形态施加于法律秩序之上，把某种本来相对的价值普遍化从而压制其余价值，从而往往导致极权与专制，价值冲突问题只能获得相对的解决，只能获得相对的正义。所以，法律实证主义不承认绝对的自然法，反对任何从自然法中论证实证法的可能性。在凯尔森看来，正义与价值的相对主义本质上是同法律实证主义相关的，在价值多元的社会中，只能通过实证法把自然法对绝对正义的寻求转换成一种寻求相对正义、寻求多元价值的和平共处："'正义'的相对化不仅表现在从自然法到实证法的转换上，也就是说由一种绝对的正义理念到相对的和平理念上，而且也表现在实证法内部".[13] 在价值多元的社会中，法律只能是一种实证法，法律被当做一种维持秩序的技术，只具有形式性而不具有实质性，在不同的价值间中立，为多元价值的妥协、协调和和平共处提供

---

〔11〕　Hans Kelsen, *Essays in Legal and Moral Philisophy*, selected and introducted by Ota Weinberger, trans. Peter Heath, Dordrecht: D. Reidel Publishing Company, 1973, p. 31.

〔12〕　［奥］凯尔森：《纯粹法理论》，张书友译，中国法制出版社 2008 年版，第 234 页。

〔13〕　Hans Kelsen, *Essays in Legal and Moral Philisophy*, selected and introducted by Ota Weinberger, trans. Peter Heath, Dordrecht: D. Reidel Publishing Company, 1973, p. 57.

了一个框架，也才有可能保证不同个体追求各自价值的自由。纯粹法学作为以认识实证法为使命的科学，只承认相对正义的实证法，主张从法律中剔除任何意识形态，剔除任何价值，从法学中剔除任何同价值相关的道德、伦理与政治等这些非理性因素。这是纯粹法学认识实证法的必需，也是纯粹法学之纯粹性的一种含义，是凯尔森对应然与实然进行区分的一种含义。

在凯尔森看来，法律是一种应然的规范，作为社会事实的行动，包括当事人的行动和国家机关制定、执行法律等活动，只有通过法律规范并与法律规范相结合才可能具有法律上的意义。但纯粹法学理论要认识的是实证法本身，要实现这一目的，还必须区分开法律与事实。所以一方面，凯尔森反对传统实证法学说中把社会事实也纳入研究范围的进路，如奥斯汀（John Austin）把实证法当做居于优势的主权者对居于劣势的服从者的命令这一社会事实的进路，以及德国传统法律实证主义把国家当做超越于法律之外社会事实的进路，当然这种反对有更深的政治与法律意涵，将在后文讨论。另一方面，他也反对以韦伯为代表的法律社会学研究进路，反对法律社会学把法律当做一种社会事实去研究。由于社会事实只能通过法律规范才能获致其意义，所以，"凯尔森主张法律社会学寄生于规范法学上。法律作为社会事实的观点只是在我们已经从规范法学角度理解它所使用的概念时，才对我们有意义"[14]。从法律社会学角度是无法理解法律的规范意义的，无法达致认识实证法的目的。因而，区分法律与事实是凯尔森纯粹法学之纯粹性的又一含义，是凯尔森对应然与实然区分的又一含义。凯尔森研究专家鲍尔森（Stanley L. Paulson）把这上述两种纯粹性，亦即两种应然与实然的区分概括为分离命题与规范命题，即凯尔森坚持"法律与道德可以分离的分离命题，法律与事实可以区分的规范命题"[15]。

凯尔森的纯粹法学以实证法为研究对象，与规范命题相一致，他区分了作为社会事实的法律规范（Rechtsnorm）与作为法学家研究对象的法律命题（Rechtssatz）。作为事实的法律规范由立法机关制定并由执法机关适用，规定人们行为的权利和义务，具有强制性；法学家所研究的法律命题则是对这些活动材料的重构，寻找出这些活动背后统一的规范结构："法律科学的任务就是以如下陈述的形式，即以'如果某些条件满足时，那么某后果就应当随之而来'的形式来描述

---

〔14〕 Lars Vinx, *Hans Kelsen's Pure Theory of Law: Legality and Legitimacy*, Oxford: Oxford University Press, 2007, p. 11.

〔15〕 Stanley L. Paulson, "The Neo‐Kantian Dimension of Kelsen's Pure Theory of Law", *Oxford Journal of Legal Studies*, Vol. 12, No. 3, 1992, p. 320.

共同体的法律，亦即法律权威在制定法律的程序中创造的材料。"[16] 所以，鲍尔森把凯尔森的"法律命题"（Rechtssatz）译为"经过重构的法律规范"（reconstructed legal norm)[17] 是很适当的。法学家对法律命题或经过重构的法律规范的研究，只是说明规范的含义，并不产生具体的权利和义务，也不具有约束力，更不产生具体的价值判断。也正因为如此，凯尔森严格区分法律科学与法律政策，法律科学不为任何一种法律政策做论证。

在这种法律观下，形成了自最底层法院判决到普通法律、宪法直到最高规范即基础规范的逻辑上自足的封闭的统一体系。这个体系自己调整自己的产生，高级规范规定下级规范的创造，高级和低级只是相对而言，高级规范就它产生依据的规范而言是低级规范，低级规范就它所产生的规范而言是高级规范。整个法律规范构成一个动态的自我生成的体系，"一个法律规范的创造通常就是调整该规范的创造的那个高级规范的适用，而另一个高级规范的适用通常就是由该高级规范决定的一个低级规范的创造"，[18] 这样，法律制定与法律适用间的区别仅仅是相对的，整个法律规范构成一个动态的自我生成的体系，这在后来的卢曼等人的法律社会学中得到了更详细地发挥。这个体系可从国内法与国际法两个角度看。

从国内法角度看，它由基本规范授权第一部宪法，然后这部宪法授权下级规范所形成。这个体系本身犹如一套自动机，排除了秩序的任何人格性，也排除了任何法律漏洞。"有关法律中漏洞的理论确实是一种虚构。因为在司法判决中适用法律秩序逻辑上始终是可能的，尽管有时是不适当的。"[19] 法律漏洞仍由法官按照法律的授权进行处理，法律秩序不可能有任何漏洞。

这里需要注意的是凯尔森对最底层与最高层规范亦即法院判决与基础规范的说明。通常的一般学说特别是欧洲大陆法律学说认为法律是一般性的制定法，法院判决只是适用一般性的制定法或习惯法，作出针对当事人的具体文件，不具有一般性，不能称为法律。但凯尔森认为基于法律适用与法律制定间的相对性观点，把法院判决看做同立法机关制定法律一样既是适用一般法律的过程，又看做

〔16〕 Hans Kelsen, *General Theory of Law and State*, trans. Anders Wedberg, Cambridge: Harvard University Press, 1949, p. 45.

〔17〕 鲍尔森在注释中对这个概念作过说明，参见 Hans Kelsen, *Introduction to the Problems of Legal Theory: A Translation of the First Edition of the Reine Rechtslehre or Pure Theory of Law*, trans. Bonnie Litschewski Paulson and Stanley L. Paulson, Oxford: Clarendon Press, 1992, pp. 132~134.

〔18〕 ［奥］凯尔森：《法与国家的一般理论》，沈宗灵译，中国大百科全书出版社 1996 年版，第 150 页。

〔19〕 Hans Kelsen, *General Theory of Law and State*, trans. Anders Wedberg, Cambridge: Harvard University Press, 1949, p. 149.

是创制法律的过程，只不过创造的是针对当事人的个别规范。如果说这点并非凯尔森的独创发明，因为更激进的英美法学者如法律现实主义者卢埃林（Karl Llewellyn）甚至认为法律只不过是法律职员的行为："负责解决争端的人，无论是法官、行政司法长官、监狱看守、办事员还是律师，都是法律职员。因而，这些法律职员关于争端所为之事，在我看来，即为法律本身。"[20] 那么，更关键的是凯尔森的基本规范概念。基本规范产生于解决实证法律体系的统一性问题、法律规范的有效性（validity）来源问题。在凯尔森的动态规范系统中，"由于法律规范之所以有效是因为它是按照另一个法律规范规定的方式被创造的，因此，后一个规范便是前一个规范有效性的理由"。[21] 这样法律规范的有效性就会从低级规范一直追溯现行宪法，由现行宪法可追溯到第一部宪法，但第一部宪法的有效性来自于哪里？由于凯尔森坚持新康主义式实然与应然的截然二分，否弃从任何超越于实证法规范的超验实在如上帝、理性、自然法等中推导出作为应然的法律规范，也否认从社会事实中推导出法律规范，因而也否定了从它们中寻求法律有效性来源的可能。从仅仅局限于国内法秩序上看，实证法规范追溯到第一部宪法无法再向前追溯了，这时"人们假设一个人应当像制定第一个宪法的那个人或那些个人所命令的那样行为。这就是正在加以考虑的那个法律秩序的基础规范"[22]。凯尔森对基本规范的说明可以 1960 年代为界作两种划分，划分的依据是在他死后出版的《一般规范理论》[23] 一书。在 1960 年代之前，凯尔森坚持基本规范是一种基于新康德主义认识论所做的认识实证法的假设："在陈述基本规范时，我们并没有将任何新的方法引入法律科学。我们仅仅阐明了当所有的法学家把实在法当做有效的规范体系而不仅仅是事实的综合体，同时摒弃了实在法会从其中取得自己有效性的任何自然法的时候，他们（其中大多数是不自觉地）所假定的事物。在法学家意识中真正存在着基础规范这一点，是对实际上法学陈述作一般分析的结果。"[24] 在 1960 年代之后，他受汉斯·魏辛格（Hans Vaihinger）影响坚持："基本规范不是一种假设……而是一种虚拟。虚拟不同于假设是因为

〔20〕 Karl Llewellyn, *The Bramble Bush*: *On Our Law and Its Study*, New York: Oceana Publications, 1960, p. 12.

〔21〕 Hans Kelsen, *General Theory of Law and State*, trans. Anders Wedberg, Cambridge: Harvard University Press, 1949, p. 124.

〔22〕 ［奥］凯尔森:《法与国家的一般理论》，沈宗灵译，中国大百科全书出版社 1996 年版，第 131 页。

〔23〕 Hans Kelsen, *General Theory of Norms*, trans. Michael Hartney, Oxford: Clarendon Press, 1991.

〔24〕 Hans Kelsen, *General Theory of Law and State*, trans. Anders Wedberg, Cambridge: Harvard University Press, 1949, p. 116.

虚拟伴随着或应当伴随着这一意识，即现实同它并不相符"。[25] 作为虚拟的基本规范只是个认知工具，它在现实中并不真的存在，为了纯粹法学认识上的需要假定其为真实。虽然凯尔森对基本规范作了两种不同的表述，但基本规范的内容与功能在其理论中并无多大的变化。基本规范的内容可归结为："强制力应当依据第一部宪法创制者或者他们已经委托适当权力之权威所规定的条件与方式适用。"[26]

基本规范都是就法律体系的立法程序作出授权，规定立法主体的权限与范围，而并不规定具体的内容，是纯粹形式的，没有实质的内容，这使得基本规范与自然法区别开来。经过基本规范的授权，立法者所创制的规范就有资格成为法律体系的一员，获得法律体系之成员的身份，从而基本规范保证了法律体系的统一性；另外，立法者与法律适用者的权力行使也就"师出有名"，从而使自己与匪帮区别开来，为法律所适用的对象赋予义务，从而政治权力也就得到了合法化，取得了合法性，此即经由合法律性（legality）的合法性（legitimacy）。

由于基本规范具有形式性，这就使得其授权之人所创制的任何规范只要并且仅仅是符合其所授权的程序即有效；换言之，获得授权之人可出于自己的意志按照授权创制任何规范。正由于这一点，纯粹法学不仅仅在当时受到保守法学家如施米特等人的批判，而且也受到二战后学者们的批判，认为其无力在价值诸神魔之战中保卫魏玛的自由民主，反而容易为纳粹这样的反动势力所用。正如后文将分析的那样，以纯粹法学为代表的实证主义确实有这样的局限。但凯尔森作为一个犹太人在当时受到反犹运动的切身之害，[27] 从而不得不离开祖国流亡到各地，撇开其余点不论，但就这一点看来，那些认为他的纯粹法学说面对多元价值所引

---

〔25〕 Hans Kelsen, *General Theory of Norms*, trans. Michael Hartney, Oxford: Claredenon Press, 1991, p. 256.

〔26〕 Hans Kelsen, *Introduction to the Problems of Legal Theory: A Translation of the First Edition of the Reine Rechtslehre or Pure Theory of Law*, trans. Bonnie Litschewski Paulson and Stanley L. Paulson, New York: Oxford University Press, 1992, p. 57.

〔27〕 关于凯尔森在当时受反犹运动之害，以及这种迫害对他的影响，参见 Manfred Baldus, "Hapsburgian Multiethnicity and the 'Unity of the State': On the Structural Setting of Kelsen's Legal Thought", in Dan Diner and Michael Stolleis (eds.), *Hans Kelsen and Carl Schmitt: A Juxtaposition*, Gerlingen: Bleicher, 1999, pp. 13～21; Peter C. Caldwell, *Popular Sovereignty and the Crisis of German Constitutional Law: The Theory & Practice of Weimar Constitutionalism*, Durham, NC.: Duke University Press, 1997, pp. 45～46. 需要指出的是，凯尔森的理论在施米特那里意味着是自斯宾诺莎起自由主义对"犹太人问题"解决方案的第四阶段，而且本文的多元价值冲突问题非常重要的一个背景是"犹太人问题"，特别是本文讨论的语境横跨德国 19 世纪末到 20 世纪晚期，与犹太人的命运直接相关；但一方面限于"犹太人问题"的复杂性，另一方面限于本文的直接论题是多元价值冲突，核心在于考察自韦伯到哈贝马斯的理论如何解决这一论题，因而本文不直接讨论"犹太人问题"，只在相关的地方稍作论及。

发的冲突一无是处，甚至是帮凶的观点也有待进一步商榷。本文毋宁说是极力同情凯尔森，认为他的纯粹法学说是面对多元价值所引发之冲突的解决，有着极为积极的进步意义。这种学说对解决多元价值之冲突解决的进步意义在于其形式性，正由于基本规范不含实质的内容，不含一种特定的价值，从而避免了把任何一个社会群体或阶层的价值观预先强加给其余社会群体，这样各个群体才有机会与空间追求自己的价值偏好，不至于被国家当做异类以强制力排除，享受国家的平等保护。法律是一种客观的强制秩序，并不一定要求个体必然在道德上或伦理上认可它的有效性，这样主体才有机会在私人领域追求各种价值的自由。但纯粹法学只凭对基本规范的说明，在处理多元价值之冲突上是不足的，因为像国家、主权、人民等这些被认为是超出法律之外的实体都带有形而上学意味，反对并阻碍着对不含价值的技术性的实证法规范。凯尔森进一步对这些概念的实质内涵进行了消解，把它们转换成纯粹法学上的形式概念。在纯粹法理学理论看来，"国家是一个政治上有组织的社会，因为它是一个由强制性秩序构成的共同体，而这个强制性秩序便是法律"，[28] 国家与法律秩序合而为一。因而纯粹法学的国家理论是"一种关于国家的无国家的理论"。[29] 至于主权，则变成整个法律秩序的统一性与自主性，因而凯尔森声称："纯粹法理论之最大成就便是颠覆了主权信条"。[30] 没有了国家与主权，法律自己调整自己的创造，自然没有例外状态。人民则变成有关法律规定的法人，成为实证法发生效力的对象范围，人民的权利也转换成由实证法规定的授权规范。经由如此种种解释，凯尔森也对德国法律与政治思想传统中一系列难题与悖论进行了消解，做出了自己的理论贡献。如其关于国家——法——主权合一的理论，破除了德国法律与政治思想传统中国家（主权）与法的悖论；其关于权利的理论则破除了德国法律与政治传统中主权权利与客观法的对立，破除了自由主义学说传统中个人权利与国家权力的对立。对这些对立的破除有更深的政治理论上和实践上的要求和意图，后文再论。纯粹法学其实是剔除韦伯式法律社会学中对社会事实的考察，是对现代社会科层制下法律运作的精确描述。所以，尽管凯尔森反对韦伯的法律社会学，但还是不免受到他的影响。Lee 把凯尔森的纯粹法学看做"接近韦伯式的综合新康德主义与实证主义的努力，以产生如果不是一种地道的古典法律实证主义的话，也至少是一种新法

---

〔28〕 ［奥］凯尔森：《法与国家的一般理论》，沈宗灵译，中国大百科全书出版社 1996 年版，第 213 页。

〔29〕 ［奥］凯尔森："上帝与国家"，林国荣译，载刘小枫选编：《施米特与政治法学》，上海三联书店 2002 年版，第 326 页。

〔30〕 ［奥］凯尔森：《纯粹法理论》，张书友译，中国法制出版社 2008 年版，第 135 页。

律实证主义"[31]。在纯粹法学所描述的法律秩序下，法律规范对人们授予权利的同时，也对人们课以法律义务："当与一个特定行为相反的行为，在法规范当中，被当做一个强制行为的条件，并且这个强制行为被当做非法行为的结果时，一个人就该行为被赋予义务。"[32] 由于法律本身是一套带有强制的社会技术，同道德、价值等人们的主观考虑相分离，因而法律义务也是技术性的，凯尔森的理论所提供的是"一个可以不涉及个人价值观的法义务概念"。[33] 法律规范无需考虑人们内心的动机如何，无需考虑个人对法律规范持什么看法，不要求所有的人都认同法律规范，只要行为人的行为违法，符合制裁上的要件，即可以给予一定的制裁。这样保证了人们既出于自己的价值观对法律进行判断与批评的自由，也保证了以法律的统一性而非以国家、人民所拥有的价值统一性为基础的强制秩序，也才可能保证把多元价值所引发之冲突控制在法律的框架之下，避免引发社会秩序的分裂。这是凯尔森对现代性语境下的价值多元所引发的冲突在国内法秩序上的解决方案。他也提供了对多元价值所引发的冲突在国际层面上的解决方案。

从国际法角度看，由于消解了国家与主权，它们的至上性自然也就不存在了。因而凯尔森极力反对国家法与国际法的二元论观点，力倡关于二者关系的一元论观点。在凯尔森看来，国内法律秩序必须经过国际法上实效原则的承认，才能成其为一个法律秩序，所以国内法的基础规范"只是相对意义上的基础规范。国际法律秩序的基础规范是各国内法律秩序的效力的最终理由。"[34] 国内法律秩序的基本规范只是国际法律秩序的中介，国家法只是全球统一国际法律秩序的中间阶段，"国际法律秩序通过规定各国内法律秩序有效性的范围和理由，从而与各国内法律秩序一起，组成一个普遍的法律秩序"[35]。尽管当时的国际法在他看来还处于国内法的原始发展阶段，国家以战争等暴力手段作为对违反国际法行为的报复；尽管建立统一的国际法律秩序、世界国家与政府有重重困难，而且当时世界大战正酣，但凯尔森还是基于其国内法与国际法一元论提出了一种消除国际间恐怖的暴力使用即战争，从而建立和平的方案："依据一个世界议会创制的法

〔31〕 Keekok Lee, *The Legal - Rational State*, Aldershot：Avebury, 1990, p. 237.

〔32〕 Hans Kelsen, *Introduction to the Problems of Legal Theory：A Translation of the First Edition of the Reine Rechtslehre or Pure Theory of Law*, trans. Bonnie Litschewski Paulson and Stanley L. Paulson, New York：Oxford University Press, 1992, p. 43.

〔33〕 钟芳桦："国家与法作为人民的自我组织：论威玛时代 Hans Kelsen, Carl Schmitt 与 Hermann Heller 对法最终证立依据的分析"，台湾大学法律研究所 2006 年博士学位论文，第 186 页。

〔34〕 〔奥〕凯尔森：《法与国家的一般理论》，沈宗灵译，中国大百科全书出版社 1996 年版，第 402 页。

〔35〕 Hans Kelsen, *General Theory of Law and State*, trans. Anders Wedberg, Cambridge：Harvard University Press, 1949, p. 370.

律，把所有的单个国家或至少尽可能多的国家结合成一个世界国家，把它们所有的权力手段、它们的武装力量集中起来，并交由一个世界政府支配。"[36] 凯尔森也还探讨了在国际法下，对战争罪进行管辖，对战争肇始者进行惩罚让他们承担个人责任等问题。这是一个自由主义者面对由价值多元、利益多元等复杂因素所引发的世界冲突为寻求和平所作的可贵探索，也是对韦伯式帝国主义所做的回应。

以上是凯尔森在法律哲学层面上对现代社会价值冲突在国内与国际两个层面上的解决。这种解决方案统一于以基本规范为终极有效性理由的法律秩序之内。那么，这种方案有多大程度的可行性，从法律哲学上看，也就取决于基本规范了。正如上文所分析的那样，正是凯尔森基本规范的形式性，使得纯粹法学所主张的以实证法为手段建立一种多元价值和平共处的强制秩序成为可能，并显示出这种方案的优点之所在。但也正是基本规范的模糊性与矛盾性显示出这一方案的缺陷。学者们围绕基本规范的争论提出了关于基本规范的诸多疑问。例如基本规范是否是一种变相的自然法？用基本规范论证法律秩序的有效性存在着一个逻辑循环："法律体系是客观的因为它是强制的；强制在法律上是有效的，只要它来源于一个客观的规范体系"。[37] 鲍尔森（Paulson）、席瓦库马尔（Shivakumar）则指出从康德认识论的回溯式证明中预设的基本规范无法论证法律规范的强制力。[38] 而且无论凯尔森把基本规范当做是假设还是虚拟，他都假定基本规范的有效性是假定的，换句话说，并非实际有效的，否则的话，就变成他所反对的从实然导出应然了。但法律规范"只有在整个秩序是有效的条件下才是有效力的"[39]，其有效性最终还是依赖于一定程度的实效（effectiveness）而存在。这一点导致吴冠军认为凯尔森的基本规范最终还是一种历史事实的实然，它所提供的论证并非一种规范性论证："法律实证主义绝不准备超出历史事实之外承担法律秩序正当性的论证工作"。[40] 如果基本规范的论证不成立的话，那么凯尔森用这

---

〔36〕 Hans Kelsen, *Peace through Law*, Chapel Hill: The University of North Carolina Press, 1944, p. 5.

〔37〕 Peter C. Caldwell, *Popular Sovereignty and the Crisis of German Constitutional Law: The Theory & Practice of Weimar Constitutionalism*, Durham, NC.: Duke University Press, 1997, p. 93.

〔38〕 See Stanley L. Paulson, "The Neo - Kantian Dimension of Kelsen's Pure Theory of Law", *Oxford Journal of Legal Studies*, Vol. 12, No. 3, 1992, pp. 324 ~ 332; Dhananjai Shivakumar, "The Pure Theory as Ideal Type: Defending Kelsen on the Basis of Weberian Methodology", *The Yale Law Journal*, Vol. 105, No. 5, 1996, pp. 1393 ~ 1398.

〔39〕 ［奥］凯尔森：《法与国家的一般理论》，沈宗灵译，中国大百科全书出版社1996年版，第135页。

〔40〕 吴冠军："正当性与合法性之三岔口：韦伯、哈贝马斯、凯尔森与施米特"，载许章润编：《清华法学》（第5辑），清华大学出版社2005年版，第72页。

套方案解决价值多元所引发的冲突这种方案自然也就不成立。这里需要指出的是，凯尔森在提出其纯粹法学理论的同时，就司法审查、民主等政治问题作了深入思考，凯尔森并非如吴冠军所指出的那样，忽视了政治实践问题。[41] 由凯尔森的基本规范所带来的诸多矛盾与疑惑，必须放到凯尔森的政治理论，尤其是其民主理论中加以理解，才能进一步洞见纯粹法学背后论证逻辑的政治企图，也才能进一步检视纯粹法学方案在解决多元价值冲突问题中的效力与局限。

三、对现代性语境下多元价值冲突问题的解决：凯尔森的法治国家理论

与韦伯一样，凯尔森也严格区分了科学与政治，并且他的纯粹法学之所以追求纯粹性、要成为法律科学，即是为了避免由于价值非理性所产生的意识形态非理性与政治非理性。但正如即将揭示的那样，他的纯粹法学其实并非纯粹，而是与自由主义的议会民主体制紧密相关，与用法治国这一国家形态解决多元价值冲突这一政治意图紧密相关。当然，本文并非仅仅意在指出这一悖论，而是力图揭示凯尔森对解决现代社会中多元价值所引发冲突问题所作的努力及局限。

凯尔森对科学与政治的区分与韦伯所做的区分没有什么分别，理由都在于上文所论及的价值判断的主观性与非理性。在凯尔森看来，价值判断是个体基于其情感因素所做出的，因而不具有客观性，是主观的、非理性的，政治是以追求和实现价值为目的的活动，因而也必定是主观的、非理性的，科学作为事实判断，只能对手段与目的的关系进行客观判断，"客观性乃科学之根本特征；也正因为如此，科学才对立于且独立于政治；因为政治归根结底是基于主观价值判断之活动。"[42] 因此，凯尔森也要求作为认识实证法的科学必须独立于政治，避免政治中的价值判断。

如上文所述，凯尔森也极力追求一种描述实证法规范而不包含价值判断不受政治影响的法律科学，但同样如上文所述，凯尔森认为如果现实中利益与价值冲突要能够一劳永逸得以解决的话，实证法及实证法律科学也就多余了。所以，有必要把凯尔森的实证法律科学看做解决事关价值之非理性伦理与政治的尝试。而且凯尔森指出："如果说超自然的上帝概念被纳入自然概念是泛神论首创的，但已经成了一门避免任何形而上学的真正的自然科学，那么将超法律的国家概念化减为法律概念同样是一门真正的法律科学的发展不可或缺的前提条件，这种真正的法律科学乃是一门去除了所有自然法因素的实证法科学。这正是纯粹法理论的

---

〔41〕 参见吴冠军："正当性与合法性之三岔口：韦伯、哈贝马斯、凯尔森与施米特"，载许章润编：《清华法学》（第 5 辑），清华大学出版社 2005 年版，第 73～74 页。

〔42〕 ［奥］凯尔森：《纯粹法理论》，张书友译，中国法制出版社 2008 年版，第 400 页。

目标所在。"[43] 所以，对于上文所揭示的凯尔森在其纯粹法体系中对国家、主权、人民等概念的转换，对于纯粹法学理论本身，都有必要做进一步的考察。纯粹法学不仅仅产生于在法律科学上认识实证法的需要，更产生于政治神学上解决法律与国家关系的需要，产生于进一步认识资产阶级法治国的政治需要，也产生于用法治国方案解决价值多元所引发之冲突问题的政治需要。

凯尔森的纯粹法学理论处于德国近现代自 Gerber、Laband 所形成的国家法实证主义传统中。这个传统中的一个重要问题是国家、主权与法的关系问题，即一方面国家拥有主权、制定法律，这样国家以及主权成为超越于法律的实体，高于法律，但另一方面在法治国中，国家又必须服从法律，因而形成了国家（主权）与法的悖论。这个问题一直困扰着这一传统，没能得到很好的解决。这一传统发展到耶利内克（Georg Jellinek）那里，他提出了著名的关于国家与法的"两面理论"（Zwei‐Seiten Lehre）以及国家的自我约束理论尝试解决这一问题。[44] 考德威尔（Peter C. Caldwell）为这一学说作了精当的总结："依据这种理论，国家向其观察者展现为两面，即事实的一面和法律的另一面。在事实层面上，国家作为真实意志而存在。在真实的世界上，国家从来都不是完全自由的，而受到它的具体需要和既存的经济的、军事的、心理的和社会的关系限制。然而，另一方面，国家是一个法人。从法律上看，国家代表了现世的最高权力，它有权把它所欲想的任何东西制定为法律。但是从法律上看，主权意志自愿服从于法律规则。"[45] 在这种理论中，国家只是自愿服从法律，它仍是高于法律的实体，所以仍然没能排除国家意志的恣意性，在限制国家权力方面，在解决国家与法的关系方面是不能令人满意的。

身处国家法实证主义传统中的凯尔森接手了这一问题，从政治神学角度提供了一种解决方案。按照当代德国法学家 Böckenforde 的定义，政治神学的概念可做三种区分：[46] ①法学的（juridical），这种政治神学是从隐喻意义上讲的，基于神学理论与国家理论的类比，从神学概念转换到国家与法律问题领域，就这一

〔43〕［奥］凯尔森："上帝与国家"，林国荣译，载刘小枫选编：《施米特与政治法学》，上海三联书店 2002 年版，第 327 页。

〔44〕 Siehe Georg Jellinek, *Allgemeine Staatslehre*, 3rd ed., expanded by W. Jellinek, Berlin：O. Haring, 1914, pp. 10 ~ 12, 19 ~ 21.

〔45〕 Peter C. Caldwell, *Popular Sovereignty and the Crisis of German Constitutional Law*：*The Theory & Practice of Weimar Constitutionalism*, Durham, NC.：Duke University Press, 1997, p. 43.

〔46〕 Siehe Ernst‐Wolfgang Böckenforde, "Politische Theorie und Politische Theologie：Bemerkungen zu ihren gegenseitigen Verhältnis", in Jacob Taubes（Hrsg.）, *Religionstheorie und Politische Theologie*, Padeborn：Wihelm Fink Verlag, 1983, pp. 19 ~ 21.

领域而非神学领域的问题进行讨论；②制度的（institutional），这种政治神学关注的是宗教信念或教条在政治秩序中的含义及其体现；③施为（performative）的，主要指的是把某种神学观点当做政治理想，从而承诺维续或改造既定社会政治秩序。凯尔森的政治神学属于第一种，只是在隐喻意义上讲的，他不是用神学理论来论证国家，也非在国家理论中提炼出神学成分，而是通过神学与国家理论的类比，揭示出现代法治国家观念背后的世俗化神学世界观，从国家中剔除任何形而上学的神秘成分。在国家（主权）与法的悖论中以及耶利内克的理论中，凯尔森看到了国家问题和神学问题，国家理论和神学理论的类似，并把国家与法二元论追溯到神与世界二元论上的一神论神学世界观起源。凯尔森分离开国家机关工作人员的行为与国家的行为，把国家（主权）与法的问题归结为归属问题："国家的本质问题最终落在如下问题上：在何种情况下，一个人的行为（这里打算解释的只是个体行为）将不是归于行为主体自身，而是归于一个实体——国家，而国家被设想为处于个体'后面'？在何种状况下，人的行为将被解释为国家行为？"[47] 换言之，如何看待"国家的非法性"（state illegality）问题，亦即国家是否有可能违法，在法外是否能有国家的活动空间，国家行使权力的行为能否在法律限制之外仍算作国家行为？国家（主权）与法的悖论源于国家（主权）的最高性与它自身创造的法之间的不协调。同样在一神论的神学世界观中，上帝与世界的关系也处于类似的情形中。一方面上帝被设想为全能者，创造了世界及这个世界运转的法则，超越于世界；但另一方面上帝又被设想为与世界有积极联系，受这个世界运作法则限制，否则人类根本不可能认识或把握上帝。在国家、主权与法的关系中，有国家似乎不受限制的主权行为和"不法行为"；在上帝与世界的关系中，有上帝超越世界与自然的神迹，也有不符体现其善良意志之自然法则的罪与恶。所以，"神学与国家理论面临着同样的问题……同样，在这两个学科中也找到了相同的解决办法……上帝在世界中道成肉身的理论是以上帝的自我限制和自我规约的面目提出来的，它与构成国家法学理论核心的关于国家的自我规约（self - obligation）的著名教义的对应丝丝入扣。"[48] 但如前所说，这种一神论的世界观及与其相对应的国家—法二元论并不令人满意。

　　一神论世界观预设超越于世界的神，是一种绝对主义的形而上学世界观。如

---

〔47〕［奥］凯尔森："上帝与国家"，林国荣译，载刘小枫选编：《施米特与政治法学》，上海三联书店 2002 年版，第 319 页。

〔48〕［奥］凯尔森："上帝与国家"，林国荣译，载刘小枫选编：《施米特与政治法学》，上海三联书店 2002 年版，第 316 ~ 317 页。

前所述，凯尔森反对这绝对的世界观，与他的价值多元论相一致，持一种相对主义的世界观。而且凯尔森借助于弗洛依德（Sigmund Freud）的心理分析和涂尔干（Emile Durkheim）等人对宗教现象的社会学和哲学分析，把超越于个人心灵的上帝、国家等外在权威当做一种心理经验，宗教与国家、民族等不过是社会意识形态，并不是外在于法经验的实体概念，而只是一种为了理解法统一性而出现的功能性概念。[49] 因而从国家与神的类比出发，凯尔森在政治神学上持一种泛神论的观点，在国家与法的关系上持同一说；如同泛神论认为世界万物都是神一样，国家与法同一说认为法就是国家，法律范围之外并没有国家存在的余地。因而"纯粹法理论同时也是纯粹国家理论，因为一种国家理论只有当其成为国家－法理论时，才有可能。所有法律皆是国家－法，因为所有国家都是法治国"[50]。

凯尔森正是在这一泛神论的法与国家同一前提下提出了他的纯粹法学理论，也因而如上文所论述的那样，消除了德国国家学传统中的国家（主权）与法的二元对立等一系列悖论。这里要强调的是其政治理论与实践上的意义。法与国家同一，进而所有国家都是法治国这一观点显然是对资产阶级在历史发展特定阶段所取得的胜利成果的夸大，因为正如凯尔森自己所揭示的那样，国家既不是从来都存在的，也不都是一开始就拥有制定法律的全权，国家对制定和适用法律之暴力的垄断是经历了一个集中化的过程；而且这点也与凯尔森自己所认为的国际法与国内法一元论说存在矛盾，因为无论是过去还是现在都不存在世界国，但却存在国际法。正如钟芳桦所指出的："凯尔森的国家理论毋宁是立基于这两个理念：法治国家理念与希望借由国际法形成国际间和平秩序"。[51] 这两个理念的核心都在于用法律限制国家权力，强调的是一切国家权力的行使都要取得法律的形式和授权，亦即合法律性原则，也就是为 Vinx 形象地称做的"合法律性乌托邦"。[52] 在纯粹法学的法治国理论中，主权变成法律体系的统一性与自主性，主权者变成法律体系的基本规范，民主则变成国家法律的制定形式。通过议会民主制定的法律是统一性的封闭体系，既不存在漏洞，也不存在例外状态，取消了国家权力行

〔49〕 Siehe Hans Kelsen, *Der soziologische und der juristische Staatsbegriff*: *kritische Untersuchung des Verhältnisses von Staat und Recht*, Tubingen: J. C. B. Mohr, 1922, pp. 205 ff.

〔50〕 ［奥］凯尔森："上帝与国家"，林国荣译，载刘小枫选编：《施米特与政治法学》，上海三联书店 2002 年版，第 327 页。

〔51〕 钟芳桦："国家与法作为人民的自我组织：论威玛时代 Hans Kelsen, Carl Schmitt 与 Hermann Heller 对法最终证立依据的分析"，台湾大学法律研究所 2006 年博士学位论文，第 169 页。

〔52〕 Lars Vinx, *Hans Kelsen's Pure Theory of Law*: *Legality and Legitimacy*, New York: Oxford University Press, 2007, p. 25.

使的恣意性，面对多元价值冲突时保护个人自由。那么究竟如何看待自由主义法治国的内部结构？法治国的合法律性原则是否真的能够保证多元价值引发的冲突得以妥善解决？有何限度？这需要对凯尔森的多元民主理论、违宪审查理论进行考察。

法治国的合法律性原则首先意味着议会制定的法律具有优先性，用法律限制司法机关和行政机关的活动，这也意味着议会民主的优先性，用议会民主制来解决多元价值之冲突这一方案的优位性。凯尔森区分了两种国家形式，也即两种法律制定形式，即专制与民主，并分析了二者与世界观结构的对应关系。如上所述，凯尔森区分开两种世界观，亦即绝对主义的形而上学世界观与相对主义的批判世界观。就他而言，绝对主义和相对主义的世界观和价值观，不仅仅是人们的世界图式，更与人们所持的政治信念和现实中的政治体制形式有着直接对应的关系。具体来说，对价值冲突的解决寻求普遍的绝对标准的做法是同反民主的威权政府，同专制这一有关国家和政制的观念和形式联系在一起的，是专制的世界观预设；而道德相对主义以及由此而带来的价值上的多元化，能够宽容不同的价值、政治理念与思想，是同民主这一有关国家和政制形式相连的，同自由和平等紧密相连的，是民主的世界观预设："世界观的冲突与价值的冲突相一致，尤其与基本政治态度中的冲突相一致。形而上学—绝对主义的世界观与专制的态度相一致，批判—相对主义的世界观与民主的态度相一致。"[53] 在凯尔森看来，民主是价值相对主义在政治上的表达，我们可以用民主来反对专制。所以，在凯尔森的理论中，价值多元以及由此引发的价值和政治冲突在政治上是要靠民主来解决的。

凯尔森对民主的考察始于卢梭的问题意识。卢梭在就现代社会中的政制进行思考时，提出了自由与民主间关系的著名问题："要寻找出一种结合的形式，使它能以全部共同的力量来卫护和保障每个结合者的人身和财富，并且由于这一结合而使得每一个与全体相联合的个人又只不过是在服从其本人，并且仍然像以往一样自由"。[54] 卢梭这句话的深刻意义在于揭示了现代社会政治中自由、民主、平等这三个重要价值间可能的冲突与紧张。凯尔森的解决之道，一方面在于承认民主的重要价值，突出自由而贬抑平等，把民主安排看做主要以满足自由要求为目的，而置平等于次要地位："是自由而非平等的价值首要地刻画了民主观念的特征。平等的理念肯定在民主意识形态中发挥作用，但是它仅仅在完全否定的、

---

〔53〕 Hans Kelsen, "On the Essence and Value of Democracy", trans. Belinda Cooper & Hemetsberger Stephan, in Arthur J. Jacobson & Bernhard Schlink (eds.), *Weimar: A Jurisprudence of Crisis*, Berkeley: University of California Press, 2000, p. 107.

〔54〕 ［法］卢梭：《社会契约论》，何兆武译，商务印书馆 2003 年版，第 19 页。

形式的且次要的意义上发挥作用"；[55] 另一方面，他区分开民主在观念上的意识形态与现实运作，着重从现实层面考察了民主如何实现、如何在冲突性的多元价值世界中维护个人自由。

凯尔森承认卢梭的人民主权说，认为民主在观念和意识形态上意味着人民的统治，但人民究竟为何物？就像上文所提到的他借助于心理学分析和社会学分析，把国家、神等超越人之外的东西看做外在于人之经验的虚构一样，他也把人民、主权、代表、国家意志等等民主上的观念与机制看做虚构。至于人民，在凯尔森看来，在充满宗教、民族、经济等各种冲突的社会中，统一的同质的人民是不存在的，它只不过是不同群体的集合。多元社会的统一性不可能建立在人民的同质性上，而只能建立在国家法律秩序的统一性上："基本上，只有一种法律因素能够或多或少准确地被设想为人民的统一性：国家法律秩序的统一性。"[56] 在这种国家法律秩序上的统一性上，人民作为统治主体意味着参与国家法律秩序的形成；人民作为统治对象意味着对法律规则的服从，是法律规则的客体。因而，凯尔森极力主张人民的政治自由、人民的政治权利。但由于现代社会技术进步带来的劳动分工，以及现代国家处理任务的复杂性等因素，凯尔森认为直接民主实践上不可能，只能借助于议会民主制，实行间接民主："议会制是在其中民主理念在当代社会现实中得以实现的唯一现实形式"。[57] 并且虽然民主理念本质上即为人民主权，近现代政治发展一个重要方面是逐步扩展普选权，但是那些宪法上规定的享有政治权利的人与实际参与政治过程的人是有很大差别的；而且在参与实际政治过程中，由于教育、财产等因素，那些没有识别力盲目接受社会影响的大众与那些真正热心政治事务、积极做出政治判断之人也是不同的，因而为了把分散的大众组织起来、动员起来，以形成统一的政治意志与国家意志，必须借助

〔55〕 Hans Kelsen, "On the Essence and Value of Democracy", trans. Belinda Cooper & Hemetsberger Stephan, in Arthur J. Jacobson & Bernhard Schlink (eds.), *Weimar: A Jurisprudence of Crisis*, Berkeley: University of California Press, 2000, p. 104.

〔56〕 Hans Kelsen, "On the Essence and Value of Democracy", trans. Belinda Cooper & Hemetsberger Stephan, in Arthur J. Jacobson & Bernhard Schlink (eds.), *Weimar: A Jurisprudence of Crisis*, Berkeley: University of California Press, 2000, p. 90.

〔57〕 Hans Kelsen, "On the Essence and Value of Democracy", trans. Belinda Cooper & Hemetsberger Stephan, in Arthur J. Jacobson & Bernhard Schlink (eds.), *Weimar: A Jurisprudence of Crisis*, Berkeley: University of California Press, 2000, pp. 95 ~ 96.

于政党这种政治组织，所以，"民主国家必然且不可避免地是政党国家"。[58] 因而在凯尔森那里，民主在体制上意味着人民在政党组织和领导下的议会民主制。

值得一提的是，在德国近现代历史的语境中，由于资产阶级的软弱性，并没有形成强有力的议会代表国家与人民的整体利益，并没有通过议会民主制发挥政治领导作用。因而人们也一般认为议会民主代表的并不是人民的真正利益而是各个政党的自私利益，不信任这套政制安排，认为政党参与的议会制与人民和国家的统一性、人民和国家的整体利益相矛盾，对议会民主制进行攻击。一战后，魏玛共和国宪法虽然规定了自由民主的议会政制，但在严重的社会冲突面前遭受严重的危机，同样遭受理论和实践上的攻击。凯尔森作为进步的自由主义者，为捍卫这一政制从理论上和实践上作了不懈努力。他专门批判了那种反对政党政治与议会政治的观点。就对政党政治的攻击而言，凯尔森提出了如下三点反驳：[59] ①针对那种认为政党只考虑物质利益而不关心政治原则的观点，他认为同样存在世界观政党；②对于那种认为存在着高于且超越于群体利益因而事关共同体所有成员休戚与共而不考虑宗教、民族、阶级等因素的"超党派"利益的观点，他认为这种利益只不过是形而上学或形而上学政治（metapolitical）的幻象；③共同意志只能依靠妥协才能形成，为把人民组织进政党创造了妥协的组织条件，以及使共同意志迈向中道（median）的可能，而反对政党政治会导致某单个的集团进行绝对的统治，最终反民主。就对于议会制的攻击而言，凯尔森提出了如下四点反驳：[60] ①议会制代表着劳动分工与自由的妥协，在现代社会劳动分工是社会进步必要的条件下，议会是自由的唯一保障；②议会代表人民的虚拟，虽然由于掩盖了对自由的实际减损，因而从长远看不能从人民主权观点论证议会合法性，但这一虚拟在历史进程中释放了政治现实中的巨大紧张压力，消解了对社会进步的危险；③况且议会的本质是国家意志依据多数原则通过人民普选的机关而形成的方式，换言之，是国家法律秩序形成的方法，无需借助于代表人民的虚拟进行论证；④就国家意志本身来说，它只不过是共同体观念秩序的拟人化表达，

〔58〕 Hans Kelsen, "On the Essence and Value of Democracy", trans. Belinda Cooper & Hemetsberger Stephan, in Arthur J. Jacobson & Bernhard Schlink (eds.), *Weimar*: *A Jurisprudence of Crisis*, Berkeley: University of California Press, 2000, p. 92.

〔59〕 Hans Kelsen, "On the Essence and Value of Democracy", trans. by Belinda Cooper & Hemetsberger Stephan, in Arthur J. Jacobson & Bernhard Schlink (eds.), *Weimar*: *A Jurisprudence of Crisis*, Berkeley: University of California Press, 2000, p. 93.

〔60〕 Hans Kelsen, "On the Essence and Value of Democracy", trans. Belinda Cooper & Hemetsberger Stephan, in Arthur J. Jacobson & Bernhard Schlink (eds.), *Weimar*: *A Jurisprudence of Crisis*, Berkeley: University of California Press, 2000, pp. 96~100.

并不是真正的存在，国家意志形成从法律上看是一个一般规范具体化和个别化的过程，并非某种具有超人意志东西的活动。

总体上看，由于凯尔森把国家与法律看做是同一的，并且严格排除法律中的价值，所以他把议会民主看做立法机关适用宪法规定的程序制定法律的过程，当做处于多元价值冲突中之社会群体以政党这一现代技术组织通过普遍参与、依据多数原则制定法律形成一定社会秩序的技术，而无关社会秩序的内容，无关制定法的内容。这种看法源于凯尔森对现代社会由于多元价值冲突而无法形成以某一绝对价值为依据的秩序，只能通过议会制多数原则制定法律形成以法律强制为依据的统一秩序，从而使多元价值和平共处，保护个人自由的确信。在他看来，利益冲突与价值冲突意味着要求每个人都能达致一致是不可能的，个人自由与社会秩序间的冲突只能通过多数原则形成规范的客观有效性，亦即上文在考察他的纯粹法理论时所说法律的客观有效性来解决。也因此，多数原则是他议会民主思想的关键。与托克维尔式政治理论认为民主的多数容易产生暴政、危及个人自由相反，他把民主的多数原则同自由紧密联系起来。多数原则的正当理由在于最大程度地保护个人自由："只有如下思想才使我们正确理解多数原则：如果不是所有人的话，至少尽可能多的人应当自由，亦即尽可能少的人应当发现他们的意志与社会秩序的公意（general will）相反。"[61] 这种对多数的看法同凯尔森认为民主的特征在于实现自由的观点是一致的。凯尔森对议会的多数原则的倚重，实际上有两个原因。一个原因是就议会多数决过程本身而言，它提供了人们通过讨论、妥协解决社会价值与利益冲突的手段和方法。议会多数决过程提供了多数意见和少数意见相互影响的机会，一方面使多数得到合理的自我限制，另一方面少数不仅能够影响多数，而且也有可能自身变为多数。依据定义多数是以少数为存在前提的，所以它们是相互依存的关系。并且也可通过议会程序中的特别多数以宪法的形式设定基本权和自由权对少数进行保护。议会的决定过程是个妥协的过程，通过论辩与反论辩等各种议会规则和技术性安排进行讨论达致一个既非全然是多数意见也非全然是少数意见的结果，所以"不存在多数对少数的绝对统治"。[62] 议会多数决形成的结果即制定法，也即纯粹法学所研究的实证法。制定法由于其

---

〔61〕 Hans Kelsen, "On the Essence and Value of Democracy", trans. Belinda Cooper & Hemetsberger Stephan, in Arthur J. Jacobson & Bernhard Schlink（eds.）, *Weimar: A Jurisprudence of Crisis*, Berkeley: University of California Press, 2000, p. 87.

〔62〕 Hans Kelsen, "On the Essence and Value of Democracy", trans. Belinda Cooper & Hemetsberger Stephan, in Arthur J. Jacobson & Bernhard Schlink（eds.）, *Weimar: A Jurisprudence of Crisis*, Berkeley: University of California Press, 2000, p. 102.

效力是客观效力，也即不要求人们内心真的认可法律，而只要求人们外在行为符合法律规定即可，从而为多元价值冲突提供了一种解决方案。而且由于议会过程的开放性、多数与少数格局的暂时性，从而实证法作为人们意志活动的产物，可以修改、可以撤销、可以废除，因而具有可变性，能够反映社会中价值结构的变化情况，它所寻求的并非是价值与利益冲突一劳永逸的解决，并非一种绝对正义的方案，而是一种暂时的和平妥协。凯尔森倚重多数原则的另一个原因，是用议会多数决通过的制定法约束行政机关和司法机关的权力，即严格贯彻合法律性原则。尽管凯尔森认为在纯粹法学的动态法律观下，传统上的三权分立实际上是两权即制定和适用法律权力的分配，但立法机关的制定法仍然占据优先地位。公民的政治参与权、民主过程都依赖于法律的规定，而且议会民主过程制定的法规范获得社会上所有人的遵循，从而也是一种所有人统治的虚拟，所以在凯尔森那里，民主与法治国是有紧密联系的。所以，如钟芳桦所指出的那样，凯尔森对议会民主的辩护实际上是除了用基本规范论证法律的合法性之外，又提供了一个解决多元社会价值冲突的社会技术工具上的论证："以议会为民主制中心的实证法秩序，可以让社会之间的多元利益与价值，能彼此相互妥协形成法规范的内容，从而带来社会之间的和平"。[63]

如上文所指出的那样，凯尔森把议会民主看做制定法律、形成社会秩序的技术方法，而不考虑社会秩序的内容，亦即不考虑制定法的内容。但是，议会民主正是一个多元价值相互博弈和争斗的过程，只不过是持有对立价值各方接受既定法律规则限制、放弃暴力手段而已。考虑到凯尔森时代严重的阶级冲突与社会冲突，凯尔森从自由角度论证民主，重视多数决，实际上更多的是从自由主义立场对以平等为诉求的社会民主运动的妥协，尽力用法治国家这套体制解决社会冲突。多数参与到政治过程中来，自然产生一个问题，即如果不认同甚至反自由主义政制安排的多数依凭议会程序获取政治力量，从而对宪政秩序造成威胁，如何从理论上予以解决？换言之，议会民主的多数是否能够像凯尔森所想的那样真的能够解决冲突、保障尽可能多数人的自由问题？由于凯尔森的纯粹法理论消除了国家，把国家当做一种法律秩序，所以上述议会民主中的多数妥协的立法过程从纯粹法学角度来看，是适用基本规范授权的立法规范的过程。由于基本规范的效力是假设的，其内容是形式的，因而凯尔森并没有提供一种实质性的制定法概念；并且由于纯粹法理论把历史、伦理、政治等因素看做是非理性的，因而也不

---

[63]　钟芳桦："国家与法作为人民的自我组织：论威玛时代 Hans Kelsen, Carl Schmitt 与 Hermann Heller 对法最终证立依据的分析"，台湾大学法律研究所 2006 年博士学位论文，第 192 页。

愿意提供实质性的判准去限制立法权威，不能也不愿意对立法过程中的政治、伦理等方面进行分析。他对上述议会民主的分析纯粹是技术性的，立法机关同法院和行政机关相比虽有优先性，但这只是实证法规范体系中上级规范对下级规范的优位性，它们本质上是没有什么区别的，因而凯尔森完全没有分析立法中的政治决断因素。他只提到了议会多数决的两个前提条件：[64] ①多数与少数之间能相互体谅，彼此间的对立并不是一种绝对的冲突、毫无妥协的可能；②整个社会中必须存在相对同质的文化，特别是共同的语言，从而使得所有议会成员进行讨论与妥协成为可能。考虑到凯尔森所处时代尤其是魏玛时期剧烈的社会冲突，并且其身临其境，不能说凯尔森看不到社会及议会运作中的政治因素，毋宁说他基于对科学与政治的严格区分，意图从科学角度对议会民主制进行辩护，用议会民主这种社会机制调节冲突。但正是由于不能提供限制立法权的实质性判准，给议会多数以多数之名侵害少数、甚至侵害整个宪政体制留下了空间，无法避免施米特所谓"政治的剩余价值"问题，[65] 从而不能防止和阻碍纳粹这样的极端政党通过议会民主这套手段本身对其进行破坏。

如果说上述对议会民主的探讨揭示了凯尔森对法治国内部结构进行说明的民主理论缺陷的话，那么在凯尔森理论中有没有对这种缺陷的补救措施，从而克服他民主理论的不足？凯尔森本人提供了补救措施，亦即宪法审查理论。

宪法审查是凯尔森的合法律性原则中另外一个重要内容。合法律性原则要求对立法机关和行政机关的活动进行审查，尤其要对立法机关的行为进行宪法审查。首先需要注意的是其容易令人混淆的宪法概念。[66] 凯尔森的宪法概念还得从他的基本规范概念谈起。他提及了法律 - 逻辑意义上的宪法，这种"法律 - 逻辑意义上的宪法是基本规范"。[67] 但基本规范并非实证法规范，它的功能在于授权一套规则调节某实证法体系中所有法律规范的创制，包括直接对宪法授权和间

---

〔64〕 See Hans Kelsen, "On the Essence and Value of Democracy", trans. Belinda Cooper & Hemetsberger Stephan, in Arthur J. Jacobson & Bernhard Schlink (eds.), *Weimar*: *A Jurisprudence of Crisis*, Berkeley: University of California Press, 2000, pp. 102 ~ 103.

〔65〕 "政治的剩余价值"指的是在议会制立法国的安排中，对以合乎法律规定方式获得多数进而掌握政权的政党超出法律规定（supralegal）之外的奖赏，参见 Carl Schmitt, *Legality and Legitimacy*, Jeffrey Seitzer (ed. and trans.), Durham: Duke University Press, 2004, p. 32.

〔66〕 本处对凯尔森宪法概念的总结，依据的是 Lars Vinx 的研究成果。他对凯尔森宪法概念的仔细分析，See Lars Vinx, *Hans Kelsen's Pure Theory of Law*: *Legality and Legitimacy*, New York: Oxford University Press, 2007, pp. 157 ~ 163.

〔67〕 Lars Vinx, *Hans Kelsen's Pure Theory of Law*: *Legality and Legitimacy*, New York: Oxford University Press, 2007, p. 158.

接对其余法律规范的授权，这套规则即为凯尔森所称的"实质（material）宪法"。[68] 实质宪法是每个实证法律体系都有的一套规则，即使不以成文形式体现出来，因而不同于基本规范。实质宪法由于规定创制法律的过程，因而它不同程序意义上宪法相对立，甚至有可能完全是程序性规定，因而它不能等同于"实体（substantive）宪法"。实质宪法可以但不必采取形式意义上的宪法这种形式。形式意义上的宪法即以成文形式所体现出来的庄严宪法文件，"通常包含了其他规范，也就是并非实质宪法组成部分的规范"，[69] 但其规定目的都旨在保障调节创制法律的过程与权限的那些规范，换言之是服务于实质宪法规范的。在有形式宪法的国家里，通常区分普通法律的制定、修改程序和宪法性法律的制定、修改程序，以对实质宪法规范进行保护。因而形式宪法是实质宪法转换成的高级法，它既有可能就创制法律的程序作出规定，也有可能就创制法律的内容作出规定，例如规定制定法要符合权利法案。对于通常所作的区分，即"一部'形式上'违宪的法律是一种程序上有瑕疵的法律，而一部'实质上'违宪的法律是其内容同宪法明确保护的规范原则相抵触或侵犯其明确保护利益的法律"，[70] 凯尔森认为是多余的。依纯粹法学，立法机关制定法律规范的行为同样是一次法律适用的事实，与普通案件中的事实本质上是没有区别的，理应受到法院的审查，这是纯粹法律科学的要求；因而在凯尔森看来，施米特把宪法的守护者的身份授予帝国总统是出于政治层面上的考虑，而非法律科学的要求。[71] 对于违宪行为的审查，可在个案中进行；也可建立宪法法院专门集中行使宪法审判权，对违宪行为进行审查。在存在形式意义宪法的情况下，凯尔森强调了建立专门宪法法院的必要性："人们必须设置一个不同于立法机关因而独立于立法机关和其余国家权力机构的机关，去废除立法机关的不合宪行为。这意指宪法法院制度"。[72] 凯尔森不仅在理论上这样主张，而且一战后亲自设计奥地利宪法法院并担任宪法法院法

---

〔68〕 ［奥］凯尔森：《法与国家的一般理论》，沈宗灵译，中国大百科全书出版社 1996 年版，第 142 ~ 143 页。

〔69〕 ［奥］凯尔森：《法与国家的一般理论》，沈宗灵译，中国大百科全书出版社 1996 年版，第 142 页。

〔70〕 Lars Vinx, *Hans Kelsen's Pure Theory of Law: Legality and Legitimacy*, New York: Oxford University Press, 2007, p. 159.

〔71〕 对凯尔森与施米特关于宪法守护者论战的详细分析，See David Dyzenhaus, *Legality and Legitimacy: Carl Schmitt, Hans Kelsen and Hermann Heller in Weimar*, Oxford: Clarendon Press, 1997, pp. 70 ~ 85, 123 ~ 132.

〔72〕 Hans Kelsen, "Wesen und Entwicklung der Staatsgerichtsbarkeit", in Hans Kelcatsky et. al. eds., *Die wiener rechtstheoretische Schule: Schriften von Hans Kelsen, Adolf Merkl, Alfred Verdross*, Vienna: Europa Verlag, 1968, p. 1836. quoted from David Dyzenhaus, *Legality and Legitimacy: Carl Schmitt, Hans Kelsen and Hermann Heller in Weimar*, Oxford: Clarendon Press, 1997, p. 152.

官，并且在魏玛时期的论战中，明确反驳施米特的主张，为宪法法院的宪法审查制度辩护。那么，凯尔森的宪法审查理论是否能够保证多元价值冲突得以妥善解决，并进而为个人自由留个空间？

虽然 Vinx 认为凯尔森对这种通常理解的形式／实质区分的拒绝并非把通常意义上理解的实质的不合法律性（illegality）化约为形式的／程序的不合法律性，而意在强调"程序合宪性问题并不比实质或实体合宪性问题更少争议或具较少重要性"；[73] 但笔者认为正是凯尔森的这种取消，或者说用基本规范对通常意义上宪法实质与形式之分的逻辑统合，是他的宪法审查理论的弱点之所在。通常这种区分意在强调宪法中某些根本成分，如自由权的不可违抗性，而在凯尔森那里，由于基本规范的假设性和形式性，因而经基本规范授权所形成的宪法规范虽然在抽象层面上更高，但不能保证宪法规范里一定有那种通常所强调的实质成分，只能依据具体历史情形中宪法实证规范的偶然规定；换言之，这种宪法概念使通常所强调的宪法规范中对人的自由等价值进行保障的实质部分不能作为一种限制国家机关活动的绝对标准，因而效力减弱了。可以进一步说，换言之，凯尔森的违宪审查理论并没有提供对立法和行政的行为进行判断的绝对标准，法院不能依据自由、正义等这些宽泛的价值进行审判："凯尔森也表明赋予法院根据正义、自由等等宽泛的价值进行审判的权力，也就是赋予法院自由裁量权，这'一定是绝对不可忍受的'。"[74] 而且在凯尔森那里，并无自然权利存在，个人权利作为授权规范经过实证法规定才有意义，因此一般的违宪审查理论所主张的用个人权利对抗国家权力的标准，也被凯尔森的理论消解了。法院在宪法审查中做的只是审查制定法是否依据基本规范所授权的宪法规定的方式制定。而且凯尔森一直强调的是宪法规范所调节的是法律的制定过程，这也不能加强对制定法内容的约束。凯尔森强调国家（主权）与法律的同一，司法过程同立法过程没什么区别，都是制定和适用法律的过程。司法机关同样进行立法，只不过是消极被动地立法而已，因而他在同施米特的论战中主张："在立法者的政治品质与司法者的政治品质间，只有量的而非质的区别"，[75] 以反驳施米特关于法院的任务在于司法不能

---

〔73〕 Lars Vinx, *Hans Kelsen's Pure Theory of Law: Legality and Legitimacy*, Oxford: Oxford University Press, 2007, p. 159.

〔74〕 David Dyzenhaus, *Legality and Legitimacy: Carl Schmitt, Hans Kelsen and Hermann Heller in Weimar*, Oxford: Clarendon Press, 1997, p. 152.

〔75〕 Hans Kelsen, "Wer soll der Hüter der Verfassung sein", *Die Justiz*, 6（1930/31）, pp. 585 ~ 589. quoted from David Dyzenhaus, *Legality and Legitimacy: Carl Schmitt, Hans Kelsen and Hermann Heller in Weimar*, Oxford: Clarendon Press, 1997, p. 113.

进行宪法审查的主张。但由于他把主权消解为法律秩序的自主性与统一性，消解了法律中的决断，因而不能够分析宪法审查中的政治决断问题，正如议会中讨论没有决断一样，法院的活动同样没有决断。正如 Dyzenhaus 所指出的那样，凯尔森的宪法审查理论存在着悖谬性的紧张："一方面，他的论辩倾向于如下方向，即宪法审查是技术上体现由法律科学作为原则而确认的合法律性原则的合适手段。……另一方面，他又想论辩法律科学对宪法审查几乎不能主张什么，因为从它的角度看，法令（decree）是合宪的或违宪的同样都是司法性立法的政治活动。"[76] 所以凯尔森的宪法审查并不能提供政治行动者非法（illegal）手段与合法（legal）手段间区分的标准，而这种区分在魏玛宪政动荡年代尤为迫切。从这个意义上看，凯尔森的宪法审查理论至多具有技术上的意义，对于立法机关的制约并不能起很大的实质性作用，同样不能阻止极端的社会力量对宪政体制的破坏，尽管凯尔森宪法审查理论的一个重要目的是保护少数不被多数所作出的民主立法所侵犯。

四、余论

从上文主要是对议会和法院这些法治国内部结构的说明中可看出，凯尔森的法治国理论由于其一贯主张的纯粹性，既不能在议会民主中，提供实质性的判准限制议会中多数决的立法活动，也不能在司法审查中提供实质性的判准对立法机关的活动进行制约，因而其对自由主义宪政秩序的维护所发挥的作用是很有限的。这种局限内在于凯尔森的纯粹法学理论中，也体现了纯粹法学理论本身包含的紧张关系。凯尔森的纯粹法学理论由于预设价值与政治的非理性，因而把某种价值当做法律秩序的先在判准无异于以专制和擅断的方式解决价值冲突，这是凯尔森的自由主义立场无法接受的，因而纯粹法学不考虑法律的目的问题："法律是一个强制装置，其自身内在地并无政治或伦理价值，相反其价值依赖于超越作为工具之法律的目的的价值……纯粹理论不考虑法律体系所追求和实现的目的，而仅考虑法律体系本身。"[77] 这种做法实际上是把做出法律所追求的价值判断和政治决断的责任留给了个人。法律秩序虽然确立以法律统一性为基础的强制秩序，但由于其不是、也不可能得到所有人出于自己的价值判断的认可，所以只能建立在以强制力为后盾的认可之上。这种差距一方面保证了个人在法律秩序的框

---

〔76〕 David Dyzenhaus, *Legality and Legitimacy: Carl Schmitt, Hans Kelsen and Hermann Heller in Weimar*, Oxford: Clarendon Press, 1997, p. 128.

〔77〕 Hans Kelsen, *Introduction to the Problems of Legal Theory: A Translation of The First Edition of the Reine Rechtslehre or Pure Theory of Law*, trans. Bonnie Litschewski Paulson and Stanley L. Paulson, New York: Oxford University Press, 1992, pp. 31~32.

架下追求多元价值的自由，另一方面也为个人从自己价值判断和道德判断角度对法律体系作出批评提供了空间，个人其实被凯尔森纯粹法理论赋予了严肃的道德和政治责任。但如韦伯在其社会学分析中所揭示的，社会的技术理性化对个人自治与自由的条件造成了巨大的改变，这种改变也体现在国家与社会的关系上，体现在政治过程中。[78] 但凯尔森的纯粹法理论由于其剔除社会事实与应然的道德和价值，不愿意也无法分析社会结构变迁对国家、法律、政治的影响，"他撇开了国家（法律）与社会间关系这一实践问题"。[79] 撇开这一问题后，凯尔森以科学的名义，以反对价值判断的非理性为理由把法律体系建立在基本规范上，把法律与国家相同一，消解主权、人民等一系列实体，因而传统德国国家学说中国家（主权）与法的悖论也获得了逻辑上的解决；但一旦考虑国家与社会结构的变化对这一悖论的挑战，我们就会发现他"借助于基本规范理论重复了这一悖论"[80]。正如 Dyzenhaus 所指出的，价值的"相对主义是纯粹法理论所有紧张与困难的根本原因"。[81] 凯尔森一方面主张民主、宽容、和平等价值，用法律服务于这些价值，但又基于价值判断本身的非理性，不愿意把这些价值明确视为法律体系的基础，以致面临价值多元所引发的社会冲突时，不能提供强有力的方案为这些价值做辩护，不能阻止自由主义法律体系从内部遭受到的破坏。

从凯尔森的纯粹法理论中，我们看到了对法治国进行以科学为名在逻辑上的精细化，对多元价值所引发冲突解决方案的局限。这种局限的核心在于把价值问题当做非理性的，因而对于自由主义本身的价值不能提供合理的论辩。那么，价值本身是否是非理性的，我们如何看待人自身对世界的意义赋予活动？人们之间是否真的就没有可能就价值问题进行理性的对话、讨论？多元价值冲突是否必然意味着现实之中的暴力冲突？

---

〔78〕 See Max Weber, *Economy and Society*, Guenther Roth and Claus Wittch（eds.）, Berkeley: University of California Press, 1978.

〔79〕 Peter C. Caldwell, *Popular Sovereignty and the Crisis of German Constitutional Law: The Theory & Practice of Weimar Constitutionalism*, Durham, NC.: Duke University Press, 1997, p. 94.

〔80〕 Peter C. Caldwell, *Popular Sovereignty and the Crisis of German Constitutional Law: The Theory & Practice of Weimar Constitutionalism*, Durham, NC.: Duke University Press, 1997, p. 116.

〔81〕 David Dyzenhaus, *Legality and Legitimacy: Carl Schmitt, Hans Kelsen and Hermann Heller in Weimar*, Oxford: Clarendon Press, 1997, p. 158.

信念、象征权力与社会

——"doxa"与布迪厄的社会理论[*]

刘拥华[**]

在布迪厄那里，习性与场域构成了一个二重性的存在。而经由行动者的涉入以及社会实践的运作，这一过程型构了一个二重性的社会世界，这一世界既存在于身体之中，亦存在于制度之中，以二重性的形象存在和出现。在此，社会世界与行动者在二重性的基础上共存。或者说，社会世界在行动者身上的承受不但于身体中可以存留，于制度中亦有所停驻。而这一制度与身体在生存论意义上的存在，就是一种本体论意义上的契合。那么，我们需要追问的是，二重性的社会世界到底在何种意义上能够与行动者勾联起来？或者说，社会世界虽说在身体上得到了存贮，但这一存贮又是如何得以呈现的呢？进而言之，二重性社会世界中行动者的形象是什么呢？这就涉及我们对本文核心概念 doxa 的理解了。这一问题，说到底还是一个社会世界是什么的问题。

一、doxa 概念的脉络化辨析

doxa 概念是理解布迪厄社会理论的关键之处，这一概念贯穿于布迪厄社会理论的始终，虽然他并没有专门去论述过这个概念。这一概念有古老的缘起，在古希腊时期，寻求真理的哲人们力求探讨认识论上的、绝对的真理，且尽量排除意见（doxa）。因而，doxa 被当做是与知识相对的"意见"而存在的。也就是说，doxa（意见）是与 episteme（知识）相对应的概念形态。在宗教的"正统"（orthodixy）概念中，我们就可以很明显地看到，这个词是由两个词根组成的：orthi 是指真实的、正确的；doxa 是指信念、信仰、教导，它是与 orthi 相对应的存在。苏格拉底就认为，真正的知识只能经由绝对的定义，也即 episteme 才能达致，除此之外仅仅是一些意见，也即 doxa。故有学者分析，"希腊哲学主张一种

* 本文是笔者承担的 2009 年上海市哲学社会科学规划项目"政治社会中的德性与自由：涂尔干再研究"（批准号：2009ESH001）以及 2010 年国家哲学社会科学基金"文化、象征与阶级：布迪厄阶级理论研究"（批准号：10CSH002）的阶段性成果。
** 华东师范大学社会学系。

处于变幻而多样的现象与存在于不变领域、坚持彻底自我同一（self－identity）领域间的对立，这种差异相当于知识（episteme）与意见（doxa）之间的差异。所谓的意见是依赖于认知主体自身的兴趣和计划，它传达出我们在日常生活当中表达的相关性和不确定性，涉及参与主体的感受性和立足点的不同。至于知识则是真正自明的真理，它与主体生命的参与或变化无关。知识是坚持存有的自我同一，在任何时空界域、任何情况和对任何人而言皆为真理。"[1] 而更为详细的分析则是将这两个概念与后来波普对知识论和认识论的反思结合在一起而进行的，"从古希腊巴曼尼德最早划分真理之路与意见之路，到现代推崇'证实'标准的逻辑实证主义哲学，一直延续着一种区分'真知'（episteme）与'意见'（doxa）的哲学传统，不妨称之为'认识论划分的传统'。Episteme，一方面指'知识'，另一方面亦指由'认识'而得到的知识，即'真知'。换言之，这种认识论划分的精义即在于：知识被视为必须通过'认识'才可得来的真理。在这个意义上，知识也就被严格地区别于意见，二者得以区分的标准即是否具有可错性：知识被视为对真理的占有，是确实的、绝对正确的；意见则被视为个人的幻觉或想象，可错的。正如波普所指出的，在这种认识论划分的传统下，'我们被割裂成一个人的部分和一个超人的部分。人的部分即我们自己，这个部分是我们可错的意见（doxa），我们的错误和无知的根源；超人部分，如感觉或理智，是真知（episteme）的源泉，对我们具有几乎神圣的构成'。"[2] 由此可见，"知识"与"意见"之间的区分是一个古已有之的区分传统，并且还构成了西方知识论和认识论传统的一个最为基本的根源。

现象学对于 doxa 的理解，也主要是受到此词源的古希腊文涵义的影响[3]，而在胡塞尔的使用之中，doxa 始终还是具有传统的意义，也即是在柏拉图的意义上，将之当做是"认识"的对立面，倘若如此，doxa 译为"意见"较为妥恰。

在现象学看来，"意见"的希腊文原义有两种：一是相对于实在而言的假象，二是相对于知识而言的意见。在柏拉图的解说中，他将"知识"与"无知"之间的层次称作"意见"，他们各自指向不相同的客体。在胡塞尔对此概念使用的早期，他赋予"意见"的首要涵义便是"信念"，亦即指在日常生活中对社会世界的朴素信仰，因此，doxa 译作"信念"也是可以的。"信念"的含义，就与现象学反思的"中立性"相对立了。在后期，胡塞尔又赋予了这个概念不同的

〔1〕 蔡幸芝："胡塞尔对伽利略物理学的反思"，载 www. siwen. org，"西方思想与文化"栏目。

〔2〕 韩渡："波普：'认识'之外的知识"，载 http：//sphinx. blogchina. com.

〔3〕 以下的解说，均来自倪梁康：《胡塞尔现象学概念通释》，三联书店 1999 年版，第 106～107 页。

意义，也即是"前述谓判断经验所具有的最深的和最终起源的层次"，它标志着生活世界的基本特征。生活世界的经验被胡塞尔称作是"信念经验"，它们是最为原本的经验。需要说明的是，现象学对"doxa"概念的理解对布迪厄的影响是非常之明显和直接的。

在塞尔那里，"信念"是一种可真可假的意向状态，它是意向状态的一种类型，另外一种类型则是愿望式的，它实际上是不可能区分为真或假的，因而与"信念"相区别。心灵正是通过意向性使我们与外部实在世界相关联。在这里，就信念与实在世界的关系而言，塞尔引入了一个适应职责（obligations of fitting）的概念，来表达命题内容和实在世界之间的关联，"因此，我认为，信念具有心灵向世界的适应指向（mind‑to‑world direction of fit）。可以说，信念的责任就是与一个独立存在的世界相一致。"[4] 这里所指出的信念概念，无疑与布迪厄意义上的信念概念存在契合之处。

现象学的认识方式反思的是与日常环境的原初熟悉关系，这种反思在现象学看来能够提供确定的材料，从而形成为一种"确定性"。与日常环境的原初熟悉关系，表现为行动者对社会世界的一种信念经验（doxique），现象学所进行描述也即是对这个世界的明证的、当然性的说明，或者说对信念经验的描述。但是，在布迪厄看来，现象学也仅仅止步于对信念经验的固有特征的描述，而对该经验的可能性条件问题、社会意义问题、社会关系问题则置之不理。客观主义的认识方式在客观上揭穿了使社会世界的信念经验成为可能的特殊条件问题；或者说，客观主义的认识方式意识到了将社会行为纳入一个客观关系之中去进行描述和分析，确立其成为可能的有效界限或说可能性条件。但是，它却没有考虑日常世界经验及其相关的生活意义问题，也不让自己分析社会游戏的意义之产生和运作条件，"而该社会游戏的意义使人们能自然而然地体验在制度中被客观化的意义。"[5]

在早期的研究中，尤其是在阿尔及利亚以及自己家乡贝恩地区所进行的人类学研究中，布迪厄形成了两个颇为重要的概念：一个是"habitus"，一个就是"doxa"。前者我们称之为"习性"，后者我们称之为"信念"。"信念"是经由社会内化而在行动者心中形成的对社会世界的不容探讨和挑战的社会准则和价值的接纳，它是对"世界是什么模样"的不假思索的观念，并且构成了个人和社会

〔4〕［美］约翰·塞尔：《心灵、语言和社会——实在世界中的哲学》，李步楼译，上海译文出版社2001年版，第96页。

〔5〕［法］布迪厄：《实践感》，蒋梓骅译，译林出版社2003年版，第40页。

群体未经批判的实际经验。在布迪厄对法律的研究中，曾经论述过，"因此，在特定的时期里，法律的地位会从'正统'转变为'信念'（doxa），前者指的是明确规定什么应当发生的正确信仰，后者指的是由于那些不证自明和正常的东西所引发的即刻同意。其实，信念指的就是这样一种正常状态，在这种正常状态中，规范现实得如此彻底，以至于作为强制的规范本身就无需存在。"[6] 在这里，信念发挥了一种规范行为的作用，从而也就遮蔽了法律（包括其他社会制度安排）的强制性因素的存在；而之所以会如此，是因为 doxa 被当做了主流意见或不言自明的常识，它是根深蒂固的信仰、成见，是那些无需讨论的自明之理。

因为 doxa 是自明的，所以理性无法超越它，它往往在理性之外发挥作用。而这个世界的持存（这种持存主要体现为与 doxa 相关的涵义，在广义上讲，它又是与日常经验相涉的），则是理性所无能为力的，而必须借助理性之外的力量，这便是信念，或者说习性。理性可以引发"决定相信"这一事实，但问题是如何可能过渡到持久相信，这是理性所无法解决的，而必须在理性之外寻求原委，这是帕斯卡尔的问题。"……得到证明的事物是何其之少！证据只能说服精神。我们之最有力、最实际的证据来自习惯：习惯影响自动机（automate），而后者带动精神，且不用它作出思考。……因此是习惯使我们信以为是；……总之，精神一旦明白真理之所在，就需要求助于习惯，以便我们充满和染上这一随时都可能摆脱我们的'相信'；同时如果遇事都要出示证据，那实在是过于麻烦。必须获得一种更为方便的相信，即习惯造成的相信。……故必须使我们的两个部件都相信：一是通过理据使精神相信，这只需精神在一生中看到理据一次即可；另一个是借助习惯使自动机相信，不允许它倾向于相反的做法。"[7] 布迪厄社会理论当中的行动者理论以及实践理论，尤其是对行动者"信念"的分析，受帕斯卡尔以上一段话的影响是不言而喻的。布迪厄还引用了伯纳德·威廉姆斯的论证来分析由理性作出的相信之逻辑的悖论，伯纳德·威廉姆斯认为，"即使有可能决定相信 p，也不可能即相信 p，又相信相信 p 这一事实来自于相信这一决定；结果，如果要实现相信 p 这一决定，还必须从相信 p 者的记忆中抹去该决定。换言之，相信决定若要得以成立，它必须伴随着对一个决定的遗忘，也就是说免不了要决定遗忘先于决定的决定。"[8]

---

〔6〕〔法〕布迪厄："法律的力量：迈向司法场域的社会学"，强世功译，载《北大法律评论》1999年第2期。

〔7〕〔法〕布迪厄：《实践感》，蒋梓骅译，译林出版社2003年版，第74～75页。

〔8〕〔法〕布迪厄：《实践感》，蒋梓骅译，译林出版社2003年版，第75～76页。

二、社会世界与信念关系

在布迪厄的论述当中，较早涉及 doxa 概念的文本是《实践理论大纲》，其法文本于 1972 年出版，英译本于 1977 年出版；在"结构、习性、权力"一章中，布迪厄分析了"信念、正统与异端"之间的关联性问题；[9] 而在 1980 年出版的《实践感》法文本中，布迪厄也写作了"信念与身体"一小节的内容。当然，这里是指直接出现了"doxa"一词的布迪厄的文本，尤其是在小节里面体现出来的。而在更多的文本中，布迪厄或多或少都涉及了"doxa"一词，因而在更广泛的意义上，这一词在布迪厄思想建构当中，尤其是我们理解布迪厄社会理论当中的社会世界、行动者、象征权力等概念时所不可遗漏的一个概念。在更多的文本中，如《言语意味着什么》、《实践与反思》、《男性统治》等，都直接分析了"doxa"概念的内涵与外延在布迪厄的概念符号系统中的系列性关联。这是我们理解布迪厄的关节点之处。

利用其在阿尔及利亚对卡比利亚柏柏尔人的社会生活的人类学研究成果，布迪厄意识到在柏柏尔人的日常生活里面，有一系列的规束原则，它们处于意识层面之下，但却实实在在地发挥着整合日常生活的功效，其历时之长久、其功效之显著，出乎人的意料。[10] 对社会世界日常行为的观察与思考，布迪厄对集体生活所呈现的样态，使用了"collective rhythms"这一短语，其是从时间的角度来凝视社会行动，将社会行动纳入到时间的线条之中进行呈现，因而，行动（其实布迪厄更多的是使用"实践"一词）的展开就体现为一时间过程，时间的快慢、长短、缓急、关键与否就直接决定着行动的诸多特征。"collective rhythms"，可译为"集体节奏"，这是一结构性的因素，是日常生活所遵从的对象和原则，这是什么原因呢？原因在于"时间的形式和空间的结构不仅制约着社会世界的群体表象，而且也制约着群体本身"，"群体的所有划分在每一时刻都被投射进了空间—时间组织当中，这一组织安排了每个类别它的位置和时间"。[11] 也正是这些实践性的分类系统，它们作为真实社会秩序划分的转变的、误识性的形式，再生产了社会秩序本身。在布迪厄看来，所有实践性的分类系统导致了实践的运作看起来类似于"现实的神话"（realized myth），或者在黑格尔的传统意义上的"现

〔9〕 Bourdieu, Pierre, *Outline of a Theory of Practice*, Cambridge：Cambridge University Press, 1977, pp. 159～171.

〔10〕 Bourdieu, Pierre, *Outline of a Theory of Practice*, Cambridge：Cambridge University Press, 1977, pp. 159～163.

〔11〕 Bourdieu, Pierre, *Outline of a Theory of Practice*, Cambridge：Cambridge University Press, 1977, p. 163.

实的道德性"（realized morality）。而所谓的"神话"或"道德性"，在布迪厄的意义上实际上是指向或者意味着实践的主观性方面与客观性方面的协调一致。进而，布迪厄分析指出，这样一种协调一致（reconciliation）建基于整个群体性的信念之上。[12]

布迪厄认为，每一个既定的秩序都倾向于生产对其任意性的自然化。而在所有的生产机制当中，最为重要的和最为隐蔽的机制是客观化的机会和行动者的欲求之间的辩证关系，进而可以认为，在这一辩证关系当中产生出了一种"界感"（sense of limits），或者说"现实感"（sense of reality），在布迪厄这里，这种"sense"，指谓的是一种"correspondence"状态，亦即社会结构和心智结构、客观阶级和内化的阶级之间的相符一致，而这又构成了对既定秩序顺从的基础。各种各样的分类系统，以其特有的逻辑，再生产了客观的阶级。因而，在对任意性误识的基础上，再生产了权力关系。布迪厄更是认为："在极端的情形中，亦即当客观秩序和主观的组织原则之间完美相符时（如在古代社会），自然和社会世界就呈现为自明性（self - evident）。"[13] 以上所述，毫无例外，在布迪厄那里，都有坚实的人类学基础。也正是布迪厄的早期阿尔及利亚的人类学研究，为他的社会世界观，包括后来的象征权力理论提供了灵感上的启迪以及经验上的佐证。

在前述的分析之上，布迪厄提出了"doxa"概念。"我将以上的这些经验称之为信念状态（doxa），以使之与正统或异端信念（belief）相区分，后者隐含在对差异或敌对的信念的可能性的意识和认识当中。"正是在信念的意义上，布迪厄说，思想和认知图式能够产生客观性。而要达致这种效果，则只有通过生产一种对观念的界线的误识行为；这种客观性，能够使得我们将传统的世界经历为一个"自然的世界"（natural world）和想当然的世界（taken for granted）这样的直接认受。"社会世界知识的工具，在客观性的意义上，也就是统治的工具，亦即这一工具通过生产对社会世界的直接认受，将社会世界看做是自明的和不容置疑

---

〔12〕 belief 和 doxa 这两个概念的区分，在布迪厄的文本中，并没有能够做出，因而这两个概念似可都译为"信念"，但 doxa 往往指更为基本的、与分类系统有关联的"信念"，而 belief 则更泛化一些，指向更为一般性的接受与认可，但由于 doxa 的意思可用英文表达为 what - seems 或者 common sense，因此，doxa 与 belief 之间也存在着可通用性。需要注意的是，布迪厄经常对两个概念不加区分地使用。Bourdieu, Pieer, *Outline of a Theory of Practice*, Cambridge：Cambridge University Press, 1977，p. 164. 以及〔法〕布迪厄、华康德：《实践与反思》，李猛、李康译，中央编译出版社 1998 年版，第 107 页。

〔13〕 Bourdieu, Pierre, *Outline of a Theory of Practice*, Cambridge：Cambridge University Press, 1977, p. 164.

的，从而有助于再生产社会世界。"[14] 也正是在这里，"doxa" 所涵括的政治意涵，或者说权力关系体现出来了。而反过来，分类图式的政治功效基于信念式认受表现为隐而不彰、被忽视的权力存在，所以我们可以说，这个世界是自明的、是想当然的。被统治地位的类别如若试图使占统治地位的分类的效果失败，其行为的必然结果便是与其自身的利益（服从统治地位的分类的效果）相违背，因而，似乎除了对占统治的分类予以认受与合法化之外，别无出路。这里便充分体现出了信念关系的政治权力效应，甚至可以说，这一思径取向，是布迪厄之所以亲近福柯、吉登斯，而与常人方法学、现象学有所区别之所在，也是本文所侧重的方面。

在布迪厄这里，对现存秩序的合法性（正当化）是通过各式各样的分类系统所完成的。分类系统，在布迪厄的意义上，具有神话—仪式（mythico - ritual）的功能，直接对现存的秩序安排，抑或说等级制度进行合法化的整合。在这其中，布迪厄更是特意提到了社会性的时间结构，它通过象征性地控制年龄界线从而完成了一项政治功能。[15] 对时间的利用，亦即将连续性的时间构成截取为非连续性的时间片断，从而造成了既是生物上的、也是社会上的区分。而与此同时，依赖于生物上的区分，可以达致对社会区分的合法化。社会性的区分，与生物性上的区分有所不同，就在于前者更多的是一种权力关系的分配，就此而言，对分类系统的掌握和控制，也就拥有了对社会群体的权力；而分类系统的运作，也就在不断地生产和再生产着既定的社会秩序安排。在认识论和知识论的意义上，去分析神话—仪式表象的功效因而是远远不够的，因为这些表象不仅具有认知的涵义，更具有客观化的涵义和功能，甚至后者才是更为基础性的。"知识的理论是政治理论的一个维度，因为强加现实的构成性原则的象征权力是政治权力

---

　〔14〕　Bourdieu, Pierre, *Outline of a Theory of Practice*, Cambridge：Cambridge University Press, 1977, p. 164. "**doxa**" 所涵括的意涵，布迪厄有时也用"**common sense**"来表达，"日常感（common sense）是被全体成员所共享的自明性所在，也即在一个社会世界的限度之内，它能够确保对世界意义的原初性的一致，也能够确保一系列的平庸之见被缄默地接受"。日常感直接与分类原则（priciples of classification）相关，分类原则是一系列结构世界感知的对立，或可称为分类图式（classificatory schemes），它发挥着结构化结构的功能（structuring structures），在本质上，它来源于世界基础性的分配结构，是后者的产物，后者组织了社会世界的秩序，即是被结构化的结构（structured structures）。通过教育制度的强化，日常感在普适性的范围之内存在。参见 Bourdieu, Pierre, *Pascalian Mediations*, Trans. by Richard Nice, Cambridge Polity Press, 2000, pp. 97~98.

　〔15〕　Bourdieu, Pierre, *Outline of a Theory of Practice*, Cambridge：Cambridge University Press, 1977, p. 165.

的一个主要的维度。而这里的现实，则尤其是指社会现实了。"[16]

信念关系在不同社会或不同时期，其程度是各不相同的。客观结构越是稳固，再生产行动者的性情倾向越是完全，信念关系场域的范围和程度也就越是广阔。在客观结构和内在化结构完全调适的情形下，既定的政治秩序也就被认作是自明的或自然的，而非任意性的。[17] 这样的社会世界，对他们而言，实为一"ought – to – be"，即"应然的"世界。行动者沉浸于其中，做他们认为不得不做的事情，他们将此经历视为一种必然。而在此同时，经由此一世界当中的实践过程，行动者的性情倾向（disposition）也得到了确认和强化。布迪厄认为，这种确认和强化是通过两个方面而达到形成的：其一是群体成员之间的实践，形成多样的象征性交换有助于各自性情倾向（同质化的）相互之间的强化，而这又构成了集体式信念（collective belief）的基础；其二是各种制度，这里所涉及的社会世界是分化程度不高的世界，这与现代资本主义社会是完全不同的，因而在后面，布迪厄分析了"field"这一现代社会概念。

那么，萦绕于心头的一个问题便是：对社会世界的信念关系（或者说心智图式与社会结构之间的契合性）是如何形成的呢？"自然"作为一个科学的话语，在自然科学当中，它经历了一个"去魅"（disenchantment）的过程[18]（这一术语在《The Algerians 1960》中涉及的地方颇多），但在社会世界当中，此一情形却从没有发生。因为在布迪厄看来，在儿童与世界之间，整个群体介入进来了，而也正是在这一介入的过程当中，对社会世界的信念式关系形成了。一方面，整个群体不断地向他们灌输一种对超自然危险的恐惧意识，另一方面还通过仪式实践、话语、谚语、预言等等去型塑孩童们的意识。"尤其是，通过行动和象征，他们倾向于经由对自然过程类似的再生产，进而对自然和群体进行再生产，拟态的表象有助于在行动者身上生产即时性的反应或者持久性的性情倾向。"[19] 当然，对于信念关系形成的分析，这里涉及的是比较肤浅的，而在我看来，虽然布迪厄在其后的对教育问题的研究中分析过这一问题，但信念的缘起与生成一直是

---

〔16〕 Bourdieu, Pierre, *Outline of a Theory of Practice*, Cambridge：Cambridge University Press, 1977, p. 165.

〔17〕 Bourdieu, Pierre, *Outline of a Theory of Practice*, Cambridge：Cambridge University Press, 1977, pp. 165 ~ 166.

〔18〕 Bourdieu, Pierre, *Algeria 1960*, trans. by Richard Nice, Cambridge：Cambridge University Press, 1979，尤见第一章的分析。

〔19〕 Bourdieu, Pierre, *Outline of a Theory of Practice*, Cambridge：Cambridge University Press, 1977, p. 167.

其理论当中一个略显薄弱的环节。

当然，这里所论述到的信念状态，是与布迪厄对社会世界的两个基本假设相关联的。布迪厄认为，社会世界是以双重性的方式存在的：首先存在于"初级的客观性"中（objectivity of the first order），其次是存在于"次级的客观性"中（objectivity of the second order）。这是布迪厄社会理论的第一个基本假设。接下来的第二个基本假设是："在社会结构与心智结构之间，在对社会世界的各种客观划分——尤其是在各种场域里划分成支配的和被支配的——与行动者运用于社会世界的看法及划分原则之间，都存在着某种对应关系。"[20] 这就是一种"本体论的契合关系"，也即是一种习性与场域之间的关系，这才是信念的真正根源之所在。

三、doxa、习性与象征权力

行动者与实践着的社会世界是一种什么样的关系呢？为了区别有明确意图的意识的行为主体以及机械地对社会世界之客观性作出反应的行为主体，布迪厄引入了习性概念。布迪厄说，"存在这样一个现实：社会行动者不一定是遵循理性的，但总是'合情合理'的，这正是社会学得以成立之处。对此，你不得不提出惯习这个概念来说明它。"[21] 习性表征的是行动主体与社会世界的实践状态，是具体实践活动的生成和组织原则。就与社会世界的实践关系而言，习性也就是信念。在此分析的基础上，社会世界与习性的关系也就可以在一定程度上用信念关系来加以表述。也即是行动者对社会世界自然的、不证自明的、无意识的接纳关系，或者说习性"不施强制、不要技巧、不用证据地"接纳了社会世界。"实践世界是在与作为认知和促动结构系统的习性的关系中形成的，它是一个目的已经实现的世界，是使用方法或遵循的步骤，同时是一个具有'永久的目的论性质'（胡塞尔语）的对象的世界，是现成制度；这是因为一个任意条件（索绪尔或莫斯语）固有的规则性往往显得是必然的、甚至是自然的，原因是这类规则性是为理解它们而使用的感知和评价图式的基础。"[22] 布迪厄接着又对制度进行了分析，认为其要发挥必要的功效，离不开对身体化习性的型塑。"制度，即使涉及经济，若要变得完备和完全可行，就必须在事物中，也就是在一个特定物的超越特定行为人的逻辑中被持久地客观化，此外还必须在身体中，也就是在趋向于承

---

〔20〕 ［法］布迪厄、华康德：《实践与反思》，李猛、李康译，中央编译出版社 1998 年版，第 12 页。

〔21〕 ［法］布迪厄、华康德：《实践与反思》，李猛、李康译，中央编译出版社 1998 年版，第 175 页。

〔22〕 ［法］布迪厄：《实践感》，蒋梓骅译，译林出版社 2003 年版，第 81～82 页。

认和实施这个场的内在要求的持久行为倾向中被持久地客观化。"[23] 这里就非常明显地体现出一种信念关系对社会世界是何等重要。

因而，对社会世界的理解，就建立于行动者的习性当中。习性的同质性，会使得实践活动不言而喻，不证自明，行动者如鱼得水，感觉不到丝毫的陌生和不适。正是在这个意义上，一个布迪厄所谓的"常识世界"出现了。"实践感和经客观化的意义的一致所产生的一个基本结果是生成一个常识的世界，该世界具有直接明证性，同时还具有客观性，而保证这一客观性的是实践活动和世界意义的一致，亦即各种经验的协调和每一经验由于类似或相同经验之个人或集体的（比如在节日里）、即兴的或规定的（名言、谚语）表现而获得不断的强化。"[24]

为何布迪厄会涉及对支配关系的分析，又为何对支配关系的分析会涉及与习性的关联？这之间的内在逻辑是什么？这里的关键也就在于习性所表征出来的是对社会世界的信念关系，它趋向于维系既定的社会结构并利用新的经验来强化它。也正是在这里，涉及了信念与权力的关系问题。布迪厄认为，在支配关系的再生产没有得到客观机制保证的社会组织当中，被个人或集体确认而不断强化的习性的恒定性对支配关系的维系具有十分重要的作用。质言之，这类社会组织秩序的基础就主要体现在对头脑和习性的支配秩序上，它极力使集体记忆现实化，使集体的历史、知识、经验在后来者身上得以再生产。[25] 习性对集团本质的维系还体现在遭遇新的情境时，能创造新的方法来履行原先的职能。

习性，是一种意识倾向，当然，这种意识不是清晰的理性思维，而更多的是一种身体化的潜在行为预期。在对习性概念的早期阐释当中，布迪厄倾向于习性的心智层面的意蕴。对于心智概念，在布迪厄那里，使用的是 mental，一般译为"心智"，在涂尔干的使用意义上这一词侧重强调分类概念的重要性，心智结构与分类体系在与社会世界的关联上具有同等的涵义。而布迪厄所分析的心智结构与社会结构的关系，这一理论传统则直接来源于涂尔干对原始分类、图腾崇拜等心理行为的分析。在宽泛的意义上，布迪厄使用的心智概念则指历史性的心灵状况，社会化的心灵结构，也即是习性概念（habits）所涵括的方面；塞尔使用的是 mind，一般译为"心灵"，是与物质相对的心理现象，但它也是一种实在，它通过意向性使我们与物质世界相联系；在哈耶克那里，也使用 mind 概念，译为

---

〔23〕［法］布迪厄:《实践感》，蒋梓骅译，译林出版社 2003 年版，第 88 页。

〔24〕［法］布迪厄:《实践感》，蒋梓骅译，译林出版社 2003 年版，第 88 页。

〔25〕［法］布迪厄:《实践感》，蒋梓骅译，译林出版社 2003 年版，第 83 页。

"心智"，*theory of mind* 一般翻译为"心智理论"。[26]

在信念关系的状态之下，过往历史（布迪厄谓之为传统）的作用的表现方式是沉默的、含蓄的、未明言的，原因在于没有对之进行质疑。抑或说，对社会世界的信念关系超出了"言说"的范畴，也不需要任何的言说。在如此的情形之下，完全没有给"意见"（opinion）留下任何的余地，[27] "意见"与"信念"不同，前者是一个可予争辩的、可予质疑的话语空间，它能够对既定的秩序提出不同的、同样合法的回答和陈述，后者则与之相反。或者可以说，"意见"有多寡之分，而此一意谓对信念而言则不存在。因而，布迪厄说，"在信念关系之中所予表达的对社会世界的依从是通过对任意性的误识而形成的对合法性的绝对认知形式，因为这种依从状态无视合法性的问题，这一问题源出于对合法性的竞争，也就是源出于宣称拥有它的集团之间的冲突。"[28] 其实，布迪厄的本意不是说在信念状态下没有合法性的问题，而是说合法性问题在信念状态下被不言而喻地达致了。

问题还不至于如此简单，复杂性还在于：社会世界并不完全处于信念关系状态，这个社会世界处处存在着对合法性的竞争，布迪厄称此状态为"意见的世界"（the universe of opinion）。"意见的世界"，部分上是源出于对社会世界依从状态的终止，或借用现象学的术语来表达就是"悬搁"（epoche），当然还不仅仅于此。当文化上的冲突，或政治、经济上的危机来临时，对信念关系的提问也就随之出现了。用布迪厄的话说，"这一批判试图将不容置疑处带向可质疑处，将未明言处带向可明言处，它伴随着客观危机的情形。在这一危机当中，主观结构和客观之间的一致性被割裂，实践上的对社会世界的自明性也被破坏了。"[29] 所

---

〔26〕 马永翔：《心智、知识与道德——哈耶克的道德哲学及其基础研究》，三联书店 2006 年版，前言第 2 页。而在布迪厄那里，也使用"mind"概念，而不仅仅只使用"mental"这一概念，在 *Distinction* 一书中，"mind"指谓社会世界经由一系列的教化行为所实现的社会秩序内化在人的"心灵"之中。很明显，它直接指向了社会世界的身体化倾向，而这一身体化倾向又主要是指一"界感"（the sense of limits），这一"界感"同时也意味着对界线的忘却。参见 Bourdieu, Pierre, *Distinction: A Social Critique of the Judgment of Taste*, trans. by Richard Nice, Cambridge, Mass.: Harvard University Press, 1984, p. 471.

〔27〕 Bourdieu, Pierre, *Distinction: A Social Critique of the Judgement of Taste*, Cambridge, Mass. Harvard University Press; London: Routledge and Kegan Paul, p. 418. 尤其对于"personal opinion"的分析，对意见生产的三种形式作了比较充分的阐释。

〔28〕 Bourdieu, Pierre, *Outline of a Theory of Practice*, Cambridge: Cambridge University Press, 1977, p. 168.

〔29〕 Bourdieu, Pierre, *Outline of a Theory of Practice*, Cambridge: Cambridge University Press, 1977, pp. 168 ~ 169.

有这一切，布迪厄认为是对信念关系的提问所致，危机不是产生批判性话语的充分条件，但却是必要条件。他区分了两种场：一种是"意见的场"（the field of o-pinion），一种是"信念的场"（the field of doxa）。前者存在着提问行为，后者则超越了提问，行动者仅仅按照习惯行事，而这两个场之间界限的划分是阶级斗争当中的攸关生死的地方。统治阶级和被统治阶级对于信念界限的争执成为了阶级斗争的关键之处，其定义和划界直接决定着权力关系，试用以下图表来说明之。[30]

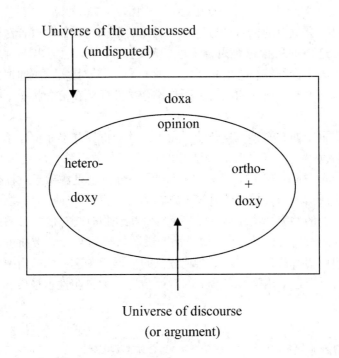

正统，是信念关系并不完美的替代物，它处于意见的场之中，试图恢复信念的原初状态。并且，它也只能存在于与异端的对立性的关系之中，或者说因其对立性关系而存在。"它（正统）被界定为是一套委婉话语系统，它代表了思考和言语自然以及社会世界的可被接受的方式，同时反对异端的言论并将之当做亵渎

---

〔30〕 Bourdieu, Pierre, *Outline of a Theory of Practice*, Cambridge: Cambridge University Press, 1977, p. 168.

神明的行为来看待。"[31] 话语世界的定义是与自明性世界的定义相对应而存在的和被界定的,在阶级社会当中,权力的斗争还试图隐瞒其对话语世界的界定所作出的行为。其所作所为即是去界定能够被思考的世界与不能够被思考的世界,亦即是对现实进行界定。布迪厄对话语世界抱有一种乐观的心情,他说,"存在于(正统或异端)话语世界与信念世界——这一信念世界是在超出了言语的范畴和由于缺乏可得的话语从而无法言语的双重意义上存在的——的界线代表了最为严重的误识形式与政治意识的觉醒之间的划界。"[32] 这里涉及的话语世界,是与布迪厄对语言的分析密不可分的。自明性的世界也就存在于制度化的话语当中,或者说在制度性的话语中,自明性的依从得到了确证。话语,具有集体性的权威,因为它能够发挥客观化的效果。在危急时刻,语言与经历之间的关系表现得最为清晰。[33] 只有经由集体赋予言语者以正当化的权力,语言才会具有权威性的力量。因而,这里的涵义直接与政治生活中的斗争相关联了。

布迪厄认为,信念的本质只有在意见场的构成中才能得到完全的揭露,因而,在这里,意见场则有可能成为解放斗争的所在地。虽然意见的场处于信念的场的包围之中,但异端和正统之间的斗争则有可能成为政治觉悟的必经之途。当然,被统治阶级只有拥有反对现实主义的物质的和象征的手段时,才能揭示社会世界任意性的基础。

从习性的生成性方面亦可洞见到习性与政治的相关性,"习性的生产方式(亦即生存的物质条件和教育行为)的同质性导致潜在行为倾向和利益的同质化,而这种同质化非但不能排除竞争,反而在某些情况下会造成竞争,促使由相同生产条件生产出来的人认可和追求同一些资产,而这一竞争会造成这资产的稀少性。家庭单位是一个垄断集团,按照马克斯·韦伯的说法,其特征是排他地占有特定形式的资本(土地、姓氏等);它也是为获取该资本,更确切地说是为获取对该资本的权力而竞争的场所,而该权力始终有摧毁该资本的危险,因为它有可能摧毁它赖以永存的条件,即家庭集团的凝聚力。"[34] 在这里,我们是在最广泛的含意上使用信念概念的,即一种认可和接纳关系。这里引申出了一个极其重

---

〔31〕　Bourdieu, Pierre, *Outline of a Theory of Practice*, Cambridge: Cambridge University Press, 1977, p. 169.

〔32〕　Bourdieu, Pierre, *Outline of a Theory of Practice*, Cambridge: Cambridge University Press, 1977, p. 170.

〔33〕　Bourdieu, Pierre, *Outline of a Theory of Practice*, Cambridge: Cambridge University Press, 1977, p. 170.

〔34〕　〔法〕布迪厄:《实践感》,蒋梓骅译,译林出版社 2003 年版,第 303~304 页。

要的理论问题，也是布迪厄多次论述过的一个话题，即政治行为（allo - doxa）。习性的同质化所导致的潜在行为倾向的同质化，不一定就导致行为和秩序的一致和谐，也即排除竞争，而是有可能造成和加剧竞争，因为它们追求的是同一些资产。结果是，对同一资产的竞争，就有可能摧毁对集团的信念关系。习性，在此种情境之下，就可能会趋向反面，进而改变对集团统一性和整体性的信从和认可，对信念加以根本上的破坏。在一个集团（或家庭）内部，因为可能会出现这样的情况，各种各样的行为策略便得以产生和运作，以维护集团（或家庭）的象征资本和经济利益，以一种经济逻辑（经济利益）的原则行事。

在对集团行为的分析中，布迪厄认识到，在集团内部，为维护统一的象征利润与象征资本，就必须使集团成员之间的凝聚力加强，也即对集团的统一价值的信念强化，否则，便会影响到集团的象征价值和经济利润。在这里，我认为，布迪厄提出了一个信念与象征资本之间相关的问题，并且，这一问题可以得到相当广泛的伸延。同时，这一问题，也还是布迪厄在分析政治问题时相关的一个话题。一旦集团信念不复强化和维续了，政治也就出现了。这是一个相互竞争的过程，既存在于集团与集团之间，又存在于集团内部。布迪厄认为，在集团内部，如何通过集团对成员的不断监督以及成员之间的自我控制，使得对内部权力的竞争升华为对有关名誉的物的竞赛，是一个集团维系自身的关键之处。通过长期的教育灌输，形成了一种对客观结构适配的潜在行为倾向，也就是形成一种对集团统一性的信念关系，是集团普遍使用的再生产自身的一个手段。政治（allo - doxa）则是与之相反的一个方向。

布迪厄所分析过的屈尊策略实质上就是一种政治行为，"屈尊策略允许把对社会定义的否定推至极限，而仍旧按照这种社会定义被看待。屈尊策略是对界限的象征性违反，它同时提供了来自对社会定义的承认的利益和来自违背的利益。"从这里我们可以得出，对"信念"关系的思考，不能局限于其肯定性的方面，而是需要重新引入行动者的概念，而且，在布迪厄那里的行动者的概念是与实践的概念以及权力的概念紧密勾联的。换句话说，基于"信念"关系，支配者（权力的拥有者）也有相当多的"策略"行为的可能性和现实性。越拥有权力，其"策略"行为的可能性与现实性就越为灵通。而所有这一切，都可以概括为，通过对某种信念的象征性的违背，而强化了这种信念。这里所体现出来的"反信念关系"，与 allo - doxa 是不同的，后者是一种对不证自明的怀疑和不信任，因而是对信念关系努力的颠覆性尝试。被神圣化了的屈尊者们，是有意识地去选择超越界限的，"他享受关于特权的特权，而这种特权包括享有可以随意对待其特权的自由。"只有在是有意识地去进行"屈尊"，这才是有意义的和不禁止的，这是神圣化的特权赋予他们的权利，一般的行动者无法做到。也正如布迪厄所说的那样，"简而言之，神圣化的特权之一在于这一事实，即通过授予被神圣化的个人以一种不可否认和无法抹去的本质，它授权了一种越界，而这种越界如果不是在这种情况下就会遭到禁止。"[35] 因而，行动的自由选择的权利在不同的阶级之间是不同的，越处于社会位置高处的阶层，行动的自由选择的权利与空间就越大。

四、结语：一个基于信念的社会世界

本文研究路径的展开是立基于一个在布迪厄社会理论当中至为核心的概念"doxa"。在古希腊文化中，它的含义是"意见"，但在布迪厄那里，我们将之理解为行动者在行动中、亦或在日常生活当中的对社会世界的一种"信念"。有时候为了理解的需要，我也将之译为"信念关系"。而"意见"一词，在布迪厄那里，是指"opinion"，这在布迪厄的论述中是有明显区别的。[36]

而与此同时，信念关系不仅体现在对社会世界的信仰之上。进一步而言，这一对社会世界的信念，就行动者本身而言，它还体现在身体（行动者的习性）之中、体现在物事（行动者之于场域的关系）之中；亦即是说，呈现于实践当中。经由信念关系，社会世界也就以两种方式存在着："这一根源不在于意识也不在于物事，而是存在于社会的两种状态的关系之中。也就是说，存在于以制度的形式存在的历史在物事中的客观化以及存在于以持久的性情倾向体系（我称之为习性）而存在的历史在身体中的具体化之间。"[37] 也就是说，社会世界既存在于身体当中（习性），也存在于物事当中（场域），以这两种方式安顿自己。而社会学的研究对象，也即是追究习性与场域之间的历史性/历时性关系。引申出来的话题则直接与涂尔干之间存在着亲缘性，正如布迪厄认为的那样，涂尔干在《自杀论》中揭示出了这样一个问题，即自杀率的变化与所处的社会条件相关；换句话说，正是社会世界给了人类存在的理由，而不是其他因素。[38]

在此基础之上，通过阐释"doxa"所涵括的内在逻辑，我们亦可从中找到理

---

〔35〕 ［法］皮埃尔·布尔迪厄：《言语意味着什么——语言交换的经济》，褚思真、刘晖译，商务印书馆 2005 年版，第 107～108 页。

〔36〕 Bourdieu, Pierre, *Outline of a Theory of Practice*, Cambridge：Cambridge University Press, 1977, p. 168.

〔37〕 Bourdieu, Pierre, *In Other Words*：*Essays towards a Reflexive Sociology*, trans. by Matthew Adamson, Stanford, Calif.：Stanford University Press, 1990, p. 190.

〔38〕 Bourdieu, Pierre, *Pascalian Mediations*, trans. by Richard Nice, Cambridge Polity Press, 2000, p. 240.

解实践逻辑、场域、习性等概念的源头；更为重要的是，在这之间，可以引申出象征暴力或象征权力的概念。所有这些，无一例外都与身体这一被社会理论所长期忽视的概念相关联。因而，在现代社会当中的政治，就有"身体化的政治"一说。这在福柯那里表现得就更为显明了。因而可以说，"doxa"概念对于我们分析现代社会世界中的政治合法化（正当化）问题有着直接的意义。

更深入而言，布迪厄对社会世界的双重存在所作的分析，则构成了对信念的一个维度的解释，也即对基于社会结构与心智结构之间的某种契合关系之上的"同谋"或者说"误识"的理解。在此同时，作为对现代社会所作的一种分析，"信念"则成为现代社会（甚至是整个社会世界的历史）的一个基本面相，或者也可以说，现代社会的某些基本面相是基于种种"信念"之上的。"信念"，从理论的维度上来说，在布迪厄那里，主要集中在他的人类学研究以及实践理论的相关分析之中，是理解和解读人类诸种实践的一个侧面，这些对实践的解读，后来又直接成为了对现代社会解读的一个"母体"。尤其是对权力关系的解读，更是涉及"信念"概念的内在延伸和扩展。信念，作为对社会世界的前反思性的接纳关系，也即是对界限的确认和误认，这里所谓的界限是指人类社会的诸种分类系统和由社会（制度化）的仪式所导致的区分，而权力关系正是在这一确认和误认的基础上得以实现的，也亦即是象征权力的意蕴了。这里所展开的是对权力、信念与分类的内在关联的清理。也就是说，现实世界中存在着大量的分类系统，它们并非是中立的，而是演变成政治性问题，这一政治性问题也就是象征权力或者说制度性行为的行使和作用问题。"象征统治的特殊形式通过分类的集体行为推广开来，……而分类行为则产生了有意义的、从否定方面表现出来的差别，并因而产生被打上烙印的社会群体和类别。"[39] 而布迪厄所涉及的教育问题，则可以理解为是对信念的生产和再生产的一个比较具体而微的分析了。教育生产和再生产了各种分类图式、划分原则、资本分配的等级结构以及对它们的神话式的崇拜和信奉。也正是在这些分析当中，布迪厄引申出了符号暴力、象征权力（符号权力）等概念工具。非常明显的是，这些概念的基础正是在于信念之上；也就是说，倘若没有受众对各种分类图式的"前反思性"的接受，各种权力就无法以象征暴力的形式出现和运作。远远不够的还在于，以上所进行的社会分析并没有涉及"信念"的另外一个尤为关键的领域，也即社会科学场域本身。对社会科学场域"自焚式"的分析，启发了布迪厄反思与实践社会学的出场。社会科学一方面生产着各种各样的信念，同时也生产着对这些信念的信念。这是

---

〔39〕 ［法］皮埃尔·布尔迪厄：《男性统治》，刘晖译，海天出版社 2002 版，第 26 页。

一个很奇特的场域，它具有一定程度的自主性，同时却又与社会结构进行着隐而不显的"同谋"，因而它是保守式的。值得一提的是，在布迪厄看来，社会科学家们都对自身的"无意识"是最为"无意识"的了。布迪厄说，"知识分子经常处于最不利于发现或认识到符号暴力的位置上，特别是那些由社会系统施加的符号暴力，因此他们比一般人更广泛深入地受制于符号暴力，而自己还日复一日地为符号暴力的行使添砖加瓦。"[40] 他们要么以"飘移的知识分子"形象出现，要么以"社会批评家"的凌厉形象示众，而对于他们自身的社会无意识与集体无意识却并没有意识到。在这里，我记得布迪厄曾经通过分析海德格尔的政治本体论来分析知识分子（包括最"纯粹"的哲学家）与政治之间的一般性关系。如果是这样，一种反思性观念的出现就成为必不可少的了，这也就构成了布迪厄反思社会学的出场之路。所谓反思，也就是一种基于对信念反思基础上的社会科学家对社会科学以及社会科学家自身的反思。而这些内容，则型构成了布迪厄"政治、科学、理性"分析的一部分。"控制惯习的第一倾向是很困难的，可是反思性的分析告诉我们，情境强加给我们的力量有一部分正是我们赋予它的，我们可以去改变对情境的感知理解，从而改变我们对它的反应。这使我们有能力在一定程度上，对某些通过位置和性情倾向之间的直接契合关系而发生作用的决定机制，进行监督和控制。"[41]

---

〔40〕 ［法］布迪厄、华康德：《实践与反思》，李猛、李康译，中央编译出版社 1998 年版，第 225 页。

〔41〕 ［法］布迪厄、华康德：《实践与反思》，李猛、李康译，中央编译出版社 1998 年版，第 182 页。

费希特耶拿时期法权哲学的演绎

王 荔*

在全球化浪潮的冲击下，如何建立一个民主、法治的现代国家的问题仍是当代中国法学研究所面临的根本问题。然而，在这些根本问题上的薄弱，使得我国当下的法学研究常被指为"有法无理"。J. G. 费希特（J. G. Fichte, 1762～1814年）法权哲学的宗旨正是要为人类建立自由的民主法治国家提供坚实的哲学根基。他以自由为核心，先验地推演出法权概念及其系统运用，不仅对国家以及国家法的正义基础进行了学理上的论证，而且为如何建立一个现实的法治国家提供了重要的方法论指导和制度性方案。本文旨在准确解读费希特耶拿时期[1]的法权哲学体系，以期对当代中国建立真正的民主法治国家有所启迪。

一、以"能动自我"为本原的知识学基本原理的推演

要理解费希特的法权哲学（Recht – Wissenschaftslehre），首先应当进入费希特的知识学（Wissenschaftslehre），从知识学的原点——自我（Ich），以及由此推演出的知识学基本原理出发，才能准确把握费希特的法权学说。

就知识学的形成来说，费希特从进入哲学领域之日起，就是依照先验哲学的方向建构自己的哲学体系的。他极其重视康德关于实践理性高于理论理性的论点，认为这会得出人有改变一切不合理的现实的合法权利的结论。然而，费希特看到，要彻底解决康德哲学中由物自体（Ding an sich）引发的二元对立，就必须从先验自我入手，克服康德哲学的二元性和非体系性。因此，知识学只能通过自身成为不证自明、绝对可靠的思维的起点，才能确立使一切具体科学所以成为科学的最高原理，赋予人类的所有知识所必须共同遵守的法则。知识学的出发点只能在自我意识中去寻找，即必须把出现在意识中的唯一确定的东西作为出发点，而这一出发点只能是融合主观与客观为一体的、行动着的自我。

---

* 法学博士，陕西师范大学政治经济学院教师。

[1] 费希特思想体系的形成与发展大致分为两个阶段：早期（耶拿时期1794～1799年）和晚期（柏林时期1800～1814年）。虽然费希特柏林时期的思想体系与其早期相比发生了一定的转变，但这些转变是在耶拿时期哲学体系的基础上进行的修正，因而，准确理解费希特耶拿时期的思想亦显得尤为重要。

费希特认为，引导人们学会明确思考和理解能动自我概念的最容易的方式就是把思考者同时作为对象来进行思考。在自我意识中出现的自我，本质上不是意识的事实（Tat），而是使意识及其对象得以可能的东西，是造成意识事实的行动（Handlung）。所以，费希特把自我看成是事实行动或本原行动（Tathandlung）："它同时既是行动者，又是行动的产物；既是活动着的东西，又是由活动制造出来的东西；行动与事实，两者是一个东西，而且完全是同一个东西；因此，'我是'乃是对一种本原行动的表述，但也是对整个知识学里必定出现的那唯一可能的事实行动的表述。"[2] 这就是能动自我。能动自我作为绝对必定要外化自己，在现实中表现出自己创造万物的本原性，而自我在理智直观中发现的为达到绝对而自己规定自己的绝对趋势就是自由。知识学的原理所要揭示和论证的就是自由的必然性和合理性。因而，自由是知识学的出发点和最高概念，是一切行为的本原或最终根据，也是一切实践活动的基础。

找到了知识学的原点，费希特根据能动自我最初的三个行动提出了知识学的三条基本原理。第一原理：自我设定自己本身（Das Ich setzt sich selbst）。[3] 这里"设定"（setzt）指的不是物的产生，而是认知把自身与他物区分开来的那种行动。而自我也非任何经验的自我，而是绝对的自我。作为绝对的自我，自我设定自我是无规定的同一性，因而就是"一"。第二原理：自我设定非我（Das Ich setzt im Ich das Nicht – Ich）。[4] 即主体自身的行动要创造超出自身之外的对象即非我（Nicht – Ich），因而产生了"多"。第三原理：自我在自身中设定一个可分割的非我与一个可分割的自我相对立（Das Ich setzt im Ich dem teilbaren ein teilbares Nicht – Ich）。[5] 这是自我设定自我与非我的统一，是指自我在自身内把一部分的非我与一部分的自我对设起来，并构成一个整体，形成了向"统一"的回归。这种矛盾的统一就是实现了的绝对自我。为了更清晰地表达本原行动的展开，费希特以知识学的第三原理为出发点，继续推演出了知识学的两个定理。他所得到的第一条定理是"自我设定自己为受非我规定的"[6] 这是一个从客观到主观的理论理性过程，是本原行动从普遍性到特殊性的发展，也是哲学家在反思中把对立面统一起来，获得合乎真理的认识的过程。这正是理论知识学的基础。

---

〔2〕 〔德〕费希特：《全部知识学基础》，王玖兴译，商务印书馆 1986 年版，第 11 页。
〔3〕 同上注，第 11 页。
〔4〕 同上注，第 21 页。
〔5〕 同上注，第 27 页。
〔6〕 同上注，第 43 页。

第二条定理是"自我设定自己为规定非我的",[7] 这是一个从主观到客观的实践理性过程，是实践知识学的基础。

在这个实践理性过程中，费希特进一步推演出了一系列表示人的实践能力的定理，以解决如何使那种合乎真理的认识变为现实的问题。如果非我是无限理性存在者，那么，研究这种有限理性存在者与无限理性存在者之间关系的学说是宗教哲学，自我作为有限理性存在者，正是在这种关系中力求克服自己的个体性或有限性，而将自己融于无限理性存在者；而如果非我也同样是有限理性存在者，那么，会出现两种可能的情况：第一种情况是，一个有限理性存在者与其他有限理性存在者在它们自己的内在信念中应当受某种理性规律的约束，研究这种有限理性存在者之间内在信念关系的学说就是道德哲学；第二种情况是，一个有限理性存在者与其他有限理性存在者的关系必须在它们的外在行动中受到某种理性规律的强制，即任何一方都不得妨碍另一方外在行动的自由，那么，研究这种有限理性存在者之间外在行动关系的学说就是法权哲学。

二、法权概念及法权规律的推演——法治共同体存在的必然性

费希特的法权哲学体系正是按照知识学的原理建立起来的实践知识学的有机组成部分，其最高课题就是要从能动自我推演出一个由法权规律支配的感性世界的必然性与合理性，即证明一个法治共同体存在的必然性、可能性与现实性。他所要解决的第一个问题就是要从自我推演出法权概念以及法权规律。通过建立法权学说的三条定理，从作为主客同一体的能动自我出发，首先推演出个体概念，然后由此推演出法权概念与法权规律，其实质就是要证明一个法治共同体存在的必然性。

能动自我作为绝对必定要外化自己，在现实中表现出自己创造万物的本原性，因而，自我的能动性必须具备三个条件：躯体和理智力量是自我能动性的两个必要条件，否则自我既没有适用的工具，也没有明确的目标去追求绝对独立性。自我能动性的第三个条件是，假定一种在自身之外的现实理性存在者，并由此设定自我与他我之间的相互作用和相互关系。因为，不论是作为自然冲动系统的物质载体的躯体，还是观念性活动的理智力量，都不构成自我设定自我是自由的那个实质性的自我本身。虽然我具有反思自己的物质载体和能力，但我依然可以不去反思自己的能动性，从而也不会产生自我意识、自我概念。也就是说，实际上我是被要求是自由的，自由是被给予我的。我不得不自由的要求是来自另一

个理性存在者要求回答的"呼唤"（auf ruf）。[8] 只有承认一种在我之外还有其他像我一样的理性存在者具有这类对于独立性的要求，并且愿意把一个关于所要求的行动的概念通知给我，我才真正能够理解我自己对于独立性的要求。据此，费希特逐步推演出了法权概念演绎的三个定理。

　　法权概念演绎的第一定理就是："一个有限理性存在者不认为自身有一种自由的效用性（Wirksamskeit），就不能设定自身。"[9] 这是对知识学第一原理"自我设定自己本身"的具体适用。理性存在者的本质就是完全回归到自身的能动性（自我性、主体性），理性存在者通过这一能动性的活动而设定自己。自我要把自己设定为一个理性存在者，就必须认为自身有这样一种能动性，这种能动性的最终根据完全存在于这个理性存在者本身。[10] 这一能动性的活动就是自我的直观活动和意志活动的相互作用。但问题是，自我的这种能动性活动只能从实践方面设定自身，并且除了有限的东西外就根本不能设定任何东西，因此，自我在设定自己的同时必须给自己的这种实践能动性设定一个界限，这样就推演出一个"系理"："理性存在者这样设定其发挥自由效用性的能力，就设定并规定了一个在自身之外的感性世界。"[11] 这也就是知识学第二原理"自我设定非我"的具体演绎或直接推论。

　　那么，理性存在者如何设定自身在感性世界中的自由的效用性？这就产生了法权概念的第二定理："一个有限理性存在者不认为其他有限理性存在者有一种自由的效用性，因而不假定在自身之外有其他理性存在者，就不能认为自身在感性世界中有自由的效用性。"[12] 因为，根据自我性的条件，如果不对一个理性存在者提出自由行动的要求，它就不能设定自身为理性存在者，如果对它提出自由行动的要求，它就必然把一个在自身之外的理性存在者设定为提出这个要求的原因，它也就确实地设定了在自身之外有一个理性存在者。通俗地讲，"如果确实

　　〔8〕　［德］R. 劳特："费希特的社会概念——社会经验的先验构成"，李理译，载《哲学译丛》1989年第4期，第78~82页。

　　〔9〕　Fichte, *J. G. Fichte – Gesamtausgabe der Bayerischen Akademie der Wissenschaften*, von Reinhard Lauth, Abt. I, Bd. 3, S, 329, 1966 Stuttgart. 中译本，参见［德］费希特：《自然法权基础》，谢地坤、程志民译，商务印书馆2004年版，第17页。

　　〔10〕　同上注，S, 329. 中译本，第17页。

　　〔11〕　Fichte, *J. G. Fichte – Gesamtausgabe der Bayerischen Akademie der Wissenschaften*, von Reinhard Lauth, Abt. I, Bd. 3, S, 335, 1966 Stuttgart. 中译本，参见［德］费希特：《自然法权基础》，谢地坤、程志民译，商务印书馆2004年版，第24页。

　　〔12〕　同上注，S, 340. 中译本，第30页。

存在着人，就必定存在着许多人"。[13] 这样，费希特从绝对自我就不仅设定了一个有限理性存在者，而且也设定了许多有限理性存在者，因而，有待于推演的就是这许多有限理性存在者在感性世界里的相互关系。

法权概念演绎的第三定理，同时也是最重要的一条定理是："一个有限理性存在者不把自身设定为能与其他有限理性存在者处于一种确定的、人们称之为法权关系的关系中，就不能假定在自身之外还有其他有限理性存在者。"[14] 这一定理是知识学第三原理"自我设定自我与非我的统一"在法权领域的具体适用。一方面，自我应该是自由的，是自己设定自己的；另一方面，个体自我的追求绝对独立性的冲动总是有限的，要受到限制。正如我是自由的、独立的个体一样，在我之外还有其他的理性存在者，他们的自由也是不应该受到侵犯的，我追求独立性的冲动不能以毁灭另一个个体的独立性为条件。在我的每一自由行动中，我都要限制自己，从而为其他自由存在者留出自由活动的空间。只有我把他人当做一个理性存在者加以看待，我才能要求别人承认我是一个理性存在者。因而，"关于主体自身作为一种自由存在者的概念与关于主体之外的理性存在者同样作为一种自由存在者的概念是通过主体加以相互规定、相互制约的"。[15] 这种各个个体的相互制约和相互作用就是法权关系。由于受这种法权关系的制约，它们所设定的那个感性世界就成了一个共同体，而支配这个共同体的规律就是各个理性存在者都必须共同承认和共同遵守的法权规律。费希特把这个规律概括为："我在一切情况下都必须承认在我之外的自由存在者为自由存在者，就是说，我必须用关于他的自由的可能性的概念去限制我的自由。"[16] 由此得出的必然结论是，自由只能在法权关系中、在法权规律所支配的共同体（即法治社会）中才能得到贯彻和实现。

三、法权概念的适用性的演绎———一个法治共同体怎样可能

费希特根据知识学的三个基本原理推演出法权学说的三个定理，从而证明了一个法治共同体存在的必然性，他接下来要解决的问题就是：自由存在者组成的法治共同体怎样可能，也就是说，一个受法权规律支配的法治社会的建立需要怎样的条件？

对于组成法权领域的外在条件的证明，费希特是通过制定法权学说中的第四

---

〔13〕 同上注，S，347. 中译本，第 40 页。
〔14〕 同上注，S，349. 中译本，第 42 页。
〔15〕 同上注，S，350. 中译本，第 43 页。
〔16〕 同上注，S，358. 中译本，第 54 页。

和第五定理来完成的。第四定理是："理性存在者不认为自己有一个物质躯体，并由此规定这一躯体，就不能设定自己为有效用的个体。"[17] 第五定理是："一个人不设定自己的躯体受自身之外的另一个人的影响，不由此继续规定自己的躯体，就不能认为自己有一个躯体。"[18] 这两条定理的实质在于表明，组成法权共同体的外在条件是：首先，理性存在者要具有能够完全受自己自由意志支配的躯体；同时，通过躯体间的相互规定和沟通，从而彼此都把对方当做具有自由意志的理性存在者看待，并都以对方的自由意志为限来限定自己行使自由意志的范围，惟此，理性存在者在感性世界中相互发生影响才是可能的。

理性存在者要真正结合为一个共同体，还必须具备如下的内在条件。首先，人们要有一个正确的共同认识，即认识到一个由理性存在者所组成的共同体是理应存在的，也是必须存在的，只有这样，人们才会相互把对方真正当做理性存在者看待。此外，在上述共同认识的基础上，人们还要受到一个共同意志的制约，这个共同意志就是法权规律，即"你要这样限制你的自由，那就是除了你以外，他人也会是自由的。"[19] 因为，"如果他人不受这个共同意志的制约，任何人也没有办法单纯依靠自己的意志去建立一个与他人共处的共同体。"[20] 如果不是每个人都服从这条法权规律，他们组成的这个法治共同体就不可能持续存在。而这条规律之所以确实有效并且得以执行，完全是由于每个人都能作为法权主体，持续地、自由地把它变成自己的行动法规。[21] 简言之，一个法治共同体的真正结合是以人们之间相互忠诚和信任为内在条件的。

至此，费希特还有一个需要解决的难题，即如何保证人们之间都能够相互忠诚和信任？为了进一步证明法权共同体的必然性和可能性，费希特严格划分了法权领域的范围。这就是说，法权概念和法权规律涉及的是外在的物质世界，而非伦理概念、道德规律涉及的内在的精神世界。道德规律只有规劝作用，没有强制作用，但法权规律在法权领域里是有强制性的，即只有有形的强制力量才能使法权规律在这个领域里得到认可。所以，"善良意志在自然法权领域中毫无价值。即使任何人都没有善良意志，法律也必须得到强制执行。法权学说的目的恰恰是

---

〔17〕 Fichte, *J. G. Fichte – Gesamtausgabe der Bayerischen Akademie der Wissenschaften*, von Reinhard Lauth, Abt. I, Bd. 3, S, 361, 1966 Stuttgart. 中译本，参见〔德〕费希特：《自然法权基础》，谢地坤、程志民译，商务印书馆 2004 年版，第 59 页。

〔18〕 同上注，S, 366. 中译本，第 65 页。

〔19〕 同上注，S, 387. 中译本，第 93 页。

〔20〕 同上注，S, 387. 中译本，第 93 页。

〔21〕 梁志学：《费希特耶拿时期的思想体系》，中国社会科学出版社 1995 年版，第 83 页。

要就此设计这样一个事物秩序。有形的强制力量,而且只有有形的强制力量,才能使法权概念在这个领域中得到认可。"[22] 因此,费希特接下来的主要课题就是如何建立这样一个有形的强制力量,即如何建立一个现实的法治社会。

四、法权概念的系统运用——一个现实的法治国家如何建立

费希特同样运用先验演绎的方法,建构了一个由原始法权、强制法权和国家法三个部分构成的具有独创性的法权体系,最终解决了如何建立一个受法权规律支配的现实的法治社会这一重大课题。

(一)"原始法权"

原始法权概念的建立是一个单纯的假定,是为了知识学的需要而必须作出的假定。[23] 之所以作这样的假定,是为了给研究一种共同体的法权提供论据。费希特将原始法权定义为:"原始法权是人在感性世界中只作为原因(而绝不作为结果)拥有的绝对权利。"[24] 也就是说,原始法权是"那种不考虑需要受其他存在者的法权限制的法权",[25] 是人本身在原初所固有的权利。具体而言,费希特认为原始法权应包含下列权利:第一条是每个人有延续躯体的绝对自由和不可侵犯的权利;第二条是延续我们自由地影响整个感性世界的权利,也就是对物质世界通过劳动进行改造和加工的权利。[26] 原始法权之所以包含上述两项权利,是因为保存和延续我们的躯体是一切自由表现的条件,而保存和延续我们对感性世界的规定作用也是人成为自由的原因的基本权利。

原始法权的运用必须限定在一定的界限之内,才能在两个自由存在者之间促成法权的平衡,使双方互不侵犯。因为,如果一个自由存在者无限扩展其自由行动的范围,另一个自由存在者的原始法权就必定会受到侵害。因此,为保证法权平衡,费希特提出了强制法权的概念。

(二)"强制法权"

费希特指出,从主体方面说,一个自由存在者首先要获得对自身之外的另一个自由存在者的认识,才能真正的自我限制;从客体方面说,每个人要确定自己在感性世界中占有的东西,就在法律上有发表声明和公布自己财产的义务。当每

---

〔22〕 Fichte, J. G. Fichte – Gesamtausgabe der Bayerischen Akademie der Wissenschaften, von Reinhard Lauth, Abt. I, Bd. 3, S, 359, 1966 Stuttgart. 中译本,参见〔德〕费希特:《自然法权基础》,谢地坤、程志民译,商务印书馆 2004 年版,第 56 页。

〔23〕 同上注,S, 404. 中译本,第 116 页。

〔24〕 同上注,S, 404. 中译本,第 117 页。

〔25〕 同上注,S, 403. 中译本,第 115 页。

〔26〕 同上注,S, 409. 中译本,第 123 页。

个自由存在者在感性世界中都有自己确定的位置，且双方都坚持这样的位置，就根本不可能发生法权争端，在他们之间就已经建立了法权平衡。[27] 尽管如此，上述两个条件对于法权平衡来讲只是必要条件而非充分条件。因为，"在自然法权领域里，人们之间的法权关系的可能性是以相互忠诚和信任为条件的。但是，相互忠诚和相互信任并不取决于法权规律；它们不是可以强求的，也不存在可以强求它们的法律。"[28] 因而，为保证始终用合法手段来解决法权平衡问题，就需要建立"一种以机械必然性发挥效用的安排，通过这一安排，从所有违法的行动中产生出与其目的相反的结果，那么，通过这种安排，意志就会不得不只希求合法的东西，而且通过这种安排，在失去相互忠诚和相互信任之后，安全又会得到恢复"，[29] 这种安排就是强制法权或强制法。然而，要制定和维护执行这个强制法，就需要一个机构，这个机构就是共同体或国家。"通过这个共同体或国家，实现一种权力，依靠这种权力，能够强迫生活在一起的人们接受法权或他们大家必定都想要的东西。"[30] 这表明，法律必须是一种权力。只有这样，人依靠这种法律在所有其他人面前才应当是安全的，"法律在它应当行动的地方，就必须始终行动；在它被唤起的地方，就绝对不能休息。"[31]

（三）国家法

强制法权概念的建立，为自然法权的实现提供了一种权力保障，要求个人意志对共同体意志的服从。但在共同体之外，强制法权的运用仍然只是具有或然的合法性，那么，接下来的课题，而且也是整个法权哲学的核心课题就是：如何实现个人意志与国家（共同体）意志、个人权利与国家权力的统一。用费希特的话说就是："发现这样一种意志，这种意志完全不可能是不同于共同意志的意志，……在这种意志中个人意志和共同意志得到了综合统一。"[32] 从这个问题出发，费希特通过建立国家公民契约、民法和宪法，一步一步地刻画了把个人意志与共同意志结合起来的现实的法治体系。

第一，建立国家公民契约。国家公民契约是建立个人意志与共同意志的综合

---

〔27〕 同上注，S，422～423. 中译本，第139～141页。

〔28〕 Fichte，*J. G. Fichte – Gesamtausgabe der Bayerischen Akademie der Wissenschaften*，von Reinhard Lauth，Abt. I，Bd. 3，S，424～425，1966 Stuttgart. 中译本，参见［德］费希特：《自然法权基础》，谢地坤、程志民译，商务印书馆2004年版，第143页。

〔29〕 同上注，S，427. 中译本，第146页。

〔30〕 同上注，S，433. 中译本，第154页。

〔31〕 同上注，S，399. 中译本，第110页。

〔32〕 同上注，S，433. 中译本，第155页。

统一的决定性前提。它由三个部分组成，包括财产契约、保护契约与结合契约。财产契约是人与人之间签订的对每个人理应具有的财产、权利和自由的确认，同时，承诺自己不侵犯其他人的财产权。然而，"国家公民契约的目的在于，财产契约所规定的每个人独有的自由的界限应当用有形权力的强制手段加以保护，因为人们不可能也不愿意单纯信赖那种善良意志。"[33] 因此，还必须建立保护契约，即缔约的每个人都应当承诺，要用自己的力量帮助其他人，使其财产权不受任何第三者可能进行的侵犯，条件是其他所有人也应当以同样的方式帮助他抵御财产受到的侵犯。当然，仅此两个契约显然还不能保证每个人都切实履行自己的义务，这时还需要签订一个结合契约，通过结合契约形成一个组织体，建立一种保卫力量以保证财产契约与保护契约的履行。这种保卫力量就是由公民组成的、保护每个人权利的国家权力。总之，"国家公民契约是每个人与国家这个实在的整体签订的契约，个人由此使自己的一部分权利与这个整体结合在一起，但也因而获得了主权。"[34] 在国家与个人的关系问题上，费希特显然更彻底地坚持了民主主义的原则，维护了国家公民固有的自由，并把它视为公民加入国家契约的真正目的。费希特认为，在缔结了国家公民契约之后，个人就成为一个有机整体的一部分，但是，此时的个人仍是一个有限理性存在者，因为"从个人不为国家目的贡献出来的东西看，个人是自由的；在这方面，个人不是与整个国家机体交织在一起，而依然是个人，是自由的、完全独立自主的人，并且国家政权给个人保护的也正是这种自由，唯独为了这种自由，个人才加入了这个契约"[35]

第二，民法。国家公民契约中的财产契约构成了民法的基础。费希特认为，能够生存是一切人的绝对的、不可转让的权利，而要生存就必须满足对于食物等财产的需求，因此，满足这种需求是人的一切生活和一切活动的目的；每个人都有这种目的，所以，正如自由应受到国家的保障一样，这种生存目的也应受到国家的保障。因此，必须建立民法作为国家法来对这类基本权利加以保障。费希特还进一步推演出了民法的不可移易的原则，即"每个人都必须能够靠自己的劳动生活。……因而，在一个合乎理性的国家里不应存在穷人，……在一个合乎理性

---

〔33〕 Fichte, *J. G. Fichte – Gesamtausgabe der Bayerischen Akademie der Wissenschaften*, von Reinhard Lauth, Abt. I, Bd. 4, S, 10, 1970 Stuttgart. 中译本，参见〔德〕费希特：《自然法权基础》，谢地坤、程志民译，商务印书馆 2004 年版，第 199 页。

〔34〕 Fichte, *J. G. Fichte – Gesamtausgabe der Bayerischen Akademie der Wissenschaften*, von Reinhard Lauth, Abt. I, Bd. 4, S, 18, 1970 Stuttgart. 中译本，参见〔德〕费希特：《自然法权基础》，谢地坤、程志民译，商务印书馆 2004 年版，第 208 页。

〔35〕 同上注，S, 16～17. 中译本，第 207 页。

的国家里不应存在懒汉。"[36]

第三，宪法。正像国家公民契约中的财产契约为民法奠定了基础一样，为宪法奠定基础的是国家公民契约中的结合契约。宪法规定的是共同体全体成员与他们选举出来的公共权力的管理者之间的法律关系。因为，一旦国家这个"利维坦"建立之后，我们又如何保证它不会背叛人民呢？这就需要把国家也纳入到签订的契约中来，国家也要遵守这个契约，这个契约就是宪法。因此，如何制定出一部合乎理性的宪法，使个人意志与共同意志得到综合统一，从而在感性世界里实现法权平衡，就是费希特法权哲学所要解决的核心课题。所以，如果说原始法权的确立使法权关系的实现成为"或然的"，强制法权的确立则使其成为"实然的"，而国家法，尤其是宪法的确立则真正使其成为"确然的"。因而，费希特的宪法思想也是其法权学说的核心内容。

具体而言，人民主权、共和政体、行政权与监察权的分离、议行绝对一致四项原则构成了费希特的宪法思想的主要内容。首先，费希特以人民主权原则解决了国体问题，他很明确地继承了卢梭的人民主权思想，不仅论证了人民拥有选举国家官员、由他们组成政府和执行共同意志的权力，而且论证了人民在国家官员反对共同意志时拥有罢黜他们和重新建立政府的权力。在费希特看来，只有政府才可能成为理性国家的反叛者，人民则从来就不可能是反叛者。[37] 为了保证这样建立起来的政府当局会在其施政中服从于全体人民表达的共同意志，他认为，人民的权力必须超过最高政府当局掌握的权力。

其次，关于政体问题。费希特汲取了法国革命的教训，主张国家权力必须予以转让，而不能保留在共同体全体成员的手中。因为，如果不能建立起一种执行共同意志、负责公众事物的政府，共同体成员"就在执法方面既是法官，又是法律诉讼的一方"，[38] 而在这种无政府的状态下，人们是很不安全的。但是，国家权力的转让必然会出现政体的问题，即转让给谁的问题。费希特分析了三种可能的方案：他把政体分成三类，一类是专制政体，一类是广义的民主政体或最地道意义的民主政体，一类是共和政体。任何国家都不可能用前两种政体加以治理，而共和政体是治理国家的最好形式。而究竟采取哪种政体，则要视这个民族的文明程度。他写道："当人民一方面还不习惯于严格的法律，抱有一般民族的方式，

〔36〕 同上注，S, 23. 中译本，第 215 页。

〔37〕 Fichte, *J. G. Fichte – Gesamtausgabe der Bayerischen Akademie der Wissenschaften*, von Reinhard Lauth, Abt. I, Bd. 3, S, 457, 1966 Stuttgart. 中译本，参见 ［德］费希特：《自然法权基础》，谢地坤、程志民译，商务印书馆 2004 年版，第 185 页。

〔38〕 同上注，S, 439. 中译本，第 162 页。

另一方面在对其他民族的关系中还缺少权利和法律，因而，政府需要拥有更强大的力量的时候，应该优先选择专制制度；但当合法的体制已经发挥作用，创造了上述必要条件，以致法律单靠它在人心中的分量也在发挥作用的时候，则应优先选择共和政体。"[39] 费希特对于广义民主政体的态度是拒斥的。他从法国大革命的发展过程中看出，"这样一种政体，即最地道意义上的民主政体，也许是世界上可能存在的最不可靠的政体。"[40] 它本身具有两个相反相成的致命弱点，即无政府主义和极权主义。

此外，在权力制衡的问题上，费希特从另一个角度维护了人民主权原则。他清楚地看到，在法国革命最初建立的民主政体中，最高官员既拥有人民委托给他们的行政权，又拥有监督这种权力的权力，这就造成了违背共同意志的极权主义恶果。因此，行政权与监督这种权力的权力必须分开。为此，他设计了"民选监察机构"来行使监督权力，它由人民选举出来的那些年龄大和阅历多、忠于人民和深孚众望的人们组成，并不介入行政事务，但经常注视着当权者的行为，在发现当权者违背共同意志时，就发布停止政府职能的禁令，提请召集起来的人民判处它对行政权力提出的诉讼。费希特认为："合理合法的政体的基本原则是：用一个绝对否定的权力克制一个绝对肯定的权利。"[41] 但是问题在于，如果民选监察院和政府勾结起来怎么办？对此，费希特也发出哀叹："如果一个民族中公认的优秀人物的思想竟然如此低下，这个如此腐败的民族的命运就决不会比他理应享有的命运更好些。"[42] 但是，人类是创造历史的，总会有人起来反抗，这就会有两种情况：一种是人民在这种情况下齐心协力，揭竿而起，结果就是重新选举民选监察官和当权者；另一种是人民不觉悟，反抗者就成了反叛者而被政府通缉，受到完全有效的外在法律的惩罚。对于第二种结果，费希特也作了理性的分析：第一是这些先知先觉的人本应对这个民族的觉悟程度有正确的认识，因而他们完全有责任受到惩罚；第二是政府发了通缉令后，这些人逃走的可能性更大。

---

[39] Fichte, *J. G. Fichte – Gesamtausgabe der Bayerischen Akademie der Wissenschaften*, von Reinhard Lauth, Abt. I, Bd. 4, S, 81, 1970 Stuttgart. 中译本，参见 [德] 费希特：《自然法权基础》，谢地坤、程志民译，商务印书馆 2004 年版，第 287 页。

[40] Fichte, *J. G. Fichte – Gesamtausgabe der Bayerischen Akademie der Wissenschaften*, von Reinhard Lauth, Abt. I, Bd. 3, S, 439, 1966 Stuttgart. 中译本，参见 [德] 费希特：《自然法权基础》，谢地坤、程志民译，商务印书馆 2004 年版，第 162 页。

[41] Fichte, *J. G. Fichte – Gesamtausgabe der Bayerischen Akademie der Wissenschaften*, von Reinhard Lauth, Abt. I, Bd. 3, S, 449, 1966 Stuttgart. 中译本，参见 [德] 费希特：《自然法权基础》，谢地坤、程志民译，商务印书馆 2004 年版，第 175 页。

[42] 同上注，S, 456. 中译本，第 185 页。

因为，"行政权力越卑鄙，那些向人民发出号召的人们率先逃避行政权力的惩罚的可能性就越多。"[43]

费希特宪法学说中的最后一个问题是如何形成与表达共同意志的问题。费希特认为，既不能允许个人意志妨碍共同意志，也不能允许共同意志强制个人意志，而是应当求得二者之间的合理合法的统一。因此，无论制定宪法还是修改宪法，无论选举还是罢免国家最高官员或者民选监察员，都必须得到共同意志的保证，而共同意志就是共同体全体成员在集合起来时达成的绝对一致的意见。如果有少数人不同意大多数人达成的共识，大家可以对他们作工作，说服他们，帮助他们提高作出判断的能力或克服偏颇的见解；他们如果还不同意，大多数人就应该尊重他们的权利，允许他们带上自己创造的财产，离开这个国家的领土。[44]

五、结语

费希特这位卓越的哲学家运用纯粹的先验演绎方法，一步一步地为我们勾勒出了一个现实的法治国家的清晰轮廓。他从绝对自我推演出了法权概念以及法权规律，从而证明了自由只能在法权关系中、在法权规律所支配的共同体（即法治国家）中才能得到贯彻和实现，这就证明了一个法治共同体存在的必然性；接着，他分析了一个受法权规律支配的法治共同体的建立所必须具备的外在条件和内在条件，并指出，只有有形的强制力量，才能保证这些条件的实现，这也就证明了一个法治国家实现的可能性；至于如何建立这样一个有形的强制力量，即如何建立一个现实的法治社会的问题，费希特同样运用先验演绎的方法，建构了一个由原始法权、强制法权和国家法三个部分构成的具有独创性的法权体系，一方面为法权的实现提供了一种强制力量的保障，更通过建立由国家公民契约、民法和宪法组成的国家法，一步一步地建立了把个人意志与共同意志结合起来的现实的法治体系，最终解决了如何建立一个受法权规律支配的现实的法治国家这一重大课题。

费希特耶拿时期的法权哲学就其内容的丰富性和体系的广阔性来说，或许与康德和黑格尔无法相提并论。但是，费希特的法权理论仍具有独特价值。首先，费希特的法权哲学克服了传统自然法学派理论的空洞性。以往的自然法学派认为，自然状态是一种国家尚未出现的社会生活，由此产生的自然法就不可避免地缺乏理论根基；而费希特则与此相反，他认为国家才是真正的自然状态，"国家本身会成为人的自然状态，国家的各项法律不可能是任何别的东西，而只能是已

---

〔43〕　同上注，S, 457. 中译本，第186页。

〔44〕　同上注，S, 455. 中译本，第182～183页。

经实现的自然法。"[45] 这个解释阐明了自然法与实定法、法律权利与国家权力之间的内在联系，从而深刻地揭示了自然法权的基础，更为国家以及国家法的合法性建立了坚实的根基。其次，费希特关于国家与法的全面而系统的学理论证，使政治哲学包括法哲学建立在了一种学理上可以证明的普遍原则上，从而使任何人都没有理由拒绝建立在这些原则上的理论。因此，费希特确立的法权哲学对于当代的法学研究仍是不可或缺的，尤其对于在个人权利的绝对性仍没有得到真正自觉与尊重的国家来说，具有更根本的意义。再次，费希特的法权哲学在本质上就是对自由、平等问题的探讨，它既涉及个人自由，也关系整个共同体的自由；强调人的尊严和人的价值，突出人与人之间的互相尊重的伦理原则。马克思和恩格斯多次指出，费希特法权哲学的核心就是要建立以人人平等为基础的、真正的法律王国。这对当代中国"以人为本"理念的确立与落实无疑有着重要的理论意义。最后，费希特严谨而缜密的法权哲学体系是对康德、卢梭的法哲学思想的继承与批判，对其后的谢林、黑格尔也产生了深刻的影响。更为重要的是，费希特的法权哲学是准确理解马克思主义法学的重要理论渊源，是进一步研究马克思主义法学的出发点，是进一步创造性地坚持马克思主义法律思想的前提。

---

〔45〕 Fichte, *J. G. Fichte – Gesamtausgabe der Bayerischen Akademie der Wissenschaften*, von Reinhard Lauth, Abt. I, Bd. 3, S, 432, 1966 Stuttgart. 中译本，参见〔德〕费希特:《自然法权基础》，谢地坤、程志民译，商务印书馆 2004 年版，第 153 页。

霍姆斯的贡献：法律形式主义的限度
——洛克纳诉纽约州（Lochner v. New York）的个案解读

赵大千*

一、引言：问题的提出

回溯过去的一百年，如果我们评选美国联邦最高法院最"臭名昭著"的案件判决，洛克纳诉纽约州案（以下简称"洛克纳案"）当之无愧。从历史发展的角度看，Lochner 案不仅是判决一项限制面包工人最长工作时间的州法律违宪的个案，更重要的是它标志着一个时代的开始：在此后 30 多年间，美国最高法院宣告了 200 多个社会立法和福利措施无效，包括最低工资要求、工会合法性、工作场所安全标准等等。从学术研究的角度看，对洛克纳案的主流评价已经被批评者们所控制，甚至可以说我们现在对洛克纳案的理解实际上是由那些批评意见所形塑的。批评者们[1]把洛克纳案的判决同法律形式主义紧密联系，对于其中一者的攻击就是对另外一者的攻击。他们把"法律形式主义"定义为一种描述司法过程的法律理论，[2]即描述法官实际裁判案件过程或关于他们应该怎样裁判案件的司法理论。其核心主张是法律是一个封闭的逻辑自洽的概念体系，法官通过演绎推理可以从法律规范中导出正确的案件判决（本文也在这一意义上讨论法律形式主义）。根据这一定义，批评者们认为洛克纳案的判决结果明显荒谬的关键原因在于最高法院机械的逻辑推理。

最高法院对洛克纳案的分歧很大，最后以 5:4 的微弱优势形成多数判决意见。本案存在两种反对意见：一种是霍姆斯法官独立形成的司法异议（笔者将在

---

* 吉林大学理论法学研究中心 2008 级博士研究生，主要从事霍姆斯法律哲学和法社会学研究。

〔1〕 参见［美］斯蒂芬·M. 曼菲尔德：《从前现代主义到后现代主义的美国法律思想：一次思想航行》，李国庆译，中国政法大学出版社 2002 年版，第 206～207 页。相关的讨论还有 Roscoe Pound, "Liberty of Contract", *Yale Law Journal*, Vol. 18 (May 1909), pp. 454～487; Neil Duxbury, *Pattern of American Jurisprudence*, Oxford University Press, 1997; Robert L. Hale, "Coercion and Distribution in a Supposedly Non‑coercive State", *Political Science Quarterly*, Vol. 38 (Sep. 1923), pp. 470～494; Robert L. Hale, "Force and the State: A Comparison of 'Political' and 'Economic' Compulsion", *Columbia Law Review*, Vol. 35 (Feb. 1935), pp. 149～201; Morris R. Cohen, "The Basis of Contract", *Harvard Law Review*, Vol. 46 (Feb. 1933), pp. 553～592.

〔2〕 参见柯岚："法律方法中的形式主义与反形式主义"，载《法律科学》2007 年第 2 期。

下文加以详细讨论）；另一种是以哈兰法官为首的司法异议（Justice Harlan joined Justice Day and Justice White）。引起笔者注意的是，以哈兰法官为代表的司法异议也是法律形式主义的——接受多数意见的逻辑前提，采用逻辑推理的法律方法。那么，同样是以法律形式主义为基础的两个司法过程为什么却产生大相径庭的结论？法律形式主义必然会导致洛克纳案的错误吗？如果答案是否定的，法律形式主义应该在多大程度上为洛克纳案的错误负责，或者说应该如何认识法律形式主义的限度？霍姆斯的反对意见如何批评法律形式主义，他的批评是否有效？

上述困惑构成笔者重新解读洛克纳案的基本理由和问题限定。本文旨在连接抽象的法律理论和实际的司法运作过程，从法学内部视角出发集中关注一般法律理论在具体司法案件中的"运用"问题，说明法律形式主义作为一种司法理论的限度。

为了达致这一写作目的，本文侧重法律技术和规范层面的分析，集中讨论司法审判过程中法律规范体系与外部经验世界的互动关系。下面的分析框架旨在使我们可以更为清晰地描述法律形式主义司法审判过程，说明在此过程中逻辑的作用和局限。首先，连接案件事实情形与法律规范体系；其次，论证法律规范体系中原则（principle）、概念（conception）、规则（rule）之间的互动关系；最后，依据法律规范体系做出案件判决。不可否认，即便是法律形式主义的司法审判过程，也远比这一抽象简约的分析框架复杂。

在结构上，本文将做如下安排：第一部分，具体分析 Lochner 案多数意见，描述法律形式主义作为一种司法理论在具体案件中的表现，说明"逻辑"在司法过程中的地位和作用，并将其作为在后文中深入分析的参照性基础。第二部分，主要考察以哈兰法官为首的司法异议。具体而言，笔者将主要讨论两个问题：其一，解释哈兰法官的司法异议与多数意见的分歧；其二，通过比较揭示法律形式主义司法理论中"逻辑"的限度。第三部分，集中讨论霍姆斯法官的反对意见，说明霍姆斯对逻辑在司法过程中的作用和局限的认识，以论证其对法律形式主义批评的有效性。

二、法律形式主义的司法过程：洛克纳案的多数意见

在具体的分析展开之前，有必要首先概述洛克纳案的基本案件事实和法律依据。

（一）洛克纳案的案件事实和法律依据[3]

1895 年，纽约州通过《面包作坊法》（Bakershop Act）。这项州法律第 110
条规定："在面包作坊，雇主不得要求雇工或不阻止雇工每周工作超过 60 小时，
或每天工作超过 10 小时。"洛克纳是纽约州一个小面包坊业主，1905 年他因第
二次违反该项法律（即要求工人每周工作 60 小时以上）而被州政府处以 50 美元
的罚款。洛克纳因不服此项处罚而向法院提起诉讼，主张《面包作坊法》第 110
条违反了美国宪法第十四条修正案。该案首先在纽约州法院审理，败诉后上诉到
联邦最高法院。上述情形构成最高法院审理洛克纳案的基本案件事实。

1868 年通过的美国宪法第十四条修正案规定："凡是在合众国出生或归化合
众国并受其管辖的人，均为合众国和他们居住的州的公民。任何一州，都不得制
定或实施限制合众国公民特权或豁免权的任何法律；不经正当程序，不得剥夺任
何人的生命、自由或财产；对于其管辖下的任何人，亦不得拒绝给予平等法律保
护。"此条规定适用于各州政府机关。最高法院关于洛克纳案的核心争议体现在
宪法第十四条修正案·正当程序条款[4]。

正当程序条款首先规定在 1791 年通过的宪法第五条修正案中："联邦政府机
关不经正当程序，不得剥夺任何人的生命、自由或财产"。宪法第十四条修正案
将这一条款扩展适用于各州政府机关。联邦最高法院将正当程序条款与前款"任
何一州，都不得制定或实施限制合众国公民的特权或豁免权的任何法律"相结
合，开创了法院对州立法的违宪审查程序，防止州政府通过立法侵犯公民权利。
自此，《权利法案》（the Bill of Right）中所规定的各项权利能够通过在具体个案
中的程序性（procedural）审查和实体性（substantive）审查获得切实的司法救
济。然而，宪法修正案并没有详细列举公民权利的具体内容，仅用"人的生命、
自由、财产"等含义模糊的词汇来表示。宪法也没有包含任何对它意图允许或禁

---

[3]　See Oliver Wendell Holmes, *The Dissenting Opinions of Mr. Justice Holmes*, New York：The Vanguard
Press，1929，p. 3.

[4]　See Fourteenth Amendment to the United States Constitution，载 http：//en. wikipedia. org/w/in-
dex. php? oldid = 394012885，最后访问时间：2010 年 10 月 1 日。

美国宪法第十四条修正案主要包括三层含义：公民资格条款、正当程序条款和平等保护条款。

公民资格条款：该条款提供了比较宽泛的"公民资格"定义（a broad definition of citizenship）和双重
公民资格（dual citizenship），前者主张合众国公民包括所有在合众国出生或归化合众国并受其管辖的人，
从而推翻了 1857 年德雷德·斯科特诉桑福德案（Dred Scott v. Sandford）所支持的黑人不属于合众国公民的
判决。后者认为符合上述条件的人既是合众国公民，同时也是他们所居住的州的公民。

平等保护条款：该条款规定，各州必须为其管辖下的任何人提供平等法律保护。以这一条款为基础，
联邦法院通过 1954 年布朗诉教育委员会案（Brown v. Board of Education）抗击了种族隔离制度。

止的那些程序的描述，甚至没有说明什么原则可以用来确定某一程序是不是正当程序。因此，"法律解释"成为法院运用"正当程序条款"的关键。

（二）多数意见：法律形式主义的司法过程

佩卡姆法官（Rufus Peckham，1896～1909 年任职于联邦最高法院）撰写了洛克纳案的多数意见。依据本文的分析框架，笔者将具体描述多数意见所体现的法律形式主义的司法过程。

1. 用"归类"的方式连接案件事实情形与法律规范体系。对法律形式主义来说，当一个新案件出现，又没有详细而精确的实体规则可以直接适用时，法官将首先通过"归纳"、"区分"、"类推"等逻辑方法对案件进行归类。[5] 具体到洛克纳案，多数意见首先分析了基本的法律材料——纽约州《面包作坊法》第110条的规定和本案先前的法院判决，主要包括两个方面：

第一，多数意见认为纽约州此项立法没有对"要求"（"required"）这一语词进行精确的解释。显然，"要求"（"required"）这一语词并不涉及任何通过物理强制（physical force）而获得雇工劳动的情形。因而，可以假定纽约州此项法律所指涉的对象是自愿性劳动合同，具体到本案，雇主对雇工每周大于 60 小时工作时间（超过州法律规定的最长工作时间）的"要求"建立在自愿性劳动合同的基础之上。

第二，纽约州关于面包工人最长工作时间的法律没有任何关于特殊紧急情况的条款（no provision for special emergencies）。在多数意见看来，这意味着该法律在所有情形下都是强制性的，是一种绝对的禁止：既禁止雇主在任何情形下要求工人每天工作超过 10 小时，又阻碍雇工自愿超出最长工作时间以赚取额外的报酬。[6]

通过对案件事实的语义分析，多数意见将洛克纳案的核心争议归结为：纽约州的立法（《面包作坊法》）剥夺了雇主与雇工之间的（劳动）"契约自由"或"合同权利"，这一情形是否违反宪法第十四条修正案的"正当程序原则"？

2. 通过"演绎逻辑"从法律规范体系的一般原则中推导出实体规则。法律形式主义或多或少将法律视为"封闭的"规范体系，即法律体系是由抽象法律原则和法律概念组成的逻辑上自洽的体系。该体系在概念上被排序：最高等级的基本原则是依据科学标准从众多的先前判决中归纳出来（或根据民主立法程序为

---

〔5〕 See Brian Leiter, *Legal Formalism and Legal Realism：What is the Issue?*, Cambridge University Press, 2010, pp. 111～133.

〔6〕 Lochner v. New York, 198 US 45 (1906).

法律所规定）的。这些原则必须少量且相互一致。它们既要足够抽象以涵盖到可能发生案件的全部范围，又要足够精确以作为逻辑演绎的起点。最低等级的规则可以从少数相对抽象的原则中推演出来，作为逻辑结果它们详尽而精确以适用于具体案件判决。[7]

因此，法律形式主义作为一种描述法官如何审判的司法理论展现如下特征：首先，注意对高层次原则的精确的分析性定义，这些原则是演绎逻辑链条的源头。[8] 其次，运用自上而下的演绎逻辑和同类先例类比的法律方法推演出逻辑一致的基本概念和实体规则。

在洛克纳案中，通过对案件事实的区分、类推，本案的法律争议被归结为：纽约州限制劳动合同自由的立法是否违反宪法第十四条修正案的正当程序原则？依据法律形式主义，多数意见以"正当程序原则"为起点展开逻辑推理。

宪法第十四条修正案规定："不经正当程序，任何一州不得剥夺任何人的生命、自由或财产。"法律形式主义将这一基本法律原则表述为：任何一州只有通过正当程序才能剥夺宪法所保护的自由。宪法文本在语言上的不精确性和概念的多义性较之其他成文法显得尤为突出。法官在适用宪法条款中的基本原则时必须首先进行精确的解释，即在这一原则中"正当程序"和"宪法所保护的自由"具体是什么？多数意见将其解释为两个法律概念（其中任何一个概念在美国宪法中都未得到明确指涉或界定）：契约自由（freedom of contract）和警察权力（police power）。[9]

多数意见认为契约自由和买卖劳动的权利是宪法第十四条修正案所"保护的自由"的一部分。前者已经由奥尔盖尔诉路易斯安娜州案（Allgeyer v. Louisiana）所确立。因此，洛克纳案中关于雇主与雇工之间工作时间的契约自由是受宪法所保护的自由。任何州只有合理行使警察权力才能干涉契约自由。[10] 多数意见主张警察权力存在于合众国各州的统治权之中，各州立法机关制定的法律是行使警察权力的一种方式。但是，这一概念模糊不清，需要法院进行准确的描述和限定。洛克纳案的关键是对合理行使警察权力进行论证，即纽约州干涉契约自由

---

〔7〕 参见［美］托马斯·C. 格雷："兰代尔的正统观念"，樊安译，载邓正来主编：《西方法律哲学家研究年刊》（总第3卷），北京大学出版社2009年版。

〔8〕 参见［美］斯蒂芬·M. 菲尔德曼：《从前现代主义到后现代主义的美国法律思想：一次思想航行》，李国庆译，中国政法大学出版社2005年版，第174~176页。

〔9〕 参见［美］罗斯科·庞德：《法理学》（第1卷），邓正来译，中国政法大学出版社2004年版，第94~95页。

〔10〕 Lochner v. New York, 198 US 45 (1906).

的立法是否是正当行使警察权力？[11]

多数意见首先运用"同类先例类比"的法律方法。在霍尔登诉哈代案（Holden v. Hardy）中，法院判决犹他州限制矿业工人最长工作时间的法律条款是正当行使州的警察权力。该法律条款规定："除紧急情况外（即生命、财产处于急迫的危险之中），工人持续在矿山地下或持续工作每天不得超过8小时。"多数意见认为 Utah 州的此项立法规定了"紧急情况"条款并将适用范围明确限定在特定的劳工阶级——矿工，不涉及其他行业的劳动者，因此不能涵盖洛克纳案。而阿特金诉堪萨斯州案（Atkin v. Kansas）和佩迪特诉明尼苏达州案（Petit v. Minnesota）则表明有效（valid）行使警察权力被限定在特定的范围内，即各州只有以确保安全、健康、道德或一般公共福利、公共利益为目的的行使警察权力才被视为公平的、合理的和恰当的。[12]

洛克纳案的争议被演绎为：纽约州的《面包作坊法》是否以安全、健康、道德或一般公共福利、公共利益为目的。多数意见运用自上而下的逻辑推理讨论纽约州的立法作为一项劳动法是否有效。美国的立法理论否定州具有运用立法权从一个经济集团（one economic group）向另一个经济集团重新分配福利或权力的能力。唯一的例外是：被区别对待的经济集团受到特殊的损害，需要州的特别保护。上述情形下的立法属于"劳动法"。这一例外情形在洛克纳案中不可得，因为纽约州立法所涉及的面包工人属于普通职业，[13] 正如佩卡姆法官所述：

> "毫无疑问，面包工人作为一个阶级与其他贸易或职业中的工人相比在智力和能力上是平等的。没有州的保护（这一保护干涉面包工人判断和行为的独立性），他们依然可以主张他们的权利和自我保护。面包工人不需要州无意义的监护。从劳动法的角度看，我们认为面前的这种法律既不涉及安全、道德，也不涉及公共福利。公共利益根本没有受到该法律的一点儿影响。"[14]

佩卡姆法官清晰地论证了面包工人作为一种普通职业没有受到立法特殊保护的必要，排除了"道德"、"安全"、"一般福利"、"公共利益"等作为纽约州限

---

〔11〕 Lochner v. New York, 198 US 45 (1906).

〔12〕 Lochner v. New York, 198 US 45 (1906).

〔13〕 See Owen M. Fiss, *History of the Supreme Court of the United States*, Vol. 8: *Troubled Beginnings of the Modern State, 1888～1910*, Macmillan Publishing Company, 1993, pp. 159～165.

〔14〕 Lochner v. New York, 198 US 45 (1906).

制最长工作时间法律的立法目的的可能性，从而否定《面包作坊法》作为一项劳动立法的有效性。因此，在逻辑上只须考察纽约州的立法是否以保护面包工人的"健康"为目的，即该项立法作为"健康法"是否有效。

至此，最高法律原则"正当程序原则"经过多数意见的层层逻辑推演被具体为这样一条实体规则：以保护健康为目的的州立法是合理运用警察权力干涉契约自由。

3. 将具体规则"适用"案件事实以得出唯一正确的判决。法律形式主义旨在通过法律方法将具体规则适用于案件事实以得出唯一正确的判决，即将法律推理（legal reasoning）与政策考量（policy consideration）隔离开来，仅仅根据客观事实、明确规则、逻辑推理判断一切具体行为是否合乎法律的要求。[15]

经过层层演绎推理，洛克纳案的争议具体为面包工人的工作是否不健康使得纽约州干涉契约自由的立法有效。佩卡姆法官引入了"手段–目的"（means–end）的衡量方法，尤其强调目的自身必须是"合理的"与"合法的"。通过"手段–目的"方法，佩卡姆法官将纽约州立法"有效性"（validity）问题转化为检验目的与手段的关系问题——即最长工作时间限制（手段）与面包工人健康（目的）之间是否具有充分的联系。根据沃伦法院的传统，[16] 佩卡姆法官坚持最长工作时间必须"直接关联"健康，"间接的"或"遥远的"关联都是不充分的。洛克纳案的法律争议最终被归结为"最长工作时间与面包工人的健康之间是否具有直接关联"。多数意见从如下两方面进行分析论证：

其一，面包行业与其他行业相比并不是一种不健康的行业。佩卡姆法官花费大量笔墨将面包行业与其他行业进行比较，并引用有关所有行业和职业健康状况的统计数据，说明没有证据证明面包工人有特别不健康的情形出现。他强调一项有效的"健康法"旨在保护"公共健康"（the public health）而非某一劳动阶级的健康（the class health）。佩卡姆法官认为：

> "我们不可能无视这一事实：许多具有这一特征的法律，当它们宣称是以保护公共健康或福利为目的行使警察权力从而得到通过时，实际上这些法律是出于其他动机而被通过。"[17]

〔15〕 See Pierre Schlag, "Formalism and Realism in Ruins（Mapping the Logics of Collapse）", *Iowa Law Review*, Vol. 95（Nov. 2009），pp. 195 ~ 245.

〔16〕 Owen M. Fiss, *History of the Supreme Court of the United States*, Vol. 8: *Troubled Beginnings of the Modern State*, *1888 ~ 1910*, Macmillan Publishing Company, 1993, p. 162.

〔17〕 Lochner v. New York, 198 US 45（1906）.

其二，多数意见认为即便是出于保护面包工人健康的目的考虑，合理的手段应该是规定工作环境的清洁度等，而非限制最长工作时间。[18]

综上，借助逻辑推理，多数意见从最高原则中推出低级的实体规则并将它适用于具体案件事实，认为"面包行业的健康不是一个合理的立法目的"，判决纽约州限制面包工人最长工作时间的法律因违反宪法第十四条修正案而无效。

三、法律形式主义的分歧：哈兰法官的反对意见

（一）另一个结论

作为洛克纳案的反对意见，哈兰法官（Justice Harlan joined Justice Day and Justice White）同多数意见一样以法律形式主义的司法审判而引人注目。具体表现为以下几个方面：

首先，哈兰法官接受多数意见的逻辑前提（premise），[19] 即将正当程序原则转化为"契约自由"和"警察权力"两个法律概念。哈兰法官认为警察权力的存在已经得到联邦法院和州法院的一致承认，然而洛克纳案法院并没有试图说明州警察权力精确的界限。所有先例［如帕特森诉肯塔基州案（Patterson v. Kentucky）和巴比尔诉康诺利案（Barbier v. Connolly）］都一致肯定这种警察权力至少被拓展至保护生命、健康和公共安全，以防止任何公民不法运用（injurious exercise）其权利。一般而言，契约自由属于每个人与生俱来所享有的权利。诸多先例［如劳顿诉斯蒂尔案（Lawton v. Steele）、冈德凌诉芝加哥案（Gundling v. Chicago）］说明州可以运用警察权力限制或干涉契约权利。[20]

其次，哈兰法官同样运用了自上而下的逻辑推理和同类先例类比的法律方法推演出最低级的实体规则以适用于具体案件事实。哈兰法官的司法异议主张契约自由应该受到某些限制，即应该遵循以增进一般福利、保护公共健康、公共道德、公共安全为目的的法律。将上述法律规则运用到洛克纳案，所要处理的核心争议是纽约州的立法是否以保护面包工人的身体健康为目的。[21]

显而易见，最高法官8名法官共同认为洛克纳案的核心争议是：对面包工人来说，烘焙行业是否足够不健康以使得纽约州干涉面包工人与雇主之间合同关系

---

〔18〕 Lochner v. New York, 198 US 45 (1906).

〔19〕 Matthew Bewig, "Lochner v. The Journeymen Bakers of New York: The Journeymen Bakers, Their Hours of Labour and the Constitution: A Case Study in The Social History of Legal Thought", *The American Journal of Legal History*, Vol. 38, (Oct. 1994), p. 415.

〔20〕 Lochner v. New York, 198 US 45 (1906).

〔21〕 Lochner v. New York, 198 US 45 (1906).

的立法显得必要。[22]那么，是什么原因导致法律形式主义产生两种相反的判决意见？

从表面上看，对事实材料不同的解读方式造成了多数意见和哈兰法官反对意见在结论上的差异。如上文所述，多数意见侧重关注面包行业与其他行业的比较，引用相关统计数据说明面包工人是不存在额外健康风险、不需要立法特殊保护的普通职业群体。同时，多数意见认为限制工作时间不是合理的保护工人健康的手段。哈兰法官则认为"我们必须记住（纽约州的）这一立法并不意图适用于所有行业，它仅仅适用于面包工厂和糖食制造业，众所周知（在这一行业）工人持续呼吸的空气确实不如其他行业或户外行业那么纯净和健康。"[23]因此，他集中关注面包行业本身是否有害工人健康，并引用 Hirt 教授的学术论文和纽约州统计局的年度报告证明这一点。哈兰法官同时强调在涉及工人健康和安全的特殊行业，应该在法律上规定一天（最长）劳动时间。这是众所周知的，美国国会和几乎所有州都颁布法律认定这一点。许多这类法律规定八小时为恰当的一天基本劳动时间。因此，哈兰法官认为不能认定纽约州的《面包作坊法》违反宪法第十四条修正案。正如庞德在重申 Lochner 案时所指明的：哈兰法官的司法异议在经验层面上批评多数意见。两者的区别在于理论的运用而非法律形式主义理论本身。[24]

进一步的追问是：什么原因导致哈兰法官和多数意见在经验层面的差异？从司法意见文本来看，上述差别反映了两者在限制立法权方面的理论分歧。哈兰法官的反对意见明确论证了这一点，他与多数意见的共同问题是：[25]在什么情形下法院可以宣称法律超出立法权或者法律无效？

首先，哈兰法官的反对意见为法院的司法审查权划定一个狭窄的范围：立法不能被无视或被判定无效，除非它明显地超出立法权限。雅各布森诉马萨诸塞案（Jacobson v. Massachusetts）表明法院只在影响一般福利存在方面有权审查立法行为。其次，反对意见认为显然纽约州的立法以保护面包工厂和糖食制造业工人的健康为目的。这一立法的初衷（部分上）出于对该行业雇主和雇工之间不平

---

〔22〕　See Matthew Bewig, "Lochner v. The Journeymen Bakers of New York: The Journeymen Bakers, Their Hours of Labour and the Constitution: A Case Study in The Social History of Legal Thought", *The American Journal of Legal History*, Vol. 38（Oct, 1994）, pp. 414~415.

〔23〕　Lochner v. New York, 198 US 45（1906）.

〔24〕　Roscoe Pound, "Liberty of Contract", *Yale Law Journal*, Vol. 18（May 1909）, p. 460.

〔25〕　Ernst Freund, "Limitation of Hours of Labor and the Federal Supreme Court", *Green Bag*, Vol. 17（June, 1905）, p. 411.

等关系的确信并反映了纽约人民对这一确信的表达——普通人认为在该行业每周工作超过 60 小时会对健康造成损害。最后，上述理由表明纽约州的立法并不违反宪法第十四条修正案。法院的职责是维持州法律与宪法没有明显的冲突，这即构成州合理行使立法权（警察权）的充分理由。至于该项法律是否是一项明智的（wise）立法并不是法院所关心的问题，这是立法者而非法院的责任。显而易见，多数意见关于立法权的限制过于严格。[26]

自洛克纳案以来，关于哈兰法官与多数意见基本分歧的研究持续不断。[27]在笔者看来这些学术研究共享同样的基础，即以个人和国家为基本分析单位，关注个人权利 – 国家权力的相互关系，侧重对国家权力的探讨，如国家权威的概念（the conception of state authority）、国家调节经济活动的权力（the power of state to regulate economic activity）等等。上述基本理论的区别构成哈兰法官与多数意见在限制立法权方面分歧的深层原因。更为重要的是，已有的研究文献集中在理论和原理的层面讨论问题，本文则尝试将研究重点转向技术和规范层面，说明哈兰法官与多数意见的分歧反映了法律形式主义作为一种司法理论的限度。

（二）法律形式主义的分歧

1. 逻辑在法律形式主义理论中的作用和地位。托马斯·格雷将法律形式主义概括成一种内部理论，[28] 它既包括从内部视角出发精确地描述法律规范体系，

---

[26]　Lochner v. New York, 198 US 45 (1906).

[27]　相关的研究包括：Roscoe Pound, "Liberty of Contract", *Yale Law Journal*, Vol. 18 (May 1909), pp. 454~487; Matthew Bewig, "Lochner v. The Journeymen Bakers of New York: The Journeymen Bakers, Their Hours of Labour and the Constitution: A Case Study in The Social History of Legal Thought", *The American Journal of Legal History*, Vol. 38 (Oct, 1994), pp. 414~415; Ernst Freund, "Limitation of Hours of Labor and the Federal Supreme Court", *Green Bag*, Vol. 17 (June, 1905), p. 411; Kerr Robert, "Naturalizing the Artificial Citizen: Repeating Lochner's Error in Citizens United v. Federal Election Commission", *Communication Law and Policy*, Vol. 15 (Oct. 2010), pp. 311~363; Schor, Miguel, "The Strange Cases of Marbury and Lochner in the Constitutional Imagination", *Texas Law Review*, Vol. 87 (July 2009), pp. 1463~1498; Voctoria F. Nourse, "A Tale of Two Lochners: The Untold History of Substantive Due Process and the Idea of Fundamental Rights", *California Law Review*, Vol. 97 (July 2009), pp. 751~800; James Y. Stern, "Choice of Law, the Constitution, and Lochner", *Virginia Law Review*, Vol. 194 (June 2008), pp. 1509~1567; Paul Kens, Michael A. Ross, "Lochner v. New York: Economic Regulation on Trial", *Law and History Review*, Vol. 18 (July 2000), pp. 707~708; James E. Fleming, "Fidelity, Basic Liberties, and the Specter of Lochner", *William & Mary Law Review*, Vol. 41 (Jan. 1999), pp. 147~177; Julie E. Cohen, "Lochner in Cyberspace: The New Economic Orthodoxy of Rights Management", *Michigan Law Review*, Vol. 97 (April 1998), pp. 462~574; David A. Strauss, "Why Was Lochner Wrong?" *The University of Chicago Law Review*, Vol. 70 (Winter 2003), pp. 373~386 等。

[28]　参见 [美] 托马斯·C. 格雷："兰代尔的正统观念"，樊安译，载邓正来主编：《西方法律哲学家研究年刊》（总第 3 卷），北京大学出版社 2009 年版。

又包括在理论上阐明运作这些法律规范的方法，即它既是一种法律规范理论又是一种司法理论。

就描述法律规范体系而言，法律形式主义深受自然科学的影响，认为任何特定领域的知识都可以构建成由相互关联的、逻辑上可证明的基础原则所支配的科学。他们意图建构一个以抽象的理性和逻辑为基础的法律规范体系，即借助几何学方法，搜寻有关现实的科学知识，并用逻辑系统化自己的发现，从而形成一个由一些基本的最高等级的范畴、原则和众多最低等级的实体规则所构成的概念序列体系。[29] 可见，法律形式主义认为法律规范体系本身是逻辑的产物。逻辑是人们思维必须遵守的基本准则，无论是理论还是实践，结论都必须借助逻辑的方法得出。通过逻辑的方法法律形式主义在法律规范体系与法官司法活动之间取得了一致性，他们既科学地建构法律规范体系，同时又支持法官接受和运用这些法律规范。因此，就阐明法律规范的运作方法而言，法律形式主义者突出的表现为司法三段论，即在司法判断过程中，从已知的大前提（法律规则、法律原则）和小前提（案件事实）出发，将事实与规范结合起来，通过逻辑推论必然地导出结论。[30] 简言之，"将法律规范适用于具体案件事实以做出判决"的过程被抽象为"以法律为大前提，以事实为小前提的演绎推理过程"。

可见，法律形式主义认为描述法律规范体系与法官运用法律规范具有逻辑一致性。他们认为演绎逻辑作为一种思维方式具有可靠性，只要前提真实，推理不违反逻辑规则，演绎推理的结论就是可靠的。表现在法律上，确信仅仅依据客观事实、明确的规则以及逻辑去决定一切为法律所要求的具体行为便可得出唯一的、确定的结论，如此运作的法律，无论谁做出判决，法律推理都会导向同样的裁决。[31] 简言之，法律形式主义旨在通过思维方式的特性保障法官逻辑中立裁判和法律的确定性。

2. 逻辑在将具体规则"适用"案件事实得出判决环节的局限。从洛克纳案哈兰法官和多数意见的分歧来看，显然法律形式主义的愿望在某种程度上"落空"了。在法律规范体系方面，哈兰法官和多数意见具有一致性。二者以"契约自由"和"警察权力"两个法律概念考察正当程序原则，在这一逻辑前提的基础上，通过自上而下的演绎逻辑和同类先例类比的法律方法推演出适用于本案

---

〔29〕 参见［美］托马斯·C. 格雷："兰代尔的正统观念"，樊安译，载邓正来主编：《西方法律哲学家研究年刊》（总第 3 卷），北京大学出版社 2009 年版。

〔30〕 参见杨建军："逻辑思维在法律中的作用及其限度"，载《华东政法学院学报》2008 年第 5 期。

〔31〕 参见胡明华："论法官在法律适用中的法律推理形式"，载《云南法学》1999 年第 1 期。

的具体法律规则：洛克纳案中，纽约州的立法只有以保护健康为目的才属于正当地干涉面包工人与雇主之间的合同关系。问题在于哈兰法官与多数意见引用同一条法律规则却得出不同的判决结论，并且他们的判决都是符合演绎逻辑的。简言之，在将具体规则"适用"案件事实以得出正确判决这一环节，逻辑具有局限性。下文将从司法三段论和逻辑规则两方面加以论证。

从司法三段论的观点来看司法判决的关键点是弥合法律推理大小前提之间的缝隙，解决大小前提的结合问题，从而得出正当化与合理化的裁判结论。[32] 洛克纳案的司法意见表明司法三段论在这一问题上捉襟见肘，纸面上具体明确的规则介入纷繁复杂具体案件事实时难以（或并不总是能）从逻辑上对应起来。演绎逻辑不能保证法官逻辑中立裁判的地位。作为连接抽象法律规则与具体案件的中介，在如何处理事实与规范的问题上法官面临着选择。具体到洛克纳案，哈兰法官和多数意见都引入"手段－目的"（means－end）方法考察案件事实与具体法律规则间的适用，具体而言包括两个问题：其一，从"目的"来看，面包工人的工作是否不健康；其次，从"手段"来看，限制最长工作时间是否是保护面包工人健康的有效手段。在这一问题上，逻辑的作用是有限的，逻辑只能从规则推出进一步的规则。在将法律规范体系与外在经验世界相联系的过程中，法官个人经验与观点或明或暗地渗入其中，从而决定对经验事实的选择和判断。在洛克纳案中，哈兰法官与多数意见的司法论证清晰的展示了这一点，面对案件事实材料的复杂多样与相互冲突，逻辑的作用是有限的，法官个性与经验在选择事实与规范的过程中产生了重要的影响。从逻辑方法本身的要求来说，多数意见和哈兰法官的司法论证都是无可争议的，二者的差异提醒我们经验在逻辑演绎的过程中发挥了重要作用——从某种意义上说，推演规则不能完全摆脱和经验世界的联系。经验是对逻辑的指引或限制；同时经验又因为遵循逻辑而获得正当性和权威性。也就是说，单从逻辑方法本身无法对哈兰法官和多数意见做出评判。但是，当我们引入历史的视角和价值判断，二者的是非功过清晰可见。从理论上讲，推演规则本身虽然并不是直接的经验内容，但它具有客观基础，来源于日常生活中大量的思维实践，其正确性也将在无数次思维实践中得到检验。本文的写作并不意图评判哈兰法官和多数意见，而期望在比较的基础上进一步从技术和规范的角度讨论法律形式主义的限度，即继续追问是什么原因导致了法律形式主义在处理法律规范体系"适用"于具体案件事实问题上的局限？这需要对逻辑规则本身做较为深入的探究。

---

[32] 参见郑永流："法律判决形成的模式"，载《法学研究》2004 年第 1 期。

　　法律形式主义将法律规范体系本身视作逻辑的产物，并将逻辑视为人们在理论上和实践中必须遵守的基本准则，因此认为法律规范体系和法官司法活动都遵循逻辑，具有一致性，从而将思维形式与经验世界直接勾连起来。如上文所述，法律形式主义意图建立起如自然科学一样通过思考既抽象又精确的自明原则推论出关于世界的新知识，进而构建一个完整的科学知识体系。正如托马斯·格雷所总结的法律形式主义强调法律体系中人们所欲求的三种属性：法律的形式性，即只需通过把规则适用于事实而无需任何自由裁量权的介入就可以产生出结果；法律的体系性，即法律规则是从少量的一致相关的基本概念和原则中推演出来的；判决体系的自治性，即该体系的原则纯粹地来自于法律材料。[33] 法律形式主义的上述欲求导致其忽视了法律与自然科学体系相比的特殊性。自然科学体系旨在描述、说明、预测经验世界的事件及其相互关系，寻求可验证的普遍规律。法律体系则不能停留在描述和说明。法律的实践性要求它必须通过规定合法行为来指导和评价人们的行为，为具体案件提供最优的解决方案。因此，描述法律规范体系与运用法律规范处理案件事实可能遵循不同的逻辑。描述法律体系要求更多的规范性，运用一种由权利、义务、原则、责任、免责等概念构成的语言，并在逻辑上互相联系起来。运用法律规范的过程则要求更多的实践性，即考量经验所包含的具体变化，及其背后的价值伦理选择。逻辑可以用来确定命题的真假、论证的有效。但在复杂的经验材料中做出选择和判断时却不太发挥作用。[34]

　　综上，哈兰法官和多数意见的分歧，清晰地揭示出在法律形式主义作为一种内部理论在阐明运作法律规范的方法方面说服力有限，即它忽视了在将具体法律规则运用到案件事实从而做出判决这一环节逻辑具有局限性。

四、法律形式主义的限度：霍姆斯法官的反对意见

　　哈兰法官与多数意见的分歧，说明法律形式主义旨在探究法律规范体系与外部经验世界之间的表面联系，通过逻辑将思维形式与经验事实简单对应。哈兰法官接受多数意见的逻辑前提和推理方法，二者共同运用法律形式主义司法理论，仅在结论上产生争议。值得注意的是法律形式主义本身无法回应这一争议，即无法说明何以保证经由前提推论出结论的有效性。霍姆斯法官的反对意见则更进一步，直接攻击法律形式主义的逻辑前提所涉及的基础性理由。

---

〔33〕　See Thomas C. Grey, "Modern American Legal Thought", *Yale Law Journal*, Vol. 106（Feb. 1996），pp. 493~518.

〔34〕　参见［美］史蒂文·J. 伯顿：《法律和法律推理导论》，张志铭、解兴权译，中国政法大学出版社1999年版，第1页；杨建军："逻辑思维在法律中的作用及其限度"，载《华东政法学院学报》2008年第5期。

（一）霍姆斯的反对意见

霍姆斯法官对法律形式主义逻辑前提的批判主要体现在两个方面，即追问法律推理前提所涉及的基础性理由的正确性和如何获得法律推理前提所涉及的基础性理由。

1. 追问前提所涉及的基础性理由的正确性。多数意见首先将宪法第十四条修正案的正当程序原则表述为：任何一州只有通过正当程序才能剥夺宪法所保护的自由。接着，将这一原则转化为两个法律概念：契约自由和警察权力。最后，通过引证奥尔盖耶诉路易斯安娜州案（Allgeyer v. Louisiana）说明契约自由是宪法所保护的自由，将洛克纳案争议的焦点转化为纽约州干预契约自由的立法是否是正当行使警察权力。哈兰法官的反对意见也将契约自由视为无可争议的前提而悬置起来，仅仅批评多数意见对纽约州是否正当行使警察权力的判断有误。

霍姆斯法官的批评直指多数意见逻辑推理前提所涉及的基础性理由，追问前提的正当性。他指出当多数意见认为宪法第十四条修正案保护契约自由之时，"自由"（liberty）这一语词在宪法第十四条修正案中被歪曲了。[35]

首先，契约自由仅仅是一种主流观念当然的结论（natural outcome）。因此，本案的判决建立在一种经济理论的基础之上，即放任自由（laissez-faire）的经济理论。然而，宪法并不意图体现一种特殊的经济理论。显然多数意见将他们的观念包含在的法律之中。

其次，那种认为"市民有做他们喜欢做的事情的自由，只要他们不干预其他市民同样的自由"的观念对一些著名的作者而言已经是过时了。宪法第十四条修正案并不体现斯宾塞先生的社会静力学（social statics）。[36]

2. 如何获得法律推理前提所涉及的基础性理由。霍姆斯法官的追问表明法律形式主义自上而下的逻辑演绎和同类先例类比等方法，并不能保证逻辑推理前提所涉及的基础性理由的正确性，反而掩盖了这一重要问题。进一步的思考是如何获得法律推理前提所涉及的基础性理由？

霍姆斯法官的反对意见表明要判决必须全面考量那些基本不同的观点并建立在为我们的人民和法律的传统所理解的基本原则之上。这表现为判决依靠一种比任何清晰表述的主要前提更为精巧的判断或直觉。

首先，我们发现某些天然的、熟知的或是新颖的甚至令人震惊的观点是一种偶然不能推论出我们的判决。因此，普遍命题不能决定具体案件。但是，被确切

---

〔35〕 Lochner v. New York, 198 US 45 (1906).

〔36〕 Lochner v. New York, 198 US 45 (1906).

表述的命题（propersitions）如果被接受，将引导我们更接近目的。

其次，在本案中一个理性且公正的人必然承认纽约州的立法并没有侵犯为我们人民和法律传统所理解的那些基本原则。一个明理的人可能认为纽约州限制最长工作时间的立法是在健康题域内的一种合理的措施。[37]

笔者对霍姆斯法官司法异议的重构，旨在为下文在法律技术和规范层面考察法律形式主义在具体案件判决中的局限建立参照性的基础。

（二）法律形式主义的局限

哈兰法官的司法异议与多数意见的分歧展现了法律形式主义在从法律规范体系中逻辑推演出案件结论方面的局限性。但是我们知道，把某个结论推翻，不等于可以把这个结论的前提和方法推翻，更何况法律形式主义本身无法在相互冲突的结论中做出判断，甚至没有意识到产生不同结论的原因。霍姆斯法官的司法异议则直接针对演绎逻辑前提所涉及的基础性理由进行批判，从而超越了法律形式主义司法理论。因为，只要把某项理论前提推翻了，在理论上则意味着我们把由此推导出来的结论甚至论证过程也一起弃掉了。

1. 逻辑在法律规范体系中的局限。正如上文所述，法律形式主义依据逻辑建立法律规范体系旨在通过思维方法的可靠性保障判决结论的确定性，从而实现法律的确定性和法官在司法审判过程中的逻辑中立。即基于同样的推论前提、同样的推论规则，无论何人何时都可以得出相同的事实结论。然而，霍姆斯法官对洛克纳案判决的批评表明：演绎推理无法对其前提所涉及的基础性理由作出解释。

演绎逻辑并非完全自足和自我支持的法律推理模式，它时常借助外部推理，法律形式主义将这种外部推理概括为同类先例类比，意图借助其他案例说明基础性的理由。实际上，推理前提的基础性理由不是逻辑本身提供的，而是由经验决定的，并且常常基于法官个人的经验。法律形式主义的法官常常通过逻辑把某种依据意识形态或个人观念的判决表述成一种客观的、中立的、正确的结论。[38]在本案中，霍姆斯批评契约自由并不是宪法所保护的自由之一。多数意见逻辑推论前提所涉及的基础性理实际上是他们的个殊观念，本案的判决建立在一种经济理论的基础之上。最高法院的历史和相关研究表明霍姆斯法官在这一点上并没有冤枉多数意见。

---

〔37〕 Lochner v. New York, 198 US 45（1906）.

〔38〕 参见张芝梅："法律中的逻辑与经验——对霍姆斯的一个命题的解读"，载《福建师范大学学报》2004 年第 1 期。

撰写多数意见的佩卡姆法官与契约自由（the liberty of contract）理论密切相关，并在最高法院支持这一原则的某些谨慎的公开声明中扮演关键角色。历史上，最高法院接受契约自由观念是一个相当缓慢的过程。佩卡姆法官在奥尔盖耶诉路易斯安娜州案（Allgeyer v. Louisiana, 1897）中里程碑式的司法意见堪称最高法院转变观念接受契约自由观念的开始。在该案中佩卡姆法官就宪法第十四条修正案正当程序条款所保护的"自由"的范围给出一个宽泛的解读，第一次把契约自由视为一种宪法原则。无论如何，佩卡姆法官的大部分同事并没有分享他的契约自由理论。最高法院很多年没有运用这一原则。在一系列案件中，法官们反对州调节雇佣关系的法律剥夺合同自由这一论点，并作出与奥尔盖耶案相反的判决。佩卡姆法官在这些案件中均持反对意见。[39] 在洛克纳案中佩卡姆法官仅仅引证奥尔盖耶案即认为宪法第十四条修正案的正当程序原则保护契约自由没有任何进一步的论证和说明。

法律形式主义旨在将法律规范体系建构为一个具有精细等级的逻辑化体系，从而实现法律的确定性。霍姆斯法官的反对意见揭示出：演绎逻辑前提所涉及的基础性理由本身存在着不确定性，它们实际上是通过经验获得的。法律形式主义认为经验包含着具体变化，某种程度上会挫败这种逻辑化体系，破坏法律的确定性。[40] 他们对经验的回避导致逻辑前提所涉及的基础性理由的正确性问题被排除在外，司法判决结论的正确性无法得到保障。司法审判过程中逻辑化体系与多样性经验的冲突应该得到正视。逻辑仅是人们正确思维、交流信息、准确表达和严格论证的手段与方法，它本身并不能提供具体的知识。霍姆斯的反对意见说明法官作为中介必须全面考量各种多样性的经验，从而抵制把（法官）个人价值注入司法判决。

2. 逻辑在连接案件事实与法律规范体系环节的局限。正如庞德所说霍姆斯在洛克纳案中的反对意见极佳地阐释了作为一种法哲学的实用主义。[41] 那么，法律实用主义作为一种司法理论，与法律形式主义相比究竟有什么差别呢？

就法律形式主义而言，首先，法官通过文义解释和类推方法将洛克纳案的案件事实归类为州立法妨害自愿性劳动合同问题。其次，通过同类先例类比和文义扩展将宪法中既存的正当程序原则转化为"契约自由"和"警察权力"两个法

---

[39] See James W. Ely Jr, "Rufus W. Peckham and Economic Liberty", *Vanderbilt Law Review*, Vol. 62 (Feb. 2009), pp. 606 ~ 612.

[40] 参见［美］斯蒂芬·M. 菲尔德曼：《从前现代主义到后现代主义的美国法律思想：一次思想航行》，李国庆译，中国政法大学出版社 2005 年版，第 174 ~ 176 页。

[41] Roscoe Pound, "Liberty of Contract", *Yale Law Journal*, Vol. 18（May 1909）, pp. 454, 464.

律概念之间的关系，同时也使既存的法律原则得以涵盖新的案件事实。问题是在一个社会急剧变化的背景下，被霍姆斯称为"旧思想"的契约自由观念能否直接运用于新的案件事实？法律形式主义如何回应与社会脱节的批评？法官使用所谓"逻辑推理"将自己的个殊观念归纳进具有普遍性的宪法原则而不加比较、讨论和解释是否正当？如果可以，是否与法律形式主义意图的自治性的司法审判体系相冲突？

　　法律实用主义的法官考虑问题的顺序恰好相反。在洛克纳案中，霍姆斯法官首先关注纽约州限制最长工作时间的立法在健康领域内是否是一种合理的措施？从一开始，他分析的重点就落在案件事实本身。霍姆斯法官批评洛克纳案的判决体现一种特殊的经济理论——自由放任经济理论。他认为法律不意图体现任何特殊的理论，案件判决必须全面考量那些与案件事实相关的基本不同的观点，比较各种可能的理论。比较的方法和做出判决的基础是法律的历史传统所演化出的基本原则，这些基本原则被理性且公正的人民所接受。在司法上这些基础往往表现为法官精巧的判断或直觉。显然，实用主义法官看到了司法审判过程中重视经验判断，但是这种经验不是个殊性的，而是历史性的和为人民普遍接受的。

　　显然，法律实用主义和法律形式主义对案件判决所依据的材料的衡量和安排不同。法律实用主义将案件审判的起点落在案件事实本身，而非抽象的法律原则。他们关注经验而非逻辑，因为他们意识到逻辑在连接案件事实与法律规范体系方面的局限。司法审判过程的特殊性在于必须处理外在经验世界与法律规范体系的关系，弥补其间的缝隙。这种关系不仅体现在从具体的法律规则中做出司法判决，在司法审判的起始法律形式主义就存在困难。

　　具体来说，如何决定某一案件的种类或类型，如何判断具体的案件事实与某个法律规范中所预设的事实是否为同一情形是困难的。某种程度上说，这即是麦考密克所讨论的"分类问题"。[42] 也就是是否把已证明的首要事实归到次要事实的范畴之内需要法官给出理由和方法。例如洛克纳案，多数意见表明法律形式主义用逻辑方法——包括演绎、归纳、类推处理将具体个案归摄于一般法律范畴这一关键过程并不成功。能否把纽约州限制最长工作时间的立法归为侵犯契约自由这一概念范畴需要多数意见给出更为详细的理由。进一步而言，康德在《纯粹理性批判》中明确指出，"将具体事物归摄于一般范畴的判断是一种只能被实践而不能被传授的特别的天赋。逻辑在怎样对具体事物进行分类时是无用的，逻辑只

---

〔42〕　〔英〕尼尔·麦考密克：《法律推理与法律理论》，姜峰译，法律出版社 2005 年版，第 89 页。

能从规则推出进一步的规则，而不能得出这种特殊的判断。"[43]

因此，在连接具体案件事实和法律规范体系的过程中，经验起着关键性的作用。法律实用主义以经验事实为起点，全面考量那些基本不同的观点，比较各种可能的理论，法律历史传统的演变、民众的普遍接受、理性公正人的标准起到仲裁标准的作用。正如庞德在批评洛克纳案判决时所说：法律形式主义使法院以抽象的法律概念取代了特定时空之合理标准的那种极富弹性的正当程序标准。法律实用主义对逻辑局限性的认识有助于修正这一问题。[44]

五、结语

在文章的结语部分重申本文的写作目的和本文讨论的限度在笔者看来是必要的。本文旨在对美国宪法上著名的洛克纳案进行"深描"，说明法律形式主义理论在具体司法审判过程中的"运用"。在法律技术和规范层面，洛克纳案的根本分歧体现在对"逻辑"作用的认识不同。霍姆斯的经典命题"法律的生命不在于逻辑，而在于经验"影响美国法律界开始认识逻辑在法律中的局限，[45]也对法律人思考逻辑与经验的关系、逻辑在司法过程中的作用产生某种误导，这些误导源自对霍姆斯经典命题的误读，并经由法律现实主义运动被放大了。霍姆斯如何认识逻辑在司法过程中的作用和局限，就批评和超越法律形式主义而言，他的贡献是什么？本文意图通过洛克纳案的深入分析和重构澄清上述问题。

需要即时指出的是，仅以个案为前提基础进一步讨论一般性的理论命题是有限的。人们可以对霍姆斯的法律实用主义理论进行进一步追问：比如它是否仅适用于特定的案件类型、如开创性案例和宪法性判决的特殊案件之中；比如霍姆斯对司法过程中逻辑作用的认识与其信奉的法律实用主义有什么关系……这些更为理论性和规范性的问题显然超出本文的研究范围。换句话说，本文意图将洛克纳案作为今后讨论法律实用主义在转型社会中的作用，深入研究 19 世纪末 20 世纪初美国社会转型时期法院对劳工立法态度的个案和起点。

---

〔43〕 转引自柯岚："法律方法中的形式主义与反形式主义"，载《法律科学》2007 年第 2 期。

〔44〕 参见 [美] 罗斯科·庞德：《法理学》（第一卷），邓正来译，中国政法大学出版社 2004 年版，第 94～95 页。

〔45〕 详细的讨论参见 R. Blake Brown and Bruce A. Kimball, "When Holmes Borrowed form Langdell: The 'Ultra Legal' Formalism and Public Policy of Northern Securities (1904)", *The American Journal of Legal History*, Vol. 45 (Jul. 2001), pp. 278～321.

"事情本身"与"物质"：黑格尔和马克思
看待世界方式之对照*

姚选民**

一、引言

在"引言"部分，笔者想交待一下自己关注本文论题的原因。陆杰荣先生在其文"西方哲学演进的逻辑与哲学面对'事情'本身的诸种方式"中，阐述了这样一种观点："马克思哲学从现实的感性活动基础上，恢复了哲学应有的判定'事情'本身的方式，使哲学在真正意义上回到了'事情'本身，从而在人的感性活动的创造基础上发现并实现一个意义整体世界。"[1] 陆教授认为，古典哲学对"事情"本身（世界）进行本体论建构，近代哲学对"事情"本身（世界）进行知识论抽象，现当代哲学对"事情"本身（世界）进行整体性还原。而"马克思哲学就其归属和引领的指向而言是隶属于当代哲学的……马克思哲学与现代哲学的发展走向具有高度的契合性……在当代哲学发展中，马克思哲学可以说是从现实生活层面的实践意义上来规导和改变世界的一种设计，同时也是以感性活动的现实性方式去面对'事情'本身的一种努力。"[2] 然后，陆教授从马克思的著作中撷取一些话语对其观点进行阐发，最终得出他想要的上述结论。陆教授的视野很开阔，形式逻辑也很严谨，但是，笔者有两点存疑：其一，"事情本身"这一概念能不能这样泛泛地使用？其二，马克思在阐述其观点时，有没有"回到事情本身"的意识？其实，笔者的存疑归根结底是一个问题：我们今天应该如何

* 本文初稿完成后，复旦大学国际关系与公共事务学院博士生李华和复旦大学哲学学院博士生罗久通读了全文，并提出了有价值的批评和建议，本文得以此面貌出现，首先当感谢他们。当然，文中疏漏仍由本人负责。

** 法学博士，湖南省社科院政治与公共管理研究所助理研究员，主要关注领域为罗尔斯政治哲学、中国法律政治学与中国政治思想史。

〔1〕 陆杰荣："西方哲学演进的逻辑与哲学面对'事情'本身的诸种方式"，载《思想战线》2010年第1期。

〔2〕 陆杰荣："西方哲学演进的逻辑与哲学面对'事情'本身的诸种方式"，载《思想战线》2010年第1期。

对待前人的理论，应不应该将学术伦理与政治伦理混为一谈？探讨本文主题，笔者非常重要的目的之一便是想指明这一点：马克思的思想本来就有其"光亮"的地方，无须我们后人为其"涂脂抹粉"。为避免本文为马克思"涂脂抹粉"的嫌疑，针对马克思对待世界方式的"负面"影响，笔者也会有所论及。因此，除"引言"和"结语"外，本文主要分为三个部分：第一个部分主要讲的是黑格尔的"事情本身"概念；第二个部分主要讲的是马克思的"物质"概念；而第三个部分主要讲的是黑格尔基于其"事情本身"概念看待世界的方式跟马克思基于其"物质"概念看待世界之方式的对照。

二、黑格尔的"事情本身"概念

谁首先提出了"事情本身"这一概念？有学者认为[3]是路德维希·维特根斯坦（Ludwig Wittgenstein，1889～1951年），更多的学者认为是黑格尔（Georg Wilhelm Friedrich Hegel，1770～1831年）。笔者认为张世英先生的看法比较中肯："西方现当代现象学的标志性口号是'面向事情本身'，而这个口号实质上最早是黑格尔在《精神现象学》的序言中提出的。"[4]虽说张世英教授说的是"面向事情本身"，但是，若哲学史上某哲学家提及"事情本身"，其哲学思维定然是带有"面向事情本身"的现象学思维倾向。

黑格尔在《精神现象学》中认为："现在我们看到，在仅仅愿望过（或者也包括未曾愿望过）的情况下，事情自身，在意识看来，就是那种空虚的目的和愿望与现实在思想里的统一。"[5]"事情本身（Sache selbst）"缘由译者的偏好不同有许多中译名，"事情自身"与"事情本身"在德文中都是指"Sache selbst"，

---

[3] 洪汉鼎教授认为："'事情本身'这一概念在维特根斯坦的《逻辑哲学论》里已现端倪"。参见洪汉鼎："何谓现象学的'事情本身'（Sache selbst）（上）——胡塞尔、海德格尔、伽达默尔理解之差异"，载《学术月刊》2009年第6期。

[4] 张世英："现象学口号'面向事情本身'的源头——黑格尔的《精神现象学》——胡塞尔与黑格尔的一点对照"，载《江海学刊》2007年第2期。张汝伦先生有不同看法，他曾提及："弗莱堡的这一切，自然会使一个研究哲学的人想起胡塞尔'到事物本身'的著名口号。这个口号其实最初是在上个世纪由黑格尔在他的《哲学全书》的导言中提出的。"见张汝伦："到事物本身"，载《读书》1989年第2期。笔者依循张汝伦先生的指引，阅读了黑格尔的《哲学科学全书纲要》（也称《哲学全书》，薛华译，上海人民出版社2002年版），该书只有两处提及"事情本身"（《哲学科学全书纲要》，第177、259页），并未在《哲学全书》的导言中见到"到事物本身"这一口号。因此，笔者的疑问是，张汝伦先生所言之《哲学全书》是不是就是《哲学科学全书纲要》，还是他有别的意思。这个，笔者就不得而知了。对于张世英教授的观点，笔者专门查了黑格尔专家特里·平卡德（Terry Pinkard）翻译的2008年版《精神现象学》（英德对照本），在德文版的序言中的确找到了"事情本身"，即"Sache selbst"。

[5] ［德］黑格尔：《精神现象学》（上卷），贺麟、王玖兴译，商务印书馆1979年版，第274页。本文所引用的《精神现象学》中译本文句中黑体加粗文字系中文译本中字下加点的强调文字，以下同。

因而，"事情自身"与"事情本身"在本文中可以互换，但笔者主要使用"事情本身"这一汉译名。"事情本身"这一术语有什么特性呢？黑格尔认为："事情自身在一切情况下都坚持其自身并令人感觉到它是独立不改的持存的东西，它完全不受事情的影响，即是说，它与个体行动本身的偶然性以及环境、手段和现实的偶然性没有关系。"[6] 黑格尔又加以解释："事情自身在这个对实体的直接意识里，是以一种简单的本质的形式而出现的，这种简单的本质，作为一种普遍性的东西，包含着它的一切不同环节于其自身并隶属于它们，但它同时又漠不相干地对待它们这些特定环节而保持自身于独立自由，而且它，作为这个自由的简单的、抽象的事情自身，就成了（它们的）本质。"之后，黑格尔对他的这一解释又进行了更具体而生动的例释，笔者就不再详尽引用了。

"事情本身"是什么？通过上述引介，我们基本懂得了它的意思，但是，黑格尔提出"事情本身"的初衷是什么呢？黑格尔在《精神现象学》中对"事情本身"进行集中论述是在《精神现象学》的"理性"部分，也就是第五章"理性的确定性与真理性"中的第三节"自在自为地实在的个体性"之中。黑格尔之所以在这个地方提出并论述"事情本身"，是因为"自在自为地实在的个体性"的复杂性，使得意识对"个体性"的统摄呈现捉襟见肘的方面性，从而意识的具体形式之间出现相互矛盾、打架现象。为了解决这一矛盾，黑格尔提出了"事情本身"，黑格尔认为具体的意识形式都是片面的、有缺陷的，只有回到诸意识的本质，即"事情本身"，意识才能完全地统摄"自在自为的个体性"。在某种意义上讲，"事情本身"隐含着后来黑格尔所提出的"绝对精神"之雏形。

因此，黑格尔所言之"事情本身"是意识的本质，是意识的本真。只有"回到事情本身"，意识才能真正地统摄整个世界。

三、马克思的"物质"概念

"物质"作为一个概念、一个术语，在西方哲学史上很早就出现了。但是，在前马克思哲学时代，"物质"只是思想家们看待世界的具体方式或世界观，并且这种世界观只是一种片面的"反应论"世界观，抑或说"直观的"世界观。一如学者所言："虽然马克思没有直接为物质下定义，但是他提供了许多可以帮助我们了解他的物质概念的见解和方法"[7] 笔者从下述两个方面来归纳马克思

---

〔6〕［德］黑格尔：《精神现象学》（上卷），贺麟、王玖兴译，商务印书馆1979年版，第272页。

〔7〕朱兰芝："论马克思的物质概念"，载《山东师范大学学报》（人文社会科学版）2005年第4期。

的"物质"观：

（一）马克思"物质"观的底色是"直观性的"

马克思"物质"观之底色是"直观性的"，意思是说，马克思首先认为世界的本原是物质的，其他的都是派生性的。马克思在其博士论文《德谟克利特的自然哲学和伊壁鸠鲁的自然哲学的差别》中在论及"表现思想同存在的关系，两者的相互关系的反思形式"时认为："哲学家在他所规定的世界和思想之间的一般关系中，只是为自己把他的特殊意识同现实世界的关系客观化了。"[8] 马克思在《1844 年经济学哲学手稿》中认为："我的普遍意识不过是以现实共同体、社会存在物为生动形式的那个东西的理论形式，而在今天，普遍意识是现实生活的抽象，并且作为这样的抽象是与现实生活相敌对的。因此，我的普遍意识的活动——作为一种活动——也是我作为社会存在物的理论存在。"[9] 在《关于费尔巴哈的提纲》中，马克思认为："从前的一切唯物主义（包括费尔巴哈的唯物主义）的主要缺陷是：对对象、现实、感性，只是从客体的或者直观的形式去理解"[10] 在《神圣家族》中，马克思认为："思想从来也不能超出旧世界秩序的范围"[11] 在《德意志意识形态》中，马克思认为："人们的想象、思维、精神交往在这里还是人们物质行动的直接产物。表现在某一民族的政治、法律、道德、宗教、形而上学等的语言中的精神生产也是这样。""'精神'从一开始就很倒霉，受到物质的'纠缠'，物质在这里表现为振动着的空气层、声音，简言之，即语言。"[12] 笔者从马克思的原著中撷取一些观点，表明意识及意识的各种呈现形式都是反映性的，只有物质及物质的具体表现形态才是本原性的。这进而表明，马克思在很大程度上吸取了前马克思哲学时代的"物质"观，即物质第一性的思想。

---

〔8〕〔德〕马克思："德谟克利特的自然哲学和伊壁鸠鲁的自然哲学的差别"，载《马克思恩格斯全集》（第 1 卷），人民出版社 1995 年版，第 25 页。

〔9〕〔德〕马克思："1844 年经济学哲学手稿"，载《马克思恩格斯全集》（第 3 卷），人民出版社 2002 年版，第 302 页。

〔10〕〔德〕马克思："关于费尔巴哈的提纲"，载《马克思恩格斯选集》（第 1 卷），人民出版社 1995 年版，第 54 页。

〔11〕〔德〕马克思、〔德〕恩格斯："神圣家族"，载《马克思恩格斯全集》（第 2 卷），人民出版社 1957 年版，第 152 页。

〔12〕〔德〕马克思、〔德〕恩格斯：《德意志意识形态》（节选本），人民出版社 2003 年版，第 16、25 页。

（二）马克思的"物质"是以"意识为参照"，置于人的意识能动性语境之中的

在前马克思哲学时代，"物质"都是自在自为的，跟人与人的意识是不相干的。即便相干，也是世界观层面的，不牵涉到意识的能动作用。在《1844年经济学哲学手稿》中，马克思认为："作为类意识，人确证自己的现实的社会生活，并且只是在思维中复现自己的现实存在"。[13] 在《关于费尔巴哈的提纲》中，马克思认为："从前的一切唯物主义（包括费尔巴哈的唯物主义）的主要缺陷是：对对象、现实、感性，只是从客体的或者直观的形式去理解，而不是把它们当做感性的人的活动，当做实践去理解，不是从主体方面去理解。""费尔巴哈不满意抽象的思维而喜欢直观；但是他把感性不是看做实践的、人的感性的活动。"[14] 在《神圣家族》中，马克思提及："他们（共产主义的工人，例如在曼彻斯特和里昂的工人——引者）知道，财产、资本、金钱、雇佣劳动以及诸如此类的东西远不是想像中的幻影，而是工人自我异化的十分实际、十分具体的产物，因此也必须用实际的和具体的方式来消灭它们，以便使人不仅能在思维中、意识中，而且也能在群众的存在中、生活中真正成其为人。"[15] 马克思的这些词句表明，马克思的"物质"不是孤立性，是跟人、人类社会紧密地勾连在一起的，必须将人的因素纳入对"物质"范畴的理解之中。马克思的"物质"观，相较于前马克思哲学时代的"物质"观，其一个重要区别是：马克思将世界"对象化"了，这种"对象化"不是"反应论"式的对象化，而是将之置于人的意识语境中的"对象化"，亦即实践语境中的"对象化"。

四、黑格尔和马克思看待世界方式的对照

一千个读者就有一千个哈姆雷特，笔者能在马克思（黑格尔）的著作中撷取一些词句来证明自己的观点，其他的读者也照样能这样做，那么，本文研究的价值何在呢？当然，本文研究是有价值的，而价值就在于：笔者于本文中不只是从马克思（黑格尔）的原著中撷取一些词句来证明自己的观点，笔者的上述行为是因为有对马克思"物质"概念（黑格尔的"事情本身"概念）更宏阔（更整全）的思考在里面、在作支撑，而这是许多马克思主义研究者在进行马克思主

---

〔13〕［德］马克思："1844年经济学哲学手稿"，载《马克思恩格斯全集》（第3卷），人民出版社2002年版，第302页。

〔14〕［德］马克思："关于费尔巴哈的提纲"，载《马克思恩格斯选集》（第1卷），人民出版社1995年版，第54、56页。

〔15〕［德］马克思、［德］恩格斯："神圣家族"，载《马克思恩格斯全集》（第2卷），人民出版社1957年版，第66页。

义研究过程所不意识的。

(一) 黑格尔基于"事情本身"看待世界的方式

勿庸讳言,在《精神现象学》中,黑格尔大手笔地展现了人类精神/思维的演进史,但更是前黑格尔哲学时代唯心主义的演进史。黑格尔思想的前设秉承了柏拉图的思想,即理念高于现实。在《精神现象学》中,黑格尔的一个很重要的目的便是要指出,前黑格尔哲学时代所有的唯心主义思想都未能很好地实践柏拉图的上述思想,即理念高于现实。当然,这跟黑格尔思想所产生的时代背景有关,在一定意义上说,在黑格尔思想中也存在着某个"黑格尔问题"。在加拿大黑格尔专家查尔斯·泰勒看来,实现两渴望(即表现主义的统一和达到激进的自主性)的合题是黑格尔的问题,尽管现在看来该合题已经失败了,不过,该合题"仍然或多或少地是不可超越的"。[16] 在《现代性之哲学讨论》中,哈贝马斯认为,"促动黑格尔建构其哲学系统的正是上述统合、调解文化中浮现的各式矛盾、对立、分离的希求"。[17]

黑格尔正是在上述"宏愿"或"黑格尔问题"的支配下,在检视前黑格尔哲学时代唯心主义思想过程中,发现前黑格尔哲学时代唯心主义在应付"自在自为地实在的个体性"的乏力,提出了"事情本身"概念。一如上文所言,"事情本身"中透露出了黑格尔后来提出之"绝对精神"的影子,但笔者对黑格尔的"事情本身"的解读并不止于此。"事情本身"展现了黑格尔看待世界的方式。

在黑格尔的思维中,这个世界由物质世界与意识世界构成。物质世界是虚无缥缈的、不断变化并最终会消失的,物质世界不过是意识世界的表象、展开过程。换言之,是意识世界支配物质世界,意识(集中表现为"事情本身"或"绝对精神")是世界的本原。一如马克思所言:"黑格尔完成了实证唯心主义。在他看来,不仅整个物质世界变成了思想世界,而且整个历史变成了思想的历史。"[18] 不过,意识世界纷繁复杂,相互矛盾,也是表象,因而,我们要"回到

---

〔16〕 也请参见〔加拿大〕查尔斯·泰勒:《黑格尔》,张国清、朱进东译,译林出版社 2002 年版,第74~75页。黑格尔专家特里·平卡德的言说也证实了笔者的这一看法,他认为:"对泰勒来说,黑格尔的重要性在于,他提出了一个现代性问题,即如何将激进自主性跟自然表现主义统一起来,尽管黑格尔的解决办法是站不住脚的。"见 Terry Pinkard, *Hegel's Phenomenology: The Sociality of Reason*, Cambridge University Press, 1994, p. 345.

〔17〕 请参见 Jürgen Habermas, *The Philosophical Discourse of Modernity*, translated by Frederick Lawrence, DEKR Corporation and Halliday Lithograph, 1985. 转引自蔡美丽:《黑格尔》,广西师范大学出版社 2004 年版,第3页。

〔18〕〔德〕马克思、〔德〕恩格斯:《德意志意识形态》(节选本),人民出版社 2003 年版,第4页。

事情本身",回到意识世界得以扩展的源头——"事情本身"或"绝对精神"[19]。因此,"事情本身"反映了黑格尔的一种意识本质主义思想。在前黑格尔哲学时代,唯心主义是一种单向度的看待世界的方式,只意识到意识对物质的上位性,这是一种机械论的唯心主义。黑格尔唯心主义的革命性在于黑格尔第一次将物质世界纳入到了意识范畴,用意识来统摄物质世界,这是人类思想历史上第一次将世界看做一个整体,该世界既包括物质世界,也包括意识世界。"事情本身"的提出是黑格尔在意识世界中首次开始了一种片面化的现象学思维方式。但是,黑格尔也只是真正考虑了意识世界,对物质世界只是印象式的、想象性的。换言之,黑格尔在意识世界是唯物的,即主观唯物主义,而在物质世界或客观世界中是唯心的,即客观唯心主义。

"事情本身"不仅反映了黑格尔思想的深刻性,也是一个绝妙的术语。"事情本身"的绝妙之处在于它是描述性的。正因为该术语本身所具有的特征,使得它能脱离它的发生学语境,而能不断丰富其内涵。这将在后文得到详细论述。

(二)马克思基于"物质"看待世界的方式

作为"黑格尔的学生"的马克思[20](Karl Marx,1818~1883年),对黑格尔的思想自然熟悉,黑格尔业已取得的理论成就自然是马克思进一步思考的起点。一如前文所述,是黑格尔首先将世界视为一整体,这个整体不是笼而统之地为一"世界",而是将世界视为物质世界和意识世界的总和。黑格尔提出"事情本身",意图"回到事情本身",这既是理论思想者自然而然的取向,也表明了思想对现实的支配(能动)作用。俗话说,人总是"三思而后行"。逻辑力量的强大,自马克思也曾是青年黑格尔派一员之事实便可以看出。但是,马克思博士毕业之后,现实生活的残酷,社会不正义的泛滥,使得他不得不进行追问和反思:既然思想逻辑的力量如此强大,为何猛烈的学术批判对现实状况却没有丝毫的改变?这不得不使得马克思重新省视这个世界内在的演变逻辑。在对现实世界省视之后,马克思发现了通过理论批判改变现实路径的荒谬。现实生活的痛苦经历及

---

〔19〕 对此,马克思有形象的比拟:"如果我从现实的苹果、梨、草莓、扁桃中得出'果实'这一般的观念,如果再进一步想象我从现实的果实中得到的'果实'这个抽象观念就是存在于我身外的一种本质,而且是梨、苹果等的真正的本质,那么我就宣布(用思辨的话说)'果实'是梨、苹果、扁桃等的'实体',所以我说:对梨说来,决定梨成为梨的那些方面是非本质的,对苹果说来,决定苹果成为苹果的那些方面也是非本质的。"见〔德〕马克思、〔德〕恩格斯:"神圣家族",载《马克思恩格斯全集》(第2卷),人民出版社1957年版,第71~72页。

〔20〕 马克思在《资本论》(第1卷)"第二版跋"公开承认:"我公开承认我是这位大思想家(即黑格尔。——引者注)的学生,并且在关于价值理论的一章中,有些地方我甚至卖弄起黑格尔特有的表达方式。"参见〔德〕马克思:"第二版跋",载《资本论》(第1卷),人民出版社2004年版,第22页。

对前马克思哲学时代唯物论思想的吸取，马克思开始重新思考世界演变的路径。马克思著作中的一些语句见证了他世界观的转变。在《1844 年经济学哲学手稿》中，马克思说："我们看到，理论的对立本身的解决，只有通过实践方式，只有借助于人的实践力量，才是可能的"。[21] 在《关于费尔巴哈的提纲》中，马克思认为："人的思维是否具有客观的真理性，这不是一个理论的问题，而是一个实践的问题。"[22] 在《神圣家族》中，马克思认为："思想根本不能实现什么东西。为了实现思想，就要有使用实践力量的人。"[23] 在《德意志意识形态》中，马克思说："意识的一切形式和产物不是可以通过精神的批判来消灭的，不是可以通过把它们消融在'自我意识'中或化为'怪影'、'幽灵'、'怪想'等来消灭的，而只有通过实际地推翻这一切唯心主义谬论所由产生的现实的社会关系，才能把它们消灭；历史的动力以及宗教、哲学和任何其他理论的动力是革命，而不是批判。"[24]

在处理世界内部各部分的关系时，黑格尔看到了意识世界在世界演变过程中的巨大作用，但是，马克思通过对前马克思哲学时代唯物主义思想及现实实践的观察，大胆地将世界的演变建立在物质世界的基础之上，根本上颠倒了黑格尔的世界观，认为物质世界是世界的本原，意识世界派生于物质世界。这一认识也为人类社会演变的实践途径奠定了理论基础，从此，革命具有了理论上的合法性和坚实基础。但是，马克思尽管一方面坚持了前马克思哲学时代物质观的"直观性"，却仍然为意识世界的能动作用提供了生存空间，从而使得马克思的物质不是自在自为的化外之物。尽管马克思通过对直观唯物主义与黑格尔意识能动性之间的嫁接，产生了一种新的知识增量[25]——辩证唯物主义/历史唯物主义/新唯物主义，但更"光亮的"地方在于找到了加速世界演变的进路，即通过对物质

---

〔21〕 ［德］马克思："1844 年经济学哲学手稿"，载《马克思恩格斯全集》（第 3 卷），人民出版社 2002 年版，第 306 页。

〔22〕 ［德］马克思："关于费尔巴哈的提纲"，载《马克思恩格斯选集》（第 1 卷），人民出版社 1995 年版，第 55 页。

〔23〕 ［德］马克思、［德］恩格斯："神圣家族"，载《马克思恩格斯全集》（第 2 卷），人民出版社 1957 年版，第 152 页。

〔24〕 ［德］马克思、［德］恩格斯：《德意志意识形态》（节选本），人民出版社 2003 年版，第 36 页。

〔25〕 相关于"知识增量"的较为详细的论述，请参见邓正来："中国法学的重建：批判与建构——吉林大学教授就职演讲"，载邓正来：《研究与反思：关于中国社会科学自主性的思考》（增订版），中国政法大学出版社 2004 年版，第 319～328 页；也参见邓正来：《反思与批判：体制中的体制外》，法律出版社 2006 年版，第 165～175 页。

世界的改变，来改变人类社会，以及人的意识世界；当然，黑格尔的客观唯心主义也是改变世界的一种方式，但如果生活在马克思所生于期间的年代，生活于恩格斯《英国工人阶级状况》[26]境况中的人依凭黑格尔改变世界的途径，他们要改变他们的命运是何其难哉！不可否认，马克思的物质内含着一种物质本质主义思想，尽管对人类社会的影响甚大（有时候这种影响过大，达致对人类社会甚至是毁灭性的破坏），但却并未在思维方式上根本超越黑格尔看待世界的方式，因为马克思在意识世界所奉行的唯物论式唯心主义，跟黑格尔在物质世界奉行的客观唯心主义相对应。

（三）黑格尔和马克思看待世界方式的对照：以非黑格尔意义上之（现象学中）"事情本身"概念为参照

一如前文，笔者提到"事情本身"这一术语本身所具有的绝妙。它的绝妙之处在于它蕴含了一种胡塞尔（E. Edmund Husserl，1859～1938 年）哲学时代以来的现象学思维。尽管黑格尔在《精神现象学》中提出了"事情本身"，但是，它还不是一个严格意义上的哲学用语。"事情本身"作为一个具有影响力的现象学哲学概念要归功于胡塞尔，胡塞尔不但首先举起了"面向事情本身"的大旗，而且给了"事情本身"这一哲学概念以脱胎换骨般的哲学生命，在一定意义上终结了形而上哲学时代。可以说，当下现象学界的"事情本身"已非黑格尔意义上的"事情本身"。当下对"事情本身"的理解可谓众说纷纭，海德格尔、伽达默尔等对"事情本身"都有自己的理解。[27] 张汝伦先生在"到事物本身"一文中对"事物本身"有自己深切的体会和洞见。[28] 在一定意义上说，现象学中的"事情本身"克服了物质世界与意识世界、主观世界与客观世界二元化的思维方式，让整个世界本真性呈现，不再有人对世界有意识的切割，这个世界终于能够还他本来的面目，这个世界不再是单纯物质的或单纯意识的，它就是"事情本身"。现象学的"回到事情本身"使得我们能够超越前现象学哲学时代的狭义的唯物、唯心之分，进而能够做到回到意识世界本身，回到物质世界本身，回到事情本身，这在某种意义上说，是一种广义的唯物论、彻底的唯物论。

笔者于此意不只在探讨"事情本身"的真正意谓是什么，而是想指出"回

〔26〕 请参见［德］恩格斯："英国工人阶级状况"，载《马克思恩格斯全集》（第 2 卷），人民出版社 1957 年版。

〔27〕 请参见洪汉鼎："何谓现象学的'事情本身'（Sache selbst）（上）——胡塞尔、海德格尔、伽达黑尔理解之差异"，载《学术月刊》2009 年第 6 期；"何谓现象学的'事情本身'（Sache selbst）（下）——胡塞尔、海德格尔、伽达黑尔理解之差异"，载《学术月刊》2009 年第 7 期。

〔28〕 请参见张汝伦："到事物本身"，载《读书》1989 年第 2 期。

到事情本身"思维方式在哲学史上巨大的变革作用。黑格尔的意识本质主义使得这个世界变化得太慢，马克思的物质本质主义使这个世界变化得太快，尽管黑格尔和马克思都存在着对世界的切割、片面、抽象化以及本质化，但他们毕竟找到了一条改变世界、切入世界的入口。相较于黑格尔和马克思的思想，胡塞尔等现象学思想家意识到了世界的复杂性，在认识事物时要"把对于事物的一切成见和定见悬置起来"，[29] 但是，如果这样的话，我们又如何进入"事情本身"？如果我们将"事情本身"当成珍宝供奉起来，那珍宝对我们何用？"事情本身"，抑或"回到事情本身"只能作为思想的珍宝供奉起来以作观赏之用。"事情本身"难道只能是一个"清水出芙蓉的少女"，我们只能是"可远观而不可亵玩焉"？在这种意义上，我们必须将黑格尔看待世界的方式、马克思看待世界的方式以及现象学看待世界的方式统一起来。看来要超越形而上是何其难哉！

五、结语

现在让我们回到"引言"部分，回到笔者在"引言"部分就陆杰荣教授研究所提出的质疑或问题。笔者最后的回答是：一方面，"事情本身"有它自己的概念演变过程，有它自己的使用语境，不能将任何哲学问题都往里面套。现象学中的"事情本身"不是"对象"，不是"客体"，它是"事情"的本真性呈现。另一方面，马克思哲学的"光亮"之处就在于他的物质本质主义，该种思想一融于实践就能对现实世界产生快速、巨大影响。换言之，让马克思"回到事情本身"就是让他放弃他思想的革命性，这是跟马克思"哲学家们只是用不同的方式解释世界，问题在于改变世界"[30] 的理论使命相违背。进而，对马克思"物质"概念的理解或解读，我们也不能像朱兰芝教授于其文"论马克思的物质概念"、[31] "论物质"[32] 和"物质能产生意识属性吗——对传统唯物主义本体论证明的质疑"[33] 一样，纠缠于马克思关于"物质"论述的个别词句，对马克思哲学思想的思想和社会语境视而不见，而应从马克思哲学所置于其间之相对宏阔的哲学史、马克思的理论使命等方面来阐释马克思的"物质"概念。因此，马克

---

〔29〕 张汝伦："到事物本身"，载《读书》1989 年第 2 期，第 127 页。

〔30〕 ［德］马克思："关于费尔巴哈的提纲"，载《马克思恩格斯选集》（第 1 卷），人民出版社 1995 年版，第 57 页。

〔31〕 请参见朱兰芝："论马克思的物质概念"，载《山东师范大学学报》（人文社会科学版）2005 年第 4 期。

〔32〕 请参见朱兰芝："论物质"，载《理论学刊》2005 年第 12 期。

〔33〕 请参见朱兰芝："物质能产生意识属性吗——对传统唯物主义本体论证明的质疑"，载《中国人民大学学报》2003 年第 3 期。

思哲学的"光亮"地方是他的革命性，只要社会条件具备，马克思哲学的"光亮"迟早会再次显现。马克思哲学之所以伟大，是因为它内在地蕴含着人们改变其所居于期间之世界必不可少的途径，日日夜夜在践行着；而至为难得的是，马克思哲学将它理论化了。

"回到事情本身"可能永远是一个梦想，但是如果我们做了，我们就展现了自己对"事情"的一种真诚。对待马克思哲学，乃至所有理论，笔者认为都应该这样。除却真诚性，我们还能说什么呢！

情景感

——一个理解卢埃林的关键词

周国兴[*]

周国兴*

一、引言

1962 年 2 月 13 日，卡尔·卢埃林与世长辞。芝加哥大学法律评论所刊发的讣告中，其中一则概括了卢埃林一生的学术活动："……（他）能够而且事实上也确实向法官们揭示了审判的宏大风格、向律师们揭示了法律的现实主义、向公职人员们揭示了他们必须做什么以改善法律、向教授们揭示了他们所偏爱的各种概念具有的谬误。"[1] 在我看来，支撑卢埃林进行这些学术活动的，毋宁说是他对确定性的寻求。[2] 他之所以要倡导宏大风格，是由于在他看来程式化风格既不符合司法过程的性质，也遮蔽了上诉法院判决所具有的可估量性，而且还不符合法律外行对司法判决的期待与感受，直接导致了律师以及公众对上诉法院的信任危机。[3] 他之所以要提倡法律现实主义，恰恰是因为法律现实主义是参与者

---

　*　法学博士，昆明理工大学法学院讲师。

　〔1〕　William A. Schnader, "Karl Llewellyn", 29 *The University of Chicago Law Review*, No. 4, 1962, p. 617.

　〔2〕　在卢埃林那里，确定性包含两层内涵：一是对律师和案件当事人而言的确定性，这意味着司法行为的可预测性，亦即判决结果的可估量性；二是对法律外行而言的确定性。对法律外行而言，确定性并不是对一个法律案件之判决结果的预测，而是在各种法律规则与现实生活中的行为方式之间的和谐一致性；并且，由于规定人们的现实行为方式的各种社会规范是不断变化的，只能通过不断重塑和改变法律规则使之与人们现实的行为方式相和谐一致才能获得这种确定性。Karl Llewellyn, *The Case Law System in America*, Paul Gewirtz (ed.), Michael Ansaldi (trans.), The University of Chicago Press, 1989, pp. 81 ~ 84.

　　在卢埃林，如果法律规则与人们的现实中的行为方式存在巨大差异，任何法律规则在现实生活中的执行和遵守都势必会涉及具体个人的行为方式的改变，因而，法律规则要想获得公众（法律外行）的接受和认可，就必须不断得到重塑。See Simon N. Verdun – Jones, "The Jurisprudence of Karl Llewellyn", 1 *Dalhousie Law Journal*, 1973 ~ 1974, p. 460.

　〔3〕　Karl Llewellyn, *The Common Law Tradition*: *Deciding Appeals*, Little Brown and Company, 1960, p. 402. 当然，在卢埃林看来，对上诉法院的信任危机一方面固然是由于程式化风格在上诉审判中并未完全销声匿迹，另一方面也是由于律师的无能。比如，律师们并未把握住宏大风格在上诉法院中的复兴，并未掌握有效的辩护技艺等。

的指导理论和方法：就法律咨询员和辩护律师而言，在预测法官的可能行为时，不仅要考虑法律规则，而且要考虑规则以外的一切可能影响法官的因素。而对法官而言，既要专注于给出一个"公正的"判决，也要考虑其他法院就类似案件可能做出的也可能是公正的判决；既要做出一个合理公正的判决，也要遵循现行的法律框架。[4] 而他之所以批评抽象的概念，是由于概念的体系化所追求的只是一种虚幻的确定性。

由此，探寻实现此种确定性的方法和技艺，成为贯穿卢埃林学术生涯的一个基本关切。"我从不曾见过有谁像卡尔·卢埃林那样以法律技艺为傲。目的须是合法的，但一个人实现目的的路径对他而言同样重要。……他并非不关注正义，只不过他坚持认为那些执掌正义的人都是精通技艺的专家。"[5] 卢埃林的法律技艺和法律方法（juristic method）并不限于个人的技能和技巧，还包括技艺传统、惯例、业已确立的思维方式、制度设计等，是"处理实现法律职能之目的的工具的方法，是调整方法与工具本身之维护与改进的方法。"[6] 通过运用这些方法和技艺，可以解决法律的形式要求与在具体个案中被感受到的正义间的紧张关系，既促进个案判决结果的可估量性，也满足法律外行对司法过程及其判决的期待。

更进一步地，在卢埃林那里，法律方法和技艺的有效运用立基于普通生活类型的内在法则这一基本前提，对内在法则的发现、把握和理解有赖于情景感（situation sense）。所谓情景感，"主要是说法官在特定的环境下，同时在必须提供令人满意的结果的压力下，凭借自身的知识、经验以及要对之进行检审和评判的价值观念，或者凭借法院（或法官）所能利用的其他任何东西，足以揭示事实类型（type - facts）。"[7] 它是一种辨别情景类型的能力，利用理性与感觉（reason and sense）去辨别显著的情景类型，并诊断出该问题类型的合理而公正的答案，从而解决具体的纠纷。[8] 一方面，法官运用情景感所辨识的情景类型具有一种合理而公正的答案，归于此种情景类型的个案的判决会与此一合理公正的答案相一致，律师和涉讼当事人只需充分理解该类情景类型，既可估量判决结

〔4〕 See Karl Llewellyn, "On Reading and Using the Newer Jurisprudence", in Karl Llewellyn, *Jurisprudence: Realism in Theory and Practice*, The University of Chicago Press, 1962, pp. 139~142.

〔5〕 William O. Douglas, "Karl Llewellyn", 29 *The University of Chicago Law Review*, No. 4, 1962, pp. 611~612.

〔6〕 William Twining, "Centennial Tribute: The Idea of Juristic Method: A Tribute to Karl Llewellyn", 48 *University of Miami Law Review*, 1993, p. 137.

〔7〕 Karl Llewellyn, *The Common Law Tradition: Deciding Appeals*, Little Brown and Company, 1960, p. 60.

〔8〕 Karl Llewellyn, *The Common Law Tradition: Deciding Appeals*, Little Brown and Company, 1960, p. 402.

果；另一方面，法官运用的情景感并不是随心所欲的，而是根据"已构成类型的生活情景"，运用生活常识和法官身份应具有的行家常识而做出的。生活常识源于法官所处的社会，来源于生活通行的生活方式与行为方式，行家常识来源于法官职位所接受的职业训练和职业传统。可见，情景感不仅涉及对律师和当事人而言的确定性（案件结果的可估量性），也涉及对法律外行而言的确定性。

由此可以说，情景感是理解卢埃林的法律技艺理论，进而理解其对确定性的根本诉求的一个关键词。经由分析情景感的基本指涉、情景感的基本架构，可以有效地把握卢埃林的理论建构和理论诉求，并进而有可能一方面从卢埃林的理论内部透视其中可能存在的紧张关系，另一方面，也可能在与其他理论的比照中从外部检审其贡献或者可能限度。

二、情景感是一种常识

卢埃林未曾清晰明了地限定或阐释情景感的含义，这一方面固然是由于卢埃林旗帜鲜明地反对任何关于法律问题的定义，[9] 另一方面却是由于在卢埃林那里，情景感不过是一种常识，是为人们熟视无睹的东西，无需加以学究化的限定或说明。

法官具有三重身份：首先他是一个人，其次他是一位律师，最后他才是一名法官。在裁判案件的过程中这三重身份同时出现并相互作用，情景感的运用正是源于这三重身份的同时出现和相互作用。因而，情景感首先是一种生活常识，来源于法官作为一个普通人的生活经历和生活智慧；其次是一种行家常识，来源于法官身处法官这一职位所接受的职业训练与所处的技艺传统（普通法传统）。[10]

（一）作为生活常识的情景感

"……我们将从这样一个事实开始：上诉法院的法官们都是人"，"一个人要么对其周遭的世界保有某种敏感、对其所处时代正在发挥作用的原则的结构保有某种敏感、对其周遭的各种事物间的相互作用保有某种敏感，否则，他就什么都

---

〔9〕 "一项定义既有所排除，又有所囊括。它标示出一个领域（field）。它使得一些事项落入该领域；使得一些事项落在外面。而且这种排除几乎总是相当专断的。我不想从法律事项中排除任何东西。"Karl Llewellyn, "A Realistic Jurisprudence—The Next Step", *Columbia Law Review*, No. 4, 30 (1930), p. 432.

〔10〕 在卢埃林看来，法律现实主义的一项使命就是通过分析法官的判决意见等个案研究方式，考察法官履职的艺术与技巧，从而找到法官裁决案件过程中的非个殊化的可预测性，从而判断我们应当把哪些事务留待法官根据其对生活的感悟和作为一个普通人所具有的良心和正义感，又应当把哪些法律问题归结给法官的职业训练。See Karl Llewellyn, "On Reading and Using the Newer Jurisprudence", in Karl Llewellyn, *Jurisprudence: Realism in Theory and Practice*, The University of Chicago Press, 1962, p. 136.

不是。"[11] 对所处环境具有的基本程度的敏感来源于法官作为普通人的生活经验的日积月累，是法官本人所具有的生活智慧，构成其在裁决案件过程中运用情景感的一个源泉。"每一个现行判决都受到生活智慧的检验，权威的规则结构必须根据新的案件所暗含的生活智慧和原则结构进行检验和重塑。"[12]

（二）作为行家常识的情景感

尽管作为普通人的法官对生活的体悟不同，所具有的生活智慧也各有高低，但这并意味着法官运用情景感裁决案件是随心所欲的。因为情景感还具有另一个来源，即法官之为法官所具有的行家常识（horse sense）。"……行家常识不是一匹马的常识，也不是普通的常识，而是超凡的、不同寻常的经验、感觉与直觉，类似于旧式技艺娴熟的马贩子与马打交道或与其他马贩子交易时表现出来的特质。"[13]

法官所具有的行家常识源自其所受的职业训练和所处的技艺传统，卢埃林将之归纳为十四种稳定性因素，包括法官所受的法律训练、法律原则、众所周知的原则性技巧、法官对正义和法律的责任、唯一正确答案的理想、法院的判决意见、下级法院所记录的案件事实、预先拟定争议问题、集体裁决、律师的对抗性辩论、法官所受到的司法保障及其诚信、法庭的公开性、时期风格以及专业司法职位。[14] 法官所具有的这些行家常识保证法官充分运用自身的生活智慧的同时，接受传统的控制、塑造、限制和指引，法官这个职位以庄严的力量型塑和限制着担任法官的那些人，不仅能去除法官的个人癖好，将其塑造为一个普通的常人，而且并不会使其丧失个性，与此同时，使单个的法官被纳入整体，形成一个团队，从而形成新的可估量性。[15]

情景感作为一种生活常识，关涉到法官对当代社会生活实际状况的描述和理

---

〔11〕　Karl Llewellyn, *The Common Law Tradition：Deciding Appeals*, Little Brown and Company, 1960, p. 449.

〔12〕　Karl Llewellyn, "On the Current Recapture of the Grand Tradition", in Karl Llewellyn, *Jurisprudence：Realism in Theory and Practice*, The University of Chicago Press, 1962, p. 217.

〔13〕　Karl Llewellyn, *The Common Law Tradition：Deciding Appeals*, Little Brown and Company, 1960, p. 201.

〔14〕　See Karl Llewellyn, *The Common Law Tradition：Deciding Appeals*, Little Brown and Company, 1960, pp. 19～51.

〔15〕　See Karl Llewellyn, *The Common Law Tradition：Deciding Appeals*, Little Brown and Company, 1960, p. 48.

解，作为一种行家常识，则涉及到法官对社会政策、原则的理解力和价值判断。[16] 情景感在卢埃林那里是一个经验性的概念，是法官根据自身的生活经验和既往司法经验对新的事实情景的敏感和洞见，它一方面表征一种关系，即在特定的文化情景下各种合理期待间的相互关系；另一方面，情景感表征一种能力，即该特定文化情景下的主体（主要是法官）感受到这些期待的能力。[17] 情景感的内在要求是：法官应当做出的判决是那些在特定的文化语境下有意义的判决，应当是那些与特定时空下的法律外行（公众）的生活方式和行为模式相一致的判决。法律公众的生活方式与行为模式表现为主体间的共享经验。这就将问题推向对公众生活模式的探讨，公众的生活模式构成情景感的基本框架。

三、情景感的基本框架

（一）情景感的理论前提——生活类型的内在法则

由上可知，卢埃林的情景感更多地依赖着一种心理上的信念，而不是经验上可证实的证据。具体而言，与卢埃林法律理论的根本关切——使群体生活成为可能，进而使社会成为可能[18]——紧密相连的是，情景感的理论前提立基于对公众生活模式的内在法则的信赖。

普通生活中的每一种事实类型，只要能为法律秩序所吸纳，其本身就含有适当的、自然的规则、自己正当的法则。这是一种真实的而非想象的自然法则；它并非仅仅是理性的产物，而且也立基于对人之本性和特定时空的生活条件的理性认识这一坚实基础；它并不是永恒不变的，也不是在任何地方都相同，但是却存在于每一种生活情形当中。立法的最高任务就是发现和施行这一内在法则。[19]

"只有当一个法官或整个法院了解生活事实，只有当他们真正地理解那些生活事实，只有当他们置身于那些生活事实去正确评价这些事实、正确地型塑一项规则并提供一种适宜的救济的时候，他们才能承担起古德斯密特施加给他们的重任：发现和施行（生活的）内在法则。总体上的生活情形，犹如具体的案件情形，只有通过具体的人——庭审法官——才能在上诉法院的裁决过程中起

---

〔16〕　William Twining, *Karl Llewellyn and the Realist Movement*, University of Oklahoma Press, 1985, pp. 222~223.

〔17〕　See Julius Cohen, "Llewellyn's Lea‑Ways", 1962 *Washington University Law Quarterly*, 1962, p. 72.

〔18〕　Karl Llewellyn, "The Normative, the Legal, and the Law‑Jobs: The Problem of Juristic Method", 49 *The Yale Law Journal*, 1940, p. 1373.

〔19〕　Karl Llewellyn, *The Common Law Tradition: Deciding Appeals*, Little Brown and Company, 1960, p. 122. 这是卢埃林引自德国法学家古德施密特的一段话。

作用。"[20]

可见，情景感是对各类生活事实的真正理解和正确评价，既是对上述"内在法则"的本能直觉，也是对此种"内在法则"的孜孜寻求，是对某一特定情景之正确规则的直觉性洞见。法官的直觉在于其潜意识中对先前经验及其对新的事实情景的敏感度，如果法官并未合理地重新解释和运用法律，那并不表明情景感未发生作用，而只是表明法官缺乏这种敏感度，"他只是看到了这些新的事实情景的发生，却未能洞见到它们的意义。"[21] 卢埃林对内在法则的信赖使他坚信，情景感能促使法院预先感受到一项规则，并最终通过裁决个案而将该规则确立下来。[22]

那么，情景感的运用是因其是对内在法则的本能直觉而完全是主观的和个案性质的而不具有一般性？经由讨论情景感发挥作用的内在机理，我们可以清楚地看到，情景感通过将案件事实从生活模式中抽取出来加以类型化，在保证法官自由裁量的同时也不会引致司法专断。[23]

（二）情景感的内在机理——情景类型

根据卢埃林的法律职能理论，一个司法判决至少必须同时承担两项功能：一是以最少的成本支出最迅速、最顺畅、最持久地解决纠纷，同时尽量不损害到其他合法的社会活动；二是在满足对于待决案件的"被感觉到的正义"的同时，型塑将最终促进更大的社会福利的规则。[24] 要想进入睿智的——能同时实现上述两项功能——司法裁决之殿堂，必须具备如下两把"万能钥匙"：情景感与指引未来的规则。[25]

"要彻底探求什么才是正当公平的方案，这就注定了，只有在那些与手边案件特征相同、并且反复出现的问题情景之中，才能找到这样的方案。因为，首先

---

〔20〕 Karl Llewellyn, *The Common Law Tradition: Deciding Appeals*, Little Brown and Company, 1960, p. 127.

〔21〕 Michael Ansaldi, "The German Llewellyn", *Brooklyn Law Review*, 58 (1992), p. 743.

〔22〕 Charles E. Clark & David M. Trubek, "The Creative Role of the Judge: Restraint and Freedom in the Common Law Tradition", *The Yale Law Journal*, 71 (1961), pp. 261～262.

〔23〕 在卢埃林那里，无所不在的司法创制才是司法过程与法律制度的生命力所在："小案件、普通的案件，是创造性选择和创造性活动的机会与工具，也是型塑和源源不断地重新塑造我们的判例法的机会与工具。" Karl Llewellyn, *The Common Law Tradition: Deciding Appeals*, Little Brown and Company, 1960, p. 99.

〔24〕 Karl Llewellyn & E. Adamson Hoebel, *The Cheyenne Way: Conflict and Case Law in Primitive Jurisprudence*, University of Oklahoma Press, 1941, p. 294.

〔25〕 Simon N. Verdun-Jones, "The Jurisprudence of Karl Llewellyn", *Dalhousie Law Journal*, 1 (1973～1974), pp. 480～481.

这一过程有利于推动形成一种解决方案以及指导性的规则。而且还使法官自身专注于问题的规则方面，既需要追溯先例的遗产，也需要展望未来的结果和可能的进一步问题——并对这二者进行比较和评估。"[26] 在卢埃林看来，为了使一个判决满足"被感觉到的正义"，在实际的裁决过程中，通常发挥作用的并不是抽象的正义观念，而是尽量"避免产生不公正的结果"，或者说是符合常人观念的"公平"（fair）、"确当"（right）或"得体"（decent）这样更为具体的观念在发挥作用。然而，首先，公平、确当、得体这些具体观念只有植入被视为一种类型的具体生活情景中才能被实现。其次，在作为类型的具体生活情景中，公平、确当、得体不仅与过去相连，也与未来相关；不仅鼓舞了过去的实践，也鼓舞了好的、正当的实践，为实践提供了确当的指引。最后，这些具体的观念使得整体上的司法观念不仅是回溯性的，而且是前瞻性的——寻求睿智的司法判决。[27] 以卢埃林熟知的商事领域为例，法官必须对具体交易的术语和伦理原则、该交易进行的方式以及该交易如何符合商事惯例的一般模式具有充分的经验和理解，才能做出合理且能为商事共同体接受的判决。一位审理商事案件的法官，如果他能以商人理解商业纠纷的方式理解涉讼案件，同时也能兼顾律师的视角和商事共同体的伦理原则，那么，他就把握住了"情景感"。[28] 由此可推知，情景感的运用包含事实、价值以及辨别事实和选择价值的方法三个维度。

第一，事实的维度。法官在分析涉讼案件时，首先应当从法律外行的角度出发，考虑一个熟悉周遭社会环境的普通人遇见同样的事时会作何反应，分析涉讼事实所涉及的利益冲突，阐释调整此类利益冲突的原则。然后，应当将涉讼案件事实归于某类具有社会典型意义的范畴或模式，将该案的具体正义问题与此类情形内在的一般因素区分开来，提炼出具有一般意义的情景概念。

第二，价值的维度。运用情景感涉及的价值问题分为两种情况。一种情况是，经过对事实的类型化处理，发现就案件所涉及的利益冲突，受到影响的有关群体或整个社会都存有一致同意的协调原则或政策。对于这种情况，法官经过类型化案件事实所提炼出的情景概念足以裁决案件。另一种情况是，对涉案利益冲突并不存在一致同意的调整原则，那么，对事实的类型化和情景概念就只能帮助识别出关于这类情景的各种调整原则和政策，而最终选择何种原则作为裁决依

---

〔26〕 Karl Llewellyn, *The Common Law Tradition*: *Deciding Appeals*, Little Brown and Company, 1960, p. 44.

〔27〕 Karl Llewellyn, *The Common Law Tradition*: *Deciding Appeals*, Little Brown and Company, 1960, p. 60.

〔28〕 William Twining, *Karl Llewellyn and the Realist Movement*, University of Oklahoma Press, 1985, p. 225.

据，则依赖于法官的良知和判断。[29] 在卢埃林看来，一位能把具体案件的特定事实类型化为一般化的情景类型的法官有能力很好地识别有争议的社会政策和原则中的关键问题，能对相互冲突的社会价值观念做出睿智的、有良知的价值判断。

第三，方法（或程序）的维度。一旦法官对于事实和价值问题了然于胸，他就应采纳下列步骤：首先是努力分析案件事实所涉及的重要问题以及产生这些问题的生活情景；然后选定对于涉讼案件的最适宜的处理办法或大致方向，唯有如此，最后才能适用关于此类情景事实的最为适宜的具体法律规定，并最终判决案件。[30]

区分显著的情景类型是运用情景感裁决案件的第一步，"类型情景对情感和正义感施加的压力和拉力具有一种类似于平稳而有力的海流对比于回头浪时的风味和效果……它关系到什么是正确的规则、什么是正确的法律概念，以及什么是正确的规则适用或对规则的扩展、限缩及细化。"[31] 法官必须感觉到待决案件事实所属的情景类型，重要的事实问题并不是待决案件所涉纠纷的具体事实，而是促使法官运用上述"内在法则"的背景事实，是一种与人们置身于其中的生活模式相协调的类型化事实。"只要你彻底掌握了生活本质及其具体变种的总体图景，并且知道该总体图景作为一个具有重大意义的整体——你的知识与判断力能够驾驭它——而出现，那么，问题情景就会出现。"[32] 可见，情景感的事实维度不是个案性的，而是具有一般性。那么，情景感的价值维度是否因其必然是作为人的法官在可能相互冲突的原则间做出的价值抉择而不具有一般性呢？

让我们分析如下这段卢埃林总结情景感运用之内在机理的精彩表达：

……首先，用理性与感觉区分重要的类型情景，并诊断出关于该类型情景的合理、公正的解决办法。这不仅会产生正确或正当的判决——更不用说仅仅符合个案的个人衡平感的判决，而且也会产生法律规则。并且，这将会产生良好的、

---

〔29〕 "在做出这样的选择时，并没有任何规则或原则以明确具体的术语告诉法庭，涉讼案件所具有的问题情境的范围是什么，或者更为准确地说，所具有的问题情境的最佳范围是什么。（如果）有一条指引路径的话，那也仅仅是良知加上判断。" Karl Llewellyn, *The Common Law Tradition*: *Deciding Appeals*, Little Brown and Company, 1960, p. 427.

〔30〕 Karl Llewellyn, *The Common Law Tradition*: *Deciding Appeals*, Little Brown and Company, 1960, p. 450.

〔31〕 Karl Llewellyn, *The Common Law Tradition*: *Deciding Appeals*, Little Brown and Company, 1960, p. 245.

〔32〕 Karl Llewellyn, *The Common Law Tradition*: *Deciding Appeals*, Little Brown and Company, 1960, p. 427.

灵活的法律规则，根据这些规则，隶属于某一特定类型的大多数案件都易于有效解决，剩下的那些疑难案件通常也能得到救济。[33]

这意味着，首先，在每一个具体的诉讼中，法官的目的与职责是辨别重要的类型情景，而不是支持原告或被告。其次，经由类型情景所产生的判决会确立起一般性的规则，为未来的类似案件提供指引。因此，诉诸情景感从而寻求具有类型情景的合理规则不仅意味着只是适用已有规则，也不只意味着在互竞的规则或原则间做出选择，而毋宁是，根据已构成类型的生活情景所具有的理性与情感来重述相关的规则。情景感"不仅指导规则的适用或指引一个具体的结果，也不仅指引（法官）自动挑选适当的先例技术，而且也不断要求对问题情景的类型作直接的分析，并且有意识地重塑具有一般规制能力的规则机制。"[34]

四、情景感与现实的确定性

对卢埃林而言，情景感并不是法官的主观偏好，而毋宁是通过法官对类型情景的经验性的、直觉性的把握而引致客观的内在法则。对生活类型的内在法则的信赖体现出了卢埃林对确定性的寻求，只不过他所寻求的并不是绝对意义上的"唯一正解"式的确定性，而是具有现实意义的现实的确定性："理想根本不是'确定性'……真正的理想是判决的合理恒常性。"[35] 因为，"唯一正解"式的确定性意味着法官根据生活常识和行家常识所感觉到的正义与干巴巴的规则言辞所规定的结果之间的张力。在这种情况下，妥当的目标是提供一种缓解这种紧张关系的模式，根据该模式所产生的结果至少是社会可容忍的，至少不会产生暴乱。一个好的判决结果在法律外行和法律专业人士看来都应当是令人满意的：从公众的生活条件出发，它应当基本令人满意，而从专业人士的视角出发，它应当是根据权威（先例或制定法规则）自然而然、理所当然的结果。此外，一个极好的判决结果甚至会预见未来——预先指引和吸纳随后的案件。情景感通过其运作机理产生的指引未来的规则保证案件结果的可估量性，通过与生活事实的契合来保证法律外行感受到的确定性。

（一）情景感与案件结果的可估量性

情景感之所以能够确保案件结果的可估量性，这是由于它着意考察的是法律

---

〔33〕 Karl Llewellyn, *The Common Law Tradition*：*Deciding Appeals*, Little Brown and Company, 1960, p. 402.

〔34〕 Karl Llewellyn, *The Common Law Tradition*：*Deciding Appeals*, Little Brown and Company, 1960, p. 147.

〔35〕 Karl Llewellyn, *The Common Law Tradition*：*Deciding Appeals*, Little Brown and Company, 1960, p. 216.

规则/先例、经验与当前待决案件的之间的关联，并且将这种关联投射到未来，"如果法律规则与经验间的关系得到理性的探究，那么，法律规则可能调整的领域以及此种调整的可能方向就会变得显而易见。"[36]

尽管卢埃林背负着"规则怀疑论"的标签，但他并不是从根本上否认规则的作用，而只是认为规则并不能承担起规则中心论者所强加的全部功用，他不过是在规则中心论以外寻求能更准确地预测司法行为的方法。正如弗兰克所言，事实上，卢埃林致力于更大的法律确定性，即认为在书面规则的背后可以发现一些描述实际司法行为之一致性与恒常性的真实规则，并且那些真实规则将用作更可靠的预测工具，对未来诉讼结果产生大量的行之有效的可预测性，因此律师应该能够在大多数还未开始的诉讼中向当事人预测判决。[37]

卢埃林以行为为中心的有限规则论表现为：规则（主要是通过先例型塑的规则）的权威立基于构成案件基础的事实情景，而规则对判决的指引则取决于情景感与规则表达间的互动。规则指引但并不控制性地支配判决，法院在裁决案件时总是会根据类型情景引入理性、常识、公平感等情景感因素，如果规则与情景感相容，则其通常能得以顺利适用。倘若规则与情景感不相容，则需要诉诸法官可被感知的对法律和正义的双重职责来判案。

总之，运用情景感之所以能够产生具有可估量性的判决，乃是因为情景感并不是随心所欲的主观擅断，而是内含于对判决具有指引作用的规则当中："一项法律规则的简单形式是，为了促进这一目的，在这种类型情境下，规定这种法律后果。"[38]在这一规则模型中，既规定了一般性的类型情景，也规定了属于该类型情景的具体事实，并且还规定了具有明确特征的法律后果。这样的规则正是具有情景感的规则，它"具有正在发挥作用的理性，既有正确的情景理由，又有清晰的范围和标准，会同时产生恒常性、可估量性和公正。"[39]

（二）情景感与法律外行感受到的确定性

情景感经由规则不仅使得判决结果具有可估量性，而且能满足法律外行对确定性的要求。

这是由于：法律规则的权威立基于构成案件基础的事实情景，而此类事实情

---

〔36〕 Charles E. Breitel, ［untitled］, *Columbia Law Review*, No. 5, 61 （1961）, p. 938.

〔37〕 ［美〕杰罗姆·弗兰克："《法与现代心智》第六次印刷序言"，于晓艺译，载邓正来主编：《西方法律哲学家研究年刊》（总第 1 卷），北京大学出版社 2006 年版，第 309 页。

〔38〕 William Twining, *Karl Llewellyn and the Realist Movement*, University of Oklahoma Press, 1985, p. 490.

〔39〕 Karl Llewellyn, *The Common Law Tradition: Deciding Appeals*, Little Brown and Company, 1960, p. 183.

景不过是法律外行生活于期间的社会生活的一种——"法律规则与其（生活）基础在逻辑上和在经验上都是相互关联的。"[40] 此外，法官的生活常识与行家常识要求法官按公众所期待的方式行事，这就将法官判案时可能具有的个人习惯与社会习惯勾连起来。公众的期待为法官判案施加了两项规范性限制：首先，类似的案件应得到类似的处理；其次，要公正地判决。[41] 这里涉及卢埃林所预想的法官应当承担的两项职责——对法律的责任与对正义的责任。

就法官对法律的责任而言，卢埃林强调法律的主要功能在于通过解决具体纠纷来维持秩序而非创造秩序，从而通过个案塑造的规则就大体上与人们现实生活中的行为方式一致，人们在这种法律规则与规制人们的行为方式的社会规范的一致间寻得了生活中的确定性。在他看来，"在严格的意义上，法律和法律官员并不创造社会秩序。对他们而言，社会是给定的，并且，由于社会是给定的，因而秩序也是给定的……法律，亦即法律官员对纠纷的介入，只是在其他方式无法处理纠纷时才出现。与其说它是在创设秩序，毋宁说它是在秩序遭到破坏时维持秩序。"[42] 可见，在通过法院塑造的法律与社会的关系中，卢埃林强调的是"社会之于法院的力量"（the power of society over the courts）而不是"法院之于社会的力量"（the power of courts over society），因为"是社会而不是法院首先产生了、塑造了正在出现的制度，正是社会促使法院采取行动。"[43] 在他看来，在通常的案件中，法院都会在正常的社会行为模式中找到判案的根据，法院形塑的规则与社会规范总是和谐一致，法律外行（社会公众）便在这种和谐一致间求得确定性。

就法官对正义的责任而言，尽管在卢埃林看来，每一个有良知的人都必定会秉持基本的正义观念，也没有一个固定不变的正义公式，然而，仍然需要区分正义观念的三个层次——关注人类社会正当秩序与良善生活的终极正义、关注特定群体目标的促进和社会产品分配的社会体制下的立法正义以及关注个案结果评判的现行法律下的具体正义。[44] 法官对正义的责任主要指向的是社会体制下的立

[40] Charles E. Breitel, [untitled], 61 *Columbia Law Review*, No. 5, 1961, p. 938.

[41] Michael Ansaldi, "The German Llewellyn", *Brooklyn Law Review*, 58 (1992), pp. 754~755.

[42] Karl Llewellyn, *The Bramble Bush: On Our Law and Its Study*, Oceana Publications, 1960, p. 21.

[43] 当然，这并不是卢埃林就完全没有意识到法院对于社会的力量，他也承认法院在某些试验案件中的判决会对某些已经形成一半的制度发生影响，可能会塑造、限制甚至会阻断该制度的进一步发展。如果将来的法院也支持了该判决，那么，它就不仅形塑了法律的进一步发展，而且塑造了共同体/社会的进一步行为。Karl Llewellyn, *The Bramble Bush: On Our Law and Its Study*, Oceana Publications, 1960, p. 59.

[44] See William Twining, *Karl Llewellyn and the Realist Movement*, University of Oklahoma Press, 1985, p. 185.

法正义和现行法律下的具体正义，因为在他看来，法律的基本职能以及法律人的自然法决定了法官的首要职责是把哲学家的自然法所欲求的终极正义具体化，以法律人所独有的法律技艺具体规制人们发生冲突时的各种具体问题。[45] 换言之，法官对正义的责任并不在于探究社会秩序之型构的正当性与可欲性，而在于在具体个案中通过法律职能将已经为哲学家们理性证明的终极正义转化为可行性与可能性。"法官与其寻求总体善的终极内容，不如转而改良实现具体善的手段——法律技艺。"[46] 唯有如此，法官经由情景感的运用所裁断的判决才能是公平的、确当的、得体的、符合法律公众的正义感的。

概言之，在卢埃林看来，法官判案经由运用情景感，不仅促进了个案判决的可估量性，而且满足了法律外行人的确定性需要，这是由于法院的判决不仅立基于法律规则体系，而且也立足于事实——不是个案的细节事实，而是个案的具体事实仅作为其中一个特例的类型情景的事实。法院通过有意识地运用行家常识、理性等"法外因素"尽可能准确地描述、理解并且证明待决案件事实与之相关联的类型情景的真正本质，一旦法院确定了类型情景，待决案件的合理判决也呼之欲出，因为情景感的基本前提就在于普通生活中的每一类事实模式都有其内在法则，本身就内含了适宜的、自然的、正当的法则。法官的职责就是尽量运用自己的生活常识与行家常识去感知此种法则。

五、结语

由上可见，卢埃林试图通过法官对情景感的运用，同时实现法官对正义和对法律的双重职责，解决法律的形式要求与在具体个案中被感受到的正义间的紧张关系，既促进个案判决结果的可估量性，也满足法律外行对司法过程及其判决的期待。然而，情景感观念经常受到如下两类批评。

首先是情景感所具有的主观性。根据克拉克（Clark）与楚贝克（Trubek）的看法，情景感是每个法官对案件事实的个人性的直觉感受，这一概念掩盖了司法过程中的主观性，创造了一个关于司法过程的假象，就好像法官们裁决案件时并不具有任何价值偏好、完全客观公正，从而使得法官可以轻易逃避因其司法创制行为而应当承担的责任。[47]

---

〔45〕 Karl Llewellyn, "One 'Realist's' View of Natural Law for Judges", in Karl Llewellyn, *Jurisprudence*: *Realism in Theory and Practice*, The University of Chicago Press, 1962, p. 112.

〔46〕 Karl Llewellyn, "On the Good, the True, the Beautiful in Law", in Karl Llewellyn, *Jurisprudence*: *Realism in Theory and Practice*, The University of Chicago Press, 1962, p. 211.

〔47〕 Charles E. Clark & David M. Trubek, "The Creative Role of the Judge: Restraint and Freedom in the Common Law Tradition", *The Yale Law Journal*, 71 (1961), p. 264.

其次是情景感具体操作中可能遇到的困难。在罗恩（Rohan）看来，情景感的主观性虽然是卢埃林寻求"正义结果"的法理学的必要装备，但情景感的实际运用存在诸多问题："情景感"不仅从其根本定义和性质上是模糊不清的、多面的，情景感的基本前提（内在法则）与卢埃林建议律师们采取的辩护技巧也是相互消解的，而且情景感与并未为卢埃林完全抛弃的遵循先例原理也存有紧张关系。[48] 此外，Lasswell 也认为情景感的具体操作非常困难，因为卢埃林"并未提供一个类分事实情景的一般框架"。[49]

这两类批评所指向的都是，既然情景感或者从根本上就是主观的，或者其操作过程中会存有各种不确定的因素，因而它不可能提供或者促进任何类型的确定性。在笔者看来，情景感固然可以通过有限规则论的补充以及司法判决与生活模式的一致而逃脱主观主义与司法专断这一指责，或者说，卢埃林根本就不回避情景感所可能具有的主观因素。[50] 但是，一方面，情景感的运用完全依赖于法官的诚实品性、能力与智慧，那么，倘若法官本身不值得信赖，整个司法过程就会回归于卢埃林的讨论起点——陷入空前的信任危机。另一方面，即便法官依旧值得信赖，他依旧无法逃脱存在于法律公众普通生活中的各类价值模式以及调整这些价值模式的可能互竞的原则与政策的选择，然而卢埃林却不曾提供法官进行此种抉择的判准，而是又循环论证回到法官感知正义与合理判决的能力。此外，在卢埃林的情景感框架中，法官对于社会秩序的正当性与可欲性也是不思的，完全可能是"现实的"生活模式的奴隶，并有可能将邪恶的生活模式在"对正义的职责"的掩盖下正当化。我们不能忘记霍姆斯那令人恐怖的话语："一个健全的法律体系首先要做到的是顺应社会的真实情感和要求，无论这些情感和要求是对是错。"[51]

这样的责难对于卢埃林来说可能也是不合时宜的，因为，面对选择，"法官

---

〔48〕 Patrick J. Rohan, "The Common Law Tradition: Situation Sense, Subjectivism or 'Just – Result Jurisprudence'?", *Fordham Law Review*, 32 （1963～1964）, pp. 56～66.

〔49〕 Harold Lasswell, 〔untitled〕, *Columbia Law Review*, No. 5, 61 （1961）, p. 944.

〔50〕 卢埃林致力于，"一方面揭示出存在不同喜好和偏见的可能性，另一方面，也揭示出从一个设计并不良好且正在缓慢发展的审判机制中产生良好结果的可能性"。Karl Llewellyn, *The Bramble Bush: On Our Law and Its Study*, Oceana Publications, 1960, p. 9.

〔51〕 〔美〕小奥利弗·温德尔·霍姆斯：《普通法》，冉昊、姚中秋译，中国政法大学出版社 2006 年版，第 42 页。另外，"我们的错误信念就是，总是认为现实就在那里。" Jan M. Broekman, "Law in Life, Life in Law: Llewellyn's Legal Realism Revisited", in Francis J. Mootz Ⅲ （ed.）, *On Philosophy in American Law*, Cambridge University Press, 2009, p. 17.

提供的并不是最正确的答案，而毋宁是最优的答案。"[52] 此外，对于一个强烈信仰普通法传统、坚信拉丁格言"我欲明，故我信"（*credo ut intelligam*）的法律人来说，无法苛责他为我们提供更为系统、更富逻辑的证明。因此，与其探究情景感是否逻辑融贯与自洽，不如将情景感留待司法实践与现实生活去检验。或许，这才是理解这位浪漫的现实主义者的最佳方式。

---

〔52〕 Karl Llewellyn，"On the Good, the True, the Beautiful in Law"，in Karl Llewellyn ed.，*Jurisprudence*：*Realism in Theory and Practice*，The University of Chicago Press，1962，p. 203.

法律发展的两种路径

——从《政府片论》中边沁对布莱克斯通的批判谈起*

李杰赓**

18 世纪，布莱克斯通借用《法学阶梯》的结构对英国普通法进行了体系化的整理，成就了《英国法释义》（*Commentaries on the Laws of England*，以下简称《释义》），这部经典著作在法律史上具有重要的地位。在《释义》的理论内部，蕴含了两种相互冲突的理论资源，一方面是与自然法或是道德律令相关的理论，布莱克斯通试图将其作为将英国法进行体系化的前提；另一方面是与国内法以及有关主权的理论，英国国内法是布莱克斯通极力维护的对象。他一方面承认国内法与自然法相冲突则无效力，另一方面认为国内法具有正当性，因为国内法和自然法相一致。而且，对于国内法是否违背自然法，依据个人的理性是无法做出判断的，一切都要交给时间。因此，一方面，不能进行大规模的甚或彻底的法律改革，这遭到了边沁的极力反对。但是，另一方面，布莱克斯通并不是仅仅以国内法的现状为其写作目的的，正如有学者指出的，《释义》所赞扬的既不是君主主义，也不是立法的实证主义，也不是大众的革命，它所赞扬的是节制的改革，即通过保持均衡的宪政形式，而保有那些有关自由的基本法律和自然权利。[1] 这种保守的特性遭到了边沁的极力反对，本文引入边沁对布莱克斯通的批判，试图表明法律秩序变迁的两种路径，一种是布莱克斯通渐进式的路径，一种是边沁的激进式路径，并指明两种路径的差异。

一、边沁对布莱克斯通的批判

杰里米·边沁（1748～1832 年）是分析法学派的奠基人，也是英国立法改革的积极倡导者。他曾在牛津大学听过布莱克斯通的英国法课程，他对布莱克斯

---

　　* 在此我要感谢李燕涛和姚远对本文初稿的改进所提出的宝贵建议，当然，对于边沁和布莱克斯通法律理论解释的不足之处完全由本人负责。

　　** 长春工业大学教师，吉林大学理论法学研究中心 2006 级博士，主要从事布莱克斯通法律哲学和中国法律哲学研究。

　　〔1〕 See Paul O. Carrese, *The Cloaking of Power*: *Montesquieu*, *Blackstone*, *and the Rise of Judicial Activism*, Chicago: University of Chicago Press, 2003, p. 134.

通的讲授表示了一种强烈的不满。边沁热衷于立法改革，集中精力推动两大改革：改革法律的本质和改革法律的形式。具体来讲，在法律的本质方面，他试图运用自己检验各种制度的一般标准来矫正，这个标准就是：为最大多数人创造最大幸福的能力。在法律的形式方面，他所企图的改革是坚持编制法典。〔2〕 对于边沁来讲，编纂法典有两大好处。第一，对于法律的研究有帮助，边沁相信法律一旦制成法典之后，就可以使普通人能像律师一样理解法律。任何头脑健全的人都可以理解并记诵法律的条文。第二，对于法律的执行有帮助，边沁相信法律一旦制成法典之后，就可以确定、迅速而简便地执行。因为当法律的运用变得如此简单时，法官要做的事情就很少了；同时由于每一个人都能处理自己的诉讼案件，律师的事情就会比法官更少。〔3〕 在边沁看来，法律改革的意义重大，关乎人类的幸福问题。然而，《释义》保守的文风，即在介绍英国法是什么的同时还为英国法提供正当性的依据，这一点引起了边沁极大的反感，他把布莱克斯通视作法律改革的死敌。但需要指出的是，在边沁集中力气对《释义》批判之前，边沁对《释义》是有所赞扬的，他说："该书的文体，严格而又文雅，从容不迫而又辞藻华丽。……总之，在所有讲授法理学而又是法律制度评论者的作家中，他是第一个用学者和绅士的语言来谈法理学的人。他使这门文句艰涩生硬难读的科学得到了润色，为它洗清了官府里的尘埃和蛛网。……"〔4〕 不可否认的是，布莱克斯通的《释义》在文体上是优雅的，这是《释义》能够广为流传的重要原因之一。

边沁针对布莱克斯通的《释义》一书导言中关于政府问题的一般理论的批判而成就了《政府片论》一书。边沁的《政府片论》是对《释义》最为尖刻的批判，《政府片论》的内容一共分为：序言、导言、第一章政府的形成、第二章政府的形式、第三章英国宪法、第四章最高权力制定法律的权利、第五章最高权力制定法律的义务。在我看来，其中最为核心的问题是：第一，边沁反对布莱克斯通所提出的政府的形成过程，反对社会契约的存在，认为政府存在的依据在于服从的习惯，而服从的习惯在于功利的考虑；第二，边沁否认布莱克斯通所说的混合政体的优点，从而否认英国的政府具有上帝的品质（力量、智慧和美德）；第三，边沁试图推进改革，否认自然法是人法的根据，法律的目的是功利，人们遵守法律的根据也是基于功利的考虑，等等。

---

〔2〕 参见［英］边沁：《政府片论》，沈叔平等译，商务印书馆1995年版，第34页。
〔3〕 同上注，第51页。
〔4〕 同上注，第113页。

正如前述，布莱克斯通试图向读者表明英国法的存在是有正当性的，这种正当性来自于自然法，即在布莱克斯通看来，英国法以及英国的政治秩序是完美的，无需改革。这一点引起了边沁极大的反感，边沁说，"某些老朽昏庸的政治家，不高兴某种革新而又无法说明理由时，所提出的说法就是这一类，他们反对所有的革新，原因就是因为它是革新"。[5] 边沁试图用功利的原则重新审视英国的各项法律制度，从而推进改革。在此，有必要将边沁和布莱克斯通对以下几个问题的看法加以陈述并做简要的比较。

（一）政府的形成

在布莱克斯通看来，某些学者所相信的社会契约理论是荒谬的：以前曾有一段时期，"社会"这个东西是不存在的，人们由于意识到了自身的欲望和脆弱性，便在理性的驱动下聚集在一个草原上，签订一份最早的契约，并选出在场个子最高的男子作为他们的统治者。对布莱克斯通来讲政府的形成是这样的：由于个体的欲望和恐惧，人们具有建立政府的必要和可能。最初的社会从家庭演化而来，人类经由游牧状态，到农业社会的定居状态，为了维持生活，通过武力或是协议的方式，促使分散的部落加以合并，其中人们对自身的弱点和缺陷的深切体会显示了联盟的必要性，这种联盟被布莱克斯通指代为"原始的社会契约"，即整体应当保护它的所有部分，每一部分则应当服从于整体的意志；换言之，社会应当保护每个个人成员的权利，作为对得到保护的回报，每个成员必须服从社会的法律。社会组织一旦形成，处于保护这种组织，维持其有序状态的需要，政府的产生是必然的。[6] 我们可以看到，对于布莱克斯通来讲，他虽然不赞同某些学者关于社会契约形成过程的看法，但是，他却同样确信人类社会存在的基础是人类个体存在的弱点和缺陷，只有通过集体性的生活，才能为个人提供必要的安全保障，而政府存在的目的就是要确保社会能够有序地运行。

与布莱克斯通不同，边沁认为，"原始的社会契约"是虚构之物，用来完成某些政治工作，是有其特定贡献的。"但是虚构的理由现在已经过时了：以前在这个名义下，也许得到过容忍和赞许；如果现在仍试图使用的话，它就会在严重的伪造或欺骗的罪名下，受到谴责和批评。现在试图提出任何一种新的虚构，都可以说是一种新的罪过。"[7] 那么对于边沁来讲什么才是政府形成真正的原因？

---

〔5〕 同上注，第110页注释。

〔6〕 参见［英］布莱克斯通：《英国法释义》（第1卷），游云庭、缪苗译，上海人民出版社2006年版，第59~60页。

〔7〕 同上注2，第150页。

答案是服从的习惯。"当一群人（我们可以称他们为臣民）被认为具有服从一个人或一些人组成的集团（这个人或这些人是知名的人或某一类的人，我们可以称之为一个或一些统治者）的习惯时，这些人（臣民和统治者）合在一起，便可以被说成是处在一种政治社会的状态中。"[8] 而服从的依据是功利的原则——愉快和痛苦，亦即利益与损害。"为什么必须服从，那是因为服从可能造成的损害小于反抗可能造成的损害。总之，为什么必须服从，就是因为这是出于他们的利益，他们有义务去服从，而不是出于别的理由。"[9]

在我看来，对于政府的形成这个问题来讲，布莱克斯通和边沁的解答方式是不同的，布莱克斯通的解答方式是历史性的，亦即从家庭到政治社会的演进过程，基础是人类特别是个人的脆弱性；而边沁的解答方式是功利性的，统治者与臣民的统治与被统治的关系来自于服从的习惯，而服从的习惯又是基于利益的考虑。不可否认，"原始的社会契约"是理论上的虚构，并非历史的真实，但是它试图表达政府从无到有的演进过程，而功利的思想并未考虑这一演进的过程。其实在布莱克斯通的"原始的社会契约"理论当中，也是存在利害比较的，即社会性的生活比孤立的个体性生活更有利，这是社会及其政府存在的必要性。

（二）反抗政府的权利

与前一个问题相关，如果统治者并未兑现保护个体的诺言，抑或按照边沁的观点来说，服从可能造成的损害大于反抗可能造成的损害，那么臣民是否有反抗统治者的权利呢？

在边沁那里，按照功利的原则，臣民反抗统治者是正当的，"当国王的行为与他的人民的幸福相抵触时，最好的办法就是不再服从他。"[10] 那么，对于臣民来说，反抗在什么时候才是恰当的呢？边沁认为要依据功利的算计，"反抗的时机便是，反抗可能带来的灾难（指对整个社会而言），在他看来少于服从可能带来的灾难的时候。这个时候，对他来说，也就是对每个具体的人来说，便是反抗的时机"。[11]

在布莱克斯通那里，英国人的自由从未被侵害，它仅有可能被拥有绝对主权的、堕落的议会侵害。如果议会变得堕落，即统治者违背了自然法，那么人民就可以进行反抗。但是，这种反抗仅停留在理论上，在实践上和法律上，他却否认

---

〔8〕 同上注，第133页。
〔9〕 同上注，第155页。
〔10〕 同上注，第152页。
〔11〕 同上注，第212页。

了臣民具有这种权利。对于洛克等人所持的人民有反抗政府的权利的观点，布莱克斯通认为，这一观点可能是有道理的，"但无论这种论断在理论上是多站得住脚，我们都不可能获得现行政府的特准允许我们采纳这种观点或以此为依据展开我们的讨论，因为将议会的权力移交给全体人民实际上意味着解散由人民建立的整个政府体系，并且还将把所有政府官员都贬低到与众人平等的最初状态，而且一旦这种至高无上的权力被撤销，所有以前制定的实在法也将同时被废除"。[12]为什么布莱克斯通在实践上否认这种反抗的权利呢？原因在于："实际上，由于普芬道夫赞同霍布斯的观点，因此布莱克斯通在借鉴普芬道夫自然法理论的时候也相应地受到了霍布斯的影响。……既存在着人们的权利被专横的、暴虐的君主所压抑的时代，也有这种权利和自由非常放肆以至达到无政府状态的时代。相比较而言，无政府状态要比专政更糟糕，因为有一个政府总比没有好，否则人们就将退回到自然状态中去了。"[13] 霍布斯的《利维坦》试图为内战之后的统治者找寻统治的依据，"于是他便力图使人们相信，反抗一个现存政府必然是邪恶的和必然是荒唐的"。[14] 而且，在霍布斯看来，主权在法律和道德两方面都是不受限制的，是绝对的。可以说，在主权问题上，布莱克斯通受到了霍布斯的影响，自然状态是最糟糕的，反抗政府可能将人民带入到无限混乱的灾难当中。

在我看来，对于反抗政府的权利问题，边沁和布莱克斯通都存在着理论的缺陷。对于布莱克斯通来讲，正如我们所看到的，反抗政府的权利只在理论上存在，在法律和实践上，这种权利的实现并不依赖于自然法，而要依赖于主权者的同意，即要获得现行政府的特准允许，但不会有任何一个政府会同意人民实际拥有这种权利。在自然法与国内法之间，布莱克斯通滑向了法律实证主义，选择了国内法，作为行动的根据，而使得自然法在此不发生任何的效力。对于边沁来讲，功利的原则最好也保留在理论的层面上，因为对于作为反抗依据的功利原则，对于臣民来讲是难以把握的，是以个人的意见为准，还是以众人的意见为准呢？如果以个人的意见为准，并通过个人行动，试图改变服从所带来的灾难，那么这种权利基本上是很难实现的，因为毕竟反抗政府的目的往往不是单个人的行为就能成就的。如果个人提议，并劝说其他人进行反抗行动，而最终实现了众人的一致意见；或者众人直接商讨，最后确立了一致意见，那么这一意见也很难说就体现了功利原则，因为在商讨过程中毕竟要有博弈，每个人因为地位和境遇的

---

〔12〕 同上注 6，第 183 页。

〔13〕 仝宗锦："布莱克斯通法律哲学的两张面孔"，载《清华法治论衡》2005 年第 1 期。

〔14〕 同上注 2，第 65 页。

不同对反抗行为的看法可能完全不同，即使形成了一致的意见，但众人的意见也并不一定满足功利原则的要求。重要的是，无论是以众人的意见还是以个人的意见为准，他（他们）怎么知道或是他（他们）如何推算，对于整个社会而言什么时候反抗可能带来的灾难少于服从可能带来的灾难呢？

（三）英国的混合政体

在布莱克斯通看来，英国的宪政体制在整体上是完美的，因此要维持并完善现有的宪政体制，维持分权。英国的政府具有君主制、贵族制和民主制政体各自的优点，而没有其缺点，即英国的政府具有君主制所具有的力量、贵族制所具有的智慧和民主制所具有的美德。这些优点分别由国王、上议院和下议院具有，即国王拥有的是力量，上议院拥有的是智慧，下议院则拥有的是美德。"由于王国的立法机构的权力被委托给三个彼此完全独立的权力机关行使：第一——国王；第二——上议院，即由依据虔诚、出身、智慧、勇武、财产选拔出的人组成的贵族议会；第三——下议院，由民众在他们自己的阶层中自由选择议员，这就使得英国政体成为民主政体的一种。这个由不同发条驱动，关注不同利益的聚合体，便组成了英国议会（Parliament），其拥有对所有事物的最高处置权。"[15] 政府（议会）之所以要具备这三种优点才是完美的，因为这些优点是最高统治者所具有的品格，这样的政府才能辨识和谋求真正的利益。他因此认为，英国宪政体制存在已经很久，而且将继续存在下去。

在边沁看来，布莱克斯通的论证是成问题的。边沁认为，对于民主政体、贵族政体和君主政体的划分标准只能是量上的区分，即根据统治者的人数。同时，如果仅仅是量上的区别，那么就不能保证君主政体变成暴君政体、贵族政体变成寡头政体、民主政体变成暴民政体。而且，边沁认为，布莱克斯通所讲的英国政体所具有的美德、智慧和力量是不符合事实的。国王的力量并不是自然的力量，"它只能是一种能力（capacity）（如果人们可以这样称呼它的话），无论人们什么时候具有它，它都是一种把政治权力加以保持和付诸行动的能力"[16]，而且，边沁认为，布莱克斯通混淆了立法权和执行权之间的区别。对于民众的美德和贵族的智慧，边沁认为这也是不符合事实的，他认为贵族有空闲未必具有智慧。对此，边沁为了推翻布莱克斯通有关英国政府完美性的判断，做了如下的论证：

---

〔15〕 同上注6，第62、63页。
〔16〕 同上注2，第163页。

命　题		定　理
		英国政府是完美无缺的
		论　证
定义	1	英国政府 = 君主政体 + 贵族政体 + 民主政体
另一定义	2	君主政体 = 1（人）的政府
同理	3	民主政体 = 全体的政府
同理	4	贵族政体 = 1（人）与全体之间某个数目的政府
假定	5	全体 = 1 000 000（人）
又假定	6	在一个贵族政体中统治者的数目 = 1000（人）
按假定得出	7	1（人）具有 + 力量 − 智慧 − 正直
同理	8	1000（人）具有 + 智慧 − 力量 − 正直
同理	9	1 000 000（人）具有 + 正直 − 力量 − 智慧
在〔7〕中去掉 − 智慧 − 正直	10	1（人）具有 + 力量
同样，在〔8〕中去掉 − 力量 − 正直	11	1000（人）具有 + 智慧
同样，在〔9〕中去掉 − 力量 − 智慧	12	1 000 000（人）具有 + 正直
把〔10〕〔11〕〔12〕表达方式加在一起	13	1 + 1000 + 1 000 000（人）具有力量 + 智慧 + 正直
但是，根据定义〔1〕〔2〕〔3〕〔4〕以及假定〔5〕〔6〕	14	英国政府 = 1 + 1000 + 1 000 000（人）
因此，按〔13〕得出	15	英国政府具有力量 + 智慧 + 正直
改变表达方式	16	英国政府是最有力量的 + 最聪明的 + 最正直的
但是，根据定义	17	最有力量的 + 最聪明的 + 最正直的 = 最完美的
因此，根据〔16〕〔17〕	18	英国政府是最完美的（证完）

〔附注〕按照同样运算，英国政府也可以被证明为最软弱的、最愚蠢的和最不正直的。[17]

在我看来，如果布莱克斯通仅是在量上谈混合政体，那么边沁对布莱克斯通的批判是有效的。但是在布莱克斯通那里，英国混合政体的构成不仅是人数的简单相加，而是由三种关注不同利益的不同群体（个人）构成的，并且他们之间不仅是相互配合也是相互制衡的，从而规避最软弱的、最愚蠢的和最不正直的政府出现。而正是这样的构成，才体现了混合政体的特性，即调和与制衡，从而维护英国人的自由。布莱克斯通的混合政体的思想很大程度上受到了孟德斯鸠的影响，特别是关于混合政体存在的目的，"孟德斯鸠在继承古代混合论的基础上，转而将自由而非稳定作为政体的目的，将基于阶级基础的分权制衡转为基于职能基础的分权制衡"。[18]

不可否认，布莱克斯通对混合政体的表述与孟德斯鸠基于职能基础的分权制衡的混合政体的表述并不完全一致。特别是他强调了立法机关的内部的制衡，因为立法机关是享有最高统治权的机关，"行政机关作为立法机关的一部分但不是全部，这对于保持政体各部分间的平衡是绝对必要的。如立法机关与行政机关完全合而为一，如我们所见，那将会导致专制；即使两者现在能够暂时被完全分离，虽然其目的是为防止专制的产生，但实际上仍会造成两者的统一并最终导致相同的后果。立法机关会不断地侵犯行政机关的权力并渐渐越俎代庖承担起行政机关的职责，从而很快变得专制。"[19] 因此，在布莱克斯通那里，他不仅认为权力之间的分立与制衡是必要的，而且权力内部的制衡也是必要的。特别是对于立法权来讲更是如此，因为它是最高的统治权。布莱克斯通与孟德斯鸠虽然对混合政体的具体表述并不一致，但这并不妨碍两位学者目的的一致性。在布莱克斯通那里，他反对议会立法对普通法的侵害，而最终侵害英国人的自由，因此，英国法，无论是议会立法还是普通法，应当是以自由为目的的。

的确，他在对英国政体进行论证之前就已经有了基本判断：英国的政体符合自然法，符合上帝的品质，而其后的论证都是以此为基础的。也正如我在前面所述，如果完美的政体已然存在，则无需进行改革，如果实然的政体和理想中的政体存在差距，则会为改革提供依据。无疑，布莱克斯通是保守的，他是为当下的

〔17〕　同上注2，第192～194页。

〔18〕　储建国："调和与制衡的二重变奏——西方混合政体思想的演变"，武汉大学2004年博士学位论文，第130页。

〔19〕　同上注6，第175页。

政治体制进行辩护,即为经历了 1640～1689 年英国革命之后的政治体制进行了辩护,而 1640～1689 年的革命所导致的后果是议会主权的确立,从而建立了立宪君主制,但这样的政体不是专制君主式的,而更多的是贵族式的,"混合政府的缺点是,贵族——通常指富人而言——的手往往比较靠近这套制度的权力把柄"。[20] 但不可否认的是,享有主权的议会也有出现腐化的可能,从而侵害英国人的自由,然而这要比专制君主制更能保护英国人的自由。"英国实行的是一种君主立宪制,在这种制度中,名义上的君主必须和议会两院分享他的权力,并承认司法独立。这种政府形式可以避免一个人或少数人进行无限制的统治时所带来的许多重大流弊,这一点是无可置疑的。"[21]

二、法律发展的两种路径

边沁在《政府片论》中对布莱克斯通的批判,在我看来,是与法律的稳定性与变动性紧密相关的。他们对政府的形成、反抗政府的权利和英国的混合政体等三个问题的不同回答,正体现了这一点。布莱克斯通通过"原始的社会契约"来表明政府存在的必要性,即社会性的生活比孤立的个体性生活更有利,政府是社会秩序的保障;他通过强调在实践上人民不具有反抗政府的权利来表明反抗可能导致的灾难性,即自然状态是最糟糕的,反抗政府可能将人民带入到无限混乱的灾难当中;他通过英国的混合政体的完美特性来表明英国政府存在的正当性,即英国的政府是以保护英国人的自由为目的的。因此他为维护当下政府的统治提供了理论依据,从而使得激进的法律改革不具有正当性了。而边沁则试图以功利原则为依据对英国的法律制度、政治制度进行考察,以期重建法律秩序及社会秩序。在他眼里,布莱克斯通是一位保守的现状的维护者,因此布莱克斯通对现有法律秩序的正当性解释也是值得怀疑的。两位英国法学家论及的是英国法是否要变,以及通过何种方式变的问题,在这背后隐含的是深层的法律秩序观的问题。

在我看来,布莱克斯通的法律观是具有强烈的历史观特点的,即他对普通法传统的尊重,同时他的法律观也具有权威观的特点,即他相信"议会万能",而这两种法律观最终依赖于"上帝理性"的权威观。正是通过这样的理论融合,布莱克斯通试图实现英国法的稳定性与变动性的平衡。正如庞德所指出的那样,"在哲学支配的顶峰时期,布莱克斯通(Blackstone)一方面通过吸收由福特斯库、科克和黑尔所阐述的关于古老习惯连续性的历史理论,而另一方面又在此基础上通过提出议会有权变更法律的学说(依据科克的理论和 1688 年的革命),对

---

[20] [美] 约翰·麦克里兰:《西方政治思想史》,彭淮栋译,海南出版社 2003 年版,第 378 页。

[21] 同上注 2,第 69 页。

法律的稳定性与法律的变化进行了调和。此外，布莱克斯通还根据有关自然法的哲学理论将法律的稳定性与法律的变化这两种观点统一起来，因为在他看来，这两种观点都是对自然法的宣称，而且这两种观点还都经由对自然法的遵循而获得了终极的效力。"[22] 而在边沁看来，法律是实现社会效用的工具，而并不是上帝意志与历史理性的表达，因此为了最大多数人的最大幸福需要对英国法进行改革。在我看来，正是在这一点上，边沁没有看到法律稳定性或是法律秩序相继性的重要意义。

对于布莱克斯通来讲，他虽然对法律传统表现出了极大的尊重，以及对议会能力的确信；但是在对传统尊重与对议会能力确信的同时，没有将法律视作与实践无涉的存在，没有忽视法律存在的目的性，对于布莱克斯通来讲，尽管不如边沁那么坚决，但他也相信"普遍功利"（common utility）应该成为法的目标。但是，在如何获取"普遍功利"的道路上，他与边沁分道扬镳了。

不可否认，布莱克斯通和边沁都处于启蒙的时代，在他们身上是有共同点可寻的。比如，第一，他们都认为法律的目的之一是人之幸福，布莱克斯通认为，从自然法和神启法中可以获致一个永恒的原则，即人应该追求他自己的幸福；对于边沁来讲，他的功利原则就是最大多数人的最大幸福，法律也应当以此为目的。第二，他们都对人之理性予以了确信，虽然他们的确信程度是不同的。布莱克斯通相信通过他的智性努力，可以为法律的初学者提供一个英国法的总括性的地图，而且他在很大程度上是成功的。但是，在对人之理性的确信的同时，他也看到了理性常常会出现瑕疵状态，这就使得布莱克斯通更加看重的是现存体制及其进化的优点，"从秩序的立足点来看，现存体制的优点要比其缺点更为重要，因为缺点是改革的诱因，优点是缓慢推进的理由。"[23] 而边沁则试图通过立法改革的方式建构一种新的法律秩序。第三，他们都试图追求良好的社会秩序，虽然他们实现这一目的的方式不同。布莱克斯通是通过改良的渐进的方式，而边沁则是通过法律改革的方式。"尽管改革在哲学上看起来激进，它也是保守的，其目的在于使英国制度避免出现可能出现的更糟的后果。边沁对他所亲历的席卷欧洲大陆和美洲的革命毕生都身怀恐惧。良好秩序和安全是压倒一切的关怀；实现交往的可预测性和结果的确定性至关重要。良好的交往需要执行承诺、保证合法预

---

〔22〕［美］罗斯科·庞德：《法律史解释》，邓正来译，中国法制出版社 2002 年版，第 13 页。

〔23〕Richard A. Posner, "Blackstone and Bentham", *Journal of Law and Economics*, 19 (1976), p. 605.

期的法律制度。"[24]

边沁以功利原理（原则）作为他进行批判和构建的标准，他在《道德与立法原理导论》中指出"自然把人类置于两位主公——快乐和痛苦——的主宰之下。只有它们才指示我们应当干什么，决定我们将要干什么。是非标准，因果联系，俱由其定夺。凡我们所行、所言、所思，无不由其支配：我们所能做的力图挣脱被支配地位的每项努力，都只会昭示和肯定这一点。一个人在口头上可以声称绝不再受其主宰，但实际上他将照旧每时每刻对其俯首称臣。功利原理承认这一被支配地位，把它当做旨在依靠理性和法律之手建造福乐大厦的制度的基础。"[25]《政府片论》一书恰恰是他将功利原理在主权思想中的具体运用，与布莱克斯通恰恰相反，他看重的是立法的作用，甚至在某种程度上是夸大了这种作用。他相信可以通过人的理性权衡，订立满足最大多数人的最大幸福的普遍适用的成文法典。他认为订立成文法典以便进行法律研究，即使是普通人也能够理解法律。在这一点上边沁与布莱克斯通具有了共同的目的：让非法律专业的普通人了解英国法，只不过方式不同。布莱克斯通是以对现存的英国普通法进行体系化的方式和教育的方式，让以后想成为法律人的初学者和有教养的外行人对英国法有整体性的了解，他希望通过最基础的法律实践来推动英国法的发展，即他采取的是一种"自下而上"的渐进之路。而边沁则是以修正现存法律体系为前提进行法典化的改革方式，即边沁采取的是一种"自上而下"的由立法机关主导的法律改革的道路。

同时，更为重要的是，用以考察各种制度的标准（功利原则）本身是有问题的：最大多数人的最大幸福如何精确的计算？功利原则如何具体指导每一个具体的成文法典的订立？人的理性真的可以衡量法律改革的成本与收益吗？又有多少因素是人的理性所不及的！"边沁抨击布莱克斯通的自满的乐观主义，但事实上他自己是更大的乐观主义者。特别是对于社会变化，他的观点从不关心英格兰可能再次跌入暴政或内战。"[26] 虽然同处于启蒙运动之际，边沁对人之理性的确认比布莱克斯通走得更远，这就使得边沁的法律改革理论在保守气质浓厚的英国不能被实践，即使被实践也会有水土不服之弊。而且，从整体上来讲，启蒙运动本身并非是天然正当的，也值得质疑，也正如有学者指出的那样，"启蒙运动的

---

〔24〕〔英〕韦恩·莫里森：《法理学——从古希腊到后现代》，李桂林等译，武汉大学出版社 2003 年版，第 199 页。

〔25〕〔英〕边沁：《道德与立法原理导论》，时殷弘译，商务印书馆 2002 年版，第 11 页。

〔26〕Richard A. Posner, supra note 23, p. 601.

基本错误（休谟除外），是以理性能控制激情，而且由此会产生一套凡是理性的人都能效忠的理性道德体系。……启蒙运动努力打破那些不自然，靠建制力量强行设置，使自然理性无法发挥的障碍，这些障碍终于推倒之后，例如在法国大革命中撤掉之后，结果并不像启蒙思想家预期……放掉拘束，人就会摧毁文明，在其废墟上欢欣雀跃。启蒙运动以后遭受抨击，相当大部分就是由于它对启蒙心理的理性主义假设。"[27]

　　法律是社会调控手段的一种，正如前面所交代的，本文所谈及的法律是在更广泛意义上的法律，不仅仅指的是行为规则，而且也包括由此所形成的法律秩序甚或社会秩序，法律的稳定性与变动性，是法律所具有的两种品性，共同存在又相互矛盾。作为行为规则的法律，要安置在具体的社会背景中加以考察，只有法律稳定，人们的行为才能有所依凭，内心才能安定。但是，稳定并不必然导致不变化，社会不是一潭死水，社会的变迁必然导致法律规则的变动。与此相应的是，法律作为独立的体系也会对社会造成反作用。应对法律稳定性与变动性的关系上，有两种不同的进路，一种是抛弃原有的法律传统，另立炉灶；另一种是在原有的法律传统的基础上，进行适时的调整，作渐进的改动。在我看来，前一种进路，正是边沁所采取的；后一种进路，则是布莱克斯通所采取的。布莱克斯通所采取的这种渐进式的道路，是英国绝大多数法律人所秉持的，它反映了英国以普通法为核心，通过应对无限生活的可能来发展法律，而不是那种以人之理性为出发点来对社会生活及其纠纷的解决作出事先的决定，而是事后纠纷的解决和救济。因此，在英国法典化的努力虽然很有市场，但法典化的理想在英国并未实现。与此不同，法典化之路在英国之外具有很大的市场，而且一些国家的立法加以付诸实施，"启蒙时代，中欧国家颁行的一系列法典，就属于这种类型。与此相应，革命性的法典，则是要把旧的法律全体铲除，通过革命的暴风骤雨，洗刷某种旧体制或某个屈辱的时期，一切重新开始，甚至是另开辟一片崭新的天地……"[28]

---

〔27〕　同上注20，第352页。

〔28〕　[比] R. C. 范·卡内冈:《法官、立法者与法学教授》，薛张敏敏译，北京大学出版社2006年版，第43~44页。

罗尔斯的政治理想图景：基于《正义论》中正义二原则推演过程的分析

姚选民[*]

一、引言：问题的提出

万俊人先生在"论和谐社会的政治伦理条件"一文中提出了这样一个观点："一个社会或国家终将实现社会和谐并保持其和谐发展状态，当且仅当她不仅具备其普遍合法有效的制度正义的美德，而且也具备充分合理的社会伦理资源和公民个体的美德资源。"[1] 他的论证过程是这样的：大前提类似于"'和谐社会'所内涵的价值目标不仅是要实现普遍的社会公正或者罗尔斯意义上的'政治正义'，而且还要求实现深度的社会精神生活的伦理和谐"[2]；小前提类似于"'和谐社会'当然首先必须是一个'正义社会'，缺乏最起码的社会公正秩序，所谓'社会和谐'就无从谈起，'和谐社会'就只能是一种社会乌托邦想象"；最后，万教授得出了上述结论。无独有偶，姚大志先生于《何谓正义：当代西方政治哲学研究》一书"序言"中认为："从政治哲学的角度看，要建立和谐社会，就必须实现社会正义。"[3] 龚群先生于《罗尔斯政治哲学》一书"序言"中认为："追求一个公平而正义的社会，是罗尔斯对于人类社会的理想憧憬。……让我们继续罗尔斯以毕生精力进行的这种伟大追求，使我们以及我们的子子孙孙生存于一个富有尊严而自由平等的理想境界。"[4] 在我们撇开万教授和姚教授可能将政治伦理与学术伦理混为一谈之举不论之后，我们会发现上述三位论者对罗尔斯的正义理论（更确切地说，对西方正义理论）有着相同或相类似的肯定性价

---

* 法学博士，湖南省社科院政治与公共管理研究所助理研究员，主要关注领域为罗尔斯政治哲学、中国政治思想史与中国法律政治学。

〔1〕 万俊人："论和谐社会的政治伦理条件"，载《道德与文明》2005 年第 3 期。

〔2〕 万俊人："论和谐社会的政治伦理条件"，载《道德与文明》2005 年第 3 期。

〔3〕 姚大志："序言"，载姚大志：《何谓正义：当代西方政治哲学研究》，人民出版社 2007 年版，第 2 页。

〔4〕 龚群："序言"，载龚群：《罗尔斯政治哲学》，商务印书馆 2006 年版，第 5 页。

值判断。我们当然不能肤浅地认为三位论者对罗尔斯正义理论普遍化倾向无敏锐的意识或警惕，但是，他们上述可能是"无意识"的表述，却将罗尔斯正义理论普遍化或真理化了。换言之，他们将罗尔斯之正义论所承载的关于善生活之想象（亦即罗尔斯的正义观或政治秩序观）普遍化了，潜意识地将它们误置为我们中国人关于自己对善生活的想象，亦即我们中国人自己的政治理想图景。"政治理想图景"概念的提出，笔者受到邓正来先生对"中国法律理想图景"阐发的启发。邓正来在《中国法学向何处去》一书"自序"中言："'中国法律理想图景'乃是论者根据其对中国现实情势所做的'问题化'理论处理而建构起来的一种有关中国社会秩序之合法性的'中国自然法'。"[5] 法律表面上是以自然法作为它们的"理想图景"，但，其实质是人们于法律中注入了他们对社会法律秩序的一种想象。因此，"政治理想图景"应是人们对"什么样的生活是一种善生活"这样一个问题的回答。

基于此，很明显的是，笔者于"引言"部分所要提出的似乎是"有点老套"的问题，即罗尔斯的正义理论是不是承载着基于他之身份的政治秩序观，是不是承载着基于他之身份的政治理想图景？如果笔者论证了罗尔斯正义理论承载着基于他某种身份而形成之政治理想图景，那么，在征引其理论进行学术论证时，我们就得斟酌再三：不能将他的理论当做真理或教条作为我们政治哲学研究的普遍性论据。尤其是，在我们进行关涉中国的政治哲学研究时，我们必须警惕罗尔斯正义理论中所承载的基于他身份之私性的政治理论图景。

之所以坦诚自己所提出之问题"有点老套"，是因为似乎已有学者意识到了这个问题。例如，米歇尔·M. 杰克逊（Michael M. Jackson）于《正义问题》一书中认为："寻求正义的跨文化标准……对哲学而言是妥贴的，但……对政治而言却是不妥的"[6]；史蒂文·卢卡斯（Steven Lukes）、菲利普·佩蒂特、戴维·米勒（David Miller）及密尔顿·费斯克（Milton Fisk）等认为，"罗尔斯所提出的并不是什么普遍的正义理论，而只是对某些现代信仰的合理化而已"[7]。不

---

〔5〕 邓正来："根据中国的理想图景——自序《中国法学向何处去》"，载邓正来：《中国法学向何处去——建构"中国法律理想图景"时代的论纲》，商务印书馆 2006 年版，第6、7页。

〔6〕 Michael W. Jackson, *Matters of Justice*, Croom Helm, 1986, p. 164；转引自 [澳] 乔德兰·库卡塔斯、菲利普·佩迪特：《罗尔斯》，姚建宗、高申春译，黑龙江人民出版社1999年版，第127页；亦参考英文本，Chandran Kukathas and Philip Pettit, *John Rawls: A Theory of Justice and Its Critics*, Standford University Press, 1990, p. 112.

〔7〕 [澳] 乔德兰·库卡塔斯、菲利普·佩迪特：《罗尔斯》，姚建宗、高申春译，黑龙江人民出版社1999年版，第137页。

过，须提请注意的是，笔者对罗尔斯正义理论中政治理想图景问题的提出，不只是针对"罗尔斯正义理论"中之定语——"罗尔斯"这一理论出处之地方性面相的反思或批判，而更是经由对该定语——"罗尔斯"之反思对西方正义理论中所承载之政治理想图景的反思和批判。人们可能对"某某正义理论"中的"某某"很警惕，但是，人们对"正义"这一价值却缺乏反思和批判。与此同时，人们对罗尔斯正义理论也多是公式化的批判，而较少对罗尔斯正义理论进行"问题化的理论处理"。

基于上述原因，这项对罗尔斯正义理论所赖以为基之西方文化的批判工作便落到了笔者之头上。笔者试图基于对《正义论》中正义二原则推演过程之分析来揭示罗尔斯的政治理想图景，以彰显其正义理论的地方性及其西方文化价值前设。相应地，本文的框架除"引言"和"结语"外，便分为三个部分：第一章是对《正义论》中原初契约之立约过程的梳理，并与上帝跟摩西之立约过程进行对照，以揭示原初契约之立约过程与上帝跟摩西之立约过程的相似性；第二章是对罗尔斯对原初契约立约过程之还原性解释的梳理；通过对第一章和第二章的解读，笔者于第三章中欲图浮现出或问题化出罗尔斯正义理论中的政治理想图景。

二、原初契约立约过程的梳理：兼与上帝跟摩西之立约过程的对照

其实，不只是笔者注意到罗尔斯正义理论的宗教文化背景。美国学者布鲁萨克（Bernard G. Prusak）提及："有人批评他（罗尔斯——引者）说……他的所有自由主义思想都在根本上与宗教存在着连带关系。"[8]

（一）原初契约的立约环境或前设

在《正义论》中，罗尔斯认为，原初契约的立约环境是"只要互相漠不关心的人们在中等匮乏之条件下对社会利益的分配提出了互相冲突的要求，正义的环境也就存在了"[9]。他在《作为公平的正义》一书中说："我们应该将正义环境看做是对历史条件的反映……这些环境包括我们可以称为客观环境的适度匮乏，以及为所有人都能够过上体面生活而进行社会合作所必需的东西。"[10] 这表明，原初契约的立约前设是：正义是可欲的。这一点在罗尔斯正义理论中是不容

〔8〕［美］B. G. 布鲁萨克："政治学、宗教和公善——罗尔斯访谈录"，何小玲、李小科译，载《世界哲学》2003 年第 2 期。

〔9〕［美］约翰·罗尔斯：《正义论》，谢延光译，上海译文出版社 1991 年版，第 141 页。译文有改动，见 John Rawls, *A Theory of Justice*, The Belknap Press of Harvard Universtiy Press, 1971, p. 128.

〔10〕［美］约翰·罗尔斯：《作为公平的正义——正义新论》，姚大志译，上海三联书店 2002 年版，第 137 页。

置疑的。正义是罗尔斯所向往和追求的一种政治秩序。而上帝与世人立约的环境是，世人因为原罪而生活得非常艰难，但因为上帝的恩典和怜悯，世人总是能够勉强维持、生活下去。上帝与世人立约的前设是：世人是信上帝的。这一点在上帝与世人立约的场景中是不容置疑的。在这种意义上说，上帝所主导的世界秩序是世人所向往的。上帝跟世人的立约有两种：一种是工作之约[11]《罗马书》中说："作工的得工价，不是照着恩典，乃是照着所该得者算的。惟有不作工，只信靠那称不虔者为义之神的，他的信就算为他的义。"[12] 另一种是恩典之约[13] 恩典之约可分为6种[14]，笔者之所以选取上帝在西乃山向摩西立约，是因为该立约过程比较详尽。

(二) 原初契约的立约方

原初契约的立约方是"连续的人们（家长或遗传链）"。他（们）立约时的知识与信念是无知之幕。[15] 一如罗尔斯所言：

> "我假定各方不知道某些特殊事实。首先，没有人知道他在社会中的位置，亦即他的阶级出身或社会地位；他也不知道在天生资质和自然能力、理智和力量水平及其他类似之物上的幸运程度。其次，也没有人知道他自己的善观念、他自己合理生活计划的个殊性，甚或他自己的具体心理特征，如对冒险的厌恶或对乐观/悲观的倾向性。再次，我假定各方不知道他们自己社会的特殊环境。也就是说，他们不知道他们社会的经济或政治状况，或该社会所业已达到的文明和文化层次。处在原初状态中的人们不知道任何有关他们所属世代的信息。"[16]

---

〔11〕 在人类被造后至堕落前的这一段时间，被造的人类，必须付上工作的代价，来换取神的慈爱与公义，奖赏或刑罚，这种有条件的合同与誓约，称为"工作之约"。

〔12〕 参见《新约圣经恢复本·罗马书》（注解版袖珍本）第四章第四至五节。

〔13〕 当人类始祖违背神的诫命，以致堕落，被咒诅、刑罚、处死，作为违约之结局后，"工作之约"不再成为神与人立的条约。故此，神就为堕落的人类另寻一条出路，就是另外设立了"恩典之约"。

〔14〕 它们是：①神向女人所立的约；②神向挪亚所立的约；③神向亚伯拉罕所立的约；④神在西乃山向摩西所立的约；⑤神向大卫所立的约；⑥神为他百姓另立新的约。

〔15〕 参见［美］约翰·罗尔斯：《正义论》（修订版），何怀宏、何包钢、廖申白译，中国社会科学出版社2009年版，第112、113页。

〔16〕 ［美］约翰·罗尔斯：《正义论》（修订版），何怀宏、何包钢、廖申白译，中国社会科学出版社2009年版，第106页。译文有较大改动，请见 John Rawls, *A Theory of Justice*, The Belknap Press of Harvard University Press, 1999, p. 118.

原初契约的立约方有可能知道的唯一特殊事实是他们的社会受着正义环境的制约及该制约所具有的任何含义。一如罗尔斯所言："他们知道有关人类社会的一般事实。他们理解政治事务和一些经济理论原则；他们知道社会组织的基础和人的心理学法则。确实，各方被假定知道所有影响正义原则选择的一般事实。"[17] 从原初契约立约各方"不知道之事"与"知道之事"之间的对比来看，原初契约各方无非是原初状态设置者（罗尔斯）的逻辑推理载体，他们处于伦理的真空当中。在这种情境中，人们没有任何依赖，每个人都被抽象为平等的道德主体。依何怀宏教授的解读，原初状态里的各方既是个人，又不是个人，说他们是普遍理性体现者也许更合适；他们是同等理智和境况相似的，每个人都是被同样的论证说服的，实际上就是每个人为所有人选择，而所有人又都像一个人那样选择。[18] 在罗尔斯看来，原初状态若要产生正义的契约，各方就必须是地位公平的，被作为道德的人同等地对待。在这种意义上说，原初契约的立约方就是两方，一方是处于无知之幕中的人，另一方是居于无知之幕之外的罗尔斯。处于无知之幕中的人们，只要他（们）能承受罗尔斯的逻辑推理压力，在任何地点、任何时间，罗尔斯都能跟他（们）立约。

而上帝跟摩西立约，立约的一方是上帝，另一方则似乎是摩西和上帝的子民。由于在信上帝的情境中，人们都处于伦理的真空，世俗的东西在信仰的王国都被打碎了，一切世俗的东西都不重要了。人们都平等地处在上帝所设置的无知天幕之中。每个人在上帝面前都是空的，他们心里除了上帝，什么也没有。因此，上帝跟摩西在西乃山上的立约看似多方立约，其实只有二方，即上帝和摩西。上帝跟摩西的立约，我们不能将它还原为历史中的实例，其实，该立约也是一种设置，只要你信上帝，你就能在当时当刻跟上帝在西乃山上立约。在这种意义上说，信上帝的人，上帝是随时可以跟他（们）立约的。

（三）原初契约的条款

原初契约的条款是针对社会基本结构的。罗尔斯认为，原初契约的目标正是适用于社会基本结构的正义原则，我们必须将基本结构确定为政治正义的首要主题。原初契约的协议条款或选择对象是一个清单。这个清单的最初标准是"传统的正义观念和正义两原则"。罗尔斯对这个最初的清单自己也不满意；他认为或

---

〔17〕 ［美］约翰·罗尔斯：《正义论》（修订版），何怀宏、何包钢、廖申白译，中国社会科学出版社 2009 年版，第 106 页。译文有改动，请见 John Rawls, *A Theory of Justice*, The Belknap Press of Harvard University Press, 1999, p. 118.

〔18〕 参见何怀宏：《公平的正义：解读罗尔斯〈正义论〉》，山东人民出版社 2002 年版，第 36、136 页。

许某些迄今尚未被表述过的原则比正义两原则还要好，但由于他还没有能够确定"一种唯一最好之正义观的必要和充分条件"，只好接受"一种不能令人满意的进行方式"。[19] 最初列入清单的正义观念有：①处在一种序列中的两个正义原则；②混合的观念；③古典目的论的观点；④直觉主义的观念；⑤利己主义的观念。[20] 在清单中正义观念的确定上，罗尔斯似乎尽力保持中立和客观，但他不仅把具有鲜明时代性和有条件的正义观排除在外，而且还是以西方文化为本位的，以他自己的主观视野为转移的。[21]

在上帝跟摩西的立约中，契约条款是直接由上帝决定的，关涉对象是上帝眼里的世界基本秩序。《出埃及记》中言："当孝敬父母，使你的日子在耶和华——你神所赐你的地上，得以长大。不可杀人。不可奸淫。不可偷盗。不可作假见证陷害邻舍。不可贪爱邻舍的房屋；也不可贪爱邻舍的妻子、仆人、婢女、牛、驴、并他一切所有的。"[22]

（四）原初契约的选择过程及结果

原初契约的选择过程，何怀宏教授认为有三次：第一次是在罗尔斯设定最初清单项目时。第二次是对正义原则的形式限制。正义原则必须受正当概念的形式限制。这些限制有一般性、普遍性、公共性、有序性和终极性。第三次是跟正义两原则的竞争。[23] 订约各方在进行选择时相互冷淡（有限的利他主义），并且正义原则还要受"合理性"限制，它们必须是以统一之期望和对概率的客观解释来达到目的的有效手段。对他们所选择的条款或正义原则必须永远一致同意并严格服从。最后，原初契约各方选择了罗尔斯的正义二原则："①每一个人对于一种平等的基本自由之完全适当体制都拥有相同的不可剥夺的权利，而这种体制与适于所有人的同样自由体制是相容的；②社会和经济的不平等应该满足两个条件：第一，它们所从属的公职和职位应该在公平的机会平等条件下对所有人开放；第二，它们应该有利于社会之最不利成员的最大利益（差别原则）。"[24] 罗

---

〔19〕 参见［美］约翰·罗尔斯：《正义论》（修订版），何怀宏、何包钢、廖申白译，中国社会科学出版社 2009 年版，第 94 页。

〔20〕 参见［美］约翰·罗尔斯：《正义论》，何怀宏、何包钢、廖申白译，中国社会科学出版社 1988 年版，第 123～124 页。

〔21〕 参见何怀宏：《公平的正义：解读罗尔斯〈正义论〉》，山东人民出版社 2002 年版，第 144 页。

〔22〕 参见《旧约圣经恢复本·出埃及记》第二十章第十二至十七节。

〔23〕 参见何怀宏：《公平的正义：解读罗尔斯〈正义论〉》，山东人民出版社 2002 年版，第 142～152 页。

〔24〕 ［美］约翰·罗尔斯：《作为公平的正义——正义新论》，姚大志译，上海三联书店 2002 年版，第 70 页。

尔斯是通过二方面的努力来达到他的论证目的的：一方面，他利用一些限制条件，如正当概念的限制条件，将清单中的一些正义原则（如利己主义的观念）直接清理掉；另一方面，他利用他的推理和逻辑演绎力量通过"智力强制"迫使处于无知之幕下的各方选择他的正义二原则。

在上帝跟摩西的立约中，摩西及上帝子民最终完全接受了上帝的旨意或立约条款。上帝通过他的大能和神迹，使得摩西和其他子民接受了他的信约。

三、罗尔斯对原初契约立约过程的还原性解释

在原初契约的立约过程中，罗尔斯对正义二原则的推演，无论原初契约的设置是多么地完美，推理是多么地严密，那都是形式逻辑之物。一种理论论证如果真要令人信服，他必须将他的理论论证还原到现实生活中来。只有在现实生活中，其论证令人信服，该种论证才是有效和有用的。毕竟，形式逻辑的论证太形而上，离人们的思维与生活太遥远。罗尔斯为了达到对正义二原则论证的完整，他并不满足于原初状态中形式逻辑的自足性，还将他的理论论证还原到现实生活中来进一步解释或论证他正义二原则的稳定性。

罗尔斯从正义观念在人之成长过程中是如何逐渐取得支配性地位这一路径来对他的原初契约立约过程进行还原性解释的。

人在孩童阶段主要遵循权威的道德。权威的道德在人的孩童阶段是如何树立起来的呢，或者说，人之孩童阶段学习权威道德的条件是什么呢？罗尔斯认为：

> "第一，父母必须爱他们自己的孩子，必须是值得他们孩子崇拜的对象。这样，他们就在他们孩子心中唤起一种自我价值感和那种要成为像他父母所是的那种人的欲望。第二，他们必须按照孩子的理解水平说出清楚的、可理解的（并且当然是可被证明为正当的）规则。此外，他们应当说出这些命令的理由，只要这些命令能被理解；同时，只要这些准则/规则对他们也适用，他们自己也必须遵守这些准则。"[25]

在人之孩童阶段，他是没有能力去估价那些有权威的人们，他的父母告诉他那些准则和命令的正当性；他缺乏知识和理解，这使得他不可能向这种指导挑战。他确实爱戴和信任他的父母，因而，一旦他向诱惑让步，他就倾向于按照他

---

〔25〕〔美〕约翰·罗尔斯：《正义论》（修订版），何怀宏、何包钢、廖申白译，中国社会科学出版社 2009 年版，第 368 页。译文有改动，请见 John Rawls, *A Theory of Justice*, The Belknap Press of Harvard University Press, 1999, p. 408.

父母的态度来责备自己的不轨行为。因此，罗尔斯认为："儿童的权威道德还只是初步的，因为它主要是许多准则的汇集；而且，儿童还不能把握正当和正义这种更大的系统，别人告诉他的那些规则是经由该更大的系统来加以证明的。"[26]

人经过孩童阶段，就要慢慢进入家庭之外的社会领域，从而，他就要接受社团的道德。罗尔斯认为，社团的道德是适合于个人在不同交往中之角色的那些道德标准。在社会中跟人交往，他要提高自己的交往能力。罗尔斯认为，首先，我们必须承认存在着不同的观点，他人的观点和我们的观点不同。其次，我们需要确定这些观点的明确特征，确定其他人主要需要和欲望些什么，以及他们起支配作用的信念和意见是什么。最后，在理解了另一个人的境况之后，我们自己还要去解决这样一个问题：根据该境况以恰当的方式调整我们自己的行为。[27] 在人之社会化的过程中，社团的道德包括大量的理想，每一个都是以适合于那个独特身份或角色之方式被规定的；我们的道德理想随着我们在生活过程中经历一系列地位而不断提高，而这些理想不断要求我们更高的理智判断和更精细的道德区分。[28]

社团的道德是人经过孩童阶段后一段时间对社会交往规则的体会，而随着人们社会程度的不断提高，人们逐渐会领悟到一些原则的道德。罗尔斯认为："在推断原则（在这里，原则是指首要原则，比如在原初状态中得到深思熟虑的那些原则）的道德如何可以产生时，我们应当注意的是，社团的道德会十分自然地导致一种对正义标准的认识。"[29] 在社会交往的过程中，一旦我们意识到和正义原则相适应的社会安排已经提高了我们和我们所依恋之那些人的善，我们就将产生一种运用和实行这些正义原则的欲望。罗尔斯认为，这时，一种正义感至少会以两种方式表现出来：首先，它引导我们接受那项（适用于我们且我们和我们所交往的伙伴们都已经从中获益之）正义制度。其次，正义感产生出一种意愿，该意

---

〔26〕 ［美］约翰·罗尔斯：《正义论》（修订版），何怀宏、何包钢、廖申白译，中国社会科学出版社 2009 年版，第 369 页。译文有改动，请见 John Rawls, *A Theory of Justice*, The Belknap Press of Harvard University Press1999，p. 408.

〔27〕 参见［美］约翰·罗尔斯：《正义论》（修订版），何怀宏、何包钢、廖申白译，中国社会科学出版社 2009 年版，第 370、371 页。也请参见 John Rawls, *A Theory of Justice*, The Belknap Press of Harvard University Press, 1999, p. 410.

〔28〕 参见［美］约翰·罗尔斯：《正义论》（修订版），何怀宏、何包钢、廖申白译，中国社会科学出版社 2009 年版，第 370 页。

〔29〕 ［美］约翰·罗尔斯：《正义论》（修订版），何怀宏、何包钢、廖申白译，中国社会科学出版社 2009 年版，第 374 页。译文有改动，请见 John Rawls, *A Theory of Justice*, The Belknap Press of Harvard University Press, 1999, p. 408.

愿想建立（或至少是不反对）正义的制度，并且当正义要求时该意愿想为改革现存的制度而工作。[30] 一旦原则的道德为人们所接受，道德态度就不再仅仅与具体个人及团体的幸福和赞许相联系，而是为一种所选择之独立于这些偶然性的正当观念所形塑。[31] 这时，我们会产生一种按照正当和正义的观念去行动的欲望。

通过对原初契约立约过程的还原性解释，即在现实生活中，人在成长的过程会在各个阶段接受不同的道德，但最后都会完全接受正当和正义的观念；罗尔斯认为，原初状态中处于无知之幕之下的人们选择正义二原则不仅仅是其严格条件设置、精密逻辑推演的结果，还是罗尔斯眼中人之正常社会化所自然会选择的结果。

四、罗尔斯政治理想图景的浮现

在第一章里，不论是对原初契约立约过程的梳理，还是对罗尔斯于原初契约立约阶段按选择结果标准进行论证之方法的揭示；在第二章里，不论是对罗尔斯对原初契约立约过程之还原性解释的梳理，还是对罗尔斯对原初契约立约过程进行还原性解释之方法的揭示；这都是为了揭示和分析罗尔斯的政治理想图景作前提性准备。

（一）对原初契约立约过程的解读

人们在阅读第一章的时候，对于笔者将原初契约立约过程与上帝跟摩西立约过程进行粗线条对照之举，可能会存在不解。尽管如此，在阅读完第一章之后，人们一定会觉得原初契约之立约过程与上帝跟摩西之立约过程二者之间存在着某种非常类似之处。实言之，这确实是笔者在第一章中进行阐述时所欲传达的重要信息，因为笔者看到它们二者之间的酷似之处：

就立约的环境或前设而言，不论是原初契约的立约环境或前设，还是上帝跟摩西的立约环境或前设，尽管二者之间有差异，但它们都是在一种相对匮乏或艰难的生存处境之中，并预设某种社会政治秩序是可欲的。就立约的立约方而言，原初契约的立约方看似是处于原初状态中的人们之间的立约，但由于他们的立约情境，其实，是处于原初状态之外的罗尔斯与处于原初状态中的抽象人二者之间

---

〔30〕 参见〔美〕约翰·罗尔斯：《正义论》（修订版），何怀宏、何包钢、廖申白译，中国社会科学出版社 2009 年版，第 375 页。也请参见 John Rawls, *A Theory of Justice*, The Belknap Press of Harvard University Press, 1999, p. 415.

〔31〕 参见〔美〕约翰·罗尔斯：《正义论》（修订版），何怀宏、何包钢、廖申白译，中国社会科学出版社 2009 年版，第 375 页。也请参见 John Rawls, *A Theory of Justice*, The Belknap Press of Harvard University Press, 1999, p. 416.

的立约；而上帝跟摩西的立约表面看来是上帝跟摩西及其他子民之间的立约，但在那种信上帝的情境中，其实是上帝跟一个抽象或概念化之代表信徒的立约，因而，不论是原初契约，还是上帝跟摩西立约，都是两方之间的立约。就立约条款而言，在原初契约中，立约条款归根结底是由罗尔斯设定的，在上帝跟摩西立约中，立约条款是由上帝决定的，因而，罗尔斯的角色有一丝上帝的影子，这表明了契约条款的神圣性；此外，罗尔斯原初契约的条款与上帝跟摩西立约的条款所针对的都是维续一定社会秩序的基本制度。就立约的选择和结果来说，在原初契约中，罗尔斯让处于无知之幕中的人们跟他立约，使用的是"智力"；跟原初契约之立约过程不同的是，在上帝跟摩西之立约中，上帝让摩西和其他子民信守该立约所使用的是他的个人权威；而上述两种立约都运用了某种或隐或显的强力。因此，显见的是，在第一章中，笔者的确试图勾勒出原初契约立约过程与上帝跟摩西立约的酷似之处。

我们知道上帝跟摩西之立约在基督徒心中具有非常高的神圣性和稳定性。而神的世界秩序正是建基于该种契约之上。上帝跟摩西之立约是神之世界秩序观的一种文字表达。一如上述，罗尔斯的原初契约之立约过程与上帝跟摩西之立约过程极为类似，那么，我们会对罗尔斯原初契约立约过程之意图和目的作何解读呢？明显的是，在一个信上帝人数占极大多数的国度——罗尔斯也自陈："我生活在一个90%～95%的人信仰或自称信仰宗教的国度。尽管我知道，只有一部分人在传统意义上真正地笃信宗教，但信仰仍是美国文化的一个重要方面，也是美国政治生活中的事实"[32]，罗尔斯用与上帝跟摩西之立约极为类似的方式来论述和表达他的正义理论，这一方面使得他对正义二原则之推导的论证具有非常强的说服力。另一方面，这表明罗尔斯深受基督教文化的影响。对于这一点，尽管罗尔斯不信教，一如何怀宏教授所言："罗尔斯中学就读于康乃迪克州肯特的一所严格的圣公会的私人学校，他并非教徒，但对宗教信仰也有相当的同情和理解"[33]，但是，该种基督教文化背景却给了他潜意默化的影响，他自己也坦诚地说："肯特学校是一个教会学校，由西奥神父（Father Sill）创办，属于基督教圣公会成员，学校通常会有几个圣公会的其他成员。我们每天都要去教堂，星期天

---

〔32〕 ［美］B. G. 布鲁萨克："政治学、宗教和公善——罗尔斯访谈录"，何小玲、李小科译，载《世界哲学》2003年第2期。

〔33〕 何怀宏：《公平的正义：解读罗尔斯〈正义论〉》，山东人民出版社2002年版，第2页；相关信息也可参见 ［美］托马斯·波吉（Thomas Pogge）："罗尔斯小传"，顾肃、殷茵译，载 ［美］约翰·罗尔斯：《作为公平的正义——正义新论》，姚大志译，上海三联书店2002年版，第481页；Thomas Pogge, *John Rawls: His Life and Theory of Justice*, translated by Michelle Kosch, Oxford University Press, 2007, p. 8.

去两次。我不好说它是一个具有宗教精神的特殊学校，但你的确无法完全避开宗教。你得对它作出反应。"[34] 基于两种立约的相似性，一如上帝跟摩西立约之逻辑，罗尔斯原初契约的立约过程表明其所欲达成的是一种罗尔斯的政治秩序观，一种深受基督教文化影响的政治秩序观，一种变化了的神之政治秩序观，亦即一种正义观。其实，正义这种政治秩序观根源于西方，它原本是西方神与神之间关系的一种反映，由于神对人的绝对支配力，及神际关系的一神化运动，使得正义成为神之政治秩序在世俗世界的一种理想追求，一种永难达到的政治理想图景。在圣奥古斯丁看来，人世间的正义只不过是对天堂的拙劣模仿罢了。[35] 因而，在这种意义上说，罗尔斯的正义观是一种内含着基督教文化深刻影响的政治秩序观，有一种对基督教文化所彰显的政治秩序的理想追求。

由于原初契约立约过程与上帝跟摩西之立约过程的对照比较粗糙，因而，就此判断罗尔斯深受基督教文化深刻影响尚显得有些草率。基于此，罗尔斯正义观中内含基于基督教文化之政治理想图景的追求这一观点尚待进一步展现和论证。

（二）对"罗尔斯还原性解释"的解读

自度基于原初状态立约过程的梳理对罗尔斯正义观跟基督教文化之间关系解读得有些粗糙，笔者认为有必要通过对"罗尔斯还原性解释"进行解读来进步透视罗尔斯正义观跟基督教文化之间关系，亦即基督教文化对罗尔斯正义观的影响及罗尔斯的政治理想图景。

罗尔斯在对原初契约的还原性解释过程中认为，人之孩童阶段遵循权威的道德，人经历孩童阶段之后逐渐接受社团的道德，进而最终会完全接受原则的道德。[36] 罗尔斯在《正义论》中认为：

"在正当和正义的正常的形式中，原则的道德包含着权威和社团之道德的德性。原则的道德标示着最后的阶段，在该阶段，所有的从属理想通过那些恰当的一般原则都最终得到理解和被组织成为一个一致的体系。其他道德的德性在一个更大的系统中得到了对于它们的解释和正当

---

〔34〕 ［美］S. R. 艾芭、［美］J. D. 哈兰、［美］W. J. 李："为了历史的记录——访罗尔斯"，江怡译，载《世界哲学》2003 年第 2 期。

〔35〕 参见［英］肯尼思·米诺格：《政治的历史与边界》，龚人译，译林出版社 2008 年版，第 87 页。

〔36〕 参见周保松："罗尔斯《正义论》（1971）"，载应奇主编：《当代政治哲学名著导读》，江苏人民出版社 2010 年版，第 28 页。

性证明；它们各自的要求也受到更完备性概念所规定之优先性规则的调节。"[37]

罗尔斯进而在《作为公平的正义》说：

"我们可以把在基本结构内部的团体和机构所直接遵循的正义原则称为局部的正义原则。这样，由里到外，我们就有三个层次的正义：首先是局部正义（直接应用于机构和团体的原则）；其次是国内正义（应用于社会之基本结构的原则）；最后是全球正义（应用于国际法的原则）。作为公平的正义是应用于国内正义的——基本结构的正义。从这里出发，它向外影响万民法，向内影响局部正义。"[38]

我们知道，罗尔斯自己认为，家庭本身被看做一个很小的交往共同体。上述这些征引说明了什么呢？这说明在罗尔斯的政治秩序里，除家庭领域以外的社会公共领域的规则伦理覆盖并侵蚀了家庭伦理。换言之，家庭伦理在罗尔斯的政治秩序里处于调控社会效力位阶较低的位置。

这时，笔者的疑问也出现了。问题在哪里呢？我们知道，就一般正常的社会而言，人首先是受家庭伦理的教育和熏陶，他跟人的交往规则或技巧首先是来源于家庭伦理。因而，当他进入社会时，他跟人进行交往的规则或原则也首先应该是家庭伦理式的规则，尽管由于不存在血亲关系这种交往规则的家庭伦理内涵可能会弱一些。在这种社会中，调控社会秩序手段的来源是家庭伦理规则，社会规则不过是家庭伦理规则的外化。在调控社会秩序效力等级中，家庭伦理在位阶上要高于社会伦理。这是典型的儒家文化圈中的政治秩序观，这种政治秩序观彰显着以家为首善的政治理想图景。

但是，在基督教文化圈中，人首先也是受到家庭伦理的教育和熏陶，但是该种家庭伦理是生存于宗教伦理的缝隙之中。生活在基督教文化圈中的人一方面要受到生物性或最原始家庭伦理或亲情伦理的影响；但是，另一方面，由于受到宗教文化的影响，宗教伦理规则在社会交往中占据绝对的支配地位，并且，这种支

---

〔37〕 〔美〕约翰·罗尔斯：《正义论》（修订版），何怀宏、何包钢、廖申白译，中国社会科学出版社 2009 年版，第 378 页。译文有改动，请参见 John Rawls, *A Theory of Justice*, The Belknap Press of Harvard University Press, 1999, p. 419.

〔38〕 〔美〕约翰·罗尔斯：《作为公平的正义——正义新论》，姚大志译，上海三联书店 2002 年版，第 19 页。

配地位还不局限于除家庭之外的社会公共领域，在家庭之中，该种宗教伦理还要对家庭关系产生支配性的影响。在宗教文化氛围中，大家都是弟兄姊妹，在上帝眼里或面前都是平等的。整个社会是由基督教文化团结为一体的，就像一个大教会。由于这种基督教文化背景，处理社会交往关系的宗教伦理或社会规则则成为了调控社会秩序的主要手段和根源。在这种情境中，家庭纯粹成为了人类生物性的延续，人们所看重的是宗教伦理调控下的社会教会整体秩序。因而，生活于基督教文化背景中的人，他所推崇的是一种强调社会规则重要性的教会秩序或社会整体秩序；基督教文化主导之社会中的政治秩序彰显着以社会整体为首善的政治理想图景。

笔者认为，以上就是当今人类对社会政治秩序进行追求的居于两端的两种大体取向，其他的可能取向最终都可以归结到这两种取向上来。基于笔者上述对基督教文化社会秩序观的分析，罗尔斯在论述人之道德的发展过程中，无意识地将人之孩童阶段权威道德贬低为社团道德和原则道德所侵蚀和覆盖的对象，对家庭伦理与权威道德自然地不看重，这表明罗尔斯在内心中所遵从的是一种立基于基督教文化的政治秩序观，社会天然地高于家庭，社会规则伦理"天然"高于家庭伦理。因此，罗尔斯对原初契约立约过程还原性解释的无意之举：一方面表明罗尔斯深受基督教文化的影响，他的正义观无疑是以基督教文化作为他正义二原则之底色的；另一方面，他的正义观蕴藏着一种以社会整体为首善的政治理想图景。

正因为，正义作为政治秩序观，蕴含着以社会整体为首善的政治理想图景，因而，笔者慎言正义，而用政治理想图景来代用正义观。在这种意义上说，我们在信奉正义的同时，也同时把西方人的政治理想图景误置为我们自己的政治理想图景。

五、结语

在"引言"中，笔者虽然指出了万俊人先生、姚大志先生及龚群先生将罗尔斯正义理论普遍化或真理化的一些"不经意"的文字表述或观点，但是，在他们的作品中，他们也有一些文字明确表明了他们对将西方理论普遍化的这种现象之警惕。姚大志教授在《何谓正义：当代西方政治哲学研究》一书中又言："深入分析一下，我们就会发现罗尔斯的政治正义是西方现代自由主义传统的一部分，与伊斯兰文化、儒家文化和佛教这些非西方的统合性学说相比，它同康德和约翰·密尔的形而上自由主义学说的关系更为密切。"[39] 龚群教授在《罗尔斯

---

〔39〕 姚大志：《何谓正义：当代西方政治哲学研究》，人民出版社 2007 年版，第 58 页。

政治哲学》一书又认为："在 1971 年版的《正义论》中，罗尔斯表明了他的普遍主义的立场，通过原初状态所论证的两个正义原则，罗尔斯认为是放之四海而永远正确的。"[40]

既然他们意识到了西方理论具有溢出自己理论特定时空限定的偏好，为何他们的作品中还存在笔者于"引言"所指出的情况和问题呢？这是为什么呢？明显的是，他们不知道罗尔斯正义理论承载着他自己的私性政治理想图景，但是这些学者的学术批判经验告诉他们自己：任何理论都是特定时空中的产物，是不可普遍化的。正是这种普遍化或教条化的学术批判方式，使得学术批判流为形式。结果是，话说全了，错照犯！如果我们继续寻根究底的话，学术批判流为形式的根本原因是，跟阅读者相比较而言，学术批判对象，亦即所阅读作品的著者功力显得极为深厚。我们都知道，在阅读一部好的学术作品时，我们往往会产生"思维的昏厥"，亦即自己阅读主体性的丧失。而学术阅读主体性的丧失，是因为自己被学术作品支配，我们的大脑被阅读作品中的严密逻辑所支配或震撼；再进一步追问，自己之所以为所阅读之学术作品支配，是因为我们没有思维的基点或思维的基点不牢靠：我们缺乏认识、反省和内省自己意识或行动。一个对自己缺乏认识的人，是一个不纯净的人，就像一盏几乎不发光的灯；如果自己是黑暗的、不通透的，我们又如何映照出他人的面相、如何对他者进行审视，进而如何对他者进行反思和批判？因此，在这种意义上说，学术批判或学术阅读的基点或基石是让自己纯净，让自己通透，而这皆是从"认识你自己"开始的。

---

〔40〕 龚群：《罗尔斯政治哲学》，商务印书馆 2006 年版，第 477 页。

法律的生成与进化

——评哈耶克《法律、立法与自由》一书中的法律观

魏　干*

哈耶克的法律观集中体现在《法律、立法与自由》（第1卷）一书中。[1] 在该书中，他重点阐释了两种意义上的法律——"阐明性规则"意义上的法律和"未阐明性规则"意义上的法律。[2] 在哈耶克看来，二者都是"严格意义上的法律"，而且，前者以后者为前提和基础。[3] 这也就意味着，"阐明性规则"意义上的法律是在"未阐明性规则"意义上的法律范围内发现的，是在对其不断阐释和认识中发展起来的。在此，我们可以看到哈耶克的法律生成与进化的逻辑过程：首先是"未阐明性规则"意义上的法律的生成与进化；其次是"阐明性规

---

* 西南政法大学 2007 级法学理论专业硕士研究生，现就职于浙江省义乌市人民检察院。

〔1〕 关于法律的内涵，哈耶克并没有进行专门详细的阐释，只是在不同著作的不同章节里有过零散的论述。而且，由于其法律观在不断发展，致使其前后用语很不统一，例如，其表述法律的词语就有"一般性规则"、"行为规则"、"行动规则"、"内部规则"、"正当行为规则"等，但是，在 1960 年以后，哈耶克的法律概念逐渐统一起来，用哈耶克的话说就是，只有"内部规则"意义上的法律才是法律（"实质意义上的法律"）。"就当下的情形而言，立法机构以适当形式赞成通过的任何文献，都被称之为'法'。但是，在这些仅具有该词形式意义的法律中，只有一些法律——据今天来看，通常只有极小的一部分法律——是调整私人间关系或私人与国家间关系的'实质性'法律。"〔英〕哈耶克：《自由秩序原理》（上册），邓正来译，三联书店 1997 年版，第 313 页。本文也仅限于讨论"实质意义上的法律"的生产与进化机制，即"规则系统"意义上的法律，而非"行动结构"意义上的法律。

〔2〕 在"政治思想中的语言混乱"一文中哈耶克指出，"阐明的规则与未阐明的规则"的界分，要比法理学中通常为人们所熟知的对"成文法与不成文法"的界分和"制定法与习惯法"的界分大得多，"就此而言，那些以阐明的（形诸文字的）规则的形式而传承下来的不成文法（或习惯法）与成文法之间的区别，要远远小于阐明的规则与未阐明的规则之间的区别。一如我们所知，许多不成文法或习惯法也许已经通过口头传播的文字形式而得到阐明了。但是需要指出的是，即使当所有那些能够被认为是为人们明确知道的法律都得到了阐明的时候，这也不意味着人们阐明那些实际指导人们决策的规则的过程已然完成了。"〔英〕哈耶克：《哈耶克论文集》，邓正来编/译，首都经济贸易大学出版社 2001 年版，第 22 页。

〔3〕 "阐明的规则与未阐明的规则在发展的过程中也将不断地发生互动作用。但是，如果没有未阐明的规则作为一种背景性基础，那么任何阐明的规则系统似乎都是不可能存在的，甚或也是不可能为人们充分理解的，因为我们知道，当人们在阐明的规则系统中发现了某种缺陷或不足的时候，人们惟有诉诸那些未阐明的规则作为依凭。"同上注，第 21~22 页。

则"意义上的法律的生成与进化。

当然，虽然是同一过程的两个阶段，但是它们的逻辑过程却又是各不相同：对于作为一种"阐明性规则"意义上的法律的生成与进化过程而言，它是在一种"规定性"意义上展开的，也就是说它的生成与进化必须以"未阐明性规则"意义上的法律为标准；而对于作为一种"未阐明性规则"意义上的法律的生成与进化过程而言，它则是在一种"非规定性"意义上展开的，也就是说它的生成与进化是在不遵循任何"进化论"之法则的情况下进行的。

一、"阐明性规则"意义上的法律的生成与进化

"阐明性规则"意义上的法律的生成过程其实就是哈耶克所说的法官或"立法议会"发现并明确阐释法律规则的过程。而"阐明性规则"意义上的法律的进化过程也就是哈耶克所说的法官或"立法议会"在发现法律规则的缺陷或漏洞时，在"未阐明性规则"范围进行修补、改进法律规则的过程。

哈耶克说，"人们一般认为，为了在那些指导普通法法官的先例中界分出相关性的东西与偶然性的东西，就有必要阐明规则；而正是这种持续不断的必要性使这些法官养成了一种发现一般性原则的能力，然而，那些依赖被视为无所不涉的规则大全而进行审判的法官，却很难获得这种能力。"[4] 在此基础上，哈耶克指出，普通法法官必须具有从那些指导他们的先例中推导出具有普遍意义的规则的技能。显然，这就是一种发现法律的能力。

当然，作为一个发现过程的"阐明性规则"的生成，并不意味着这种"阐明性规则"就一定和它所阐释的对象——"未阐明性规则"——是一一对应的关系。由于受到人之心智或理性的限制，它们之间常常可能是有出入的，有很大的偏差，甚至是截然相反。但是，这却不会影响人们所持有的一种信念，即那些阐释规则的人所做的不过是发现和表达业已存在的规则，而且他们也有权如此行事。当然，在此一过程中，他们没有任意选择的自由。因此，这项任务被认为是一项发现某种业已存在的规则的任务，而不是一项创造新规则的任务，尽管如此努力的结果可能会创造出某种在以前并不存在的规则。哈耶克就"阐明性规则"的生成过程总结说："这些人所关注的不仅是一个规则系统，而且也包括那个因遵循这些规则而形成的行动秩序：这个秩序乃是人们在一个持续不断的进化过程中发现的，而且对这个秩序的维续也需要人们遵循某些特定的规则。显而易见，要维续那个所有公认的规则都旨在为之服务的现存的行动秩序，还需要有某种其

〔4〕［英］哈耶克：《法律、立法与自由》（第1卷），邓正来等译，中国大百科全书出版社2000年版，第134页。

他的规则以解决这些公认的规则未能提供答案的纠纷。"〔5〕 显然，这种"其他的规则"就是"未阐明规则"。

随着时间的推移和情势的变迁，现实出现的许多问题是法官发现的"阐明性规则"所无法解决的，或者说"阐明性规则"在解决这些问题时有明显的不当之处甚至会造成不正义。在这种情况下，哈耶克认为需要法官做出改善法律的"刻意努力"，"如果没有法官做出的这种刻意努力，我们甚至可以说，如果没有立法者偶尔做出干预，以把法律从它的逐渐进化过程所可能导向的死胡同中解救出来，又如果没有他们去处理全新的问题，那么一如我们所知的那种法律就绝不可能得到充分的发展。"〔6〕 然而，必须即刻强调指出的是，"规则系统作为一个整体，其结构并不是法官或立法者设计的产物，而是这样一个进化过程的结果，亦即习俗的自生自发演进与法官和立法者对既有系统中的细节所做的刻意改善始终处于互动之中的那个进化过程。"〔7〕 这也就意味着，自生自发演进与刻意改善这两个因素中的任何一个因素都必须在对方提供的条件下发挥作用，法官此时的任务就是一种"智识的使命"，即法官的个人情绪、个人爱好以及法官对特定事情的个人看法都不能够影响他的判断。"法官持有着一个明确的目标，尽管不是一个特定的具体目的，亦即通过制定一项能够防止业已发生的冲突再次重演的行为规则来逐渐改进某个特定的行动秩序。在努力履行这项使命的时候，法官必须始终在一个给定的他所必须接受的规则系统内活动，而且还必须把整个规则系统致力于的目标所要求的具体规则融入该系统之中。"〔8〕 也就是说，"阐明性规则"的进化过程必须在一种规则系统内展开。当然，这里的规则系统不仅仅包括"未阐明性规则"而且还包括"阐明性规则"自身——"阐明性规则"的进化不仅要和"未阐明性规则"相协调一致，而且还要和自身相协调一致。

二、"未阐明性规则"意义上的法律的生成与进化

"未阐明性规则"意义上的法律的生成与进化过程其实就是惯例或习惯法的生成与进化过程。哈耶克认为，早在人类想到自己能够制定或改变法律以前，法律已然存在很长一段时间了。但是早期的法律只是一种"事实性规则"意义上的法律，而那种"规范性规则"意义上的法律，无疑是与社会相伴而生的，因为只有服从共同的规则，个人才可能在社会中与其他个人和平共处，共同体也才

---

〔5〕 同上注，第 122 ~ 123 页。

〔6〕 同上注，第 160 页。

〔7〕 同上注。

〔8〕 同上注，第 161 页。

能够得到发展壮大。然而，从知道如何行事的"事实性规则"到能够用文字陈述的"规范性规则"仍有很长的路要走。

关于从"事实性规则"向"规范性规则"的过渡，我们必须从原始社会规则产生之初来进行考察。按照哈耶克的说法，我们可以这样推理：原始社会之初，在一个共同体中，一个人通过一个偶然的行为模式达致了他的预期。于是，这种行为模式被传递给了第二个人，第二个人以同样的行为模式也达致了他的预期。这样这种行为模式又传到了第三个人……以至无穷。长期以来，这样的一种行为模式因为得到了绝大多数共同体成员的遵守而逐渐发展成为一个惯例。人们之所以遵守这个行为模式，并不是因为人们真正地理解了这样一种行为模式，而仅仅是因为这样一种行为模式能够达致他们的预期，这样的行为模式其实就是一种"知道如何"而非"知道那个"的默会知识。此时，人们遵守这一模式形成的惯例还只是一种"事实性规则"，而不是一种"规范性规则"。

当然，仅凭我们的语言是不可能从一个只含有事实描述的陈述中有效推导出一个有关应然的陈述，"只有当某个目的在被认为是可欲的同时，其论辩又采取'如果你想要这个，你就必须做那个'的形式，人们才能够从有关实然的陈述中推出有关应然的陈述。但是，一旦人们把这样一种有关可欲的目的的假设包含在相关的前提之中，那么他们就可以从这些前提中推论出各种规范性规则了。"[9]哈耶克指出，"对于原始人的心智来说，在能够达致某一特定结果的惟一方式与应当达致这一结果的方式之间是不存在任何明确界分的。有关因果的知识与有关行为规则的知识，也没有能够得到界分，因为当时只存在一种有关人们为了达致任何结果而必须采取的惟一的行动方式的知识。对于学习加法或乘法的孩子来说，应当采取的方式也就是获得被预期的结果的惟一方式。"[10]正是基于这个原因，在原始社会，这样一种因偶然性机会形成的"事实性规则"也就转变成了"规范性规则"，从而具有了法律效力。

哈耶克同时指出，只是当他发现除了人们教给他的那些方式以外，还有其他方式可以使他得到他所欲求的结果时，有关事实知识与该群体中所确立的行为规则间才有可能发生冲突。这里，哈耶克向我们展示了习惯法的进化过程：这种偶然性行为模式形成了习惯法后，由于社会情势的变迁，原来一直为人们所信奉的这项行为规则可能不再适应于新的情势——或者是由于其他人的偶然尝试又发现了更好的行为模式，或者是由于这项行为规则在新情势下具有明显的不正义性以

---

〔9〕 同上注，第124~125页。
〔10〕 同上注，第125页。

至于给人们的生活带来了极大的不便。这样，人们就可能会去采取新的行为模式或者去寻求尝试其他行为模式。当然，他们的尝试可能会是失败的，甚至会使他们的生活变得更加糟糕，于是他们会放弃新的行为模式或者新的尝试，而去重新遵守原有的行为模式。但是，相反的情况也是极有可能出现的，即新的行为模式或者他们的新的尝试获得了巨大的成功，弥补了以前的缺陷，那么他们也就会坚持这种行为模式，使之更加成熟完善。而且，他们的这种新行为模式会一传十，十传百，百传千……越来越多的人放弃了原来的行为模式，开始模仿这种新的行为模式，直至最终形成人们普遍遵守的行为规则。在这一过程中，原有的那项行为规则实现了进化。就这样，在一代又一代人的生活实践中，这些不同的行为规则经由"少数尝试，多数模仿"实现了传承进化。这其实就是一个不断"试错"的文化进化过程。这一过程不需要、也没有人之心智或理性的刻意设计，而是一个自生自发的渐进过程。

由此可见，哈耶克在它的法律生成与进化机制中向我们展示了两种不同意义上的"看不见的手"[11]：一种生成与进化方式乃是在一"规定性"环境中展开的，或者说它是在受制约的意义上展开的，这一方式的一个特征就在于它是一种在规则系统内部的发现过程。当然，这里的规则系统不仅仅包括"未阐明性规则"而且还包括"阐明性规则"自身——"阐明性规则"的进化不仅要和"未阐明性规则"相协调一致，而且还要和自身相协调一致，这就是作为一种"阐明性规则"意义上的法律的生成与进化过程；另一种生成与进化过程则是在一"非规定性"的环境中展开的，或者说这种规则的生成与进化由于不存在规定性的条件而具有很大的不确定性，这一方式的重要特征在于它不遵守任何"进化论

〔11〕 从这个意义上讲，邓正来在"哈耶克社会理论的研究"一文中，就有关哈耶克向我们展示了两只"看不见的手"的进化过程——"行动结构"的进化过程与"规则系统"的进化过程——的论述值得商榷。在该文中，邓正来虽然洞识到了作为一种"行动结构"秩序的进化过程与"规则系统"的进化过程的不同，但是他却没能进一步洞识到在规则系统内部"阐明性规则"意义上的法律与"未阐明性规则"意义上的法律的进化过程的不同。因为无论如何，我们都不可否认，作为一种"阐明性规则"意义上的法律的进化过程必须在自己的规则系统和"未阐明性规则"之内进行。事实上，邓正来将整个"规则系统"的进化过程进行综合论述的做法显然忽视了其中的不同之处。相关论述请参见邓正来："哈耶克社会理论的研究——《自由秩序原理》代译序"，载邓正来：《自由与秩序：哈耶克社会理论研究》，江西教育出版社1998年版，第31页。

之法则",而在很大程度上是一种"少数尝试,多数模仿"的文化进化过程,这就是作为一种"未阐明性规则"意义上的法律的生成与进化。[12]

---

[12] 需要指出的是,尽管哈耶克强调自由的法律——"内部规则"的生成与进化机制的优越性,但是,这并不意味着他完全放弃立法,"即使是在现代社会,法律的发展也需要依赖司法先例和学理解释这个渐进过程;关于此一主张的理由,已故的布鲁诺·莱奥尼(Bruno Leoni)在其所著《自由与法律》(Liberty and the Law)一书中做了极有说服力的阐释。但是,虽说他的论辩对于那种深信只有立法才能够或应当改变法律的极为盛行的正统观念的人来说,是一服有效的解毒剂,但是它却未能使我相信,甚至在他主要关注的私法领域里,我们也能够完全否弃立法"。同上注4,第151页。

理性的结构：霍布斯和洛克的
社会契约观基础

孙 亮[*]

在古典自由主义的思想世界，社会契约是一种思想试验，也是一种历史隐喻。人世间的制度和律法无论多么精密、壮美，在政治史哲学的原点，其合法性都只能来自于个体的自愿同意。在契约论背后，是启蒙时期对个人的两种核心假设，首先，你我能够独立于社会，培养出若干智能，或称理性（reason）。其次，理性的你我能够通过协商，发现合理的政府组织形式。归根结底，你我的理性能力是我们个人权利和尊严的源泉，它也是铸造整个政治制度并引领社会前进的动力。

本文通过两种古典自由主义的基础文本：霍布斯的《利维坦》和洛克的《政府论下篇》，来探讨理性概念的结构和社会契约的关系。霍布斯和洛克同意政治社会的目的是克服人类个体理性的限制，但他们的社会契约后所描画的理性结构迥然不同。霍布斯的理性观具有辩证特点，而洛克的理性观则是分析性的。由于霍布斯的辩证理性观具有内在矛盾，它最终导向了一个激进的解决方式：通过绝对君主对个体进行彻底自我否定。比较而言，洛克的理性结构是分析性的，其挑战在于认识论上的不完整，而不是结构矛盾。相应地，契约社会对于洛克是一个弥补认识缺陷的外部解决方案，其权力范围是有限的。洛克的理性观在现代政治发展中成为嘹亮的号角，列维坦的辩证理性观却为后现代对启蒙的反思提供了另一种诠释可能。

一、《利维坦》：辩证理性的悲剧

在《利维坦》里，霍布斯笔下的理性如雅努斯神一般，拥有两张面孔。一方面，它似乎只是一种技术工具，用来满足你我私己的激情和欲望。人生之目的是幸福（felicity），而幸福则是"欲望从一个目标到另一个目标的不断延伸"。对幸福的无尽渴望，使人生呈现一种恒久的躁动状态，而在这个隐喻的哲学世界，

---

* 乔治华盛顿大学。

你我又力量相当，智慧相同，我们为了实现各自幸福而对环境的要求同样理直气壮。面对此情此景，我们也许也要同意霍布斯的感慨："权力欲人人皆有，恒久不息，至死方休。"[1]

人生驱驰不已，为的是满足不断扩展的激情和欲望。而用以达成这些目标的理性，在霍布斯笔下的前政治的个人身上，却似乎是机械的，技术的，并无自觉。一方面，霍布斯甚至似乎暗示，理性本身也是这种欲望激情的产物："若干激情决定了智力高下。这些主要是对于权力、知识、荣耀的欲望……这些都可以概括为权力欲。""某种意义上，理性就是一种计算，也就是将公认为标示或表明思想的普通名词所构成的序列相加减。"[2]这种加加减减的推理过程，霍布斯称为"斟酌"（deliberate），并非人类专有的尊贵特性。"动物也斟酌"（deliberate），因为动物也能实行"根据他们自己的好恶作为或不作为的自由"。[3]

问题是，在霍布斯的前政治世界，并不存在自然的正义。你我可以使用同一套数学定理，但关于这种利益的加减乘除，却没有一套共同的"斟酌"标准来平衡彼此的好恶。人本身是道德判断的唯一标准；且你我对于标准的设立众说纷纭："善、恶等语词的用法从来就是和使用者相关的，任何事物都不可能单纯地、绝对地是这样，也不可能从对象本身的本质之中得出任何善恶的共同准则。"我们"各自被自己的理性所指引"，工具理性并不具备根据任何外在标准进行自省的能力，它不能对激情和欲望所控制的人生轨迹加以遏制。

理性的这一面，让初衷只是自我保存的你我为了实现主宰和控制彼此的欲望，互相竞争，最后进入了第一自然律所预设的战争状态[4]：

"每一个人只要有获得和平的希望时，就应当力求和平；在不能得到和平时，他就可以寻求并利用战争的一切有利条件和助力。"

战争不是疯狂的结果，而来自"各人的理性判断和论理"。理性的你我渴望和平——或自我保存。由于环境未能为这种欲望提供保障，所以我们被驱使着投入了战争状态：这种战争状态不是真正的兵戎相见，而是因为我们通过理性推演，预见到他人和自己一样将准备为了达成目标投身战斗，从而感到的一种持久的紧张。[5]

---

〔1〕　Thomas Hobbes, *The Leviathan*, C. B. Macpherson ed., Penguin Books：London, 1985, Chap. 11, pp. 160～161.

〔2〕　Ibid., Ch. 5, p. 111.

〔3〕　Ibid., Ch. 5, p. 111.

〔4〕　Ibid., Chs. 13, 14.

〔5〕　Ibid., Chs. 13～14, pp. 188～189.

在第 17 章，理性的这种负面影响再次浮现。霍布斯问道：为什么没有理性的动物也可以形成社会？他的答案具有卢梭的意味："这些生灵……没有理性之用，它们既看不见也不晓得共同事务中有什么缺陷"，也就是说，动物因为缺乏理性，所以可以在一种前政治的社会中浑浑噩噩。相对而言，人的理性却激发我们的虚荣、骄傲，以及"改革和创新"的冲动，把公众带入"迷乱和内战"。[6]

那么，为什么从这种危机四伏的战争状态，人们会转向绝对君主呢？因为，《利维坦》中的理性还有另一张面孔。如果说上述服从于欲望的工具理性是理性辩证法中的"正题"，这张脸孔就是它的"反题"，这张面孔为激情和欲望设置了两种限制，最终达成了"合题"——霍布斯的社会契约。

在理性的这一个纬度，它首先是一种宇宙科学的基础。作为启蒙时代的思想者，霍布斯有一种科学主义甚至机械主义的信仰。他认为，通过科学理性，我们能够发现物理世界和人类社会展开的是同一套完整自洽的因果。在这个理性的世界，一切存在皆映射同一科学秩序的运作。其中，霍布斯特别注重宇宙"运动"的原则。激情和欲望不再是亚里士多德等古代哲人担忧的散乱不羁、需要规制的目标。你我追求温暖、丰足、爱和美，如草木生长、果实坠落，并不是随意和疯狂的，而具有内在的运动规律。让我们不断向这一宇宙秩序贴近的，便是不断进步的人类理性。因此，话语理性是"人类头脑之光"，"理性是步伐，科学进步为途径，人类福祉为目标"。理性在我们发现和实现人类共同幸福中都扮演着关键作用。

其次，在社会生存中，理性最耐人寻味的特点，是它本身也是激情和欲望的组成成分。[7] 在霍布斯看来，理性固然是通过工夫得到的智力，但激情和欲望又何尝不如此？"智力差距的原因，在于激情……激情的不同，部分来自于不同的教育。'激情'不仅因肤色而异，也因风俗和教育而异。"[8] 而"欲求"也并非单纯非自觉的生物需求。所谓"意志"，霍布斯说，是"思考中最后的欲求"。"整个追寻善恶之评判的欲求之链条乃为斟酌；整个追寻真假之辩的认识之链条……乃为怀疑。"[9] 原来激情和欲望，都是教化的结果；经验和努力是它们的雕刻师；而理性则是这个过程的推动力。

欲望、激情和理性三位一体，共同构成了社会人的基本判断，组织规划我们

---

〔6〕 Ibid. , Ch. 17 , p. 226.

〔7〕 Bernard Gert, "Hobbes on Reason", *Pacific Philosophical Quarterly*, 82（2001）, pp. 243~257.

〔8〕 Thomas Hobbes, *The Leviathan*, C. B. Macpherson ed. , Penguin Books：London, 1985, Chap. 8, pp. 138~139.

〔9〕 Ibid. , Ch. 7, p. 131.

的世界，这正是人本主义时代对理性的基本定义。鸟兽固然也斟酌，但"善恶问题"的思考只能由作为"人类头脑之光"的理性来实行。而这种理性又是社会和政治环境所塑造的；它对于自身目标具有自省和管制能力，远远超出了理性第一张面孔中的技术限制。在这个意义上，霍布斯的理性具有内在的辩证张力。

第二条自然律，呈现的正是理性的这一反命题：它预见到了第一条法则所规定的这条悲剧因果链。自己对于自然权利的追逐如果不加限制，必然造成惨烈的生存后果，因此，"在别人也愿意这样做的条件下，当一个人为了和平与自卫的目的认为必要时，会自愿放弃这种对一切事物的权利；而在对他人的自由权方面满足于相当于自己让他人对自己所具有的自由权利"。[10] "结约乃意志之行为，也就是斟酌的结果。"[11]

转让个人权利，和绝对君主缔结信约，这是理性的决定，一种科学的决策。理性导引你我必然皈依这份信约，如水之入渠：这才是人类"自由意志"的真意[12]。两条自然律都是"由理性获得"——并不是说，激情和欲望陷我们于战争状态，而理性则拯救我们进入和平社会。在我们进入和离开战争状态的这两个关键时刻，理性和理性所导引的激情，都担当了最要紧的角色。[13]

理性的辩证法——它的本质上的自我矛盾——不仅把你我导向社会契约，而且决定了契约的主要内容：理性彻底的自我弃绝。首先，契约要求的是你我对权利进行确定的转移，而不仅仅是消极放弃。因为我们各自的理性互相冲突，所以应该把判断和惩罚的能力，全部托付给一个指定的绝对权力："（关于善恶的标准），有国家存在的地方，则是从代表国家的人身上得出的；也可能是从争议双方同意选定，并以其裁决作为有关事物的准则的仲裁人身上得出的"。[14]

其次，这个转移是彻底全面的，创造出一个不受任何个体成员约束的绝对仲裁者。因为根据理性的"斟酌"："只要每个人都保有其自己想好做任何事情的权利，所有的人就永远处在战争状态之中。但是如果别人都不像他那样放弃自己的权利，那么任何人就都没有理由剥夺自己的权利，因为那样就等于自取灭亡。"信约缔造之时，理性剥夺了自己的权利，也就彻底地弃绝了自己追随第一自然律、重陷人类于战争状态的可能。

为了个人权利寸土不让的理性，把我们引向了绝对权力。意志战胜自我的辩

---

[10]　Ibid., Ch. 14, p. 190.

[11]　Ibid., Ch. 14, p. 197.

[12]　Ibid., Ch. 5, p. 3.

[13]　Ibid., Ch. 14, pp. 188~189.

[14]　Ibid., Ch. 6, p. 121.

证法的壮举，康德试图在哲学上以绝对指令的形式实现[15]；而霍布斯则在政治领域中，通过绝对君主统制的市民社会来完成。

二、洛克：走向更完善的分析理性

"人的头脑如无字的白纸……所有理性和知识的材料从何而来？"《人类理性》开篇，洛克便直接提出理性起源的问题。他的答案看似简单："一切思想都来自感觉或思考……一言以蔽之，来自于经验。经验中可寻见一切知识……我们的观察，关于外部的可感知物体，或关于我们自身察觉和思考的内部运作，便为我们的理解提供了一切思考的材料。"神力不曾在我们的头脑中印刻固有知识，因为上帝把自我完善的能动性，留给了我们的理性。"感觉和思考……乃知识的泉源，此中喷涌出我们所有的思想，或可以自然拥有的思想。"[16]

洛克和霍布斯、康德一样，指出理性包括对自身进行思考的能力："所谓思考（reflection）……我指的是，头脑注意到自己的运作……运作这个词，我用的是广义的概念，不仅包括头脑对于自身的思考所采取的行动，也包括有时从这些思考中产生的激情，比如某个想法所带来的愉快。"[17]

如霍布斯一样，洛克也强调理性的预见能力。你我能够预先推演出自然状态的种种弊端，并寻找政治的解决。洛克赞同胡克的说法："人总是知道若有强力和伤害出现，便可能要自我防卫。他们知道，不管人如何追求自己的好处，如果谋利时要给他人造成伤害，就不该实行，而应该尽所有人全力制止。最后，他们知道没有人能决定自己的权利，并根据自己的考虑来维护这些权利，除非所有人都能如此行事……争斗将无止休，除非众人达成共识，选定某人，共同接受他的指令。没有这种共识，就没有理由没有人会自动起来做他人的主人或法官。"[18]

然而，洛克的理性定义，同霍布斯有一点重要的不同。如前所示，霍布斯的理性具有辩证性质。理性在第一自然律的展开过程中，埋伏了自我毁灭的动因。这一矛盾需要理性能自我弃绝，最后以绝对君主这一激进方案解决。相比而言，洛克笔下的理性更具有社会功能性，赋予我们自治的能力。虽然在运作中社会可能部分失衡，但这只是因为由于人类认知的不足，我们对彼此的判断中难免存在种种失误，理性可以就这种认识论上的失误进行反思，而反思的结果，一种比较

---

〔15〕 Kant, *Groundwork for the Metaphysics of Morals*, trans. James Wesley Elington, Hackett Pub. Co., 1981, Chapter 4, p. 405.

〔16〕 Locke, *An Essay Concerning Human Understanding*, Book I.

〔17〕 Locke, *An Essay Concerning Human Understanding*, Book II, Chap. 1.

〔18〕 Hooker, *Ecclesiastical Polity*, lib. I, sect. 10 in Locke, *Second Treatise*, 306～307, Fn. Emphases mine.

温和有限制的政治结果就可以弥补这种不足，有效地节制社会竞争。这个政治方案，就是洛克的自由主义国家。

霍布斯的理性峻厉刚硬，它所造就的自然状态，也具有杯弓蛇影的压抑。比较而言，洛克的理性和欲望较为温和、自省，本身并不必然导致恒久的敌对；相反还可以同相对和平的自然状态并存。在前政治的自然社会，理性已经担当着自由个体和平共处的保护者的角色。自然状态，"是完全自由的状态……人在自然法则的范围内，随心所欲安排自己的行为和财物……而那条法则便是理性。"[19]对于洛克，"法则，在最纯粹的意义上说，并非要限制自由、有心智的个体的适当利益，而是要指引他去追求这种利益。法律的规定，不应超出此法律之下的人们的共同福利的范围……法的目的不是弃绝或约束，而是保存和扩大自由。"[20]因此，完全自由状态并非是霍布斯第一法则中描述的人人枕戈待旦、针锋相对，而具有理性组织的秩序："教导众人，人人平等且独立，无人可以伤害他人的生命、健康、自由或财产"。[21]

在这种相对有序的自然状态中，即使发生了罪行需要进行惩罚，理性也并不赋予惩罚者绝对或任意的权力。对于犯罪者，"要根据冷静的理性和良知，给予与其犯行相当的处置，程度以达到补偿及约束的目的为宜。"[22]理性是约束的唯一来源。如果人人都能发挥理性之力，那么人人都有惩戒权，人人都可以作自然法则的执行者。如此，正义得行，社会能够自我调整，重回自然和平状态。

但是，洛克理性观面临着一个难题：虽然它本身具有社会整合的能动性，但人类头脑对知识的把握总是有限的。你我总不能得到关于环境的所有信息数据，洞察彼此所有的思想行为，因此在判断和行动中必然有失误。而且，社会存在必然是互动的，具有主体间性，错误的行为引起错误的反应，一旦失衡，便难以恢复。试想，在定罪惩罚之中，面对一个"公然宣称已经放弃了人类天性的原则而要沦为恶兽的人"，你我都未必能明智地推理决断[23]，何况在更微妙复杂的情况下？我们都积极自觉地进行理性思考，但也有可能产生偏差："自私之爱让人偏袒自己和朋友……另一方面，不良的天性、激情和报复心又会让他们在惩罚他人时走得太远。"[24]

---

〔19〕 Locke, *Second Treatise on Government*, 2. 4, pp. 262 ~ 263.

〔20〕 Ibid. , 6. 57, p. 288.

〔21〕 Ibid. , 2. 8, p. 264.

〔22〕 Ibid. , 2. 8, p. 264.

〔23〕 Ibid. , 2. 9, p. 265.

〔24〕 Ibid. , 2. 13, p. 269.

理性对正义的追逐是完全合理并适当的，但在这个实践过程中却可能被这些外部因素所败坏。因此，你我进入战争状态，不是像霍布斯所言，因为理性必然导致我们的竞争恶化，而是因为理性不能得到充足完满的实现。

因此，对于洛克的理性人，这是一个认识论的问题。人间存在着客观的正义标准，虽然并没有以神力刻在我们的心灵，却是我们的理性努力朝向的目标。但是由于我们的感知和思考难免有扭曲，这个追寻知识和标准的过程未必能到达完美的终点。政治国家的存在，正是为了解决这个不足，给予我们"确实的法律和有权威的法官"，回应我们的需求。[25]

这就是洛克的市民社会的起源。"人进入社会的目的，是在和平安宁中享受自己的财物"，因此"达到这目的的手段，便是这个社会的法律"。[26] 政治社会的目的，是建立一种关于正义的共同解释，来弥补理性认知的不足。自然，"所有国家的最根本的实证法，便是立法权的确立"，因为有了立法权，才有"一视同仁、人人平等的确定规则"来保卫公义。只有这一保障，才能让你我放弃我们生而具有的自然行政权，交付于社群所信任的诸君。而这些受托者的行动，也同你我一样受到同一套规则的约束。[27]。

在这种法治状态下，个人理性的让渡不可能是绝对的。集体决策决定共同的正义准则，是为了弥补我们活跃健康的理性之不足，而不是为了彻底毁弃它。如洛克的革命论所说，如果受托方滥用这些确立的原则到不堪的地步，你我仍然可以收回信托，转而依靠我们的自然理性。也许这自然理性总有不足，未必能完全实现自然正义或神圣正义的原则，但仍然可以给予我们哪怕是有缺陷的和平。而对于霍布斯的世界里的不幸的人们，他们的理性之眼看到的不是还有改善希望的未来，而只是自身存在所必然导致的灾难。他们无路可退。霍布斯和洛克这两个不同的理性形象，可能是他们留给我们的政治风景迥异的主要原因。

三、结论：启蒙的原点，批判的原点？

洛克的理性则是一种改良实用主义的产物。它自身能够发挥有限的社会整合和集体自治的功能。自然人具有不可让渡的权利，那就是自然正义的基础。政治社会的创立，是为了订立公认的、可执行的规则，弥补个人理性的不足，完善其运作。任何政治权威的合法性，都必须扎根于这些由理性判断并支持的规则。最终，人类理性是有能力令当权者对自身、对这些规则负责的。这一关于个体理性

---

〔25〕 Ibid. , 3. 20, p. 271.

〔26〕 Ibid. , 11. 134, p. 328.

〔27〕 Ibid. , 6. 87, p. 304.

的信心，支持了洛克关于宪政自由主义的明朗定义。

另一面，霍布斯却描绘了一幅冷峻的理性肖像。和通常认为的"性恶说"不同，霍布斯对人性本身没有显豁的评判，只是指出了人类理性具有内在的辩证特质，渴望和平却必然走向争战；能够预见但不能自治。这个终极的矛盾，理性通过自我弃绝得到了解决：它消灭了自己，把决断和执行的责任托付给了一个可以许诺给自己最广大的和平保障的绝对权力。这是一份冰冷沉重的信约。因为你我具有澄明的理性和犀利的洞见，我们必须亲手塑造一个绝对君主，来替代我们的心智。和平状态终于来到，而它也就是极权状态。

几个世纪以来，洛克的有限契约论，谱成了无数次民主政治斗争的主题。而霍布斯虽然也被奉为自由主义的鼻祖，他的严峻的政治推理却始终显得怪异而令人不安；它的调门过于低沉，作不得革命的号角。但是在 21 世纪的起点，我们回顾对于启蒙的反思，恍然若有所思。

《利维坦》出版后 200 年，马克思在《路易波拿巴的雾月十八》中，生动地描写了一段辩证理性自我否定的真实历史：当无产阶级开始利用资产阶级议会民主制度来争取自身权利，资产阶级选择了毁弃洛克所激励缔造的民主政体，投向暴君路易波拿巴。"既然资产阶级把它从前当做自由主义颂扬的东西指责为社会主义，那么它就是承认它本身的利益要求它逃避自身统治的危险；要恢复国内的安宁，首先必须使它的资产阶级议会安静下来，要完整地保持它的社会权力，就应该摧毁它的政治权力；只有资产阶级作为一个阶级在政治上注定同其他阶级一样毫无价值，个别资产者才能继续剥削其他阶级，安逸地享受财产、家庭、宗教和秩序；要挽救它的钱包，必须把它头上的王冠摘下，而把保护它的剑像达摩克利斯剑一样地悬在它自己的头上。"

此后又半个世纪，尼采重返社会契约论，对其进行了尖锐的批判。在《道德谱系》中，他指控契约论以伪平等的形式，通过一种理性化了的责任体系和债务－惩戒体系，掩盖了强权统治弱小的实质，压制人性的自然绽放。在这个契约体系中，被奉为圭臬的是"奴隶道德"：理性弃绝了自身的力量，并把这种自我毁弃，自我褫夺作为骄傲的资本。理性对自身利益的追求，最终导致理性对人本身发生了异化。对启蒙理性及其制度的反思，还是一个未完成的工程。此时我们想起霍布斯，在启蒙时代的起点，他笔下那份信约的合理性和荒谬性。

乌尔比安生命表及其论争

——纪念乌尔比安诞辰 1850 周年

林　曦*

乌尔比安是古罗马时期的著名法学家，他一生著作颇丰，曾写过 50 篇有关民法（jus civile）的《萨比尼评注》（Ad Sabinum），以及 83 篇《敕令评论》（Ad edictum）。同时，他还撰述了大量的司法意见、回应和争鸣。他还撰写过不少有关刑法、遗产信托以及其他成文法的专著。在乌尔比安流传下来的作品当中，在 16 世纪中叶，由提留斯（Tilius）编纂、包含 29 个章节的《乌尔比安作品集》（Domitii Ulpiani fragmenta）在巴黎出版。此后，乌尔比安的作品散见于不同作者的著述之中，如吉拉德 1890 年在巴黎出版的《罗马法文本》（Textes de droit romain）。

有关乌尔比安对罗马法的贡献，学界公认的是他提出了公法 – 私法二分说。在他看来，公法是关于罗马的国家制度的法，私法是关于个人利益的法（publicum jus est, quod ad statum rei Romanae spectat, privatum, quod ad singulorum utilitatem)[1]。而且，他所提出的诸多司法原则，也都收录到《学说汇纂》之中，占后者篇幅的三分之一，如"诚实生活、毋害他人、各得其所"（Honeste vivere, alterum non laedere, suum cuique tribuere)[2] 等。

除此之外，英美学界其实还存在一个与乌尔比安相关的学术争论，即有关乌尔比安生命表（Ulpian Life Table）是否可以当做测算罗马人寿命的依据。有关这一争论，还必须从马切尔（Aemilius Macer）所引用的《学说汇纂》篇开始。马切尔是亚历山大·塞维鲁斯（Alexander Severus）掌权时期（公元 222～235 年）的另一位罗马法学家，他写的这篇是有关遗产法的，目的在于修正另外一条规则，该规则用于确定用益物权的价值，尤其是用于确定法尔奇迪亚最低遗产份额

---

*　复旦大学社会科学高等研究院专职研究人员。

〔1〕　［日］美浓部达吉：《公法与私法》，黄冯明译，中国政法大学出版社 2003 年版，第 29 页。

〔2〕　见 Iustiniani instituiones, I. 1. 1. 3，中文翻译请参考［古罗马］优士丁尼：《法学阶梯》，徐国栋译，中国政法大学出版社 2005 年版，第 11 页。

之时。我们首先来看一下马切尔所撰写的这一节：

> "乌尔比安认为，在估计所应提供的供养之时，应当采用下列规则。基于本目的而遗赠于任何一人的数额，从其1岁至20岁，数额应计算为30年，且应当就该数额保留其法尔奇迪亚的份额。从20到25岁，数额计算为28年，从25到30岁，数额应计算为25年；从30到35岁，数额应计算为22年；从35到40岁，计算为20年；从40到50岁，计算值为当事人距离其60岁时所剩余的年份再减去1年；从50到60岁，计算为7年；对于任何超过60的年龄，不管其（岁数）为多少，计算值为5年。
>
> 乌尔比安也认为，在针对用益权的遗产时，我们使用相同的规则进行计算。但是，根据习惯，从1岁到30岁，计算值为30年，但在30岁之后，则为受遗赠人（当时年龄）距其60岁时所剩余的年份，因此，计算值从未能超过30年。最后，相似的是，当财产的用益权是遗赠给国家，则不管是一个单纯的遗赠行为，还是基于庆祝运动会的目的，计算值皆为30年。
>
> 如果有一位继承人声称，其特定财产属于其个人所有，且后来也证明（该财产）构成遗产的一部分，由特定政府机关决定，不能从所涉及的该财产中预留法尔奇迪亚份额，因为一下这两种情况并无二致：不管该继承人占用了它，还是否认它属于遗产。对于该观点，乌尔比安非常正确地予以否定"[3]

在这个法律中，乌尔比安认为，以下是用来计算供养费（alimenta）的形式：从出生到20岁，供养的年限为30年，法尔奇迪亚的1/4即按此计算；从20到25岁，则为28年，从25到30岁，为25年；从30到35岁，22年；从35到40岁，为20年；从40到50岁，计算则有所不同，是60岁减去实际年龄所得的年数再减去1年，比如45岁，则[（60−45）−1=]14年，对于50岁而言，则［（60−50）−1=］9年，以此类推；从50岁到55岁，9年；从55岁到60岁，7年；60岁以上，则全部为5年。而且，乌尔比安的生命表应当适用于用益物权的计

---

〔3〕 此节原文为《学说汇纂》第35卷，2.68节（从"罗马法教研室"下载，网址为：http://romanlaw. cn/Digesta. zip，访问日期：2010年11月10日）。中文为笔者试译，为方便读者对照，拉丁原文收录于本文末尾。

算，只是这与习惯不同，按照习惯，从出生到 30 岁，计算的年限是 30 年，从 30 岁到 60 岁，则是 60 岁减去实际年龄所余下的年数，因此，计算的上限是 30 年，这同样适用于给国家的用益权遗赠，不管是否是单纯的遗赠，还是用来庆祝运动会，估值都是 30 年。而此前，罗马法院的通常做法是，对于不满 30 岁的人而言，年金的计算是 30 年的购买值，对于 30 到 60 岁年龄段，年金则是 60 岁减去实际年龄的差额。比如，对于一个 32 岁的人而言，则年金期限为（60 - 32 =）28 年；而对于一个 54 岁的人而言，则是（60 - 54 =）6 年，凡此种种，以此类推。但是，乌尔比安的做法与此大相径庭，依据不同的年龄段设置一个固定值。因此，在涉及用益物权领域时，就会出现如下的差别：

表 1 用益物权计算中乌尔比安生命表与罗马习惯的差异[4]

相应数字

年 龄	乌尔比安	习 惯
0~19	30	
20~24	28	30
25-29	25	
30-34	22	
35-39	20	(60-x)
40-49	[(60-x) -1]	
50-54	9	
55-59	7	
60+	5	0

所谓的"法尔奇迪亚法"（De Lege Falcidia），是为了限制《十二铜表法》中完全自由行使的遗赠权而设立的，旨在限制遗嘱人把全部财产都作为遗赠，而没有给自己的法定继承人留下任何财产。按照法尔奇迪亚的法规定，"不许遗赠超过全部财产的 9/12，换言之，指定的继承人不论是一个还是多个，要为他或他们保留 1/4 的份额"（徐国栋译，第 251 页）。根据优士丁尼《法学阶梯》，遗产可以被分为 12 份，名称各异，如 Sextans（2/12），Quadrans（3/12），Triens

---

[4] See Bruce Frier, "Roman Life Expectancy: Ulpian's Evidence", *Harvard Studies in Classical Philosophy*, 86（1982），p. 217.

（4/12），Quincunx（5/12），Semis（6/12），Septunx（7/12），Bes（8/12），Dorans（9/12），Dextans（10/12），Deunx（11/12），以及 As（12/12）[5]。正如优士丁尼《法学阶梯》在《法尔奇迪亚法》之题下所说的，"在适用法尔奇迪亚法的计算方法时，首先减去债务，同样减去葬礼费用和被解放之努力的价值，然后对余额这样处理：其中 1/4 的份额留给继承人，而其他三份在受遗赠人中分配，不消说，是根据他们中每个人被遗赠的份额的比例"。因此，实际上，法尔奇迪亚法的目的在于保护法定继承人的利益，继承人可以依据法尔奇迪亚法获得 1/4 的遗产[6]。

当然，乌尔比安也考虑到了用益权的情形。如果某人遗赠他人用益权，则继承人享有空虚所有权，而受遗赠人享有用益权，而如果是遗赠土地给受遗赠人，而继承人获得该土地的用益权，则对于受遗赠人而言，则享有空虚所有权，反之亦然[7]。在这种情况下，继承人按照遗嘱要求，必须从遗产中向受赠人每年支付一笔年金，直至其寿命终结，类似于现代意义上的终身年金制（life annuities）。这个法律里面实际上分为两部分，一部分是抚养费（alimenta），用以只是受赠人的生活，另一笔是该财产所产生的收入中提取的终生用益权。因此，这个表的主要目的在于，计算一个数额（quantitas），计算这个数额时要确定遗赠的年金的实质，得出的结果用以确定该遗赠是否超过了法尔奇迪亚法律所规定的 3/4 的上限，如果超出，那么超出的部分在法律上就是无效的[8]。

有关这个表还有一个论争，那就是马切尔在他的原文中实际上并不是在提《法尔奇迪亚法》，而是《继承物收取百分之五遗产税法》（lex Julia de vicesima hereditatium）。这个法即马切尔整篇评述的题目，弗莱尔指出，在古典学界，大家都一直认为马切尔最初写的是"所承担的 5%（遗产税）"（vicesima praestetur），而非"所承担的法尔奇迪亚（份额）"（Falcidia praestetur）[9]。那么为什

〔5〕 See Iustiniani instituiones, I. 2. 14. 5；中文翻译请参考［古罗马］优士丁尼：《法学阶梯》，徐国栋译，中国政法大学出版社 2005 年版，第 199 页。

〔6〕 See Iustiniani instituiones, I. 2. 17. 3；中文翻译请参考［古罗马］优士丁尼：《法学阶梯》，徐国栋译，中国政法大学出版社 2005 年版，第 213 页。

〔7〕 See Iustiniani instituiones, I. 2. 4. 1；中文翻译请参考［古罗马］优士丁尼：《法学阶梯》，徐国栋译，中国政法大学出版社 2005 年版，第 141 页。有关遗赠，请参见 Iustiniani instituiones, I. 2. 7. 1；中文翻译请参考［古罗马］优士丁尼：《法学阶梯》，徐国栋译，中国政法大学出版社 2005 年版，第 157 页。

〔8〕 Bruce Frier, "Roman Life Expectancy: Ulpian's Evidence", *Harvard Studies in Classical Philosophy*, 86 (1982), pp. 215 ~ 216.

〔9〕 Bruce Frier, "Roman Life Expectancy: Ulpian's Evidence", *Harvard Studies in Classical Philosophy*, 86 (1982), p. 216.

么后来又要发生这样的改动呢？在文字上进行替换的目的究竟何在？原因在于，在优士丁尼大帝之前，就已经废除了《5%遗产税法》，因此，如果还要计算该税负的数额大小，则在法律层面上毫无意义[10]。那么，如果后来的编纂者仅仅只是如填字游戏一般把"5%"（vicesima）去掉，替换上"法尔奇迪亚"（Falcidia），这难道还会和马切尔的原文整合在一起吗？换言之，将"5%"（vicesima）替换成"法尔奇迪亚"（Falcidia），是否会造成意义上的混乱？甚至更进一步讲，是否会造成与马切尔撰写此报告的脱节？实际上，正如弗莱尔观察到的，如果我们将"5%"（vicesima）放回到马切尔的原文当中，则会让我们更加难以确定计算的意义何在。因为，该文并没有说明，要如何来支付那百分之五的遗产税。弗莱尔认为，有可能是因为编纂者故意把这些支付细节略去，因为该遗产税法已经被废除，任何详细的计算方法在此法律条文中都会显得多余。而马切尔此前则很可能是给过一个详细的"百分之五遗产税"的计算和缴纳方法。弗莱尔的分析根基于，对于研究税收理论的人而言，除非知晓了支付方式，否则计算该税负的目的和相关性就难以证明[11]。

如果我们撇开马切尔原文真伪问题不谈，而是仅仅就这一文本来进行讨论，那么论证的焦点实际上就集中于乌尔比安的这一生命表是否是为不同年龄段的人估计他们余下的寿命。这一观点最初是由19世纪中期英国皇家统计学会（Royal Statistical Society）的弗雷德里克·亨德里克斯（Frederick Hendriks）提出，他在1852年的一篇文章中断言，乌尔比安生命表实际上是对当时罗马人的寿命的预测[12]。亨德里克斯还将乌尔比安生命表与另外一个斯德哥尔摩生命表（Stockholm Table）做对比，该表于18世纪中叶时制定，对于该表而言，出生时人均寿命是男性14.35岁，女性18.10岁；在10岁时，男性寿命为30.00岁，而女性则为30.89岁；在20岁时，则分别为23.85岁与30.01岁；从25岁到60岁则又有变化。

---

〔10〕 Bruce Frier, "Roman Life Expectancy: Ulpian's Evidence", *Harvard Studies in Classical Philosophy*, 86 (1982), p. 216.

〔11〕 Bruce Frier, "Roman Life Expectancy: Ulpian's Evidence", *Harvard Studies in Classical Philosophy*, 86 (1982), pp. 216 ~ 217.

〔12〕 Frederick Hendriks, "Contributions to the History of Insurance, and of Theory of Life Contingencies, with a Restoration of the Grand Pensionary De Wit's 'Treatise on Life Annuities'", *Assurance Magazine*, 2 (1852), pp. 222 ~ 258.

表2　斯德哥尔摩生命表与乌尔比安生命表的对照[13]

年　龄	斯德哥尔摩男性	斯德哥尔摩女性	乌尔比安
25	21. 40	26. 80	28
30	19. 42	23. 98	25
35	17. 58	21. 62	22
40	15. 61	19. 25	20
45	13. 78	17. 17	14
50	11. 95	15. 12	9
55	10. 30	12. 89	7
60	8. 69	10. 45	5

很明显，亨德里克斯将斯德哥尔摩生命表与乌尔比安生命表进行对照，用意在于说明，乌尔比安生命表中的数值和斯德哥尔摩生命表上的寿命估值并没有相差太远。那至少可以间接地表明，乌尔比安生命表中的数值并非空穴来风，而是基于一定的寿命预期和计算。

其后，在1857年时，皇家统计学会的另外一位学者霍奇（W. B. Hodge），也讨论了这一问题[14]。而1865年，另一位英国学者——托德亨特在讨论概率的数学理论之时，就曾引用了另一位法国学者顾劳德（Gouraud）的论断，认为古罗马人实际上已经掌握了寿命表[15]。无论是顾劳德还是托德亨特，他们实际上并未就这一问题进行详细阐述。霍奇倒是指出，遗留给国家的年度数额被固定在30年的购买值，这是一个重要的信息。这一观点，在格林伍德看来，是帮助我们理解这一问题的关键所在[16]。格林伍德提及了罗比（H. J. Roby）在1886年

---

〔13〕　转引自 M. Greenwood, "A Statistical Mare's Nest?", *Journal of the Royal Statistical Society*, 103 (2), 1940, p. 247.

〔14〕　William Barwick Hodge, "On the Possible Methods of Dividing the Net Profits of a Mutual Life Assurance Company Amongst the Members", *Assurance Magazine*, 6 (1857), pp. 313~314.

〔15〕　顾劳德从《法尔奇迪亚法》出发，论证说，我们不能认为，古代罗马人对死亡表、生命表等的使用一无所知。"Car il para? trait par un passage du Digeste, *ad legum Falcidiam*, XXXV. 2, 68, que les Romains n'en ignoraient pas absolument l'usage"，转引自 I. Todhunter, *History of the Mathematical Theory of Probability*, Cambridge; London: Macmillan & Co, 1865, p. 37.

〔16〕　M. Greenwood, "A Statistical Mare's Nest?", *Journal of the Royal Statistical Society*, 103 (2), 1940, p. 247.

所编的优士丁尼《学说汇纂》中的用益物权（De Usufructu Justiniani Digestorum）。罗比认为，如果目的在于保护法定继承人的利益，则估计偏高就显得自然而然了。他注意到对于任何用益权而言，上限都是 30 年的购买值，因此即使该用益权是一个市政府所拥有的财产，法定权益的期限是 100 年，但估值仍然是以 30 年的购买值来进行的。从这一角度出发，格林伍德认为，30 年这一期限实际上与寿命的预计无关，他只是一个任何用益物权估值的法定上限。在马切尔的文本当中，按照习惯，年金是在 60 岁就停止了。据此，格林伍德下结论说，显然，对于一个年纪超过 60 岁的人而言，遗留给他的年金不会被用来估值，以达法尔奇迪亚的目的[17]。因此，格林伍德推论说，乌尔比安大概也会觉得这样做不公平，因此他动手制定了一个计算的规矩，以便能够与对待较小年龄段的人的做法保持一致，同时不至于让年龄超过 60 岁的人毫无所得。所以他就在 30 与 5 之间插入了一个数值。因此，格林伍德认为，乌尔比安生命表与当时罗马人的寿命预期无涉。

弗莱尔则坚决认为乌尔比安生命表就是一个对当时罗马人的寿命预期。当然他自己也承认，这实际上并非一个非常复杂的寿命计算，比如在现代社会，每当我们提及寿命时，我们实际上谈论的是总体人口的平均寿命，即如考克斯所言，是"代表在到达某个年龄 x 之后，还能存活的完全年限的平均数"[18]。这个计算的方法，对于某个年龄段的所有人，将其所有人寿命年限的综合除以该人群的人口数。弗莱尔自己也承认，这样一个复杂的计算方法，实际上对于古罗马时期而言，是过于复杂了。因为弗莱尔更倾向于假设，乌尔比安生命表给的是一个寿命的中间值（median），即某个年龄段的个人到其死亡为止的可能存活年限[19]。那么，乌尔比安的生命表，实际上实质是一个受遗赠人剩下的寿命中间值，以此寿命中间值为其领取年金的支付年限，受遗赠人要根据这一年金来支付百分之五的税负。

有关乌尔比安生命表的论争，可能还会继续下去。如果能够有更多的资料进入研究者的视野，或许能够帮助我们来厘清乌尔比安生命表背后的历史背景和事实。届时，乌尔比安生命表是否与当时罗马人的寿命无涉，或许能够有一个更为清晰的结论。

---

〔17〕 M. Greenwood, "A Statistical Mare's Nest?", *Journal of the Royal Statistical Society*, 103（2），1940，p. 248.

〔18〕 Peter R. Cox, *Demography*, Cambridge：Cambridge University Press, 1976, p. 279.

〔19〕 Bruce Frier, "Roman Life Expectancy：Ulpian's Evidence", *Harvard Studies in Classical Philosophy*, 86（1982），pp. 219～220.

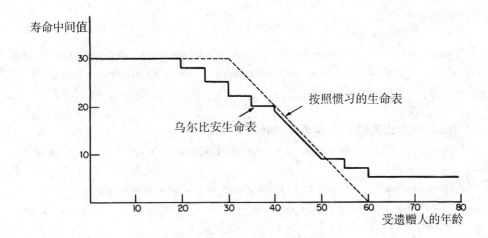

图　乌尔比安生命表中所蕴含的寿命预期[20]

附1：为方便读者对照，特此收录《学说汇纂》第35卷，2.68节拉丁文原文：

Dig. 35. 2. 68pr.

Macer 2 ad l. vices. hered.

Computationi in alimentis faciendae hanc formam esse ulpianus scribit, ut a prima aetate usque ad annum vicesimum quantitas alimentorum triginta annorum computetur eiusque quantitatis falcidia praestetur, ab annis vero viginti usque ad annum vicesimum quintum annorum viginti octo, ab annis viginti quinque usque ad annos triginta annorum viginti quinque, ab annis triginta usque ad annos triginta quinque annorum viginti duo, ab annis triginta quinque usque ad annos quadraginta annorum viginti. ab annis quadraginta usque ad annos quinquaginta tot annorum computatio fit, quot aetati eius ad annum sexagesimum deerit remisso uno anno: ab anno vero quinquagesimo usque ad annum quinquagesimum quintum annorum novem, ab annis quinquaginta quinque usque ad annum sexagesimum annorum septem, ab annis sexaginta, cuiuscumque aetatis sit, annorum quinque. eoque nos iure uti ulpianus ait et circa computationem usus fructus faciendam. solitum est tamen a prima aetate usque ad annum trigesimum computationem annorum triginta fieri, ab annis vero triginta tot annorum computationem inire, quot ad annum sexagesimum deesse videntur. numquam ergo amplius quam triginta annorum computatio initur. sic denique et si rei publicae usus fructus legetur, sive simpliciter sive ad ludos, triginta annorum computatio fit.

[20]　Bruce Frier, "Roman Life Expectancy: Ulpian's Evidence", *Harvard Studies in Classical Philosophy*, 86 (1982), p. 218.

Dig. 35. 2. 68. 1

Macer 2 ad l. vices. hered.

Si quis ex heredibus rem propriam esse contendat, deinde hereditariam esse convincatur, quidam putant eius quoque falcidiam non posse retineri, quia nihil intersit, subtraxerit an hereditariam esse negaverit: quod ulpianus recte improbat.

附2：乌尔比安研究重要参考文献

1. Bruce Frier, "Roman Life Expectancy: Ulpian's Evidence", *Harvard Studies in Classical Philosophy*, 86 (1982).

2. Frederick Hendriks, "Contributions to the History of Insurance, and of Theory of Life Contingencies, with a Restoration of the Grand Pensionary De Wit's 'Treatise on Life Annuities'", *Assurance Magazine*, 2 (1852).

3. M. Greenwood, "A Statistical Mare's Nest?", *Journal of the Royal Statistical Society*, 103 (2), 1940.

4. William Barwick Hodge, "On the Possible Methods of Dividing the Net Profits of a Mutual Life Assurance Company Amongst the Members", *Assurance Magazine*, 6 (1857).

围绕《法哲学原理》的虚拟访谈
——黑格尔诞辰 240 周年暨《法哲学原理》定稿 190 周年纪念

姚 远*

受访人物简介：

格奥尔格·威廉·弗里德里希·黑格尔（Georg Wilhelm Friedrich Hegel），德国哲学家，1770 年 8 月 27 日生于斯图加特，1831 年 11 月 14 日病逝。其秉承两千年希腊与希伯来传统的问题意识和思维方式，构筑思辨哲学的真正体系。他生平共出版过五部专著，包括《费希特与谢林哲学体系的差异》（1801 年）、《科学体系：第一部分·精神现象学》（1807 年）、《逻辑科学》（1812 年第一卷、1816 年第二卷）、《哲学科学百科全书》（1817 年第一版、1827 年第二版、1830 年第三版）、《自然法与国家科学纲，或法哲学原理》（1820 年完稿，1821 年 1 月出版）。与《法哲学原理》密切相关的还有若干重要论文："德意志宪制"（1798～1802 年）、"论探讨自然法的几种科学方式、自然法在实践哲学中的地位及其与实定法科学的关联"（1802～1803 年）、"论英国改革法案"（1831 年）。他先后在海德堡大学（1817～1818 年）和柏林大学（1818～1825 年，1831 年）7 次讲授《法哲学原理》所涉及的论题。

开场白： 我听闻，真正的哲学就像长久以来被奉为至上学问的神学，既是救赎同时也是审判，她时刻探究着诸事物的本性和内在关联，时刻警惕着欲望王国的魅惑和侵蚀，时刻体察着历史上或现时代的精神状况。在这个随处可能遭遇可见的或不可见的危机的年代，在这个人类思维日趋精细化和技术化的年代，重访黑格尔或许不合时宜，但他却试图带给世人最珍视的东西之一，即通过认知或解释普遍联系着的万物在理性意义上的内在必然秩序，从而在一定程度上达到心灵的安宁。黑格尔的灵魂被准许重获数日生命，所幸灵魂是没有语言障碍的，我趁机对他做了一场访

* 吉林大学理论法学研究中心 2011 级博士研究生，感谢孟欣然、张涛、吴彦、周东旭、丁轶等挚友赠送我本文写作所需大部分资料，仅以此文献给他们。

谈，特此记录下来，献给愿意理解精神之雄心的读者们。

姚：欢迎您的归来！现在是 2010 年。希望我没有搅扰到您无止境的思考。与 200 年前相比，这个世界是那么的不同，您有什么特别的感受吗？

黑：这个世界让我错愕不已，古典风雅已经消隐，上帝之光或曰万物间的理性秩序似乎已经丧失了对它的支配。一方面，你们如此依赖的那根基并没有想象中牢固的经验或"是"，另一方面，你们又狂热地、无奈地追求着"应当"或理想之乡，我很遗憾地看到这一情况酿成了那么多病态和痛苦。我终此一生都试图考察真正的"是者"/"在者"，或者用我在《法哲学原理》"序言"中的对等概念，"现实性"或"理性"，凭借它们来把握上帝治理下的整个世界的统一与和谐，这一工作当然是万分艰难的。一种整全的解释体系，其要害就是兼具足够的统一性和伸缩性的解释原则，而在这方面康德哲学的失败曾让我万分绝望，好在从泰勒斯开始的古希腊哲学和从《圣经》开始的基督神学为我积累了如此多的素材、思路和教训，我最终得以发现"精神"这一原则能够胜任我的哲学规划。

姚：刚才您提到了《法哲学原理》，它简直令我爱不释手。虽然它被一位名为奥克肖特的英国政治哲人盛赞为能与《理想国》和《利维坦》相媲美的政治哲学巅峰之作，但面世 190 年来一直为人所诟病，直到 20 世纪后半叶才逐渐出现辩护的声音。批判者认为它在政治上懦弱、保守、反动，对普鲁士当局奴颜婢膝，强调国家意志相对于个人权利的优先性，要对君主专制、极权主义甚至世界大战和种族屠杀负责。支持者则以 1819 年的"卡尔斯巴德"书报检查令为您的某些极具误导性的阐述开脱，力求更贴近原文和比对后人编订的听课笔记来解读，把该书视为启蒙运动以来的自由主义传统的重大进展，以"自由"（或"人的自由"、"个体自由"、"现代自由"）为基石，是对现代社会结构或生活形式的精湛洞见。这种对立的研究传统令我特别苦恼，希望您能为我指点迷津。

黑：如果你在意的只是我本人的思想而不是其当代相关性，为什么不首先去读我其他的著作呢？真理之花总会向睿智者绽放的，我所添加的"序言"和对正文所作的某些处理根本没有改变我的基本谋划，它们只会给缺少哲学头脑的、被日常性蒙蔽的审查者带来龊龊的快意。刚才你提到的听课笔记能为我的辩护提供证明。我相信你不止读了我这一本书，难道你没发现我并没有为了迎合特定的政治要求而使用辩证法之外的其他方法或扭曲"精神"本身必然的发展进程？何况我已在之前出版的《哲学科学百科全书》中对"客观精神"亦即《法哲学原理》所对应的诸环节做过预告。"精神"如此迷人，如此奇妙，如此富于伸缩性，它能极抽象的表现为"逻辑学"，也能极具体的表现为"精神哲学"；从"自由意志"到"世界精神"，它能精炼到53节、短短几十页篇幅，也能拓展为如《法哲学原理》这般巨擘。

姚：的确如此，我也注意到了。不过您的政治立场到底是怎样的呢？这大概是人们最关切的问题。特别是当代政治哲学的探讨，有相当一段时间执著于所谓自由主义与社群主义之争，考虑到您对国家与个人、市民社会的关系的某些论述，社群主义者通常将您列为最重要的理论资源之一，该阵营的一位学者还在20世纪70年代出过一本600页左右的大部头著作系统诠释您的哲学。

黑：为什么你要关注这种问题呢？换言之，这种追问的合法性能被想当然的设定出来吗？只有对政治力量、政治意志和政治行动极其敏感的人才会对哲学的政治立场喋喋不休。实际上，他们关注的很可能并不是我的思想，而是他们心中挥之不去的时代处境和危机。如果说我们经由对"政治性"进行更宽泛的界定，得以主张哲学与政治的可能联合或"政治哲学"本身的可能性，这也不代表着哲学必须有其政治承诺。两千年的哲学史这样教诲我：哲学的固有本性就是对理性事物的探索；至于对正当、善、权利、利益等的考察均以此为总体框架，它们"在绝对意义上"没有独立性。哲学不必然以人类的政治状况为归宿，甚至不必然以人本身为归宿。人类，包括我在内，完全置身于这个包罗万象的、自由且必然的世界或曰概念化了的上帝图式，这一点构成对人之理性的根本规定性或绝对尺度。

姚：听到您的这种回答，诧异的肯定不止我一个。我能不能这样来理解和推断：《法哲学原理》考察的依然是运动着的事物的本性，只是相对局限于人类生活世界或者（依据您的界定）自然法和国家科学联合处理的题材？它不设任何政治态度，而就像您在《精神现象学》"序言"所指出的，秉持的是"科学的认知"及作为其证明结果的体系性真理？仅就此旨趣而论，您在奥地利有一位卓越的现代传人，他的代表作《纯粹法理论》堪称法哲学经典。另外，您刚才一再提到"绝对"这个概念，您也一直主张克服康德"主观观念论"的"绝对观念论"，想必您不会

像某些解释者那样认为"理性或思想终究是人的理性或思想"从而令
《法哲学原理》一方面沾染人道主义色彩，另一方面难以挣脱必然附随
的人为性或主观性局限。

黑：你的理解我大致同意。就《法哲学原理》而言，读读亚里士多德的
《政治学》、卢梭的《社会契约论》、孟德斯鸠的《论法的精神》、康德
的《道德形而上学原理》、《实践理性批判》和《道德形而上学》、费希
特的《自然法权基础》当能促进你的理解。

姚：无论后代对您的解释传统是否合乎您的本意，它们都或隐或显的构成了
现代社会构成和现代人自我理解的重要部分，其中最夺目的光辉恐怕属
于由您的后生卡尔·马克思开辟的阐述进路和行动方案。他精明的察觉
您的精髓乃是基督神学的概念化或曰哲学与神学从形式到内容的真正结
合，因而先后掀起宗教批判和意识形态批判来瓦解哲学与神学的既有联
姻，并以立足于"掌握在人手中的、随历史不断展开着的生产力"的
总体性替代"精神"的总体性，旨在重构现代社会的基础，阐明对既
有世界图式和谱系进行革命化的可能性。

黑：如果你的解说没有偏差，我至少很欣慰地看到有人真正读懂了我，无论
他的替代方案我是否赞同。只有在总体性意义上的真正重建才可能构成
对我所传承的"同一普遍哲学"的真正扬弃，后世对他的肯定显然表
明了人类精神的进步。他似乎代表着宗教改革和启蒙运动以来世俗化浪
潮的一个必然结局，由于我没读过他的作品，这里不好妄加评断。

姚：让我们回到《法哲学原理》吧！不可否认，您的某些术语、措辞和构
思的确在一定程度上有误导性，希望您能为我具体讲解一些关键语段。

黑：没问题，而且我尽量不离开你能找到的文本来讲解。当然你也可以给我
陈述一些流行的或揣测的解释，这也是我进入当代学术思维的一条门
路吧。

姚：好的，那么让我们从"序言"开始吧。您提到《法哲学原理》依据的
是"思辨知识"、"逻辑精神"，这个怎么理解呢？如果说《逻辑科学》
这样处理抽象概念间的必然关联倒还情有可原，认为活生生的人之生活
世界也按照逻辑来组织不能不说令人费解。

黑：由于时间关系，我这里就不以辩证的方式而以多少有些独断的方式来表
达吧。思辨知识的体系乃是我所坚持的真正的形而上学，是那个被康德
宣判了死刑又被我赋予新生的形而上学，它根植于经验而非直观、信
念，力求把握经验的内在性基础，这个基础就是"精神"，在其中事物

间的关联是必然的、可推演的亦即合逻辑的。这是一条由理性本身贯穿
始终的封闭链条，每一种体现着理性的东西都能在这里找到它的位置。
我挖掘了德语 Recht（法，权利，正当）一词的多重含义，其诸般形
态，包括"抽象法"、"道德"和"伦理生活"，只是相对于逻辑科学和
自然哲学更具体的精神形式罢了。至于许多细节的制度、概念和分类到
底能否被纳入理性王国需要进行周至的考察，这显然超出了"原理"
或"纲要"的范围。我衷心希望读者能依据逻辑精神来评判我的作品；
除非以系统重构为背景，你们贸然的褒贬对我多半没有建设性意义。

姚：您提到"内容"与"形式"的统一或者不可分离，与此相关，我记得
马克思主义要求颠倒辩证法，剥掉神秘外壳，保留其理性内核，这让我
有些糊涂。

黑：对我而言，形式乃是作为概念性认知的理性，内容乃是作为现实之本质
的理性，以理性为连接点，二者得以结合成为理念。辩证法并不是凌驾
于并适用于实存质料的纯粹形式或方法，它是精神之思辨性最实质的体
现，是形式与内容在运动中相统一的源泉，也就是说，其内核丝毫不应
比其外壳更少神秘、更多理性。你提到的那种要求终究还是在理性脉络
中进行的，只是这必定首先更改我的世界图式和原则。这里如下问题甚
为紧要：如果被保留下来的理性内核就是前面你提到的那不以人的意志
为转移的生产力，它在什么意义上是理性的？难道人类世界要把自己的
支配原则交给技术暴力或命运吗？如果是这样，自由怎么办？如果为此
预设一个自由王国作为生产史的终结或目的，这实际上等于承认这个自
由王国才是真正的原则，因为它是生产力的完满状态亦即生产力本性的
彻底展露。接下来必须问这个预设的自由王国有着怎样的规定性？它与
我所依凭的"自由之思"有怎样的关系？

姚：您和马克思真是有默契，他的确预设了一个自由王国，叫作"共产主
义"，但是正面论述十分匮乏，马克思未能完成其学术规划就在病痛中
撒手人寰，从而给人们带来种种谜团。无论如何，这些问题太复杂了，
暂且搁下吧。下面请谈谈那句让万千自由派和革命派咬牙切齿的"理性
的东西是现实的，而现实的东西是理性的"。

黑：在《哲学科学百科全书》第三版"导论"第 6 节不是已经写得很明白
了吗？真正的哲学是导向上帝的，唯有上帝是真正现实的和完全理性
的，现实（Wirklichkeit）和现象（Erscheinung）、和定在（Dasein）是
有根本区别的，这是适宜阅读我作品的人起码应具备的哲学修养。

姚：您似乎有些失望。可惜您无法阻止那些对日常经验和日常理解自信满满的人去做语境化的阅读，这和"有意的曲解"在境界上不可同日而语。……（彼此沉默）还是让我们看看"导论"部分吧。您谈到法科学是哲学的一个部分，它有一个被规定的起点，该起点是它之前的东西的结果和真理，还谈到法概念的生成不属于法科学的范围。怎么理解"之前的东西"呢？是指时间意义上的前后吗？是说历史上已经产生和发展出一堆制度，该书就是对它们的正当性的证明吗？法科学怎么会不首先涉及法概念呢？没有概念怎么继续研究呢？

黑：这两个问题其实是一个问题，都源自对逻辑体系中概念的本性缺乏足够了解。我整个体系的出发点是 Sein（在，有，是），落脚点是绝对精神中的哲学的理念，从逻辑学到自然哲学再到精神哲学，这并不只是书写顺序如此，它是逻辑次序，是精神由全无规定性到绝对在己且为己的必然进程。其中涉及的大部分概念或要素都不是我首先提出来的，但是选定 Sein 为起点、以不断自我扬弃的辩证法把它们建构成一个相互间可逻辑推导的完整体系则很大程度上是我的贡献，这也是有人称我为西方哲学与神学集大成者的真正所指。这是一个封闭的链条，其中出现的每个事物（起点除外）的概念都不是在其出现的特定段落径直给出的，毋宁说，其概念乃是逻辑上前此所有事物的总和结果。法的哲学科学的主题是法的理念，亦即法概念及其现实化。其中法概念坐落并出发于意志这一"客观精神"之开幕，意志的本性即"自由"乃是"主观精神"之终结。意志问题必须在导论部分完成，它属于"法"出现前"客观精神"已经展开的环节，其本身严格来讲不在法哲学应当处理的范围。通常而言，人们的教学或研究都是先给出定义再具体阐明，这是知性思维或分析思维的特征，然而一旦事物的界限被划定（这正是"定义"的本性），以下的阐述也就在逻辑上变得重复且多余，因为这些阐述都必然从给定的东西中一条条分解出来，并没有实质的突破和创造，于是有沦为教条的危险。辩证法是教条主义的死敌，对于未通过"自由之思"审查的任何事物绝不承认其理性，这也是基督新教最伟大的精神解放成果之一。

姚：这么说，"法的根基是一般意义上的精神王国"指的是意志属于主观精神的成果而法则在客观精神领域继续深化这一成果？

黑：可以这么理解，任何环节（终点除外，因其是绝对成果、绝对真理、绝对结果）的成果、真理、结果都不在它本身，而在扬弃它的后续环节。

姚： 有人将您的思想归入历史学派，可是在对该书第 3 节做说明时您明明提到哲学任务与历史任务并不相同，纯粹的历史方法由于附着于不断变迁的情势从而根本上丧失了驾驭历史素材的能力。

黑： 哲学或逻辑与历史的关系是我面对的最艰难的课题之一。必须指出，逻辑次序和历史次序没有严格对应关系，不能把《逻辑科学》视作西方哲学史的简单复制，也不能说《法哲学原理》就是对法律史特别是罗马法史的哲学解说。历史只是精神的外在形态或体现，其中充斥着偶然性，而哲学，特别是哲学体系，关注的是内在次序和必然性。

姚： 想必对"历史哲学"的讲授一定让您殚精竭虑吧，因为哲学与历史直接遭遇了，时间性成为无法回避的东西，次序的安排和本性的阐发易有主观臆断之嫌。何况时间并没有终结，而是"逝者如斯夫，不舍昼夜"，各种新元素异彩纷呈、层出不穷，必定会带给您持续的体系性冲击吧！

黑： 正是如此，我特别希望借着这短暂的还魂光景去世界的各个角落转转、浏览一下这近百年问世的思想巨作呢！我们的谈话到此为止吧，就此告辞，后会有期！

姚： 再会，我尊敬的哲人朋友……

结束语： 对哲人真正的祭奠就是阅读他们留下的传世之作，潜心思考那些伟大的问题。这不是要求人人都做哲学研究，而是面对欲望与暴力的侵袭，恪守一种哲思状态，恪守人与神圣、人与事物的根本界限。

附：黑格尔政治法律哲学重要参考资料：

中文部分

1. ［德］黑格尔：《法哲学原理》，范扬、张企泰译，商务印书馆 1961 年版。
2. ［德］黑格尔：《精神现象学》（上、下），贺麟、王玖兴译，商务印书馆 1979 年版。
3. ［德］黑格尔：《精神哲学——哲学全书·第三部分》，杨祖陶译，人民出版社 2006 年版。
4. ［德］黑格尔：《黑格尔政治著作选》，薛华译，中国法制出版社 2008 年版。
5. ［德］黑格尔：《哲学科学全书纲要》（1817 年版、1827 年版、1830 年版），薛华译，北京大学出版社 2010 年版。
6. ［德］黑格尔：《逻辑学：哲学全书·第一部分》，梁志学译，人民出版社 2003 年版。
7. ［德］马克思：《马克思恩格斯全集》（第 3 卷），中央编译局编译，人民出版社 2002

年版。

8. 中国社会科学院哲学研究西方哲学史研究室编:《国外黑格尔哲学新论》,中国社会科学出版社 1982 年版。

9. [苏] 阿尔森·古留加:《黑格尔小传》,卞伊始桑植译,商务印书馆 1978 年版。

10. [美] 萨拜因:《政治学说史》(第 4 版,下卷),邓正来译,上海人民出版社 2010 年版。

11. 邱立波编译:《黑格尔与普世秩序》,华夏出版社 2009 年版。

12. [美] 施泰因克劳斯编:《黑格尔哲学新研究》,王树人等译,商务印书馆 1990 年版。

13. 朱亮等编译:《国外学者论黑格尔哲学》,南京大学出版社 1986 年版。

14. [德] 洛维特:《从黑格尔到尼采》,李秋零译,三联书店 2006 年版。

15. 薛华:《黑格尔、哈贝马斯与自由意识》,中国法制出版社 2008 年版。

16. 郁建兴:《自由主义批判与自由主义的重建——黑格尔政治哲学及其影响》,学林出版社 2000 年版。

17. 张世英主编:《黑格尔词典》,吉林人民出版社 1991 年版。

英文部分

1. Hegel, *Elements of the Philosophy of Right*, edited by Allen W. Wood, translated by H. B. Nisbet, Cambridge University Press, 1991.

2. Hegel, *Political Writings*, edited by Laurence Dickey and H. B. Nisbet, translated by H. B. Nisbet, Cambridge University Press, 1999.

3. Hegel, *Lectures on Natural Right and Political Science: The First Philosophy of Right*, *Heidelberg 1817 ~ 1818 with Additions from the Lectures of 1818 ~ 1819*, edited by the Staff of the Hegel Archives, translated by Stewart and Hodgson, University of California Press, 1995.

4. Hegel, *Phenomenology of Spirit*, translated by A. V. Miller, Oxford University Press, 1977.

5. Hegel, *Hegel's Science of Logic*, translated by A. V. Miller, Humanities Press, 1969.

6. Hegel, *The Encyclopaedia Logic*, translated by Geraets, Suchting and Harris, Hackett Publishing Company, 1991.

7. Hegel, *System of Ethical Life* (*1802/03*) *and First Philosophy of Spirit* (*part III of the System of Speculative Philosophy 1803/04*), edited and translated by Harris and Knox, State University of New York Press, 1979.

8. Hegel, *Philosophy of Mind*, translated by Wallace and Miller, Clarendon Press, 1971.

9. Avineri, *Hegel's Theory of the Modern State*, Cambridge University Press, 1972.

10. Brooks, *Hegel's Political Philosophy: A Systematic Reading of the Philosophy of Right*, University of Edinburgh Press, 2007.

11. Hardimon, *Hegel's Social Philosophy: The Project of Reconciliation*, Cambridge University Press, 1994.

12. Knowles, *Hegel and the Philosophy of Right*, Routledge, 2002.

13. Neuhouser, *Foundations of Hegel's Social Theory*: *Actualising Freedom*, Harvard University Press, 2000.

14. Patten, *Hegel's Idea of Freedom*, Oxford University Press, 1999.

15. Pelczynski (ed.), *Hegel's Political Philosophy*: *Problems and Perspectives*, Cambridge University Press, 1971.

16. Peperzak, *Modern Freedom*: *Hegel's Legal*, *Moral*, *and Political Philosophy*, Kluwer, 2001.

17. Pippin and Höffe (eds.), *Hegel on Ethics and Politics*, Cambridge University Press, 2004.

18. Waszek, *The Scottish Enlightenment and Hegel's Account of "Civil Society"*, Kluwer, 1988.

19. Wood, *Hegel's Ethical Thought*, Cambridge University Press, 1990.

20. Williams (ed.), *Beyond Liberalism and Communitarianism*: *Studies in Hegel's Philosophy of Right*, SUNY Press, 2001.

21. Williams, *Hegel's Ethics of Recognition*, University of California Press, 1997.

22. Popper, *The Open Society and Its Enemies*, 2 vols., Routledge, 1966.

23. Inwood, *A Hegel Dictionary*, Blackwell, 1992.

24. Stern (ed.), *G. W. F. Hegel*: *Critical Assessments*, 4 vols., Routledge, 1993.

25. Ritter, *Hegel and the French Revolution*, translated by Winfield, The MIT Press, 1982.

26. Beiser (ed.), *The Cambridge Companion to Hegel*, Cambridge University Press, 1993.

27. Marcuse, *Reason and Revolution*: *Hegel and the Rise of Social Theory*, Routledge & Kegan Paul LTD, 1955.

28. Fine, *Political Investigations*: *Hegel*, *Marx*, *Arendt*, Routledge, 2001.

29. Taylor, *Hegel and Modern Society*, Cambridge University Press, 1979.

30. Salter (ed.), *Hegel and Law*, Ashgate, 2003.

31. Dudley, *Hegel*, *Nietzsche*, *and Philosophy*: *Thinking Freedom*, Cambridge University Press, 2002.

32. Mitias, *The Moral Foundation of the State in Hegel's "Philosophy of Right"*, Rodopi, 1984.

33. Prior, *Revolution and Philosophy*: *The Significance of the French Revolution for Hegel and Marx*, D. Philip, 1972.

34. Reyburn, *The Ethical Theory of Hegel*, Clarendon Press, 1921.

35. Smith, *Hegel's Critique of Liberalism*: *Rights in Context*, University of Chicago Press, 1989.

36. Steinberger, *Logic and Politics*: *Hegel's Philosophy of Right*, Yale University Press, 1988.

37. Verene (ed.), *Hegel's Social and Political Thought*, Humanities Press, 1980.

38. Walsh, *Hegelian Ethics*, Garland, 1984.

39. Kaufmann (ed.), *Hegel's Political Philosophy*, Atherton, 1970.

40. Conklin, *Hegel's Laws*: *The Legitimacy of a Modern Legal Order*, Stanford University Press, 2008.

41. Cristi, *Hegel on Freedom and Authority*, University of Wales Press, 2005.

42. Stirling, *Lectures on the Philosophy of Law*, Longmans, Green & Co. , 1873.

43. Franco, *Hegel' s Philosophy of Freedom*, Yale University Press, 1999.

44. Lakeland, *The Politics of Salvation: the Hegelian Idea of the State*, State University of New York, 1984.

45. Pippin, *Hegel' s Practical Philosophy: Rational Agency as Ethical Life*, Cambridge University Press, 2008.

46. Dallmayr, *G. W. F. Hegel: Modernity and Politics*, Sage Publications, 1993.

47. Patten, *Hegel' s Idea of Freedom*, Oxford University Press, 1999.

48. Goldstein, *Hegel' s Idea of the Good Life*, Springer, 2006.

49. Peperzak, *Philosophy and Politics: A Commentary on the Preface to Hegel' s Philosophy of Right*, Martinus Nijhoff Publishers, 1987.

50. Covell, *The Law of Nations in Political Thought: A Critical Survey from Vitoria to Hegel*, Palgrave Macmillan, 2009.

51. Brudner, *The Unity of the Common Law: Studies in Hegelian Jurisprudence*, University of California Press, 1995.

52. Eric Weil, *Hegel and the State*, translated by Cohen, The Johns Hopkins University Press, 1998.

53. Ciavatta, *Spirit, the Family, and the Unconscious in Hegel' s Philosophy*, State University of New York Press, 2009.

54. Barker, *Tragedy and Citizenship: Conflict, Reconciliation, And Democracy from Haemon to Hegel*, State University of New York Press, 2009.

55. Rose, *Hegel contra Sociology*, The Athlone Press, 1981.

56. Losurdo, *Hegel and the Freedom of Moderns*, translated by Marella and Morris, Duke University Press, 2004.

57. Strauss and Cropsey (eds.) , *History of Political Philosophy*, third edition, The University of Chicago Press, 1987.

法学的政治性与自主性：凯尔森对
奥斯丁的批判及其检讨

——纪念奥斯丁诞辰 220 周年

甘德怀 *

与奥斯丁基本一致的是，凯尔森亦主张纯粹法理论将实在法作为自己的研究对象，并将自身视为一种实在法理论。凯尔森把奥斯丁的法律理论命名为分析法学，他认为，在将研究对象限定为实在法，并将正义哲学与法社会学排除在法学的认识范围之外，纯粹法理论与分析法学相当近似。[1] 所不同的仅仅在于，纯粹法理论比奥斯丁及其门徒更加把分析法学之方法贯彻始终。[2]

不过，纵观凯尔森与奥斯丁两者理论的主要特色，我们发现，纯粹法理论绝非凯尔森本人所言，仅仅将法律的分析方法贯彻得更加彻底。相反，在基本的问题意识方面，凯尔森与奥斯丁之间存在根本性差异。这种根本差异体现为：凯尔森以规范的自主性、纯粹法理论的纯粹性抗拒政治对法律的干预，而奥斯丁则将法律以及相应的法律哲学建立在政治的基础之上。很难说，纯粹法理论对规范自主性的揭示真正摆脱了政治对法律的要求，凯尔森后期对其理论作出的修正，即把意志因素重新纳入到规范的考虑之中，即是纯粹法理论无力摆脱政治因素的一个明确例证。

本文试图通过对凯尔森与奥斯丁理论之间关系的检讨，特别是通过凯尔森对奥斯丁理论的批判，指出，法律规范理论的建构所立足的两项基础：一是纯粹法理论所谓的"法律家意识形态"；二是直接产生法律并确立法律有效性的政治权力基础。在很大程度上，法律规范中这两项要素是相为倚靠的。

一、凯尔森对奥斯丁理论批判的若干方面

在"纯粹法理论与分析法学"[3] 这篇文章中，凯尔森本人勾画了他与奥斯

---

* 法学博士，河海大学法学院讲师。

〔1〕〔奥〕凯尔森：《纯粹法理论》，张书友译，中国法制出版社 2008 年版，第 285 页。

〔2〕同上注，第 286 页。

〔3〕同上注，第 274～302 页。

丁理论7个基本方面的差异：①规范与命令；②强制；③法律权利；④法律义务；⑤静态与动态法律理论；⑥法与国家；⑦国内法与国际法的关系。以下我们首先阐述凯尔森如何展开他对奥斯丁的批判。

（一）规范与命令

凯尔森认为，奥斯丁没有引入规范的概念，没有注意"应然"与"实然"的区别。奥斯丁的路径是，将法律理解为规则，进而将规则理解为命令。命令，就其完备性来讲，包含两项因素：一是对他人行为之希望，二是此希望之表达方式。奥斯丁命令概念中的核心要素是表达命令的意志。

对此，凯尔森认为，从奥斯丁的理论看，即使作为精神现象的意志不复存在，命令也仍然对被命令者具有拘束力，这是命令的持续性特征，因此以命令者的意志解释法律并不恰当。

凯尔森以立法机关制定法律为例说明意志理论的不足。首先，即使在制定某项法律的立法机关成员全部去世后，该法律仍然有效，因而该法律不再是任何人之"意志"，至少不是任何具有意志能力者的意志。纵然在立法时意志不可或缺，仍然具有拘束力的法律也不能视为心理学意义上立法者的意志。其次，对于该法律而言，立法机关成员的赞同与反对同样重要，不能把该法律仅仅视为赞同该法律的多数成员的意志。最后，即使立法成员对此法律投赞同票，也并不意味着赞成者对该法律表达其意志。因为多数立法机关的成员并不理解该法律的内容。

为了说明规范与意志之间没有关联，凯尔森还以契约为例。契约是当事人意志的产物，但契约之所以对双方当事人具有约束力，并不是双方的意志（心理因素），而是由于双方所创造出来的这一契约本身。即使当事人要改变自己缔约时的意志，这一契约仍然被假定为是生效的。[4]

凯尔森认为，将法律理解为立法者的意志，或者将法律整体理解为国家的意志，只能是一种比喻。这一比喻植根于个案的情形，在个案中这种比喻还勉强说得通，但如果进而扩展到对整个法律的分析则显然不妥。他强调，法律规则对行为的规定与任何心理活动无关，如果要把法律看做是命令，也只能是"非心理学意义上"的命令。

由此，凯尔森引出规范的概念，所谓规范意味着某人应为某行为，但并不意味着该行为真的是某人意志。规范与命令，只是在极为有限的意义上具有相

---

〔4〕［奥］凯尔森：《法与国家的一般理论》，沈宗灵译，中国大百科全书出版社1996年版，第34页。

似性。

显然，凯尔森通过规范与命令的对比以及对命令中意志因素的分析，切断了法律与心理学意义上意志之间的联系，进而切断了法律与法律创造主体（个人或机构）之间的联系，法律或规范一旦被创造出来，就成为与创造法律者无关的、自主存在的东西。规范的自主性或自足性，成为了凯尔森法律理论最为重要的一个特征。

（二）强制

凯尔森与奥斯丁一样，将强制视为法律的一项根本特征。但是，凯尔森认为，奥斯丁对强制的理解并不吻合严格的分析方法（实质上与他的规范理论不相吻合）。

凯尔森认为，奥斯丁及其追随者将法律视为对人之行为的命令，若在命令没有得到遵从时，则以强制措施迫使被命令者服从，因而对法律的服从仰赖于人对强制措施或制裁的恐惧。对于奥斯丁的这种观点，凯尔森反驳说，人之合法行为是否出于对惩罚之恐惧颇为可疑。更为重要的是，奥斯丁未能在规范的意义上恰当理解强制，奥斯丁把强制理解为依靠特殊权威强制实施的规则，而凯尔森则主张，法律实际上是提供特殊强制措施作为制裁的规范，若把法律理解为要求实施合法行为的命令，则无从把握法律的本质。

在此基础上，凯尔森主张，法律规范是一种假设性判断，在此假设性判断中，违法行为是条件，而制裁是结果，连接条件与结果的是"应然"。他认为，在这点上，规范法学只考虑违法行为与制裁的关系。

从上述概括中可以看到，就法律的结构而言，奥斯丁的命令包含了两项因素，一是合法行为的要求，即命令；二是在违背上述命令的基础上产生的对违法行为的制裁。但令人惊讶的是，凯尔森完全将其理论重心放在后一方面，即违法行为与制裁的关系上。他认为，只有在违法行为与制裁的关系上才存在规范意义上的"应当"（凯尔森似乎无视合法行为意义上的"应当"之存在）。

（三）法律权利与法律义务

在法律义务方面，凯尔森批评奥斯丁未能注意到义务与责任的区分，未能注意"有义务为某行为"和"对某行为负有责任"之间的区分。奥斯丁将义务定义为"应当做为或不作为"，如果不服从就将受到制裁。

凯尔森注意到，制裁不仅仅针对违法者，也针对与违法者存在特定联系的人这种情形，尽管在现代法律中义务主体与责任主体合二为一，但例外的情形仍然存在，如国际法中的集体责任。原始法律中血亲复仇也属于这种情形。

在这种情形下，义务概念与责任概念就需要明确加以区分。由于奥斯丁将法律的本质理解为命令以及相应的义务之设定，导致了奥斯丁将义务与责任的不加区分。由此凯尔森宣称，只有将法律看做上文所讲的假设性判断，即将法律视为规定制裁之规范，才可能将制裁仅仅针对实施违法行为之个人的情形（义务）与制裁针对违法行为者以外的其他人的情形（责任）明确区分开来。

在法律权利方面，凯尔森赞同奥斯丁将权利与相对义务联系的做法，即权利在自身为某行为的意义上和要求他人为某行为的意义上，存在着与之相应的义务。但他同时认为，奥斯丁忽视了权利的另外一种含义，也就是存在没有包含义务的权利。这种权利是某人通过法律秩序赋予的，通过诉讼行使并依赖一系列暴力支持并可能实际运用制裁的权利。这种权利凯尔森称之为狭义的权利。

（四）静态与动态法律理论

凯尔森认为，奥斯丁的分析法学忽视了法律的创制过程，因而其理论本质上为一静态法律理论。凯尔森主张，对法律的静态研究必须以动态研究为补充。因为，法律作为一种规范体系，其一个根本特征在于规制着自身的创制。显然，这是凯尔森所强调的规范自主性的另一重要方面。

法律规范的创制程序受制于其他规范的规定，主要表现在：宪法规定的立法程序规定了一般法律的产生，而民事或刑事程序则规定了个别法律规范的产生（当然，凯尔森还强调规定其他规范创制程序的规范多数情形下也规定被创制规范的内容）。

凯尔森以空间图式表达规定其他规范产生的规范与被创制规范之间的关系，这一空间图式即是，前者为上位规范，后者为下位规范，因此法律秩序并非由同等级的规范构成并列规范体系，而是由不同等级的规范构成的动态等级体系，居于这一等级体系顶端的是宪法，而最底层的则是司法或行政裁决决定的个别规范。特别重要的是，凯尔森连接不同等级规范的关系的基本原则是法律的效力，而对法律效力的最终追溯止于他的一项假设：基本规范。

如此，凯尔森的法律规范不仅在单个规范意义上是自足自主的，而且在规范体系上也是自足自主的，换言之，是法律创制法律。在这个意义上，托依布纳等人的法律自创生理论可在凯尔森这里找到其最初的理论表述。

（五）法与国家

对于法律与国家的关系，凯尔森指出，传统法律理论将法律与国家视为两种不同的实体，并且把国家看做法律的创造者，因此传统理论是一种法与国家的二元论。对此，凯尔森认为，所谓的国家，是一种政治共同体，国家这一政治共同体乃是法律秩序本身，把国家与法律秩序区分开来的做法之谬误在于将国家拟人化、人格化。在凯尔森看来，国家就是法律秩序本身，不存在有别于法律秩序之国家。

凯尔森认为，奥斯丁并没有认识到法律上的国家概念。奥斯丁的独立政治社会在奥斯丁的理论中扮演了国家的角色，但独立政治社会并非法律概念，而且奥斯丁很少使用国家这一概念。

对于奥斯丁使用的另一个概念主权者，凯尔森批评道，主权者概念非法学概念，而是社会学或政治学的概念，这一概念与奥斯丁的分析法学并不相容，因为对实在法规范的分析表明，根本不存在主权者这种东西，也不存在不受法律限制的个人或团体。奥斯丁以主权者概念代替国家概念，却始终未能确立法律上的国家概念。

在凯尔森看来，奥斯丁的主权概念至多表明，主权者处于国内法律秩序的最高机关之地位，意味着假设在该国内法律秩序至上不存在更高的法律秩序。

凯尔森对国家与法关系的分析表明，传统理论中的政治权力与法律关系问题，因规范的自主性而获得一定程度的解决，但是，这仅仅是在其理论中得到解决，绝不意味着奥斯丁理论所揭示的主权特征或超越法律的权力不复存在。

（六）国际法与国内法

沿着法律效力这一原理追溯，在国际法是否为国内法意义上之法律，以及国际法是否高于国内法，凯尔森作出了与奥斯丁截然不同的回答。奥斯丁认为，国际法根本不属于法律，而是"实在国际道德"，因此国际法理论被排除于奥斯丁的法律理论之外。

凯尔森认为，国际法是真正的法律，而且国际法属于高于国内法的法律秩序。他强调国际法与国内法一样是一种强制秩序，其拘束国家并限制相互行为，国际法的制裁手段是战争与报复。不过，凯尔森同时承认国际法是一种原始法，因为国际法对制裁手段的运用交付给相应的国家而不是像国内法那样交付给特定的机关。

之所以奥斯丁或传统政治法律理论排斥国际法（此种排斥有两种方式：一是如奥斯丁那样否认国际法的法律性质；二是主张国内法优于国际法），是因为主权这一观念构成了理解的障碍。凯尔森认为，现代国际关系中的主权概念实质上是由18、19世纪的个人主义而来，是一种个人主义的价值判断和假设。这种建立在个人主义哲学假设基础上的价值判断无法加以反驳（因其为一种价值判断），而只能以"国际法社会主权"取而代之。

在国际法的问题上，凯尔森认为奥斯丁法律理论的另一个不足在于，研究对象的狭窄。他指出，法学的使命应当是在规范体系内理解一切人类法律现象，显然奥斯丁的理论未能满足此要求。[5]

二、基础规范与主权者：法律之神与政治之神

1958 年 12 月 11 日，凯尔森在加州大学伯克利分校法学院作了一篇题为"论基础规范"的演讲，集中阐述了他认为纯粹法理论中最富特色的概念：基础规范。这篇演讲次年发表于《加利福尼亚法律评论》第 47 卷。通过这篇演讲以及凯尔森其他论著中的相关阐述，我们可以领略到基础规范的理论旨趣及其担负的理论使命。总的来讲，凯尔森之所以提出基础规范这一概念，和凯尔森把法律视为一种规范体系直接相关，更与凯尔森所认定的法律家基本意识形态紧密相关。

凯尔森把法律规范与创制法律规范的人相脱离时，法律规范就完全成为独立存在的东西。法律规范是人的创造物，但这个创造物本身又不同于创造者的意志，在这个意义上，我们可以像凯尔森那样讲法律规范视为实证法，不过，这里我们需要注意到凯尔森与奥斯丁关于实证法的细微但却重大的差别。凯尔森始终强调实在法规范的独立性，而奥斯丁则将实在法的存在归结并依附于人的意志。这点上文已有阐述。

凯尔森区分了创造规范的行为与规范本身。创造规范的行为是一项事实，被创造的规范是事实的意义。前者存在与特定的时空之中，受制于因果律；后者的存在即是规范的效力，不受时空约束，受制于归属律。前者的陈述是一种"是"的陈述，后者的陈述是一种"应当"的陈述，即人们应当按照规范的规定、允许或授权的方式作出特定行为的陈述。

凯尔森承继并扩展休谟的思想，认为从"是"推导不出"应当"，同样从"应当"也推导不出"是"，因此一个规范的效力之根据绝对不能是事实，也不能使创造规范的意志，而只能是另一个规范，一个更高级的规范。这就是凯尔森的规范效力归属原理，这一原理构成纯粹法理论的基本原理。这一原理简单地说，就是规范自身创制规范。我们需要注意的是，凯尔森这里仅仅是在规范的效力根据意义上强调这点的。不过由于凯尔森常常把规范的存在与规范的效力等同，因而容易使人将其理论理解为下级法律规范的存在完全是由上一级规范创制的。

由规范效力的归属原理，凯尔森最终引出基础规范这一概念。凯尔森的基础

---

〔5〕 凯尔森强调说："对一个概念下定义的任何企图，必须要将表示该概念的这个词的通常用法当做它的出发点。……为了说明问题起见，人们必须从'法'这一词的最可能广的用法出发。"参见 [奥]凯尔森：《法与国家的一般理论》，沈宗灵译，中国大百科全书出版社 1996 年版，第 4 页。不过按照这一定义，习惯法亦应当纳入到凯尔森研究范围，但实际上凯尔森对习惯法并不怎么关注。

规范，虽然按照他本人的解释，是为了禁止规范效力的无限延伸而预设的，但实际上基础规范隐含了另一项重要的功能，即确立规范的体系化。凯尔森不像奥斯丁那样从法典化着手建构法律体系，而是运用规范的效力等级完成法律的体系化，因而法律体系（一国之内的法律秩序）的最终基础只能是基础规范。如同奥斯丁那样，每一独立政治社会都有一位主权者来保障法律的体系化，凯尔森完全可能赞同，每一国内法秩序都存在一个基础规范来保障法律的体系化。不过，他们的相似之处也仅止于此，奥斯丁是从外部自上而下地保障一国法律的体系化，而凯尔森是从法律内部，即通过逐级追溯效力根据而确立一国法律的体系化。前者的法律体系是封闭性的，后者的法律体系是开放性的。这点从他们对待国际法以及相应的国际法与国内法的关系上的不同态度不难看出。此外，主权者的存在将法律规范的体系化集中于某个人或某个机构身上，而基本规范则试图切断法律体系与人的联系。

基础规范是一项法学思维上的假设。作为假设的基础规范，凯尔森并没有完全把它视为武断的东西。他对这项假设做了如下解释：

> 如果我们问一个实证法律秩序的效力根据，我们最终将追溯到历史上的第一部宪法，正是它授权习惯或一个立法机构来创制普通规范，而它们又授权司法和行政机构来创制个别规范。这些规范均属有效的假定预设了一个规范，该规范授权那些宪法之父们（the Fathers of the Constitution）去创制规范，进而把立法或习惯作为所有其他法律功能的基础。这个规范是宪法的效力根据，因此法律秩序的基础规范建立在对宪法的认同上。这是一个在我们的法律思考（juristic thinking）中预设的规范；……〔6〕

在《法与国家的一般理论》中，凯尔森解释了基础规范的性质之后紧接着说道：

> "对基础规范的这种解释实际上是所有法学家（其中大多数是不自觉地）所推定的事物。"
> "基础规范就是对下述问题的回答：关于法律规范、法律义务、法

---

〔6〕 凯尔森："论基础规范"，张元元译，原载于《加利福尼亚法律评论》1959 年第 1 期，载 http://www.douban.com/group/topic/3681900/，访问时间：2009 年 5 月 18 日。

律权利等所有这些法学陈述，如何会是可能的？也就是说在什么条件下是可能的？"[7]

在《纯粹法理论》中，凯尔森也有类似的说法，

"纯粹法理论无意于通过表述基础规范而在法学方法上另辟蹊径，只是将法学家所习焉不察者或心照不宣者昭示于众而已：……"[8]（上述引文重点为笔者所加）。

显然，在凯尔森看来，基本规范的这种假设性质并非空穴来风，而是以法学家（广义上的 lawyer）的基本法律意识形态（虽然凯尔森本人反对法学中意识形态，驳斥了马克思法学中意识形态的概念，但我们很难认为，凯尔森对法律家的上述判定，未尝不是另一种意识形态）为前提的。可以说，理解凯尔森所谓的法律家意识形态，是把握凯尔森全部法律理论的一个关键之处。正因为法律家这种基本的意识形态的存在，才使得一个自足的、独立的法律世界的建构成为可能，从而将各种心理的、社会的、政治的、道德的等与法律世界无关的因素统统驱逐于法律世界之外。而凯尔森对奥斯丁的主权理论的批判，正是立足于这种法学家的基本意识形态。

除了基本规范的假设性质以及基础规范与法学家基本意识形态的关联之外，凯尔森还力图阐明基本规范的形式性质。基础规范的形式性表现在：

（1）规范的形式与规范的内容分离。凯尔森主张，法律规范的内容与其效力无关，因此"一切内容皆可为法，不得仅因其实质而将任何行为被摒除于法律规范内容之外"。[9]

（2）规范效力的根据仅系于上一级规范，尽管凯尔森强调上级规范有时会确定下级规范的内容。

（3）基础规范的彻底形式性。他说："此基础规范乃过程之起点，具有彻底的形式性与动态性。""法律规范无法自基础规范逻辑演绎而生，而只能由特定行为制定或发布，后者并非智识活动而系意志行为。"[10]

---

〔7〕 同上注4，第132页。
〔8〕 同上注1，第84页。
〔9〕 同上注，第82页。
〔10〕 同上注。

　　与基础规范相比，奥斯丁的主权的概念具有鲜明的政治学色彩。如前文所述，奥斯丁以主权概念以及相应的命令概念，确立了法律的实在性，也在一定程度上确立了法律的规范性（命令在奥斯丁的法理学中本身具有规范的意义，这点不能忽略），但更为重要的是，法的主权根基表明，作为实在性与规范性的法律体系，并不能离开人之政治活动而存在。凯尔森并不满意于奥斯丁这种将主权设置为规范基础的做法，他认为，奥斯丁这一思考进路很容易导致法的效力与法的实效混淆，进而导致法与政治权力的混淆。[11] 可是，问题在于，法律规范以及凯尔森假设的基本规范的确立，如果没有人之政治活动、政治权力作为依托，是很难理解的。没有权力的规范，如何能获得其强制性？没有对法律创制过程的政治活动的理解，凯尔森意义上的规范授权恐怕寸步难行。

　　所以问题在于，凯尔森所谓的法学家基本意识形态是否能像他本人所宣称的那样，保障规范的自主性不受任何外部因素的干扰，进而确立起一种纯粹的、形式主义的规范体系？在笔者看来，这是不无疑问的。在笔者看来，凯尔森对奥斯丁主权理论的排斥，不过是以法学家基本意识形态这一含混模糊的主观取代明确的、活生生的客观政治权力而已。凯尔森的理论迎合了法律家的愿望，把法律家抬到一个至高无上的地位，因此，与奥斯丁的主权理论相比，基本规范——其基础在于法律家意识形态——实质上是以法律之神取代政治之神。当凯尔森1940年代从血雨腥风的欧洲大陆逃离至美洲大陆时，他苦心经营的法律之神（比如魏玛共和国的宪法法院）便轰然倒下。

　　莫里森从现代性的视角对凯尔森纯粹法理论所作的解释，不可谓不深刻。但是，他并没有洞察到纯粹法理论对现代社会政治权力的这种处置，在这点上，他似乎受到凯尔森纯粹法理论形式特质的过度干扰和影响，受到基本规范作为一种先验意义上思维假设这一主张的遮蔽。

　　莫里森以自由和权力的辩证关系解读凯尔森在西方政治思想传统中的地位。他说："霍布斯——他开始了这种辩证法——赋予了主权意志以权力；边沁将权力当做功利主义（自然过程的真理）的仆人；奥斯丁把权力给予政治上的优势者，供他在正在出现的（功利主义的、政治经济学）'真理'指导下加以使用；但凯尔森拒不把法律的权力拱手送给任何（一个）主人。"[12] 因而，在凯尔森手中，"权力的所在——法律——只不过成为了一种形式上的容器；它是一个空无

---

〔11〕　同上注4，第86页。

〔12〕　［英］韦恩·莫里森：《法理学——从古希腊到后现代》，李桂林等译，武汉大学出版社2003年版，第365页。

一物的所在".[13]

相反，倒是爱泼斯坦的揭示令人警醒。在实在法（如凯尔森的纯粹法学意义上的实在法）的背后，既"没有形而上学的绝对真理，也没有自然法的绝对正义。揭下这种面具的人，如果他没有闭目不视，将会发现他自己正面临着权力的戈尔根之首。"[14]

在法理学中，爱泼斯坦揭示的问题无法回避，从这条线索，我们会发现，凯尔森绝非将权力抛弃不顾，完全沉迷于形式化的结构和程序之中。凯尔森通过对自然法的拒斥，杀死了绝对价值之神，通过对宗教学说的批判，杀死上帝，然后又通过对主权与国家学说的批判，杀死了奥斯丁的主权者这一"政治精英"。但凯尔森的规范理论，终究离不开人的存在或者说政治性存在。法律世界的世俗化，表明法律的世界是一个由人之特殊活动构成的一个世界。凯尔森的规范和基本规范的意义，揭示了规范的某些基础，但并非像他声称的那样，规范的世界以及此间最为重要的基本规范仅仅是先验意义上的客观，是法律科学的客观认识对象。凯尔森以纯粹法理论取代奥斯丁的分析法学，最终不过是以"法律精英"取代奥斯丁的"政治精英"，毫不夸张地说，其本质上不过是在法律规范的世界以"法律之神"驱逐"政治之神"。

有的人可能会认为，政治恰恰是凯尔森纯粹法理论加以排斥的对象，因此，上文强调凯尔森理论的去政治化错误恰恰是重新捡拾凯尔森批判与丢弃的东西而已。但实际上，如果我们仔细阅读凯尔森本人的论述，凯尔森从来没有真正摆脱其理论对政治的依附，他仅仅试图将政治意识形态（即政治价值观念，但政治意识形态、政治价值观不等于政治）排除于法学研究的范围之外。这点在上文已详加论证，不再赘述。

在《法与国家一般理论》的序言中，凯尔森讲到：

> "在社会科学，特别在法律科学中，仍然没有一种影响来抵制那些合乎正在掌权以及渴望掌权的人的愿望的理论，即政治意识形态压倒一切的利益……然而，如果作者敢于发表这一法与国家的一般理论，这是因为他相信，在科学自由还继续被人尊重，政治权力比任何其他地方更为稳定的英美世界中，思想比权力更受到尊敬；而且他还希望，甚至在欧洲大陆，当它从政治暴政下解放出来后，年轻一代也将被争取到独立

---

〔13〕 同上注，第366页。
〔14〕 同上注，第364页。

的法律科学的思想方面来，因为这样的科学成果是绝不会丧失的。"

这段话清楚地表明，凯尔森仅仅试图将政治意识形态赶出纯粹法学的领地，但同时也表明，政治权力与法律理论之间的紧密关系。如果纯粹法学像凯尔森宣称的那样是对法律的一种客观的科学研究，而这里的法律又包含法律这一术语最为广泛的对象，那么当政治权力与法律具有如此紧密联系的情形之下，政治（而非仅仅政治意识形态）又如何能够为法律科学（即使是凯尔森那种意义上的法律科学）视而不见？

三、认识与实践

凯尔森的纯粹法学去政治化主张，从其理论本身来看，根源于其思维方式上的唯认知主义，以及由此倾向导致的概念主义。凯尔森将法律科学以及法律科学家的任务完全局限在对法律规范的客观存在即效力的认知方面，而忽略了法律规范的实践性品格。因此，在法理学的性质上，凯尔森与奥斯丁之间存在着显著的分歧，尽管两者都声称他们的理论都是法律科学。纯粹法学的性质带有强烈的唯认知色彩，相反，奥斯丁始终注意到理论与实践之间的互动关系。

凯尔森对法理学范围的界定，完全限于他的纯粹性，在凯尔森看来，纯粹法学的纯粹性，惟一的意义乃是对法律科学认知对象的客观认识，一如人们普遍认为的，凯尔森所谓的这种客观对象来源于康德主义或新康德主义的先验意识。一切法律材料（立法产品）都被凯尔森纳入这种先验认知的过程之中。一般说来，纯粹法学的纯粹性包含两个方面：一是方法的纯粹性；二是研究对象的纯粹性。在我看来，第一个方面是决定性的，第二个方面取决于第一个方面。凯尔森采取先验的认识路径来确保规范不被任何其他因素"污染"，势必导致他对研究对象的限定于"纯粹的规范"，因而有没有"纯粹法"这种东西，并非可以轻易化解的疑问。

"纯粹法理论之旨趣唯在于认知其研究对象。……试图回答何谓法律或法律从何而来，而无意于对'法律应当如何'或'法律应如何制定'等问题强作解人，本理论乃是法律科学而非法律政策学。"[15] 在这段论述中，凯尔森给纯粹法理论规定的根本任务，仅仅在于认知其研究对象。后一句讲得更为清楚：纯粹法理论研究"法律是什么"而非"法律应当如何"，前者是法律科学，后者是法律政策学。

对于凯尔森的这段论述，很多学者从"是"与"应当"的两分加以解释，

---

[15] 同上注1，第37页。

固然，凯尔森的这段话显示了其作为法律实证主义家的气质，与边沁对阐释法学与审查法学，或法律的阐释者与法律的审查者的区分在精神实质上相一致，也与后来奥斯丁对法律的存在与法律的应当划分相一致。但凯尔森绝对地、强势地将前者判定为法律科学，而将后者判定为法律政策学，从而试图通过提升前者来贬低后者。

由于纯粹法学的唯认知倾向，导致浸淫于经验主义深厚传统的英美学者认为，凯尔森的纯粹法学具有明显的、极端的概念主义性质。[16] 不仅对于英美学者来说，纯粹法的这种唯认知倾向以及概念主义很成问题，对于中国法律学者来说，同样，纯粹法理论同样存在很多难以解释的困难。一旦我们转向法律的实践领域（法律的解释、法律的适用等），凯尔森的纯粹法理论就变得不可理喻。例如，他认为上级规范关于下级规范规定具有选言性质，"上位规范之选言性质，使其绝不可能与下位规范发生真正逻辑矛盾，后者纵使与主选言矛盾并不意味着与上位规范整体矛盾；……就法律而言，'矛盾'在规范遭废止之前毫无意义。"[17] 显然，从上位规范创制下位规范的这种选择性便产生了一个问题：所谓规范创制规范就不是绝对的，而有其他因素渗透到规范创制过程中之可能？最难以接受的是凯尔森关于法律解释的说法，他认为，规范为具有多种适用可能的框架，凡不愈此框架之行为皆合乎该规范。[18] 问题在于，仅从规范的形式性根本无从确定规范适用的可能框架，必须转向对规范实际适用过程的观察。而且，法律的扭曲适用、错误适用是否在此框架范围之内，凯尔森也没有加以考虑。

凯尔森主张，对制定法的解释不存在唯一正确的答案，可能产生的诸多解释并无高下之别。所谓的以法律为根据，仅表明司法裁判不能逸出制定法所代表之可能性框架，并非意味着该裁判是唯一可能之个别规范。但关键在于，从纯粹法理论本身不可能确定规范的这一框架的范围和边界。[19]

为维护纯粹法规范的纯粹性，凯尔森最终不得不转而承认，规范的适用、规范的解释不纯然是一理智活动，更属于意志活动。作为意志活动的规范解释和规范适用，显然与本身即为承载某种意志的规范不是一回事。这里我们不能绝对断

---

〔16〕 科特维尔正是运用概念主义这一观念来把握凯尔森法律规范理论的特质。由于凯尔森是一个彻底的概念论者，所以对于深具经验主义传统的英美世界而言，凯尔森始终是一个"外人"（outsider），尽管他也承认凯尔森是一位颇具启迪的"外人"。Roger Cotterrell, *The Politics of Jurisprudence*, The Cromwell Press, 1989, pp. 101~102.

〔17〕 同上注1，第95页。

〔18〕 同上注，第99页

〔19〕 同上注，第99~100页。

言前者具有政治活动的若干特质，但基于对大部分法律实践的观察，在很大程度上我们常常把这一和规范自身区分开来的意志归属于政治领域。

笔者认为，相比凯尔森的纯粹法学，奥斯丁的法理学对于法律与政治关系的把握更为符合现代社会的实际情形。原因在于，奥斯丁在阐述其法理学的过程中更为强调理论与实践的结合。奥斯丁指出："一般地说，人类行为，……是受规则、原则或者箴规（maxims）引导的。"而这些规则、原则或者箴规，则是经由反复的经验和观察提示给我们的推论演变浓缩而成的。奥斯丁强调，在理论上正确的，在实践中也就必定是正确的。因为，"既然一项正确的理论是各项具体事实（truths）的概括，那么把它适用于特定的情形时就必然是正确的。"[20] 尽管奥斯丁关于理论与实践关系的这段话是为功利辩护而提出的，其意图也是为功利理论能够与实践相符合，正确地引导实际人类行为而辩护，但我们从奥斯丁对主权者的寻找和确定，可以领略到奥斯丁法理学的实践指向。相反，从凯尔森的纯粹法学中，找不到以实际的某一国内法律秩序作为例证阐明其规范的纯粹性，而凯尔森最终只能把他的纯粹法学作为大多数法学家头脑中的意识之产物。

通过检讨凯尔森对奥斯丁理论的批判，以及比较两者法律理论中最富有特色的基本规范和主权者，我们可以看到，凯尔森纯粹法学过于强调规范的自主性，而忽略了规范的政治性，因而也忽视了法律存在所必有的政治背景。凯尔森以规范自主性为据，排斥心理的、社会的、价值的等因素，其实质不过是确立了一个规范之神，但上述分析表明，规范之神（尤其以基本规范为代表）绝非自足自主，纯粹法学依托新康德主义的先验认识并没有能够真正使法律世界从政治或权力的魔杖下摆脱出来，实际上这也是纯粹法学不可能完成的任务。经由对凯尔森与奥斯丁的理论的比较分析，笔者认为，一个妥当的办法是对人类法律世界中法律与政治存在的客观关系予以承认，并从理论上加以阐释。从终极意义上讲，只要承认法律的强制性，就不可能割断法律与政治的内在联系。

附：奥斯丁研究主要参考文献：

中文著作：
1. ［英］约翰·奥斯丁：《法理学的范围》，刘星译，中国法制出版社2002年版。
2. ［英］哈特：《法律的概念》（第2版），许家馨、李冠宜译，法律出版社2006年版。
3. ［英］哈特：《法律的概念》，张文显等译，中国大百科全书出版社1996年版。

---

〔20〕 ［英］奥斯丁：《法理学范围之限定》（英文版），中国政法大学出版社2003年版，第18页。

英文著作:

1. John Austin, *Lectures on Jurisprudence or The Philosophy of Positive Law*, Volume Ⅰ Ⅱ, China Social Sciences Publishing House Reprinted from the English Edition by John Murray, 1999.

2. John Austin, *The Province of Jurisprudence Determined* (Wilfrid E. Rumble ed.), China University of Politics and Law Press, 2003.

3. John Austin, *The Province of Jurisprudence Determined* (H. L. A. Hart ed.), Weidenfeld & Nicolson, 1995.

4. Wilfrid E. Rumble, *The Thought of John Austin*, The Athlone Press, 1985.

5. W. L. Morrison, *John Austin*, Stanford University Press, 1982.

6. Wilfrid. E. Rumble, *Doing Austin Justice*, Continuum Press, 2005.

7. Joseph Raz, *The Concept of a Legal System*, Clarendon Press, 1980.

8. Roger Coterrell, *The Politics of Jurisprudence*, the Cromwell Press, 1989.

9. Gordon Campbell, *An Analysis of Austin's Lectures on Jurisprudence or The Philosophy of Law*, John Murray, 1905.

10. Janet Ross, *Three Generations of English Women: Memoirs and Correspondence of Susannah Taylor*, Sarah Austin and Lady Duff Gordon, 1893.

第谷·布拉赫的选择

——纪念卡多佐诞辰 140 周年

王虹霞*

1931 年，在犹太宗教学院（Jewish Institute of Religion）毕业典礼上，本杰明·内森·卡多佐（Benjamin Nathan Cardozo）作了一场有关"价值"的演讲，其中，他提到了诺伊斯（Alfred Noyes）《天空的守望者》这首诗中所描述的第谷·布拉赫（Tycho Brahe）的故事：布拉赫是丹麦的天文学家，儿时他立志研究法律，后来他将兴趣转移到了天文学上，自此就开始了毕生的天文学研究。他年轻时就发现了一颗新恒星，这使他远近都享有盛名。那时的丹麦弗里德雷克国王支持并资助学问研究，他在一个小岛的中心为布拉赫建成了一个观察台，之后，年复一年，布拉赫执着于自己的选择，夜以继日地在此工作着。夜里，他观察浩瀚的夜空，而白天他则用来演算自己的观察所得。就这样，他在他的天文图纸上精确细致地记下了一颗又一颗恒星，他希望在死之前，能记录下一千颗恒星。但是随着老国王的去世，年轻的克里斯蒂安王子登上王位，在他身边的是一大帮庸碌的朝臣，他们认为老国王施与布拉赫大量财富最后换来的却是那毫无用处的星图，因此最终使得新国王放逐了布拉赫。在布拉赫被放逐之前，当使者们问他是什么使他为了毫无用处的东西而废寝忘食时，他回答说：

> "我知道，这份成果微不足道，
> 后人的技艺将更为高超，
> 他们的发现将不计其数，
> 然而我的工作却会为他们省去需要付出坚忍的 25 年光阴，
> 使他们距离目标更为接近。"[1]

---

* 法学博士，《法商研究》编辑。

〔1〕 Benjamin N. Cardozo, *Values：Commencement Address*, Reprinted in Selected Writings of Benjamin Nathan Cardozo, Margaret E. Hall（ed.）, Fallon Law Book Company, 1947, p.4.

正是对这份信念的坚守，布拉赫才得以沉浸于对理想的追求之中，完全奉献着自己。而卡多佐何尝不是做出了如布拉赫一样的选择，虽然他在演讲一开始时谦虚地称不知自己是否是能够演讲"价值"这一主题的合适人选，实际上，在其当代人以及后人看来，是的！他的一生是荣耀的一生！奉献的一生！

卡多佐 1870 年 5 月 24 日诞生于一个显赫的西班牙系犹太人家族，其祖先在独立战争之前就已经到了美洲，卡多佐深以其家族的优秀传统而自豪。卡多佐的启蒙教育是在家里由霍雷肖·阿尔杰（Horatio Alger）[2] 完成的，他后来曾谈到过阿尔杰对他的教育："我的学业是霍雷肖·阿尔杰的功劳"[3]。1885 年，他进入哥伦比亚大学学习，他对哲学尤其感兴趣，在家庭教育中所获得的较高的文学品味和古典语言（指拉丁语和希腊语）扎实的基本功使得他在大学的学习中出类拔萃，并于 1889 年以全班最优秀或接近最优秀的成绩毕业。他在大学里很少参加运动或社会交际，但他的同学很欣赏他的才智，称他是"最聪明的人"，"最谦和的人"。家庭的变故[4]无疑对他选择进入法学院学习产生了重要的影响，但是更重要的是他内心极强的荣誉感使然，而这种荣誉感也贯穿了他的一生，他希望通过自己法律事业上的成功来挽救家族的荣誉。两年法律专业课程和研究生课程的训练使他受益匪浅，同时为了更好地投入实际工作，他一直保持着他大学以来的自学习惯，从现存卡多佐的几百页听课与读书笔记中，我们能够看到他超强的自学能力和惊人的、几乎是过目不忘的记忆力，他甚至被其法律助理称为"一部活的百科全书"[5]。1891 年，他便开始律师工作并获得了成功，成为"律师的律师"。1913 年，也就是在他从事律师工作二十多年以后，他被选举为纽约最高法院法官，并于五个星期后被时任州长的马丁·格林（Martin Glynn）指派到纽约上诉法院审理案件，这一任命决定被格林称为"他一生中最令他感到骄傲的决定"[6]。1917 年他被任命、随后又当选为纽约上诉法院的常任法官，1926 年当选为该院首席法官直到 1932 年，他被任命为联邦最高法院大法官，成为霍姆斯的继任者。卡多佐 1938 年病逝。

---

〔2〕 霍雷肖·阿尔杰毕业于哈佛学院，以写作贫穷少年通过努力奋斗最终获得成功的小说而闻名。

〔3〕 ［美］A. L. 考夫曼：《卡多佐》，张守东译，法律出版社 2001 年版，第 26 页。

〔4〕 这里必须要提到的是，在卡多佐 2 岁时，其父亲阿尔伯特·卡多佐在担任纽约州最高法院法官时因涉嫌司法腐败有遭到弹劾的危险而被迫辞职，整个家族荣誉因此而蒙羞。

〔5〕 Cited in Richard Polenberg, *The World of Benjamin Cardozo*, *Personal Values and the Judicial Process*, Harvard University Press, 1997, p. 45.

〔6〕 Irving Lehman, "Judge Cardozo in the Court of Appeals", *The Yale Law Journal*, Vol. 48, No. 3 (Jan., 1939), p. 383.

卡多佐性情温和沉静，甚至有些羞怯；他对家庭充满着爱与责任感；他为人谦恭有礼，待人耐心周到；他做事谨慎认真，可谓一丝不苟；他工作勤奋努力，持之以恒；他学问渊博，文采斐然。他对别人的赞扬都是感情的真挚流露，他时常赞扬别人，不惜溢美之词却又不是阿谀奉承，因为他的情感流露对象包括那些无助于他升迁的人，譬如他的法律助理等；他对别人的感情总是考虑周到，从来不考虑能否给自己任何可能的利益；他是一个谦虚的人，他的信函和演讲充满着自谦之辞，这不是那种虚伪的谦虚，因为他不会无视自己是一位杰出的法官，但是，他知道杰出的人物甚至更容易犯错误，所以有很多要向别人学习，包括向年轻人学习[7] 他甚至被很多人称为圣人。[8] 很明显，卡多佐独具魅力的个人品性特征为他赢得了赞誉，勒尼德·汉德（Learned Hand）评价卡多佐，"他是充满智慧的，因为他的性格是纯粹的，因为他对暴力、仇恨、嫉妒、猜疑和恶意一无所知。我认为，他之所以成为我们如此尊敬的法官，正是由于他性格的纯粹性，而不仅仅是由于他的学识、他的敏锐性以及他异乎寻常的勤奋。"[9] 由此可以说，卡多佐之所以在当时乃至当下都具有强大的影响力，其个人崇高的人格品行是构成这一影响力的重要部分。与此同时，在他一生的时间里，他从没有停止过通过各种方式来进一步提升自己的品性，他不善于社会交际，他甚至过的是一种"隐士"般的生活，他将自己大量的工作之余的时间都用在了读书上，他的阅读量惊人，他涉猎的范围很广泛，包括宗教、哲学、政治学、文学、科学、艺术、传记与自传、历史以及大量的法律书籍。[10] 卡多佐的一生所历经的是美国文明史上发生意义深远变化的时期，在这急剧变革的社会时代里，他通过大量的阅读来更新自己的知识信息，使自己能够跟得上日新月异的思想界所产生的新观念，并且通过写作、演讲等方式将自己的思想传递出来。

他对法理学一直有着浓厚的兴趣，因此他在具体的法官工作之余所进行的更多的是针对法官具体审判工作背后的理论问题的思考，进而是对一般意义上的法律的本质的追问。很明显，他的问题意识来自于他实际的法官工作。当时在美国司法界，普遍流行的是法律形式主义做法，虽然法律形式主义在不同的论者那里被赋予了不同的面貌，但是其认为逻辑是唯一起作用的方法和概念主义的论调则

〔7〕　See Richard A. Posner, *Cardozo: A Study in Reputation*, The University of Chicago Press, 1990, pp. 8 ~ 9.

〔8〕　See Richard H. Weisberg, "Law, Literature and Cardozo's Judicial Poetics", *Cardozo Law Review*, Vol. 1 (1979), pp. 284 ~ 289.

〔9〕　Learned Hand, "Mr. Justice Cardozo", *The Yale Law Journal*, Vol. 48, No. 3 (1939), p. 381.

〔10〕　参见 ［美］A. L. 考夫曼：《卡多佐》，张守东译，法律出版社 2001 年版，第 163 ~ 166 页。

是不同的论者们所共同批判的。体现这种形式主义做法的典型判决是 Lochner v. New York[11]案的判决，在该案中，最高法院称调整面包工人工作小时数的州法侵犯了面包工人按照他们的意愿以任何方式出卖他们服务的权利，法院的做法是意图将斯宾塞（Herbert Spencer）的《社会静力学》（*Social Statics*）吸纳进美国的宪法中，并以此为起点推演出规则。卡多佐对于 *Lochner* 案中的这种做法也极为不满，他向自己也向所有人提出了下面的问题："当我对一个案件做出判决时，我究竟做了什么？"而该问题也是他在其《司法过程的性质》一书中所集中要解决的根本问题。他要做的是回应现实中仍具强大影响力的法律形式主义做法，通过一步步地揭开蒙在司法过程之上的面纱，使人们看到它的真面目。在该书中，为了支持他自己的观点，卡多佐援引了大量论者的主张，包括美国本土的法学家或法官，例如霍姆斯、庞德、汉德、格雷（John Chipman Gray）等；同时他还非常倚赖一些欧洲大陆理论家的论述，例如狄骥、耶林、埃里希、科勒（Josef Kohler）和热尼（Francois Gény）等。在他们的影响下，他提出"法律的终极目标是社会的福利"[12]并详细论述了普通法法官在作出司法判决时所运用到的哲学的方法、历史的方法、习惯的方法和社会学的方法。这种提法在当时无疑是有重要意义的，而且该书在当时就引起了广泛的关注。卢埃林评论说该书"震撼了我们的法律世界"[13]；波斯纳也称，该书是"第一次由法官解释如何进行法官推理的系统性努力，也是第一次由法官清楚地阐明其司法哲学的严肃努力"[14]。在美国，这本书已经成为了法学教育的经典，而且从其出版以来，该书一直都保持着较高的引证率。[15]尽管如此，卡多佐并没有停步于此，他的目标不是要给其他法官提供一本审判指南。但是，接下来摆在卡多佐面前使他不得不回答的问题就是如何在这四种方法中做出选择的问题，这同时又与他对法律哲学本身的认识有关。在他那里，法律哲学所要解决的是"法律的产生、发展、目的和功能"[16]的问题。这种法律的发展哲学也是卡多佐《法律的成长》一书中所要探讨的问题，并在其中强调法律的目的在这四种方法的选择过程中所起到的重要作用。进

---

〔11〕 Lochner v. New York, 198 U. S. 45（1905）.

〔12〕 Benjamin N. Cardozo, *The Nature of the Judicial Process*, Reprinted in Selected Writings of Benjamin Nathan Cardozo, Margaret E. Hall（ed.）, Fallon Law Book Company, 1947, p. 133.

〔13〕 Karl N. Llewellyn, *The Common Law Tradition: Deciding Appeals*, Little, Brown & Co., 1960, p. 11.

〔14〕 Richard A. Posner, *Cardozo: A Study in Reputation*, The University of Chicago Press, 1990, p. 32.

〔15〕 See Richard A. Posner, *Cardozo: A Study in Reputation*, The University of Chicago Press, 1990, p. 20.

〔16〕 Benjamin N. Cardozo, *The Growth of the Law*, Reprinted in Selected Writings of Benjamin Nathan Cardozo, Margaret E. Hall（ed.）, Fallon Law Book Company, 1947, p. 197.

而，他又对法律背后所潜藏着的诸多悖论进行了揭示，这种努力体现在他的《法律科学的悖论》一书中。在该书中，他以更加精致的结构、更为晦涩的文风、更多的引证来揭示出法律背后的利益冲突。他指出，一与多、个体与群体、稳定与变动、自由与限制都在相互较量，"二分法无处不在"[17]。并进而指出，法官在作出判决时必须进行利益衡量，而这种衡量过程也反映了他背后的实用主义哲学基础，这一点也正印证了"卡多佐是少有的进行哲学化思考的法官之一"这一点。当然，他不是要建构一套系统的法哲学理论，他要做的是对司法过程作出一种有益的阐释，对于这一点，他做到了。

卡多佐被推崇为社会学法学派的代表人物之一，而在那个时代，在某种程度上他确实在引领着法理学思想的潮流。而他的法律思想，在其作出的司法意见书中也烙下了很明显的烙印，这就使得当时他的司法意见书一经写出，就成为对其他法院类似问题的解决有重要影响的司法意见，同时也是学者们广泛讨论的司法意见，而且尽管许多年已经过去，他的这些司法意见书却仍然是教学和学术讨论的典型案例，尤其是他在纽约上诉法院时期所做出的侵权法和契约法领域的司法意见，例如，伍德诉露茜，杜夫·哥登女士案（Wood v. Lucy, Lady Duff Gordon）[18]、海因斯诉中央铁路公司案（Hynes v. New York Central Railroad Company）[19]、帕尔斯格拉夫诉长岛铁路公司案（Palsgraf v. The Long Island Railroad Company）[20]、德西科诉施魏策尔案（De Cicco v. Schweizer）[21]、阿利盖尼学院诉国家肖托夸银行案（Allegheny College v. National Chautauqua County Bank）[22]、雅各布斯 & 扬股份有限公司诉肯特案（Jacobs & Youngs, Incorporated v. Kent）[23]以及迈克弗森诉别克汽车公司（MacPherson v. Buick Motor Company）[24] 等。在这些在当时有着重大争议的案件中，卡多佐具体践行着他在其法学著作中所提到的种种方法，并在对具体案件背后所涉及的各种利益进行综合衡量之后做出判决。而在作出判决的过程中，卡多佐不失时机地将他认为对于塑造良好的社会是

〔17〕 Benjamin N. Cardozo, *The Paradoxes of Legal Science*, Reprinted in Selected Writings of Benjamin Nathan Cardozo, Margaret E. Hall (ed.), Fallon Law Book Company, 1947, p. 333.

〔18〕 Wood v. Lucy, Lady Duff Gordon, 222 N. Y. 88 (1917).

〔19〕 Hynes v. New York Central Railroad Company, 231 N. Y. 229 (1921).

〔20〕 Palsgraf v. The Long Island Railroad Company, 248 N. Y. 339 (1928).

〔21〕 De Cicco v. Schweizer, 221 N. Y. 431 (1917).

〔22〕 Allegheny College v. National Chautauqua County Bank, 246 N. Y. 369 (1927).

〔23〕 Jacobs & Youngs, Incorporated v. Kent, 230 N. Y. 239 (1921).

〔24〕 MacPherson v. Buick Motor Company, 217 N. Y. 382 (1916).

有益的标准突出强调在他的意见书中，例如，Meinhard v. Salmon[25]案，普遍承认，该案意见书是卡多佐对诚信义务法做出重大贡献的意见书。而这一点正体现了卡多佐对法官作用的看法，在他看来，法官在不可抗拒的社会大趋势面前并非无能为力，实际上法官能够在提高通行的行为标准上有所作为。[26]然而卡多佐在这样做时，他不是主张用法官个体或主观的价值论来替代，法官所解读的是由社会观念所确认的智慧、善良的人们的道德原则和习惯。他在美国最高法院担任大法官期间，虽然时间不长，但是他在尤其是宪法解释问题上也做出了重要的贡献。而他在这些经典司法意见书中的行文字句，也成了法律作品中的不朽篇章。例如：

> "法律已经从其原初的形式主义阶段发展了出来，在形式主义阶段，精确的语词是至上的法宝，每一个小疏漏都是致命的。而如今法律采取的是一种更为广阔的视角。"[27]
> "那些更为关注法律规则发展中的对称与逻辑而非其实际运用以达致一个公正结果的人，将会为分类问题苦恼不已，因为分界线是如此摇摆不定而又模糊不清。"[28]

还有其他一些为人们所熟知的佳句：[29]

> "受托人应该遵守比在市场上奉行的道德规范更为严格的道德规范。其行为标准中不仅应有诚实，还应有无可挑剔的信誉。"[30]
> "对法律中的比喻，须严格把关，因作为开阔思路而启用的工具，往往以束缚思想而告终。"[31]
> "人们可以说，思想和言论自由几乎是其他一切形式的自由的母体

---

[25] Meinhard v. Salmon, 249 N. Y. 458 (1928).

[26] See Benjamin N. Cardozo, *The Paradoxes of Legal Science*, Reprinted in Selected Writings of Benjamin Nathan Cardozo, Margaret E, Hall (ed.), Fallon Law Book Company, 1947, pp. 285~286.

[27] Wood v. Lucy, Lady Duff Gordon, 222 N. Y. at 91 (1917).

[28] Jacobs & Youngs, Incorporated v. Kent, 230 N. Y. at 243 (1921).

[29] 这些佳句转引自［美］A. L. 考夫曼：《卡多佐》，张守东译，法律出版社 2001 年版，第 450 页。

[30] Meinhard v. Salmon, 249 N. Y. at 464 (1928).

[31] Berkey v. Third Avenue Railway, 244 N. Y. at 94 (1926).

和不可或缺的条件。"[32]

"愿为原则殉道的人，不能以其殉道精神证明自己没有违法。"[33]

　　然而，对于一个历史人物的评价，无论他多么得伟大，也从来不会只有一种声音。虽然卡多佐在生前和身后都广受人们的赞誉，他一般都和约翰·马歇尔（John Marshall）、霍姆斯、布兰代斯以及汉德一起，被置于美国最伟大的法官之列，但是始终有人对卡多佐是否配享如此高的荣誉而感到怀疑。对于卡多佐的为人，有人指出他其实也有勃勃的野心，他骨子里有精英意识，还有点傲慢、偏见，他也有虚荣心，有时过分谦虚;[34] 对于他的著作中所阐述的法律思想，最大的批评在于缺乏原创性；对于他的司法意见书，有人批评他所用的方式晦涩省略、错综复杂、有时候又难以理解,[35] 而且在他去世后的这些年里，例如在 Palko 案中所确立起来的"有关权利法案的选择性吸收准则"等与他有关的一些准则已经被推翻；甚至他的文风也遭到了批评[36]。

　　诚然，人无完人，任何人都无法完全超然于他所在的政治、社会环境，更何况是作为在美国具有举足轻重作用的法院的法官。卡多佐坦然面对各种赞扬，也完全预料到了可能会有的批评。他很清楚法官工作的性质，他明白"一个法官的工作，在一种意义上将千古流传，而在另一种意义上又如白驹过隙。那些好的将千古流传，而那些错误的则可以肯定会死去"[37]。然而，在他有限的生命里，自他选择了法律工作时起，他便向其奉献了他的一切。当我们再一次读到其《司法过程的性质》的结束语时，"当我死去并消失很久之后，当我在这一过程中所扮演的小角色被人们遗忘很久之后，你们还将在这里来完成你们的那份工作，并将高举火炬继续向前，我知道，当火炬在你们手中时，那火焰将格外辉煌。"[38] 在这个时刻，我们似乎听到了第谷·布拉赫的声音：

---

　　[32]　Palko v. Connecticut, 302 U. S. at 327 (1937).

　　[33]　Hamilton v. Regents of the University of California, 293 U. S. at 265 (1934).

　　[34]　参见 ［美］A. L. 考夫曼：《卡多佐》，张守东译，法律出版社 2001 年版，第 190 页。关于卡多佐的为人，更为尖刻的批评 See G. Edward White, *The American Judicial Tradition: Profiles of Leading American Judges*, Oxford University Press, 1988, p. 256.

　　[35]　See Grant Gilmore, *The Ages of American Law*, Yale University Press, 1977, p. 75.

　　[36]　See Jerome Frank, "The Speech of Judges: A Dissenting Opinion", *Scribes J. Legal Writing*, Vol. 6 (1996~1997), pp. 97~114.

　　[37]　［美］本杰明·N. 卡多佐：《司法过程的性质》，苏力译，商务印书馆 1998 年版，第 112 页。

　　[38]　［美］本杰明·N. 卡多佐：《司法过程的性质》，苏力译，商务印书馆 1998 年版，第 113 页。

"或许，我们会被胜利者遗忘，但那又怎么样？

他们拥有的，是胜利的棕榈叶，以及笑语欢歌

而我们拥有的，则是子孙们那里所铭记的父辈们的荣耀。"[39]

附：卡多佐研究主要参考文献

著作

（一）中文部分

译著

1. ［美］本杰明·N. 卡多佐：《司法过程的性质》，苏力译，商务印书馆 1998 年版。

2. ［美］本杰明·N. 卡多佐：《法律的成长 法律科学的悖论》，董炯、彭冰译，中国法制出版社 2002 年版。

3. ［美］本杰明·N. 卡多佐：《演讲录 法律与文学》，董炯、彭冰译，中国法制出版社 2005 年版。

4. ［美］本杰明·N. 卡多佐：《法律的生长》，刘培峰、刘骁军译，贵州人民出版社 2002 年版。

5. ［美］A. L. 考夫曼：《卡多佐》，张守东译，法律出版社 2001 年版。

6. ［美］理查德·A. 波斯纳：《卡多佐：声望的研究》，张海峰译（此书还未公开出版）。

（二）外文部分

卡多佐本人的著作

1. Benjamin Nathan Cardozo, *The Jurisdiction of the Court of Appeals of the State of New York*, Banks & Company, 1903.

2. Benjamin Nathan Cardozo, *The Nature of the Judicial Process*, Yale University Press, 1921.

3. Benjamin Nathan Cardozo, *The Growth of the Law*, Yale University Press, 1924.

4. Benjamin Nathan Cardozo, *The Paradoxes of Legal Science*, Columbia University Press, 1928.

5. Benjamin Nathan Cardozo, *Law and Literature and Other Essays and Addresses*, Harcourt, Brace and Company, Inc. , 1931.

6. Margaret E. Hall （ed. ）, *Selected Writings of Benjamin Nathan Cardozo*, Fallon Law Book Company, 1947.

研究专著

1. Joseph P. Pollard, *Mr. Justice Cardozo：A Liberal Mind in Action*, The Yorktown Press, 1935.

2. Beryl Harold Levy, *Cardozo and Frontiers of Legal Thinking*, Oxford University Press, 1938.

3. George S. Hellman, *Benjamin N. Cardozo：American Judge*, Whittlesey House, 1940.

---

[39] Benjamin N. Cardozo, "Values：Commencement Address", Reprinted in *Selected Writings of Benjamin Nathan Cardozo*, Margaret E. Hall （ed. ）, Fallon Law Book Company, 1947, p. 4.

4. Richard A. Posner, *Cardozo: A Study in Reputation*, The University of Chicago Press, 1990.

5. Richard Polenberg, *The World of Benjamin Cardozo, Personal Values and the Judicial Process*, Harvard University Press, 1997.

6. Andrew L. Kaufman, *Cardozo*, Harvard University Press, 1998.

论文

（一）中文部分

研究论文

1. 刘作翔："遵循先例、原则、规则和例外——卡多佐的司法哲学观"，载刘作翔：《法理学视野中的司法问题》，上海人民出版社 2003 年版。

2. 方宁："法官创造法律——解读卡多佐名著《司法过程的性质》"，载苏力主编：《法律书评》（第 1 辑），法律出版社 2003 年版。

3. 田成有："法社会学视野中的法官造法"，载《现代法学》2003 年第 3 期。

4. 许章润："活着的法律宣谕者——《司法过程的性质》与卡多佐的司法艺术"，载《环球法律评论》2004 年第 2 期。

5. 刘道强："例外何以吞噬规则——从过失产品责任的产生看卡多佐的'法官立法'观"，载《甘肃社会科学》2005 年第 4 期。

6. 刘路刚："从司法过程看法的内在逻辑——本杰明·N. 卡多佐法哲学思想述论"，载《河南社会科学》2005 年第 5 期。

7. 周成泓："卡多佐：实用主义法律思想"，载《理论探索》2006 年第 4 期。

8. 唐永春："卡多佐司法哲学解读"，载《北方法学》2007 年第 1 期。

9. 侯学勇："卡多佐的实用主义真理观——读《司法过程的性质》"，载《河北法学》2007 年第 12 期。

10. 王虹霞："卡多佐的社会功利观——解读《司法过程的性质》"，载《河北法学》2007 年第 12 期。

11. 王虹霞："《本杰明·内森·卡多佐选集》序言"，载邓正来主编：《西方法律哲学家研究年刊》2007 年总第 2 卷，北京大学出版社 2007 年版。

12. 赵宇："美国现代社会变革中的伟大法官——本杰明·卡多佐"，中国政法大学 2005 年硕士学位论文。

13. 王强力："卡多佐法官的法律哲学"，西南政法大学 2005 年硕士学位论文。

14. 刘道强："论本杰明·卡多佐与美国侵权行为法的现代转向"，山东师范大学 2006 年硕士学位论文。

15. 李婷婷："卡多佐法官造法思想研究"，湘潭大学 2007 年硕士学位论文。

16. 吴乐华："卡多佐的司法哲学思想探微"，南京师范大学 2007 年硕士学位论文。

17. 王虹霞："选择中的社会功利——卡多佐社会学法学思想研究"，吉林大学 2007 年硕士学位论文。

18. 孙壮志："卡多佐《司法过程的性质》解读"，西南政法大学 2008 年硕士学位论文。

19. 王浩："社会学方法及其在普通法中的适用——卡多佐司法理论研究",吉林大学 2008 年硕士学位论文。

20. 杨中健："试析普通法思想对卡多佐司法裁决过程的影响——卡多佐司法思想背后的普通法印迹",西南政法大学 2009 年硕士学位论文。

（二）外文部分

期刊论文

1. Harlan F. Stone, "Review: The Nature of the Judicial Process", *Columbia Law Review*, Vol. 22, No. 4 (Apr., 1922).

2. Learned Hand, "Review: The Nature of the Judicial Process", *Harvard Law Review*, Vol. 35, No. 4 (Feb., 1922).

3. Rousseau A. Burch, "Review: The Nature of the Judicial Process", *The Yale law Journal*, Vol. 31, No. 6 (Apr., 1922).

4. Bernard L. Shientag, "The Opinions and Writings of Judge Benjamin N. Cardozo", *Columbia Law Review*, Vol. 30, No. 5 (May., 1930).

5. Leon Green, "The Palsgraf Case", *Columbia Law Review*, Vol. 30, No. 6 (Jun., 1930).

6. Walton Hamilton, "Cardozo the Craftsman", *The University of Chicago Law Review*, Vol. 6, No. 1 (Dec. 1938).

7. Learned Hand, "Justice Cardozo's Work as a Judge", *United States Law Review*, Vol. 72 (1938).

8. Sidney Post Simpson, "Review: Cardozo and Frontiers of Legal Thinking", *The Modern Law Review*, Vol. 3, No. 1 (Jun., 1939).

9. Harlan F. Stone, Maugham, H. V. Evatt, Learned Hand: "Mr. Justice Cardozo", *The Yale Law Journal*, Vol. 48, No. 3 (Jun., 1939).

10. G. Acheson, "Mr. Justice Cardozo and Problems of Government", *Michigan Law Review*, Vol. 37, No. 4 (Feb., 1939).

11. Felix Frankfurter, "Mr. Justice Cardozo and Public Law", *Harvard Law Review*, Vol. 52, No. 3 (Jan., 1939).

12. Arthur L. Corbin, "Mr. Justice Cardozo and the Law of Contracts", *The Yale Law Journal*, Vol. 48, No. 3 (Jan., 1939).

13. Warren A. Seavey, "Mr. Justice Cardozo and the Law of Torts", *The Yale Law Journal*, Vol. 48, No. 3 (Jan., 1939).

14. Walton Hamilton, "Preview of a Justice", *The Yale Law Journal*, Vol. 48, No. 5 (Mar., 1939).

15. Irving Lehman, "Judge Cardozo in the Court of Appeals", *The Yale Law Journal*, Vol. 48, No. 3. (Jan., 1939).

16. Sidney Post Simpson, "Review: Cardozo and Frontiers of Legal Thinking", *The Modern Law*

Review, Vol. 3, No. 1 (Jun. , 1939).

17. Edwin Patterson, "Cardozo's Philosophy of Law (part I)", *University of Pennsylvania Law Review*, Vol. 81 (1939).

18. Edwin Patterson, "Cardozo's Philosophy of Law (part II)", *University of Pennsylvania Law Review*, Vol. 81 (1939).

19. Carl Brent Swisher, "Review: Benjamin N. Cardozo: American Judge", *The American Political Science Review*, Vol. 34, No. 4 (Aug. , 1940).

20. Jerome I. Hyman, "Benjamin N. Cardozo: A Preface to His Career at the Bar", *Brooklyn Law Review*, Vol. X, No. 1 (Oct. , 1940).

21. Hon. Irving Lehman, "The Influence of Judge Cardozo on the Common Law", *Law Library Journal* Vol. 35 (1942).

22. Jerome Frank, "Cardozo and the Upper – Court Myth", *Law and Contemporary Problems*, Vol. 13, No. 2, The Patent System (Spring, 1948).

23. William L. Prosser, "Palsgraf Revisited", *Michigan Law Review*, Vol. 52, No. 1 (Nov. , 1953).

24. Robert Martin Davis, "A Re – examination of the Doctrine of MacPherson v. Buick and Its Application and Extension in the State of New York", *Fordham Law Review*, Vol. 24, No. 204 (1955 ~ 1956).

25. William O. Douglas, "Mr. Justice Cardozo", *Michigan Law Review*, Vol. 58, No. 4. (Feb. , 1960).

26. John van Voorhis, "Cardozo and the Judicial Process Today", (The Judicial Process Revisited: Symposium in Honor of Justice Benjamin N. Cardozo) *The Yale Law Jorunal*, Vol. 71, No. 2. (Dec. , 1961).

27. Henry M. Holland, "Jr. , Mr. Justice Cardozo and the New Deal Court", *Journal of Public Law*, Vol. 12 (1963).

28. William H. Roberts, "Justice Cardozo Revisited: Phenomenological Contributions to Jurisprudence", *Catholic University Law Review*, Vol. 12 (1963).

29. Ira H. Carmen, "The President, Politics and the Power of Appointment: Hoover's Nomination of Mr. Justice Cardozo", *Virginia Law Review*, Vol. 55, No. 4 (May, 1969).

30. Grant Gilmore, "The Storrs Lectures: The Age of Anxiety", *The Yale Law Journal*, Vol. 84, No. 5 (Apr. , 1975).

31. Stanley Brubaker, "The Moral Element in Cardozo's Jurisprudence", *Cardozo Law Review*, Vol. 1 (1979).

32. Andrew L. Kaufman: "Cardozo's Appointment to the Supreme Court", *Cardozo Law Review*, Vol. 1 (1979).

33. Paul A. Freund, "Foreword: Homage to Mr. Justice Cardozo", *Cardozo Law Review*, Vol. 1

(1979).

34. Richard H. Weisberg, "Law, Literature and Cardozo's Judicial Poetics", *Cardozo Law Review*, Vol. 1 (1979).

35. John T. Noonan, Jr. , "Ordered Liberty: Cardozo and the Constitution", *Cardozo Law Review*, Vol. 1 (1979).

36. Ernest Nagel, "Reflections on 'The Nature of the Judicial Process'", *Cardozo Law Review*, Vol. 1 (1979).

37. David N. Atkinson, "Mr. Justice Cardozo: A Common Law Judge on a Public Law Court", *California Western Law Review*, Vol. 17 (1980 ~ 1981).

38. Walter F. Pratt. Jr. , "American Contract Law at the Turn of the Century", *South Carolina Law Review*, Vol. 39 (1988).

39. Alfred S. Konefsky, "How to Read, or at Least Not Misread, Cardozo in the Allegheny College Case", *Buffalo Law Review*, Vol. 36 (1987).

40. Marcia J. Speziale, "The Experimental Logic of Benjamin Nathan Cardozo", *Kentucky Law Journal*, Vol. 77 (1988 ~ 1989).

41. William J. Brennan, Jr. , "Reason, Passion, and 'the Progress of the law'", *Cardozo Law Review*, Vol. 10 (1988 ~ 1989).

42. Benjamin Andrew Zelermyer, "Benjamin N. Cardozo: A Derective Force in Legal Science", *Boston University Law Review*, Vol. 69 (Jan. 1989).

43. Edgar Bodenheimer, "Cardozo's Views on Law and Adjudication Revisited", *University of California, Davis Law Review*, Vol. 22, No. 4 (Summer, 1989).

44. John C. P. Goldberg, "Community and the Common Law Judge: Reconstructiong Cardozo's Theoretical Writings", *New York University Law Review*, Vol. 65 (Nov. 1990).

45. Robert Birmingham, "A Study after Cardozo: De Cicco v. Schweizer, Noncooperative Games, and Neural Computing", *University of Miami Law Review*, Vol. 47 (1992 ~ 1993).

46. Kermit L. Hall, "Review: Cardozo: A Study in Reputation", *Law and History Review*, Vol. 10. No. 2 (Autumn, 1992).

47. H. Jefferson Powell, " 'Cardozo's Foot': The Chancellor's Conscience and Constructive Trusts", *Law and Contemporary Problems*, Vol. 56, No. 3, Modern Equity (Summer, 1993).

48. Joshua P. Davis, "Cardozo's Judicial Craft and What Cases Come to Mean", *New York University Law Review*, Vol. 68 (Oct. 1993).

49. Joseph W. Bellacosa, "Forty – Seventh Cardozo Memorial Lecture: Benjamin Nathan Cardozo The Teacher", *Cardozo Law Review*, Vol. 16 (1994 ~ 1995).

50. Lawrence A. Cunningham, "Cardozo and Posner: A Study in Contracts", *William and Mary Law Review*, Vol. 36 (1995).

51. William H. Manz, "Cardozo's Use of Authority: An Empirical Study", *California Western*

Law Review, Vol. 32 (1995).

52. Mike Townsend, "Cardozo's Allegheny College Opinion: A Case Study in Law as an Art", *Houston Law Review*, Vol. 33 (1996).

53. Jerome Frank, The Speech of Judges: "A Dissenting Opinion", *Scribes J. Legal Writing*, Vol. 6 (1996 ~ 1997).

54. John C. P. Goldberg, Benjamin C. Zipursky, "The Moral of Macpherson", *University of Pennsylvania Law Review*, Vol. 146, No. 6 (Aug., 1998).

55. Andrew L. Kaufman, "Benjamin Cardozo as Paradigmatic Tort Lawmaker", *Depaul Law Review*, Vol. 49 (Win., 1999).

56. Gary T. Schwartz, "Cardozo as Tort Lawmaker", *Depaul Law Review*, Vol. 49 (Win., 1999).

57. Christopher L. Eisgruber, "Great Contracts Cases: Teaching Law Through Contracts and Cardozo", *Saint Louis University Law Journal*, Vol. 44 (2000).

58. Dan Simon, "The Double – Consciousness of Judging: The Problematic Legacy of Cardozo", *Oregon Law Review*, Vol. 79 (Win., 2000).

59. Richard D. Friedman, "Cardozo the [Smallr] > realist", *Michigan Law Review*, Vol. 98 (May, 2000).

60. William H. Manz, Palsgraf: "Cardozo's Urban Legend?", *Dickinson Law Review*, Vol. 107 (Spr., 2003).

61. Louis H. Pollak, "From Cardozo to Dworkin: Some Variations on Professor Nelson's Theme", *Saint Louis University Law Journal*, Vol. 48 (Spr., 2004).

62. Curtis Bridgeman, "Allegheny College Revisited: Cardozo, Consideration, and Formalism in Context", *University of California Davis Law Review*, Vol. 39 (Nov., 2005).

63. Vincent Martin Bonventre, "Outsourcing Authority?" Citation to Foreign Court Precedent in Domestic Jurisprudence: "Aristotle, Cicero and Cardozo: A Perspective on External Law", *Albany Law Review*, Vol. 69 (2006).

64. Howard J. Vogel, "The 'Ordered Liberty' of Substantive Due Process and the Future of Constitutional Law as a Rhetorical Art: Variations on a Theme from Justice Cardozo in the United States Supreme Court", *Albany Law Review*, Vol. 70 (2007).

65. Larry A. DiMatteo, "Cardozo, Anti – Formalism, and the Fiction of Noninterventionism", *Pace Law Review*, Vol. 28 (2008).

66. Monroe H. Freedman, "Cardozo's Opinion in Lady Lucy's Case: 'Formative Unconscionability', Impracticality and Judicial Abuse", *Pace Law Review*, Vol. 28 (2008).

正义与自由的不懈探求者
——纪念罗斯科·庞德诞辰 140 周年 *

杨晓畅**

罗斯科·庞德[1]，一直以美国社会学法理学鼻祖的身份蜚声法学界。其开创的这一法理学流派，在理论上，上承 19 世纪三大法学派，下启法律现实主义运动；在实践中，又有力地回应了 20 世纪上半叶伴随着美国工业化、城市化进程而产生的社会正义需求。然而，寻求社会正义在成为庞德社会学法理学高扬的旗帜的同时，也在一定程度上成为了阻碍我们全面认识庞德理论发展和理论特性的标签。一种较为普遍且颇具代表性的观点就认为，庞德社会学法理学的终极目标是维护社会正义，当各种利益相互冲突之时，法律优先保护的是社会利益；而为了追求社会正义，庞德实际上建构了一种具有自身的愿望、主张和需求，与个人相对立，甚至会侵犯个人利益和自由的"社会神"。[2]

然而，通观庞德一生的理论发展，我们可以发现，虽然在其理论早期，庞德在批判抽象个人主义观念和机械法学的过程中，强调社会正义和社会利益的首要性，但在其理论晚期，其理论诉求却发生了根本的转变。在这一阶段，庞德优先

---

* 本文的核心观点首发于杨晓畅："社会正义抑或个人自由——庞德利益理论根本诉求的探究"，载《法制与社会发展》2010 年第 1 期。

** 复旦大学国际关系与公共事务学院政治学流动站博士后，复旦大学社会科学高等研究院专职研究人员。

[1] 罗斯科·庞德（Roscoe Pound, 1870 ~ 1964）于 1890 ~ 1907 年间，一面在内布拉斯加州立大学任教，一面担任执业律师，后又担任州法律委员。此后，他先后任教于西北大学、哈佛大学，并于 1916 ~ 1936 年任哈佛大学法学院院长。1946 年 7 月至 1948 年 11 月，应民国政府邀请来华担任司法行政部和教育部的顾问。庞德一生著作等身，至 1960 年，出版了 24 部著作，发表了 287 篇论文和报告。

[2] 持这种观点的最具代表性的论者包括邓正来和庞德理论的主要研究者帕特森（Edwin W. Patterson）。这两位论者的具体论述请参见邓正来："社会学法理学中的'社会神'——庞德法律理论的研究和批判"，载邓正来：《研究与反思——关于中国社会科学自主性的思考》（增订版），中国政法大学出版社 2004 年版；Edwin W. Patterson, "Pound's Theory of Social Interests", in P. Sayre（ed.）, *Interpretation of Modern Legal Philosophies: Essays in Honor of Roscoe Pound*, Oxford University Press, 1947; ib., *International Encyclopedia of the Social Sciences*, The Macmillan Company & The Free Press, 1968, "Roscoe Pound".

主张的是个人利益、个人自由和不受约束的自发性创造活动。[3] 因此，在庞德诞辰 140 周年之际，本篇纪念文章并不打算对庞德社会学法理学的理论特色、贡献和影响进行面面俱到的分析和总结，而准备通过揭示庞德理论诉求在后期的转向这一被理论界所忽视的问题，还原庞德理论的全貌，进而为读者展现庞德作为社会正义与个人自由的不懈探求者的形象。

一、庞德理论诉求转向的背景

可以说，庞德理论诉求发生转向的社会背景，就是 20 世纪中后期，美国的国家与社会制度逐渐呈现出"服务国家"（service state）的倾向。而这种倾向极有可能对个人自由和个人利益造成侵害。在庞德看来，服务国家是这样一种国家形式，"它并不旨在维护和平与治安，也并不旨在利用国家机器维护一般安全，相反，它掌控着人之福利的全部领域（除了与人之灵魂相关的福利），并试图通过其行政活动来缓和一切经济和社会问题、减轻所有的个人痛苦。"[4] 一战之后，它在美国发展迅猛，并已在一个非常宽泛的领域内限制了个人的自发活动。其实，庞德反对的并非服务国家本身，因为他认识到，在复杂的工业社会中，公众希望快速实现的许多目标都是凭个人努力难以实现的。因此，用以促进公共福利的行政机构是必需的。[5] 但他所担心的恰恰是服务国家的这一倾向——将政治组织社会提升到专制统治者的地位。因为这种做法背后的预设是超人的统治者或全知全能的多数人。在这种情况下，个人的自助行为和自发的创造性活动被视为与国家所提供的服务相对立，进而被视为是对政府所控制之领域的一种侵犯。[6] 更有甚者，它极有可能发展为极权国家，这也是它对个人自由的最大威胁。也正是在这个意义上，庞德主张以个人利益、个人自由和个人自发性的创造活动来对抗服务国家的威胁。

二、庞德理论晚期对个人利益和个人自由的追求

庞德对个人利益和个人自由之首要地位的强调主要体现于下述两个方面：其

---

〔3〕 虽然我们无法为庞德理论诉求的转向划出一道清晰的时间"分水岭"，但在笔者的阅读范围内，庞德大致是从 1950 年开始通过对服务国家的批判而明确地强调个人自由、个人利益和不受约束的自发性创造活动的。其核心观点主要见于如下著述：Roscoe Pound, "Law in the Service State: Freedom versus Equality", *American Bar Association Journal*, 36 (1950); "The Rule of Law and the Modern Social Welfare State", *Vanderbilt Law Review*, 7 (1953); *The Ideal Element in Law*, University of Calcutta, 1958; *Labor Unions and the Concept of Public Service*, American Enterprise Association, 1959.

〔4〕 Roscoe Pound, *The Ideal Element in Law*, University of Calcutta, 1958, pp. 356~357.

〔5〕 See Roscoe Pound, "Law in the Service State: Freedom versus Equality", *American Bar Association Journal*, 36 (1950), pp. 977~978.

〔6〕 See Roscoe Pound, *The Ideal Element in Law*, University of Calcutta, 1958, p. 359.

一为反向证明，即通过批判服务国家固有的职业共同体官僚化倾向，及其内涵的人道主义理念（humanitarian idea）和威权主义理念（authoritarian idea）来反证个人利益和个人自由的重要；其二为正向证明，即直接证明个人利益和个人自由对当时的美国社会所具有的重要价值。

（一）对职业共同体官僚化的批判

在庞德看来，服务国家的兴起对职业共同体造成了巨大的威胁。它通过三种方式将职业共同体纳入自己的管理之中。其一，将具有雇佣关系的所有行业都组织于工会之中；其二，利用政府津贴控制职业教育，并由此而使职业共同体附属于官僚化的管理之下；其三，通过政府对职业共同体的控制为每一个人提供便宜而平等的职业化服务。这促使国家将公共服务的方方面面都牢牢掌控在自己的手中，而不许任何其他单位涉足它所掌控的任何领域。[7]

这种做法的弊端在于，一方面，导致在公共职能的履行中处于弱势地位的大多数人被视为（或将其自己视为）与雇主相对立的雇员，并将其提供的工作和服务视为一种交易，从而破坏了职业共同体的理念；另一方面，更为重要的是，职业共同体本身预设了个人自由发展其职业技能，以便最大限度地发展人类力量的可能性和必要性。政府官僚机构控制下的各行各业无法取代科学家、哲学家和教师。他们不能受制于等级结构，需要在其职业精神的鼓舞下自由地寻求真理。[8]

庞德正是通过对职业共同体官僚化的批判，进一步批判了经由组织的人之活动为职业共同体的发展带来的弊端，并强调了个人自发性创造活动的重要性。而庞德的此项批判实际上隐含着这样一项非常重要的预设：个人自发性创造活动的意义并不仅仅在于发扬职业共同体自身的理念，也不仅仅在于促进公共服务。更为重要的是，它以一种没有任何压迫或规定的自由的方式探究真理，这本身就能够对国家和社会运行过程中的种种问题和弊端提供非常有效的独立批判，甚至是纠正。

（二）对人道主义理念的批判

随着新的需求和预期越来越急迫地要求得到法律的承认，出现了一种新的理念，即人道主义理念。依据这种理念，平等不再意味着机会平等，而保障也不再意味着保障人们自由地利用其机会。人们主张平等地实现需求，而这种需求是自

---

[7] See Roscoe Pound, "Law in the Service State: Freedom versus Equality", *American Bar Association Journal*, 36 (1950), p. 980.

[8] See ibid., p. 980.

由本身无法提供的。他们开始要求依据自由本身不能提供的标准过一种特定时空下的全面的社会生活。自此，人们强调的重点逐渐从自由转移到了人道主义，从使人们自由地做他们能做之事到通过文明社会的各种制度来帮助他们在最小损失和摩擦的情况下最大限度地实现他们的主张、欲求或合理的预期。[9] 而服务国家试图满足人们在文明社会生活中提出的愿望的做法正是以这种人道主义观念为支撑的。在庞德看来，服务国家所持的人道主义理念对侵权责任理论和契约自由理论都造成了重大影响。

在侵权责任中出现了一种责任的保险理论（insurance theory of liability）。它意味无法避免地会影响到我们一些人的不幸应当由我们所有人承担。然而，在服务国家的官僚组织中，每一个机构都控制着属于各自的领域，它们独立运作而不是合作。因此，损失最终不可能以生产者确定产品价格的方式转嫁给公众，而是以一种非常专断的方式直接转嫁到了最近便的承担者——生产者身上。[10] 而这实际上是一种根据当事人的经济地位和经济承受能力确定侵权责任的做法。庞德将其称为罗宾汉（Robin Hood）观念或盗贼观念，并认为我们应当找到更好的办法使法律秩序更为有效地实现人道主义观念。[11]

而在合同法中，比英美更早经历服务国家的欧洲法学家讨论的两类合同模式均设定了一种"不偿还债务的权利"。其中一类是约瑟朗德（Josserand）所称的"契约统治主义"，即不是由双方当事人自己订立合同，而是由国家或某一机构为人们订立合同。另一类则是通过将责任和损失转嫁给更有能力承担的人而为债务人或承诺人提供帮助。庞德认为，上述侵害契约自由的做法其弊端在于：其一，这种做法背后的理念非常类似于侵权责任的保险理论背后的理念，这也是一种将责任或损失转嫁到更有能力承担的人的身上的人道主义理念。然而实际上，债务人往往根本不像人道主义原则所假设的那样是竞争中的弱势者。[12] 其二，这种做法破坏了整个社会的信赖基础。而我们生活中又有太多的东西要依赖于承诺。如果承诺仅仅在为承诺人提供便利的意义上才被履行的话，那么我们日常生活中的很多信赖关系都会受到严重的影响。[13] 其三，在庞德看来，这种做法最为严重的问题是其所体现的要求结果平等的倾向。庞德指出，毫无疑问，人们在一切方面都要求平等。但人们也要求自由。人们要求能够运用他们生来就具有的

---

〔9〕 See Roscoe Pound, *The Ideal Element in Law*, University of Calcutta, 1958, p. 323.

〔10〕 See ibid. , pp. 336 ~ 340.

〔11〕 See ibid. , p. 340.

〔12〕 See ibid. , p. 344.

〔13〕 See ibid. , p. 347.

东西和他们通过努力获得的东西。将平等满足欲求的做法发挥到其最大限度，将会使所有的人类活动都降到最低的水平。而这并不是维持和促进文明的方式。[14]

因此，在庞德看来，服务国家所坚持的人道主义理念不仅对侵权责任理论和契约法理论造成了影响，更为重要的是，它导致了在立法和司法实践中以牺牲个人利益和个人自由为代价而追求社会正义和结果平等。

（三）对威权主义理念的批判

庞德认为，当人们放弃了康德所主张的自由的个人自我主张最大化的正义理论，也就是偏离了自由之路（the path of liberty）之后，另外两条道路——人道主义道路和威权主义道路逐渐变得明晰起来。与之相关，法律正在试图保障每一个人都能过上一种全面的生活。实现这一愿望的一种方式是依据承受能力来分配损失和责任的承担，这种做法体现了上文所分析的人道主义理念。而另一种方式则是对所有个人活动或所有生产性活动进行全面的控制，并由政治组织社会向每一个人提供全面的服务，且这种服务只能由政治组织社会提供，这种做法体现了威权主义理念。[15]

在威权主义理念的影响下，服务国家所持的某些主张正在严重影响着美国的宪法政策。例如，它建议将权利法案表述为每一个人都主张"从匮乏中解放出来的"权利的宣言。这意味着，不是每一个人自由地解放自己，而是国家解放每一个人。同时，服务国家也认为每一个人都能够宣称他拥有根据其需要获得报酬的权利。但是这一主张缺乏限制，并且必定会与他人的类似主张相冲突。因此，这样一种宣言不仅是一种没有法律执行力的宣示，而且意味着多数人掠夺少数人的可能性。

因此，威权主义理念主要存在三方面问题。首先，它动摇了美国的宪政基础。服务国家习惯于做出平等地满足每个人的愿望的慷慨承诺，但却无法兑现。由于这样的宪法条款不具有执行力，服务国家的支持者便借口说宪法条款都不具有法律执行力。[16] 其次，在该理念支配下产生的对宪法的构想和对宪政的理解，可能会加速服务国家向极权国家的转化，并因此而危及自由和民主。[17] 最后，威权主义理念背后隐含着"民主就是多数人的暴政"的预设。"服务国家对平等保障权利的慷慨承诺和行政上的专制主义，加上多数人的'独裁统治'（甚至是

---

[14] See ibid., p. 347.

[15] See ibid., p. 365.

[16] See ibid., p. 362.

[17] See ibid., p. 364.

以多数人的名义进行统治的领导人的独裁统治），是对宪法……能够给予这些少数群体的保障的一种威胁。"[18]

（四）自由之路的重要意义

庞德在批判人道主义之路和威权主义之路的基础上，指出了自由之路对于他所处的特定时空下的社会的重要意义。在他看来，威权主义道路与社团国家（corporative state）紧密相关。这一概念在 20 世纪 30 年代和 40 年代甚为流行。其重要特征在于，其基本单位被视为职业性团体，而非个人。例如，卡尔霍恩（Calhoun）的主张非常类似于这种社团国家。他认为，共同体可以采取两种模式。一种模式认为，共同体仅由独立的投票权构成；另一种模式认为，共同体由某一组织所享有的权利构成。这两种模式都集合了多数人的意见。但是，前者仅考虑数量，将整个共同体视为仅有一个共同利益的单位，并将多数人的意见视为共同体的意见。而后者则与之相反，它既考虑数量，也考虑利益，它将共同体视为彼此不同并相互冲突的利益的集合，通过多数人组成的机构听取每个人的意见，因此，所有人意见的联合也就是整个共同体的意见。卡尔霍恩（Calhoun）将前者称为人头上的或专制的多数，而将后者称为宪法性的多数。在庞德看来，社会学中主张社会是由群体或团体或关系构成的观点恰恰表达了与之相似的看法。因此，他认为，基于对社会基本构成单位的认识不同，人们可以采取三种可能的保障方式。其一是关注集合体（collectivity），将其视为政治组织社会；其二是关注职业性团体，将其视为其成员的利益的集合；其三则是法律领域现在正在采取的措施：关注个人以及个人的主张、要求或预期。[19]

尽管存在着上述三种对社会构成单位的理解和三种利益保障方式，但在庞德看来，"毕竟，现代世界的社会构成单位是个人。18 和 19 世纪政治哲学和法哲学的最大成就乃是在于对个人道德价值的承认。对个人生活中的社会利益的承认是我们这一代人在社会哲学领域取得的最大成就。在我们这个时代之后存在的任何经济秩序都不可能在忽视个人利益的情况下发展出一种法律秩序。如果我所称的自由之路已经结束了或将要结束，并且如果人道主义道路仅仅是将法律导向威权主义道路的支路，那么，法律将在未来的理想社会中消失的预言将会实现。但是我并不准备采纳会产生这一结果的放弃哲学（give – it – up philosophy）。与之相反，我相信我们在遵循自由之路的过程中取得的文明成果将不会被丢弃。我们

---

[18] Ibid. , p. 365.

[19] See ibid. , p. 369.

不会开辟一条人道主义的全新的道路，它也不会将我们引向威权主义的道路”。[20] 作为补充说明，庞德也预测了法律之路的未来的可能发展方向：当自由之路结束的时候，我们可能会在人道主义道路的指引下开辟一条新路，当然，这条道路必须被证明为能够更充分地发展人之力量的文明之路。[21]

三、以文明价值统合社会正义与个人自由

可以说，庞德的理论诉求从早期将群体、团体或关系视为社会基本单位，并在此基础上主张优先保护社会利益，转向了将个人视为社会基本单位，并在此基础上主张优先保护个人利益；从早期的具有结果平等倾向的对于社会正义的维护，转向了后期以机会平等为指向的对于个人自由的维护；从早期强调有助于实现结果平等的经由组织的人之活动及有助于促使法律社会化构想实现的人之理性设计和安排，转向了晚期强调有助于实现个人自由的自发性创造活动、自由的个人自我主张和自助活动。

而作为社会正义与个人自由的探求者，庞德在理论上的独到之处就在于用文明价值将这两种重要的价值统合起来。他借鉴了柯勒（Kohler）的观点来阐述法律与文明之间的关系，即"法律是文明理念的一种表达"。"文明是最大限度地发展人类的力量"。[22] "法律秩序具有双重任务：其一是维系文明的现存价值，其二是促进人类力量的发展。"[23] 具体而言，柯勒运用特定时空之文明的法律先决条件这一概念将法律与文明联系起来。"每一特定时空下的文明都具有某些法律先决条件——这些法律先决条件并不是法律规则，而是各种有关法律制度和法律律令应予实现的权利的观念。法学家的任务就是要确定和系统阐释特定时空之文明的法律先决条件。"[24]

在庞德看来，柯勒文明观的积极意义在于，文明不是一种有关理想型静止社会的观念，而是一种不断进步的观念。但其文明观也明显带有黑格尔主义要素，亦即将文明理解为在法律中展现自身的观念。这样的理解有可能会消解文明本身所具有的不断变化性和相对性，并消解人们通过适用于经验之上的理性和用以检验理性的经验来阐发文明价值的可能性，使文明成为某种静止不变的、绝对的和

〔20〕 ibid. , p. 370.

〔21〕 See ibid. , p. 370.

〔22〕 Kohler, *Moderne Rechtsprobleme* (2 nd. 1913) 1, noted in Roscoe Pound, *Jurisprudence*, St. Paul, West Publishing Co. , 1959, Vol. Ⅲ, pp. 5 ~ 6.

〔23〕 Ibid. , p. 5.

〔24〕 ［美］罗斯科·庞德：《法律史解释》，邓正来译，中国法制出版社 2002 年版，第 219 页。

终极的观念。[25]

因此，庞德不仅借鉴了柯勒的特定时空之文明的法律先决条件，更提出了阐发这种法律先决条件的具体方法。在他看来，为了得出法律先决条件，我们首先应当研究特定时空下的法律，以发现其制度、律令和学说所预设的、为人们所公认的、人们之间关系的理想图景所要求的是什么；其次研究被阐发出来的这些法律先决条件是否反映了这样的理想图景。法律先决条件是相对于时空而言的，而法律则是为变化着的生活状况和情势而设计的。因此，法律先决条件并不是法律秩序必须预设的普适模式（formulation）。[26]

正是在这个意义上，庞德所谓的文明永远处于发展变化之中，是一个可以涵括不同实质性价值的中性的、开放的框架。正如庞德本人所说，"世界上没有永恒的法律，但是却有一个永恒的目标，亦即最大限度地发展人类的力量"。[27] 也正是在这个意义上，无论是社会正义，还是个人自由，都可以被统合于文明这一框架中，它们相对于文明而言，仅仅是达致文明的手段，而不是终极的、永恒的法律理想图景或法律目的。我们在主张其中一种文明价值的时候也不能偏废其他的文明价值，而需要在不同的文明价值中寻求一种平衡。

以文明价值统合社会正义与个人自由，可谓庞德社会学法理学的一项重要理论贡献，这也为其理论诉求带来了极大的开放性。然而，在肯定庞德这项理论贡献的同时，我们也必须意识到，由于文明这一观念仅仅是一个中性、开放的框架，所以在对特定时空下相互冲突的利益进行衡量的时候，文明这个不具有实质性内容的框架根本不能起到任何作用。最终在利益衡量问题上起决定作用的必定是某种具有实质性内容的判准，它一经设立，必然会通过各种机构和法律制度的安排加以强化并付诸法律实践，从而成为排他的、甚至会对其他文明价值造成侵害的特定时空下的绝对的判准，直到社会变化出现，新的社会需求随之出现，新的文明价值被人们所主张。这样一来，尽管庞德本人一再宣称他的理论诉求具有开放性和中立性，但实际上，他通过在其"客观"、中性和开放的理论诉求框架中注入具有实质性内容的价值，又将这些价值设定为特定时空下绝对的、排他的利益衡量标准、甚至是法律功效衡量标准，从而使其理论也带有了一定的封闭性。

---

〔25〕 参见［美］罗斯科·庞德：《法律史解释》，邓正来译，中国法制出版社 2002 年版，第 222 ~ 223 页。

〔26〕 See Roscoe Pound, *The Ideal Element in Law*, University of Calcutta, 1958, p. 241.

〔27〕 ［美］罗斯科·庞德：《法律史解释》，邓正来译，中国法制出版社 2002 年版，第 219 页。

附：庞德研究主要参考文献

中文部分

庞德本人译著

1. ［美］罗斯科·庞德：《通过法律的社会控制》，沈宗灵等译，商务印书馆 1984 年版。

2. ［美］罗斯科·庞德：《普通法的精神》，唐前宏等译，法律出版社 2001 年版。

3. ［美］罗斯科·庞德：《法律与道德》，陈林林译，中国政法大学出版社 2003 年版。

4. ［美］罗斯科·庞德：《法律史解释》，邓正来译，中国法制出版社 2003 年版。

5. ［美］罗斯科·庞德：《法理学》（第 1 卷），邓正来译，中国政法大学出版社 2004 年版。

6. ［美］罗斯科·庞德：《法理学》（第 2 卷），邓正来译，中国政法大学出版社 2007 年版。

庞德研究文集

翟志勇主编：《罗斯科·庞德：法律与社会——生平、著述及思想》，广西师范大学出版社 2004 年版。

庞德研究论文

1. 马汉宝："庞德社会利益说之理论的基础"，载马汉宝：《法律思想与社会变迁》，清华大学出版社 2008 年版。

2. 马汉宝："庞德论'中华民国宪法'之发展"，载马汉宝：《法律思想与社会变迁》，清华大学出版社 2008 年版。

3. 马汉宝："庞德论中华民国法律之发展"，载马汉宝：《法律思想与社会变迁》，清华大学出版社 2008 年版。

4. 邓正来："社会学法理学中的'社会神'——庞德法律理论的研究和批判"，载邓正来：《研究与反思——关于中国社会科学自主性的思考》（增订版），中国政法大学出版社 2004 年版。

5. 梁治平："文明、法律与社会控制——《通过法律的社会控制 法律的任务》读后"，载《读书》1987 年第 7 期。

6. 王健："庞德与中国近代的法律改革"，载《现代法学》2001 年第 5 期。

7. 倪正茂："庞德的法律社会学思想"，载《政治与法律》1994 年第 5 期。

8. 程乃胜："何谓法理学？——读庞德的《法理学》（第 1 卷）"，载《河北法学》2006 年第 12 期。

9. 孙国东："社会学法理学的（可能）代价与限度——从社会整合看庞德《法理学》（第 1 卷）"，载《河北法学》2007 年第 9 期。

10. 张丽清："20 世纪西方社会法学在中国本土的变革——以庞德的社会法学为例"，载《华东师范大学学报》（哲学社会科学版）2005 年第 4 期。

11. 李君莉、王峰："法律的社会之维"，载《政法论丛》2004 年第 6 期。

12. 姬小康："法律史解释：一种理解法律哲学历史发展的方式——读罗斯科·庞德《法

律史解释"，载《河北法学》2007 年第 9 期。

13. 杨晓畅："社会正义抑或个人自由——庞德利益理论根本诉求的探究"，载《法制与社会发展》2010 年第 1 期。

英文部分
庞德本人著作

1. Roscoe Pound, *Criminal Justice in America*, Henry Holt & Company, 1930.

2. Roscoe Pound, *An Introduction to the Philosophy of Law*, New Haven Conn. , Yale University Press, 1937.

3. Roscoe Pound, *The Ideal Element in Law*, University of Calcutta, 1958.

4. Roscoe Pound, *Jurisprudence*, St. Paul, West Publishing Co. , 1959.

5. Roscoe Pound, *Social Control through Law*, Transaction Publishers, 1997.

6. Roscoe Pound, *The Spirit of Common Law*, Beacon Press, 1963.

7. Roscoe Pound, *Labor Unions and the Concept of Public Service*, American Enterprise Association, 1959.

庞德研究著作

1. Edward B. McLean, *Law and Civilization: The Legal Thought of Roscoe Pound*, University Press of America, Inc. , 1992.

2. Paul Sayre, *The Life of Roscoe Pound*, Kessinger Publishing, LLC, 2008.

3. Moses J. Aronson, *Roscoe Pound And The Resurgence of Juristic Idealism*, Kessinger Publishing, LLC, 2010.

4. David Wigdor, *Roscoe Pound: Philosopher of Law*, Greenwood Press, 1974.

5. Neil Duxbury, *Patterns of American Jurisprudence*, Clarendon Press, 1997.

6. N. E. H. Hull, *Roscoe Pound and Karl Llewellyn: Searching for an American Jurisprudence*, University of Chicago Press, 1998.

庞德本人论文

1. Roscoe Pound, "Do We Need a Philosophy of Law", *Columbia Law Review*, 5 (1905).

2. Roscoe Pound, "The Causes of Popular Dissatisfaction with the Administration of Justice", *Report of the 29th Annual Meeting of the American Bar Association*, 29 (1906).

3. Roscoe Pound, "The Need of a Sociological Jurisprudence", *Green Bag*, 19 (1907).

4. Roscoe Pound, "Mechanical Jurisprudence", *Columbia Law Review*, 8 (1908).

5. Roscoe Pound, "The Scope and Purpose of Sociological Jurisprudence, I .", *Harvard Law Review*, 24 (1911).

6. Roscoe Pound, "The Scope and Purpose of Sociological Jurisprudence, II .", *Harvard Law Review*, 25 (1911).

7. Roscoe Pound, "The Scope and Purpose of Sociological Jurisprudence, III .", *Harvard Law*

Review, 25 (1912).

8. Roscoe Pound, "Social Justice and Legal Justice", *Central Law Journal*, 75 (1912).

9. Roscoe Pound, "Social Problems and the Courts", *The American Journal of Sociology*, 18 (1912).

10. Roscoe Pound, "The Administration of Justice in the Modern City", *Harvard Law Review*, 26 (1913).

11. Roscoe Pound, "Legislation as a Social Function", *The American Journal of Sociology*, 18 (1913).

12. Roscoe Pound, "Justice According to Law", *Columbia Law Review*, 13 (1913).

13. Roscoe Pound, "A Feudal Principle in Modern Law", *International Journal of Ethics*, 25 (1914).

14. Roscoe Pound, "The End of Law as Developed in Juristic Thought", *Harvard Law Review*, 27 (1914).

15. Roscoe Pound, "The New Philosophies of Law", *Harvard Law Review*, 27 (1914).

16. Roscoe Pound, "The Socialization of the Common Law", *Green Bag*, 26 (1914).

17. Roscoe Pound, "Legal Rights", *International Journal of Ethics*, 26 (1915).

18. Roscoe Pound, "The End of Law as Developed in Juristic Thought. II", *Harvard Law Review*, 30 (1917).

19. Roscoe Pound, "The Theory of Judicial Decision I. The Materials of Judicial Decision", *Harvard Law Review*, 36 (1923).

20. Roscoe Pound, "The Theory of Judicial Decision II. Nineteenth – Century Theories of Judicial Finding of Law", *Harvard Law Review*, 36 (1923).

21. Roscoe Pound, "The Theory of Judicial Decision III. A Theory of Judicial Decision for Today", *Harvard Law Review*, 36 (1923).

22. Roscoe Pound, "The Call for a Realist Jurisprudence", *Harvard Law Review*, 44 (1931).

23. Roscoe Pound, "Individualization of Justice", *Fordham Law Review*, 7 (1938).

24. Roscoe Pound, "A Survey of Social Interests", *Harvard Law Review*, 57 (1943).

25. Roscoe Pound, "Sociology of Law and Sociological Jurisprudence", *The University of Toronto Law Journal*, 5 (1943).

26. Roscoe Pound, "Law in the Service State: Freedom versus Equality", *American Bar Association*, 36 (1950).

27. Roscoe Pound, "The Rule of Law and the Modern Social Welfare State", *Vanderbilt Law Review*, 7 (1953).

庞德研究论文

1. James A. Gardner, "The Sociological Jurisprudence of Roscoe Pound", *Villanova Law Review*, 7 (1961).

2. Julius Stone, "A Critique of Pound's Theory of Justice", *Iowa Law Review*, 20 (1935).

3. Julius Stone, "The Golden Age of Pound", *The Sydney Law Review*, 4 (1962).

4. Julius Stone, "Roscoe Pound and Sociological Jurisprudence", *Harvard Law Review*, 78 (1965).

5. Julius Stone, "The Province of Jurisprudence Redetermined", *The Modern Law Review*, 7 (1944).

6. Julius Stone, "The Province of Jurisprudence Redetermined (Concluded)", *The Modern Law Review*, 7 (1944).

7. Julius Stone, "Law and Society in the Age of Roscoe Pound", *Israel Law Review*, 1 (1966).

8. Herbert Morris, "Dean Pound's Jurisprudence", *Stanford Law Review*, 13 (1960).

9. William L. Grossman, "The Legal Philosophy of Roscoe Pound", *The Yale Law Journal*, 44 (1935).

10. Edwin W. Patterson, "Roscoe Pound on Jurisprudence", *Columbia Law Review*, 60 (1960).

11. G. Edward White, "From Sociological Jurisprudence to Realism: Jurisprudence and Social Change in Early Twentieth – Century America", *Virginia Law Review*, 58 (1972).

12. Karl N. Llewellyn, "A Realistic Jurisprudence", *Columbia Law Review*, 4 (1930).

13. Karl N. Llewellyn, "Some Realism about Realism: Responding to Dean Pound", *Harvard Law Review*, 44 (1931).

14. Arthur L. Goodhart, "Roscoe Pound", *Harvard Law Review*, 78 (1964).

15. Thomas A. Cowan, Legal Pragmatism and Beyond, in Sayre (ed.), *Interpretations of Modern Legal Philosophies: Essays in Honor of Roscoe Pound*, Oxford University Press, 1947.

16. Mitchel Lasser, "Comparative Readings of Roscoe Pound's Jurisprudence", *The American Society of Comparative Law*, (2002).

17. Stanford M. Lyman, "Toward a Renewed Sociological Jurisprudence: From Roscoe Pound to Herbert Blumer and Beyond", *Symbolic Interaction*, 2 (2002).

法、实践理性与基本善
——纪念菲尼斯诞辰70周年

吴 彦*

一、生平与著述

约翰·菲尼斯（John Finnis），牛津大学的法律与法律哲学教授，1940年生于澳大利亚的一个知识分子家庭，他的父亲是阿德莱德（Adelaide）大学哲学系的一名教师，同时他的外祖父也是一名哲学教授。1947~1957年，菲尼斯就读于南澳洲的一所知名的教会学校（St Peter's College），学业完成后于1958年进入阿德莱德（Adelaide）大学，继续为期四年的法律学习。1961年，他获得法学学士学位（L. L. B），并于1962年拿到南澳洲的罗德（Rhodes）奖学金进入牛津大学攻读博士学位，投入哈特（H. L. A. Hart）门下。1965年，菲尼斯在哈特的指导下获得牛津大学博士学位，博士论文题目为"司法权的观念：基于澳大利亚联邦宪法之考察"（"The Idea of Judicial Power, with special reference to Australian federal constitutional law"）。

1965~1966年，他在哈特的推荐下到加州大学伯克利分校法学院进行为期一年的高级访学。在此期间，他读到了格里茨（Germain Grisez）的《避孕与自然法》[1] 一书，该书给菲尼斯留下了深刻的影响，并为他开启了广泛阅读和研究阿奎那的道路。1966年10月，菲尼斯回到牛津，开始接任牛津大学学院的法学研究员（Law Fellow of University College Oxford），与此同时，哈特也要求他为他正在编辑的克拉伦敦法律丛书（Clarendon Law Series）这个系列写作一部著作，并建议他以"自然法与自然权利"为题。1978年，菲尼斯提交了该书的初稿，并在1980年出版了这部反响巨大的著作。在写作和构思《自然法与自然权利》一书的这10年中，菲尼斯的思想受到格里茨（Germain Grisez）的巨大影响，尤其是格里茨以"实践理性的第一原则"[2] 一文所开启的以实践理性为基

---

* 复旦大学国际关系与公共事务学院政治学流动站博士后。

〔1〕 Germain Grisez, *Contraception and the Natural Law*, Milwaukee: Bruce, 1964.

〔2〕 Germain Grisez, "The First Principle of Practical Reason: A Commentary on *Summa Theologiae*, 1~2, Question 94, Article 2", *Natural Law Forum*, 10 (1965), pp. 168~201.

础的自然法理论。在随后的时日中，菲尼斯和格里茨以及格里茨的另一名学生约瑟夫·波义尔（Joseph Boyle）进行了广泛的合作，通过一系列的著作[3]以及与拉尔夫·麦金纳尼（Ralph McInerny）的托马斯主义自然法、神学比例主义、功利（后果）主义的相互辩驳，[4]他们阐发了一个不同于传统托马斯主义自然法的自然法理论，该理论不仅含涉传统意义上的道德理论，而且在菲尼斯的阐发之下进一步推进到一种有关政治和法律的思考，从而也将其批判矛头指向哈特、拉兹、德沃金等诸多当代的法律哲学家。

除 1980 年出版的成名作《自然法与自然权利》之外，菲尼斯还出版了他的道德哲学著作《伦理学基础》（1983）[5]，研究阿奎那的著作《阿奎那：道德、政治与法律理论》（1998）[6]，同时他还写作了大量的论文，其中广泛涉及当代道德哲学、政治哲学以及法律哲学。2011 年，菲尼斯将他 40 年来写作的论文集结成一套 200 多万字的 5 卷本的文集，分别涉及道德哲学、政治哲学、法律哲学已经神学。同年，他还出版了第 2 版《自然法与自然权利》，与他的导师哈特一样，他在书末附上了一个后记，作为对于近 30 年来他人对他理论的批评的回应。

二、人类事务哲学——哲学的整体规划

菲尼斯把他自己的整个哲学规划设想为建立在亚里士多德 - 阿奎那所奠定的那个古典自然法，尤其是亚里士多德和阿奎那提出的"人类事务哲学"（the philosophy of human affairs）的基础之上。他在他的《阿奎那：道德、政治与法律理论》一书中说到："亚里士多德把他的《伦理学》视作为'人类事务哲学'的第一部分；而《政治学》则构成其第二部分。与诸多当代亚里士多德的解读者不同，阿奎那严格地贯彻了亚里士多德的这一规划。因此，在 750 字的序言中，以

---

〔3〕　其中尤其重要的是格里茨（Germain Grisez）的三卷本的《主耶稣的道路》（*The Way of the Lord Jesus*），他们三人合著的《核威慑、道德与实在论》（*Nuclear Deterrence, Morality and Realism*, Oxford and New York: Oxford University Press, 1987）。

〔4〕　比如 Germain Grisez, "Against Consequentialism", *American Journal of Jurisprudence*, 23 (1978), pp. 21～72; John Finnis with Germain Grisez, "The Basic Principles of Natural Law: A Reply to Ralph McInerny", *American Journal of Jurisprudence*, 26 (1981), pp. 21～31; Germain Grisez, "A Critique of Russell Hittinger's Book, *A Critique of the New Natural Law Theory*", *New Scholasticism*, 62 (1988), pp. 438～465; John Finnis, "Natural Law and the 'Is'-'Ought' Question: an Invitation to Professor Veatch", *Cath. Lawyer*, 26 (1982), pp. 266～277.

〔5〕　John Finnis, *Fundamentals of Ethics*, Clarendon Press, Oxford; Georgetown University Press, Washington DC, 1983.

〔6〕　John Finnis, *Aquinas: Moral, Political, and Legal Theory*, Oxford University Press, Oxford & New York, 1998.

及加上《亚里士多德〈政治学〉诠释》的 750 字序言，阿奎那对于'人类事务哲学'在整个人类思想活动领域中的位置以及'人类事务'在整个事物秩序中的位置提供了一种基本阐述。"

菲尼斯禀承亚里士多德-阿奎那的这一传统，并根据阿奎那在《亚里士多德〈伦理学〉诠释》首章中关于人类理性与学问之间的关系而提出了一种有关事物秩序和学问类型的划分。这一划分构成了菲尼斯思考整个道德、政治和法律理论的基本框架，因此他时常也将此种划分称为方法论命题（the methodological thesis）。

根据菲尼斯的理解，人类事物秩序包括四种相互之间不可通约的类型，并分别对应四种不同的学科类型。①自然秩序（rerum naturalium），亦即由不受我们思想影响的事物和关系构成的秩序，研究此种秩序的学问为"自然哲学"，包括自然科学［(scientia) naturalis］；②思的秩序，亦即那种我们能够将其带入我们自己的思维活动中去的秩序，研究此种秩序的学问是广义上的逻辑学；③行动秩序，亦即那种我们能够将其带入我们自己的慎思、选择和意志活动中去的秩序，研究此种秩序的学问是"道德科学、经济科学与政治科学，可简明地统称为道德哲学（philosophia moralis）"；④技艺秩序，对此，"我们可通过将秩序带入所有那些外在于我们的思维活动和意志活动的事物，而产生那些'由人类理性所构建的事物'"，研究此种秩序的学问是"有关各类实践技艺、技巧和技术的科学"。[7]

在菲尼斯看来，他的这个方法论命题的最核心的要点是这四种秩序（四门学问）相互之间的"不可通约性"（irreducibility）。这种不可通约性给菲尼斯的整个理论建构划定了一个非常清晰的领域，同时也标示出他的理论的独有特性。首先，通过将自然秩序（实然的秩序）与行动秩序（应然的秩序）的严格区分，菲尼斯接纳了休谟-康德对于古典自然法传统的批判，从而为从实践理性出发为自然法辩护提供了基础。其次，通过将行动秩序与技艺秩序的区分，菲尼斯厘定出了一种独特的秩序类型，亦即一种同时肩具这两种秩序之特性的秩序类型——法律秩序，菲尼斯在此基础上既批评了法律实证主义，认为他们忽视了法律秩序作为行动秩序所具备的特征，而完全将法律秩序归属为或"还原"为一种技艺秩序，同时菲尼斯在此基础上也批判了自然法理论，或者说现代自然法理论，认为他们忽视了法律秩序同时也是一种技艺秩序，而完全将法律秩序归属为或"还原"为一种行动秩序。

从菲尼斯对于四种秩序类型之不可通约性的论述中，我们可以看到，他最主

---

〔7〕 See John Finnis, *Aquinas: Moral, Political, and Legal Theory*, Oxford University Press, 1998, p. 21.

要的理论意图在于确立行动秩序的独立性，他将其称为"社会和政治理论的反还原的观念（anti‒reductive conception of social and political theory）"[8]。在他的整个理论规划中，研究行动秩序的学问——（广义）道德哲学（philosophia moralis）——还包括（狭义）道德科学、经济科学和政治科学，其中政治科学还包含着法律的理论。也就是说，"政治哲学仅仅只是（广义）道德哲学的一部分或道德哲学的延伸"[9]，同时法律理论是政治哲学的一个分支，尽管基于法律的双重性（作为行动理由和作为社会事实），它同时也属于另一个秩序类型——亦即技艺秩序。可以说，道德、政治和法律这三个部分一起构成了菲尼斯的整个自然法理论，或者说构成了他的整个实践哲学。

三、道德理论——实践理性与基本善

菲尼斯的道德理论主要由两部分组成，一部分是"前道德"的原则（pre-moral principles）；一部分是道德原则。菲尼斯关于前道德原则和道德原则区分最初由格里茨（Germain Grisez）在"实践理性的第一原则"一文中提出，其后便成为新自然法理论一个非常重要的理论支撑点。这里主要涉及这样两个问题：一是为何称之为"前"道德的原则，他们是一些什么原则；二是如何从前道德的原则"过渡"（或"推导"出）到道德原则，亦即道德原则是如何获得的。

根据菲尼斯和格里茨的解释，前道德的原则就是实践理性的第一原则，亦即阿奎那所表达的那个著名的自然法公式"应当为善和追求善，且应当避免恶（Good is to be done and pursued, and evil is to be avoided）"。该原则是非推演出来的、自明的（self‒evidence）、每个人只要基于某种必要的能力即可获知的原则。同时"每一项实质性的实践理性的第一原则都挑选出且指引人们趋向一种独特的理智善，这种善同时也拥有用以确定这一善的原则所拥有的首要性，由此可被称为'基本的'善。"[10] 因此，每一种实践理性的第一原则都对应着一种基本善，菲尼斯厘定出了七种基本善：①知识；②生命；③游戏；④审美经验；⑤社会性/友谊；⑥实践合理性；⑦宗教。尽管在新自然法派内部以及每个人在他自己的不同时期对于基本善的表述都存在差异，但所有这些都并非问题的关键，因为在他们看到，这种厘定或抽象仅仅只是在从不同的面向来表述同一个东西——亦即人类完善（human fulfillment）；也就是说，各种基本善所体现的是人类完善的

〔8〕 John Finnis, Aquinas: *Moral*, *Political*, *and Legal Theory*, Oxford University Press, 1998, p. 22.

〔9〕 John Finnis, "Aquinas' Moral, Political and Legal Philosophy", *Stanford Encyclopedia of Philosophy* (2005).

〔10〕 John Finnis, "Aquinas' Moral, Political and Legal Philosophy", *Stanford Encyclopedia of Philosophy* (2005).

不同基本面向。

因此，在此，菲尼斯关于基本善的论述，其核心并非这些善到底是七种还是八种甚或九种，而是说这些善是人类完善的构成要素，因此就必然与人类本性存在密切的关联；其次，这些善相互之间是不可化约的，亦即它们是平等的，在这个意义上，菲尼斯背离了亚里士多德的古典传统，而更加吻合于现代自由社会的基本原则。正如其在"实践原则、道德真理与最终目的"一文中所讲的："正如我们在本文中所表明的，自由选择的实在性是与如下这样一种假设不相兼容的——这种假设认为（比如，亚里士多德就这样认为）：人类生活有一个单一的自然目的。"[11]

道德理论的第二个部分是道德原则，或者说，从那些前道德的原则（实践理性的诸第一原则与诸种基本善）如何推导出具体的道德原则。在菲尼斯看来，在这个推导过程中，起关键性作用的是"实践合理性"（practical reasonableness）或者说是亚里士多德意义上的"明智"（prudence）。正如他所说的"识别、推断和阐发道德原则是实践合理性（practical reasonableness）的一个任务。一个人在这样做的时候所做的所有那些判断被称之为一个人的'良知'（conscience）。……某个拥有良知的人将拥有实践合理性和进行合理判断的基本要素，即被阿奎那称为'明智（prudentia）'的理智的和道德的德性。完全的明智（prudentia）要求一个人自始至终都能够将他的合理的判断付诸实现，即在面临被诱导去做一些不合理的但可能并非不理智的选择的时候，将其合理的判断运用到其选择和行动的具体细节中去。"[12]

菲尼斯的道德理论尽管在其言语中表明是在继承亚里士多德－阿奎那的古典传统，但基于他们在实践理性第一原则和基本善上的创造性阐释，而使得其理论在根本意义上否弃了古典传统，而使其更应和现代社会关于道德的理解。同样地，正是在这个基础上，菲尼斯阐发了他政治和法律理论，此种理论表现出与古典自然法截然不同的面向，尤其是把古典自然法中的"恶法非法"命题置于一个非常边缘的位置。

四、政治与法律理论——法律、理性与权威

那么，菲尼斯的政治与法律理论是如何与其道德理论联系在一起的呢？这种联系与古典自然法中所理解的法律与道德的关系在何种意义上存在差异？

---

〔11〕 Germain Grisez, Joseph Boyle and John Finnis, "Practical Principles, Moral Truth, and Ultimate Ends", *American Journal of Jurisprudence*, 32（1987）, pp. 99～151.

〔12〕 John Finnis, "Aquinas' Moral, Political and Legal Philosophy", *Stanford Encyclopedia of Philosophy*（2005）.

在现代世界，人们所普遍持有的有关古典自然法的理解往往是这样的：实在法应当符合于自然法，不符合自然法的实在法是恶法，因此不能称为法，同时也不具有约束力。此种自然法理解将（实在）法律与（自然法）道德的关系理解为一种"从属关系"——亦即（实在）法律符合于/不符合于（自然法）道德。这种理解的一个根本性预设就是：道德是唯一的，或者说，各种道德规范、道德原则相互之间不存在一种无法消除的对立性。但是，菲尼斯通过对于基本善之多元性的阐发，构设了一个时时存在道德冲突的画面，由此便产生了菲尼斯所谓的"合作问题"（the problem of coordination）。在菲尼斯看来，人类越是理性，基于基本善的多元性，他们在合理目的的设想上就存在越多的冲突。这些目的没有优劣之分，也不可能通过理性的论辩加以消除，因此，为了进行合作消除这些不可能通过理性论辩加以消除的冲突，就必须存在一种权威，使其在各个合理方案中裁定出一个最终的方案。

因此，政治事物就在道德事物无力解决自身问题的地方出现的。由此，对于菲尼斯来说，权威问题在根本意义上就是与合作问题联系在一起。所以，紧跟在道德理论之后的必然是一种有关政治权威的理论。但是，由于政治权威往往存在诸多类型，其中某些类型的权威尽管可以解决合作问题，但是却可能因为没有受到其他因素的限制而被人们所滥用，由此便造成各种危害，因此，我们必须通过某些手段来限制和约束政治权威的行使，在菲尼斯看来，"法律的统治"正可以被用来作为克服由政治权威所生之危险的手段。在这个意义上，菲尼斯引述并进一步阐发了亚里士多德关于"人治"和"法治"的传统观念："亚里士多德在《政治学》中针对这样一个问题进行了激烈的辩论：政治权威通过'法治'是否比通过'人治'运行地更好。他通过他的论证试图表明：在几乎所有的社会之中，即在几乎所有的情形和问题之上，根据法律或依据法律进行统治相比而言更为优越。因为：①法律是理性（reason），而非激情（passion）的产物；②统治者或机构的最高统治权往往会导向专制；③平等要求每一个成年人都能够参与到治理活动之中；④官员和职位的轮替是可欲的，并且如果没有法律的规制，这种轮替几乎是不可能运转的。因此在亚里士多德看来，实践权威的核心情形是：通过'法律'以及'受到法律规制的统治者'进行治理的城邦。"

从这我们可以看出，菲尼斯的法律理论已与传统尤其是现代的自然法理论存在很大的差异，此种差异的最突出的表现就是菲尼斯在超越的自然法与现实的实在法之间注入了一项根本的人类理性活动要素，有时他将其称为"实践合理性"（practical reasonableness），有时则称为"明智"（prudence），有时则称为"慎断"（determinatio）——亦即"一种对一般性事物的具体化；一种特定化，通过在各种可替代的具体化方案中进行自由选择——即一种甚至包含任意性独断要素的自由——来约束'原则的理性必然性'"。[13] 通过这样一项中介性的人类实践理性要素的介入,在传统的自然法与实在法之间似乎被架起了一座可能的桥梁。然而,菲尼斯的此种超越自然法与法律实证主义的努力在多大程度上是成功的或许仍取决于他所采纳的这种论证自然法的基本路向——一种实践理性的路向。或许,我们只有在根本意义上理清实践理性的基本性质和结构,我们才可能褒贬菲尼斯所开启的这一新自然法理论的成就。

附:菲尼斯已出版著述文献

以下是菲尼斯著作依出版年序而进行的整理,供对菲尼斯的法律理论和哲学思想感兴趣的人做参考。

著作

1. *Natural Law and Natural Rights*(Oxford University Press, Oxford and New York, 1980, 17th printing 2005)《自然法与自然权利》

2. *Fundamentals of Ethics*(Clarendon Press, Oxford;Georgetown University Press, Washington DC, 1983)《伦理学基础》

3. *Nuclear Deterrence, Morality and Realism*(with Joseph Boyle and Germain Grisez)(Clarendon Press, Oxford and New York, 1987)《核威慑、道德与实在论》

4. *Moral Absolutes:Tradition, Revision and Truth*(Catholic University of America Press, Washington DC, 1991)《道德的绝对真理:传统、修正与真理》

5. *Tural Law*(edited by John Finnis), Vol. I & Vol. II(International Library of Essays in Law and Legal Theory, Schools 1.1 & 1.2)(New York University Press;Dartmouth Press:Aldershot, Hong Kong, Singapore, Sydney, 1991)《自然法》(编)(卷1, 卷2)

6. *Uinas:Moral, Political, and Legal Theory*(Oxford University Press, Oxford & New York, 1998)《阿奎那:道德、政治与法律理论》

7. *Tural Law and Natural Rights*(*Second Edition*)(Oxford University Press, 2011)《自然法与自然权利》(第2版)

8. *Collected Essays of John Finnis*(Volumes I~V)(Oxford University Press, 2011)(Volume I Reason in Action;Volume II Intention and Identity;Volume III Human Rights and Common Good;Volume IV Philosophy of Law;Volume V Religion and Public Reasons)

《菲尼斯论文集》(5卷)(第1卷 行动中的理性;第2卷 意向与认同;第3卷 人权与共同善;第4卷 法哲学;第5卷 宗教与公共理由)

---

[13] Natural Law Theories of Law, *Stanford Encyclopedia of Philosophy*(2007).

论文

1967

"Reason and Passion: the Constitutional Dialectic of Free Speech and Obscenity", *U. Pa. L. Rev*, 116 (1967).

"Blackstone's Theoretical Intentions", *Natural Law Forum*, 12 (1967).

"Constitutional Law", Annual Contributions to *Annual Survey of Commonwealth Law* for 1967 ~ 1975, Butterworth and Oxford University Press, 1968 ~ 1977.

1968

"Natural Law in *Humanae vitae*", *Law Quarterly Review*, 84 (1968).

"Separation of Powers in the Australian Constitution", *Adel. L. R.*, 3 (1968).

1970

"Reason, Authority and Friendship in Law and Morals", Khanbai, Katz & Pineau (eds), *Jowett Papers* 1968 ~ 1969, Blackwell, Oxford, 1970.

"Three Schemes of Regulation", Noonan (ed.), *The Morality of Abortion: legal and historical perspectives*, Harvard UP, 1970; also published as "Abortion and Legal Rationality", *Adelaide L. Rev*, 3 (1970).

"Natural Law and Unnatural Acts", *Heythrop J. 11*, (1970).

1971

"The Abortion Act: What Has Changed?", *Crim. L Rev 3 – 12*, (1971).

"Revolutions and Continuity of Law", Simpson (ed), *Oxford Essays in Jurisprudence: Second Series*, Oxford UP, 1971.

1972

"Some Professorial Fallacies about Rights", *Adelaide L. Rev*, 4 (1972).

"The Value of the Human Person", *Twentieth Century* (Australia), 7 (1972).

"Bentham et le droit naturel classique", *Arch. Phil. Droit*, 17 (1972).

"The Restoration of Retribution", *Analysis*, 32 (1972).

1973

"The Rights and Wrongs of Abortion: a Reply to Judith Jarvis Thomson", *Phil. & Pub. Aff.*, 2 (1973).

1976

Chapters 18 ~ 21 (with Germain Grisez) of *The Teaching of Christ*, ed Lawler, Wuerl and Lawler, OSV, Huntingdon, Indiana, 1976.

1977

"Scepticism, Self – refutation and the Good of Truth", P. M. Hacker& J. Raz (eds), *Law, Morality and Society: Essays in Honour of H. L. A. Hart*, Oxford UP, 1977.

1978

"Catholic Social Teaching: Populorum Progressio and After", *Church Alert* (SODEPAX Newsletter), 19 (1978); also in Schall (ed), *Liberation Theology in Latin America*, Ignatius Press, San Francisco, 1982.

"Conscience, Infallibility and Contraception", *The Month*, 239 (1978); also in *Int Rev Nat Fam Planning*, 4 (1980); also in Santamaria and Billings (eds), *Human Love and Human Life*, Polding Press, Melbourne, 1979.

1979

"Catholic Faith and the World Order: Reflections on E. R. Norman", *Clergy Rev.*, 64 (1979).

1980

"Reflections on an Essay in Christian Ethics", *Clergy Rev.*, 65 (1980). Part I: Authority in Morals, Part II: Morals and Method.

1981

"Observations…", *Arch. Phil. Droit*, 26 (1981).

1982

"The Fundamental Themes of Laborem Exercens", in Proc Fifth Convention (1982) of Fellowship of Catholic Scholars, Northeast Books, Scranton, 1983.

"The Basic Principles of Natural Law: a Reply to Ralph McInerny" (with Germain Grisez), *Am. J. Juris*, 26 (1982).

"Natural Law and the 'Is'- 'Ought' Question: an Invitation to Professor Veatch", *Cath. Lawyer*, 26 (1982).

1983

"The Responsibilities of the United Kingdom Parliament and Government under the Australian Constitution", *Adelaide L. Rev*, 9 (1983).

"Power to Enforce Treaties in Australia— the High Court Goes Centralist?", *Oxford J Leg St*, 3 (1983).

1984

"Reforming the Expanded External Affairs Power", in Report of the External Affairs Subcommittee to the Standing Committee of the Australian Constitutional Convention, September 1984.

"IVF and the Catholic Tradition", *The Month*, 246 (1984).

"Practical Reasoning, Human Goods and the End of Man", *Proc. Am. Cath. Phil. Ass.*, 58 (1984); also in *New Blackfriars*, 66 (1985).

"The Authority of Law in the Predicament of Contemporary Social Theory", *J. Law*, *Eth & Pub Policy*, 1 (1984).

1985

"On 'The Critical Legal Studies Movement'", *Am J Juris*, 30 (1985); also in Bell and Eekelaar (eds), *Oxford Essays in Jurisprudence: Third Series*, Oxford UP, 1987.

"Morality and the Ministry of Defence", (rev) *The Tablet*, 3 (1985).

"Personal Integrity, Sexual Morality and Responsible Parenthood", *Anthropos* (now *Anthropotes*), 1 (1985); reprinted in Janet E. Smith (ed.), *Why Humanae Vitae was Right: A Reader*, Ignatius Press, San Francisco, 1993.

"On 'Positivism' and 'Legal – Rational Authority'", *Oxford J Leg St*, 3 (1985).

"A Bill of Rights for Britain? The Moral of Contemporary Jurisprudence" (Maccabaean Lecture in Jurisprudence), *Proc. Brit. Acad*, 71 (1985).

1986

"The Laws of God, the Laws of Man and Reverence for Human Life", Hittinger (ed), *Linking the Human Life Issues*, Regnery Books, Chicago, 1986.

"On Positivism and the Foundations of Legal Authority", Gavison (ed), *Issues in Legal Philosophy: the Influence of H. L. A. Hart*, Oxford UP, Oxford and New York, 1986.

"The 'Natural Law Tradition'", *J Leg Ed*, 36 (1986).

1987

"The Claim of Absolutes", *The Tablet*, 241 (1987).

"The Act of the Person", Persona Verità e Morale, atti del Congresso Internazionale di Teologia Morale, Rome 1986, Città Nuova Editrice, Rome, 1987.

"Legal Enforcement of Duties to Oneself: Kant v. Neo – Kantians", *Columbia L Rev*, 87 (1987).

"Natural Inclinations and Natural Rights: Deriving 'Ought from 'Is ' according to Aquinas'", Elders and Hedwig (eds), *Lex et Libertas: Freedom and Law according to St Thomas Aquinas*, Studi Tomistici 30, Libreria Editrice Vaticana, 1987.

"Practical Principles, Moral Truth, and Ultimate Ends" (G. Grisez, J. Boyle & John Finnis), *American Journal of Jurisprudence*, 32 (1987), also in *Natural Law* Vol. 1 (ed. Finnis).

"On Reason and Authority in Law's Empire", *Law and Phil*, 6 (1987).

1988

" 'Faith and Morals': A Note", *The Month*, 21/2 (1988).

" 'Every Marital Act Ought to be Open to New Life': Toward a Clearer Understanding" (with Germain Grisez, Joseph Boyle and William E. May), *The Thomist*, 52 (1988); *Italian trans in Anthropotes*, 1 (1988); also in Grisez, Boyle, Finnis and May, *The Teaching of Humanae Vitae: a Defense*, Ignatius Press, San Francisco, 1988.

"The Consistent Ethic: A Philosophical Critique", Fuechtmann (ed), *Consistent Ethic of Life*, Sheed & Ward, Kansas, 1988.

"Absolute Moral Norms: Their Ground, Force and Permanence", *Anthropotes*, 2 (1988).

"Nuclear Deterrence, Christian Conscience, and the End of Christendom", *New Oxford Rev*, July – August 1988.

1989

"Nuclear Deterrence and Christian Vocation", *New Blackfriars*, 70 (1989).

"On Creation and Ethics", *Anthropotes*, 2 (1989).

"Persons and their Associations", *Proc Aristotelian Soc*, 63 (1989).

"Law as Coordination", *Ratio Iuris*, 2 (1989).

1990

"Aristotle, Aquinas and Moral Absolutes", *Catholica*: *International Quarterly Selection*, 12 (1990); "Aristóteles, Santo Tomás y los Absolutos Morales" (trans. Carlos I Massini – Correas), *Persona y Derecho*, 28 (1993).

"Incoherence and Consequentialism (or Proportionalism) -A Rejoinder" (Joseph Boyle, Germain Grisez and J. Finnis), *American Cath. Phil. Q.*, 64 (1990).

"Conscience in the Letter to the Duke of Norfolk", in Ian Ker and Alan G. Hill (eds.), *Newman after a Hundred Years*, Oxford U. P. 1990.

"Autour de la question de la fin et des moyens", *Catholica*, 21 (1990).

"The Natural Moral Law and Faith", in Russell E. Smith (ed.), *The Twenty – fifth Anniversary of Vatican II: A Look Back and a Look Ahead*, Proceedings of the Ninth Bishops' Workshop, Dallas, Texas, Pope John Center, Braintree, Massachusetts, 1990.

"Natural Law and Legal Reasoning", *Cleveland State Law Review*, 38 (1990).

"Allocating Risks and Suffering: Some Hidden Traps", *Cleveland State Law Review*, 38 (1990).

"Concluding Reflections", *Cleveland State Law Review*, 38 (1990).

1991

"Object and Intention in Moral Judgments according to St Thomas Aquinas", *Catholica*: *International Quarterly Selection*, Spring 1991.

"A propos de la 'valeur intrinsèque de la vie humaine'", *Catholica*, 28 (1991).

"Object and Intention in Moral Judgments according to St. Thomas Aquinas", *The Thomist*, 55 (1991); slightly revised version in J. Follon and J. McEvoy (eds.), *Finalité et Intentionnalité: Doctrine Thomiste et Perspectives Modernes*, Bibliothèque Philosophique de Louvain, 35 (1992).

"Intention and Side – effects" in R. G. Frey and Christopher W. Morris (eds.), *Liability and Responsibility: essays in law and morals*, Cambridge U. P., 1991.

"Introduction", *Natural Law*, Vol I (International Library of Essays in Law and Legal Theory, Schools 1. 1), NY University P., Dartmouth, 1991.

"Introduction", Natural Law, Vol II (International Library of Essays in Law and Legal Theory, Schools 1. 2), Dartmouth: Aldershot, Sydney, 1991.

1992

"On the Grace of Humility: A New Theological Reflection", *The Allen Review*, 7 (1992).

"Economics, Justice and the Value of Life: Concluding Remarks", in Luke Gormally (ed.), *Economics and the Dependent Elderly: Autonomy., Justice and Quality of Care*, Cambridge U. P., 1992.

"The Legal Status of the Unborn Baby", *Catholic Medical Quarterly*, 43 (1992).

"Natural Law and Legal Reasoning" in Robert P. George (ed.), *Natural Law Theory: Contemporary Essays*, Oxford Univ. P., Oxford, 1992.

"Historical Consciousness" and Theological Foundations, Etienne Gilson Lecture No. 15, Pontifical Institute of Mediaeval Studies, Toronto, 1992.

1993

"Bland: Crossing the Rubicon?", *Law Quarterly Rev*, 109 (1993).

"Abortion and Health Care Ethics", in Raanan Gillon (ed.), *Principles of Health Care Ethics*, John Wiley, Chichester, 1993.

"Reason, Relativism and Christian Ethics", *Anthropotes*, 2 (1993).

1994

" 'Living Will' Legislation", in Luke Gormally (ed.), *Euthanasia, Clinical Practice and the Law*, Linacre Centre for Health Care Ethics, London, 1994.

"Law, Morality, and 'Sexual Orientation' ", *Notre Dame L. Rev.*, 69 (1994); with additions, *Notre Dame J. Law, Ethics & Public Policy*, 9 (1995).

"Liberalism and Natural Law Theory", *Mercer Law Review*, 45 (1994).

"On Conditional Intentions and Preparatory Intentions", in Luke Gormally (ed.) *Moral Truth and Moral Tradition: Essays in honour of Peter Geach and Elizabeth Anscombe*, Four Courts Press, Dublin, 1994.

"Theology and the Four Principles: A Roman Catholic View I" (John Finnis and Anthony Fisher OP), in Raanan Gillon (ed.), *Principles of Health Care Ethics*, John Wiley, Chichester, 1994.

"Negative Moral Precepts Protect the Dignity of the Human Person" (with Germain Grisez), *L'Osservatore Romano*, English ed., 1994.

"Beyond the Encyclical", The Tablet, reprinted in John Wilkins (ed.), *Understanding Veritatis Splendor*, SPCK, London, 1994.

"Indissolubility, Divorce and Holy Communion" (with Germain Grisez and William E. May), *New Blackfriars*, 75 (1994); "Lettre ouverte… au sujet de l'admission à la communion eucharistique des divorcés 'remariés' ", *Catholica*, 44 (1994).

1995

"Intention in Tort Law", in David Owen (ed.), *Philosophical Foundations of Tort Law*, Oxford U. P., 1995.

"A Philosophical Case against Euthanasia", "The Fragile Case for Euthanasia: A Reply to John Harris", and "Misunderstanding the Case against Euthanasia: Response to Harris's first Reply", in

John Keown (ed.) , *Euthanasia: Ethical, Legal and Clinical Perspectives*, Cambridge U. P. , 1995.

"History of Philosophy of Law", "Problems in the Philosophy of Law", "Austin", "efeasible", Dworkin, Grotius, Hart, "Legal Positivism", "Legal Realism", "Natural Law", "Natural Rights", in Ted Honderich (ed.) , *Oxford Companion to Philosophy*, Oxford U. P. 1995.

1996

"The Ethics of War and Peace in the Catholic Natural Law Tradition", in Terry Nardin (ed.) , *The Ethics of War and Peace*, Princeton University Press, 1996.

"Is Natural Law Theory Compatible with Limited Government?" in Robert P. George (ed.) , *Natural Law, Liberalism, and Morality*, Oxford U. P. 1996.

"Loi naturelle", in Monique Canto – Sperber (ed.) , *Dictionnaire de Philosophie Morale*, Presses Universitaires de France, Paris, 1996.

"Unjust Laws in a Democratic Society: Some Philosophical and Theological Reflections", *Notre Dame Law Review*, 71 (1996).

1997

"Law, Morality and 'Sexual Orientation'", in John Corvino (ed.) , *Same Sex: Debating the Ethics, Science, and Culture of Homosexuality*, Lanham – Boulder – New York – London, Rowman and Littlefield 1997.

"The Good of Marriage and the Morality of Sexual Relations: Some Philosophical and Historical Observations", *The American Journal of Jurisprudence*, 42 (1997).

"Commensuration and Public Reason", in Ruth Chang (ed.) , *Incommensurability, Comparability and Practical Reasoning*, Harvard U. P. 1997.

"Natural Law – Positive Law", in A. Lopez Trujillo, I. Herranz and E. Sgreccia (eds.) , *"Evangelium Vitae" and Law: Acta Symposii Internationalis in Civitate Vaticana celebrati 23 ~ 25 maii 1996*, Vatican, Libreria Editrice Vatican 1997.

1998

"Public Good: The Specifically Political Common Good in Aquinas", in Robert P George (ed.) , *Natural Law and Moral Inquiry*, Washington DC, Georgetown University Press 1998.

"On the Practical Meaning of Secularism", *Notre Dame L. Rev.* , 73 (1998).

"Natural Law", in Edward Craig (ed.) , *Encyclopaedia of Philosophy* volume 6, London, Routledge 1998.

"Public Reason, Abortion and Cloning", *Valparaiso Univ. L. R.* , 32 (1998).

"Euthanasia, Morality and Law", *Loyola of Los Angeles L. Rev.* , 31 (1998).

1999

"The Fairy Tale's Moral", *Law Quarterly Review*, 115 (1999).

"The Truth in Legal Positivism", in Robert P. George (ed.) , *The Autonomy of Law: Essays on Legal Positivism*, Clarendon Press, Oxford, 1996.

"What is the Common Good, and Why does it Concern the Client's Lawyer?", *South Texas Law Review*, 40 (1999).

"Natural Law and the Ethics of Discourse", *The American Journal of Jurisprudence*, 43 (1999).

"Natural Law and the Ethics of Discourse", *Ratio Juris*, 12 (1999).

"The Catholic Church and Public Policy Debates in Western Liberal Societies: The Basis and Limits of Intellectual Engagement", in Luke Gormally (ed.), *Issues for a Catholic Bioethic*, London, The Linacre Centre 1999.

2000

"The Priority of Persons", in Jeremy Horder (ed.), *Oxford Essays in Jurisprudence*, *Fourth Series*, Oxford, Oxford Univ. P. 2000.

"Abortion, Natural Law and Public Reason", in Robert P. George and Christopher Wolfe (eds.), *Natural Law and Public Reason*, Washington DC, Georgetown University Press 2000.

"Some Fundamental Evils of Generating Human Embryos by Cloning", in Cosimo Marco Mazzoni (ed.), *Etica della Ricerca Biologica*, Florence, Leo S. Olschki Editore 2000. Also in C. M. Mazzoni (ed.), *Ethics and Law in Biological Research*, Kluwer, 2002.

"Retribution: Punishment's Formative Aim", *The American Journal of Jurisprudence*, 44 (2000).

"On the Incoherence of Legal Positivism", *Notre Dame Law Review*, 75 (2000).

2001

" 'Direct' and 'Indirect': A Reply to Critics of Our Action Theory" (with Germain Grisez and Joseph Boyle), *The Thomist*, 65 (2001).

2002

"Natural Law: The Classical Tradition", in Jules Coleman and Scott Shapiro, *The Oxford Handbook of Jurisprudence and Philosophy of Law*, Oxford University Press, March 2002.

"Aquinas on *jus* and Hart on Rights: A Response", *Review of Politics*, 64 (2002).

"The Identity of 'Anthony Rivers'" (with Patrick H. Martin), *Recusant History*, 26 (2002).

"Tyrwhitt of Kettleby, Part I: Goddard Tyrwhitt, Martyr, 1580" (with Patrick H. Martin), *Recusant History*, 26 (2002).

2003

"Law and What I Truly Should Decide", *American Journal of Jurisprudence*, 48 (2003).

"Secularism, Morality and Politics", *L'Osservatore Romano*, English ed., 29 (2003).

"Saint Thomas More and the Crisis in Faith and Morals", *The Priest*, 7/1 (2003).

"Nature and Natural Law in Contemporary Philosophical and Theological Debates: Some Observations", in Juan de Dios Vial Correa and Elio Sgreccia (eds.), *The Nature & Dignity of the Human Person as the Foundation of the Right to Life: Proceedings of the Eighth Assembly of the Pontifical Academy for Life*, Libreria Editrice Vaticana, 2003.

"Tyrwhitt of Kettleby, Part II: Robert Tyrwhitt, a Main Benefactor of John Gerard SJ, 1599 ~ 1605" (with Patrick H. Martin), *Recusant History*, 27 (2003).

"Thomas Thorpe, 'W. S', and the Catholic Intelligencers" (with Patrick H. Martin), *Elizabethan Literary Renaissance*, (2003).

"Shakespeare's Intercession for *Love's Martyr*", *Times Literary Supplement*, 5220 (2003).

"*Caesar*, Succession, and the Chastisement of Rulers", *Notre Dame Law Review*, 78 (2003).

2004

"Per un'etica dell'eguaglianza nel diritto alla vita: Un commento a Peter Singer", in Rosangela Barcaro & Paolo Becchi (eds.), *Questioni Mortali: L'Attuale Dibattito sulla Morte Cerebrale e il Problema dei Trapianti*, Edizioni Scientifiche Italiane, Naples, 2004.

"Helping Enact Unjust Laws without Complicity in Injustice", *American Journal of Jurisprudence*, 49 (2004).

2005

"'The Thing I am': Personal Identity in Aquinas and Shakespeare", *Social Philosophy & Policy*, 22 (2005); also in Ellen Frankel Paul, Fred. D. Miller & Jeffrey Paul (eds.), *Personal Identity*, Cambridge & New York, Cambridge U. P, 2005.

"On 'Public Reason'", in *O Racji Pulicznej* Ius et Lex, Warsaw, 2005.

"Restricting Legalised Abortion is not Intrinsically Unjust", in Helen Watt (ed.), *Cooperation, Complicity & Conscience: Proceedings of an International Conference on Problems in Healthcare, Science, Law and Public Policy*, London: Linacre Centre, 2005.

"A Vote Decisive for ··· a *More Restrictive* Law", in Helen Watt (ed.), *Cooperation, Complicity & Conscience: Proceedings of an International Conference on 'Problems in Healthcare, Science, Law and Public Policy*, London: Linacre Centre, 2005.

"Self – referential (or Performative) Inconsistency: Its Significance for Truth", *Proceedings of the Catholic Philosophical Association*, 78 (2005).

"Foundations of Practical Reason Revisited", *American Journal of Jurisprudence*, 50 (2005).

"Aquinas' Moral, Political and Legal Philosophy", *Stanford Encyclopedia of Philosophy*, (2005), http: //plato. stanford. edu/entries/aquinasmoral – political/.

"Benedicam Dominum: Ben Jonson's Strange 1605 Inscription" (with Patrick H. Martin), *Times Literary Supplement*, 2005.

2006

"Religion and State: Some Main Issues and Sources", *American Journal of Jurisprudence*, 51 (2006).

"The Secret Sharers: 'Anthony Rivers' and the Appellant Controversy, 1601 ~ 1602" (with Patrick H. Martin), *Huntingdon Library Quarterly*, 69/2 (2006).

2007

"Nationality, Alienage and Constitutional Principle", *Law Quarterly Review*, 123 (2007).

"Natural Law Theories of Law", *Stanford Encyclopedia of Philosophy*, 2007.

"Universality, Personal and Social Identity, and Law", address, *Colóquio Sul - Americano de Realismo Jurídico*, Porto Alegre, Brazil, 2007.

"On Hart's Ways: Law as Reason and as Fact", *American Journal of Jurisprudence*, 52 (2007).

2008

"Grounds of Law & Legal Theory: A Response", *Legal Theory*, 13 (2008).

"The Mental Capacity Act 2005: Some Ethical and Legal Issues", in *Incapacity & Care: Proceedings of the Linacre Centre Conference* 2007, London: Linacre Centre, 2008.

"Common Law Constraints: Whose Common Good Counts?", *Cambridge Centre for Public Law Conference*, 2008.

"Discriminating between Faiths: A Case of Extreme Speech?", in Hare and McNeil (eds.), *Extreme Speech and Democracy*, Cambridge University Press 2008.

"Marriage: A Basic and Exigent Good", *The Monist*, 2008.

2009

"H. L. A. Hart: A Twentieth - Century Oxford Political Philosopher", *Oxford Legal Studies Research Paper*, (30) 2009.

语义学之刺与解释之刺

——克雷斯论德沃金的解释性转向

樊　安[*]

在其漫长的学术生涯中，德沃金从来都是一位来势汹汹的批评者。当然，他遭到的批判也不计其数。德沃金最著名的批判性论断便是声称以哈特为首的分析法律实证主义是一个被语义学之刺蜇中的思想流派。德沃金理论一个主要的建设性方面则是法律解释理论，这也是他开给分析法律实证主义的一剂解毒针。但学界对德沃金的语义学之刺这一批判性论题存在诸多质疑，有人否定语义学之刺是对分析法律实证主义的贴切描述，认为德沃金所命中的只是他自己扎好的一个稻草人；也有人转守为攻，把矛头对准了德沃金的法律解释理论。在肯·克雷斯（Ken Kress）的《解释性转向》[1]一文中，我们可以同时见到这两种进路。克雷斯认为：第一，我们很难找到哪一位实证主义者真的中了德沃金所谓的语义学之刺；第二，即便我们承认有某种版本的实证主义确实被语义学之刺蜇中，但德沃金也可能被解释之刺蜇中，这使得他看不到除了他所描述的分析法律实证主义和他所提出的法律解释理论之外还存在着第三种研究法律之概念的进路。他认为，从《认真对待权利》中的权利论题（Right Thesis）到《原则问题》和《法律帝国》中的法律解释理论（Law as Interpretation），德沃金的理论发生了解释性转向。他先后在《解释性转向》和《转变中的德沃金》[2]这两篇文章中阐发了自己的这一洞见。他指出，如果德沃金的解释性转向能够站得住脚，那么它对法理学的发展是有积极意义的。首先，它会反驳当时的一种流行论断，即那些互不相容的法理学流派是可以和谐共存的，因为它们关注的是不同的主题，或者，即使它们关注的是同一主题，它们所持的视角也是不同的。它会引发各个法理学学派之间的对话和竞争。其次，它是在试图将事实与价值勾连起来，这是一次巧妙

---

[*] 法学博士，昆明理工大学法学院讲师。

[1] Ken Kress, "The Interpretive Turn", 97 *Ethics* 834 (1987). 若无特殊说明，本文关于克雷斯的所有论述都是参考这篇文章。

[2] Ken Kress, "Dworkin in Transition", *The American Journal of Comparative Law*, 337, 37 (1989).

的尝试。但是，德沃金"解释性转向"是否成功还有待商榷。本文旨在通过克雷斯的文章来展示上述两种回应德沃金的进路，并依凭德沃金自己的相关论述来评价它们。

一、法律实证主义与语义学之刺（semantic sting）

（一）什么是德沃金所谓的语义学之刺[3]

克雷斯指出，在《认真对待权利》中，德沃金批判了实证主义的一种严格经验主义版本。此种实证主义主张法律就是确定且无争议的确凿无疑的事实。此种实证主义为什么会持上述观念呢？在《法律帝国》中，德沃金为这一问题找到了答案，他将其归咎为此类实证主义者所持有的一种特殊语义理论，即共享标准理论（shared criteria theory）。共享标准理论假定，真正的沟通需要语言使用者共享相同的语义标准，这被德沃金称为语义学之刺。语义学之刺是对实证主义批判的转向，是德沃金在解构方面的解释性转向。

通过共享标准理论，我们可以更好地理解语义学之刺。共享标准理论认为，同普通人一样，法律人在使用任何词语时都遵循着一些共同的规则。这些共享的规则设定了为每一词语提供意义的标准。这些共享的标准将"法律"一词与明显的历史事实（例如立法机关、法院和行政机关的行动）相勾连。因此，尽管持共享标准理论的实证主义者注意到这一问题——特定立法机关是否通过某一系列由特定词语组成的特定法律——是具有不确定性的，然而他们相信这种经验性的争议通常很容易通过查阅法规汇编或议会议事记录去解决。关于共享标准的理论争议是不可能产生的，因为任何拒绝或者挑战这些标准的人都是在说自相矛盾的胡话。法官意见中那些表面上属于理论性的、关于法律的争议只是虚幻，最好将它们理解为关于法律应该是什么的争议。共享标准理论赞同在一小撮边缘性案件中存在着争议，并将这些争议描述为是围绕应然的法展开的争论，属于自由裁量权领域的司法立法问题。如果两个律师并不共享"法律"一词的使用标准，那么他们各自通过"法律"一词指的就是不同的东西。他们似乎在进行争论，其实不然，因为他们谈论的是不同的事物。

在德沃金笔下，被语义学之刺蜇中的那种法律实证主义主张，法律在两个层面上是没有争议的。首先，一种认为意义就是共享规则的理论保证了一条首要规则的存在。其次，对该首要规则的共同接受使日常法律命题具有了确定性。德沃金的批判也是在两个层面展开。第一，他主张法律是有争议的。第二，他进而将对共享实践的解释作为法律的根基，而这种解释本身又是具有争议的。

---

〔3〕 Ken Kress, "The Interpretive Turn", 97, *Ethics* 834 (1987), pp. 836~838.

（二）实证主义真的中了语义学之刺吗[4]

在其解构方面，德沃金首先指出实证主义对于法律论辩和裁判的描述与实际的司法实践相去甚远，进而认为实证主义做出错误描述的根源就在于它被语义学之刺所伤。那么实证主义者会赞同德沃金的这一指责吗？克雷斯认为，他们可能会提出以下异议：

第一，德沃金并非直接对实证主义展开批判，而是通过将实证主义重构为他所谓的惯例主义（conventionalism），然后再加以批判。他将实证主义解释为一种严格惯例主义。这种严格惯例主义认为：只有通过使法律的范围取决于一些所有人都看得见的明确的、历史性"事实"，而非取决于新做出的政治道德判断——不同的法官会做出不同的判断，国家才可能正当地行使强制力；只有所有人都知晓并期望的事实使得现行法律权利获得一致赞同，我们才能认为过去的政治行动创造和证成了现行法律权利。实证主义者可能会说，德沃金所重构的惯例主义并非对实证主义的最佳展现，完全有可能建构一种更为紧密地结合了描述性的符合维度与道德吸引力的实证主义版本。他们可能会基于以下三点理由：首先，德沃金从规范性方面对惯例主义的批判跟实证主义是不相干的，因为他们所构想的实证主义本来就没有在规范性方面的抱负。法律之目的不是实证主义所关心的问题。其次，德沃金从描述性方面对惯例主义的批判集中于疑难案件裁判中的现象学。但是，对实证主义者而言，疑难案件处于他们所关心的法律领域之外，这使得德沃金的大部分批判与他们是不相干的。最后，与被解读为解释理论相比，当被视为对法律这种社会现象的一种描述性理论时，实证主义会得到更好的展现。

第二，哈特与拉兹都不会承认自己被德沃金所说语义学之刺蜇中，甚至找不到一套与德沃金所述相符的那种实证主义语义理论。因此，德沃金只是在批判一个他自己扎成的稻草人。德沃金要想避免被指责为在攻击一个假想敌，他就必须证明实证主义理论预设了这些意义理论或者以其为基础。与其解释性方法相一致，德沃金必须证明他对于实证主义的解释最佳地展现了实证主义，并且被他解释为一套解释理论的实证主义秉承共享标准理论，因而被语义学之刺蜇中。

第三，即便说，实证主义的确奉行德沃金所谓的共享标准理论，而在司法实践中人们也的确时常就共享标准产生理论争议，但是，关于使用何种标准这个问题存在争议，这并不能证明共享标准是不存在的。我们可能正在遵循一些我们无法表述或者会明确拒绝的标准。由此，德沃金也就不能指责实证主义的共享标准理论其实是一根语义学之刺，只能证明要确定共享标准并非易事，它要求人们进

---

[4] 同上注，pp. 849～860.

行艰巨的哲学研究。实证主义者还很容易据此提出一种有关法律中理论争议的说明：理论争议就是有关共享标准的争议。

二、法律解释理论与解释之刺（interpretative sting）

（一）德沃金的法律解释理论（Law as interpretation）[5]

克雷斯认为，在《认真对待权利》中，德沃金提出了这样的一套法律理论。该理论认为：在疑难案件中存在法律义务；那些有争议的法律义务得到了法律原则的支持，而这些法律原则之所以有权威又因为它们是对既有法律之最佳说明和证成的一部分。在《法律帝国》中，为了避开语义学之刺，德沃金提出一种共享的实践和传统的法律解释理论。法律解释理论是德沃金为语义学之刺开出的一付苦口良药，是其在理论建构方面的解释性转向，旨在表明即使人们使用不同的标准，也有可能存在分歧。《法律帝国》大幅度地深化了争议在德沃金理论体系中的地位。[6]法律需要争议以适宜的中庸之道去发展。争议太少，法律会停滞；争议太多，法律会崩溃。

简言之，德沃金的法律解释理论包括两大方面，一是方法论方面，即解释性方法；二是具体解释方面，也就是德沃金根据解释性方法为法律这个概念（concept）构想出的一个观念（conception），即整体性法律观（Law as integrity）。

1. 解释性方法的诸要素。克雷斯认为，解释性方法由以下要素构成：

（1）解释性态度：它包括两个方面。第一，被争议的实践具有目的，亦即一种不用叙述构成该实践的那些规则就能够加以表述的价值。也就是说，在表述该实践的目的或价值时，我们不是以构成该实践的规则为根据的。第二，该实践所要求的行为或判断容易随着其目的的变化而改变。因此，构成该实践的规则有何种要求，这要依据实践的目的去解释。解释性制度的参与者应该试图辨明特定实践的目的，并试图使该实践的形式最适合其目的。

（2）解释的目的。解释的目的在于对解释对象加以最佳地展现，使其成为其所属之种类中的最佳典范。

（3）解释中的概念与范例：德沃金认为，他的解释理论可以说明，即使不同的解释者使用了不同的标准和正当理由，也会实现真正的沟通，因为这些相互竞争的解释针对的是相同的解释对象。为了进一步说明，为什么即使在就标准存在争议的情形下，也能够进行真正的沟通，德沃金提出"一般性概念（general

---

〔5〕 同上注，pp. 844~849.

〔6〕 关于争议在德沃金理论体系中之重要地位的详细论述，参见张琪："德沃金法律理论研究"，吉林大学理论法学研究中心 2009 年博士学位论文，第 4~23 页。

concept)"和"范例（paradigm）"这两个术语。一般性概念和范例通常都是无争议的。共同体中的成员往往会就某种实践的最一般最抽象的命题达成一致，这些命题构成了该实践的概念，成为一种可供开展进一步思考和论辩的平台。在德沃金看来，法律的核心要旨就是引导和限制国家对强制力的使用，因此他也就将法律的概念归结为"对国家强制力的证成"。特定实践的范例就是该实践的各种特性或要件。一个实践会具有多个范例。范例的作用是对解释进行初步测试。任何合理的解释都必须在合理限度内与范例相符合。在存在争议的情形下寻求沟通，范例甚至要比关于概念所达成的抽象共识更重要。一般而言，范例是无争议的，并因此具有了概念的意味。但是，德沃金指出，当某个范例被一个很好地符合了其他范例的新解释宣布为错误时，该范例也可能被修正或否弃。这就是范例与概念的最大不同。

（4）解释的三个阶段：第一，前解释阶段：识别解释对象；辨别何者可以被归属为特定实践，以便确定解释的原材料。第二，解释阶段：对该实践进行一般性证成，该证成表明为何该实践值得遵循，亦即其目的为何。尽管不用对所有原材料都加以说明，该证成必须至少在合理限度内与前解释阶段的实践相符合。因此，该阶段需要说明，为了区分对原有实践的解释与对新实践的创造，前述那种符合的最低限度是什么。第三，后解释阶段：以最有利于在第二阶段被接受的证成的方式去改造特定实践。

（5）解释的评价标准：我们从符合与价值这两个维度来评价一种解释。首先，我们要看待评价的特定解释与既定制度事实的符合程度是否达到合理限度；其次，我们要从同时满足了符合维度的多种解释（假如有多个此种解释的话）中挑出那种最具道德吸引力的解释，而它就是最佳解释。

2. 整体性法律观（Law as integrity）。克雷斯将德沃金的整体性法律观概括如下：过去的制度性决定包含了一套在道德上融贯的原则，这原则被用来证成那些更为具体的规则，我们在解决现在和将来的分歧时应遵循这些原则。需要注意以下两点：第一，没有一套原则可以与全部制度事实完全相符。可能存在偶然的不一致。不可能有一套原则，既能够达到自身的融贯，又可以说明所有制度事实。我们至多只能希望有融贯的原则达到我们的基本要求，能够说明大部分制度事实。第二，往往会有多套满足我们基本要求的原则。当我们在这多套原则中间进行遴选时，评价因素便加入进来，因为我们是依据道德理据来在这些原则中进行选择的。

整体性法律观要求法官用他们经过深思熟虑的道德和政治判断去填补更为一般性的立法意图和法律解释中的描述性方法所遗留下的间隙。它考虑到了单个法官可能以极富创造性或极其怪异的方式解释法律。它认为，即使其他所有人都不赞同或者没有想到那种解释，法官也坚持该解释，只要他真得相信它就是最佳解释。但是，尽管每一位法官对法律的解释可能是融贯的，然而允许法官单凭个人的道德和政治判断来进行解释意味着不同的法官对同一法律所做的解释可能相去甚远，这使得整个司法机关的行为都不具有融贯性，也就使得法律的融贯性难以实现。因此，在表面看来，德沃金的整体性法律观似乎难以对其所强调的法律的融贯性有所助益。

德沃金之所以认为其整体性法律观会有利于法律的融贯性，其理据就在于他对于政治合法性（political legitimacy）的看法。他将政治义务视为一种共同体义务。在这里，德沃金区分了两种共同体，即惯例型共同体（conventional community）与真正共同体（genuine community）。惯例型共同体的成员认为，法律就是这样一种平台，通过这一平台人们可以创造一些有效的协议或规则以便协调彼此的利益。惯例型共同体的成员认为他们自己只需要遵守那些协调利益的具体规则。当一个共同体满足了以下两个条件，它便是一个真正共同体。这两个条件是：第一，每个成员对其他成员有一般性的关怀义务，并且必须将这种一般性义务视为对其他成员的一些具体的共同体义务的根源；第二，群体的实践必须表明给予所有成员以同等关怀。在真正的共同体中，成员之间形成有原则的联合，因为真正共同体的成员认为他们不仅要遵守一些具体的规则，而且还要遵守位于那些规则背后并证成它们的原则。

德沃金认为，整体性法律观是比惯例主义和实用主义更佳的法律观（conception of law），因为它绝佳地结合了符合与道德吸引力这两个维度。通过论证整体性原则是对人们会本能地拒绝以棋盘式方案解决政治问题这一常见现象的最佳说明，他断言整体性符合我们的政治与法律实践。这是他从描述性方面对其整体性法律观的论证。由于德沃金将法律的概念界定为"法律就是对国家强制力的证成"，而有原则的联合能够更好地证成自己对强制力的使用，因此，当被视为是一套由原则和规则共同构成的在道德上融贯的体系时，法律便得到最佳展现。据此，德沃金断言，整体性法律观在规范性层面是有道德吸引力的。

（二）解释之刺[7]

克雷斯认为，在试图揪出实证主义的语义学之刺时，德沃金其实可能已经被解释之刺所伤，因为他预设了，真正的沟通需要么就具体判断达成一致，要么就适用标准达成一致。解释之刺的根源在于关于语义可能性的一种肤浅观点，而

---

〔7〕　Ken Kress, "The Interpretive Turn", 97, *Ethics* 834 (1987), pp. 854～859.

这种观点的根源又在于一种过于心灵主义的语义学观念，这种语义学观念重点关注语言使用者运用语言的能力。

被解释之刺蜇中的德沃金做出了另一个预设，那就是，只有解释理论才能够成功地解决以下问题，即如何在存有理论争议的情形下寻求真正的沟通。于是他进而主张，法理学是解释性的，亦即，最好的法律哲学是一套解释理论。这一论断也属于其法律解释理论的核心论题之一。

克雷斯从源头上对解释之刺展开了批判。他指出，我们完全可能既避开德沃金所谓的语义学之刺，又免于被解释之刺所伤，因为有两种实现沟通的方法，既不需要就适用标准达成一致，也不需要就具体判断达成一致。第一，如果在现实世界中存在与交谈者所用的术语或概念相对应的实体，那么这些实体及其特性可以作为沟通的基础。克雷斯提醒道，我们千万不能将这一论断与德沃金的以下论断相混淆，即尽管就适用标准存在着争议，解释共同体还是能够实现真正的沟通，因为"相争的解释所针对的是同一解释对象或事件。"德沃金并没有做实质性的形而上学的承诺，因此他的立场在存在争议的情形下充当沟通之基础的能力比较弱小。德沃金认为前解释阶段的数据在结构上是简单的，是可以被以物理主义的方式描述的行为和事件，而非蕴含了社会性意义的原则和规则。就此而言，德沃金的确使得自己的这一论断——前解释阶段的共识成为沟通的基础——变得更加可疑。如前所述，有关行为和事件的第一手资料与所争论的法律性概念并不处在相同的逻辑或概念层面。主张关于行为和事件这类实体的共识会成为关于法律性概念的沟通的基础，这就好比主张关于分子属性的共识会在不需要任何还原理论（reductive theory）的情况下就可以成为关于中等大小的物体之属性的沟通的基础。第二，有意义理论可以说明，在存在争议而又不需要就共享标准达成一致时，沟通是可能的。例如，一个丝毫不懂现代物理学的人也可能正确地使用"夸克"和"相对性"这样的术语，即便在他们的身上不存在任何能够构成共享标准的东西。对适用标准一无所知的人可能从那些知晓适用标准的人那里借用这些术语，在此种意义上，语言是社会性的，语言的意义并非心灵主义所认为的那样取决于语言使用者运用语言的能力。而克里普克（Kripke）和普特南（Putnam）的指称理论则更为激进，认为共享标准这种意义上的意义（meaning in the sense of shared criteria）并不需要存在于语言使用者的心中。按照普特南的理论，即便在说话者的心中不存在任何将被共享的术语使用标准，说话者还是可以共用同一种语言，使用相同的术语。他的理论可以将理论争议解释为有关普通名词所指的各种隐含性质或本质属性的争议。克雷斯由此得出结论，有些更为复杂的语义理论能在一定程度上说明，真正的沟通既不需要就具体判断达成一致，也不需要就适用标准达成一致。这些理论为我们提供了除德沃金的解释理论和他所谓的共享标准理论之外的第三种可能，德沃金式的解释并非我们唯一的选择。即使德沃金对共享标准理论的批判是准确的，这也不能证明其法律解释理论就是站得住脚的。

三、德沃金可能如何回应克雷斯

德沃金是否会赞同克雷斯对语义学之刺的概述呢？克雷斯的观点与科尔曼（Jules Coleman）相同。我们可以从德沃金对科尔曼的回应中找到答案。科尔曼认为德沃金的语义学之刺意味着"只有当人们在概念的适用标准上意见一致时才能共享一个概念"。[8] 他据此指责德沃金错误地描述了共享一个概念的必要条件。他认为，"只要个体在概念的一组典范性案例或事例而非在适用标准上意见一致，他们就可以共享相同的概念"。[9] 对此，德沃金明确表示这是对他的一个误读，他的"语义学之刺"恰恰就是在阐述"共享一个概念并不必然意味着共享该概念的适用标准，但是可能恰恰相反地意味着共享作为解释性主张之基础的典范"。[10]

在《身披法袍的正义》中，德沃金从概念的类型与概念分析的进路之间的关系这一视角进一步阐述了"语义学之刺"这一术语。根据概念在共享和使用它们的人的思想和商谈中所发挥的不同种类的功能，德沃金将概念分为三类：标准型概念（criterial concepts）、自然类型概念（natural kind concepts）和解释性概念（interpretative concepts）。[11] 他认为，针对不同类型的概念，应该采用不同的分析进路。分析标准型概念在于陈述该类概念之用法的正确标准，这种陈述要么采取一种经典定义的形式，要么采取对共享这类概念的人们在适用这类概念时所遵循的（或许是无意识地遵循）的规则加以系统阐述的形式。分析自然类型概念在于对该类概念的根本属性进行物理学或生物学的解释。一种对解释性概念的分析必须"超越'这是一个解释性概念'这种空洞的陈述，超越对该概念在其中起到作用的实践作非常一般性的说明"，"必须进入到它希望阐明的处在冲突中的问题里"，而"不能是中立的"。[12]

---

〔8〕 ［美］罗纳德·德沃金：《身披法袍的正义》，周林刚、翟志勇译，北京大学出版社 2010 年版，第 243 页。

〔9〕 Jules Coleman, *The Practice of Principle*: *In Defense of a Pragmatist Approach to Legal Theory*, Oxford: Oxford University Press, 2001, p. 157. 转引自德沃金，同上注，第 243 页。

〔10〕 同上注，第 243 页。

〔11〕 同上注，第 1 ~ 22 页。同时参见上注 6，第 35 ~ 82 页。

〔12〕 同上注 8，第 250 页。

语义学之刺的产生根源就在于，进行概念分析的学者对法律这一概念之类型的不同看法。在《法律帝国》中，德沃金认为，分析实证主义假设包括法律在内的所有概念都是标准型概念。他将这种假设称为"语义学之刺"。而在《身披法袍的正义》中，德沃金为"语义学之刺"赋予了更宽泛的意义，"它存在于这个假设中，即所有的概念依赖于我在导论中描述的那种趋同性（convergent）语言实践：该实践要么通过共享的适用标准，要么通过将概念附着于一种独特的自然类型，以标识出概念的外延"。〔13〕也就说，所有无视解释性概念的人都可能被语义学之刺蜇中，不可能对法律的教义性概念进行正确的分析，因为他们看不到法律的教义性概念属于一种解释性概念，不能采取中立性的描述方法去分析。

时至今日，克雷斯提出的针对语义学之刺的第一个异议已经没有太多讨论价值，德沃金已经与分析实证主义短兵相接，直接就语义学之刺展开论战。我们也可以清楚地看到，无论是克雷斯所提到的针对语义学之刺的第三个异议，还是解释之刺，都已经被德沃金明确地纳入对"语义学之刺"这一术语的重新表述之中。哈特与拉兹在自己的著作中的确不承认自己被德沃金所说的语义学之刺蜇中，德沃金也知道这一点。但他的态度是明确的，即他的语义学之刺是准确的。〔14〕是哈特与拉兹正确，还是德沃金正确？这个问题的回答需要对他们各自的理论进行深入考察，这不是本文所能完成的任务。但是，由于德沃金已经把论战提升到概念类型与概念分析的关系这一高度，我们也必须站在同一高度上去看待这场正在进行中的论战，并试图参与其中。

---

〔13〕 同上注 8，第 251 页。译文略有改动。

〔14〕 同上注 8，第 163～267 页。

目的性互动框架下的司法

——简析富勒《司法的形式与界限》*

洪　建**

　　作为当代著名的法学家，朗·富勒在《司法的形式和界限》一文中相对完整的表达了他的司法裁判理论。这篇文章不仅成为裁判理论领域的名篇，也是富勒整套法学理论的重要组成部分。理解富勒的司法理论，对我们完整的理解富勒的理论提供了相当大的帮助。同样的，要很好的理解富勒的司法理论，也不能脱离富勒整体的理论框架。在本文中，笔者尝试从富勒关注的核心，即目的性互动框架的角度对富勒的司法理论进行梳理，认为富勒的司法理论的核心在于当事人参与模式，这个参与模式的目的在于保证各种社会制度安排自身的目的不会因为外在人类目的的要求而被随意扭曲，以保证这其中的人类的互动交往得以自由的进行。在此基础上，笔者尝试对富勒的司法理论所引起的争论给出自己的意见，希望可以起到抛砖引玉的作用。

一、目的性互动框架的建立

　　要理解富勒的司法裁判理论，必须先理解富勒对社会秩序的解释以及法律与秩序之间相互之间的影响的解释。在富勒看来，司法被视为社会秩序化形式的一种（social ordering），[1] 与立法、合同、选举、调解等共同维系着社会秩序的形成和变化，这与通常意义上司法仅被视为纠纷解决方式的手段的看法有着本质的差别。原因在于司法一旦被视为一种社会秩序化形式，在富勒的理论框架中则意味着它有自身独立的价值和目的要求，而非仅仅为了解决纠纷可以随便改变司法的形式和限制。所以，明确这一点，对社会秩序的前设性理解很有必要。富勒要致力建构的是一种良好秩序之学，涉及的便是手段与目的的关系，这里的手段在很大程度上指的是各种社会制度，而他所谓的目的在深层次上指的是人际间的互

---

　　* Lon. l. Fuller, The Forms and Limits of Adjudication, *Harvard Law Review*, Vol. 92, No. 2 (Dec., 1978).

　　** 吉林大学理论法学研究中心 2008 级硕士。

　　〔1〕 将 social ordering 译成社会秩序化形式是沿用了邹立君的翻译，是指在一种过程的意义上强调社会秩序的动态特征，具体请参阅邹立君：《良好秩序观的建构：朗·富勒法律理论的研究》，法律出版社 2007 年版，第 7 页。

动交往（human interaction）。之所以这么说，是因为富勒将人际之间的互动视为法律制度的各种程序发生、发展的原动力，认为正式的法律制度是各种非正式法律制度的延续，各种正式的制度是在长时间的人际之间的互动中不断沉淀最后定型并以此对社会秩序进行调整（social ordering）。在正式的法律制度中蕴含着人们互动形成的隐性规则，波斯特玛（Postema）将这些规则概括为人与人之间的水平互动，称为水平规则（horizontal rules）、官员与民众之间的垂直互动，称为垂直规则。[2] 波斯特玛认为富勒指称的法的中心的功能在于促进第一层次的自我引导的社会互动，即像道路标志引导交通那样去引导人们之间的交往。[3] 这就是富勒所说的法律的目的。

而在《手段与目的》一文中富勒批评了那种将手段和目的相分离的观点，指出脱离具体的手段去谈论抽象的目的和认为在理解社会制度时仅仅考察手段这两个极端都是不行的。例如，他反对不考虑具体的手段要求而将各种目的进行等级化的排列。[4] 针对那种在设计某项程序时必须先清楚的明白目的的论点，他强调程序的独立价值，认为那种为了特定的目的，不顾特定程序所蕴含的特定的目的而随意选择手段的做法最终将威胁人类善。因为如果不注意手段的自身目的，而因为某种善意或恶意的外在目的而对作为手段的程序做出一种本质的改变，如某些附生性司法（parasitic adjudication）或扭曲的司法（perverted adjudication）。因为这些制度性的程序是经过长时间人际间的互动形成的，有着自身的目的性要求，以此人们在与社会情境相匹配的程序中彼此具有稳定的期待，能够知道自己做的事情的社会意义。如果为了某种外在的目的而随意改变其固有的某些特征，会破坏人们之间相对稳定的期待，阻碍人们的自由互动。例如在普通法的发展过程中，案件的传承（case - by - case）在很大程度上形成了社会秩序，这种经过长时间人际间的互动形成的秩序当然也对承载它的司法程序本身提出了某些要求，从而使司法程序为了互动的进行逐渐具有了自己的特征，以保证自己的决定做出后能够案结事了，给人们的行为以确定的指引。这些面向正是下文所要阐述的司法程序的各种特征。正是这种对程序独立价值的强调促使他探索包括司法、立法、调解等各种社会程序的特征，努力论证它们的手段和目的的统一，以使它们最优的发挥功能，促进人际之间的目的性互动。

---

〔2〕 Gerald J. Postema, "Implicit Law", *Law and Philosophy*, Vol. 13, No. 3, Special Issue on Lon Fuller (Aug. , 1994), p. 366.

〔3〕 Ibid. , p. 380.

〔4〕 See Lon l. Fuller, *The Principles of Social Order*, ed. Kenneth Winston, Hart Publishing, 2001, pp. 68~75.

二、富勒的司法观

富勒将司法视为一种社会调整秩序。从这点出发，作为一种形成社会秩序的程序，司法也就有了自身的要求。富勒所归纳出的司法的特征被称为参与模式。即司法的独特性质为：①受影响的当事方参与其中的特殊模式；②裁判过程必须要符合对理性特殊的急迫的要求；③司法的正常和自然的领域在于判断权利主张和对过错的指控。[5] 具体来说，尊重诉讼两方的参与，双方的律师代表本方当事人的利益在程序、议题的确定（即确定争点）及实体等方面进行证据的提供和论辩的阐述；裁判者则根据诉讼各方参与人所论辩的内容做出判断和决定，不能依据越出当事人要求的事实和理由而做出裁决（Presentation of proofs and reasoned arguments）。换言之，当事人要理性的论辩和证成主张，而裁判者也要理性的进行裁判，理性是司法程序的内核，能够保证司法制度不会偏离正常的轨道。

司法裁判之所以被认为是理性的，是因为当事人在参与其中的时候所提出的主张是需要转化为一定的原则（principle）而表现出的权利要求。这些原则来源于法律发展过程中，法院以及参与其中的个人固有的目的性交往，因为作为一个社群，里面的人们共享着某些目的（shared purpose），这些共享的目的给人们按照自己的目的进行互动提供了一个框架，经过长时间的沉淀，即使在没有明确原则的情况下，裁判者在法庭的裁判中对第三理性区域的揭示也可推导出进行决定的原则。因为，所谓第三理性区域，是指在休谟所称的经验事实（empirical fact）和逻辑推断（logical implication）两种理性之外还存在着第三理性区域。一般情况下，裁判者是根据规则或先例进行三段论的逻辑推导，但在处理疑难案件时，并没有明确的规则或先例可供作为前提。这个时候既非经验事实的理性也非逻辑推断的理性，那么那些伟大的开创性的判决为什么被认为是理性的？这是因为此时，无论是法院中的哪个角色，实际上都在进行互动，通过自己的行动从而与他方角色发生着联系，法官、当事人本身都处于社会情境的意义之网中，作为社群的成员，裁判程序中的各个成员共享着某些价值追求，裁判者可以凭借其社会经验并经由与当事人在听审程序中的互动和说理沟通发现裁判所应适用的规则并据此做出决定，而且从时间维度上来看，前面的法院的判决会对后面法院处理类似问题提供一种指导。[6] 正是这种案件的传承（case-by-case）引导着法律的不

---

〔5〕 Lon l. Fuller, "The Forms and Limits of Adjudication", *Harvard Law Review*, Vol. 92, No. 2 (Dec., 1978), P. 370.

〔6〕 See Lon l. Fuller, "The Forms and Limits of Adjudication", *Harvard Law Review*, Vol. 92, No. 2 (Dec., 1978), pp. 379~381.

断发展。

循着上面的思路，富勒认为裁判者不应对其所从事的裁判领域存在盲区，强调了裁判者的生活经验对所裁判的事务的有利影响。这是因为裁判者也是参与目的性互动的个人，有着一些共同的社会文化背景，这样他能更好的理解他所裁判的事务，假如让一个与所裁判的事务完全不相关的裁判者来处理眼前的案件，会是一种什么结果？而且为了保证当事人的参与，富勒还强调了两点，一是裁判程序必须由当事人启动而非裁判者启动，这是因为：①防止先入为主的偏见，阻止当事人的参与被损害；②被提交法庭审议的事务直接或间接地建立在人与人之间互惠关系之上。[7] 二是参加诉讼的当事人应当能预测什么议题将是做出裁判的依据，否则当事人的诉讼参与将会受到减损。[8] 这说明议题确定（即程序问题）的重要性，它将保证裁判者与当事人对议题的认识尽量一致，以保证裁判者只能将当事人的呈堂证供作为决定的依据，防止法官的恣意，阻止法官越出当事人的证据和事实范围而做出裁判。为了这些步骤的有效运行，律师的专业参与显得尤为重要，律师代表当事人的利益在法庭上进行对抗性的诉讼活动，使得案件事实能够以法律的模式呈现给裁判者，以便做出法律上的决定。

司法的限制主要在多中心任务，即多个争点，相互影响，难以用统一的原则进行解释和判断。例如博物馆分割遗产案。作为多中心任务的典型代表，以裁判的方式解决分配的问题时，裁判者必须考虑到很多没有参与现场的人才能正确做出决定，这与裁判仅仅根据现场听审而做决定的模式严重不符。再者，分配时裁判者面对的是不同层次不同类型的问题，与司法主要关注同类问题的是非判断的运行原则不相符合（judge pumpkins against pumpkins）。富勒认为多中心任务可以通过包含了以政治交易方式体现契约元素的立法方式解决，[9] 经济资源的配置因其具有较强的多中心性，不适宜用司法性的机构解决，[10] 多数决原则即选举也无助于解决多中心难题，笔者认为这是专业性所要求的，术业有专攻，外行领导仅仅通过多数决的方式会造成多数人的暴政。

富勒认为所有的案件中都存在多中心的元素（the distinction involved is often a matter of degree），只是针对隐性的多中心任务，如果在宽松解释的情况下，法庭

---

〔7〕 Lon l. Fuller, "The Forms and Limits of Adjudication", *Harvard Law Review*, Vol. 92, No. 2（Dec., 1978）, p. 387.

〔8〕 Ibid. , p. 389.

〔9〕 Lon l. Fuller, "The Forms and Limits of Adjudication", *Harvard Law Review*, Vol. 92, No. 2（Dec., 1978）, p. 400.

〔10〕 Ibid. , p. 400.

可以通过解释予以调和，吸收多中心元素加以解决（如果在严格解释的情况下，则吸收多中心元素会难得多）。而显性的多中心任务司法不以解决，而应通过管理性指令（managerial direction）和合同或互惠（contract or reciprocity）以解决。[11] 这表明了富勒的司法限制论的观点，它要求根据各种制度的内在特点而用以解决不同的事务，使各种制度发挥出他们各自的最大优势。这样，人们能更好的进行互动，避免司法介入不必要的事务而给人们的互动带来不必要的障碍。

三、对富勒司法观的相关争论

在富勒提出了自己对于司法的理解即参与模式后，有人赞同，也有人反对。这里选取几种有代表性的观点加以分析。

艾森博格（Eisenberg）将参与模式概括为三项原则：①裁判者必须专心（attend）倾听当事方所讲的内容；②裁判者应该在对当事方的诉求做出决定时进行充分的说理和阐释（explain）；③裁判者的决定应强烈的回应（strongly responsive）当事方提出的证据和论辩，即这个决定必须来源于且与当事人的证据和论辩相融贯。[12] 这可被称为强回应性原则。他进一步认为参与模式下司法区别于其他社会秩序化形式的特征并不在于当事人有提供证据和说理的权利，而在于司法程序在做出裁判时必须以当事人提出的证据和论辩为依据并与它们相融贯。即强回应性原则是参与模式的核心。艾森博格的理由在于，他认为还存在一种所谓的咨询性的程序（consultative process），这种程序也要求倾听当事方提出的证据和论辩，给当事人以一种参与的权利，但在咨询性程序中，决定的做出并不强制性以当事人的参与作为依据，赋予当事人的参与权只是为了增强决定的公信力，使决定容易为公众所接受。比如公共房屋部门在审核利用住房与发展部（HUD）的资金救济低收入家庭时被要求倾听纳入这一计划的居民的意见，给予这些居民以机会陈述他们对这一计划的观点意见。并且对他们的意见予以充分的考虑。[13] 这一区别表明如果强回应原则不能涵盖所有案件，则其效力会受到减损。这种情况是可能存在的，艾森博格认为司法一方面是解决纠纷，另一方面是为未来制定

---

〔11〕 See Lon l. Fuller, "The Forms and Limits of Adjudication", *Harvard Law Review*, Vol. 92, No. 2 (Dec. , 1978), pp. 397 ~ 398.

〔12〕 Eisenberg, "Participation, Responsiveness, and the Consultative Process – An Essay for Lon Fuller", *Harvard Law Review*, Vol. 92, No. 2 (Dec. , 1978), p. 412. 另参见韩波："司法的应为之相，重读富勒司法理论"，载《中国政法大学学报》2010 年第 1 期。

〔13〕 Eisenberg, "Participation, Responsiveness, and the Consultative Process – An Essay for Lon Fuller", *Harvard Law Review*, Vol. 92, No. 2 (Dec. , 1978), p. 416.

规则。[14] 制定规则就可能考虑没有参加裁判程序的人的意见和需求，而这与司法的强回应性原则仅仅依据当事人的证据和论辩做出决定是存在冲突的。咨询性程序的存在即表明了规则的制定需要考虑不在场的受影响方的想法和需要，并不以在场的当事方的需求为依据。进入司法程序的案件也可能出现这种情况，那么这时严格依据强回应准则，还能说它是司法程序吗？

相较于艾森博格温和的批评，蔡斯（Chayes）和菲斯（Fiss）则提出了公法模式与参与模式相抗衡。他们认为富勒的参与模式存在以私法的诉讼模式硬套公法的诉讼模式的弊端。他们指出学校里的种族歧视、就业歧视等引发的案件属于公法案件，这类案件对制度具有结构性的改良作用。法院在裁判这类案件时不仅仅要考虑眼前的当事人的主张，而且还要考虑社会的结构和形势以及未参与诉讼程序的受影响的人的主张和需求。这种裁判不是面向过去，而是预言性的，裁判程序要考虑各种相互竞争的利益。为使制度适应这个要求，有可能会出现这种情况，即"权利和救济变得完全不相关"[15]（不难看出，在公法模式下，裁判者的能动性比参与模式下的裁判者要大的多，更侧重艾森博格所说的裁判者的规则制定功能，强调司法应对社会的结构性变革发挥作用）。同时认为富勒的参与模式的弊端在于，过于注重司法的纠纷解决功能，而忽略了司法对社会的结构性改造所应发挥的作用，而这可能会导致民权运动时期法官的批评。

那么我们该如何理解这两种模式的分歧？笔者认为，如果从富勒的理论诉求即从人际间的目的性互动的角度，就不难理解富勒为什么会坚持参与模式。实际上，正如罗伯特·G. 博恩（Robert. G. Bone）指出的那样，富勒这样做是因为他看到了法律与社会之间的复杂关系，每种制度都有其建立的自身目的，应注重制度之间任务的合理分配，将制度用于原本建立它时不处理的事务会给这项制度带来长时间的损害。[16] 正如本文第一部分所说，各种法律制度的形成是人们之间长时间自由互动的结果，也是和国家制度长时间调适的结果，在这种互动和调适中，最重要的就是要提供一个框架。在这个框架之下，相互平等的人们之间自由的进行交往，创造出各自的好生活。现代国家的各种制度正是这种长时间协调的产物，当它们被设计出来后，为了顺利的运转，就需保证人们之间能比较顺畅的互动，如果这种互动不存在了，那么这种制度能否实际发挥作用就是个未知数。

---

〔14〕 Ibid, p. 413.

〔15〕 Chayes, "The Role of Judge in Public Law Litigation", *Harvard Law Review*, Vol. 89, No. 7 (May, 1976), p. 1293.

〔16〕 See Robert G. Bone, "Lon Fuller's Theory of Adjudication and the False Dichotomy between Dispute Resolution and Public Law Models of Litigation", *Boston University Law Review*, 1995, Vol. 75, pp. 1275～1277.

所以，在这种目的性的互动中，各种制度都有一些其要发挥作用所具有的内在特征或称内在的道德。司法程序也是如此，参与模式的理性内核和当事人的参与被证明是普通法制度下有效促进人际互动的模式。公法的模式是在什么意义上修正了参与模式？如果将当事人的参与完全抛弃，又将有一种什么样的方式来保证人际间的互动？公法案件很多都是多中心案件，人们之间的争议很大，争点很多，没有经过充分的人际互动就进入司法程序，法官也不依据当事人的证成和论辩做出决定，那当事人寻求司法救济的意义又何在？公法模式是作为参与模式的替代还是补充？这些问题都需要认真考量。孙斯坦（Sunstein）在一篇评论批判法学的文章中也指出富勒的参与模式能回答批判法学所缺失的制度安排和制度自身的限制的问题，认为富勒正确指出了司法制度本身给裁判者特殊压力，裁判者并非完全自由的，如果要正确的理解制度安排问题，很有必要理解各种制度所适合解决的各种行为和事务。[17]

四、结语

从目的性互动的框架出发，我们发现，富勒注重各种制度所应具有的本质特征，这种特征不能因为外在的人的目的而随意减损。司法程序的本质在于当事人的参与和理性论辩和决定，保证当事人的参与和理性论辩对裁决的约束作用是司法的应有之义，如果处理的事务做不到这一点，如多中心任务则不应适用司法程序，而应由其他的程序解决。通过这样的区分，也就可以保证各种制度发挥自身的最佳优势，保证人们之间的良性互动。

---

〔17〕 Cass R. Sunstein, "Politics and Adjudication", *Ethics*, Vol. 94, No. 1 (Oct., 1983), pp. 134~135.

金里卡与"他者"自由

——读《自由主义、社群与文化》*

陈 媛**

《自由主义、社群与文化》这本书被认为是金里卡集中为西方自由主义传统辩护并加以修正之作。他试图针对各种对自由主义的指控，尤其是来自社群主义的指控，为自由主义进行辩护。但是，当他将文化要素引入论证后，这种辩护本身就对自由主义有所"改观"。

金里卡的辩护并非是一味的肯定自由主义的观点。他首先阐述了自己对功利主义的理解。众所周知，罗尔斯反对功利主义赋予善对于正当的优先性，为了总体快乐的最大化而无视了个人的独特性。金里卡指出罗尔斯误述了功利主义并因而误述了关于分配的争论，他认可功利主义作为当代自由主义传统的重要价值，认为其本身没有错，关键是人们对功利主义的各种样式的解释，混淆了功利主义的本意。也就是说，他认为罗尔斯的批判在一定程度上是正确的，但是他忽视了功利主义的两种理论———一种事态的功利主义和一种政治道德的功利主义———的区分，把他们混为一谈。因而，金里卡不赞同学界一贯认为的自由主义与功利主义的争论焦点是在正当与善孰先孰后的问题上，而认为分歧在于如何最好地定义和促进人的善。他用一种平等主义的功利主义阐释方式，试图呈现出功利主义理论与罗尔斯的作为公平的正义理论之间的内在联系和差异，试图为我们提供一种更为准确有效地看待这两种理论的视角。一言以蔽之，金里卡用平等主义理论为功利主义做出了澄清。

转而，我们再看看金里卡是如何为自由主义正名的。我们知道，反对自由主义理论的马克思主义、社群主义、女权主义、公民共和主义、文化多元主义等流派认为"正当优先于善"是对人类共同体的不合逻辑的假设，其中，对自由主义尤为突出的质疑是来自社群主义者，他们认为自由主义者忽视了个人的能力只

---

* Lon. l. Fuller, "The Forms and Limits of Adjudication", *Harvard Law Review*, Vol. 92, No. 2（Dec., 1978）.

** 法学博士，上海师范大学法政学院讲师。

有在社会中、在和他人的联系和互动中才能得到发展，直击自由主义的"自我观"。但这种质疑在金里卡看来是无效的，作为社群主义典型代表人物的桑德尔认为自我是由它的目的构成的，而自我的界限是流动的，这就等于同样承认了人先于其目的，他只是利用了人的观念的模糊性来进行辩论。金里卡论辩道：作为自由主义基础的个人主义的价值不是以牺牲我们的社会或我们共享的社群为代价的。在自由主义者眼里，社群不是无足轻重的，只不过它的重要性来源于其对个体生活的贡献，因此，社群最终是不可能与个人要求冲突的。[1] 正如赫佐格所言如果自由主义是问题，社群主义又怎么可能是答案。

金里卡切中了自由主义被文化所排拒的关键点，即缺少对"他者"的关怀。正如他明确表示的写作这本书的动机之一是对自由主义以一种冷漠的或充满敌意的方式对少数群体文化的集体权利作出的回应感到不安。[2] 他认为应该致力于调和少数群体的权利和自由主义平等观，这是自由主义探究文化成员身份、进而充实个体与社群理论的一种机遇。由此我们可以得知，被罗尔斯忽视的或是被他假定了的社群文化的同质性，在金里卡看来，也是对个体的平等关怀的一个重要组成部分。我们可以解读罗尔斯和德沃金，或是为自由主义辩护，认为他们是做了文化同质性的假定，在一个同质的社会中，每个人都能同等享有这种善，但是即使他们做了这种假定，也必然忽视了一种严重的不正义的情况，即在文化多元的社会中，差异是必然存在的。从这一点来看，金里卡对社群主义持有的是一种青睐的立场，这种青睐不是情感上的，而是基于他的"他者自由"的自由理念，即正义的范围也应当包括对诸如少数民族权利这样特定社群的重视。

我们都知道，社群主义对自由主义的批评的关键点是它忽视了个体所存在的社会情境的内在价值，强调的是社群或共同体。但社群主义似乎不但没有明确阐述"他者自由"的问题，反而因为对独特的共享意义和实践的强调而削弱了支持少数群体权利的论证。[3] 从这一点来看，金里卡的自由观挑出了社群主义的要害，也可以说是补足了社群主义。

但是，金里卡的理论诉求依然是自由主义。他的独特之处是将"文化政策"引入讨论，以扩展自由主义政治哲学理论对各种文化社群的社会处境的解释力来补充完善自由主义。在这个过程中，他不自觉地触及了后现代的"他者"。"他

---

〔1〕 ［加］威尔·金里卡：《自由主义、社群与文化》，邓红风译，上海世纪出版集团2005年版，第135页。

〔2〕 同上注，导论，第1页。

〔3〕 同上注，第207页。

者"是后现代伦理学家如列维纳斯的核心命题，该命题用来解构现代性伦理的"主体"，而同时也在有意的但却是不露声色地确立新的主体，即"他者"。金里卡当然还没有向后现代哲学发起挑战，但在修补罗尔斯自由主义的缺憾和降低社群主义的解释力的时候，却在文化的多样性与差异性方面，对罗尔斯自由主义有所"超越"。本文将这种"超越"借用"他者"概念来定义。

确实，"自我"构成自由主义和社群主义争论的一个焦点。在自由主义那里，自我既是自主决定的能力，也是个体能够对目的与目标作出理性修正的能力。罗尔斯对此作出的概括是：自我优先于由自我确定的目的。在社群主义那里，自我是被"镶嵌于"现实社会之内的。人们必须接受由环境为其设定的目标。用桑德尔的话说，自我由自我的目的所构成，只有在我们被嵌入其中的社会背景下，我们才能发现我们的自我。这两种自我观直接导致它们在共同体问题上的分歧。自由主义的正义理论认为，正义在有边界的共同体内运行，金里卡进一步解释说，"边境的功能就在于，为了正义和权利的要求，把'我们'和'他们'区分开来"。[4] 在边界之内的共同体成员依赖于对正义的信念而形成社会团结。而社群主义则对现实社会的状况——家庭、社区、媒体、学校、教会等呈现出的"衰落"表示哀叹，社群主义者一般都对现代社会的多样性表示担忧，并担心这种多样性与社会团结的关系已经失去平衡。

于是，自我－共同体－文化社群就成为一个问题链条，这个链条在金里卡的《当代政治哲学》（下）那里成为他所确立的问题结构。这里的问题与《自由主义、社群与文化》里的问题具有吻合性。问题可集中表述为：少数群体的权利要求是否是正义的？自由主义与文化多元主义的关系怎样？金里卡在这些问题上的态度呈现了某种超越性。罗尔斯从来就没有把文化成员身份计入到正义所关心的基本善的行列，他对公民自由权的优先性的坚持使得自己的理论与少数群体的权利不相容。金里卡认为自由主义理应在正义论中赋予文化成员身份以重要地位，因而少数群体的权利应当是被普遍认可的自由主义平等理论的一个重要组成部分。同时，自由主义对文化成员身份的价值的关注不是反自由主义的，因为自由主义认可文化社群的存在是一项基本的善。

因而，我们可以得出结论，金里卡不仅补充了自由主义关于多元文化的观念，而且特别是在共同体问题上，在如何对待一个共同体内部的少数群体的要求上，金里卡也作出了超越。而少数群体就是一个"他者"的观念，这个"他者"与后现代主义如出一辙，是对同一性的反叛意识。例如，在美国生活里，指的是

〔4〕［加］威尔·金里卡：《当代政治哲学》（下），刘莘译，上海三联书店 2004 年版，第 467 页。

移民、女权主义、土著、同性恋等，直接涉及正义在同一共同体范围内的普遍性，"他者自由"就是要讨论这些非主流群体的自由，特别是当这些群体自己并不接受共同体的信仰和正义的信念的时候。无论对于自由主义理论的个人来说，还是对于社群主义的社群来说，少数群体都是相对的"他者"。这样，至善只有在与"他者"的关系中才能产生，这就反映了金里卡既对自我理论的更深层次的讨论，也涉及现代社会急需解决的不正义问题。

由此可见，金里卡在"自我"这一问题上为自由主义寻找出路所作的努力对自由主义理论来说是一种推进和深化，是对多元化社会的一种现实的考量，也是对自由主义原本就包容不同价值之间善的初衷的体现。这隐约给我们带来了和平的希望，然而，深思金里卡这一良好的愿景规划，其中不乏很多难以解开的谜底：

第一，我和"他者"是什么关系？

"他者"的概念来自于列维纳斯，这个"他者"以脆弱的面容呈现，并赤裸裸地在主体面前呈现，故主体对于他者的存在应当具道德上的保护责任。"自我"应当是一个"道德的自我"，并能与他者"分权"、"分责"，并"共苦"。这个"自我"不能是一种同一性的自恋倾向，否则就会导致同一性的暴力。如果我们没能完成对"自我"道德的完美构建，那么，"他者"的命运仍然逃脱不出固有的悲剧，争论只是无意义的。正如图海纳所质疑的：我们如何能既彼此平等又相互差异地共同生存呢？

第二，人与社会是什么关系？

马克思早就论述过："社会是人们交互活动的产物。"如果没有个人在相互活动中发生一定的关系和联系，社会就只能是一种空洞的主观抽象，同样，如果人脱离了社会，脱离了一定的社会关系和社会联系，就不可能称之为人，因为人本身在活动中发生和表现的社会关系就是社会，而社会本身则是处于社会关系中的人本身。人类社会发展的历史也表明个人与社会相互依存，密不可分。社会是由无数个人组成的，人的生存离不开社会，而任何一个社会的存在和发展，都是所有的个人及其集体努力的结果。可以说，个人的活动既是一个生命的自然过程，又是社会实践的历史过程。然而，自由主义理论假定的是同一个社会，没有认识到不同社会的差异以及社会的多元化；在这一点上，社群主义认识到了没有社会内容的自我是虚无的，但却忘了没有个体活动的社会又会是怎样？因而，这种争论在"个人－社会"二元一体的关系中也失去了意义。自由主义本来就不是一剂万灵丹，社群主义也更加不是纠正自由主义的良方，人类社会应当在更宽泛的意义上寻求发展之道。

重思法律的道德基础

——读庞德《法理学》第二卷第十一章"法律与道德——法理学与伦理学"

蒙昱辰*

一、引言

在自由主义已经取得压倒性胜利的今天，一个不争的事实是：没有一种伦理学说能够为社会上每一个公民所接受。道德学说、哲学学说、宗教学说都呈现出多样化地发展，而且看起来这样的多元共存还将继续下去。在这样一个价值多元的时代，法律作为一种社会控制手段将如何面对自身所必需的稳定性与不断出现的公民道德上的"善"观念之多样性的冲突，它又如何能够平衡、调和各种不同甚至是冲突的价值观。

一种观点认为，"法律制度必须与道德或正义保持某些具体的一致"。[1]当然，法律不可能只以道德为出发点安排一切制度。但是，法律只有尽可能地与道德惯例（morality）相一致，才能最大限度地获得其在政治上的正当性。在此一意义上，有人所说的道德是法律的精神支柱是有道理的。然而，法律应该如何体现这一精神支柱，面对不同人不同的道德主张，法律应该持有何种态度？

20世纪伟大的法学家庞德在其巨著《法理学》第二卷第十一章"法律与道德——法理学与伦理学"中细细梳理了历史上不同的法学流派对法律与道德的关系的学说。本文前四部分将根据对庞德的梳理而展开的对各法学流派观点的剖析和批判。指出四大法学流派的观点与自由社会中文化多样性之间的紧张。在第五部分，我将在批判过去的基础上就现代社会应然意义上的道德与法律之间的关系提出构想。

二、历史法学派：单线的史观

历史法学派认为法律乃是被发现的而不是被人为制定的，他们说"人之行为

---

* 吉林大学法学院 2008 级硕士。

〔1〕 H. L. A. Hart, *The Concept of Law*, Oxford University Press, 1961, p. 181.

的原则或社会行动的原则乃是透过人的经验而被发现的"[2]。他们认为法律就是一个民族历史经验的结果而非其他，因而历史法学家"完全抛弃了各种有关法律的理想"[3]，而把"人类经验中日益展现的原则当做展现于法律制度和法律学说中的原则加以研究"[4]。因而在对待道德与法律的关系时，他们认为"最初那种作为道德观念的观念，先是变成了一项衡平法上的原则，随后变成了一项法律规则，或者说，后来变成了一项明确的道德（morality）律令，再后来又变成了一项法律律令。"[5]，这样他们认为历史中的道德惯例就是潜在的法律。

　　一旦他们只将历史中的道德惯例看成应然的法律，显然在这里他们就将历史视为自己的"神"，认为在这一"神"那里，他们能够得到真理，能得到正义的标准。然而，真正的历史真的能被我们掌握吗？虽然多数历史研究者都声称"历史是客观的"，然而同样是从客观入手，杜赞奇通过"为什么历史是反理论的"一文告诉我们历史是复线的，面对复杂交错的历史，我们每个人都可能根据自己的历史观对它进行重构[6]。按这样的理解，历史法学家们所谓的将经验中体现出的道德原则当做法律的原则实际上只是将他们自己所经验到的有限的、偶然的历史通过法律的实施强加给了所有人，因而展现在我们眼前的往往是"历史法学家太倾向于为某项专断规则寻找正当理据，而其方法便是指出该项专断规则乃是某一历史发展的顶点"[7]。而这里的"某一历史"就是他们自己所处的历史背景，更确切地说乃是他们的不加反思历史观。

　　如此，他们认为的从道德原则向法律的转化过程实际上是立法者自己的历史观向法律的转化过程。那么我们不禁要问，在那些不具有或者不想具有"某一历史"观的人那里，这样的法律如何获得正当性，因为除非所有的人都具有一样的对历史的看法，否则，按照历史法学家自己的理论，具有不同历史观人们也可以

---

〔2〕［美］罗斯科·庞德：《法理学》（第1卷），邓正来译，中国政法大学出版社2004年版，第81页。

〔3〕［美］罗斯科·庞德：《法理学》（第2卷），邓正来译，中国政法大学出版社2007年版，第224页。

〔4〕［美］罗斯科·庞德：《法理学》（第1卷），邓正来译，中国政法大学出版社2004年版，第530页。

〔5〕［美］罗斯科·庞德：《法理学》（第2卷），邓正来译，中国政法大学出版社2007年版，第219页。

〔6〕参见［美］杜赞奇："为什么历史是反理论的"，姚昱、马钊译，载［美］黄宗智主编：《中国研究的范式问题讨论》，社会科学文献出版社2003年版。

〔7〕［美］罗斯科·庞德：《法理学》（第2卷），邓正来译，中国政法大学出版社2007年版，第268页。

"发现"不同的法律。历史法学家对此并未回答，而他们的不回答正暴露了他们在讨论这一问题时的预设，即他们深信"某一历史"乃是人类发展的必由之路，所有的人都应该对这个历史有着"清楚的、一致的、客观的"看法，而这其中作为他们的历史观出现的"原则"则是人类的终极善之标准，所有的人都应该持有这样一种道德观。但是这一点，正是需要我们反思的。在一个排除了强权政治的自由社会，这样的道德一元化如何是可能的？在一个社会中，有或者说应该有什么力量能够使全体公民保持如此高度的一致？这正是历史法学家们自身应该检讨的地方。他们的这种单线史观和将某一价值不加反思的奉为"终极"的做法都与现代社会的要求格格不入。

三、哲理法学派：我是上帝的选民

哲理法学派依其历史上出现的不同发展阶段可以分为自然法阶段和形而上学法学阶段以及后来的法律社会化阶段。

自然法学，正如他们自己所宣称的那样，寻找一种外在于实在法的理想法。他们认为所有的正义均来自于这一外在的自然法，因此"有关一项法律律令本身的有效性应当根据它与道德原则是否一致的标准加以检验"[8]。在他们眼中，法律必须以道德律令为基础，而且只是对道德的法律形式化。人类所需要做的就是通过理性而确定自然法规则。而法学家就是拥有这样的理性的人，边沁称他们为"上帝的选民"，这样，法学家们就不断地把自己"发现的自然法"变成法律的理想。

但是，一个随之而来的后果是："每一位哲理法学家都把自己的伦理观点变成了法律律令有效性的判准。"[9]其实，自然法学家努力的实际结果必然是以自己所信奉的道德观去统合全体社会的道德，而法律便成为了这种努力的工具。我们不难看出，他们这一努力的动力乃是他们跟历史法学家一样也对这样一种观点深信不疑：即存在一种终极意义上的善（在此就指所谓自然法），而这种善值得我们每个人去追求，它可以统合起我们所有人的道德观。但是，这种善的终极性在"上帝不存在"的今天是无法得到公认的，因为在这样一个道德多元的时代法学家们也没有任何理由能证明他们的道德是我们更应该拥有的，"我们也无法比较各种人生理想之间的高下"[10]。

哲理法学派的第二阶段是形而上学法学派，在庞德的文本中，他主要以康德

---

〔8〕　同上注，第223页。
〔9〕　同上注。
〔10〕　石元康："柏林论自由"，载石元康：《当代西方自由主义理论》，上海三联书店2000年版。

为代表对这一派的思想进行了阐述。

康德认为，"一方面人与像他一样的其他人发生关系并与外部事物发生关系。另一方面，人又是意志独立的个体"[11]，道德所关注的就是独立的自由的个人意志，即"行为的动机"[12]；而"法律所关注的却是外在行为"[13]。这样，从作用角度看，道德与法律乃是有着不同的作用对象的，因而康德认为法律与道德是不同的，是并行的。

但是，另一方面，当我们从道德与法律这二者之间的联系这一角度出发而将法律与道德的作用的区别暂时搁置一旁时，我们可以发现康德的法哲学中从来没有缺少过道德因素。其实康德乃是以其道德形而上学体系作为一切正义之来源的。有论者就此指出"在康德看来，社会正义的根据不能从外在的渊源去找，而必须是根植于人的实践理性。人拥有的实践理性能力决定了人可以自我立法，建立道德的绝对命令。这样的绝对命令是普遍的、属人的和自律的"[14]。康德的法哲学乃是一种建立在其实践理性的原则之上的，基于道德法则的法学理论，他所理解的权利也只是其道德形而上学的推导的结果。对此有论者已经做出精辟阐释："康德以道德为政治行动立法，以个体内在的道德自律为外在自由建立根据。"[15] 这样，康德在以其道德哲学来建构其法学理论这一过程中，实际上也伴随了对其道德哲学的推行，而其所信赖的正是他为人类找出的这一终极价值对于人类的必然性。

因而，无论是自然法学派还是形而上学派，他们为法律的正当性寻找依据的工作都落脚在了他们所深信不疑的道德理念上，并且始终坚信这种道德理念的至高无上性，但是这种至高无上性的判准看来又只是该理念自身，实际上并没有也不可能得到全体公民的认可，因而这样的法律也不能反映公民的真实意志，不能对公民的生活保有一种及时的、深入的关切，不能对公民的正当欲求全部予以体现。依据这样的法律来裁决案件，必然会或多或少使得法律与公民的道德相冲突。

----

〔11〕 ［美］罗斯科·庞德：《法理学》（第2卷），邓正来译，中国政法大学出版社2007年版，第225页。

〔12〕 同上注，第224页。

〔13〕 同上注，第226页。

〔14〕 许记霖："公共正义的基础——对罗尔斯'原始状态'和'重叠共识'理念的讨论"，载"思与义"网站，http：//www. chinese – thought. org/yjy/02_ xjl/002515. htm，访问时间：2010年3月23日。

〔15〕 张旭："论康德的政治哲学"，载"法之理"网站，http：//www. swupl. edu. cn/fzllt/web/content. asp？did = &cid = 858425575&id = 859993287，访问时间：2010年3月23日。

四、分析法学派：公平并错误着

一般认为，分析法学家乃是将法律和道德分而视之的。他们认为"法律就是法院所关注的问题，而道德规范和道德惯例则是立法者所关注的问题。"[16] 一方面他们认为"司法裁判在相当程度上是和正当理念和道德理念不涉的[17]"；另一方面他们认为，"道德对于立法者来讲是潜在的材料，伦理学对于我们来说是当所提议的立法判准被提交给立法者的时候对这些判准所做的批判"[18]。看来，他们通过对立法和司法的区分而间接区分了道德与法律，并认为立法时立法者考虑道德就可以了，而司法时只需要对立法加以无私地执行。

这样以来，在他们那里所谓区分了道德和法律，是指在司法审判的时候不考虑具体案件中当事人所特有的道德诉求，在制定法律的时候道德因素仍是必需的。遗憾的是，这种安排下的所要考虑的道德因素仅仅是指立法者的道德判准，这样就对立法者提出了非常高的要求，他必须能够看清社会上正在发生的一切，做一个具有无限理性的人，知道人们当下和以后的欲求，他甚至需要判断这个社会下一步会发生什么以便使其立法不与公民的正当行为相冲突，但是显然分析法学家们所指的立法者们并不能做到这些。恰恰相反，带有立法者偏见的道德判断在这种情况下通过法律被"光明正大"地强加给了每一个公民，将不同人的道德观予以统合，而且还给我们以很公平的错觉，殊不知这样的公平有时是公平地错误对待每一个人，它可能仅仅具有形式上的正义而非实质正义，哈特对此曾有评论："一部不正义的法律，是有可能得到正义地执行的；譬如，有可能针对所有的非白色人种，执行一部只允许白人乘坐公共汽车的法律。"[19] 他们对法律与道德的这种区分，实际上是分离了法律与公民多元的道德诉求，强行地将这二者之间本来应有的一致性予以抹杀，关闭了一条自下而上表达诉求的路径，并且通过区分"法律秩序（立法意义上）"和"裁判依据（司法意义上）"这两种意义上的法律而将立法者一家的价值判断凌驾于公民全体的道德之上。

这样，首先，除非这里的立法者真的是全知全能的上帝，具有无限的理性，否则，他们的这种惟我独尊的态度就是没有任何依据的，是需要给予反思和批判的。其次，这种依靠使用国家压迫性权力来维持公众忠诚的方法带来的"不仅是

---

〔16〕 ［美］罗斯科·庞德：《法理学》（第2卷），邓正来译，中国政法大学出版社2007年版，第235页。

〔17〕 同上注，第277页。

〔18〕 同上注，第251页。

〔19〕 萨默斯："H. L. A. 哈特论正义"，载"正来学堂"，http：//dz l. legaltheory. com. cn/info. asp？id=12901，访问时间：2007年11月23日。

官方罪行和不可避免的粗暴和残忍，而且还有对宗教、哲学和科学的败坏"[20]。而这也是自由社会所不能容忍的。对于他们这种隐蔽的而又十分危险的观点，我们必须比对以前的观点更加谨慎、更具批判性的态度来加以对待。

五、社会学法学派：我有社会的理想

这一派是和庞德所生活的时代最近的一派，他们视法律和道德都为社会控制工具中的一种，而他们所处理的问题就是如何处理好不同控制手段之间的关系。但是，他们在处理这一关系的时候，正如上文第一部分的分析那样，都最终落脚于法律对伦理或多或少的从属上了。庞德对此总结到"社会学家们实际上回归到了自然法论著中'法律'和'道德'极其含混不清的状态。"[21]

社会功利主义者认为"法律是，或者至少努力成为，对利益的一种界定，当然这是根据道德所做的界定"[22]。新康德主义学派的领袖施塔姆勒指出"为了通过法律达致正义，我们必须系统阐释当下时代的社会理想……这种理想乃是在法律以外得到发展的。它们是道德理想。"[23] 新黑格尔主义认为法理学已经依附于伦理学，至于新经院主义则宣称"为了给一个实在的法律机构准备好坚实的基础，我们必须首先对自然法展开研究"[24]。而维诺格拉道夫说"个人主观正当与社会秩序正当都植根于道德含义。"[25] 拉德布鲁赫虽然认为我们也应该重视道德本身的社会控制作用，但是仍坚持法律需要就道德的要求加以调和[26]，认为"道德为我们提供了一个理想"。

这样看来，社会学法学家们的工作在一定程度上乃是对以前三派的重复。即努力地寻找一个伦理"理想"作为社会正义的来源，一切法律的制定都要从属于这一正义来源。到此，他们所面临的问题也就是：这一理想在多大程度上能为公众所认同并接受为自己的伦理观。庞德本人的利益法学就埋下了一个条件即社会公众对法律所要保护的利益的共识，可是正如邓正来先生所批判的那样"这种

---

〔20〕 ［美］约翰·罗尔斯：《作为公平的正义——正义新论》，姚大志译，上海三联书店2002年版，第57页。

〔21〕 ［美］罗斯科·庞德：《法理学》（第2卷），邓正来译，中国政法大学出版社2007年版，第274页。

〔22〕 同上注，第231页。

〔23〕 同上注。

〔24〕 ［美］罗斯科·庞德：《法理学》（第2卷），邓正来译，中国政法大学出版社2007年版，第233页。

〔25〕 ［美］罗斯科·庞德：《法理学》（第2卷），邓正来译，中国政法大学出版社2007年版，第273页。

〔26〕 关于这一点，可以参见庞德文本的第276～277页的梳理。

共识在一个社会成员彼此不相识而且不知道相同特定事实的大社会中也根本就是不可能达成的。"[27] 的确，在一个"大社会"中想要找到某种为我们都接受的理念似乎真的是不可能的，有着太多的思想在在随着社会的发展而自由地生长、变化，而且这种变化的方向也是自由的，是不确定的。因此我们有必要思考：既然指向某一学说的共识不可能，那么我们是不是应该重新审视一下这种统合的努力是否可行，是否应该换一种方式再努力。

在对待法律与道德的关系这一问题上，四大法学派认为法律应该和道德保持某些一致（分析法学派的这一观点比较隐蔽），这一点是没有错误的，因为以行为为对象的法律只有与体现公民意志的道德相一致，才能真正成为自由的法律。然而关键是，不管是自然法学派还是形而上学派，他们对自身的理论充满自信，这种自信之大，大到他们将其视为"永恒不变的法则"，这样，他们很自然地就对社会上出现的变化和其他人道德主张保有一种先天的漠视，比如庞德举出的康德对并非作为其理想中的法律权利的而是一种道德主张的合同变更权持否定态度的例子[28]。而历史法学派其实和这二者一样，是为自身辩解的好手，至于分析法学派，他们对立法者寄予了过高的期望，然而社会是发展的、是多样的，立法者一时一地的道德判断又怎么能代表整个时空公民的想法。这样以来，他们的法律便会与当下的社会发展现状所脱离。

其实，归根结底，尽管自由主义者强调"在我们的社会中，人们没有必要也没有理由对应该干什么形成共同的观点"[29]。四大法学流派还是相信存在着一种绝对的、普适的，带有终极和统合色彩的善，并且认为法律就该体现这样并保护这种善。但他们对道德多样性以及这些道德学说的平等性这个事实则视而不见，这样问题就提了出来，公民多样的道德欲求如何在法律中体现？于是，在批判之后，我们必须做进一步的思考，面对这个不承认任何权威学说的多元并起的社会，法律作为一种必需的公共正义该如何协调不同的道德主张？

六、进一步的思考和问题的提出

面对苏格拉底的困惑："究竟什么样的生活是值得追求的"，众多的哲人试图努力对此作出回答，然而他们中很多人在努力的同时，却落入了一个陷阱，他

---

〔27〕 邓正来："社会学法理学中的社会神——庞德《法律史解释》导读"，载〔美〕罗斯科·庞德：《法律史解释》，邓正来译，中国法制出版社2002年版，第70页。

〔28〕 〔美〕罗斯科·庞德：《法理学》（第2卷），邓正来译，中国政法大学出版社2007年版，第227页。

〔29〕 〔英〕弗里德里希·冯·哈耶克：《通往奴役之路》，王明毅等译，中国社会科学出版社1997年版，第60页。

们的回答在特定的时空背景下看上去也许是完美的，但是在一个诸神并起的时代，每个人对这一问题都有自己的答案，而且都认为自己的答案"神圣不可侵犯"，那么这样的完美如何还能继续？看起来，在这个时代没有一种学说能够成为全体社会的公共选择。然而，固然人们有权自己选择"善"的内容，但我们毕竟生活在同一个社会，在一个追求合作的大社会中，还是需要整合的，公共正义是必不可少的，此乃合作之基础。那么我们如何面对多元文化和作为公共正义的法律之必要性间的矛盾呢？

公民道德上的善要想从"自然的权利"成为为公众所认可的真正的法律上的权利，就需要通过政治过程对其赋予政治权力的保障；而一部法律的正当性则同样是政治所要达到的目的。从这两方面看，政治观念是可以限制善观念的，这也是一个理性的公民要想在合作社会中立足所必须的理念。政治自由主义为自由合作社会确立的一个原则就是"正当优先于善"的理念。[30] 也就是说，首先我们可以把道德上的"善"和法律上的"正当"区分开来，然后在承认个人可以自我决定何为"善"的前提下，考虑到社会的要求，同样需要承认"规范"的优先，我们需要按照规范所指的"正当"安排我们的社会活动，这样，一者促进社会的协作，二者利于在我们行使自由的同时保障他人的自由。然而，一方面，这里的"正当"并非来自法律自身的宣告，也不是来自法律背后的"终极判准"，而只能来自全体公民的普遍认同，法律的正当性不是来自某一种"全整性"道德学说的支持，而是民主政治的结果，当然，这种政治上共识的内容可以是道德观点。另一方面，这里所谓的"正当优先于善"不是要以某种公共正义取代甚至压制公民所持有的道德观，而且公民也没有必要和义务这样做，而是指二者的共存并互相依赖，只是在涉及公共事物时应以公共选择作为依据，公民的道德观实际上并不必然改变，这是自由的要求，也是在多元社会我们无奈的选择。

那么现在的问题就是，我们可以通过什么样的程序设计来促成人们在不放弃自己善观念的情况下还能达成政治上的共识进而促进社会进步？我认为这才是我们应该就法律与道德的关系进行思考的，即如何能够使公民多元的道德有一个共同的指向，而这个指向就是作为公共正义的法律。只有在这样的道德——法律的关系下，多元文化和公共正义之间的矛盾才能解决，公民多样的价值选择才能够自由的发展而不受到压制，从而保证社会的进步。这一问题是一直鞭策我继续思

---

〔30〕 参见［美］约翰·罗尔斯：《政治自由主义》，万俊人译，译林出版社 2000 年版，第 184～224 页。

考的，我认为单从法律这方面讲，我们首先需要重新定义法律，由于它所面对的是公民多样的道德观，因此要想取得他们那里的正当性，它就需要随时对社会中自生自发的规则予以回应并加以保护：它一方面要保证私人有一个不受外界打扰的"权利圈"以便其能自由地进行选择和商谈；另一方面，这样的法律又要面对社会发展的不确定性，因而它必须不是一个自我闭锁的体系，而是一个以某种方式规定了人们在合作中的正当行为而又可以随时接受公民选择结果的开放的体系。只有这样的法律才能承担起本文提出的道德——法律关系，然而仅仅有这种法律的概念是不够的，最大的问题在于什么样的程序设计才能保证这种道德——法律关系的运作，而这也正是在多元社会我们必须加以思考的。

西方之外也有文化

——评萨林斯《甜蜜的悲哀》

王 琦*

在我看来，理解《甜蜜的悲哀》一书的关键是如下两个问题：第一，如何理解文化（culture）和人性（nature）之间的关系？第二、如何理解西方文化和非西方文化之间的关系？其中，解决第一个问题的目的就在于回答第二个问题，我认为，萨林斯通过主张文化先于人性来驳斥立基于人性（生物性）一致性上的对文化的普遍主义理解，并最终捍卫这样一个观点：西方文化没有普遍性。无需多言，任何有智性关怀的人都会立刻认识到这两个问题的意义，凭借着在长期人类学研究中所积累的对不同文明的丰富知识以及对他自己所处的西方文明的深刻理解，萨林斯对这两个问题进行了独立的探索和回答，本文将按照上述两个问题为线索来描述萨林斯的理论工程，最后也会提出一点反思和质疑。

一、霍布斯式的人性观及其影响

如果说在《甜蜜的悲哀》一书中文化和人性的关系问题还没有被明确提出来并被放在中心地位加以讨论的话，那么在萨林斯于 2005 年泰纳（Tanner）讲座上发表的演讲西方有关人性的错误观念（The Western Illusion of Human Nature）中，[1] 他已经开宗明义的提出，几千年来，西方人都被这样一种人性观所困扰：人是贪婪的，好斗的，如果不对人性加以限制，人们会为了达到自己的利益而不择手段，最终将自己连同他人一起毁灭。萨林斯将这种人性论称为"霍布斯式"的人性论。正因为有这样的人性假设，西方人很长时间一直在想办法限制人的这种本性。在不同时代人们提出了不同的应对方法，有些时候人们指望权力集中的君主制，有时候则采用分权制衡的民主共和制，甚至更一般来说，社会本身就是一种纪律，是对人类本性的监督和限制，在这些不同方案的背后都反应了相同的

---

* 德国柏林自由大学博士候选人。

〔1〕 Marshall Sahlins, "the Western Illusion of Human Nature", *Michigan Quarterly Review*, pp. 454 ~ 482.

对充满贪欲、扩张欲的人类本性的担忧以及必须对这种人性施以控制的共识。[2]
"权力"的人类学分析的基础就是这种霍布斯的人性论所带来的对人之本能的进行防备和控制的必要性。无论是霍布斯本人、马基雅维利，还是美国建国诸父，在他们对政治制度的构想中都承诺了相同的人性图景。

如果我们回到《甜蜜的悲哀》一书中，我们会发现萨林斯在基督教的传统中为这种人性观找到了一个来源，那就是在创世记中人对上帝的违背以及由此上帝对人的惩罚：人近乎无限的欲望以及相比人的欲望而言显得远远不足的用于实现目的的手段，在这背后，是上帝的惩罚之手。人对自己欲望的满足就是对上帝的违背，为什么呢？因为人类的始祖亚当就是出于自己的欲望而不顾上帝的命令偷吃了禁果，由此使得他的后代人类的最基本的生活形式——欲望的满足都有了一层悲剧的意义，一个人越是满足自己的欲望，就越是在远离上帝之道，远离救赎之道。萨林斯接着说明了这种西方文化最初观念中的"原罪"在历史的长河中是怎样的一步步的从罪恶之原转化为"自然性的需求"、"社会德行的无上源泉"，最终在资本主义社会，欲望成了"自由本身的条件"，一切为此种欲望而采取的手段都似乎合理化了。由此，这种人类本性观在资本主义之下得到了充分的转化和发展，所以萨林斯说这本书之所以对他而言具有里程碑意义，其关键就在于它把资本主义当成一种文化性的经济体制（cultural economy）。资本主义，将上帝作为礼物送给人类的经济学的作用发挥到了极致，同时也将由于基督教原罪观所赋予的欲望满足的悲剧意义发挥到了最大，由此现代性的双重困境出现了，一方面是对身体欲望满足所带来的愉悦，一方面是对上帝命令违背的痛苦。[3]

二、西方的迷思：文化－人性之二元主义

在这样一种霍布斯式的人性观的背景下，人们会怎样思考文化和人性的关系呢？萨林斯指出西方存在着一种独特的人性和文化之间的对立（opposition），这是一种西方的形而上学，同其他文化形成了一种鲜明的对比，在世界很多其他文化中，并不存在一个所谓的"人类本性"，更不用说需要努力去克服这种"本性"。而在西方，无论是政治制度中，还是人体的医学概念中，都存在着一种这

---

〔2〕 由此可见，此文的论题与《甜蜜的悲哀》的"'权力'概念的人类学分析"这一章相近，主要都是围绕着政治制度对人性的制约关系进行分析，但内容上有了很大的丰富。

〔3〕 这也是西敏司所说的"于自我否认中成了德行而在消费中则成了罪孽"，参见［美］萨林斯：《甜蜜的悲哀》，王铭铭、胡宗泽译，三联书店 2000 年版，第 68 页，显然这也是西敏司洞见之一，但这里也是他和萨林斯本人观点的交集的极限之所在了。

样的对立。[4]

在这样一种文化和人性的对立观中，文化要么被视为仅仅是人性的另一种形式（比如说"文化不过是强者的利益"），要么文化是以对人性的限制者的形象出现的（比如说无论是君主制还是民主制，他们所包涵的主权统治和平等制约都是站在人性—文化的二元论中文化的一边）。修昔底德（Thucydides）对文化和人性的二元性做了这样一个解释：人性既是文化的创作者（maker），也是文化的破坏者（breaker）。然而无论在哪种解释下，人性都是作为一种独立的决定因素而出现，文化要么是它的反应，要么是人们对霍布斯式的人性进行反思和试图控制的产物，总而言之，在这组二元关系中，人性具有优先性。[5]

萨林斯反对上述这种解释，或者更准确地说，他反对人性和文化的二元对立主义。它认为，并没有脱离文化而独立存在的人类，恰恰相反，文化是人类本性存在的一个条件。萨林斯为说明这一问题提供了多种论证。首先，萨林斯多次征引了马克思的理论。比如，萨林斯提出了马克思的使用价值和交换价值理论。这一理论的基础上，萨林斯启发我们为什么人们会把具有不同使用价值的商品进行交换以及为什么交换是在特定的两种商品间而不是在其他商品中进行，换句话说，是什么决定了具有不同使用价值的商品有了相同的交换价值？萨林斯认为，答案就是文化，正是我们所拥有的文化，决定了我们把满足哪些欲望视为对我们而言具有相同的意义或者哪些欲望之满足对我们而言具有优先性。在"商品交换"这一资本主义社会中的满足人之需求的基本生活方式中早已有文化的力量蕴藏于其中。

其次，萨林斯从亲缘共同体（kinship community）出发来分析这一二元主义的西方相对性。萨林斯认为，霍布斯的人性论其实是以成年男性为对象来分析的，他忽视了女性、孩子，更重要的它忽视了亲缘。亲缘这一观念的引入，使我们的注意到人不仅仅是一个孤立的个人，他还是一个关系紧密的群体的成员，人的行为意图不会仅仅是围绕着自己，很多情况下亲缘性也会成为人们的目的和行动理由；即使人的本质可以被合理的理解为是追求满足（satisfication）的实现，但是这种满足也不应仅仅限制于一种个人满足，它还应当包括亲缘共同体的满足。总而言之，人不仅仅是因他自己而存在，它也存在于相互关系之中。亲缘的引入让我们看到了，在西方人性—文化二元主义对立中人性并非仅仅是霍布斯式

---

〔4〕　Marshall Sahlins, "the Western Illusion of Human Nature", *Michigan Quarterly Review*, pp. 454～455.

〔5〕　总结自 Marshall Sahlins, "the Western Illusion of Human Nature", *Michigan Quarterly Review*, pp. 454～455.

的唯我主义。但萨林斯并不满足于此，他紧接着问道，如果我们将人类的主体性（human subjectivity）——包括亲缘在内——扩展到西方人所谓的"自然"领域之内会怎么样？萨林斯把我们引入了一个更广阔的文明比较的视野之中，他指出在非西方文明之中，人们认为树木，星辰，山岳，都有自己的意识和本性；动物也有自己的文化，就像我们人类一样。萨林斯认为，问题不在于非西方人在文化和人性之间划了一条与西方人不同的界限，而在于在他们那根本就不存在西方人所谓的"人性"，更不存在西方世界所盛行的文化和人性的对立，在他们看来，文化和人性之间是"无差别的"（indifference）。

通过上述工作，萨林斯试图纠正西方人对文化和人性的二元对立的理解：这种对立在其他文化那里根本就不存在，这种对立并非是普遍性的，而不过是西方地方性文化的一个成果。那么，此刻人们可以合理的追问两个问题：第一，如果人性之间并不是如西方人所理解的那样对文化具有优先性，那么文化和人性之间的关系究竟是怎么样的呢？第二，如果西方的文化－人性的二元主义仅仅是地方性的，那么究竟是什么使西方生发出这种独特的观念？前一问题把我们引向文化和人性关系的一般理论，后一问题则将我们引向对西方独特文明成分的考察。但这两个问题，背后都指向同一个目的：萨林斯想要批判一种存在于西方社会中的特定的文化普遍主义解释模式。

三、作为普遍主义解释之基础的人类本性

萨林斯认为，在西方的文化和人性二元对立以及霍布斯式的人性观的支配下，西方人类学犯下了这样一个错误，它认为人性本身是一个自足独立的因素，不受具体时空条件的限制，全体人类都共享的相同的人性特质。因此，不同的文化尽管有不同的表现形式和侧重关怀，但是不同文化的基础都是这样一种人性，所以我们可以对全世界的文明进行一种普遍的理解和分析；另一方面，不同地区的文化也只有诉诸这一人性基础才能得以解释。由此可见，在西方本土人类学的思想中，人性被当做了对文化（cultures）进行普遍主义理解的基础。而此种理解下的人性实际是一种生物学决定论：人的行为和意识是由动物性的本能和需求所驱动的。在此种生物学决定论下，文化的地位很尴尬，"……在人的存在意识中，每一种表述的文化形态都被生产和再生产成他们身体所感受的物体和对象"，[6] 这一观念还得到了一种分化的人体结构观（人体可分为"高级"或者"低级"，"灵"或"肉"，"天使"或者"魔鬼"）的支持。

萨林斯强烈反对这种观点，他对这种观点的批判——我们在前文中已经提

---

〔6〕〔美〕萨林斯：《甜蜜的悲哀》，王铭铭、胡宗泽译，三联书店 2000 年版，第 23 页。

到——的要害就在于他反对人性具有普遍性。仅仅举出其他文明中的例子来说明此种二元论的西方相对性是不足够的，为了从根本上反对此种普遍主义解释，萨林斯需要提出自己在文化和人性的关系上的见解。为此，萨林斯付出了巨大的智性努力，他的观点通常被人们称为文化决定论，或者更全面的说是"符号文化决定论"。

他认为，之所以会把人性视为一种普遍性的事物，原因就在人们仅仅从人的生物性来理解人，但是在他看来生物性是一种被决定的决定因素（determinnd determinent），由生物性要求的必需品是符号地被中介和组织的。文化存在的时间比所谓的人类本性存在的时间要长得多，他引证了他极为推崇的格尔茨（Geertz）的观点：人类有一千种不同生活的可能性，但是最终我们只按一种方式来生活，之所以这样，一个必要条件就是，生物性的命令并没有规定人们欲望的对象或者模式（想想马克思对使用价值和交换价值的区分），真正起作用的是文化，而经由的具体中介是符号。[7]

以上可以被视为萨林斯对前述第一个问题的回答——即，文化和人性的一般理论问题——经由这种回答，我们看到了，即便我们承认人的生物性是普遍的，但文化却不是，"身体的满足是在象征价值之中得到确定的，也是经由象征价值而得以具体实现的，而且，这种实现在不同的文化象征图示下会有所差异"。[8]由此，萨林斯试图证明人性并不具有普遍性，那么，立基于这种人性一致性基础上的文化普遍主义解释也就不能成立。理解一个文明的关键在于它的文化，而不同文化之间所具有的无论是表面上或是深层次上的的差异性都提示我们要注重文化的个殊性。

现在我们可以回过头来看一看《甜蜜的悲哀》一书，我把这本书理解为是对上文第二个问题的回答——即，为什么西方文明会出现这种文化－人性二元论，这种二元论是导致人类学中的文化普遍主义的根源——这本书对西方世界的文化做了一个考古式的研究，其目的在于揭示西方人的一些基本信念是如何深深的依赖于基督教传统以及西方所独有的基督教文化是如何型塑西方人的基本信念的，尤其是那些看来似乎是完全是由人之生物性所决定的信念。比如说，人对自己身体欲望的满足，我们极易把它理解为是人之生物性推动的结果，是为了维持生命或者繁衍后代。但是事情并非那么简单，在萨林斯看来，这背后的一切都有文化在起作用。为什么在西方人的食谱中牛排会具有如此高的地位？为什么西方

[7] Marshall Sahlins, "the Western Illusion of Human Nature", *Michigan Quarterly Review*, pp. 480 ~ 481.

[8] ［美］萨林斯：《甜蜜的悲哀》，王铭铭、胡宗泽译，三联书店 2000 年版，第 31 页。

人对个人欲望的满足总有一种负罪感和悲哀感，而在其他很多文化中找不到对欲望满足这一基本生命活动的此种理解。即便是在关于现实（reality）的哲学探究中，基督教的作用也隐蔽的存在：之所以我们出现洛克式的哲学，即人对事物的了解和把握是依靠（并且很有可能仅仅只能依靠）对事物的感觉经验，是因为奥古斯丁排除了自然事物的主体性，具体地说，奥古斯丁从批判其他宗教所主张的"自然崇拜"出发——这种自然崇拜把自然当成神的的化身——主张虽然自然是由神创造的，但自然本身不是神，萨林斯写道"由此，进一步的推论是，自然只是延伸之物，由虚无构成，缺乏主体性……自然知识不能靠交流以及主体借以相互理解的其他方式来获取……有关自然事物的知识，在经历亚当堕落的调和后，被减化成对冷酷无情事物的感觉经验"。[9]

由此，萨林斯精彩的解释了西方人的基本信念所具有的本土文化渊源，这些信念并不具有普适性的品格。所以，我把萨林斯在《甜蜜的悲哀》中所作的大量工作理解为在试图证明西方文明的相对性，而不是仅仅对现代性困境的忧郁和思考（后一种理解似乎过于"西敏司化"了）。[10] 在《甜蜜的悲哀》一书中，圣经里的亚当神话在萨林斯看来就是规定了西方人的生物性的发展方向并最终促成了西方文明的基本信条之形成的文化要素，所以，对萨林斯而言，作为文化的神话和历史并不是两样东西，相反，神话就是历史。

四、人类学的启蒙：西方之外也有文化

在"人类学启蒙"这篇演讲中，萨林斯对自己理论工程的目的说的更透彻了。作为人类学家的萨林斯，他从人类学这一学科的发展现状这一角度提出了他的关注："在我们这个时代中，什么是人类学需要从中解放自身的思想束缚呢？无疑，这些思想即为我们从历史上继承下来的观念，包括性别主义、实证主义、遗传论、效用主义等民间传统给出的许多其他对人类状况进行普遍主义理解的教条"。[11]

人类学的启蒙，针对的就是人类学者对西方文化的相对性和地方性的不意识

---

〔9〕 ［美］萨林斯：《甜蜜的悲哀》，王铭铭、胡宗泽译，三联书店 2000 年版，第 59 页

〔10〕 在此种理解下，萨林斯对基督教教义的解释仅仅是用以证明西方文化的本土性的证据，而且还不是一种唯一的证据。在 Tanner 讲座上，萨林斯对西方文化的基本信条的讨论就并没有涉及基督教。在分析人类贪婪好斗的本性时，萨林斯所诉诸的并非是亚当式的人，而是从古希腊的神话出发，他的解释似乎是这样：人之所以具有这样的本性乃是因为人是泰坦巨人（Titan）的后代。所以，本文并没把对基督教的分析当成萨林斯此文的重点，本文关注的不是作为论证手段的宗教分析（这种手段具有可替代性），而是作为他的目的的对西方文化相对性的证明。

〔11〕 ［美］萨林斯：《甜蜜的悲哀》，王铭铭、胡宗泽译，三联书店 2000 年版，第 62 页。

以及对特定文明的人民建立和维护自身文化的能力的无视或者低估。这种未启蒙的态度有很多种表现形式。比如它可以表现为把西方文化的独有信条用于分析其他文化之中，就好像非西方人没有自己的文化和历史那样；也可以表现为对西方文化的过于自信，去追问为什么其他地区没有发展出西方资本主义的文明，就好像西方文明是文明是否先进的唯一判准一样。并且他们的这一谬思还因全球化的发展而得以强化，在全球化的背景下，西方的技术、信念、文化扩展到了全世界，这在未启蒙的人类学看来西方的文化会随之而越来越有普遍意义。从另一面来说，即使对上述解释所暗含的西方霸权主义不满的人也陷入了他们所试图批判的未启蒙状态中，这些批判者有可能仅仅是从西方文化的扩张以及当地对西方文化的抗拒和斗争的角度来理解其他文明，而在此过程中，本地文化是缺位的，就好似根本不存在一般。

因此，在萨林斯看来，无论采取上述哪一种态度，其实都是一种未启蒙的态度。要形成一种有力的对这种"人类学霸权主义"的批判，关键不在于论证西方文明的扩张究竟是利多还是弊多，而在于是否能发展起一种有说服力的解释，一般性地说明文化塑造特定文明的方式和规律，以及每种特定文化在与其他文化进行接触时消化异文化成分的同时保持自身存续的能力。

萨林斯所发展的文化决定论就是这样的一个思想成果。一方面，这种文化决定论揭示了文化对人性的优先作用从而驳斥了一种以生物一致性为基础的貌似有理的普遍主义解释，一方面，结合萨林斯之前在《历史之岛》，《文化与实践理性》等著作以及之后的《与修昔底德辩难》等一系列著作[12]，为文化对文明的一般性决定作用进行了说明。所以，或许可以这样来理解萨林斯的理论工程：以文化象征论为基据来揭示西方文明的相对性，戳穿人类学西方中心主义的面纱，呼吁人们对非西方文明的尊重和重视。从这里我们隐约看到了萨林斯的生命关怀：作为犹太人这一西方社会的边缘民族，他关注的是在强势文明下的边缘文化，他希望能经由他在人类学思考上的努力能使自己确信文化不因边缘性而散失它的意义。我们似乎听见他在大声呐喊："西方之外也有文化！"

五、一点反思：文化乐观主义

萨林斯的论辩是精彩的，但是也毫无疑问存在着其自身的限度。在这一部分本文所想加以简要讨论的乃是隐藏于萨林斯理论中的文化乐观主义，这种乐观主义在全球化的背景下不但不能维护边缘文化或者弱势文化，相反还极有可能使它

---

〔12〕 关于萨林斯理论整体脉络的介绍，参见陈波："文化象征的扩展——评萨林斯《与修昔底德辩难》"，载《中国农业大学学报》（社会科学版）2008年第1期。

们置于一种危险的境地。

所谓的文化乐观主义，是萨林斯理论的这样一种倾向：过高的估计文化的抗干扰能力，具体地说，他高估了非西方文化抵抗西方文化扩张的能力。这一点在《人类学的启蒙》中表现得十分明显。在这篇演讲中，他分析了爱斯基摩等地方文化的现状。他认为，尽管西方的技术、资金、观念大量的进入，但是其结果却是本土文化吸收了这些要素。在他看来，对物质性要素而言，非西方人大可以拿来使用而不用担心对自己本地的文化要素有何影响；对来自于西方的价值观，生活理念等精神性要素，则会被本地文化按照自己的逻辑去消化，萨林斯写道："以熟悉的逻辑把外国东西包容进来，使其发生同化，这使外来的形式或者力量发生背景的变迁，从而也改变了他们的价值"。[13] 所以，最终萨林斯乐观的得出这一结论"文化不在消失"。

在我看来，这一观点如果不是错误的话至少是低估了现实发生的文化碰撞的激烈程度。从事实层面来说，就以中国为例，我们明显能感受到现在的生活和我们从各种典籍中所感受到的古代生活之间的巨大差别，或者不用那么遥远，当所谓的 80 后和从 20 世纪 60、70 年代走过来的人交流时，他们之间都能感受到双方在一系列问题上存在的分歧。诚然对这些经验材料进行分析应当慎重，但由这些实实在在的实例我们至少可以合理的推论，在全球化背景下，中国的文化有了重大的变化，这种变化远远超过了萨林斯的想象。

中国的例子或许可用来批评萨林斯忽视或者至少是低估了西方文化的扩张性和对非西方文化的侵略性。在这样一种侵略性的扩张作用下，要保护本土文化，就迫切的要求社会成员对本土文化正处于危机之中有清楚的意识，同时国家社会和其他组织应当较为积极的介入本土文化的守卫当中。但是，如果人们接受了萨林斯理论的指导，那么极有可能这种危机性被缓和了（如果不是被完全掩盖了的话）。国家无需介入，社会也无需插手，反正文化自身有足够的防御能力。这样，当萨林斯指责未启蒙的人类学者低估了本土文化的生命力时，他自己却高估了本土文化的生命力。如果用哪一种人类学理论能帮助我们更好的捍卫本土文化作为在不同学说之间作出选择的标准，那么我们似乎更应当选择未启蒙的人类学理论，因为这种理论可能让我们更清醒的认识到文化的碰撞是一场残酷的征服和反征服的战争，而不是温情脉脉的请客吃饭，送客回家。

萨林斯的文化决定论合适的终点应当是对文化个殊性的揭示，但它却越界了，停在对文化具有抵抗异文化侵略的能力这一不适当的断言上。此种文化乐观

---

〔13〕 ［美］萨林斯：《甜蜜的悲哀》，王铭铭、胡宗泽译，三联书店 2000 年版，第 62 页。

主义在理论层面上的冲击是突出了萨林斯的工程中缺少一种关于文化形成和变迁的理论。既然萨林斯把文化置于他的理论的中心地位，那么他就应当对文化的产生以及发展变化作出必要的分析，否则我们可以合理的追问：在漫长的文明历史上，文化的变迁和不同文化之间的相互影响是显然的，如果文化自身都始终处于相互变化之中或者存在改变的可能性，那么它怎么能如萨林斯所设想的那样为文明的特殊主义理解提供一种坚固的基础呢？

程序主义法律范式的当代使命
——简评《在事实与规范之间》

陈　伟*

自亚里士多德提出法治国的两个理想："良法之治"与"一体遵循"，西方法治思想已经历了两千三百多年的历史。历经如此漫长的历史，法哲学的根本问题非但没有改变，反而变得越来越明晰起来：从"良法之治"这条脉络生发出来的自然法思想强调法律对个人正当权利的维护，如今已发展为以罗尔斯、德沃金为代表的对现代法律研究的规范主义进路；从"一体遵循"这条脉络生发出来的实证法思想则强调国家权力对现实法律之强制力的维护，如今也已发展为以卢曼为代表的对现代法律研究的系统功能主义进路。

自然法脉络扎根于古典社会契约论的土壤，理性主义痕迹较为明显，个人权利的条条框框非经理性主义法学家的思考似乎就不能为普通民众自然获得。实证法脉络则借着以经验主义为渊源的实证主义思潮的日益得势覆盖了 20 世纪初期法哲学研究的经纬，法学家的地位从权利的发现者下降为现实法律规范的整理与解释者，个人权利的自然有效性为国家权力的强制事实性所取代。如果可以说理性主义是大陆法典法系的思想特征而经验主义为英美判例法系的思想特征的话，那么自然法思想似乎应当成为大陆法系的法学思维模式而实证法思想则应当成为英美法系的法学思维模式。但从现实历史的发展来看，无论哪个法系，两种思维模式都是相互交织在一起。在历史发展的不同阶段上，某种思维模式的得势并没有一劳永逸地消灭另一种思维模式。伴随着宗教和形而上学在历史发展中的衰落，宗教自然法或理性自然法逐渐失去了在法哲学思想中的统治地位；而随着实证主义思潮热浪的逐渐冷却，纯粹的实证法思想也渐渐淡出法学家们的理论视野。

亚氏提出的法治国的两个理想为自然法思想与实证法思想设定了各自的问题域。自然法的兴起离不开元哲学层面意义上的启蒙现代性对理性的乐观预期，随着元哲学层面上现代性批判浪潮的兴起，认为理性认知先于经验从而先于实证法

---

* 南京大学法学院博士后，哲学博士。主要研究方向为现代西方法哲学、生态法学。

的"理性自然法"这一想法普遍被认为是一种主体的独断论，在法哲学研究中渐渐丧失了合法性根基。取而代之的实证法思潮为了划清与自然法的界限，越来越宣称自己的"纯粹性"，即强调法律规范乃至于法学研究可以完全不依赖于任何道德伦理教条甚或任何其他学科而"独立"存在。这就从实证法的经验主义出发重新走入了实证法的形而上学，以实证法的理性意识形态取代了自然法的理性意识形态。如果从唯名论与实在论之争的视角来区分自然法思想与实证法思想的话，那么自然法思想是超越于人类经验制定的现实法律规范的"自然法实在论"，而实证法思想则是认为所谓的"自然法"仅仅是出于学理上的方便考虑而可有可无、最好没有的"自然法唯名论"。令人扼腕的是，实证法思想发展的极端竟然是实证法律规范的"神话化"。神话化之后的实证法其实质是"非法律化"的"法律唯名论"，即法律仅仅成为一种方便的名称，用来指代"领导人"的个人意志或特殊利益集团的意志。法律在自然法和实证法两个方面都被抽空，良法转变为恶法，一体遵循的基础转变为意识形态的服从或纯粹的恐惧。

纳粹统治固然不可能长期存在于人类社会，但谁又能保证另一种改头换面的纳粹统治不会突然再度莅临人间，为邪恶化上正义的浓妆，借着绝对精神之名行绝对利益之实呢？因此，自然法复兴的种子甚至已经蕴含在实证法的极端之中，战后一系列实践和学理上的反思不过为这粒种子提供了一块期待已久的土壤而已。至此，自然法与实证法思想的视阈融合几乎已经成为一种历史潮流，战后自然法的复兴迅速拉平了自然法与实证法之间的力量对比关系，1971 年罗尔斯《正义论》[1] 的发表进一步强化了规范主义进路在人文社会科学中的合法性地位。而元哲学层面上的语言学转向为自然法与实证法的融合在理论基础上铺平了道路：自然法究竟是一种实在或仅仅是一种名称？这一问题已经不再能够被完全合法的提出。无论"实在"或"名称"都是内在于语言之中的东西，两者之间的关系已非完全对立的"外在于主体"与"内在于主体"那种不可超越的关系——自然法与实证法、有效性与事实性之间的区别必须通过语言的中介才能够被真正认知。

由亚氏提出的法治国的两个理想分别构成了法哲学领域中的两股思潮的核心问题，而以追求有效性为目的的自然法与研究事实性为目标的实证法这两股思潮之间的二元对立不过是近代哲学二元对立思维的曲折反映。"同西方哲学发生的

---

〔1〕 John Rawls: *A Theory of Justice*, Cambridge, Massachusetts: Belknap Press of Harvard University Press, 1971.

根本转型一样，西方法哲学也发生了从形而上学的思辨理性主义、绝对主义和二元论向反形而上学的非理性主义、相对主义和克服二元论的转型。"〔2〕 以自然法之有效性所强调的个人权利（人权）、个人自主、主观权利、合法性、司法的合理性为一方，以实证法之事实性所强调的国家权力（人民主权）、公共自主、客观法、合法律性、法律的（不）确定性为另一方，两方之间的二元对立构成了西方法哲学研究的所有核心概念，用法律范式来概括所有这些概念间的对立，则是自由主义法律范式与福利国家（共和主义）法律范式之间的对立。历史用实践的车轮碾平了有效性与事实性二元对立的裂隙，哲学则通过语言学转向之后的"语言"包裹起有效性与事实性这对原本分裂的矛盾。由此，法哲学在当代的核心问题已经不是"自然法与实证法、有效性与事实性需不需要融合"，而是在两者必须融合的前提下来探讨通过什么样的具体方式才能够更加合理地达到深入融合的效果。哈贝马斯的法哲学就是对这个问题的解答，"程序主义法律范式"〔3〕则构成了哈氏答卷的关键词。

从哲学理论出发，哈贝马斯发动了批判理论的"语言学转向"，用交往行动理论加深并扩充了对人类行动本质的理解，用交往理性拯救了理性在现代社会中的合法地位。交往行动的普遍语用学前提之理想的商谈情境为法治国的民主程序创设了"准经验"的原型。说这个原型是"准经验的"是要突出其在经验与先验之间的中间状态：既非完全经验的现实制度更非完全先验的理论幻想。普遍语用学前提源自日常语言交往不得不设定的理想条件，理想的商谈情境就是对这一理想条件的理论描述。一个发生在理想的商谈情境中的行动，即一个行动只要同时满足了语言的可理解性、真实性、正当性、真诚性这四个有效性要求就是一个以理解为取向的交往行动；同样的道理，一条法律规范乃至整个法律体系只要是在这样的理想的商谈情境之中制定出来的，就一定具有有效性（合法性）。对这种理想商谈情境的法律建制化正是"民主"的本质所在。也就是说，民主的本质不是某种具体的语义"内容"，而是法律商谈要想正确（有效）进行所需满足的语用"程序"，程序主义法律范式的要义即在于此。

从历史实践出发，哈贝马斯综合了自由主义法律范式与福利国家法律范式对现代法律本质的看法，法律既非外在于私人领域仅仅出于确保消极自由而设定的"契约"，亦非依靠某些精英的理解对私人领域施加无微不至的家长主义式关怀。

---

〔2〕 莫伟民："西方法哲学的近现代转型及其启示"，载《中国社会科学》2002年第1期。

〔3〕 Habermas, *Between Facts and Norms: Contributions to a Discourse Theory of Law and Democracy*, trans. W. Rehg, Cambridge, MA: MIT Press, 1996, pp. 388~446.

法律毋宁是立法与司法的"一体化商谈"，在主体间平等这一前提下，把来自公共领域的问题摆在正式的民主程序中加以商谈——无论这一民主程序是立法程序还是司法程序。主体间平等这一诉求内在地要求私人自主与公共自主、人权与人民主权之间的辩证综合：私人自主与人权只有在公共自主与人民主权的环境中才可能获得现实性，公共自主与人民主权绝不能借多数人之名削弱私人自主与人权的相对独立的有效性。

从哲学理论的"语言学转向"和从历史实践的"范式转换"这种双重视角出发，哈贝马斯的程序主义法律范式力图弥合作为社会事实的法律（事实性）与作为合法之法的法律（有效性）之间的似然悖论。这个悖论的有力表述是现代法律的"合法性源自合法律性"。"合法性源自合法律性"是现代法律创制及法律实施中可以观察到的现象，任何有效的法律规范的制定（合法性）都必须经由特定的法律程序（合法律性）。用哈特在《法律的概念》（1961）[4] 中的说法就是初阶法律规则（直接适用于公民的规则）来源于次阶法律规则（关于创设、修改、解释和适用初阶规则的规则）。初阶规则的有效性源自次阶规则的事实性，这一点逻辑清晰、层次分明，但次阶规则的有效性源自何处？哈特没能给出令人满意的回答。如果不给出次阶规则的合法性来源，或者把次阶规则的合法性"规定"为民主的历史事实性，那么民主法治国的合法性根基就始终有受到动摇的危险——合法性居然和理性或公民自主性失去了联系。在我们这样一个宗教与形而上学话语都已衰落的"后形而上学"社会中，理性（交往理性）与自主性不得不、也已经成为我们的"宿命"。人们已经不得不依靠自己在此世的自主理性（而非上帝或理念）来规划社会运行的轨迹。且不论社会甚至生活世界在多大程度上被"系统"所殖民，作为宿命的理性仍不得不宣称自身的有效性，启蒙理性的乐观已经转变为交往理性的悲壮。悲壮的理性与宿命的自主毋宁说是一种承诺，在只有在这种承诺中才可能探悉存在的意义。现代法律的合法性基础亦只能存在于此种承诺之中，次阶规则的有效性因此源自日常语言的交往性——主体性范式已经转化为主体间范式：理性与自主只可能是语言交往的理性与语言交往的自主。"合法性源自合法律性"这一似然悖论在后形而上学社会中于是就成为一条真理，这条真理的前提则是"合法律性源自合法性"——次阶规则的事实性源自以理解为取向的日常语言交往的有效性。

有效性与事实性之间的辩证关系构成了程序主义法律范式的核心，这对关

---

[4] H. L. A. Hart: *The Concept of Law*, Oxford: Oxford University Press, 1961.

系的内外两个方面则分别对应于现代法律的规范性"自我理解"[5]及法律与其他社会事实之间的"相互理解"[6]。现代法律规范无非是有效性与事实性内在张力的制度性表现。具体说来，即个人权利与国家权力、人权与人民主权、私人自主与公共自主、合法性与合法律性、司法的合理性与法律的确定性之间的张力构成了现代法律的规范性自我理解。这些内在张力"内在"于现代民主法治国的法律概念之中，法律若失去有效性与事实性的内在张力就不再是合法之法，张力的一方若脱离另一方从而使得张力失衡的话也将扭曲对现代法律概念的理解。因此，合法之法本身就是有效性与事实性的辩证综合体：一方面法律的制定需要得到所有利益相关者的合理同意（有效性）；另一方面如此制定出来的法律需要获得国家强制力（事实性）的保障——权利的有效性需要权力的事实性来保证其转化为现实，而权力的事实性又需要权利的有效性来确保其构成的合法性。法律的有效性与事实性的内在张力得到理论与实践的不断确证，如何维持两者之间的平衡成为法哲学研究的主要着力点。而作为有效性与事实性辩证综合体的法律与外在于法律的某些社会事实之间也存在着张力，这就是有效性与事实性的外在张力。对外在于法律的事实性进行研究原本是社会学的领域，但为了沟通法哲学研究中的规范主义进路与经验主义进路，尤为重要的是，为了在现实社会这个更广阔的语境中理解现代法律，哈贝马斯以程序主义法律范式的包容性把外在张力也纳入了法哲学研究的视阈中。法律的有效性与社会的事实性之间的张力（有效性与事实性的外在张力）处理的是合法之法与社会权力、经济利益、历史遗留因素这些"社会事实"之间的关系。如何尽量避免社会事实因素对民主立法与司法的非法干扰因此成为有效性与事实性外在张力的主要问题。一方面，主体间平等地法律商谈（民主的立法程序）在不断地供应新的制度性事实，这些新的制度性事实因此同时具备了事实性与有效性；另一方面，既定的、非通过主体间平等商谈产生的社会事实总在不断地试图或已经侵犯了民主立法的有效性。如何用前一种有效的制度性事实力量来抵御后一种既成的纯粹的事实性力量成为具有规范主义视角的经验研究的课题。有效性与事实性之所以存在外在"张力"是因为现实社会不可能也没有必要铲除纯粹的事实性力量，有可能有必要的是用法律的有效性（创造有效的制度性事实）来抗衡社会的事实性，使得两者之间达到保证法律有效性不被侵犯的平衡，足以用有效性作为批判基准来衡量法律本身究竟有没有被事实性扭曲。

---

〔5〕 同上注3，第82～286页。

〔6〕 同上注3，第287～387页。

内在于法律之中的有效性与事实性之间的张力当然是对亚里士多德法治国两个理想的当代回应，而法律本身的有效性与外在于法律的事实性之间的张力则是对实证主义法学思想挑战的回击：具有规范性内涵的程序主义法律范式并没有忽视对现实社会因素的研究。通过对法律之有效性与事实性之间各种张力的具体揭示，哈贝马斯试图用程序主义法律范式重新澄清自然法与实证法、大陆法系与英美法系之间的内在关联：现代民主的本质是以日常语言交往的理想语用前提为原型的建制化程序，而法律一方面是对民主程序的建制化（在此意义上法律是"自然"的，因为主体间以语言为中介的平等商谈是"自然"的），另一方面是由这种建制化程序生产出来的具体规范（在此意义上法律是"实证"的，因为经由民主程序所立之法就是现实中的具体法律规范）。更进一步，对法律的有效性研究使用了现象学的方法，主体间以语言为中介的有效性并不是什么具体的、内容固定的"本质"，而是根据不同语境"随机应变"生产适合"实事本身"的"法律现象"。而对法律的事实性研究则使用了分析哲学的方法，事实本身就是内在于语言之中的事实，现代法律的事实性需要以外在的观察者视角加以客观分析，即从对法律的语义功能描述入手来证成法律已经成为当代社会整合的主要力量。哈贝马斯通过以事实性与有效性张力支撑的程序主义法律范式对亚氏法治国理想分裂后的大综合的确蔚为壮观：自然法与实证法、大陆法系与英美法系、现象学与分析哲学、唯名论与实在论、理性主义与经验主义、规范主义与功能主义、人权与人民主权、私人自主与公共自主、合法性与合法律性等所有这些方法或概念间的内在辩证关系都被一览无遗地揭示出来并得到了基于交往行动理论的系统性的"重建"。[7] 尽管程序主义法律范式的"体系"是关于产生内容的合法程序的体系而从根本上区别于黑格尔法哲学基于绝对精神自身发展的逻辑而重构的具体法律规范内容的体系，但称哈贝马斯的程序主义法律范式为当代最后一个法哲学"体系"绝不为过。现在的问题则是，理论上重构出的体系能否化解社会现实中的危机，程序主义法律范式能否如哈贝马斯（或别有用心者）所期待的那样在后形而上学社会中完成其当代使命？

法治国合法性危机的根源既然是合法性未能被及时诉诸理性与自主，现代法律的悖论性根源既然在于法律的承受者未能及时把自己理解为法律的创制者，那

---

〔7〕 早在三十多年前，麦卡锡教授就已经把哈贝马斯称为综合理论的"大师"，并注意到了哈氏所有理论中的视角统一性，"机会没有哪个人文社会科学领域没有感受到他的思想影响，无论就其视野开阔的专业性著作的广度还是深度而言，他都是一位大师。然而他对哲学与心理学、政治科学与社会学、思想史与社会理论的独特贡献并不仅仅在此，更在于他在所有这些领域中的视角统一性。"McCarthy: *The Critical Theory of Jürgen Habermas*, Cambridge, MA: MIT Press, 1978, Preface, p. 1.

么似乎从理论上澄清问题所在，实践中的问题自然就能够得到化解。但社会现实却依然我行我素，现代民族国家内部乃至全球化背景中的认同危机似乎并不理会"多元声音中的理性同一性"[8]。于是批判之声不绝于耳，初闻之下道理颇多，但深究下去终觉不得要领：或是有意无意误解了某些概念的内涵，或是生搬硬扯出某些哈贝马斯从来就没有想表达的思想套其项上、立靶批驳。问题并不在于程序主义法律范式所依赖的理想的商谈情境究竟是否具有乌托邦的性质（实际上，理想的商谈情境是交往行动得以可能的前提条件而非将要在未来某个时代完全实现的制度性构想），不具有任何乌托邦性质的社会理论倒真值得我们警惕；问题也不在于程序主义法律范式的"程序"究竟有没有掺杂了或掺杂了多少未被意识到的具体价值"内容"（实际上，哈贝马斯已经为程序主义法律范式奠定了具有民主传统的公共领域这个牢固的基础），深谙哲学常识的哈贝马斯若当真不理解程序与内容的辩证法——不存在脱离内容的程序正如不存在脱离程序的内容——的话，也不至于被称为"当代黑格尔"。哈贝马斯诊断出了现代性疾病的种类，甚至也开出了专门治疗政治法律问题的药方——程序主义法律范式。病情的康复固然离不开医生的诊断与药物治疗，但病人自身的求生欲望与积极配合在某种程度上更为重要，这绝非医生所能控制之事。"谋事在人，成事在天"，在"自主性"这一程序主义法律范式的"独断论核心"已然成为人类宿命的语境下，"命运"已经从上帝或理念的超越性回归到现实生活的世俗性。命运掌握在人类自己的手中同时意味着责任也只能由人类自己承担，任何历史无情或命运残酷的借口都仅仅成为自我安慰的借口而已。无论早期批判理论对现代性一边倒的尖锐批判还是当下系统功能主义对现代性的"去价值化"维护，都是推卸责任的借口：前者通过对现代性的完全否定推卸责任（现代性的一切后果都是我批判过的，若真的发生或已经发生则与我无关），后者通过对现代性的完全肯定推卸责任（现代性的后果不处于自主性掌控的范围，我只是在做客观的描述，即便真的发生或已经发生也并非我的责任）。哈贝马斯清晰感受到了命运（时代）赋予当代哲学家的使命，哲学家虽不再握有洞悉世间万物本质的权力、哲学虽已失去往昔知识之王的统治地位，但哲学家仍要通过哲学的"多语性"[9]深入挖掘现代性的合理潜能，"取其精华、去其糟粕"，承担起现代性诊断这一重要的社会

---

〔8〕［德］哈贝马斯：《后形而上学思想》，曹卫东、付德根译，译林出版社2001年版，第1137页。

〔9〕哈贝马斯认为，当今的哲学同时扮演着两种角色，一种是"在生活世界和特定的专家文化间充当解释者的角色"，另一种则是"一种更加具体的角色，在经过组织的知识系统本身中与各种不同的重建学科保持合作"。Habermas：*Autonomy and Solidarity – Interviews with Jürgen Habermas*，Dews, P. （ed.）London：Verso, 1992, p. 258.

病理学任务，承担起人类必需承担的历史责任。当一个医生诊断出了病人的病因并开出了适合的药方，我们就说这是个合格的医生。在对交往行动理论和程序主义法律范式能够达到的理论效果提出了过多的要求之后，又要求医生重返上帝的角色来保证本应通过病人自身的努力与配合才能达到的药到病除之效果，过矣。

康德论道德与法的关系*

邓晓芒**

—

道德与法的关系历来是中国人很重视的，我们通常把它视为道德和政治（或"刑政"）的关系。如孔子说："道之以政，齐之以刑，民免而无耻；道之以德，齐之以礼，有耻且格。"（《论语·颜渊》）这种关系在中国历史上体现为儒家和法家两种意识形态的关系，而这两者又是不可分的。虽然两千多年的中国历史中，历代王朝统治者实际施行的是"儒表法里"、"阳儒阴法"，但在观念上和意识形态上却一直是"儒内法外"。换言之，虽然统治者真正信奉的是"枪杆子里面出政权"，崇拜的是赤裸裸的暴力和阴谋，但口头上仍然强调政治暴力只有出于"天理天道"才被承认为正当，或者说凡靠暴力成功夺权者都必定要给自己披上道德的面纱（替天行道），否则其权力是不稳固、不长久的。所以从理论上来看，中国传统的法都是建立在道德的基础上的，道德被看做比法更深层次的形而上的根基。

与此相反，西方自古希腊以来都是把道德建立在法的基础之上。这一点从古希腊神话中就已经有所显示了，例如希腊神话中的最高主神宙斯就是职掌法律之神，而不是道德之神，他本身毋宁说是极不道德的，经常做违反道德的事，如把自己的父亲打入地狱，以及经常与人间女子通奸等等。他自己不为人类做一点好事，反而把为人类做好事的普罗米修斯钉在岩石上让老鹰啄食肝脏。当然，一旦人间的法律得以建立并被视为神圣，人间的道德也就有了基础，守法被视为道德的，违法则是不道德。但这种人间道德不能用来衡量和评价法律的制定者宙斯，所以这种法律也不是建立在道德上的，而是建立在神的最高权威和公正（公平、

---

　　* 原载于《江苏社会科学》2009 年第 4 期。
　　** 华中科技大学哲学系教授。

正义）之上的（如宙斯把自己的父亲打入地狱也是以正义的名义）。在犹太教和基督教的《圣经》中，摩西在何烈山上向以色列人传达上帝的"十诫"，作为同以色列人订立的约法，是写在两块石板上的成文法。这些律法中虽然也有"孝敬父母"、"不可杀人"、"不可奸淫"、"不可偷盗"、"不可作伪证"、"不可贪恋别人的妻子财物"等六条道德规范，但却是作为人与上帝的"约法"而颁布的，而不是作为传统伦理习惯来强调的；并且十诫中最重要的还不是这些，而是前面四条约定的规范，即"崇拜唯一的上帝而不可拜别的神"，"不可拜偶像"，"不可妄称上帝的名字"，"守安息日"，这四条都不具有道德含义。所以，犹太教和基督教的道德是以对权威的信仰为前提的，归根结底也是以上帝颁布的律法为前提的，世俗的律法和道德都统一于上帝的律法，也就是统一于上帝的公正、正义（right）。例如摩西在颁布了上帝的十条诫命后，说："耶和华眼中看为正（right）、看为善（good）的，你都要遵行，使你可以享福"[1]。而"正"（right）可以是在人与上帝之间的公正（遵守律法，而获得相应的幸福），也可以是在人与人之间的公正："无论是弟兄彼此争讼，是与同居的外人争讼，都要按公义（rightly）判断。审判的时候，不可看人的外貌；听讼不分贵贱，不可惧怕人，因为审判是属乎上帝的。"[2]

从古希腊的城邦法开始，西方法律的最高原则就是"正义"或"公正"（right），而公正连同它所带来的幸福一起则被称为"善"（good）。公正的来源被归于宙斯。相传宙斯派赫美斯（交通、信息之神）把正义带到人间，赫美斯问，是带给某些人呢，还是带给所有的人？宙斯说，带给所有的人。因为像医术、建筑术、铁匠和木匠技术只须某些人拥有就行了，但正义必须一切人都拥有。"因为一个人不可能不拥有一份正义，否则他就不是人。"[3] 这里已经隐含着人人普遍地拥有公平权利的思想了，而这种思想与人是理性的动物、人人具有理性的观点有内在的关联。公元6世纪形成的《查士丁尼法典》标志着罗马法的定型，其中贯穿着最早由亚里士多德提出、到斯多亚派成形的永恒正义或"自然法"的思想。这一思想在西塞罗的《论共和国》中表述为："真正的法是符合自然的正当理性；它是普遍适用、永恒不变的；它以其命令召唤义务，以其禁律制止罪恶。……一个永恒不变的法在所有国家和一切时代都将是行之有效的，主人

---

〔1〕《旧约·申命记》6.18。

〔2〕《旧约·申命记》1.16～17。

〔3〕［古希腊］柏拉图：《普罗泰戈拉篇》。参见［古希腊］柏拉图：《柏拉图全集》（第1卷），王晓朝译，人民出版社2002年版，第443～444页。

和统治者将只有一个，这便是上帝，因为他是这个法的创造者、颁布者和执行者。"[4] 上帝赋予人的本性（自然）是理性，理性由于其普遍性和永恒不变而成为正义的标准，这就是"自然法"。这种意义的自然法从奥古斯丁到托马斯·阿奎那都没有根本的变化。

近代以格劳秀斯和霍布斯为代表的"自然法"概念虽然有与上帝脱勾的倾向，但从人的理性本性中推出自然法及其正义原则却与古代一脉相承。如格劳秀斯说："撇开自我利益和便利的考虑，正是理性洞察到公正是一种内在于自身并为了自身的美德，是一种善行。因而人很自然地要去寻求建立与他人联系的社会、自然而然地具有了语言能力和推理能力；自然而然地希望举止适度得当，……"[5]霍布斯作为无神论者更是把自然法按照几何学方式从人的感情中推演出来。在他看来，人在"自然状态"中既无正义，也无道德，只有自保本能。但出于自保本能而建立起来的社会契约则把法和道德全都纳入自然法之下了。"霍布斯对自然法则探讨的一个主导目的是，使人们增进友谊，和平共处，从而尽可能地减小甚至结束由于骄傲自大、不公正以及过分的自爱而产生于人之中的磨擦、憎恶以及敌视。自然法则中有仲裁争议的法规以及公平不倚地分配有争议的财产的法规，禁止忘恩负义，甚至对罪犯的审判也不允许带有仇恨、藐视或不尊重的表示。……那些由于太疏忽或太忙碌而未学习这些法则的人也能通过这一原则———不要把己之不欲强加于人而理解这些法则。"[6] 他们的这些说法颇类似于一个自然科学家的说法，只不过他们把这种科学法则运用于人类社会和人与人的关系之中罢了。连"己所不欲勿施于人"的道德法则也成了科学（几何学）的推论。但这一传统在康德这里遭到了一场颠覆。

二

要理解这场颠覆，我们首先要区分"自然法"的两个不同的含义，一是指"自然法则"（dienatürliche Gesetze），二是指"自然法权"（Natur－recht，或译"自然权利"）。通常，康德用前者来翻译拉丁文的 leges naturae（自然法则），用

---

〔4〕［美］列奥·施特劳斯、约瑟夫·克罗波西主编：《政治哲学史》（上），李天然等译，河北人民出版社1993年版，第186～187页。

〔5〕同上注，第456页。

〔6〕同上注，第474～475页。

后者来翻译拉丁文的 jus naturae（自然法权）。"自然法则"就是"自然规律"，德文中同一个 Gesetze 既可以译作"法则"、"法律"，也可以译作"规律"。而 Recht 则既有"法律"的意思，也有"权利"的意思，中文为兼顾这两层意思，通常译作"法权"。这两个德文词在"法律"、"法"这层意思上是重叠的，但在另一层面则是完全不同的。从历史上看，可以说西方人对自然法的理解有一个从自然法则到自然权利（自然法权）的过渡。黑格尔在谈到"自然规律（法则）"和"法（法权）的规律"的区别时说："关于认识法（Rechte），现代世界还有一个更迫切的需要，因为在古代，人们对当时的法律还表示尊敬和畏惧，而在今天，时代的教养已改变方向，思想已经站在一切应认为有效的东西的头上"，"由于思想已提高为本质的形式，人们必须设法把法作为思想来把握。"[7] 而这种把握就是把法（权利）理解为自由："法的理念是自由"[8]。这说明，古代人把自然法理解为不可违抗的自然规律，近代人则把自然法理解为人自身的自然权利，即天赋人权、自由。对于这两种自然法，康德虽然没有像黑格尔那样从历史上作出说明，但在概念上已经分得十分清楚了。在这一点上，他比近代那些自然法派的法学家和哲学家都要清醒。

例如，对于通常讲的"自然法则"，康德是这样规定的：对于赋予责任的（verbindenden）法则而言，一种外在的立法是可能的，一般而言这些法则就叫做外在的法则（leges externae）。在这些法则中间，有一些法则，对它们的责任即便没有外在的立法也能被理性先天地认识，它们虽然是外在的法则，但却是自然的法则（natürliche Gesetze）……[9]

这里，自然法则是"外在的法则"，它本身虽然不是外在立法的产物，但却是一切外在立法的"实证的法则"（positive Gesetze）之所以可能的前提，因为它是能够"被理性先天地认识的"。这正是"自然法"作为自然规律自从亚里士多德和斯多亚派以来所推崇和强调的那种传统含义。在这种自然法体系中，"自然法"和"实证法"分别占据了两个高低不同的层次。然而，值得注意的是，康德除此之外还提出了另外一套法的体系，这就是与自然法则不同的自然法权（自然权利）体系，它同样有两个高低不同的层次。康德在"法权的一般划分"中对此作了阐明：

1. 作为系统的学说，法权划分为自然法权（Naturrecht）和实证法权（das

---

〔7〕［德］黑格尔：《法哲学原理》，范扬、张企泰译，商务印书馆 1979 年版，序言第 15 页。

〔8〕同上注，导论第 1～2 页。

〔9〕李秋零主编：《康德著作全集》（第 6 卷），中国人民大学出版社 2007 年版，第 232 页。

positive Recht），前者建立在全然的先天原则之上，后者则来自于一个立法者的意志。[10] 实证法权又称为"按照规章的"（statu-tarische）法权，即成文法所规定的法权；自然法权则是实证法权之所以可能的前提。显然，这套自然法权体系与上述那个自然法则体系具有形式上的同构关系。但实质上两者却有根本的不同，这一点在康德对法权划分的第二个阐明，即法权的"功能"阐明中即可看出来：

2. 作为使他人承担义务的（道德的）能力（Verm gen），亦即作为对他人的一个法律根据（titulum 尊严）的法权，其上位的划分就是划分为生而具有的法权和获得的法权，其中前者是那种不依赖于一切法权行为而自然归于每个人的法权；后者则是需要这样一种法权行为的法权。[11]

"能力"即"功能"。阐明法权的"学说"与阐明其"功能"是两个不同的层次，类似于康德喜欢做的"形而上学的阐明"和"先验的阐明"的区分。在这里，"生而具有的法权"和"自然法权"、"获得的法权"和"实证法权"分别有一种对应关系。而康德所要考察的主要是第一种对应关系，即"生而具有的法权"是"自然法权"的应用功能，而"自然法权"是"生而具有的法权"在应用时的标准。那么，这套法权体系与前述那种自然法则体系有什么不同呢？根本的不同就在于，自然法则是一种"外在的法则"，而自然法权是一种"内在的法权"，如康德所说："生而具有的'我的'和'你的'也可以被称为内在的'我的'和'你的'"。[12] 而这种内在的、生而具有的法权"只有一种"，这就是"自由"：自由（对另一个人的强制任性的独立性），就它能够与另一个人根据一个普遍法则的自由并存而言，就是这种唯一的、源始的、每个人凭借自己的人性应当具有的法权。[13]

当然，按照康德的解释，这唯一的自由权在涉及自己的自主性和与他人关系的权限时也包含丰富的内容，但所有这些权限都属于自由的法权概念之下的各个环节。或者说，自由权是衡量所有这些具体法权的最终标准。康德说：人们之所以把这样一种划分引入自然法权体系（就它与生而具有的法权有关而言），其意图在于：一旦对获得的法权发生了争执，出现了问题，谁有责任作出证明……就可以在方法上像依据不同的法权条文那样援引他生而具有的自由法权（这种法权

---

〔10〕 同上注，第246页。

〔11〕 同上注，第246页（译文依照普鲁士皇家科学院1914年德文版《康德全集》第6卷第237页，有改动）。

〔12〕 同上注，第246页。

〔13〕 同上注，第246页。

现在就根据其不同的关系而被专门化了）。[14]

　　更加值得注意的是，这种"生而具有的法权"是一种使他人"承担义务"（zu verpflichten）的"道德的"（moralischer）能力，这和自然法则作为"赋予责任的"（verbindende）法则是本质上不同的。在德语中，Pflicht 和 Verbindlichkeit 两个词虽然都有"义务"、"责任"的意思，康德甚至常常把两个词互换使用，但前者是更为内在的、出于本心的，它来自 pflegen，即"照料"、"看护"；后者则是外在的，它来自 verbinden，本意是"束缚"、"捆绑"。这就不难理解，为什么康德认为自然法权作为生而具有的法权是一种"道德的"能力，与内在义务相关，而自然法则却不是，它只是一种外在的责任。所以我们可以认为，正是通过追溯自然法权内在的道德根基，康德把自然法权与自然法则区别开来了。或者说，自然法权是把自然法则引向其道德内核的桥梁。那么，康德是如何进行这一引导的呢？

三

　　康德的步骤是，首先对自然法则和自由法则作出了区分；然后把自由法则区分为外在的（合法的）和内在的（伦理的），并把合法的和伦理的法则都归于"道德的"。他说：与自然法则不同，这些自由法则叫做道德的。就这些法则仅仅涉及纯然外在的行动及其合法则性而言，它们叫做法学的；但是如果它们也要求，它们（法则）本身应当是行动的规定根据，那么，它们就是伦理的。这样一来人们就说：与前者的一致叫做行动的合法性，与后者的一致叫做行动的道德性。与前一些法则相关的自由只能是任性的外在应用的自由，而与后一些法则相关的自由则不仅是任性的外在应用的自由，而且也是其内在应用的自由，只要它是由理性法则规定的。……无论是在任性的外在应用中，还是在其内在应用中来考察自由，其法则作为一般自由任性的纯粹实践理性法则，都毕竟必须同时是这任性的内在规定根据，虽然它们并非总是可以在这种关系中来考察。[15]

　　自然法则有必然性，但无自由；自由法则也有必然性，但同时有自由。而这自由分为外在应用的自由和内在应用的自由，前者涉及法学，后者涉及伦理学和道德。康德把法权和道德的这种内外关系比作《纯粹理性批判》"先验感性论"

---

〔14〕　同上注，第 247 页。

〔15〕　同上注，第 221 页。

中讲的空间和时间的关系。在《纯粹理性批判》中康德是这样规定的：

空间是一切外部纯形式，它作为先天条件只是限制在外部现象。反之，一切表象，不论它们是否有外物作为对象，毕竟本身是内心的规定，属于内部状态，而这个内部状态却隶属在内直观的形式条件之下，因而隶属在时间之下，因此时间是所有一般现象的先天条件，也就是说，是内部现象（我们的灵魂）的直接条件，正因此也间接地是外部现象的条件。[16]

显然，在康德的法学和伦理学的关系中，伦理学是更本质的，正如在空间和时间的关系中时间是更内在、更根本的一样。我们甚至可以说，康德把自然法则和自然法权区别开来，就是为了在自然法权中看出更深一层的道德含义来，并把自然法权建立在这种道德含义之上。在他看来，以往的自然法派的法学家最大的毛病就在于使自然法则变成了外在的自然规律，把人降低为和动物一样服从自然规律的存在物，而丧失了其内在的道德尊严。即使他们把自然法则归于上帝的权威，也无助于使人从动物中提升起来。所以，他要把自然法权的唯一基点建立在人的自由之上，以便从中引申出道德的内涵。而这种道德内涵就在于道德命令本质上立足于自由意志的自我立法，即道德自律。这就完成了一个根本性的倒转：法或法则（Gesetze）不是天赋的，也不是上帝颁布的，而是人的自由意志的无条件的命令。道德立足于法之上的传统结构被颠倒为法立足于道德之上的崭新结构了。

康德对传统法学理解的这一颠倒颇有点类似于孔子的主张，即单纯的道之以政、齐之以刑只能够导致"民免而无耻"，只有道之以德、齐之以礼才能使人做到"有耻且格"。不同的是，在孔子那里刑政和道德仍然是互不相干的两张皮，虽然两手都不可少，但作用却完全不同，这就是后来的法家和儒家作为皇权统治的互补手段，所谓"儒表法里"。而康德则试图通过对法的本质的颠倒而把法建立在道德之上，他不只是说，我们除了需要道德以外，还需要法；而是说，我们之所以需要法，是因为我们需要道德。只有当我们在守法时不是为了其他功利的目的，而是把守法当做自己的义务，为义务而义务地守法，才真正具有了法的精神，也才使法本身具有了道德的含义。否则的话，我们守法就与动物遵守自然法则没有什么区别了，即"民免而无耻"。换言之，法律不只是强迫公民服从的外在手段，而且更重要的是，它是促使公民意识到自己的道德的一种训练，只要是良法，就能够使公民从"民免而无耻"日益进到道德上的"有耻且格"。好的法制是道德的先导，这正是孔子和儒家所从来没有想到过的。其实，儒家和法家对

---

[16] ［德］康德：《纯粹理性批判》，邓晓芒译，人民出版社 2004 年版，第 37 页。

"法"的理解主要是统治者对人民"用刑"的刑法，与西方人包括康德所理解的"自然法"（自然法则或自然法权）不可同日而语，这也可以解释为什么孔子不可能从"刑政"中引出自觉意识和道德意识来。

当然，在康德看来，自然法则和自由法则（自然法权）虽然有上述本质的不同，但它们都被称之为"法则"（Gesetze），这点却又是共同的，因为它们都是由理性建立起来的。康德的变革只在于把基点从理论理性转移到实践理性上来了。由纯粹实践理性所建立起来的这样一条实践法则就是康德所谓的"定言命令"："你要仅仅按照你同时也能够愿意它成为一条普遍法则的那个准则去行动。"[17] 这是一条道德法则，有时被康德简化为："按照一个同时可以被视为普遍法则的准则行动。"[18] 我们可以把这条道德法则和康德提出的"法权的普遍原则"对照一下，后者是："任何一个行动，如果它，或者按照其准则每一个人的任性的自由，都能够与任何人根据一个普遍法则的自由共存，就是正当的。"[19] 可以看出，在这里，道德法则中不论何种表述都必不可少的"准则"（Maxime）一词，在法权法则中却通过一个"或者"而变得可有可无了。这是一个重大的改变，它说明在法权法则中不像道德法则那样硬性地要求把法则置于自己主观的准则中作为动机，也就是不要求"为义务而义务"，而只要求客观行动上符合义务就行了。当然，一个人出于义务而守法是值得敬重的，但这并不是法律所要求的，法律只要求不违背义务，不论出于什么目的。所以法权义务与道德义务不同，它可以允许"他律"。如康德说的。

所以，普遍的法权法则"如此外在地行动，使你的任性的自由应用能够与任何人根据一个普遍法则的自由共存"，虽然是一条赋予我一种责任的法则，但却根本就没有指望、更没有要求我应当完全为了这种责任之故而把我的自由限制在那些条件本身上，而是理性仅仅说，我的自由在其理念中被限制在这上面，而且事实上它也允许受到他人的限制；……只要意图不是教人德性，而是仅仅阐明什么是正当的，那么，人们甚至不可以也不应当把那个法权法则设想为行动的动机。[20]

---

〔17〕 ［德］康德：《道德形而上学基础》，见普鲁士皇家科学院 1914 年德文版《康德全集》（第 4 卷），第 421 页。

〔18〕 李秋零主编：《康德著作全集》（第 6 卷），中国人民大学出版社 2007 年版，第 233 页。在《实践理性批判》中的表述是："要这样行动，使得你的意志的准则任何时候都能同时被看做一个普遍立法的原则。"邓晓芒译，人民出版社 2003 年版，第 39 页。

〔19〕 李秋零主编：《康德著作全集》（第 6 卷），中国人民大学出版社 2007 年版，第 238 页。

〔20〕 同上注，第 239 页（译文有改动）。

但尽管如此，康德仍然致力于推进人们对法权作道德化的理解，也就是作自律的理解。康德在《道德形而上学》中把"法的形而上学基础"作为"第一部"，而把"德行论的形而上学基础"作为"第二部"，把它们合称为"道德形而上学"，也正是这个意思。在他看来，法权问题归根到底是一个自由问题和道德问题，而不是什么自然规律问题。以"自然法则"的形式出现的法权法则（自由法则）只不过是对人们的道德意识的一种训练或导引，让人们以这种"他律"的方式逐渐悟出其中所包含的"自律"的本质，法律的目的最终还是要造就出道德的人来，达到如孔子所理想的那种"有耻且格"的社会状态。当然，一旦这种状态在现实中完全实现，法律也就不需要了，但康德认为这在现实中是不可能的，只能作为一个遥不可及的理想或理念来追求。而在这种追求过程中，法权法则、乃至于道德法则采取好像是"自然法则"的形式却是必要的。康德本人对于道德法则（定言命令）的第一种变形的表达方式即"自然法则公式"恰好就是这样说的："由于结果据以发生的法则的普遍性构成了在最普遍的意义上（按照形式）本来被称为自然的东西，即事物的存有，只要这存有是按照普遍的法则来规定的，那么，义务的普遍命令也可以这样来表述：你要这样行动，就像你行动的准则应当通过你的意志成为普遍的自然法则一样"。[21]

当然，这条定言命令的公式在康德那里并不是定言命令的标准表达式，而只是"被假定为定言的，因为人们如果要想说明义务概念，就必须作出这样的假定"[22]。它只是"类似于自然秩序的合规律性的命令"[23]。这种借用"类似"、"好像"来把道德法则表达为自然法则的手法，在《实践理性批判》中被称之为"纯粹实践判断力的模型论"，如康德说的："德性法则除了知性（而不是想象力）之外，就没有任何其他居间促成其在自然对象上的应用的认识能力了，而知性并不为理性理念配备一个感性图型，而是配备一个法则，但却是这样一条能够在感官对象上 inconcreto（具体地）得到表现的法则，因而是一条自然法则，但只是就其形式而言，是作为判断力所要求的法则，因此我们可以把这种法则称之为德性法则的模型（Typus）。"[24]

自然法则是道德法则的"模型"，它本身并非道德法则，而只是被用来作为纯粹实践理性法则在应用中的"判断力的规则"，也就是"问问你自己，你打算

〔21〕 ［德］康德：《道德形而上学基础》，见普鲁士皇家科学院 1914 年德文版《康德全集》（第 4 卷），第 421 页。

〔22〕 同上注，第 431 页。

〔23〕 同上注，第 431 页。

〔24〕 ［德］康德：《实践理性批判》，邓晓芒译，人民出版社 2003 年版，第 94～95 页。

去做的那个行动如果按照你自己也是其一部分的自然的一条法则也应当发生的话，你是否仍能把它视为通过你的意志而可能的？"[25] 比如说，当你要判断"说谎"这件事是否道德时，你就问问自己，你能不能把说谎看做一条如同自然规律一样的普遍法则？显然，这一反思性的思想实验马上就会使你得出否定的回答，因为如果人人都像服从自然规律一样必须说谎，则就必然不再会有人相信任何人的任何话，这样说谎就失去了它的作用，等于白费口水，也就不再会有人说谎了，这就导致说谎作为一条自然法则必然会自我取消，而失去其普遍性。但真正的自然法则是不可能自我取消的，所以你不可能把说谎看做一条自然法则。在这里，自然法则只是在设想中作为纯粹实践理性的判断力的一个临时借用的工具。同理，被理解为自然法则的法权法则也可以看做是从自然知识过渡到实践的道德法则的桥梁。而真正说来，实际上在自然法则和法权的背后都隐含着道德命令的根。所以康德说："但是，道德论（道德）为什么通常（尤其被西塞罗）冠以义务论、而不是也冠以法权论的名称呢？因为前者毕竟是与后者相关的啊？——根据在于：我们唯有通过道德命令才知道我们自己的自由（一切道德法则、一切权利和义务都是从这种道德法则出发的），道德命令是一个要求义务的命题，随后从这个命题中可以发展出使他人承担义务的能力，这就是法权的概念"。[26]

那么，这种以自然法则为"模型"的判断力是一种什么样的判断力呢？显然，它不可能是认识论中以先验想象力为"图型"的规定性的判断力而只可能是《判断力批判》中以"好像"为中介的反思性的判断力。

四

不论是对道德律的上述"模型论"的理解，还是道德法则的第二公式（自然法则公式）的表述实际上都已经把法权论包括进来了，整个法权领域都可以看做道德领域的"模型"，看做"好像"是自然法则的道德法则。所以，即使法权状态看起来好像是遵从自然法则，但骨子里其实是在遵守自由法则。我曾在《康德自由概念的三个层次》一文[27]中把康德的自由概念划分为"先验的自由"

---

〔25〕　同上注，第 95 页。

〔26〕　李秋零主编：《康德著作全集》（第 6 卷），中国人民大学出版社 2007 年版，第 249 页（译文有改动）。

〔27〕　邓晓芝："康德自由概念的三个层次"，载《复旦学报》2004 年第 2 期。

"实践的自由"和"自由感"三个层次，其中自由感在第三批判中"反思性的判断力"体现为审美和目的论两个方面。审美鉴赏可归结为"诸认识能力的自由协调活动"，它引起对美的表象的愉快感，使美成为了"德性的象征"；而自然目的论则一步步推论到整个自然界以人在社会历史中的自由为目的，最终是以道德为目的。而在这种以自由为目的的追求过程中，各人的自由在自然的感性生活中以荣誉欲、统治欲和占有欲的形式相互冲突，这就导致了公民社会的法制状态，产生了自由权或法权的概念[28]。但在康德眼里，法权这种外在的自由并非彻底的自由，如果它停留于感性，它实际上是不自由的；只有当我们经过法制的长期训练，能够从法制中看出它的更深的根基，使自己提升到"为义务而义务"的自律，我们才能达到彻底的自由，这就是道德实践的自由。

但法权义务对人们意识到自己的道德义务具有启发作用，所谓"模型"的功能也正在于此。人们在通过法权合法地追求自己的荣誉欲、统治欲和占有欲，满足自己的自由感，虽然这只是外在的自由，而不是真正的实践自由。但只要我们用反思性的判断力的眼光看待这种追求，它就会把我们引向真正的自由，世界的终极目的，即道德的自律。归根到底，我们人类之所以把自然界看做是有目的的，把历史看做是进步的，把社会看做是有"应当"的理想的，都是因为我们骨子里是有道德的，是我们戴着道德的有色眼镜看世界的结果。所以，法权状态是建立在道德之上的，而道德是建立在真正实践的自由之上的；法权和道德的关系实际上是感性自由和理性自由的关系，感性自由似乎是大自然冥冥中安排感性的人类一步步通向自己的本质即理性自由的一个过渡的桥梁。大自然利用人类的贪欲完成自身的终极目的，成就道德的事业，就像康德所举的那个树林的例子：许多小树苗挤在一起，拼命竞争来得到阳光，于是长成了笔直秀丽的树木；而旷野里一株孤零零的树则只能长得歪歪扭扭。因此，正如在审美判断力中，"美是德性的象征"，同样，在目的论判断力中，法权是道德的培育。

但这一切都只能从反思性的判断力上来理解，而不能理解为自然界真有什么历史的"客观规律"。康德由此把自己和传统自然法派严格区别开来了，后者在他看来永远只是"他律"，而达不到"自律"的尊严。所以他把古罗马法学家乌尔比安（Ulpian）的自然法的经典公式"有尊严地生活"翻译成"做一个合法的人"（Sei ein rechtlich Mensch）[29]，他在"合法的人"中反思到了人的尊严，因

---

〔28〕［德］康德：《判断力批判》，邓晓芒译，人民出版社 2004 年版，第 84 页，特别参看第 288 页。

〔29〕李秋零主编：《康德著作全集》（第 6 卷），中国人民大学出版社 2007 年版，第 245 页（译文有改动）。

为这种合法不是合乎外来的束缚，而是合乎自由之法则。

然而，康德把法建立在道德之上固然在西方法学史和伦理思想史上造成了一场"哥白尼式的革命"，但这场革命仍然是不彻底的。因为如前所述，既然道德本身也是一种"法"（Gesetze，法则、法律），即实践理性的法规，那么它岂不是预先已经以法的理解为前提了吗？2008 年 10 月初，德国 Wuppertal 大学哲学教授曼弗雷德·鲍姆（Manfred Baum）在武汉大学哲学学院作了"康德实践哲学中的法和伦理"的学术报告，认为"康德重建了法权论，他炸毁了传统的自然法，同时又使得道德形而上学作为法和伦理的共同体系成为可能。"[30] 但他同时又认为，康德的道德义务本身是"外部行动的合法性向内部行动的转移"，并猜测其"伦理学概念有法学起源"[31]。我当时在场，问了鲍姆教授一个问题：这是否说明康德仍然是以法作为道德本身的基础呢？他犹豫了一下，最后说这个问题他现在还"无法回答"。其实我的问题里面包括一个更深层次的问题，即西方人把道德建立在法之上这种理解是康德也未能真正抛弃掉的一个文化传统，这种传统与中国人历来把法建立在道德之上的传统是截然不同的。我的问题只有超出西方文化的视野才能回答。当然，如前所述，中国传统所讲的"法"（如法家所讲的法）与西方人所讲的法不是一回事，它完全是人为制造出来、用以"治人"的一套工具。另外，中国人所讲的"道德"与西方人讲的道德也不同，它意指自古以来由传统和"先王"遗留下来的一套"礼"，即使内化为自觉遵守的情感意识（仁），也不是什么自由意志和自律，而是他律。但这个问题已经超出本文的范围了。

---

〔30〕　参看该讲演稿（未刊），由邓晓芒译成中文。

〔31〕　参看该讲演稿（未刊），由邓晓芒译成中文。

西方法律哲学家研究文献（2009 年）

4W 小组编辑

边沁（Bentham, J.）

一、著作

1. Philip Schofield, *Bentham*：*A Guide for the Perplexed*, Continuum, 2009.

2. Daniel, David Mills, *Briefly*：*Bentham's an Introduction To the Principles of Morals and Legislation*, London：SCM, 2009.

3. Paul Kelly, *Routledge Philosophy Guidebook to Bentham on Law and Morality*, London：Routledge, 2009.

4. Champs, Emmanuelle de Cléro, Jean‐Pierre, *Bentham et la France*：*Fortune et Infortunes de l'utilitarisme*, Oxford：Voltaire Foundation, 2009.

5. Olaf Asbach, *Vom Nutzen des Staates Staatsversta? ndnisse des klassischen Utilitarismus*：*Hume‐Bentham‐Mill*, Baden‐Baden Nomos, 2009.

二、论文

（一）英文部分

1. De Champs. Emmanuelle, "Bentham and Benthamism", in *History of European Ideas*, Vol. 35, No. 3（2009）.

2. Svenove Hansson, "Bentham and the Shoemaker", in *Theoria – Swedish Journal of Philosophy*, Vol. 75, No. 3（2009）.

3. Nathalie Sigot, "Bentham's Way to Democracy", in *History of European Ideas*, Vol. 35, No. 1（2009）.

4. James Burns, "Bentham, Brissot and the Challenge of Revolution", in *History of European Ideas*, Vol. 35, No. 2（2009）.

5. Marco Guidi, "The French Revolution and the Creation of Benthamism", in *European Journal of the History of Economic Thought*, Vol. 16, No. 2（2009）.

6. Levin Michael, "On the Creation of Benthamism", in *History of the Human Sciences*, Vol. 22, No. 4（2009）.

7. Philip Schofield, "Werner Stark and Jeremy Bentham's Economic Writings", in *History of European Ideas*, Vol. 35, No. 4（2009）.

8. Sue Matheson, "Individualism, Bentham's Panopticon, and Counterculture in Robert Aldrich's

The Dirty Dozen（1967）", in *Journal of Popular Film & Television*, Vol. 36, No. 4（2009）.

9. Antoinette Baujard, "A Return to Bentham's Felicific Calculus: From Moral Welfarism to Technical Non – welfarism", in *European Journal of the History of Economic Thought*, Vol. 16, No. 3（2009）.

10. Mary Sokol, "Jeremy Bentham on Love and Marriage: A Utilitarian Proposal for Short – Term Marriage", in *Journal of Legal History*, Vol. 30, No. 1（2009）.

11. Francisco Alvarez – Cuadrado, "Van Long Ngo, A Mixed Bentham – Rawls Criterion for Intergenerational Equity: Theory and Implications", in *Journal of Environmental Economics & Management*, Vol. 58, No. 2（2009）.

12. Michel Bellet, "On the Utilitarian Roots of Saint – Simonism: From Bentham to Saint – Simon", in *History of Economic Ideas*, Vol. 17, No. 2（2009）.

13. Donald A. Dripps, "Rehabilitating Bentham's Theory of Excuses", in *Texas Tech Law Review*, Vol. 42, No. 2（2009）.

14. Filimon Peonidis, "Bentham and the Greek Revolution: New Evidence", in *Journal of Bentham Studies*, 11（2009）.

15. Brian E. Cox, "Bentham on Guardianship: A Special Relation for Protection and Representation", in *Journal of Bentham Studies*, 11（2009）.

16. Malik Bozzo – Rey, "Publicity and Nomography: Bentham's School of Legislation", in *Journal of Bentham Studies*, 11（2009）.

（二）法文部分

1. Philippe Tessier, "Harsanyi, Sen ou Bentham Quelle perspective adopter pour l'évaluation du bien-être en santé?", in *Revue Economique*, Vol. 60, No. 6（2009）.

2. Nathalie Sigot, "Le panoptique des pauvres – Jeremy Bentham et la reforme de l'assistance en Angleterre", in *European Journal of the History of Economic Thought*, Vol. 16, No. 2（2009）.

3. Malik Bozzo – Rey, "Entre analyse linguistique et théorie générale du droit: La Nomographie de Jeremy Bentham", in *International Journal for the Semiotics of Law*, Vol. 22, No. 4（2009）.

（三）中文部分

1. 张延祥："边沁的法学家身份辨析"，载《北京工业职业技术学院学报》2009 年第 1 期。

2. 徐国栋："边沁的法典编纂思想与实践——以其《民法典原理》为中心"，载《浙江社会科学》2009 年第 1 期。

3. 袁刚："论边沁的功利主义自由观"，载《兰州学刊》2009 年第 1 期。

4. 李岁科："边沁法哲学理论研究"，载《工会论坛》2009 年第 3 期。

5. 李昌盛："边沁对沉默权的批判"，载《前沿》2009 年第 2 期。

6. 刘士军："边沁立法理论中的功利计算"，载《中南财经政法大学研究生学报》2009 年第 6 期。

7. 梁景时、孙剑："边沁与密尔的功利主义思想的比较及其现实价值"，载《通化师范学院学报》2009 年第 7 期。

8. 张文龙："从反对古典自然法思想到法律实证主义的萌芽——关于边沁功利主义法律思想的述评和检讨"，载《江苏警官学院学报》2009 年第 3 期。

9. 吴洪淇："边沁、威格摩尔与英美证据法的知识传统——以证据与证明的一般理论进路为核心的一个叙述"，载《比较法研究》2009 年第 5 期。

10. 吕素霞、吕莎："功利主义：从边沁到密尔"，载《北京化工大学文法学院学报》（社会科学版）2009 年第 3 期。

11. 张好玫："'第四等级'报刊观念的政治学说基础：以洛克、边沁与詹姆斯·密尔为例"，载《新闻大学》2009 年第 3 期。

12. 车运景："边沁的功利主义思想在其主权论中的运用——读杰里米·边沁的《政府片论》"，载《重庆科技学院学报》（社会科学版）2009 年第 11 期。

13. 刘明："试比较边沁和密尔的功利主义思想"，载《经营管理者》2009 年第 24 期。

14. 叶中正："二元主权：宪法进入边沁的法律体系的路径"，载《厦门大学法律评论》2009 年第 Z1 期。

15. 田君："墨子与边沁功利主义思想之比较"，江西师范大学 2009 年硕士学位论文。

16. 张黎："论边沁的功利主义"，西南大学 2009 年硕士学位论文。

17. 阎凡强："边沁立法伦理思想探析"，河北师范大学 2009 年硕士学位论文。

18. 叶中正："二元主权：宪法进入边沁法律系统的途径"，厦门大学 2009 年硕士学位论文。

布莱克（Black, D.）

一、著作

[美] 唐纳德·布莱克：《正义的纯粹社会学》，徐昕、田璐译，浙江人民出版社 2009 年版。

二、论文

1. 王永杰："论司法鉴定的社会结构：以社会学的利益博弈为视角"，载《华东师范大学学报》（哲学社会科学学报）2009 年第 2 期。

2. 李颖："法社会学构想下的乌托邦——《社会学视野中的司法》书评"，载《法制与社会》2009 年第 22 期。

3. 廖奕："检察权运行效用评估体系的法理构建——布莱克'司法社会学'及其启示"，载《湖北行政学院学报》2009 年第 2 期。

4. 易显、代江帆："不自觉的矛盾：从价值中立中追求平等——解读唐·布莱克《社会学视野中的司法》"，载《金卡工程（经济与法）》2009 年第 12 期。

布莱克斯通（Blackstone, M.）

论文

（一）中文部分

1. 王铁雄："布莱克斯通与美国财产法个人绝对财产权观"，载《比较法研究》2009 年第

4 期。

2. 李杰赓："威廉·布莱克斯通的成就及其评判"，载《才智》2009 年第 5 期。

3. 李杰赓：" 在法律的稳定性与变动性之间——对布莱克斯通法律观的简要评释"，载《长春工业大学学报》（社会科学版）2009 年第 2 期。

4. 李杰赓："威廉·布莱克斯通与《英国法释义》"，载《法制与经济》2009 年第 4 期。

（二）外文部分：

1. Albert W Alschuler, "From Blackstone to Holmes: the Revolt against Natural Law", in *Pepperdine Law Review*, Vol. 36, 2009.

2. H T Dickinson, "Wilfrid Prest – William Blackstone: Law and Letters in the Eighteenth century", in *Times Literary Supplement*, 2009.

3. Michael Kirby, "Law – Wilfrid Prest: William Blackstone", in *Australian Book Review*, Vol. 309, 2009.

4. Emily Kadens, Justice Blackstone's Common Law Orthodoxy, in *Northwestern University Law Review*, Vol. 103, 2009.

5. Maria Luisa Pesante, "Slaves, Servants and Wage Earners: Free and Unfree Labour, from Grotius to Blackstone", in *History of European Ideas*, Vol. 35, 2009.

卡多佐（**Cardozo, B. N.**）

论文

杨中健："试析普通法思想对卡多佐司法裁决过程的影响——卡多佐司法思想背后的普通法印迹"，西南政法大学 2009 年硕士学位论文。

福柯（**Foucault, M.**）

一、著作

（一）中文部分

本人译著

［法］福柯著：《马奈的绘画》，马月、谢强译，长沙教育出版社 2009 年版。

研究专著

1. 李银河：《福柯与性》，内蒙古大学出版社 2009 年版。

2. 刘永谋：《福柯的主体解构之旅：从知识考古学到 " 人之死 "》，江苏人民出版社 2009 年版。

（二）外文部分

研究专著

1. C. G. Prado（ed），*Foucault's Legacy*，Continuum, 2009.

2. Ben Golder and Peter Fitzpatrick, *Foucault's Law*, Routledge – Cavendish, 2009.

3. Joseph J. Tanke, *Foucault's Philosophy of Art: A Genealogy of Modernity*, Continuum, 2009.

二、论文

（一）中文部分

1. 韩水法："理性的启蒙或批判的心态：康德与福柯"，载韩水法：《批判的形而上学—康德研究文集》，北京大学出版社 2009 年版。

2. 安·沃兹沃斯："德里达与福柯：书写历史的历史性"，载［美］阿特兹、本尼顿、杨编：《历史哲学：后结构主义路径》，夏莹、崔唯航译，北京师范大学出版社 2009 年版。

3. ［美］南希·弗雷泽："从纪律到灵活化？在全球化阴影下重读福柯"，载［美］南希·弗雷泽《正义的尺度：全球化世界中政治空间的再认识》，欧阳英译，上海人民出版社 2009 年版。

4. 施敏："疯癫：理性囚禁下的沉默客体——读米歇尔·福柯《疯癫与文明》"，载欧阳康主编：《科技与人文》（第 3 辑），社会科学文献出版社 2009 年版。

5. 孙运梁："福柯监狱思想研究——监狱的权力分析"，载陈兴良主编：《刑事法评论》（第 24 卷），北京大学出版社 2009 年版。

6. 赵一凡："福柯：权力与主体"，载赵一凡：《从卢卡奇到萨义德：西方文论讲稿续编》，三联书店 2009 年版。

7. 赵一凡："福柯：知识考古学"，载赵一凡：《从卢卡奇到萨义德：西方文论讲稿续编》，三联书店 2009 年版。

8. 曹清华："左翼福柯眼中的民众"，载《书城杂志》2009 年第 2 期。

9. 彭芙蓉："韦伯与福柯的权力观比较"，载《甘肃理论学刊》2009 年第 1 期。

10. 张梅："自主话语的幻想与反主体的考古学：读福柯的《知识考古学》"，载《哲学研究》2009 年第 2 期。

11. 赵薇："权力的运作与遮蔽：从电影《飞越疯人院》看福柯及其《疯癫与文明》"，载《艺术广角》2009 年第 1 期。

12. 余乃忠、陈志良："权力范围与知识限度：福柯知识考古学的恶之花"，载《浙江社会科学》2009 年第 1 期。

13. 左其福："语言学转向背景下作者死亡论的比较考察：以罗兰·巴特和福柯为对象"，载《当代文坛》2009 年第 2 期。

14. 吉志鹏："法制与规训：福柯的双重控制论"，载《社科纵横》2009 年第 2 期。

15. 胡水君："社会理论中的惩罚：道德过程与权力技术"，载《中国法学》2009 年第 2 期。

16. 秦晓伟："文化建构的身体——福柯与埃利亚斯对身体的话语分析"，载《黔南民族师范学院学报》2009 年 第 1 期。

17. 任宝珣："何为考古学：浅析福柯对现代哲学先验基础的认识论批判"，载《学理论》2009 年第 2 期。

18. 刘露瑶："从《规训与惩罚》看福柯的刑罚观与权力观"，载《跨世纪》（学术版）2009 年第 1 期。

19. 公风华："道德：理性专断的工具——读福柯的《疯癫与文明》"，载《社会科学论坛》

2009 年第 2 期。

20. 冯学勤："系谱学与身体美学：尼采、福柯、德勒兹"，载《文艺理论研究》2009 年第 2 期。

21. 陶徽希："福柯'话语'概念之解码"，载《安徽大学学报》（哲学社会科学版）2009 年第 2 期。

22. 朱康："语言的知识考古学和政治经济学——福柯和杰姆逊论语言逻辑的转换"，载《文艺理论研究》2009 年第 1 期。

23. 余乃忠、陈志良："统治与服从：走向政权系统的末梢：福柯权力谱系学的边缘性'关切'"，载《南京社会科学》2009 年第 4 期。

24. 于濯、李丹琦："福柯的微观权力学"，载《党政干部学刊》2009 年第 4 期。

25. 路易·大卫、肖力："论福柯与遥远的古希腊时代"，载《现代哲学杂志》2009 年第 2 期。

26. 薛育赟："规训：从肉体到灵魂——以福柯的'权力'观解读《在流放地》"，载《跨世纪》（学术版）2009 年第 3 期。

27. 董树宝：" 从'人之死'到'作者之死'：福柯作者理论探析"，载《江西社会科学》2009 年第 3 期。

28. 张雯、巨澜："福柯视野中的权力、知识与身体"，载《西安文理学院学报》（社会科学版）2009 年第 2 期。

29. 肖琼："葛兰西的'文化领导权'和福柯的微观权力论之比较"，载《广西师范大学学报》（哲学社会科学版）2009 年第 1 期。

30. 殷鸣放："福柯现代性视野下的启蒙观"，载《理论界》2009 年第 5 期。

31. 徐强："'考古学'：福柯人学研究方法解析"，载《江海学刊》2009 年第 2 期。

32. 毕芙蓉："'颠覆'与'承接'：关于福柯与马克思"，载《江苏行政学院学报》2009 年第 3 期。

33. 汪行福："空间哲学与空间政治：福柯异托邦理论的阐释与批判"，载《天津社会科学》2009 年第 3 期。

34. 夏益群、蒋天平："权力的力量：福柯思想的解构之维"，载《求索》2009 年第 5 期。

35. 黄永锋："英国法对自杀者的惩罚与宽宥：福柯刑罚政治经济学的一个扩展"，载《暨南学报》（哲学社会科学版）2009 年第 3 期。

36. 吉志鹏："福柯权力控制视域中身体消费的批判"，载《社会科学家》2009 年第 5 期。

37. 刘钊："从'上帝之死'到'人之死'：兼论福柯的后人道主义旨趣"，载《集美大学学报》（哲学社会科学版）2009 年第 3 期。

38. 葛新斌："学校，抑或监狱？——福柯对学校与规训关系之描绘"，载《华南师范大学学报》（社会科学版）2009 年第 3 期。

39. 朱立元、索良柱："我们都是目光的猎物：福柯与视觉文化批判"，载《江苏社会科学》2009 年第 4 期。

40. 莫伟民："福柯与政治想象力"，载《哲学动态》2009 年第 5 期。

41. 孙运梁："福柯之犯罪思想研究：犯罪的权力分析"，载《河北法学》2009 年第 9 期

42. 邹放鸣："福柯的意识形态批判"，载《江海学刊》2009 年第 4 期。

43. 吕明："从意识形态到微观权力：阿尔都塞和福柯揭露法律统治思想比较"，载《金陵法律评论》2009 年第 1 期。

44. 汤拥华："走出'福柯的迷宫'：从有关中国现当代文学史写作的论争谈起"，载《文学评论》2009 年第 5 期。

45. 黄华："'人之死'何以成为可能：试论福柯的话语/主体理论"，载《北京行政学院学报》2009 年第 5 期。

46. 江溯："权力技术与刑罚：福柯刑罚社会学研究"，载《国家检察官学院学报》2009 年第 5 期。

47. 张全中："微观权力的运作及其策略：基于福柯《规训与惩罚》的解读"，载《中国矿业大学学报》（社会科学版）2009 年第 3 期。

48. 杨生平："性：权力建构的产物——福柯性意识理论评析"，载《哲学动态》2009 年第 8 期。

49. 赵彦芳："主体的死亡与复活：福柯生存美学的审美主体及其当下启示"，载《扬州大学学报》（人文社会科学版）2009 年第 5 期。

50. 周桂君："福柯'异托邦'对中国文化的误读"，载《湖南师范大学社会科学学报》2009 年第 6 期。

51. 张秀娟："断裂的辩证法：福柯思想的反叙事性解读"，载《重庆师范大学学报》（哲学社会科学版）2009 年第 6 期。

52. 刘海健、范艳萍："福柯对人类主体化命运的审视与超越"，载《河海大学学报》（哲学社会科学版）2009 年第 4 期。

53. 孙运梁："福柯之犯罪思想研究"，载《河北法学》2009 年第 9 期。

54. 林莺："意识流与疯癫之哲学新解"，载《东南学术 》2009 年第 2 期。

55. 索良柱："福柯：从权力的囚徒到生存美学的解救"，复旦大学 2009 年博士学位论文。

（二）外文部分

1. Michael C. Behrent, "Liberalism without Humanism: Michel Foucault and the Free – Market Creed, 1976 ~ 1979", in *Modern Intellectual History*, Vol. 6, 2009.

2. Bleakley A. Bligh, "Who Can Resist Foucault?" in *J. Med. Philos*, Vol. 34, 2009.

3. Bregham Dalgliesh, "Foucault and Creative Resistance in Organisations", in *Society and Business Review*, Vol. 4, 2009.

4. Chris Darbyshire and Valerie EMFleming, "Mobilizing Foucault: History, Subjectivity and Autonomous Learners in Nurse Education", in *Nursing Inquiry*, Vol. 15, 2009.

5. Sophie Fuggle, "Foucault Beyond Foucault: Power and Its Intensifications Since 1984", in *French Studies: A Quarterly Review*, Vol. 63, 2009.

6. Antonio Calcagno, "Foucault and Derrida: The Question of Empowering and Disempowering the Au-

thor", in *Human Studies*, Vol. 32, 2009.

7. Jason A. Springs, " 'Dismantling the Master's House': Freedom as Ethical Practice in Brandom and Foucault", in *Journal of Religious Ethics*, Vol. 37, 2009.

8. Chlo Taylor, "Foucault, Feminism, and Sex Crimes", in *Hypatia*, Vol. 24, 2009.

9. Lionel Fouré, "Du positivisme en médecine mentale: Foucault et l'aliénisme", in *L'évolution Psychiatrique*, Vol. 74, 2009.

10. Halit Mustafa Tagma, "Homo Sacer vs. Homo Soccer Mom: Reading Agamben and Foucault in the War on Terror", in *Alternatives: Global, Local, Political*, Vol. 34, 2009.

11. Keith Tribe, "The Political Economy of Modernity: Foucault's College de France Lectures of 1978 and 1979", in *Economy & Society*, Vol. 38, 2009.

12. Alexandre Fernandes Corrêa, O Saber Patrimonial e a Arqueologia de Michel Foucault: princípios metodológicos de uma análise crítica e política dos conceitos, in *PASOS : Revista de Turismo y Patrimonio Cultural*, Vol. 7, 2009.

13. Alexander E. Hooke, "Review Essays: A Moral Logic to the Archives of Pain: Rethinking Foucault's Work on Madness", in *Political Theory*, Vol. 37, 2009.

14. Catherine Chaput, "Regimes of Truth, Disciplined Bodies, Secured Populations: An Overview of Michel Foucault", in *Science Fiction Film and Television*, Vol. 2, 2009.

15. Silvio Salej Higgins, "Michel Foucault: A Contemporary Skeptic", in *Ideas y valores: Revista Colombiana de Filosofía*, Vol. 58, 2009.

16. Joaquín Fortanet, "War, Power and Liberalism: the Politicization in the Work of Michel Foucault", in *Ideas y valores: Revista Colombiana de Filosofía* , Vol. 58, 2009.

17. Caponi S, "Michel Foucault and the Persistence of Psychiatric Power", in *Cien Saude Colet*, Vol. 14, 2009.

18. Jean – Michel Landry, "Confession, Obedience, and Subjectivity: Michel Foucault's Unpublished Lectures On the Government of the Living", in *Telos*, Vol. 1, 2009.

19. Couze Venn and Tiziana Terranova, "Introduction: Thinking after Michel Foucault in Theory", *Culture & Society*, Vol. 26, 2009.

20. A. D Schrift, "The Cambridge introduction to Michel Foucault", in *Choice: Current Reviews for Academic Libraries*, Vol. 46, 2009.

21. Ivan Marcelo Gomes, Felipe Quinto de Almeida and Alexandre Fernandez Vaz, "On the Body, Reflexivity and Power: A Dialogue between Anthony Giddens and Michel Foucault", in *Política & Sociedade: Revista de Sociologia Política*, Vol. 8, 2009.

22. Mark A. Christian, "Priestly Power that Empowers: Michel Foucault, Middle – tier Levites, and the Sociology of 'Popular Religious Groups' in Israel", in *Journal of Hebrew Scriptures*, Vol. 9, 2009.

23. Silveira Fernando de Almeida and Simanke Richard Theisen, "Psychology in Michel Foucault's

História Da Loucura", in *Fractal: Journal of Psychology*, Vol. 21, 2009.

24. Stikkers Kenneth W, "Persons and Power: Max Scheler and Michel Foucault on the Spiritualization of Power", in *Pluralist*, Vol. 4, 2009.

25. Massimo Sargiacomo, Michel Foucault, "Discipline and Punish: The Birth of the Prison", in *Journal of Management & Governance*, Vol. 13, 2009 .

26. Saar Martin and Vogelmann Frieder, "Leben und Macht. Michel Foucaults politische Philosophie im Spiegel neuerer Sekundärliteratur", in *Philosophische Rundschau*, Vol. 56, 2009.

27. Matthew King, "Clarifying the Foucault—Habermas Debate: Morality, Ethics, and 'Normative Foundations'", in *Philosophy & Social Criticism*, Vol. 35, 2009.

28. Allison Weir, "Who are We? Modern Identities between Taylor and Foucault", in *Philosophy & Social Criticism*, Vol. 35, 2009.

29. Pastor J. , "Foucault's Relevance for Psychology", in *Psicothema*, Vol. 21, 2009.

30. Thomas Lynch, "Confessions of the Self: Foucault and Augustine", in *Telos*, Vol. 146, 2009.

31. Maria Muhle, "The Vitality of Power: A Genealogy of Biopolitics with Foucault and Canguilhem", in *Rev. cienc. polít. Santiago*, Vol. 29, 2009.

32. Paul Rabinow, "Foucault's Untimely Struggle", in *Theory*, *Culture & Society* , Vol. 26, 2009.

33. Mauro Basaure, "Foucault and the 'Anti – Oedipus Movement': Psychoanalysis as Disciplinary Power", in *History of Psychiatry*, Vol. 20, 2009.

34. Ron Wagler, "Foucault, the Consumer Culture and Environmental Degradation", in *Ethics*, *Place & Environment*, Vol. 12, 2009.

35. April S. Callis, "Playing with Butler and Foucault: Bisexuality and Queer Theory", in *Journal of Bisexuality*, Vol. 9, 2009.

36. John Namjun Kim, "Sudlandisch: the Borders of Fear with Reference to Foucault", in *Social Identities*, Vol. 15, 2009.

37. Paul Rabinow, "Foucault's Untimely Struggle Toward a Form of Spirituality", in *Theory*, Vol. 26, 2009.

38. Stephen J. Collier, "Topologies of Power Foucault's Analysis of Political Government beyond 'Governmentality'", in *Theory*, Vol. 26, 2009 .

39 Susan Hekman, "We Have Never been Postmodern: Latour, Foucault and the Material of Knowledge", in *Contemporary Political Theory*, Vol. 8, 2009.

40. Lionel Fouré, "Du positivisme en médecine mentale: Foucault et l'aliénisme," (French), in *Evolution Psychiatrique*, Vol. 74, 2009.

富勒（Fuller, L. L.）

一、著作

1. Peter Cane, *The Hart – Fuller Debate: 50 Years on*, Oxford: Hart, 2009.

2. Elliot D. Cohen, Michael Davis, *Ethics and the Legal Profession*, Amherst, N. Y.： Prometheus Books, 2009.

二、论文

（一）中文部分

1. 孙文恺："开放结构中的确定性追求——兼论哈特与富勒法律理论的契合性"，载《江苏社会科学》2009 年第 6 期。

2. 刘英博："富勒的信赖利益理论评述"，吉林大学 2009 年硕士学位论文。

3. 张姝娟："论富勒法律内在道德观的确立及价值"，西南政法大学 2009 年硕士学位论文。

（二）英文部分

1. T. E. Deurvorst, "Slimming Down Intellectual Property with Lon Fuller", *European Intellectual Property Review*, No. 4, 31（2009）.

2. Kristen Rundle, "The Impossibility of an Exterminatory Legality：Law and the Holocaust", *University of Toronto Law Journal*, No. 1, 59（2009）.

波斯纳（Posner R. A.）

一、著作

（一）英文部分

1. Richard A. Posner, *Law and Literature*（Third Edition）, Harvard University Press, 2009.

2. Richard A. Posner, *A Failure of Capitalism*：*The Crisis of* ' 08 *and the Descent into Depression*, Harvard University Press, 2009.

3. Gary S. Becker and Richard A. Posner, *Uncommon Sense*：*Economic Insights*, *from Marriage to Terrorism*, University of Chicago Press, 2009.

（二）中文部分

1. 理查德·波斯纳：《资本主义的失败：〇八危机与经济萧条的降临》，沈明译，北京大学出版社 2009 年版。

2. 理查德·波斯纳：《法官如何思考》，苏力译，北京大学出版社 2009 年版。

3. 理查德·波斯纳：《并非自杀契约：国家紧急状态时期的宪法》，苏力译，北京大学出版社 2009 年版。

二、论文

（一）英文部分

1. Richard A. Posner, "Rejoinder", *Israel Law Review*, Vol. 42, 2（2009）.

2. William M. Landes, Richard A. Posner, "The Economics of Presidential Pardons and Commutations", *Journal of Legal Studies*, Vol. 38, 1（2009）.

3. Tomas J. Philpson, Richard A. Posner, "Antitrust in the Not－for－Profit Sector", *Journal of Law & Economics*, Vol. 52, 1（2009）.

4. Richard A. Posner, "The State of Legal Scholarship Today：A Comment on Schlag", *Georgetown*

Law Journal, Vol. 97, 3 (2009).

5. Richard A. Posner, "Precis：The Constitution in a Time of National Emergency", *Israel Law Review*, Vol. 42, 2 (2009).

（二）中文部分

1. 蒋志如："法学研究的对外开放——以苏力《波斯纳及其他》为例"，载张海燕主编：《山东大学法律评论》（第六辑），山东大学出版社 2009 年版。

2. 王成礼："对波斯纳效率假定的修正与超越"，载《江海学刊》2009 年第 6 期。

3. 刘玉波："论波斯纳法律经济学的理性假定和效率标准"，载《浙江工商大学学报》2009 年第 3 期。

4. 苏力："经验地理解法官的思维和行为——波斯纳《法官如何思考》译后"，载《北方法学》2009 年第 1 期。

5. 李晗、杨滢滢："法经济学的批判与生成——对以波斯纳为代表的现代主流法经济学的反思"，载《求索》2009 年第 7 期。

6. 柯华庆："科斯范式的意识形态问题"，载《政法论坛》2009 年第 9 期。

7. 李爱丽："试析'波斯纳对法的客观性问题的研究'"，中国政法大学 2009 年硕士学位论文。

8. 王好："评析波斯纳财富最大化理论"，重庆大学 2009 年硕士学位论文。

9. 杨宇："法律经济学理论范式研究"，黑龙江大学 2009 年硕士学位论文。

10. 栾国华："美国法经济学评析"，吉林大学 2009 年博士学位论文。

爱波斯坦（Epstein, Richard A.）

论文

1. Richard A. Epstein, "Property Rights, State of Nature Theory, and Environmental Protection", *New York University Journal of Law & Liberty*, Vol. 4, 1 (2009).

2. Richard A. Epstein, "Public Use in a Post-Kelo World", *Supreme Court Economic Review*, Vol. 17.

3. Richard A. Epstein, "Happiness and Revealed Preferences in Evolutionary Perspective", *Vermont Law Review*, Vol. 33, 3 (2009).

4. Richard A. Epstein, "The Case for Field Preemption of State Laws in Drug Cases", *Northwestern University Law Review*, Vol. 103, 1 (2009).

5. Richard A. Epstein, "Privacy and the Third Hand：Lessons from the Common Law of Reasonable Expectations", *Berkeley Technology Law Journal*, Vol. 24, 3 (2009).

6. M. Todd Henderson, Richard A. Epstein, "The Going – Private Phenomenon：Causes and Implications", *University of Chicago Law Review*, Vol. 76, 1 (2009).

7. Richard A. Epstein, Amanda M. Rose, "The Regulation of Sovereign Wealth Funds：The Virtues of Going Slow", *University of Chicago Law Review*, Vol. 76, 1 (2009).

奥斯丁（Austin, J.）

一、著作

1. Geoffrey J. Warnock, *J. L. Austin*, Routledge, 2009.

2. John Austin, *The Province of Jurisprudence Determined*, General Books, 2009.

二、论文

研究论文

1. 丁以升："关于法的要素的理论界说"，载《贵州警官职业学院学报》2009 年第 4 期。

2. 陈锐："论法律实证主义的不一致性——以奥斯丁与凯尔森为比较视点"，载《前沿》2009 年第 3 期。

学位论文

1. 傅小林："奥斯丁分析法学的政治现实性"，重庆大学 2009 年硕士学位论文。

2. 李婷："功利主义与分析法学之间的内在关联——从奥斯丁到哈特"，西南政法大学 2009 年硕士学位论文。

哈特（Hart, H. L. A.）

一、著作

（一）中文部分

支振锋：《驯化法律——哈特的法律规则理论》，清华大学出版社 2009 年版。

（二）英文部分

本人著作

1. Peter M. S. Hacker, Herbert L. A. Hart, *Law, Morality, and Society Essays in Honour of H. L. A. Hart*, Oxford Clarendon Press, 2009.

2. John Gardner, Herbert L. A. Hart, *Punishment and Responsibility Essays in the Philosophy of Law*, Oxford University Press, 2009.

研究专著

1. Peter Cane, *The Hart – Fuller Debate: 50 Years on*, Oxford: Hart, 2009.

2. Jeremy J. Waldron, *Who Needs Rules of Recognition?*, New York University School of Law, 2009.

3. Claire Grant, *The Legacy of H. L. A. Hart: Legal, Political, and Moral Philosophy*, Oxford University Press, 2009.

4. Matthew D. Adler, Kenneth Einar Himma, *The Rule of Recognition and the U. S. Constitution*, Oxford University Press, 2009.

二、论文

（一）中文部分

研究论文

1. 单锋、胡欣诣："法哲学中的反本质主义和反基础主义——哈特法哲学理论的维特根斯坦式解读"，载《南京社会科学》2009 年第 12 期。

2. 吴真文："论哈特最低限度内容的自然法的思想",载《伦理学研究》2009 年第 2 期。

3. 孙文恺："开放结构中的确定性追求——兼论哈特与富勒法律理论的契合性",载《江苏社会科学》2009 年第 6 期。

4. 柯岚："拉德布鲁赫公式与告密者困境——重思拉德布鲁赫 – 哈特之争",载《政法论坛》2009 年第 5 期。

5. 吴真文："试论哈特法律与道德划界限度的思想",载《道德与文明》2009 年第 4 期。

6. 孙育玮、冯静："哈特'法律规则说'的贡献与启示",载《求是学刊》2009 年第 3 期。

学位论文

1. 沈映涵："新分析法学中的方法论问题研究",吉林大学 2009 年博士学位论文。

2. 吴真文："法律与道德的界限",湖南师范大学 2009 年博士学位论文。

3. 宋纯峰："哈特的'描述社会学'理论解读",中国政法大学 2009 年硕士学位论文。

4. 李雁平："哈特法伦理思想研究",西南大学 2009 年硕士学位论文。

5. 张敬东："论道德的法律强制",西南政法大学 2009 年硕士学位论文。

6. 李婷："功利主义与分析法学之间的内在关联",西南政法大学 2009 年硕士学位论文。

7. 曾毅："哈特法与道德关系思想探析",湖南大学 2009 年硕士学位论文。

8. 汤驷："哈特的司法裁量理论研究",湖南大学 2009 年硕士学位论文。

9. 冯静："哈特'法律规则说'探析",上海师范大学 2009 年硕士学位论文。

(二) 外文部分

1. John Finnis, "Reflections by a Former Student and Colleague H. L. A. Hart：A Twentieth – Century Oxford Political Philosopher", *The American Journal of Jurisprudence*, 54 (2009).

2. Nathan Gibbs, "The Nature of Law as an Interpretive Practice and Its Associated Modes of Inquiry", *Legal Studies*, No. 4, 29 (2009).

拉兹（Raz, J.）

一、著作

1. Joseph Raz, *The Authority of Law*, Second Edition, Oxford University Press, 2009.

2. Joseph Raz, *Between Authority & Interpretation*, Oxford University Press, 2009.

3. Joseph Raz, *Reasons：Explanatory and Normative*, *New Essays on the Explanation of Action*, edited by C. Sandis, Palgrave/McMillan, 2009.

4. Joseph Raz, *Reasons：Practical & Adaptive*, *Reasons for Action*, edited by David Sobel & Stephen Wall, Cambridge University Press, 2009.

5. Joseph Raz, *On the Value of Distributional Equality*, *Hillel Steiner and the Anatomy of Justice*, edited by Stephen de Wije, Matthew Kramer & Ian Carter, Routledge, 2009.

二、论文

Dale Smith, "Has Raz Drawn the Semantic Sting?", in *Law and Philosophy*, Vol. 28, No, 3, 2009.

黄宗智（Huang，P. C. C.）

一、著作

1. ［美］黄宗智：《过去和现在：中国民事法律实践的探索》，法律出版社 2009 年版。

2. ［美］黄宗智、尤陈俊主编：《从诉讼档案出发：中国的法律、社会与文化》，法律出版社 2009 年版。

二、论文

本人论文

1. ［美］黄宗智："中国被忽视的非正规经济：现实与理论"，载《开放时代》2009 第 2 期。

2. ［美］黄宗智、尤陈俊："调解与中国法律的现代性"，载《中国法律》2009 年第 3 期。

3. ［美］黄宗智："《中国改革往何处去：中西方学者对话（二）》导言"，载《开放时代》2009 年第 7 期。

4. ［美］黄宗智："中国的新时代小农场及其纵向一体化：龙头企业还是合作组织?"，载《人文与社会》2009 年 11 月。

5. ［美］黄宗智："《宪政、改革与中国国家体制：中西方学者对话（三）》导言"，载《开放时代》2009 年第 12 期。

6. ［美］黄宗智："跨越左右分歧：从实践历史来探寻改革"，载《开放时代》2009 年第 12 期。

7. ［美］黄宗智："法史与立法：从中国的离婚法谈起"，2009 年 12 月 2 日人民大学讲座讲稿。

研究论文

1. 苏新红："黄宗智'过密化'理论中的事实判定、逻辑分析与模式建构问题——以《长江三角洲小农家庭与乡村发展》为中心"，载《古代文明》2009 年第 1 期。

2. 吴秉坤："清代至民国时期徽州田面赤契现象探析——兼与黄宗智先生商榷"，载《黄山学院学报》2009 年第 2 期。

3. 何建国："中国史研究的路径：从悖论到理论——读黄宗智《经验与理论：中国社会、经济与法律的实践历史研究》"，载《史林》2009 年第 4 期。

4. 张晓明："黄宗智的经济史学观初探"，载《传承》2009 年第 10 期。

特维宁（Twining，W.）

一、著作

（一）本人著作

William Twining，*General Jurisprudence：Understanding Law from a Global Perspective*，Cambridge：Cambridge University Press，2009.

（二）中文译著

［英］威廉·退宁：《全球化与法律理论》，钱向阳译，中国大百科全书出版社 2009 年版。

二、论文

（一）本人论文

1. William Twining, "Implications of 'Globalisation' for Law as a Discipline", http：//www. ucl. ac. uk/laws/academics/profiles/twining/Twining_ IMPLICATIONS. pdf.

2. William Twining, "Some elusive – isms", http：//www. cambridge. org/resources/ 0521505933/6903_ 16_ Some%20elusive%20 – isms. pdf.

3. William Twining, "Law Teaching as a Vocation", http：//www. cambridge. org/resources/0521505933/6903_ 16_ Some%20elusive%20 – isms. pdf.

4. William Twining, "Some Basic Concepts", http：//www. cambridge. org/resources/0521505933/6903_ 16_ Some%20elusive%20 – isms. pdf.

5. William Twining, "Globalisation and Legal Scholarship", http：//www. ucl. ac. uk/laws/academics/profiles/twining/MontesquieuLecturedraft9 – 09. pdf.

（二）研究论文

1. 周国兴："一般法理学如何可能——简评 Globalization and Legal Theory"，载《中国社会科学辑刊》2009 年春季卷。

2. 周国兴："认真对待全球化：迈向一般法理学——简评卡利尔对特维宁《全球化与法律理论》一书的评论"，载《西方法律哲学家研究年刊》2009 年总第 3 卷。

吉登斯（Giddens，A.）

一、著作

（一）中文部分

本人译著

1. ［英］安东尼·吉登斯：《气候变化的政治》，曹荣湘译，社会科学文献出版社 2009 年版。

2. ［英］安东尼·吉登斯：《社会学》（第 5 版），［英］西蒙·格里菲斯协助，李康译，北京大学出版社 2009 年版。

3. ［英］安东尼·吉登斯：《超越左与右——激进政治的未来》，李惠斌、杨雪冬译，社会科学文献出版社 2009 年版。

研究专著

郭强：《知识与行动的结构性关联——吉登斯结构化理论的改造性阐述》，上海大学出版社 2009 年版。

（二）外文部分

本人著作

1. Anthony Giddens, *The Politics of Climate Change*, Cambridge；Malden, MA：Polity, 2009.

2. Anthony Giddens, *Introduction to Sociology*, New York：W. W. Norton & Co. , 2009.

二、论文

（一）中文部分

研究论文

1. 刘岩："风险意识启蒙与反思性现代化——贝克和吉登斯对风险社会出路的探寻及其启示"，载《江海学刊》2009 年第 1 期。

2. 马红："吉登斯的老年人福利主张对我国老龄化问题的启示"，载《法制与社会》2009 年第 5 期。

3. 山小琪："吉登斯结构化理论的'权力'概念解析"，载《社会科学论坛》（学术研究卷）2009 第 2 期。

4. 付铁钰："理解吉登斯结构化理论中的'行动'概念"，载《齐齐哈尔师范高等专科学校学报》2009 年第 2 期。

5. 郭忠华："吉登斯的社会主义观评介"，载《当代世界与社会主义》2009 年第 2 期。

6. 马中英、王艳玲："'信任问题'的现代性之维——吉登斯'信任观'的研究理路及哲学反思"，载《齐齐哈尔大学学报》（哲学社会科学版）2009 年第 3 期。

7. 韩炯："再论吉登斯的阶级结构化理论"，载《徐州工程学院学报》（社会科学版）2009 年第 3 期。

8. 齐轶文："现代性语境下的信任——吉登斯对于信任的解读"，载《黑河学刊》2009 年第 3 期。

9. 邢媛："评吉登斯对马克思的'两种商品化'理论的分析"，载《现代哲学》2009 年第 3 期。

10. 赵潺潺、易海威："在风险社会中寻找个体安全的港湾——浅析吉登斯的反思现代性与个体性安全理论"，载《求实》2009 年第 S1 期。

11. 黄旭东、田启波："结构化理论：吉登斯现代社会变迁思想的理论基础"，载《兰州学刊》2009 年第 6 期。

12. 张振华："行动与结构的整合——吉登斯结构化理论解读"，载《天津市财贸管理干部学院学报》2009 年 2 期。

13. 徐岿然："复杂实践情景中理性的多维渗透与自反——论贝克和吉登斯社会学自反性观念的哲学意义"，载《哲学动态》2009 年第 6 期。

14. 胡颖峰："论吉登斯的生活政治观"，载《社会科学辑刊》2009 年第 4 期。

15. 李慧敏、胡成功："自我认同理论的'缺失'——吉登斯社会学思想研究"，载《社会科学论坛》（学术研究卷）2009 年第 7 期。

16. 黄旭东，田启波："吉登斯现代社会变迁思想的理论特征"，载《江西社会科学》2009 年第 7 期。

17. 赵洁、赵阳："'第三条道路'：从理论到实践的反思——再读安东尼·吉登斯《第三条道路——社会民主主义的复兴》"，载《华北电力大学学报》（社会科学版）2009 年第 4 期。

18. 孟祥远、邓智平："如何超越二元对立？——对布迪厄与吉登斯比较性评析"，载《南京社会科学》2009 年第 9 期。

19. 史秋霞、王开庆："从二元性到二重性的飞跃——对吉登斯《社会学方法的新规则》的解读"，载《河海大学学报》（哲学社会科学版）2009 年第 3 期。

20. 赵洁："'第三条道路'：从理论到实践的尝试——再读安东尼·吉登斯《第三条道路——社会民主主义的复兴》"，载《成都行政学院学报》2009 年第 5 期。

21. 刘晓娇："解读吉登斯的'第三条道路'"，载《经济研究导刊》2009 年 31 期。

22. 马正义："吉登斯的民族主义理论研究"，载《南方论刊》2009 年第 11 期。

23. 侯志阳："主客观主义的鸿沟与衔接——吉登斯与布迪厄结构理论之比较"，载《佛山科学技术学院学报》（社会科学版）2009 年第 6 期。

24. 张艳："村民自治制度下的新生农民工政治参与——以吉登斯结构化理论为分析视角"，载《产业与科技论坛》2009 年第 12 期。

学位论文：

1. 傅廷真："论吉登斯的马克思主义观"，山东大学 2009 年硕士学位论文。

2. 胡颖峰："吉登斯现代性社会理论与'第三条道路'思想研究"，华中科技大学 2009 年硕士学位论文。

3. 黄永祥："国家理论：马克思与吉登斯比较研究"，江西师范大学 2009 年硕士学位论文。

4. 戴炜："启蒙之惑——安东尼·吉登斯的现代性思想研究"，河南大学 2009 年硕士学位论文。

5. 吴迪："吉登斯现代社会变迁思想分析"，四川省社会科学院 2009 年硕士学位论文。

（二）外文部分

本人论文

Anthony Giddens, "Recession, Climate Change and the Return of Planning", *New Perspectives Quarterly*, Volume 26, 2 (2009).

研究论文

1. Nicolas Sarkozy, *New Perspectives Quarterly*, Volume 26, 2 (2009).

2. Karen Tranberg Hansen, "Domestic Trials: Power and Autonomy in Domestic Service in Zambia", *American Ethnologist*, *Volume* 17, 2 (1990).

3. Peter Callero, "Identity Transformation from Above and Below", *Sociology Compass*, Volume 3, 2 (2009).

4. Treena Delormier, Katherine L, "You Have Free Access to This Content Food and Eating as Social Practice – Understanding Eating Patterns as Social Phenomena and Implications for Public Health", *Sociology of Health & Illness*, Volume 31, 2 (2009).

M. 韦伯（Weber, M.）

一、著作

（一）中文部分

中文译著

1. ［德］韦伯：《新教伦理与资本主义精神》，李修建、张云江译，中国社会科学出版社 2009

年版。

2. ［德］韦伯：《世界经济史纲》，胡长明译，人民日报出版社 2009 年版。

3. ［德］韦伯：《韦伯政治著作选》，（英）拉斯曼、斯佩尔斯编，阎克文译，东方出版社 2009 年版。

4. ［德］韦伯：《新教伦理与资本主义精神》，赵勇译，陕西人民出版社 2009 年版。

5. ［德］韦伯：《罗雪尔与克尼斯：历史经济学的逻辑问题》，李容山译，上海人民出版社 2009 年版。

研究专著

何蓉：《经济学与社会学：马克斯·韦伯与社会科学基本问题》，格致出版社 2009 年版。

（二）外文部分

本人译著

1. Max Weber, *The Protestant Ethic and the Spirit of Capitalism: With Other Writings on the Rise of the West*, Stephen Kalberg (trans.), New York: Oxford University Press, 2009.

2. Max Weber, *The Protestant Ethic and the Spirit of Capitalism: The Talcott Parsons Translation Interpretations*, Richard Swedberg (trans.), New York: W. W. Norton & Co. , 2009.

3. Max Weber, *From Max Weber: Essays in Sociology*, Hans Heinrich, Gerth & C. Wright Mills (trans.), New York: Routledge, 2009.

研究专著
英语

1. Joachim Radkau, *Max Weber: a Biography*, Cambridge, U. K. : Polity, 2009.

2. Walter L. Wallace, *Malthus, Darwin, Durkheim, Marx, Weber, Ibn Khaldün: on Human Species Survival*, New York: Gordian Knot Books, 2009.

3. Gregory V. Loewen, *Social Scientific Interpretations of Religion: Comparing the Hermeneutic Methodologies of James, Weber, Heidegger, and Durkheim*, Lewiston: Edwin Mellen Press, 2009.

4. John P. McCormick, *Weber, Habermas and Transformations of the European State: Constitutional, Social, and Supra – national Democracy*, Cambridge: Cambridge University Press, 2009, 2007.

5. Andreas Kalyvas, *Democracy and the Politics of the Extraordinary: Max Weber, Carl Schmitt, and Hannah Arendt*, Cambridge, England; New York: Cambridge University Press, 2009, 2008.

6. Roslyn Wallach Bologh, *Love or Greatness: Max Weber and Masculine Thinking: A Feminist Inquiry*, London: Routledge, 2009, 1990.

法语

1. Jean – Marie Vincent & Catherine Colliot – Thélène, *Max Weber ou la démocratie inachevée*, Paris: Le Félin – Kiron, 2009.

2. Claude Proeschel, *Max Weber, l' histoire ouverte: réflexions croisées sur le statut scientifique et l' actualité du propos wébérien*, Paris: l' Harmattan, 2009.

3. Laurent Fleury, *Max Weber*, Paris: Presses Universitaires de France, 2009.

4. Hinnerk Bruhns & Patrice Duran, *Max Weber et le politique*, Paris：LGDJ – Lextenso éd. , 2009.

德语

1. Richard Pohle, *Max Weber und die Krise der Wissenschaft：eine Debatte in Weimar*, Göttingen：Vandenhoeck & Ruprecht, 2009.

2. Hartmut Lehmann, *Die Entzauberung der Welt：Studien zu Themen von Max Weber*, Göttingen：Wallstein – Verl. , 2009.

3. Robert Stölner, *Erziehung als Wertsphäre：eine Institutionenanalyse nach Max Weber*, Bielefeld：Transcript, 2009.

二、论文

（一）中文部分

研究论文

1. 陈嘉："学术还会是一种志业吗？——马克斯·韦伯的视角", 载《教育评论》2009 年第 6 期。

2. 刘学智、张雷："学业评价与课程标准的一致性：韦伯模式本土化探究", 载《外国教育研究》2009 年第 12 期。

3. 于柏华："韦伯论政治合法性与合法律性及其现实意义", 载《学习与探索》2009 年第 6 期。

4. 王泽应："祛魅的意义与危机——马克斯·韦伯祛魅观及其影响探论", 载《湖南社会科学》2009 年第 4 期。

5. 袁杰、丁长青："简论马克斯·韦伯的经济伦理思想", 载《江苏商论》2009 年第 7 期。

6. 应星："学术自由的内外限度及其历史演变——从《系科之争》到《韦伯论大学》", 载《北京大学教育评论》2009 年第 3 期。

7. 刘双胤："不合理的合理性哲学意蕴——马克斯·韦伯社会政治哲学解读", 载《河南师范大学学报》（哲学社会科学版）2009 年第 4 期。

8. 荣娥："试析韦伯的'理性化'逻辑及其局限性——评《新教伦理与资本主义精神》", 载《理论月刊》2009 年第 6 期。

9. 程汉大、李栋："韦伯'法律理想类型'在英国法中的困境及辩正", 载《甘肃社会科学》2009 年第 3 期。

10. 周莹："林语堂与韦伯文化哲学思维比较", 载《小说评论》2009 年第 S1 期。

11. 李晚莲："韦伯的'文化科学'对社会学发展的贡献", 载《理论探索》2009 年第 3 期。

12. 钟明华、魏明超："现代性是如何生成的——马克思和韦伯的视角", 载《现代哲学》2009 年第 2 期。

13. 张新军："社会转型时期的英国劳动契约制度：一项韦伯命题的解释", 载《宁夏社会科学》2009 年第 2 期。

14. 李剑："权力政治与文化斗争——韦伯的国家观", 载《上海行政学院学报》2009 年第 2 期。

15. 谈际尊："伦理是一种生活方式——韦伯道德哲学的诠释之路"，载《南京政治学院学报》2009 年第 1 期。

学位论文

1. 金星："论韦伯思想中的自然法"，吉林大学 2009 年博士学位论文。
2. 郑飞："现代性批判的问题域"，南开大学 2009 年博士学位论文。
3. 黄志坚："论韦伯对天职观的探析"，湘潭大学 2009 年硕士学位论文。
4. 蔡能鑫："马克斯·韦伯的个体观与社会观"，广西师范大学 2009 年硕士学位论文。
5. 张李娟："法律类型与民族精神"，西南大学 2009 年硕士学位论文。
6. 陈薇薇："从形式合理性法到回应型法"，西南政法大学 2009 年硕士学位论文。
7. 谢唯彬："韦伯'价值无涉'学说之述评"，中国政法大学 2009 年硕士学位论文。
8. 郑琪："新教伦理与理性资本主义的发展"，广西师范大学 2009 年硕士学位论文。

（二）外文部分

1. Anthony J. Carroll, "The Importance of Protestantism in Max Weber's Theory of Secularisation", *European Journal of Sociology*, 50, No. 1 (2009).

2. Michel Coutu, "Max Weber on the Labour Contract: Between Realism and Formal Legal Thought", *Journal of Law and Society*, 36, No. 4 (2009).

3. George Becker, "The Continuing Path of Distortion: The Protestant Ethic and Max Weber's School Enrolment Statistics", *Acta Sociologica*, 52, No. 3 (2009).

4. Herbert Will, "Religiös absolut unmusikalisch: Max Weber und der Bruch im modernen Subjekt", *Psyche – Stuttgart*, 63, No. 9 (2009).

5. Cyril Hedoin, "Weber and Veblen on the Rationalization Process", *Journal of Economic Issues – Association for Evolutionary Economics*, 43, No. 1 (2009).

6. Hugh Willmott, "Commentary: Science as Intervention: Recasting Weber's Moral Vision", *Organization – Interdisc Journ of Organiz Theory and Society*, 16, No. 1 (2009).

7. Thomas Augustin, "The Problem of Meaningfulness: Weber's Law, Guilford's Power Law, and the Near – miss – to – Weber's Law", *Mathematical Social Sciences*, 57, No. 1 (2009).

8. John G. Gunnell, "Political Inquiry and the Metapractical Voice: Weber and Oakeshott", *Political Research Quarterly*, 62, No. 1 (2009).

9. Alistair Mutch, "Weber and Church Governance: Religious Practice and Economic Activity", *Sociological Review*, 57, No. 4 (2009).

10. Dino Numerato, "Revisiting Weber's Concept of Disenchantment: An Examination of the Re – enchantment with Sailing in the Post – Communist Czech Republic", *Sociology – Cambridg*, 43, No. 3 (2009).

11. Sascha O. Becker & Ludger Woessmann, "Was Weber Wrong? A Human Capital Theory of Protestant Economic History", *Quarterly Journal of Economics*, 124, No. 2 (2009).

12. Aysegül Sabuktay, "Locating Extra – legal Activities of the Modern State in Legal – Political Theo-

ry：Weber，Habermas，Kelsen，Schmitt and Turk"，*Crime Law and Social Change*，51，No. 5 (2009).

13. Liam Stone，"The Peculiar Political Logic of Max Weber"，Murdoch University，Ph. D. ，2009.

哈贝马斯（Habermas, J.）
一、著作
（一）本人著作
德文

1. Jürgen Habermas，*Sprachtheoretische Grundlegung der Soziologie*，Frankfurt am Main：Suhrkamp，2009.

2. Jürgen Habermas，*Rationalitäts - und Sprachtheorie*，Frankfurt am Main：Suhrkamp，2009.

3. Jürgen Habermas，*Kritik der Vernunft*，Frankfurt am Main：Suhrkamp，2009.

4. Jürgen Habermas，*Politische Theorie*，Frankfurt am Main：Suhrkamp，2009.

5. Jürgen Habermas，*Diskursethik*，Frankfurt am Main：Suhrkamp，2009.

6. Jürgen Habermas，*Philosophische Texte：Studienausgabe in fünf Bänden*，Frankfurt am Main：Suhrkamp，2009.

中文译著

［德］哈贝马斯：《哈贝马斯精粹》，曹卫东选译，南京大学出版社 2009 年版。

（二）研究著作
德文

1. Hauke Brunkhorst und Regina Kreide，*Habermas - Handbuch*，Stuttgart：Metzler，2009.

2. Gary S. Schaal，*Das Staatsverständnis von Jürgen Habermas*，Baden - Baden：Nomos，2009.

3. Jens. Greve，*Jürgen Habermas：eine Einführung*，Konstanz：UVK Verlagsgesellschaft，2009.

4. Knut Wenzel und Thomas M. Schmidt，*Moderne Religion：theologische und religionsphilosophische Reaktionen auf Jürgen Habermas*，Freiburg im Breisgau：Herder，2009.

5. Jörn Müller und Hanns - Gregor Nissing，*Grundpositionen philosophischer Ethik：von Aristoteles bis Jürgen Habermas*，Darmstadt：Wiss. Buchges. ，2009.

6. Wolfgang Ludwig Schneider，*Grundlagen der soziologischen Theorie 2 Garfinkel，RC，Habermas，Luhmann*，Wiesbaden：Westdt. Verl. ，2009.

7. Frank Buhren，*Zur Kritik der kommunikativen Vernunft：Gesellschaft，Vernunft und Sprache in Jürgen Habermas' Theorie der Moderne*，Berlin：WVB，Wissenschaftlicher Verlag Berlin，2009.

8. Jürgen Franz，*Religion in der Moderne：die Theorien von Jürgen Habermas und Hermann Lübbe*，Berlin：Frank & Timme，2009.

9. Karl H. Delschen und Jochem Gieraths，*Europa - Krise und Selbstverständigung kommentierte Schlüsseltexte aus dem philosophischen Feld von Nietzsche，Simmel，Heidegger，Gadamer，Derrida，*

Habermas u. a. , Berlin Münster Lit 2009.

10. Michael Funken, *Über Habermas*：*Gespräche mit Zeitgenossen*, Darmstadt：WBG（Abt. Verl.）, 2009.

11. Matthias Isler, Jürgen Habermas zur Einführung, Hamburg：Junius, 2009.

英文

1. William Rehg, *Cogent Science in Context*：*The Science Wars*, *Argumentation Theory*, *and Habermas*, Cambridge, Mass. ：MIT Press, 2009.

2. Uwe. Steinhoff and Karsten. Schöllner, *The philosophy of Jürgen Habermas*：*A Critical Introduction*, Oxford；New York：Oxford University Press, 2009.

3. William Outhwaite, *Habermas*：*A Critical Introduction*, Stanford, Calif. ：Stanford University Press, 2009.

4. Karl Spracklen, *The Meaning and Purpose of Leisure*：*Habermas and Leisure at the End of Modernity*, London；New York：Palgrave Macmillan, 2009.

5. Ilsup Ahn, *Position and Responsibility*：*Jürgen Habermas*, *Reinhold Niebuhr*, *and the Co – reconstruction of the Positional Imperative*, Eugene, Or. ：Pickwick Publications, 2009.

6. John P. McCormick, *Weber*, *Habermas and Transformations of the European State*：*Constitutional*, *Social*, *and Supra – national Democracy*, Cambridge：Cambridge University Press, 2009.

7. Robert Wuthnow, *Cultural Analysis*：*The Work of Peter L. Berger*, *Mary Douglas*, *Michel Foucault and Jürgen Habermas*, London：Routledge, 2009.

8. David. Rasmussen and James Swindal, *Habermas II*, London：Sage Publications Ltd. , 2009.

9. Chin L. Orjiako, *Jurisprudence of Jürgen Habermas*：*in Defence of Human Rights and a Search for Legitimacy*, *Truth and Validity*, Milton Keynes：Author House, 2009.

法文

1. Gervais Désiré Yamb, *Droits humains*, *dé mocratie*, *État de droit*：*chez Rawls*, *Habermas et Eboussi Boulaga*, Paris：L' Harmattan, 2009.

2. Alexandre Dupeyrix, *Comprendre Habermas*, Paris：A. Colin, 2009.

意大利文

1. Luca Corchia, *La teoria della socializzazione di Jürgen Habermas*：*un' applicazione ontogenica delle scienze ricostruttive*, Pisa：ETS, 2009.

2. Luigi Alfieri und Antonio De Simone, *Per Habermas*：*seminario*（2009）：*interventi su "Intersoggettività e norma"*, Perugia：Morlacchi, 2009.

3. Gerardo Cunico, *Lettura di Habermas*：*filosofia e religione nella società post – secolare*, Brescia：Queriniana, 2009.

4. Alessandro Lattarulo, *Stato e religione*：*gli approdi della secolarizzazione in Böckenförde e Habermas*, Bari：Progedit, 2009.

日文

内村博信：討議と人権 ハーバーマスの討議理論における正統性の問題，東京：未来社，2009.

中文

研究译著

1. ［英］埃德加：《哈贝马斯：关键概念》，杨礼银、朱松峰译，江苏人民出版社 2009 年版。
2. ［美］洛克莫尔：《历史唯物主义：哈贝马斯的重建》，孟丹译，北京师范大学出版社 2009 年版。

研究著作

1. 任岳鹏：《哈贝马斯：协商对话的法律》，黑龙江大学出版社 2009 年版。
2. 王晓升：《商谈道德与商议民主——哈贝马斯政治伦理思想研究》，社会科学文献出版社 2009 年版。

二、论文

（一）外文部分

研究论文

德文

1. Hauke Brunkhorst, "Demokratie und Wahrheit. Jürgen Habermas zum 80. Geburtstag", in *Leviathan*, 37, No. 4 (2009).

2. Stefan Mèuller – Doohm, Nationalstaat, Kapitalismus, Demokratie Philosophisch – politische Motive im Denken von Jürgen Habermas, in *Leviathan*, 37, No. 4 (2009).

3. Martin Arndt, "Rudolf Langthaler, Herta Nagl – Docekal (Hg.): Glauben und Wissen Ein Symposium mit Jürgen Habermas", in *Zeitschrift für Religions – und Geistesgeschichte*, 61, No. 3 (2009).

4. Irmela Schneider, "Buchbesprechungen – Kirk Wetters: The Opinion System Impasses of the Public Sphere from Hobbes to Habermas", in *Zeitschrift für deutsche Philologie*, 128, No. 4 (2009).

5. Michael Kühnlein, "Zwischen Vernunftreligion und Existenztheologie: Zum posts? kularen Denken von Jürgen Habermas", in *Theologie und Philosophie*, 52, No. 4 (2009).

6. Charles Larmore, "Buchkritik – Einsichten und Hemmungen eines Nachmetaphysikers – Jürgen Habermas: Philosophische Texte", in *Deutsche Zeitschrift für Philosophie*, 104, No. 6 (2009).

7. Byoungho Kang, "Werte und Normen bei Habermas, Zur Eigendynamik des moralischen Diskurses", in *Deutsche Zeitschrift für Philosophie*, 104, No. 6 (2009).

8. Magnus Striet, "Freiheit wagen. Jürgen Habermas und die Moderne", in *Theologische Revue*, 105, No. 5 (2009).

9. T. Asstheuer, "Habermas' Werk ist gewaltig, seine Wirkung enorm", in *Die Zeit*, 64, No. 25 (2009).

10. Thomas Meyer, "Kultur und Kritik – Jürgen Habermas zum 80. Geburtstag", in *Die Neue Gesellschaft*, *Frankfurter Hefte*, 56, No. 6 (2009).

11. Kenichi Mishima, "Die japanische Nachkriegsaufklarung und die Rolle von Jürgen Habermas", in

Blätter für deutsche und internationale Politik, 54, No. 6（2009）.

12. Seyla Benhabib, "Kosmopolitismus und Demokratie: Von Kant zu Habermas", in *Blätter für deutsche und internationale Politik*, 54, No. 6（2009）.

13. Hanno Sauer, "Vernunft und Offentlichkeit. Habermas（Rezensionsabhandlung）", in *Archiv für Rechts – und Sozialphilosophie*, 95, No. 1（2009）.

14. Edmund Arens, "Gesellschaft – 'Alt, aber nicht fromm' Jürgen Habermas und seine neuen Verehrer", in *Herder – Korrespondenz*, 63, No. 2（2009）.

15. Hector Wittwer, "Falsch verstandener Respekt vor dem Glauben. Jürgen Habermas und die Religion", in *Merkur*, 63, No. 3（2009）.

英文

1. Russell Keat, "Habermas on Ethics, Morality and European Identity", in *Critical Review of International Social and Political Philosophy*, 12, No. 4（2009）.

2. Brian Elliott, "Theories of Community in Habermas, Nancy and Agamben: A Critical Evaluation", in *Philosophy Compass*, 4, No. 6（2009）.

3. Russell Keat, "Choosing Between Capitalisms: Habermas, Ethics and Politics", in *Res Publica*, 15, No. 4（2009）.

4. Mike Higton, "Habermas and Theology – By Nicholas Adams", in *Conversations in Religion and Theology*, 7, No. 2（2009）.

5. Stan Houston, "Communication, Recognition and Social Work: Aligning the Ethical Theories of Habermas and Honneth", in *British Journal of Social Work*, 39, No. 7（2009）.

6. Joseph Heath, "Habermas and Analytical Marxism", in *Philosophy & Social Criticism*, 35, No. 8（2009）.

7. Owen Arker, "Why EU, Which EU? Habermas and the Ethics of Postnational Politics in Europe", in *Constellations*, 16, No. 3（2009）.

8. Antoon Braeckman, "Habermas and Gauchet on Religion in Postsecular Society: A Critical Assessment", in *Continental Philosophy Review*, 42, No. 3（2009）.

9. David O'Hara, "L. Philosophy of Religion: C. S. Lewis as Philosopher: Truth, Goodness and Beauty," Edited by David Baggett, Gary R. Habermas, and Jerry L. Walls, in *Religious Studies Review*, 35, No. 3（2009）.

10. Jürgen Pedersen, "Habermas and the Political Sciences", in *Philosophy of the Social Sciences*, 39, No. 3（2009）.

11. Charles Turner, "Habermas' Offentlichkeit: A Reception History", in *Critical Review of International Social and Political Philosophy*, 12, No. 2（2009）.

12. David Wilson and William Dixon, "Sentimentality, Communicative Action and the Social Self: Adam Smith meets Jürgen Habermas", in *History of the Human Sciences*, 22, No. 3（2009）.

13. Ilsup Ahn, "Decolonization of the Lifeworld by Reconstructing the System: a Critical Dialogue Be-

tween Jürgen Habermas and Reinhold Niebuhr", in *Studies in Christian Ethics*, 22, No. 3 (2009).

14. Neil DeRoo, "Book Review: The Derrida – Habermas Reader," Edited by Lasse Thomassen, in *The Heythrop Journal*, 50, No. 4 (2009).

15. John Omachonu and Kevin Healey, "Media Concentration and Minority Ownership: The Intersection of Ellul and Habermas", in *Journal of Mass Media Ethics*, 24, No. 2 ~ 3 (2009).

16. Nathan Van Camp, Stiegler, "Habermas and the Techno – logical Condition of Man", in *Journal for Cultural Research*, 13, No. 2 (2009).

17. Ayşegèül Sabuktay, "Locating Extra – Legal Activities of the Modern State in Legal – political Theory: Weber, Habermas, Kelsen, Schmitt and Turk", in *Crime, Law and Social Change*, 51, No. 5 (2009).

18. Andrew Edgar, "The Hermeneutic Challenge of Genetic Engineering: Habermas and the Transhumanists", in *Medicine, Health Care & Philosophy*, 12, No. 2 (2009).

19. Karin Christiansen, "The Silencing of Kierkegaard in Habermas' Critique of Genetic Enhancement", in *Medicine, Health Care & Philosophy*, 12, No. 2 (2009).

20. Christopher Martin, "R. S. Peters and Jürgen Habermas: Presuppositions of Practical Reason and Educational Justice", in *Educational Theory*, 59, No. 1 (2009).

21. Anja Karnein, "Book Reviews: A Case Against Perfection by Michael SandelThe Future of Human Nature by Jürgen Habermas", in *Constellations*, 16, No. 1 (2009).

22. Martin Morris, "Social Justice and Communication: Mill, Marx, and Habermas", in *Social Justice Research*, 22, No. 1 (2009).

23. Doris Sommer, "Schiller and Company, or How Habermas Incites Us to Play", in *New Literary History*, 40, No. 1 (2009).

24. Matthew King, "Clarifying the Foucault: Habermas Debate", in *Philosophy & Social Criticism*, 35, No. 3 (2009).

25. James Boettcher, "Habermas, Religion and the Ethics of Citizenship", in *Philosophy & Social Criticism*, 35, No. 1 ~ 2 (2009).

26. Amy Allen, "Discourse, Power, and Subjectivation: The Foucault/Habermas Debate Reconsidered", in *The Philosophical Forum*, 40, No. 1 (2009).

27. Will Slocombe, "The Derrida – Habermas Reader," Ed. by Lasse Thomassen, in *Style*, 43, No. 1 (2009).

28. Brian Caterino, "Macpherson, Habermas, and the Demands of Democratic Theory", in *Studies in Political Economy*, No. 83, (2009).

29. Dipankar Gupta, "Perspectives – Gandhi before Habermas: The Democratic Consequences of Ahimsa", in *Economic and Political Weekly*, 44, No. 10 (2009).

30. R. J. Delahunty and J. Yoo, "Kant, Habermas and Democratic Peace", in *Chicago Journal of Inter-*

national Law，10，No. 2（2009）.

中文

研究论文

1. 张云龙："交往与共识何以可能——论哈贝马斯与后现代主义的争论"，载《江苏社会科学》2009 年第 6 期。

2. 芮燕萍："从哈贝马斯普遍语用学角度谈可译性"，载《外语学刊》2009 年第 6 期。

3. 于林龙、吴宪忠："论支撑哈贝马斯意义理论的生活世界——从生活世界看哈氏形式语用学的理论基础"，载《外语学刊》2009 年第 6 期。

4. 田润锋："哈贝马斯程序主义民主的致思理路"，载《前沿》2009 年第 10 期。

5. 南丽军："从葛兰西到哈贝马斯——西方马克思主义资本主义国家理论的再思考"，载《学术交流》2009 年第 10 期。

6. 胡军良："朝向哈贝马斯对话伦理学本身——论哈贝马斯 die Diskursethik 的汉译取向、理论定位与基本旨趣"，载《华中科技大学学报》（社会科学版）2009 年第 5 期。

7. 铁省林："绝对的意义归于何处？——霍克海默的宗教诉求及哈贝马斯的批判"，载《山东社会科学》2009 年第 9 期。

8. 钟景迅："高等教育领域公平问题探讨的批判性反思——从哈贝马斯的批判理论谈起"，载《高教探索》2009 年第 5 期。

9. 夏巍："论哈贝马斯对马克思实践意义域中的劳动概念的批判"，载《南京社会科学》2009 年第 8 期。

10. 汪行福："批判理论与劳动解放——对哈贝马斯与霍耐特的一个反思"，载《马克思主义与现实》2009 年第 4 期。

11. 张向东："哈贝马斯商谈伦理中道德共识形成的逻辑"，载《道德与文明》2009 年第 4 期。

12. 高玉平："从哈贝马斯与罗尔斯的争论谈道德哲学与政治证明的关系"，载《道德与文明》2009 年第 4 期。

13. 夏巍："从存在论视域看哈贝马斯哲学范式的转向"，载《山东社会科学》2009 年第 8 期。

14. 杨礼银："论罗尔斯和哈贝马斯的'公民不服从'理论"，载《武汉大学学报》（人文科学版）2009 年第 4 期。

15. 夏巍："哈贝马斯对社会权力的二元诠释——从马克思存在论角度进行的一种解读"，载《东岳论丛》2009 年第 7 期。

16. 彭刚："哈贝马斯的话语民主与宪法爱国主义"，载《江西社会科学》2009 年第 7 期。

17. 吴苑华："科技进步：一种'隐形的'意识形态——析哈贝马斯的科技进步观"，载《自然辩证法研究》2009 年第 7 期。

18. 任彩红："哈贝马斯与霍耐特团结观之辨析"，载《伦理学研究》2009 年第 4 期。

19. 童世骏："'学习'与'批判'——为哈贝马斯诞辰 80 周年而作"，载《哲学动态》2009 年第 6 期。

20. 曹卫东："语言、交往与哲学——哈贝马斯《哲学文集》评述"，载《哲学动态》2009 年第 6 期。

21. 杨礼银："哈贝马斯的'话语认识论'疏解"，载《哲学研究》2009 年第 6 期。

22. 郭婕："在知识系统与行动系统之间——哈贝马斯对法律与道德的分析"，载《道德与文明》2009 年第 3 期。

23. 王才勇："从哈贝马斯到霍耐特——批判理论的现代转型"，载《毛泽东邓小平理论研究》2009 年第 5 期。

24. 汤德森、江丽："'科学技术是第一生产力'：邓小平与哈贝马斯之比较"，载《湖北大学学报》（哲学社会科学版）2009 年第 3 期。

25. 刘毅："交往理性与演进理性：哈贝马斯与哈耶克法律思想对中国法治的启示"，载《北方论丛》2009 年第 3 期。

26. 胡军良："哈贝马斯对话伦理学之'普遍化原则'的四重学理性追问"，载《内蒙古社会科学》（汉文版）2009 年第 3 期。

27. 张如良："虚拟现实与哈贝马斯的公共领域理论"，载《西安交通大学学报》（社会科学版）2009 年第 3 期。

28. 茅根红："协商民主还是竞争多元主义？——墨菲对哈贝马斯程序主义协商民主的批判"，载《华南师范大学学报》（社会科学版）2009 年第 2 期。

29. 王晓升："论哈贝马斯对权利的重新理解——人权和主权：同源共生还是相互冲突？"，载《马克思主义与现实》2009 年第 2 期。

30. 李贵成："将协商引入司法——哈贝马斯法律商谈理论启示"，载《人民检察》2009 年第 7 期。

31. 胡军良："普遍有效性的诉求：在康德与哈贝马斯的伦理视域中"，载《云南社会科学》2009 年第 2 期。

32. 赵光锐："哈贝马斯谈新自由主义破产后的世界秩序"，载《国外理论动态》2009 年第 3 期。

33. 肖锐："哈贝马斯交往行为理论视域中的自我认同"，载《前沿》2009 年第 2 期。

34. 胡军良："试论哈贝马斯对话伦理学的四重理论限度"，载《浙江社会科学》2009 年第 2 期。

35. 陈勤奋："哈贝马斯的'公共领域'理论及其特点"，载《厦门大学学报》（哲学社会科学版）2009 年第 1 期。

36. 马俊领、刘卓红："从客观理性向交往理性的嬗变——论哈贝马斯对法兰克福学派的范式转型"，载《广西社会科学》2009 年第 1 期。

37. 刘钢："论法律话语理论从德沃金到哈贝马斯的演化"，载《暨南学报》（哲学社会科学版）2009 年第 1 期。

38. 于晓霞、王淑霞："生活世界视野中的和谐管理——从哈贝马斯交往理性出发"，载《山东社会科学》2009 年第 1 期。

39. 熊文驰："哈贝马斯'普遍法律状态'论评析——兼论西方语境下世界正义理论的结构性矛盾"，载《国际观察》2009 年第 1 期。

学位论文

1. 关桂芹："通向解放的乌托邦之路——哈贝马斯交往思想研究"，吉林大学 2009 年博士学位论文。

2. 王江涛："哈贝马斯公共领域思想研究"，华东师范大学 2009 年博士学位论文。

3. 辜筠芳："哈贝马斯规范语用学视野下的课堂对话研究"，华东师范大学 2009 年博士学位论文。

4. 刘泉华："哈贝马斯交往理论研究"，南昌大学 2009 年硕士学位论文。

5. 张云红："哈贝马斯交往行为理论研究"，吉林大学 2009 年硕士学位论文。

6. 何元元："共识，还是差异?"，首都师范大学 2009 年硕士学位论文。

7. 刘荣："哈贝马斯公共领域理论与中国公共领域建构"，首都师范大学 2009 年硕士学位论文。

8. 尚悦："哈贝马斯交往合理性思想的理论特质与当代价值"，东北师范大学 2009 年硕士学位论文。

9. 李国亮："理性重建与生活世界拯救"，华东师范大学 2009 年硕士学位论文。

10. 冯文敬："哈贝马斯普遍语用学：诠释与批判"，黑龙江大学 2009 年硕士学位论文。

德沃金（Dworkin，Ronald）

一、著作

（一）中文部分

1. 傅鹤鸣：《法律正义论：德沃金法伦理思想研究》，商务印书馆 2009 年版。

2. 刘宏斌：《德沃金政治哲学研究》，湖南大学出版社 2009 年版。

（二）英文部分

1. Scott Hershovitz（ed.），*Exploring Law's Empire：The Jurisprudence of Ronald Dworkin*，Oxford University Press，2009.

2. Michael Shortall，*Human Rights and Moral Reasoning：A Comparative Investigation by Way of Three Theorists and Their Respective Traditions of Enquiry：John Finnis，Ronald Dworkin and Jürgen Habermas*，Editrice Pontificia Università Gregoriana，2009.

二、 论文

（一）中文部分

1. 曾莉："自由裁量论研究——以德沃金自然法学和包容性实证主义法学中的自由裁量论为视角"，载《法律科学》2009 年第 2 期。

2. 高景柱："自愿平等抑或能力平等? ——评德沃金与阿玛蒂亚·森的平等之争"，载《同济大学学报》（社会科学版）2009 年第 2 期。

3. 高景柱："平等与运气——以德沃金为中心的考察"，载《现代哲学》2009 年第 6 期。

4. 邱昭继："法律问题有唯一正确答案吗？——论德沃金的正确答案论题"，载《法律方法》2009 年第 9 卷。

5. 张帆："德沃金'建构性解释论'中的道德难题"，载《法制现代化研究》第 12 卷。

（二）英文部分

1. Nathan Gibbs，"The Nature of Law as an Interpretive Practice and Its Associated Modes of Inquiry"，in *Legal Studies*，Vol. 29，No. 4，2009.

2. Jeremy Waldron， "Can There Be A Democratic Jurisprudence?"，in *Emory Law Journal*，Vol. 58，2009.

3. Stephen Guest，"How to Criticize Ronald Dworkin's Theory of Law"，in *Analysis*，Vol. 69，No. 2，2009.

4. Brian Leiter，"Explaining Theoretical Disagreement"，in *The University of Chicago Law Review*，Vol. 76，2009.

5. Stephen O'Hanlon，"Equality，Entitlement，And Efficiency：Dworkin，Nozick，Posner，and Implications for Legal Theory"，in *Cardozo Public Law*，*Policy & Ethics Journal*，Vol. 8，2009.

康德（Kant，I.）

一、著作

（一）外文部分

研究专著

英语

1. John Henry McDowell，*Having the World in View：Essays on Kant，Hegel，and Sellars*，Harvard University Press，2009.

2. Susan Meld Shell，*Kant and the Limits of Autonomy*，Harvard University Press，2009.

3. Arthur Ripstein，*Force and Freedom：Kant's Legal and Political Philosophy*，Harvard University Press，2009.

4. Arthur Melnick，*Kant's Theory of the Self*，New York：Routledge，2009.

5. Thomas E. Hill，*The Blackwell Guide to Kant's Ethics*，U. K. Chichester；MA Malden：Wiley – Blackwell，2009.

6. Eric Watkins，*Kant's Critique of Pure Reason Background Source Materials*，New York：Cambridge University Press，2009.

7. Rei Terada，*Looking Away：Phenomenality and Dissatisfaction，Kant to Adorno*，Cambridge，Mass.：Harvard University Press，2009.

8. Richard McCarty，*Kant's Theory of Action*，Oxford University Press，2009.

9. Steven Shaviro，*Without Criteria：Kant，Whitehead，Deleuze，and Aesthetics*，Cambridge，Mass.：MIT Press，2009.

10. Amélie Rorty，James Schmidt，*Kant's Idea for a Universal History with a Cosmopolitan Aim：a*

Critical Guide, Cambridge, UK; New York: Cambridge University Press, 2009.

11. Jens Timmermann, *Kant's Groundwork of the Metaphysics of Morals: a Critical Guide*, Cambridge, UK; New York: Cambridge University Press, 2009.

12. Garrett Wallace Brown, *Grounding Cosmopolitanism: from Kant to the Idea of a Cosmopolitan Constitution*, Edinburgh (Scotland): Edinburgh University Press, 2009.

德语

1. Thomas Sturm, *Kant und die Wissenschaften vom Menschen*, Paderborn: Mentis, 2009.

2. Alexander Tiefenbacher, *Vernunft und Gefühl: der Versuch eines versöhnenden Blickes auf die Moralphilosophie von David Hume und Immanuel Kant*, Würzburg: Ergon – Verlag, 2009, 2007.

3. Konstantin Pollok, *Begründen und rechtfertigen: eine Untersuchung zum Verhältnis zwischen rationalen Erfordernissen und prävalenten Handlungsgründen*, Berlin; New York: De Gruyter, 2009.

4. Yves – Marius Sagou, *Die Erziehung zum Bürger bei Aristoteles und Kant*, Würzburg Königshausen & Neumann, 2009.

5. Volker Dieringer, *Kants Lösung des Theodizeeproblems: eine Rekonstruktion*, Stuttgart: Frommann – Holzboog, 2009.

7. Werner Moskopp, *Struktur und Dynamik in Kants Kritiken: Vollzug ihrer transzendental – kritischen Einheit*, Berlin: W. de Gruyter, 2009.

（二）中文部分

本人译著

1. ［德］康德：《道德形而上学基础》，孙少伟译，中国社会科学出版社 2009 年版。

2. ［德］康德：《实践理性批判》，张永奇译，中国社会科学出版社 2009 年版。

3. ［德］康德：《纯粹理性批判》，邓晓芒译，人民出版社 2009 年版。

4. ［德］康德：《纯粹理性批判》，蓝公武译，商务印书馆 2009 年版。

5. ［德］康德：《实践理性批判》，韩永法译，商务印书馆 2009 年版。

6. ［德］康德：《康德三大批判合集》（上、下），邓晓芒译，人民出版社 2009 年版。

7. ［德］康德：《论优美感和崇高感》，何兆武译，商务印书馆 2009 年版。

研究专著

1. 赵明：《实践理性的政治立法——康德〈论永久和平〉的法哲学诠释》，法律出版社 2009 年版。

2. 李欣钟：《康德辩证法新释》，同济大学出版社 2009 年版。

3. 申扶民：《自由的审美之路：康德美学研究》，中国社会科学出版社 2009 年版。

4. 韩水法：《批判的形而上学——康德研究文集》，北京大学出版社 2009 年版。

5. 刘哲：《黑格尔辩证思辨的真无限概念——在康德与费希特哲学视域中的黑格尔〈逻辑学〉》，北京大学出版社 2009 年版。

二、论文

（一）外文部分

研究论文

1. Graham Stevens, "The Origins of Analytic Philosophy: Kant and Frege", *British Journal for the History of Philosophy*, 17, No. 4 (2009).

2. Bryan Hall, "Effecting a Transition: How to Fill the Gap in Kant's System of Critical Philosophy", *Kant Studien*, 100, No. 2 (2009).

3. Robert Wicks, "Kant on Beauty and Biology: An Interpretation of the Critique of Judgment", *British Journal for the History of Philosophy*, 17, No. 4 (2009).

4. Ralf Bader, "Kant and the Categories of Freedom", *British Journal for the History of Philosophy*, 17, No. 4 (2009).

5. Abdusalam A. Guseinov, "What Kant Said, or Why Is It Impermissible to Lie for the Sake of Good?", *Russian Studies in Philosophy*, 48, No. 3 (2009).

6. Andrei V. Prokof'ev, "Kant, Deception, the Use of Force", *Russian Studies in Philosophy*, 48, No. 3 (2009).

7. Melissa McBay Merritt, "Reflection, Enlightenment, and the Significance of Spontaneity in Kant", *British Journal for the History of Philosophy*, 17, No. 5 (2009).

8. Th Ebert, "Michael Wolff èuber Syllogismen bei Aristoteles und Vernunftschlèusse bei Kant", *Journal for General Philosophy of Science*, 40, No. 2 (2009).

9. Michael Wolff, "Vollkommene Syllogismen und reine Vernunftschlèusse: Aristoteles und Kant", *Journal for General Philosophy of Science*, 40, No. 2 (2009).

10. Ana Marta González, "Kant's Contributions to Social Theory", *Kant Studien*, 100, No. 1 (2009).

11. Oliver Sensen, "Kant's Conception of Human Dignity", *Kant Studien*, 100, No. 3 (2009).

12. Margit Ruffing, "Neugriechische Kant – übersetzungen", *Kant Studien*, 100, No. 1 (2009).

13. Margit Ruffing, "Kant – Bibliographie 2007", *Kant Studien*, 100, No. 4 (2009).

14. Soo Bae Kim, "The Formation of Kant's Casuistry and Method Problems of Applied Ethics", *Kant Studien*, 100, No. 3 (2009).

15. Simon Shengjian Xie, "What Is Kant: A Compatibilist Or An Incompatibilist? A New Interpretation of Kant's Solution to the Free Will Problem", *Kant Studien*, 100, No. 1 (2009).

16. Christian Onof, "Reconstructing the Grounding of Kant's Ethics: a Critical Assessment", *Kant Studien*, 100, No. 4 (2009).

17. Frode Kjosavik, "Kant on Geometrical Intuition and the Foundations of Mathematics", *Kant Studien*, 100, No. 1 (2009).

18. Susanne Herrmann – Sinai, "Musik und Zeit bei Kant", *Kant Studien*, 100, No. 4 (2009).

19. Andreas Kamlah, "Kants Antwort auf Hume und eine linguistische Analyse seiner Modalbegriffe", *Kant Studien*, 100, No. 1 (2009).

20. Matthew S Rukgaber, " 'The Key to Transcendental Philosophy': Space, Time and the Body in

Kant", *Kant Studien*, 100, No. 2 (2009).

21. Michael Rohlf, "Kant on Determining One's Duty: A Middle Course Between Rawls and Herman", *Kant Studien*, 100, No. 3 (2009).

22. Andree Hahmann, "Die Reaktion der spekulativen Weltweisheit: Kant und die Kritik an den einfachen Substanzen", *Kant Studien*, 100, No. 4 (2009).

23. Patrick Kain, "Kant's Defense of Human Moral Status", *Journal of the History of Philosophy*, 47, No. 1 (2009).

24. Corey W. Dyck, "The Divorce of Reason and Experience: Kant's Paralogisms of Pure Reason in Context", *Journal of the History of Philosophy*, 47, No. 2 (2009).

25. Lucy Allais, "Kant, Non–Conceptual Content and the Representation of Space", *Journal of the History of Philosophy*, 47, No. 3 (2009).

（二）中文部分

研究论文

1. 段志军、邓琛莎："康德与牟宗三哲学论证路径的比较"，载《山东社会科学》2009 年第 S1 期。

2. 张玉明、张富国："信仰：内在形而上学的实践能力——康德《实践理性批判》中的一个根基性问题"，载《学术交流》2009 年第 12 期。

3. 葛彬超、朱会晖："对康德哲学中至善理念研究的再思"，载《武汉大学学报》（人文科学版）2009 年第 6 期。

4. 崔平："对康德'概念分析论'叙事结构的逻辑校正"，载《河北学刊》2009 年第 6 期。

5. 王南湜："我们能够从康德哲学学些什么？——一个并非康德主义的中国马克思主义哲学研究者的思考"，载《学海》2009 年第 6 期。

6. 谢永康："自由观念：从康德、黑格尔到马克思"，载《学海》2009 年第 6 期。

7. 龙霞："普遍性的寻求——马克思与康德的一种可能的对话"，载《学海》2009 年第 6 期。

8. 李爱民："解读马克思的康德和黑格尔之争——一种知识社会学的考察"，载《学海》2009 年第 6 期。

9. ［德］曼弗雷德·鲍姆、邓晓芒："康德实践哲学中的法和伦理"，载《云南大学学报》（社会科学版）2009 年第 6 期。

10. 庄振华："康德伦理学中的形式、质料问题——以《实践理性批判》为中心"，载《云南大学学报》（社会科学版）2009 年第 6 期。

11. 季雨："形而上的追求与人性的悖论——康德《道德形而上学原理》中自由意志思想论析"，载《学习与探索》2009 年第 6 期。

12. 王海锋："如何理解作为哲学的世界观——从海德格尔对康德的一个批评说开去"，载《社会科学辑刊》2009 年第 6 期。

13. 黄裕生："康德论证自由的'知识论进路'——兼论康德文本中关于范畴的起源问题"，载《江苏社会科学》2009 年第 6 期。

14. 潘卫红："康德关于直观和概念的区分"，载《北方论丛》2009 年第 6 期。

15. 申扶民："从自然崇高到道德崇高——康德崇高理论的解构与建构"，载《广西社会科学》2009 年第 10 期。

16. 杨和英："从科学知识及其增长的角度看：休谟问题、康德问题与波普问题"，载《前沿》2009 年第 10 期。

17. 陈晓平："时间、空间与先验范畴——对康德先验范畴体系的修正"，载《科学技术哲学研究》2009 年第 5 期。

18. 邓晓芒："康德《实践理性批判》中的自由范畴表解读"，载《哲学研究》2009 年第 9 期。

19. 赵广明："论康德批判哲学的根基与归宿"，载《哲学研究》2009 年第 9 期。

20. 陈晓平："可知与不可知之间——康德与笛卡尔的形而上学之比较"，载《现代哲学》2009 年第 5 期。

21. ［澳］伊安·亨特、徐长福："康德的辩证法及其问题"，载《现代哲学》2009 年第 6 期。

22. 朱会晖、张传有："论康德对'人是目的'命题的普遍主义论证"，载《湖北大学学报》（哲学社会科学版）2009 年第 5 期。

23. 戴兆国："康德道德哲学思想的起源和理论转向"，载《伦理学研究》2009 年第 5 期。

24. 方国武："从'物'的形式到'人'的形式——康德形式美论的理论意义"，载《安徽大学学报》（哲学社会科学版）2009 年第 5 期。

25. 胡友峰："实践理性：康德美学的超验之维"，载《安徽大学学报》（哲学社会科学版）2009 年第 5 期。

26. 丁南："论经济分析在法律判断上的局限性——以康德法哲学为视角的批判"，载《法制与社会发展》2009 年第 5 期。

27. 李科林："真理的自由和自由的真理——德勒兹对康德思想的超越"，载《世界哲学》2009 年第 5 期。

28. 李海星："主体自由：康德道德法则的价值底蕴"，载《社会科学家》2009 年第 5 期。

29. 谈克华："康德论自然因果性与先验自由"，载《自然辩证法研究》2009 年第 5 期。

30. 杨睿："康德与哥德尔论数学真的客观性"，载《哲学动态》2009 年第 7 期。

31. 王齐："康德对克尔凯郭尔的影响"，载《哲学研究》2009 年第 7 期。

32. 钱捷："判断逻辑与康德的范畴形而上学演绎"，载《哲学研究》2009 年第 7 期。

33. 俞吾金："康德是通向马克思的桥梁"，载《复旦学报》（社会科学版）2009 年第 4 期。

34. 陈世放："康德'知性纯粹概念图型法'思想的价值"，载《学术研究》2009 年第 4 期。

35. 韩秋红："康德两种因果性的道德意蕴"，载《道德与文明》2009 年第 2 期。

36. 胡军良："普遍有效性的诉求：在康德与哈贝马斯的伦理视域中"，载《云南社会科学》2009 年第 2 期。

37. 涂纪亮："新康德主义的价值哲学"，载《云南大学学报》（社会科学版）2009 年第 2 期。

38. 高云涌："辩证法理论的形态跃迁：从康德到马克思———一种基于关系逻辑视角的哲学史考察"，载《社会科学研究》2009 年第 1 期。

39. 王建军："论康德空间与时间表象中的统一性"，载《哲学研究》2009 年第 5 期。

40. 董尚文："托马斯主义的先验转向——麦利切尔对托马斯主义与康德先验哲学的整合"，载《世界哲学》2009 年第 3 期。

41. 陈世放："关于康德'先验的观念性'与'经验的实在性'的思辨"，载《哲学研究》2009 年第 5 期。

42. 屠兴勇："范畴的'是'与存在的'是'——康德和海德格尔对'sein'的哲学阐释"，载《华中科技大学学报》（社会科学版）2009 年第 3 期。

43. 邓安庆："从'形而上学'到'行而上学'：康德哲学哥白尼式革命的实质"，载《复旦学报》（社会科学版）2009 年第 4 期。

44. 包向飞："乌托邦和拓扑发生学——比较康德的主体和海德格尔的此在"，载《现代哲学》2009 年第 4 期。

45. 陈艳波："康德对'上帝存在的本体论证明'的批判中的'存在'论题"，载《现代哲学》2009 年第 4 期。

46. ［美］M. S. 弗林斯、张任之、邱鹤飞："舍勒与康德，殊途同归：道德的善"，载《现代哲学》2009 年第 4 期。

47. 王时中："黑格尔超越康德哲学的进路与限度——从马克思哲学的视角看"，载《吉林大学社会科学学报》2009 年第 4 期。

48. 易晓波、曾英武："康德'理性'概念的涵义"，载《东南大学学报》（哲学社会科学版）2009 年第 4 期。

49. 贺建军："康德的公开性公式厘析——兼就翻译问题与何兆武先生商榷"，载《学海》2009 年第 4 期。

50. 劳承万："康德'自然天体史'视野中的先验哲学与美学——由'原初物质'至'道德神学'之目的论"，载《学术研究》2009 年第 5 期。

51. 邓晓芒："康德论道德与法的关系"，载《江苏社会科学》2009 年第 4 期。

52. 李喜英："论德性的力量及其限度——兼论康德道德问答法的教育意义"，载《江苏社会科学》2009 年第 4 期。

53. 丁东红："百年康德哲学研究在中国"，载《世界哲学》2009 年第 4 期。

54. 高国希："康德的德性理论"，载《道德与文明》2009 年第 3 期。

55. 戴兆国："伦理学：形式的？抑或实质的？——论马克斯·舍勒对康德道德哲学的批判"，载《世界哲学》2009 年第 4 期。

56. 靳宝："论海德格尔对康德主体形而上学的批判"，载《社会科学研究》2009 年第 4 期。

学位论文

1. 赵剑："康德哲学的时间视域"，中国社会科学院 2009 年博士学位论文。

2. 刘振怡："新康德主义与文化哲学转向"，黑龙江大学 2009 年博士学位论文。

3. 王丹："康德与孟子德福观之比较"，江西师范大学 2009 年硕士学位论文。

4. 时洪宇："康德视野下的德性论"，吉林大学 2009 年硕士学位论文。

5. 田冠浩："卢梭的问题，康德的回答"，吉林大学 2009 年硕士学位论文。

6. 邱帅萍："论康德的刑罚目的理论"，湘潭大学 2009 年硕士学位论文。

7. 苏勇："康德与马克思政治哲学比较分析"，云南师范大学 2009 年硕士学位论文。

8. 吴晓英："试论洛克与康德的知识之相似与差异"，四川师范大学 2009 年硕士学位论文。

9. 覃丹："康德的知识学与逻辑学的关系"，四川师范大学 2009 年硕士学位论文。

10. 路传颂："自然与自由——庄子与康德的两种思路"，西北大学 2009 年硕士学位论文。

11. 罗图："形而上学何以可能"，吉林大学 2009 年硕士学位论文。

12. 曹俊飞："超越中的和谐——康德自由意志解读"，吉林大学 2009 年硕士学位论文。

13. 王福玲："康德论实践自由"，西南大学 2009 年硕士学位论文。

14. 廖颖聪："论康德主体性时间观及影响"，西南大学 2009 年硕士学位论文。

15. 秦国帅："康德的'二律背反'及其理论价值"，山东师范大学 2009 年硕士学位论文。

16. 范伟杰："康德刑罚理论研究"，厦门大学 2009 年硕士学位论文。

17. 薛军："面向存在的真境"，西南政法大学 2009 年硕士学位论文。

18. 周浩翔："论康德的两种因果性概念"，上海社会科学院 2009 年硕士学位论文。

19. 钱立卿："康德的先验逻辑与其对科学的意义"，上海社会科学院 2009 年硕士学位论文。

20. 尹洁："对康德形式主义伦理学之实践意义的探讨"，复旦大学 2009 年硕士学位论文。

21. 闫婧："试论威廉姆斯对康德道德体系的批判"，复旦大学 2009 年硕士学位论文。

22. 罗连祥："王阳明与康德的道德主体性思想比较研究"，贵州师范大学 2009 年硕士学位论文。

23. 黄博凯："近代哲学中的确定性问题"，复旦大学 2009 年硕士学位论文。

24. 赵秀玲："康德的幸福概念及相关问题"，复旦大学 2009 年硕士学位论文。

25. 魏建武："康德'实践'概念的两种意义"，复旦大学 2009 年硕士学位论文。

26. 王海波："论康德的绝对命令"，黑龙江大学 2009 年硕士学位论文。

庞德（Pound，R.）

一、著作

本人著作

1. Roscoe Pound, *Lectures on Masonic Jurisprudence*, General Books LLC, 2009.

2. Roscoe Pound, *Cases on Equitable Relief Against Defamation and Injuries to Personality*: *Supplementary to Ames's Cases in Equity Jurisdiction*, Vol. I. ［1916］, Cornell University Library, 2009.

3. Roscoe Pound, *Lectures on the Philosophy of Freemasonry* ［1915］, Cornell University Library, 2009.

4. Roscoe Pound, *The Spirit of the Common Law* ［1921］, Cornell University Library, 2009.

5. Roscoe Pound, *An Introduction to American Law*: *An Outline of a Course Delivered at the Trade Union College Under the Auspices of the Boston Central Labor Union*, *Spring Term* ［1919］, BiblioLife, 2009.

6. Roscoe Pound, *Introduction to the Study of Law* ［1912］, Cornell University Library, 2009.

7. Roscoe Pound, *Readings on the History and System of the Common Law* ［1913］, Cornell University Library, 2009.

8. Roscoe Pound, *An Introduction to the Philosophy of Law*, BiblioLife, 2009.

研究专著

Brian Z. Tamanaha, *Beyond the Formalist – Realist Divide*：*The Role of Politics in Judging*, Princeton University Press, 2009.

二、论文

1. 于佳虹："庞德和哈耶克法律思想的比较"，载《咸宁学院学报》2009 年第 1 期。

2. 李垚葳："解读庞德的社会控制论"，载《重庆工商大学学报》（社会科学版）2009 年第 6 期。

3. 林珀朱："解读庞德的《法律史解释》——兼议庞德的社会学法理学思想"，载《湖北经济学院学报》（人文社会科学版）2009 年第 9 期。

4. 刘复启、胡朝阳："新自然法学的兴起：一个来至庞德的批判视角"，载《大连大学学报》2009 年第 4 期。

5. 袁康、李雨桐："庞德法律思想认知"，载《河南师范大学学报》（哲学社会科学版）2009 年第 4 期。

6. 刘复启："新自然法学的兴起：庞德的解读视角"，载《安徽理工大学学报》（社会科学版）2009 年第 2 期。

7. 苏胜利："社会学法理学是如何建构起来的——解读庞德《法理学》（第一卷）第一部分"，载《研究生法学》2009 年第 3 期。

8. 濮彦："实用主义的理性思维——评庞德的《通过法律的社会控制、法律的任务》"，载《法制与社会》2009 年第 14 期。

9. 苏子文："浅谈法学发展的路径——兼谈罗斯科·庞德与邓正来法学思想的比较"，载《广西大学学报》（哲学社会科学版）2009 年第 1 期。

10. 黄任静："论庞德'社会神'的建构路径"，载《广西大学学报》（哲学社会科学版）2009 年第 1 期。

11. 毛美美："庞德的社会学法学如何可能"，载《广西大学学报》（哲学社会科学版）2009 年第 1 期。

12. 唐萌、曲丽娟："对一种功能主义进路的思考——评《法律与道德关系——法理学与伦理学》"，载《内蒙古农业大学学报》（社会科学版）2009 年第 1 期。

罗尔斯（Rawls, J.）

一、著作

（一）中文部分

本人译著

［美］约翰·罗尔斯：《正义论》（修订版），何怀宏、何包钢、廖申白译，中国社会科学出版社 2009 年版。

研究专著

1. 何霜梅：《正义与社群：社群主义对以罗尔斯为首的新自由主义的批判》，人民出版社 2009 版。

2. 盛美军：《罗尔斯正义理论的法文化意蕴》，黑龙江大学出版社 2009 年版。

3. 李志江：《良序社会的政治哲学：罗尔斯分配正义理论研究》，人民出版社 2009 年版。

（二）外文部分

研究专著

1. Percy B. Lehning, *John Rawls*: *An Introduction*, Cambridge University Press, 2009.

2. Jon Mandle, *Rawls's "A Theory of Justice"*: *An Introduction* (Cambridge Introductions to Key Philosophical Texts), Cambridge University Press, 2009.

3. Shaomeng Li, *John Rawls' Theory of Institutionalism*: *The Historical Movement Toward Liberal Democracy*, Edwin Mellen Press, 2009.

4. Shaun P. Young (ed.), *Reflections on Rawls*, Ashgate, 2009.

5. Veronique Munoz – Darde, *Routledge Philosophy GuideBook to Rawls on Justice*, Routledge, 2009.

6. Terence Irwin, *The Development of Ethics*, *Volume* 3: *From Kant to Rawls*, Oxford University Press, USA, 2009.

二、论文

（一）中文部分

研究论文

1. 姚大志："罗尔斯：来自马克思主义的批评"，载《马克思主义与现实》2009 年第 3 期。

2. 姚大志："正义的张力：马克思和罗尔斯之比较"，载《文史哲》2009 年第 4 期。

3. 姚大志："罗尔斯正义原则的问题和矛盾"，载《社会科学战线》2009 年第 9 期。

4. 姚大志："重叠共识观念能证明什么？——评罗尔斯的政治自由主义"，载《天津社会科学》2009 年第 6 期。

5. 姚大志："罗尔斯正义理论的形而上学基础"，载《哲学动态》2009 年第 10 期。

6. 龚群："罗尔斯的正义原则及其理论意义"，载《中南林业科技大学学报》（社会科学版）2009 年第 2 期。

7. 顾肃："从伦理到政治的建构主义——罗尔斯政治哲学的思想逻辑基础"，载《马克思主义与现实》2009 年第 3 期。

8. 周琦："罗尔斯差别原则的理论价值"，载《学术界》2009 年第 2 期。

9. 刘娟："对罗尔斯关键概念的理解和翻译"，载《哲学动态》2009 年第 10 期。

10. 张卫明、张小妹："理性妥协与社会和谐——论罗尔斯政治哲学思维方式的方法论意义"，载《内蒙古社会科学》（汉文版）2009 年第 3 期。

11. 唐慧玲："政治哲学视野下的罗尔斯差别原则"，载《安徽大学学报》（哲学社会科学版）

2009 年第 3 期。

12. 赵亚琼："简析罗尔斯思想研究的两种视角"，载《天津社会科学》2009 年第 2 期。

13. 唐巴特尔："罗尔斯的'公平的正义'与福利国家"，载《求索》2009 年第 4 期。

14. 刘贺青："罗尔斯基本人权思想述评"，载《河北法学》2009 年第 6 期。

15. 孙小龙："罗尔斯政治哲学的范式转换"，载《云南社会科学》2009 年第 4 期。

16. ［英］奥诺拉·奥尼尔："政治自由主义与公共理性——对罗尔斯《政治自由主义》的一个批判性评论"，秦兴译，载《马克思主义与现实》2009 年第 3 期。

17. ［英］佩里·安德森："约翰·罗尔斯：设计共识"，袁银传、曹亚雄译，载《国外社会科学》2009 年第 3 期。

学位论文

赵亚琼："罗尔斯政治哲学中的理性（reasonableness）观念研究"，南开大学 2009 年博士学位论文。

（二）外文部分

1. Aaron V. Cicourel, "John Rawls on Two Concepts of Rules: Some Speculations about Their Ecological Validity in Behavioral and Social Science Research", in *Journal of Classical Sociology*, Vol. 9, No. 4, 2009.

2. Francisco Alvarez – Cuadrado, Ngo Van Long, "A mixed Bentham – Rawls Criterion for Intergenerational Equity: Theory and Implications", in *Journal of Environmental Economics and Management*, Vol. 58, 2, 2009.

3. Andrew Koppelman, "The Limits of Constructivism: Can Rawls Condemn Female Genital Mutilation?", in *The Review of Politics*, 71, 2009.

4. Vicente Medina, "Militant Intolerant People: A Challenge to John Rawls' Political Liberalism", in *Political Studies*, Vol. 58, 3, 2009.

5. George Klosko, "Book Review: Illiberal Justice: John Rawls vs. the American Political Tradition", *By David Lewis Schaeffer*, in *The Journal of Politics*, Vol. 71, No. 3, 2009.

6. R Kreide, "Preventing Military Humanitarian Intervention? John Rawls and Jürgen Habermas on a Just Global Order", in *German Law Journal*, Vol. 10, No. 1, 2009.

7. Anthony Simon Laden, "Book Review: John Rawls: His Life and Theory of Justice by Thomas Pogge and Michelle Kosch", in *Ethics*, Vol. 119, No. 3, 2009.

8. Paul Weithman, "John Rawls and the Task of Political Philosophy", in *The Review of Politics*, 71, 2009.

9. Teun J. Dekker, "Out – Kanting Rawls: An Argument for Responsibility – Sensitive Theories of Justice from an Autonomy – Based Account of Normativity", in *Dialogue*, 48, 2009.

10. Ivar Labukt, "Rawls on the practicability of utilitarianism", in *Politics*, *Philosophy & Economics*, Vol. 8, No. 2, 2009.

11. Kostas Koukouzelis, "Rawls and Kant on the Public Use of Reason", in *Philosophy & Social Criti-*

cism，Vol. 35，No. 7，2009.

12. M. Victoria Costa，"Rawls on Liberty and Domination"，in *Res Publica*，Vol. 15，No. 4，2009.

13. A. Faik Kurtulmus，"Rawls and Cohen on Facts and Principles"，in *Utilita*，21，2009.

诺齐克（Nozick，R.）

一、著作

张翠梅：《论罗伯特·诺齐克之资格正义理论》，科学出版社 2009 年版。

二、论文

1. 李文卿："诺齐克正义思想研究"，山东大学 2009 年硕士学位论文。

2. 侯心稳："诺齐克个人权利理论探究"，首都师范大学 2009 年硕士学位论文。

3. 曾德伟、周利兵："评诺齐克的最低限度国家理论"，载《文史博览文史（理论)》2009 年第 1 期。

4. 柳平生："从'洛克条件'到'诺齐克条件'"，载《湖北师范学院学报》（哲学社会科学版）2009 年第 1 期。

4. 栾亚丽："当代两种不同的正义模式论析——罗尔斯与诺奇克的正义思想评述"，载《学术探索》2009 年第 1 期。

5. 谢俊："诺齐克新古典自由主义浅析"，载《南宁师范高等专科学校学报》2009 年第 1 期。

6. 谢俊："诺齐克新古典自由主义浅析——论诺齐克的国家理论"，载《大庆师范学院学报》2009 年第 2 期。

7. 袁聚录："自由是否总会维持正义——柯亨与诺齐克之争"，载《当代世界社会主义问题》2009 年第 2 期。

8. 崔恒良："诺齐克个人权利至上性政治伦理观探究"，载《温州大学学报》（社会科学版）2009 年第 2 期。

9. 张翠梅："诺齐克之获得财产权利的'限制性条款'"，载《学术交流》2009 年第 3 期。

10. Peter Vallentyne，吴园林："罗伯特·诺齐克及其《无政府、国家和乌托邦》"，载《研究生法学》2009 年第 3 期。

11. 罗瑜："罗尔斯与诺齐克分配的正义之比较"，载《重庆电子工程职业学院学报》2009 年第 4 期。

12. 张一鸣："对罗尔斯和诺齐克正义观之比较"，载《齐齐哈尔师范高等专科学校学报》2009 年第 4 期。

13. 刘晓靖："罗尔斯、诺齐克正义理论的比较及其启示"，载《华北水利水电学院学报》（社科版）2009 年第 4 期。

14. 邹静琴："强势政府的合法性与边界划分：罗尔斯与诺齐克的比较"，载《马克思主义与现实》2009 年第 4 期。

15. 梁灼婷："诺齐克对洛克权利理论的发展"，载《理论观察》2009 年第 4 期。

16. 蔡菁："论诺齐克与自由至上主义"，载《改革与开放》2009 年第 5 期。

17. 胡万钟："个人权利之上的'平等'与'自由'——罗尔斯、德沃金与诺齐克、哈耶克分配正义思想比较述评"，载《哲学研究》2009 年第 5 期。

18. 伍志燕："新自由主义两种模式的比较——评罗尔斯和诺齐克之争"，载《贵州师范大学学报》（社会科学版）2009 年第 5 期。

19. 袁聚录："正义维度的社会主义正当性证明——柯亨从正义维度对诺齐克'社会主义不正当'论证的反驳解析"，载《前沿》2009 年第 6 期。

20. 孟小妹："罗尔斯与诺齐克正义论之评述"，载《中国商界》（上半月）2009 年第 9 期。

21. 李敏："守夜人国家的价值反思：透视诺齐克的国家观的一个维度"，载《学理论》2009 年第 17 期。

22. 王欣丛："有关罗尔斯正义论的述评——析罗尔斯和诺齐克关于正义原则认识的差异性"，载《现代商业》2009 年第 35 期。

卢曼（Luhmann, Niklas）
一、著作
（一）中文部分
本人译著

1. ［德］卢曼：《社会的法律》，郑伊倩译，人民出版社 2009 年版。

（二）外文部分
本人著作

1. Niklas Luhmann, *Soziologische Aufklärung*, Band 1 ~ 6, VS Verlag für Sozialwissenschaften.

2. Niklas Luhmann, Hagen, Wolfgang（Hrsg.）, *Was tun, Herr Luhmann?：vorletzte Gespräche mit Niklas Luhmann*, Berlin：Kulturverl Kadmos.

研究专著

1. Carsten Zorn, *Zur Aktualität von Niklas Luhmann*, VS Verlag für Sozialwissenschaften.

2. Franziska Marr, *Vertrauen und Glaubwürdigkeit – Eine Betrachtung nach Niklas Luhmann und Katja Götsch*, München：GRIN Verlag GmbH.

3. Tim König, *Handlung und System*, Marburg：Tectum – Verlag.

二、论文
（一）中文部分
本人译文

1. ［德］卢曼："法院在法律系统中的地位"，陆宇峰，高鸿钧译，载《清华法治论衡》2009 年 12 期。

研究论文

1. 泮伟江："作为法律系统核心的司法——卢曼的法律系统论及其启示"，载《清华法治论衡》2009 年 12 期。

2. 杜健荣："法律与社会的共同演化——基于卢曼的社会系统理论反思转型时期法律与社会的

关系", 载《法制与社会发展》2009 年第 2 期。

卢埃林（Llewellyn, Karl）

论文

（一）中文部分

研究论文

孙新强："卢埃林现实主义法理学思想", 载《法制与社会发展》2009 年第 04 期。

学位论文

张唯伟："卢埃林判例法思想研究", 山东大学 2009 年硕士学位论文。

（二）外文部分

本人论文

Karl Llewellyn, "On Philosophy in American Law", reprint in Francis J. Mootz Ⅲ（ed.）, *On Philosophy in American Law*, Cambridge University Press, 2009.

研究论文

1. Jan M. Broekman, "Law in Life, Life in Law: Llewellyn's Legal Realism Revisited", in Francis J. Mootz Ⅲ（ed.）, *On Philosophy in American Law*, Cambridge University Press, 2009.

2. David S. Caudill, "On Realism's Own 'Hangover' of Natural Law Philosophy: Llewellyn Avec Dooyeweerd", in Francis J. Mootz Ⅲ（ed.）, *On Philosophy in American Law*, Cambridge University Press, 2009.

3. Brian Z. Tamanaha, "On the Instrumental View of Law in American Legal Culture", in Francis J. Mootz Ⅲ（ed.）, *On Philosophy in American Law*, Cambridge University Press, 2009.

4. Steven L. Winter, "When Things Went Terribly, Terribly Wrong", in Francis J. Mootz Ⅲ（ed.）, *On Philosophy in American Law*, Cambridge University Press, 2009.

5. Larry Cata Backer, "The Mechanics of Perfection: Philosophy, Theology, and the Foundations of American Law", in Francis J. Mootz Ⅲ（ed.）, *On Philosophy in American Law*, Cambridge University Press, 2009.

马克思（Karl Marx）

一、著作

1. Patterson Thomas Car, *Karl Marx, Anthropologist*, Oxford; New York: Berg, 2009.

2. Chitty Andrew, McIvor, Martin, *Karl Marx and Contemporary Philosophy*, Basingstoke: Palgrave Macmillan, 2009.

3. Wendling Amy E., *Karl Marx on Technology and Alienation*, Basingstoke（England）; New York: Palgrave Macmillan, 2009.

4. Aarons Eric, *Hayek versus Marx and Today's Challenges*, London; New York: Routledge, 2009.

5. Madan G. R. *Western Sociologists on Indian Society: Marx, Spencer, Weber*, Durkheim,

Pareto. Hoboken：Taylor & Francis，2009.

6. Shipside Steve，Marx Karl，*Karl Marx's Das Kapital a Modern - day Interpretation of a True Classic*，Oxford：Infinite Ideas，2009.

二、论文

（一）中文部分

1. 李慧娟、白宇："从理论视域到现实视域——论马克思的'世界'概念"，载《中国社会科学院研究生院学报》2009 年第 5 期。

2. 张康之："基于人的活动的三重空间——马克思人学理论中的自然空间、社会空间和历史空间"，载《中国人民大学学报》2009 年第 4 期。

3. 邹诗鹏："马克思对现代性社会的发现、批判与重构"，载《中国社会科学》2009 年第 4 期。

4. 毛振军："马克思理性思想的政治哲学透视"，载《实事求是》2009 年第 6 期。

5. 刘和清："法与人类解放：马克思法制观与当代中国法制建设"，吉林大学 2009 年博士学位论文。

6. 涂良川："论马克思的正义观"，东北师范大学 2009 年博士学位论文。

7. 王佳："马克思'生产实践论'研究"，吉林大学 2009 年博士学位论文。

8. 王盛辉："马克思'自由个性'思想的历史生成——基于文本解读的考察"，山东师范大学 2009 年博士学位论文。

9. 张荣艳："马克思阶级理论的当代研究"，吉林大学 2009 年博士学位论文。

10. 崔予姝："马克思市民社会理论研究"，东北师范大学 2009 年博士学位论文。

11. 杨卫军："马克思的自然观及其当代价值"，华中科技大学 2009 年博士学位论文。

12. 王方："马克思价值哲学思想探析"，大连理工大学 2009 年硕士学位论文。

13. 王志建："马克思的人的全面发展理论探析"，大连理工大学 2009 年硕士学位论文。

14. 王维："马克思社会交往理论探析"，大连理工大学 2009 年硕士学位论文。

（二）英文部分

1. Miller John，"Leaving the Sphere of Exchange with David Houston，Karl Marx，and Even Adam Smith：Insights into the Debate about Sweatshops"，in Libraries Worldwide，*on Review of Radical Political Economics*，41，2009.

2. Brewer Anthony，"The Economics of Karl Marx：Analysis and Application"，in Libraries Worldwide，*on The Economic History Review*，62，2009.

3. Moggach Douglas，"The Young Karl Marx：German Philosophy，Modern Politics，and Human Flourishing"，in Libraries Worldwide，*on English Historical Review* 124，No. 507，2009.

霍姆斯（Oliver Wendell Holmes Jr.）

一、著作

（一）本人著作

英文著作

1. Oliver Wendell Holmes，*The Writings of Oliver Wendell Holmes*，Richardson，2009.

2. Oliver Wendell Holmes Jr., *The Collected Legal Papers*, Dover Publications Inc., 2009.

3. J. Craig Williams (Foreword), Oliver Wendell Holmes (Author), *The Path of the Law and the Common Law* (*Kaplan Classics of Law*), Publisher: Kaplan Trade 2009.

中文译著

［美］霍姆斯:《霍姆斯读本:论文与公共演讲选集》,刘思达译,上海三联书店 2009 年版。

（二）研究著作

英文著作

1. Peter Gibian, Montréal, *Oliver Wendell Holmes and the Culture of Conversation*, Cambridge University Press, 2009.

2. Frederic P. Miller, Agnes F. Vandome, John McBrewster, *Living Constitution: Judicial Interpretation, United States Constitution, Original Intent, Philadelphia Convention, Antonin Scalia, Oliver Wendell Holmes, Jr., Louis Brandeis, Woodrow Wilson*, Alphascript Publishing, 2009.

3. Charles Fairman, *History of the Supreme Court of the United States: Volume 1* (*Oliver Wendell Holmes Devise History of the Supreme Court of the United States*), Cambridge University Press, 2009.

4. George Lee Haskins and Herbert A. Johnson, *History of the Supreme Court of the United States: Volume 2* (*Oliver Wendell Holmes Devise History of the Supreme Court of the United States*), Cambridge University Press, 2009.

5. G. Edward White, *History of the Supreme Court of the United States: Volume 3 ~ 4* (*Oliver Wendell Holmes Devise History of the Supreme Court of the United States*), Cambridge University Press, 2009.

6. Carl B. Swisher, *History of the Supreme Court of the United States: Volume 5* (*Oliver Wendell Holmes Devise History of the Supreme Court of the United States*), Cambridge University Press, 2009.

中文译著

1. ［美］怀特:《奥利弗·温德尔·霍姆斯:法律与本我》,孟纯才译,法律出版社 2009 年版。

二、论文

（一）英文论文

1. Waton Bradley C. S, "The Curious Constitution of Oliver Wendell Holmes Jr. ", *National Review* 61, No. 24 (2009).

2. Schaefer, David Lewis, "When It Comes to Judges, 'Pragmatic' Means Unprincipled", *Wall Street Journal – Eastern Edition* 253, No. 108 (2009).

（二）中文论文

1. 贾茹:"论霍姆斯的多元司法与'最小主义'",中国政法大学 2009 年硕士学位论文。

2. 杨翠:"霍姆斯的问题法的理论基础探析",载《青年文学家》2009 年第 23 期。

3. 施祖斌:"何为经验? 何为逻辑?",西南政法大学 2009 年硕士学位论文。

4. ［美］霍姆斯:"评波洛克的《法律与命令》",姚远译,载邓正来主编:《西方法律哲学家研究年刊》，北京大学出版社 2009 年版。

霍布斯（Hobbes，T.）

一、著作

1. John T. Harwood, *The Rhetorics of Thomas Hobbes and Bernard Lamy*, Southern Illinois University Press, 2009.

2. Laurie M. Bagby, *Thomas Hobbes：Turning Point for Honor*, Lexington Books, 2009.

3. Mary Whiton Calkins, *The Metaphysical System of Hobbes*, BiblioLife, 2009.

4. Philip Pettit, *Made with Words：Hobbes on Language，Mind，and Politics*, Princeton University Press, 2009.

5. Perez Zagorin, *Hobbes and the Law of Nature*, Princeton University Press, 2009.

6. Alfred Edward Taylor, *Thomas Hobbes*, General Books LLC, 2009.

8. Adriano Shaplin, *The Tragedy of Thomas Hobbes*, Oberon Books, 2009.

10. Tomaz Mastnak, *Hobbes' Behemoth：Religion and Democracy*, Imprint Academic, 2009.

二、论文

1. 惠黎文："从专制主义到理想主义——霍布斯、卢梭、黑格尔三种国家观之比较"，载《贵州大学学报》（社会科学版）2009 年第 2 期。

2. 詹世友、方之美："霍布斯正义理论的论证策略"，载《南昌大学学报》（人文社会科学版）2009 年第 4 期。

3. 段保良："在自由与权威之间——对霍布斯政治哲学的一种解释"，载《云南社会科学》2009 年第 4 期。

4. 肖丹："从霍布斯到卢梭——近代西方社会契约论思想析理"，载《武汉科技大学学报》（社会科学版）2009 年第 5 期。

5. 肖丹："'主权在君'抑或'主权在民'——霍布斯与卢梭的契约政府理论比较"，载《沈阳大学学报》2009 年第 5 期。

6. 石珍、刘亭阁："自然状态思想实验预设中的人民主权——兼谈对霍布斯国家主权理论的批驳"，载《法商论丛》2009 年第 6 卷。

7. 秦相平："霍布斯的自由观探析"，吉林大学 2009 年硕士学位论文。

8. 刘洋："霍布斯政治伦理思想之研究"，西南大学 2009 年硕士学位论文。

9. 李平："论霍布斯的绝对君主政体及其人性理论基础"，西南政法大学 2009 年硕士学位论文。

10. 李超："世俗威权制度建构的逻辑——霍布斯《利维坦》国家理论分析"，山东大学 2009 年硕士学位论文。